梁滿倉
吳樹平 等 注譯

新譯三國志(四)蜀書

三民書局

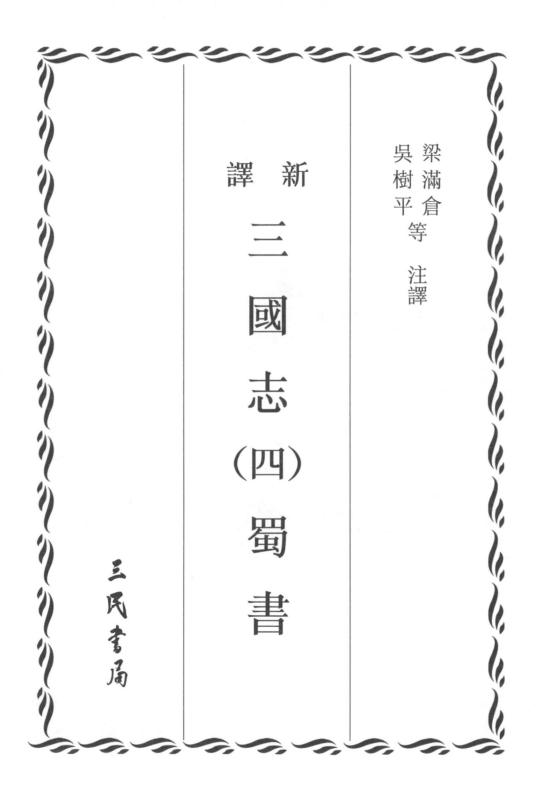

國家圖書館出版品預行編目資料

新譯三國志(四)蜀書／梁滿倉,吳樹平等注譯.——初版三刷.——臺北市：三民，2024
面； 公分.——(古籍今注新譯叢書)

ISBN 978-957-14-5791-8 (全套:精裝)
1.三國志 2.注釋

622.301

古籍今注新譯叢書

新譯三國志(四)蜀書

注譯者 | 梁滿倉 吳樹平等
創辦人 | 劉振強
發行人 | 劉仲傑
出版者 | 三民書局股份有限公司(成立於1953年)

三民網路書店
https://www.sanmin.com.tw

地址 | 臺北市復興北路386號 (復北門市) (02)2500-6600
臺北市重慶南路一段61號(重南門市) (02)2361-7511

出版日期 | 初版一刷 2013年5月
初版三刷 2024年5月
全套不分售
ISBN | 978-957-14-5791-8

新譯三國志　目次

第四冊　蜀書

卷三十一 蜀書一

劉二牧傳第一

【題解】劉二牧，指先後為益州牧的劉焉、劉璋父子。陳壽在《三國志・蜀書》中首先為劉焉、劉璋父子立傳，是因為他們與蜀漢政權有兩個層次的關係，第一，他們首先在益州建立起獨立的割據政權，獨立的、割據的益州的格局，是後來蜀漢政權建立的基礎。第二，劉璋的地位被劉備取代後，仍在其政權中佩振威將軍印綬，他的兒子在劉備政權中任奉車中郎將，與蜀漢政權確有行政關係。此外，陳壽在從劉焉父子的失敗中，總結出了才德凡劣卻要割據一方，必然引禍至身的道理。

1 劉焉，字君郎，江夏竟陵[1]人也，漢魯恭王[2]之後裔，章帝[3]元和中徙封竟陵，支庶[4]家焉。焉少仕州郡，以宗室拜中郎[5]，後以師祝公[6]喪去官。居陽城山[7]，積學教授，舉賢良方正[8]，辟司徒[9]府，歷雒陽令[10]、冀州刺史、南陽太守[11]、宗正[12]、太常[13]。焉覩靈帝[14]政治衰缺，王室多故，乃建議言：「刺史、太守，貨賂為官⑮，割剝百姓，以致離叛。可選清名重臣以為牧伯⑯，鎮安方夏⑰。」焉內求交阯⑱牧，欲避世難。議未即行，侍中⑲廣漢董扶⑳私謂焉曰：「京師將亂，益州分野㉑有天子氣。」焉聞扶言，意更在益州。會益州刺史郤儉㉒賦斂煩擾，謠言㉓遠聞，而并州殺刺史張壹㉔，涼州㉕殺刺史耿鄙，焉謀得施。出為監軍使者㉖，領㉗益州牧，封陽城侯，當收儉治罪；扶亦求為蜀郡西部屬國都尉㉘，及太倉令㉙巴西㉚趙韙棄㉛官，俱隨焉。

2 是時益州㉜逆賊馬相、趙祇等於綿竹縣㉝自號黃巾，合聚疲役㉞之民，一二日中得數千人，先殺綿竹令李升，吏民翕集㉟，合萬餘人，便前破雒縣㊱，攻益州殺儉，又到蜀郡㊲、犍為㊳，旬月之間，破壞三郡。相自稱天子，眾以萬數。州從事㊴賈龍領家㊵兵數百人在犍為東界，攝斂㊶吏民，得千餘人，攻相等，數日㊷破走，州界清靜。龍乃選吏卒迎焉。焉徙治㊸綿竹，撫納離叛，務行寬惠，陰圖異計㊹。張魯㊺母始以鬼道㊻，又有少容㊼，常往來焉家，故焉遣魯為督義司馬㊽，住漢中㊾，斷絕谷閣㊿，殺害漢使。焉上書言米賊(51)斷道，不得復通，又託他事殺州中豪強王咸、李權等十餘人，以立威刑(52)。犍為太守任岐及賈龍由此反攻焉，焉擊殺岐、龍。

3

焉意漸盛(53)，造作乘輿(54)車具千餘乘。荊州牧劉表(55)表上焉有似子夏在西河疑聖人之論(56)。時焉子範為左中郎將(57)，誕治書御史(58)，璋為奉車都尉(59)，皆從獻帝(60)在長安(61)，惟叔子(62)別部司馬(63)瑁素隨焉。獻帝使璋曉諭焉，焉留璋不遣。時征西將軍馬騰(64)屯郿(65)而反，焉及範與騰通謀，引兵襲長安。範謀泄，奔槐里(66)，騰敗，退還涼州，範應時見殺(67)，於是收誕行刑。議郎(68)河南龐羲(69)與焉通家(70)，乃募將(71)焉諸孫入蜀。時焉被天火(72)燒城，車具蕩盡，延及民家。焉徙治成都，既痛其子，又感祅災(73)，興平元年，癰疽發背(74)而卒。州大吏(75)趙韙等貪璋溫仁，共上璋為益州刺史，詔書因以為監軍使者，領益州牧，以韙為征東中郎將(76)，率眾擊劉表。

【章　旨】以上為〈劉焉傳〉，記述劉焉的出身，對朝廷的建言，以及在出任益州刺史後，招降納叛，翦除異己，擴充勢力，割據之意漸盛。當他與馬騰合謀偷襲長安的陰謀敗露後，兒子劉範、劉誕被殺，劉焉也發病身亡。

【注　釋】❶江夏竟陵　江夏，郡名。三國時魏、吳兩國各置江夏郡，治所在今湖北雲夢和湖北鄂州。竟陵，縣名。治所在今湖北潛江市西北。❷魯恭王　即劉餘，西漢景帝的兒子，先被立為淮陽王，後改立魯王。為人口吃，好宮室園囿狗馬。詳見《史記・五宗世家》、《漢書・景十三王傳》。❸章帝　名劉炟，明帝第五子。在位期間興儒學，定漢禮，獎勵人口生育，民生安定，生產發展，與其父共創了史稱「明章之治」的東漢盛世。詳見《後漢書・孝章帝紀》。❹支庶　家族中嫡長子以外的旁出親屬。❺中郎　官名。屬郎中令，其長稱中郎將，侍衛禁中，侍從護衛天子。❻祝公　字伯休，名恬，中山國盧奴（今河北定州）人。東漢末任司徒。事見《後漢書・桓帝紀》。❼陽城山　山名。在今河南登封東北。❽賢良方正　漢代人才選拔的科目名。由中央到地方各級官僚向朝廷推薦賢良方正直言極諫者。東漢三國均有此科目。⑨司徒　官名。中央高級官員，與太尉、司空合稱三公。⑩雒陽令　雒陽，治所在今河南洛陽。令，縣令，縣裏最高行政長官，大縣稱令，小縣稱長。⑪南陽太守　南陽，郡名。治所在今河南南陽。太守，郡中最高行政長官。⑫宗正　官名。職掌管理皇室親族事務。⑬太常　官名。九卿之一，主管國家祭祀禮儀。⑭靈帝　名劉宏，章帝玄孫，十二歲時登帝位。在位期間宦官專權，政治黑暗，大興黨錮之獄。詳見《後漢書・孝靈帝紀》。⑮貨賂為官　做官收受賄賂。⑯牧伯　指州牧，亦稱刺史。⑰方夏　全國各地。⑱交阯　郡名。治所在今越南河內東北。⑲侍中　門下侍中省的長官，侍衛皇帝左右，管理門下眾事。⑳廣漢董扶　廣漢，郡名。治所在今四川新都東北。董扶，字茂案，少從師學，兼通諸經。在家聚眾講學，公車三徵而不就，大具名聲。靈帝時任侍中，在朝稱為儒宗。詳見《後漢書・董扶列傳》。㉑分野　古代人認爲天地感應，把天空分爲二十八個星宿，分別與地上的州國對應，把對應的星宿稱爲該州國的分野。益州的分野是二十八宿中的觜、參二宿。㉒郤儉　河南偃師（今河南偃師東）人，郤正的祖父。其事見本卷及裴松之注。㉓謠言　民間流傳的民謠和傳言。㉔而并州殺刺史張壹　并州，州名。治所在今山西太原。張壹，原作「張益」，今從宋本。《後漢書》作張懿，實為一人。㉕涼州　州名。治所在今甘肅武威。原誤作「梁州」，今據宋本校正。㉖監軍使者　官名。監督軍隊。㉗領　兼任。㉘蜀郡西部屬國都尉　益州有蜀郡屬國，治所在今四川名山縣北。蜀郡屬國置西部都尉，掌管屬國兵馬。㉙太倉令　官名。負責管理中央的糧食倉庫。此下原有「會」字，殿本《考證》疑是衍文，《華陽國志》卷五無此字，今據刪。㉚巴西　郡名。治所在今四川閬中。㉛棄　宋本作「去」。㉜益州　原作「涼州」。《三國志集解》引潘眉云：「范《書》作『益州』。下云於綿竹合聚，則在益州矣。涼州誤。」㉝綿竹縣　縣名。治所在今四川綿竹東南。㉞疲役　疲於勞役。原誤作「疾疫」，今據宋本校正。㉟翕集　聚攏匯集。㊱雒縣　縣名。治所在今四川廣漢北。㊲蜀郡　郡名。治所在今四川成都。㊳犍為　郡名。治所在今四川彭山縣東南。㊴從事　官名。州刺史的屬官，根據其分管職責不同，分別為別駕從事、治中從事、功曹從事等。㊵領家　原作「素領」。《三國志集解》引何焯說，認為「素」字係衍文，據刪。《華陽國志》卷五「領」字下有「家」字，據補。㊶攝斂　召集。㊷日　原作「月」，今從宋本。㊸徙治　遷移治所。㊹異計　割據益州自立的打算。㊺張魯　字公祺，沛國豐縣（今江蘇豐縣）人，張道陵之孫，五斗米道首領。東漢末率徒眾攻取漢中，統治長達三十餘年。後投降曹操，任鎮南將軍。詳見本書卷八〈張魯傳〉。㊻鬼道　即五斗米道，東漢順帝時張陵在鵠鳴山（今四川大邑西北）創立，又稱天師道，因該道把初來學道的人稱為「鬼卒」，故稱。㊼少容　看起來年輕的面容。㊽督義司馬　官名。此為劉焉為張魯臨時所設之官。㊾漢中　郡名。治所在今陝西漢中東。㊿谷閣　由漢中穿過秦嶺到關中的山谷和棧道。[51]米賊　即五斗米道。學道的人要先交五斗米，故名。[52]威刑　權威。[53]焉意漸盛　劉焉割據之意漸漸強烈。[54]乘輿　皇帝的儀仗車隊。[55]荊州牧劉表　荊州，州名。劉表任荊州刺史時，州治在襄陽，後被曹操據有。[56]子夏在西河句　子夏，孔子弟子，姓卜，名商，字子夏。長於學術研究。詳見《史記・仲尼弟子列傳》。西河，古稱西部地區南北流向的黃河河段為西河。此指今山西、陝西兩省交界的河段。疑聖人，懷疑子夏的道德學問可以和孔子相媲美。據《禮記・檀弓》記載：子夏在西河，兒子死，子夏哭瞎雙目，嘆息自己無罪卻遭上天懲罰。曾子聽說後指責他有三罪，頭一條就是子夏在西河講學不提孔子，使得人們認為他的學問道德可以和孔子媲美。[57]左中郎將　官名。隸屬光祿勳，掌訓練、考核、管理後備官員。[58]治書御史　官名。即治書侍御史。漢宣帝時始置。掌處理疑難案件。曹魏沿置，隸御史臺。[59]奉車都尉　官名。掌管皇帝車馬，入侍皇帝左右。[60]獻帝　即東漢獻帝劉協，西元一九〇至二二〇年在位，後被曹丕取代，貶降為山陽公。詳見《後漢書・孝獻帝紀》。[61]長安　都城名。在今陝西西安北。[62]叔子　第三個兒子。原作「小子」，今據《華陽國志》卷五校改。[63]別部司馬　官名。領兵將軍的直屬各營，設司馬為統帥。單獨帶領一營軍隊行動而不與直屬各營在一起的，稱別部司馬。[64]征西將軍馬騰　征西將軍，高級軍事將領，與征東、征南、征北合稱四征將軍。馬騰，字壽成，扶風茂陵（今陝西興平東北）人。漢靈帝末起兵於西州，後入京畿，由其子馬超統領其眾。因馬超反被殺。詳見《三國志・馬超傳》裴松之注引《典略》。[65]郿　即郿縣，治所在今陝西眉縣東。[66]槐里　縣名。治所在今陝西興平東南。[67]應時見殺　立即被殺。[68]議郎　高級郎官，執掌顧問應對，參與議政，指陳朝政得失。[69]河南龐羲　河南，郡名。治所在今河南洛陽東北。龐羲，蜀漢官吏，初仕劉焉、劉璋父子，先後任議郎、巴西太守。嫁女於劉璋長子劉循為妻。劉備占領益州後，任左將軍司馬。[70]通家　姻親相通。龐羲之女為劉璋長子劉循之妻。[71]募將　出錢尋找、攜帶。[72]天火　由於自然原因引起的火災。[73]祅災　不幸的災禍。[74]癰疽發背　背上長毒瘡。[75]州大吏　州里的重要官吏。[76]征東中郎將　官名。臨時設置，領兵征伐。

【語　譯】劉焉，字君郎，江夏郡竟陵縣人，漢朝魯恭王的後代，漢章帝元和年間改封在竟陵縣，家族旁系便在此安家。劉焉年輕時在州郡當官，因為是王室皇親官拜中郎，後因老師祝公去世而辭官。住在陽城山，積累學問教授學生，被舉薦為賢良方正，受司徒府徵召，歷任雒陽縣令、冀州刺史、南陽太守、宗正、太常。他目睹靈帝時政治衰敗，王室多事，便建議說：「刺史、太守，當官受賄，剝削百姓，致使百姓離心叛亂。可以挑選名聲清白的重臣任州牧，鎮守地方。」劉焉暗地請求出任交阯牧，想躲避世間動亂。建議尚未實行，廣漢郡人侍中董扶私下對劉焉說：「京師將亂，益州的分野有天子之氣。」劉焉聽了董扶的話，意欲改到益州任州牧。適逢益州刺史郤儉在當地賦稅煩苛擾民，反映百姓不滿的民謠和傳言流傳很廣，而并州人殺死刺史張壹，涼州人殺死刺史耿鄙，使劉焉的建議得以實施。朝廷讓他出任監軍使者，兼領益州牧，封陽城侯，將逮捕郤儉治罪。董扶也請求任蜀郡屬國西部都尉，以及太倉令巴西人趙韙棄職，都跟隨劉焉。

2 當時益州叛賊馬相、趙祇等人在綿竹縣自稱黃巾軍，聚集疲於勞役的百姓，一兩天內就有了幾千人，先殺了綿竹縣令李升，官民聚集合計一萬多人。就進兵攻破雒縣，攻打益州，殺了郤儉，又到達蜀郡、犍為，一個月之內，破壞了三郡。馬相自稱天子，部眾數以萬計。州從事賈龍率領家兵數百人在犍為東部，召集官吏百姓，得到一千多人，進攻馬相等人，幾天就把他們打敗趕走，州內恢復平靜。賈龍便選派吏卒迎接劉焉。劉焉遷移州府治所到綿竹縣，撫慰招納叛離民眾，極力實行寬惠政策，暗中另有打算。張魯的母親起初傳播五斗米道，加上有年輕的面容，經常往來於劉焉家，所以劉焉就派張魯為督義司馬，駐守漢中郡，截斷秦嶺山谷通道和棧道，殺害漢朝使節。劉焉上書說米賊截斷了道路，無法與朝廷聯繫，又藉口其他事情殺掉州中豪強王咸、李權等十多人，用來樹立自己的權威。犍為太守任岐和賈龍因此反過頭來進攻劉焉，劉焉迎擊殺死了任岐和賈龍。

3 劉焉割據之心越來越強，製造了皇帝專用的禮儀車乘一千多輛。荊州牧劉表上書中有劉焉的行為就像過去子夏在西河郡與孔子分庭抗禮一樣的話。當時劉焉的兒子劉範任左中郎將，劉誕任治書御史，劉璋任奉車都尉，全都在長安隨從獻帝，只有他的三兒子別部司馬劉瑁一直跟隨劉焉。獻帝派劉璋曉諭劉焉，劉焉留下劉璋不送他回去。當時征西將軍馬騰駐紮郿縣起兵造反，劉焉和劉範與馬騰合謀，率兵偷襲長安。劉範的計謀洩漏，逃往槐里，馬騰兵敗，退回涼州，劉範即刻被殺。於是朝廷逮捕了劉誕處死。議郎河南人龐羲與劉焉是姻親，出錢募人帶領劉焉的兒孫們進入蜀地。這時劉焉被一把無名火燒毀了綿竹城，車具盡皆燒毀，還殃及百姓家。劉焉遷移治所到成都，他既痛失二子，又感傷火災，興平元年，背生毒瘡而死。州中大吏趙韙等人貪愛劉璋溫和仁慈，共同上書讓劉璋任益州刺史。朝廷因此下詔任劉璋為監軍使者，兼領益州牧，任趙韙為征東中郎將，率部眾攻擊劉表。

1 璋，字季玉，既襲焉位，而張魯稍驕恣❶，不承順璋，璋殺魯母及弟，遂為讎敵。璋累遣龐羲等攻魯，數為❷所破。魯部曲❸多在巴西，故以羲為巴西太守，領兵禦魯。後羲與璋情好攜隙❹，趙韙稱兵內向❺，眾散見殺，皆由璋明斷少而外言入❻故也。璋聞曹公❼征荊州，已定漢中，遣河內❽陰溥致敬於曹公。加璋振威將軍❾，兄瑁平寇將軍❿。瑁狂疾物故⓫。璋復遣別駕從事⓬蜀郡⓭張肅送叟兵⓮三百人并雜御物⓯於曹公，曹公拜肅為廣漢太守。璋復遣別駕張松⓰詣曹公，曹公時已定荊州，走先主⓱，不復存錄⓲松，松以此怨。會曹公軍不利於赤壁⓳，兼以疫死。松還，疵毀⓴曹公，勸璋自絕，因說璋曰：「劉豫州㉑，使君㉒之肺腑，可與交通㉓。」璋皆然之，遣法正㉔連好先主，尋又令正及孟達㉕送兵數千助先主守禦，正遂還。後松復說璋曰：「今州中諸將龐羲、李異等皆恃功驕豪，欲有外意㉖，不得豫州，則敵攻其外，民攻其內，必敗之道也。」璋又從之，遣法正請先主。璋主簿黃權㉗陳其利害，從事廣漢王累自倒縣於州門㉘以諫，璋一無所納，敕在所供奉㉙先主，先主入境如歸。先主至江州㉚北，由墊江水㉛詣涪㉜，去成都三百六十里，是歲建安十六年也。璋率步騎三萬餘人，車乘帳幔，精光曜日，往就與會；先主所將將士，更相之適㉝，歡飲百餘日。璋資給先主，使討張魯，然後分別。

2 明年㉞，先主至葭萌㉟，還兵南向，所在皆克。十九年㊱，進圍成都數十日，城中尚有精兵三萬人，穀帛支一年㊲，吏民咸欲死戰。璋言：「父子在州二十餘年，無恩德以加百姓。百姓㊳攻戰三年，肌膏草野㊴者，以璋故也，何心能安！」遂開城出降，羣下莫不流涕。先主遷璋于南郡公安㊵，盡歸其財物及㊶故佩振威將軍印綬。孫權㊷殺關羽㊸，取荊州，以璋為益州牧，駐秭歸㊹。璋卒，南中㊺豪率雍闓㊻據益郡㊼反，附於吳。權復以璋子闡為益州刺史，處交、益界首㊽。丞相諸葛亮㊾平南土㊿，闡還吳，為御史中丞(51)。初，璋長子循妻，龐義女也。先主定蜀，義為左將軍司馬(52)，璋時從義啟留循，先主以為奉車中郎將(53)。是以璋二子之後，分在吳、蜀。

【章旨】以上為〈劉璋傳〉，傳中通過劉璋與張魯、龐義、趙韙等人的關係，也通過劉璋決意迎接劉備入蜀的事件，揭示了他弱於明斷，易受讒言蠱惑的個性，以及他被劉備取代後的命運及其後人的情況。

【注釋】❶稍驕恣　漸漸驕傲放縱起來。❷數為　原無此二字，文義未完。《通鑑》有「數為」二字，今據補。❸部曲部下。❹情好攜隙　感情離貳出現矛盾。❺稱兵內向　舉兵向內。❻外言人　外面的讒言進入。《華陽國志》卷五記載了劉璋與龐羲、趙韙之間的矛盾衝突。❼曹公　即曹操，字孟德，小名阿瞞，沛國譙（今安徽亳州）人。東漢末起兵討黃巾，後參加袁紹討董聯盟。占據兗州後，收編黃巾軍三十餘萬，組成青州軍，先後擊敗袁術、陶謙、呂布、袁紹，統一了北方。任丞相，相繼封為魏公、魏王。曹丕建魏後，追封為魏武帝。詳見本書卷一〈武帝紀〉。❽河內　郡名。治所在今河南武陟西。❾振威將軍　東漢雜號將軍之一，曹魏沿置，統兵征伐。❿平寇將軍　武官名。曹魏置，第三品。⓫物故　死亡。⓬別駕從事　官名。別駕從事史的省稱，州刺史的屬官，位低權重。《太平御覽》卷二六三引《庾亮集・答郭遜書》說：「別駕，舊與刺史別乘同流宣化於萬里者，其任居刺史之半，安可任非其人！」⓭蜀郡　郡名。治所在今四川成都。⓮叟兵　當時益州稱當地氐、羌等少數民族為叟。叟兵當時以勇敢善戰著名。⓯雜御物　各種各樣的貢品。⓰張松　字子喬，蜀郡（今四川成都）人。力勸劉璋迎劉備入川，後因祕密協助劉備奪取益州被其兄張肅告發，被劉璋所殺。其事散見於本書卷三十二〈先主傳〉及裴松之注引《益部耆舊傳》等。⓱先主　即劉備，字玄德，涿郡涿縣（今河北涿州）人，自稱中山靖王之後。東漢末年起兵，參加征伐黃巾，先後投靠公孫瓚、陶謙、曹操、袁紹、劉表。後得諸葛亮輔助，占領荊州、益州，建立蜀漢。詳見本書卷三十二〈先主傳〉。⓲存錄　慰勞和看重。⓳赤壁　地名。三國古戰場，在今湖北境內的長江邊上，具體地點說法不一。有人認為在江北漢陽黃岡，因與《三國志》記載不符，不可信。《括地志》、《通典》、《元和郡縣志》等書認為在蒲圻縣西北。《大清一統志》認為在嘉魚縣東北。《水經注》認為在武昌縣西。蒲圻赤壁與長江北岸烏林相對，與《三國志》的記載相吻合。⓴疵毀　詆毀。㉑劉豫州　指劉備。因其曾被漢朝廷任為豫州牧。故名。㉒使君　對州郡長官的稱呼。㉓交通　交結溝通。㉔法正　字孝直，扶風郿（今陝西眉縣東北）人。先依附劉璋，不得志，後投靠劉備，被劉備重用，成為蜀漢政權中的重要謀士，歷任揚武將軍、護軍將軍、尚書令等職。詳見本書卷三十七〈法正傳〉。㉕孟達　字子度，扶風（今陝西興平東南）人。先依劉璋，後投劉備，任宜都太守。荊州丟失後投降曹魏，任西城太守，又因在曹魏與蜀漢之間游移不定而被司馬懿所殺。其事跡散見於本書卷四十〈劉封傳〉、卷四十一〈費詩傳〉、《晉書・宣帝紀》等。㉖外意　與外敵聯絡投靠的打算。㉗主簿黃權　主簿，州郡屬官，主管州郡文書簿籍，經辦事務。黃權，字公衡，巴西閬中（今四川閬中）人，先在劉璋手下任主簿，後降劉備，任偏將軍、護軍等職。劉備伐東吳，任黃權為鎮北將軍，督江北軍以防曹魏軍隊。劉備兵敗，黃權退路被絕，乃降曹魏。詳見本書卷四十三〈黃權傳〉。㉘州門　州政府府署的大門。㉙在所供奉　劉備人馬經過的地方要供給奉迎。㉚江州　縣名。治所在今重慶市。㉛墊江水　指今涪江。㉜涪　縣名。治所在今四川綿陽東北。㉝之適　前往拜訪。㉞明年　建安十七年（西元二一二年）。㉟葭萌　縣名。治所在今四川廣元西南。㊱十九年　建安十九年（西元二一四年）。㊲一年　原作「二年」。《三國志集解》云：「宋本『二』作『一』，范《書》、《通鑑》同。《華陽國志》作『穀支二年』。」今從宋本。㊳百姓　原無此二字，宋本有，據補。㊴肌膏草野　死者屍體腐爛後肥沃了長滿青草的原野。㊵南郡公安　南郡，郡名。治所在今湖北江陵。公安，縣名。治所在今湖北公安西北。㊶及　原脫，馮夢禎刻本、武英殿刻本有，今據補。㊷孫權　字仲謀，吳郡富春（今浙江富陽）人，孫策弟。孫策死後即位，被封討虜將軍，領會稽太守。黃武八年（西元二二九年）即帝位於武昌。死後諡大皇帝，廟號太祖。詳見本書卷四十七〈吳主傳〉。㊸關羽　字雲長，河東解縣（今山西臨猗）人。在涿州與張飛一起隨劉備起兵，屢立戰功，任襄陽太守、盪寇將軍。劉備率軍入蜀後留鎮荊州，後被孫吳殺死。詳見本書卷三十六〈關羽傳〉。㊹秭歸　縣名。治所在今湖北秭歸。㊺南中　地區名。相當於今四川省大渡河以南部分和雲南、貴州兩省。㊻豪率雍闓　豪率，豪強首領。雍闓，南中豪酋。初降劉備，劉備死後復降於孫吳，被孫吳遙授為永昌太守。㊼益郡　指益州郡，治所在今雲南晉寧東北。㊽交益界首　交州與益州的交界處。㊾諸葛亮　字孔明，琅邪陽都（今山東沂南南）人。先隱居荊州隆中，後輔佐劉備，提出並實踐聯合孫吳、跨有荊益、北拒曹操的方針。劉備去世後，受遺詔輔佐劉禪，先後平定南中，六次北伐曹魏。後逝世於北伐前線。詳見本書卷三十五〈諸葛亮傳〉。㊿南土　即南中。(51)御史中丞　官名。執掌監察執法，與司隸校尉、尚書令並稱「三獨坐」。為京師顯官，職權甚重。(52)左將軍司馬　左將軍即劉備，因其入蜀稱漢中王之前一直任左將軍。司馬，官名。掌將軍府軍事。(53)奉車中郎將　官名。掌皇帝車馬，此為劉備為劉循特別設立的官銜。

【語　譯】劉璋，字季玉，承襲了劉焉的職位後，張魯卻漸漸的驕縱恣肆，不服從劉璋，劉璋殺害張魯的母親和弟弟，二人於是成為仇敵。劉璋屢次派遣龐羲等人攻打張魯，屢次被張魯打敗。張魯的部眾大多在巴西郡，劉璋因此任龐羲為巴西郡太守，領兵抵禦張魯。後來龐羲與劉璋的友好關係生變，出現了猜疑，趙韙舉兵內攻，部眾逃散被殺，這些都是由於劉璋缺乏明確的判斷，而外人趁機進讒言的緣故。劉璋聽說曹公征伐荊州，已經平定漢中，便派遣河內人陰溥向曹公表達敬意。朝廷加授劉璋為振威將軍，劉璋兄劉瑁為平寇將軍。劉瑁罹患瘋病死去。劉璋又派遣別駕從事蜀郡人張肅送給曹公叟兵三百人和各種各樣的貢品，曹公任張肅為廣漢郡太守。劉璋又派遣別駕張松前往會見曹公，曹公這時已經平定荊州，趕走先主，不再撫慰重視張松，張松因此怨恨曹公。適逢曹公軍隊在赤壁失利，加上許多士兵因疫病而死。張松返回後，便詆毀曹公，勸劉璋與曹公斷絕往來，藉機勸劉璋說：「劉豫州，是您的同宗近親，可與他通好。」劉璋都認同張松所說的，派遣法正連絡通好劉備。不久又命令法正和孟達送去幾千士兵幫助劉備防守，法正這才回來。後來張松又勸劉璋說：「如今州裏的將領龐義、李異等人都居功倨傲，有聯絡外敵的意圖，如果不請劉備來，那麼敵人在外面進攻，百姓在內部進攻，這是必敗之路啊。」劉璋又聽取了他的建議，派遣法正迎請先主。劉璋的主簿黃權向他說明此舉的利弊得失，從事史廣漢人王累把自己倒吊在州府署的大門上勸諫劉璋，劉璋完全不予採納，下令先主所到之處都要供給奉迎，使先主進入益州就像回到家一樣。先主到達江州北部，從墊江水前往涪縣，距離成都三百六十里，這一年是建安十六年。劉璋率領步兵騎兵三萬多人，車輛帳篷在太陽下閃動耀眼的光芒，前往涪城與先主會合，先主所率將士，與對方互相拜訪，設宴飲酒歡樂了一百多天。劉璋資助先主，讓他討伐張魯，這才與他分別。

2 第二年，先主到達葭萌，回師向南進發，所到之處盡皆攻克。建安十九年，進軍圍攻成都幾十天。城中當時還有精銳部隊三萬人，糧食布帛足以支持一年，官吏百姓都想死戰到底。劉璋說：「我們父子在這裏二十多年，沒有給百姓什麼恩德。百姓經歷了三年的攻伐戰爭，屍體肥沃了長滿青草的原野，這都是我的緣故啊，我於心何安！」於是打開城門出降，臣下沒有人不流下眼淚的。先主把劉璋遷到南郡公安縣，把家產和以前佩戴的振威將軍印綬全都還給他。孫權斬殺關羽，奪取荊州，任劉璋為益州牧，駐紮在秭歸。劉璋死後，南中豪強首領雍闓占據益州郡反叛，降附孫吳。孫權又任劉璋的兒子劉闡為益州刺史，駐守在交州與益州的交界處。丞相諸葛亮平定南中地區後，劉闡回到孫吳，任御史中丞。當初，劉璋長子劉循的妻子，是龐義的女兒。先主平定蜀地，龐義任左將軍司馬，劉璋當時聽從龐義的請求把劉循留在益州，先主任他為奉車中郎將。所以劉璋兩個兒子的後代，分別在吳、蜀二國。

評曰：昔魏豹聞許負之言則納薄姬於室❶，劉歆見圖讖之文則名字改易❷，終於不免其身❸，而慶鍾二主❹。此則神明不可虛要❺，天命不可妄冀❻，必然之驗也。而劉焉聞董扶之辭則心存益土，聽相者之言則求婚吳氏❼，遽造輿服❽，圖竊神器❾，其惑甚矣。璋才非人雄，而據土亂世❿，負乘致寇⓫，自然之理。其見奪取，非不幸也。

【章旨】以上是史學家陳壽對劉焉、劉璋父子的評價。

【注釋】❶魏豹聞許負之言句　魏豹，戰國末年魏國的貴族，其兄魏咎秦末被殺，魏豹逃到楚國，自立為王。後項羽大封諸侯，封魏豹為魏王。後漢將韓信攻破魏國，俘獲魏豹，並將其殺死。薄姬，其母魏氏是魏豹的同族親戚。許負善於看相，他說薄姬會生當皇帝的兒子，所以魏豹娶她為妾，魏豹死，劉邦又納其入後宮，生下劉恆，劉恆即位是為文帝，薄姬尊為皇太后。詳見《史記·外戚世家》、〈魏豹彭越列傳〉等。❷劉歆見圖讖之文句　劉歆，字子駿，西漢皇族，早年與父親劉向整理皇家藏書，父親死後仍繼續此項工作，最後寫成《七略》，為第一部皇家藏書的分類目錄。受王莽重用，王莽稱帝任其為國師。當時圖讖盛行，劉歆看到《河圖赤伏符》的書中有「劉秀發兵捕不道，四夷雲集龍鬥野，四七之際火為主」之語，認為未來的真命天子是一個名叫劉秀的人，便改名為秀，改字為穎叔，希望讖語應驗在自己身上。❸終於不免其身　最終不能免除災禍上身的結果。❹慶鍾二主　最終福氣集於二主之身。二主指劉邦、劉秀。❺虛要　無緣無故能夠取得。❻妄冀　妄自希求。❼求婚吳氏　劉焉聽說吳家女子有大貴之相，便為兒子劉瑁娶之為妻。❽輿服　皇帝御用的車輛和服飾。❾神器　指帝位。❿據土亂世　在亂世割據土地稱霸一方。⓫負乘致寇　卑賤的人背著他人的財物，坐上華麗的馬車炫耀，就會招致搶劫。出自《易經·解卦》的爻辭，這裏比喻劉璋才德凡劣而占據益州，所以被劉備取代。

【語譯】評論說：過去魏豹聽了許負的言論就納薄姬為妾，劉歆看見圖讖的文字就更改了名字，但終究不能免於禍患，福氣集中在劉邦、劉秀兩位君主身上。這說明不能憑空要求神靈賜福，天命也不可隨便妄求，這是必然的效驗。而劉焉聽了董扶的話就心想益州，聽了看相者的話就向吳家求婚，立刻製造了皇帝的車馬服飾，謀劃竊取帝位，太過糊塗了啊。劉璋沒有英雄的才幹，卻在亂世割據一方，卑賤者身背他人財物，乘坐華麗的馬車會招致強盜搶劫，是自然的道理。他擁有的被奪取，並非他的不幸。

【研　析】劉焉、劉璋父子對待張魯採取了截然不同的辦法。劉璋與他父親不同，把張魯變成了仇人。劉璋與張魯鬧翻，無論從長遠觀點還是眼前利益，都對自己在益州的統治產生了不良影響。從長遠觀點看，劉璋失去張魯，便失去了漢中；失去了漢中，便失去了益州北邊的門戶。漢中由益州的屏障變成了益州的威脅。門戶洞開，主人自然無安全感。正是由於這種不安全感，導致了劉璋請劉備入蜀，給劉備的取而代之提供了機會。

從眼前利益看，劉璋與張魯鬧翻，給益州的當地豪族造成一個錯覺：似乎劉璋改變了其父劉焉的方針，對從外地進益州的人士不再信任了。這種錯覺最明顯的就是巴西人趙韙。劉璋與張魯結仇後，多次派龐羲攻打張魯，均被張魯打敗。龐羲是河南人，與劉璋是世交，在馬騰謀襲長安事件中，龐羲領劉焉的孫子們逃離長安，裏面就有劉璋的兒子。所以，儘管龐羲屢敗，劉璋還是讓他擔任巴郡太守，屯駐閬中（今四川閬中）抵禦張魯。龐羲害怕張魯進攻，為了加強力量，擅自徵發漢昌縣的少數民族賨人為兵。為此，趙韙多次向劉璋講龐羲壞話。龐羲與劉璋的關係，趙韙不是不知道，他之所以勸劉璋制裁龐羲，就是誤認為劉璋對違法的東州人也是要嚴加管束的。其實，趙韙錯了。劉璋可以制裁張魯，但決不會制裁東州人。趙韙勸劉璋制裁龐羲，劉璋也不接受，這也間接導致趙韙的反叛，使益州元氣大傷。據《劉璋傳》裴注引《英雄記》載：「先是，南陽、三輔人流入益州數萬家，收以為兵，名曰東州兵。璋性寬柔，無威略，東州人侵暴舊民，璋不能禁，政令多缺，益州頗怨。趙韙素得人心，璋委任之。韙因民怨謀叛，乃厚賂荊州請和，陰結州中大姓，與俱起兵，還擊璋。蜀郡、廣漢、犍為皆應韙。璋馳入成都城守，東州人畏韙，咸同心并力助璋，皆殊死戰，遂破反者，進攻韙於江州。韙將龐樂、李異反殺韙軍，斬韙。」上述記載中，東州人侵暴舊民，即指外來的東州人與土著益州人的矛盾。趙韙起兵反對劉璋，也可說是益州人與東州人的爭鬥，這場爭鬥最後以益州人失敗而告終。

古人曾這樣評價劉璋：「愚弱而守善言，斯亦宋襄公、徐偃王之徒，未為無道之主也。」這種評價既有褒，也有貶，或者可以說是既不褒也不貶的客觀、公允之論。誠然，劉璋不可稱為無道之主，從「守善言」的評價中，我們甚至可以說他是個有道之主。但從「愚弱」的評價中，我們又可以說劉璋是個無能之主。有道而無能，作為一個平常人尚可立身於世，但作為一方之主則不稱職。從興平元年（西元一九四年）接任益州刺史起，到建安十九年（西元二一四年）止，劉璋為益州之主二十年。在這二十年時間裏，劉璋也試圖解決土著豪族與客居外人的矛盾，調和二者的關係，以爭取二者的支持，但他的努力往往徒勞無功。例如，對待立場相左的程畿、龐羲二人：他雖然懷疑龐羲懷有二心，但當龐羲表示深痛自責時，便對他不加深究，依然重用。對待程畿，劉璋則肯定他忠誠的一面，把他從漢昌縣令提升為江陽太守。但劉璋如此處理問題後果是消極的，他雖然重用了龐羲，但由於肯定了他的對頭程畿，龐羲自然不滿；他雖提升了程畿，但由於沒有制裁龐羲，程畿也不會滿意。由此可見，劉璋試圖調和土著豪族和客居外人矛盾的努力是不成功的。在益州的二十年裏，劉璋就像一個初練走鋼絲的雜技演員，在土著豪族和客居外人之間左晃一下，右扭一下，艱難的維持著自身的穩定，直到劉備入蜀前夕。

益州的很多明智之士都認為劉璋是個闇弱之主，都作著別選明君的打算。其中最有代表性的，就是張松和法正。法正和張松不僅是出色的人才，而且都有著遠大的抱負。他們對劉璋政權的失望與不滿，對不被重用的耿耿於懷，使其成為志同道合的好朋友。他們常在一起分析形勢，探討出路，策劃著另投明主，以圖幹一番轟轟烈烈的事業。這兩個人的一系列行動，為諸葛亮〈隆中對〉計劃的進一步實施，為劉備集團占有益州提供了絕好的機會。（梁滿倉注譯）

卷三十二　蜀書二

先主傳第二

【題解】 本卷是為蜀漢先主劉備專設的傳記文字。劉備的一生波瀾壯闊，充滿曲折挫折，也有不懈奮鬥和巨大成功。《三國志》一般都是數個人物的列傳，只有〈魏書〉中曹操、曹丕、曹叡，〈蜀書〉中劉備、劉禪、諸葛亮，〈吳書〉中孫權、陸遜是單獨列傳。諸葛亮、陸遜另當別論，陳壽把劉備、劉禪、孫權單獨列傳，規格相當於曹操、曹丕等人，顯然是把他們放在同樣的高度上。

1 先主姓劉，諱備，字玄德，涿郡❶涿縣人，漢景帝❷子中山靖王勝❸之後也。勝子貞，元狩六年❹封涿縣陸城亭侯，坐酎金❺失侯，因家焉。先主祖雄，父弘，世仕州郡。雄舉孝廉❻，官至東郡范令❼。

2 先主少孤，與母販履織席為業。舍東南角籬上有桑樹生高五丈餘，遙望見童童❽如小車蓋，往來者皆怪❾此樹非凡，或謂當出貴人。先主少時，與宗中諸小兒於樹下戲，言：「吾必當乘此羽葆蓋車⑩。」叔父子敬謂曰：「汝勿妄語，滅吾門也！」年十五，母使行學⑪，與同宗劉德然、遼西公孫瓚⑫俱事故九江太守⑬同郡盧植⑭。德然父元起常資給先主，與德然等⑮。元起妻曰：「各自一家，何能常爾⑯邪！」元起曰：「吾宗中有此兒，非常人也。」而瓚深與先主相友。瓚年長，先主以兄事之。先主不甚樂讀書，喜狗馬、音樂、美衣服⑰。身長七尺五寸⑱，垂手下膝，顧自見其耳。少語言，善下人⑲，喜怒不形於色。好交結豪俠，年少爭附之。中山⑳大商張世平、蘇雙等貲㉑累千金，販馬周旋於涿郡，見而異之，乃多與之金財。先主由是得用合徒眾。

【章旨】以上為第一部分，記述了劉備的家世、童年生活、起兵前的經歷，也記載了他的性格、品質和志向。

【注釋】❶涿郡　郡名。治所在今河北涿州。❷漢景帝　西漢皇帝，名劉啟，文帝子。在位期間實行重農抑商、興修水利、發展生產、與民休息的政策。實行削藩以加強中央集權，任用周亞夫等平定吳楚七國之亂。在位期間政治清明，經濟繁榮。詳見《史記·孝景本紀》、《漢書·景帝紀》。❸中山靖王勝　即西漢景帝的兒子劉勝，被封中山王，生活荒淫奢侈，有子一百二十餘人。死後諡曰靖。詳見《漢書·中山靖王傳》。❹元狩六年　西元前一一七年。元狩，西漢武帝劉徹年號，西元前一二二—一一七年。❺坐酎金　違犯酎金的規定。坐，違犯。漢代規定，皇帝在八月用新釀製的酎酒祭祀祖先，宗室諸侯按規定出資金助祭，叫做酎金。❻孝廉　漢代察舉官吏的科目名。孝指孝子，廉指廉吏。西漢武帝元光元年（西元前一三四年）初，令郡國各舉孝廉一人，後合稱孝廉。❼東郡范令　東郡，郡名。治所在今河南濮陽西南。范，縣名。治所在今河南梁山縣西北。❽童童　形容樹木枝葉茂密的樣子。❾怪　驚訝。❿羽葆蓋車　用羽毛裝飾車蓋的車乘，為皇帝儀仗所用。⓫行學　遊學。⓬公孫瓚　字伯珪，遼西令支（今河北遷安）人，從盧植讀經，歷任遼東屬國長史、涿令、騎都尉等職。董卓之亂後割據幽州，後被袁紹打敗。詳見《後漢書・公孫瓚列傳》、本書卷八〈公孫瓚傳〉。⓭九江太守　九江，郡名。治所在今安徽壽縣。太守，郡中最高行政長官。⓮盧植　字子幹，涿郡涿縣（今河北涿州）人，東漢著名儒者，少時與鄭玄共同師事馬融，通古今之學。詳見《後漢書・盧植列傳》。⓯等　等同。⓰常爾　經常這樣。⓱美衣服　以穿華麗衣服為美。⓲七尺五寸　約合今一公尺八十。⓳善下人　對人謙讓，善於尊重別人。⓴中山　郡國名。治所在今河北定州。㉑貲　同「資」。資產。

【語　譯】先主姓劉，名備，字玄德，涿郡涿縣人，漢景帝的兒子中山靖王劉勝的後代。劉勝的兒子劉貞，元狩六年受封涿縣陸城亭侯，因違犯酎金的規定而失去爵位，因此在涿縣安家。先主祖父劉雄，父劉弘，世代在州郡任職。劉雄被舉為孝廉，官至東郡范縣縣令。

2 先主自幼喪父，跟母親賣鞋織蓆為生。住家東南角籬笆邊上有棵桑樹高五丈多，遠望枝葉茂密如同一個小車蓋，往來的人都驚訝這棵樹非比尋常，有人說當出顯貴之人。先主小時候和宗族中的孩子在樹下嬉戲，說：「我一定要乘坐像這棵桑樹一樣的羽葆蓋車。」叔父劉子敬對他說：「你不要胡言亂語，會滅我們滿門的！」十五歲時，母親讓先主去遊學，與同宗人劉德然、遼西人公孫瓚都師事前九江太守同郡人盧植。劉德然的父親劉元起經常資助先主，與劉德然一樣。劉元起的妻子說：「我們與他各自一家，怎麼能經常如此呢！」劉元起說：「我們宗族中有這種孩子，他不是尋常人呀。」而公孫瓚與先主十分友好。公孫瓚年長，先主把他當哥哥對待。先主不是非常樂於讀書，喜歡狗馬、音樂、華麗衣服。他身高七尺五寸，垂手超過膝蓋，眼睛能看到自己的耳朵。很少說話，對人謙讓善於尊重別人，喜怒情緒不形於色。喜好交結豪俠，年輕人爭著追隨他。中山大商人張世平、蘇雙等人資產累積千金，因販馬往來於涿郡，見到先主認為他異於常人，便給他很多金錢財物。先主因此得以用來召聚部眾。

1 靈帝❶末，黃巾❷起，州郡各舉義兵，先主率其屬從校尉❸鄒靖討黃巾賊有功，除安喜尉❹。督郵❺以公事到縣，先主求謁，不通，直入縛督郵，杖二百，解綬繫其頸著馬枊❻，棄官亡命。頃之，大將軍何進❼遣都尉❽毌丘毅詣丹陽❾募兵，先主與俱行，至下邳❿遇賊，力戰有功，除為下密丞⓫。復去官。後為高唐⓬尉，遷為令。為賊所破，往奔中郎將⓭公孫瓚，瓚表為別部司馬⓮，使與青州刺史田楷⓯以拒冀州牧袁紹⓰。數有戰功，試守平原令⓱，後領平原相⓲。郡民劉平素輕先主，恥為之下，使客刺之。客不忍刺，語之而去。其得人心如此。

2 袁紹攻公孫瓚，先主與田楷東屯齊⓳。曹公⓴征徐州㉑，徐州牧陶謙㉒遣使告急於田楷，楷與先主俱救之。時先主自有兵千餘人及幽州烏丸㉓雜胡騎，又略得飢民數千人。既到，謙以丹陽兵四千益先主，先主遂去楷歸謙。謙表先主為豫州㉔刺史，屯小沛㉕。謙病篤，謂別駕麋竺㉖曰：「非劉備不能安此州也。」謙死，竺率州人迎先主，先主未敢當。下邳陳登㉗謂先主曰：「今漢室陵遲㉘，海內傾覆，立功立事，在於今日。彼州㉙殷富，戶口百萬，欲屈使君撫臨州事。」先主曰：「袁公路㉚近在壽春㉛，此君四世五公㉜，海內所歸，君可以州與之。」登曰：「公路驕豪，非治亂之主。今欲為使君合步騎十萬，上可以匡主濟民，成五霸㉝

之業，下可以割地守境，書功於竹帛。若使君不見聽許，登亦未敢聽使君也。」北海相孔融(34)謂先主曰：「袁公路豈憂國忘家者邪？冢中枯骨(35)，何足介意。今日之事，百姓與能(36)，天與不取，悔不可追。」先主遂領(37)徐州。袁術來攻先主，先主拒之於盱眙(38)、淮陰(39)。曹公表先主為鎮東將軍(40)，封宜城亭侯，是歲建安元年(41)也。先主與術相持經月，呂布(42)乘虛襲下邳。下邳守將曹豹反，間(43)迎布。布虜先主妻子，先主轉軍海西(44)。楊奉(45)、韓暹(46)寇徐、揚間，先主邀擊，盡斬之(47)。先主求和於呂布，布還其妻子。先主遣關羽(48)守下邳。

3 先主還小沛，復合兵(49)得萬餘人。呂布惡(50)之，自出兵攻先主，先主敗走歸曹公。曹公厚遇之，以為豫州牧。將至沛收散卒，給其軍糧，益與兵使東擊布。布遣高順(51)攻之，曹公遣夏侯惇(52)往，不能救，為順所敗，復虜先主妻子送布。曹公自出東征，助先主圍布於下邳，生禽布。先主復得妻子，從曹公還許。表先主為左將軍，禮之愈重，出則同輿，坐則同席。袁術欲經徐州北就袁紹，曹公遣先主督朱靈(53)、路招(54)要擊術。未至，術病死。

4 先主未出時，獻帝(55)舅車騎將軍董承(56)辭(57)受帝衣帶中密詔，當誅曹公。先主未發。是時曹公從容(58)謂先主曰：「今天下英雄，惟使君與操耳。本初之徒，不足數[59]也。」先主方食，失匕箸。遂與承及長水校尉[60]种輯、將軍[61]吳子蘭、王子服等同謀。會見使[62]，未發。事覺，承等皆伏誅。

5 先主據下邳。靈等還，先主乃殺徐州刺史車胄，留關羽守下邳，而身還小沛。東海[63]昌霸反，郡縣多叛曹公為[64]先主，眾數萬人，遣孫乾[65]與袁紹連和，曹公遣劉岱[66]、王忠[67]擊之，不克。五年[68]，曹公東征先主，先主敗績。曹公盡收其眾，虜先主妻子，并禽關羽以歸。

6 先主走青州[69]。青州刺史袁譚[70]，先主故茂才[71]也，將步騎迎先主。先主隨譚到平原，譚馳使白紹[72]。紹遣將道路奉迎，身去鄴[73]二百里，與先主相見。駐月餘日，所失亡士卒稍稍[74]來集。曹公與袁紹相拒於官渡[75]，汝南[76]黃巾劉辟等叛曹公應紹。紹遣先主將兵與辟等略許下[77]。關羽亡歸先主。曹公遣曹仁[78]將兵擊先主，先主還紹軍，陰欲離紹，乃說紹南連荊州牧劉表[79]。紹遣先主將本兵復至汝南，與賊龔都等合，眾數千人。曹公遣蔡陽擊之，為先主所殺。

7 曹公既破紹，自南擊先主。先主遣麋竺、孫乾與劉表相聞[80]，表自郊迎[81]，以上賓禮待之，益其兵，使屯新野[82]。荊州豪傑歸先主者日益多，表疑其心，陰禦之[83]。使拒夏侯惇、于禁[84]等於博望[85]。久之，先主設伏兵，一旦[86]自燒屯[87]偽遁，惇等追之，為伏兵所破。

【章　旨】以上為第二部分，記載了劉備結識諸葛亮以前屢次遭受挫折的坎坷經歷，也反映了他屢受挫折，屢次奮鬥的堅毅性格。

【注　釋】❶靈帝　東漢皇帝，名劉宏，漢章帝玄孫。西元一六八—一八九年在位，其時外戚專權，宦官得勢，黨人因反對宦官而遭黨錮之禍。靈帝好文學，治國無能，賣官鬻爵，搜刮民財，引發黃巾之禍。詳見《後漢書・孝靈帝紀》。❷黃巾　東漢末民眾起事，頭裹黃巾，故名。領導人為張角。❸校尉　武官名。軍中將軍的下屬官。❹安喜尉　安喜縣尉。安喜，縣名。治所在今河北定州東南。尉，官名。縣長屬官，掌軍事。❺督郵　官名。郡守屬官，掌督察所轄縣長吏政績、社會治安、法紀行政、催租點兵等。❻馬枊　拴馬樁。❼大將軍何進　大將軍，最高軍事統帥，外主征戰，內秉國政。何進，東漢外戚，字遂高，南陽宛（今河南南陽）人。黃巾起事後被任命為大將軍。靈帝死後，迎立少帝，拜侍中。後與袁紹等謀誅宦官，事洩被殺。詳見《後漢書・何進列傳》。❽都尉　官名。將軍屬官。❾丹陽　郡名。治所在今安徽宣州，孫吳時移治今江蘇南京。❿下邳　縣名。治所在今江蘇睢寧西北。⓫下密丞　下密縣丞。下密，縣名。治所在今山東昌邑東。丞，縣令屬官，掌一縣文書及刑獄。⓬高唐　縣名。治所在今山東禹城西南。⓭中郎將　武官名。領兵征伐。⓮別部司馬　將軍屬官有司馬，其中別領營屬者稱別部司馬。⓯青州刺史田楷　青州，州名。治所在今山東臨淄北。刺史，州中最高軍政長官。田楷，公孫瓚所任青州刺史，後被袁紹所殺。其事散見於《後漢書・公孫瓚列傳》、本書卷八〈公孫瓚傳〉。⓰冀州牧袁紹　冀州，州名。治所在今河北柏鄉北，後移治河北臨漳西南。牧，刺史別稱。袁紹，字本初，汝南汝陽（今河南商水縣西南）人，祖上四世三公。有清名，好交結，與曹操友善。東漢末與何進謀誅宦官，董卓之亂起，在冀州起兵討董卓，為關東聯軍盟主。後占據冀、青、幽、并四州，成為北方最強大的割據勢力。在官渡之戰中被曹操打敗，後病死。詳見《後漢書・袁紹列傳》、本書卷六〈袁紹傳〉。⓱試守平原令　試守，暫時代理。平原，縣名。治所在今山東平原南。⓲領平原相　兼任平原相。領，兼任。相，諸侯國中最高的行政長官。⓳齊　郡國名。治所在今山東臨淄。⓴曹公　即曹操，字孟德，小名阿瞞，沛國譙（今安徽亳州）人。東漢末起兵討黃巾，後參加袁紹討董聯盟。占據兗州後，收編黃巾軍三十餘萬，組成青州軍，先後擊敗袁術、陶謙、呂布、袁紹，統一了北方。任丞相，相繼封為魏公、魏王。曹丕建魏後，追封為魏武帝。詳見本書卷一〈武帝紀〉。㉑徐州　州名。治所在今山東郯城，後移治今江蘇徐州。㉒陶謙　字恭祖，丹陽（今安徽宣州）人。好學，舉茂才，歷任盧縣令、幽州刺史、徐州刺史等職。因部下殺害曹操的父親曹嵩，徐州受到曹操的兩次討伐。陶謙兵敗，東漢興平元年（西元一九四年）病卒。詳見《後漢書・陶謙列傳》、本書卷八〈陶謙傳〉。㉓幽州烏丸　幽州，州名。治所在今北京市。烏丸，古代北方少數民族。㉔豫州　州名。治所在今安徽亳州。㉕小沛　縣名。一名沛縣，治所在今江蘇沛縣，兩漢時為沛郡的屬縣，沛郡治相縣，因稱沛縣為小沛。㉖別駕麋竺　別駕，即別駕從事，州刺史的屬官。麋竺，字子仲，東海朐（今江蘇海州）人。世代商賈，資產巨億。先為陶謙別駕從事，後歸劉備，並嫁妹妹給他。一直跟隨劉備，官至安漢將軍。詳見本書卷三十八〈麋竺傳〉。㉗陳登　字元龍，下邳淮浦（今江蘇漣水縣西）人，歷任東陽縣長、典農校尉，在任興修水利。因助曹操滅呂布有功，任廣陵太守，加伏波將軍，後遷東城太守。詳見本書卷七張邈附傳。㉘陵遲　衰落；衰敗。㉙彼州　指徐州。彼，原作「鄙」，今從宋本。㉚袁公路　即袁術，公路是其字。汝南汝陽（今河南商水縣西南）人，袁紹從弟。少以俠氣聞名。董卓之亂起，出奔南陽，後割據揚州。東漢建安二年（西元一九七年）稱帝，後因眾人反對，糧盡眾散，欲往青州依袁譚，於途中病死。詳見《後漢書・袁術列傳》、本書卷六〈袁術傳〉。㉛壽春　縣名。治所在今安徽壽縣。㉜四世五公　四代人出了五個當三公的人。㉝五霸　春秋時五個先後稱霸的諸侯，即齊桓公、晉文公、楚莊王、吳王闔閭、越王句踐。一說為齊桓公、晉文公、楚莊王、宋襄公、秦穆公。㉞北海相孔融　北海，郡國名。治所在今山東昌樂西，後移治今山東濰坊西南。孔融，字文舉，魯國（今山東曲阜）人，長於文學，建安七子之一。喜評議時政，言辭激烈，因此觸怒曹操，被殺。詳見《三國志・崔琰傳》裴松之注。㉟冢中枯骨　墳墓中的骷髏。㊱百姓與能　老百姓推舉有能力的人。語出《易經・繫辭下》：「天地設位，聖人成能，人謀鬼謀，百姓與能。」㊲領　暫時兼任。㊳盱眙　縣名。治所在今江蘇盱眙東北。㊴淮陰　縣名。治所在今江蘇淮陰西南。㊵鎮東將軍　武官名。鎮東、鎮西、鎮南、鎮北四鎮將軍之一，地位次於征東、征南、征西、征北四征將軍。㊶建安元年　西元一九六年。建安，東漢獻帝劉協年號，西元一九六—二二〇年。㊷呂布　字奉先，五原郡九原（今內蒙古包頭西南）人，善弓馬，武勇過人，先為并州刺史丁原部將，後殺丁原投董卓。又與王允合謀誅殺董卓，被董卓餘黨打敗，東依袁術，又割據徐州，終被曹操打敗絞殺。詳見《後漢書・呂布列傳》、本書卷七〈呂布傳〉。㊸閒　暗中。㊹海西　縣名。治所在今江蘇淮南東南。㊺楊奉　東漢末將領，本為李傕部將，後謀殺李傕，事洩不果。欲奉獻帝還洛陽，遭到李傕、郭汜合擊，遷獻帝於安邑。後被劉備所殺。其事散見於《後漢書・孝獻帝紀》、本書卷一〈武帝紀〉。㊻韓暹　東漢末將領，原為河東故白波帥，後助楊奉與李傕、郭汜戰，脅獻帝都安邑，拜為征東大將軍。後被杼秋屯帥張宜所殺。㊼盡斬之　當時劉備只殺了楊奉，韓暹是被張宣所殺。詳見《後漢書·董卓列傳》、《三國志·董卓傳》裴松之注引《英雄記》。(48)關羽　字雲長，河東解縣（今山西臨猗西南）人。在涿州與張飛一起隨劉備起兵，屢立戰功，任襄陽太守、盪寇將軍。劉備率軍入蜀後留鎮荊州，後被孫吳殺死。詳見本書卷三十六〈關羽傳〉。(49)合兵　聚集；召集。(50)惡　反感；憎惡。(51)高順　呂布部將，助呂布誅殺叛將郝萌。事見《三國志·呂布傳》裴松之注引《英雄記》。(52)夏侯惇　字元讓，沛國譙（今安徽亳州）人，少以烈氣聞名。隨曹操起兵，從征呂布時被流矢傷左目。尊重學人，生性節儉，樂於施捨。詳見本書卷九〈夏侯惇傳〉。(53)朱靈　字文博，清河（今河北清河縣東南）人，初為袁紹將，後歸曹操。官至後將軍。詳見本書卷十七徐晃附傳。(54)路招　曹魏將領。曾隨夏侯淵圍擊馬超。其事散見於本書卷九〈夏侯淵傳〉。(55)獻帝　東漢皇帝，名協，字伯和，靈帝子，為董卓所立。董卓死後，又被李傕所掠。建安元年（西元一九六年）被曹操迎至許昌。西元二二〇年曹魏建立，被廢為山陽公。詳見《後漢書·孝獻帝紀》。(56)舅車騎將軍董承　舅，岳父。車騎將軍，高級軍事將領，位次於大將軍。掌護衛京師宮廷。董承，漢獻帝母董太后之姪，獻帝的岳父。與劉備謀誅曹操，事洩被殺。其事散見於《後漢書·孝獻帝紀》、《後漢書·獻帝伏皇后紀》。(57)辭　聲稱。(58)從容　悠閒；隨意。(59)不足數　數不上；不值一提。(60)長水校尉　武官名。京師八校尉之一，掌長水胡騎。長水為地名，由長水地區胡人組成的騎兵稱長水胡騎。(61)將軍　武官名。領兵征伐。(62)會見使　正好被派遣。(63)東海　郡名。治所在今山東郯城西北。(64)為　支持。(65)孫乾　字公祐，北海（今山東昌樂西）人，劉備為徐州牧時被召為從事，一直追隨劉備，歷任蜀漢從事中郎、秉忠將軍等職。詳見本書卷三十八〈孫乾傳〉。(66)劉岱　字公山，沛國（今安徽濉溪縣西北）人，初以司空長史隨曹操征戰，後因功封列侯。詳見《三國志·武帝紀》裴松之注引《魏武故事》。(67)王忠　扶風（今陝西興平）人，少為亭長，戰亂時因飢餓吃人。後歸曹操，拜中郎將，從征討。詳見《三國志·武帝紀》裴松之注引《魏略》。(68)五年　建安五年（西元二〇〇年）。(69)青州　州名。治所在今山東臨淄北。(70)袁譚　字顯思，汝南汝陽（今河南商水縣西南）人，袁紹長子。不受袁紹寵愛，出為青州刺史。袁紹死，遺命袁譚異母弟袁尚繼位，袁譚與袁尚相攻，依靠曹操之力打敗袁尚。後叛曹操被殺。詳見《後漢書》卷七十四袁紹附袁譚傳、本書卷六〈袁紹傳〉。(71)故茂才　茂才即秀才，東漢為避光武帝劉秀的名諱，稱茂才，為選拔人才的科目名稱。茂才由州刺史提名薦舉給中央朝廷，袁譚是豫州汝南人，劉備任豫州牧時曾薦舉他為茂才。(72)馳使白紹　派人迅速報告袁紹。白，報告。(73)鄴　地名。在今河北臨漳西南。(74)稍稍　漸漸。(75)官渡　地名。在今河南中牟東北。(76)汝南　郡名。治所在今河南平輿北。(77)許下　許昌一帶。(78)曹仁　字子孝，沛國譙（今安徽亳州）人，曹操從弟，少好弓馬遊獵。從曹操起兵，征袁術、陶謙、呂布、張繡等，平黃巾，戰官渡，討馬超，鎮荊州，屢立戰功，官至大司馬。詳見本書卷九〈曹仁傳〉。79劉表 字景升，山陽高平（今山東微山縣西北）人。漢宗室，後任荊州刺史、鎮南將軍，甚有治績。詳見《後漢書．劉表列傳》、本書卷六〈劉表傳〉。80相聞 聯絡。81郊迎 出城迎接。82新野 縣名。治所在今河南新野。83陰禦之 暗地裏防備他。84于禁 字文則，泰山鉅平（今山東泰安）人。初隨濟北相鮑信，後歸曹操，為曹操手下名將。東漢建安二十四年（西元二一九年），與關羽戰於樊城，兵敗被俘。孫權取荊州後，于禁被送還魏，慚恨而死。詳見本書卷十七〈于禁傳〉。85博望 縣名。治所在今河南方城西南博望鎮。86一旦 突然。87屯 軍營。

【語 譯】靈帝末年，黃巾軍起事，州郡各自發動義兵，先主率領部眾隨從校尉鄒靖討伐黃巾賊有功，被任命為安喜縣尉。郡督郵因公事來到縣裏，先主請求拜見，被拒絕，他直接闖入捆綁督郵，杖打二百下，解下綬帶捆著他的脖子拴在馬樁上，棄官逃亡。不久，大將軍何進派都尉毌丘毅到丹陽招募士兵，先主和他同行，到下邳時遇到賊人，先主奮力作戰有功，被任命為下密縣丞。又去官離職。後來任高唐縣尉，升任縣令。縣城被賊人攻破，先主亡奔中郎將公孫瓚，公孫瓚上表推薦他任別部司馬，讓他與青州牧田楷一起抵禦冀州牧袁紹。屢次立有戰功，暫時代理平原縣令，後又兼任平原相。郡民劉平一向輕視先主，恥居其下，便派刺客刺殺他。刺客不忍行刺，告訴先主後離去。他就是這樣得人心。

2 袁紹進攻公孫瓚，先主與田楷向東屯駐在齊地。曹公討伐徐州，徐州牧陶謙派遣使者向田楷告急，田楷與先主同去援救陶謙。當時先主自己有兵士千餘人和幽州烏丸雜胡騎兵，又掠取了饑民數千人。到達徐州後，陶謙增撥四千丹陽兵給先主，先主於是離開田楷歸附陶謙。陶謙上表讓先主任豫州刺史，屯駐小沛。陶謙病重，對別駕從事麋竺說：「沒有劉備不足以安定本州啊。」陶謙死後，麋竺率州人迎接先主，先主不敢接受。下邳人陳登對先主說：「如今漢朝衰敗，天下傾覆，建功立業，就在今朝。徐州富饒，戶口百萬，我們想委屈您親理本州事務。」先主說：「袁公路近在壽春，這個人家裏四代人出了五個三公，天下人歸心，您可以把徐州交給他。」陳登說：「袁公路驕傲強橫，不是治理亂世的人。如今我想為您召集步兵、騎兵十萬，這樣上可以扶助君主救濟百姓，成就五霸般的功業，下可以割據地方守境保土，在史冊上留名。如果您不答應我的請求，我也不敢聽從您的意見。」北海相孔融對先主說：「袁公路豈是憂國忘家的人嗎？墳墓中的枯骨，有什麼值得在意。今天的事情，老百姓推舉有能力的人，上天送給您您不要，將來會追悔莫及。」先主於是暫時兼任徐州牧。袁術前來進攻先主，先主在盱眙、淮陰抵禦。曹公上表任先主為鎮東將軍，封爵宜城亭侯，這一年是建安元年。先主與袁術相持了一個月，呂布乘虛襲擊下邳。下邳守將曹豹反叛，暗中迎接呂布。呂布俘虜了先主的妻兒，先主把軍隊轉移到海西縣。楊奉、韓暹侵掠徐州、揚州一帶，先主截擊他們，把他們全部斬殺。先主向呂布求和，呂布歸還了他的妻兒。先主派遣關羽守備下邳。

3 先主返回小沛，又聚集兵力獲得一萬多人。呂布非常反感，親自出兵進攻先主，先主兵敗而走歸附曹公。曹公厚待先主，任他為豫州牧。先主準備到沛縣收集散兵，曹公給他軍糧，增加他的兵力讓他向東進攻呂布。呂布派遣高順進攻先主，曹公派夏侯惇率兵前往，未能援救，被高順打敗。高順又俘虜先主的妻兒送到呂布那裏。曹公親自出兵東征，協助先主把呂布圍在下邳，活捉呂布。先主又得到了妻兒，隨曹公回到許縣。曹公上表任先主為左將軍，對他禮遇更加隆重，出行便同車，坐席則同席。袁術想經過徐州北上投奔袁紹，曹公派遣先主督率朱靈、路招截擊袁術。尚未到達，袁術即病死。

4 先主尚未出發時，獻帝的岳父車騎將軍董承聲稱接受了獻帝藏在衣帶中的密詔，應當誅殺曹公。先主尚未採取行動。當時曹公隨口對先主說：「當今天下英雄，只有你和我罷了。袁本初之輩不值得一提。」先主正在吃飯，驚落了手上的湯匙、筷子。於是先主與董承及長水校尉种輯、將軍吳子蘭、王子服等共同謀議。正好這時被派遣截擊袁術，謀劃沒有實施。後來事發，董承等人都被誅殺。

5 先主占據下邳。朱靈等返回，先主便殺掉徐州刺史車冑，留下關羽鎮守下邳，而自己回到小沛。東海人昌霸反叛，許多郡縣都背叛曹公支持先主，部眾達數萬人，先主便派遣孫乾聯合袁紹。曹公派遣劉岱、王忠進擊他們，未能攻克。建安五年，曹公東征先主，先主兵敗。曹公盡收先主的部眾，俘虜了先主的妻兒，並生擒關羽後返回。

6 先主逃奔青州。青州刺史袁譚，是先主過去薦舉的茂才，率領步兵、騎兵迎接先主。先主跟隨袁譚到達平原，袁譚派人迅速向袁紹報告。袁紹派將領在道路迎接，並親自出鄴城二百里與先主相見。先主在鄴城駐紮了一個多月，四散的兵卒漸漸的前來會合。曹公與袁紹在官渡對戰，汝南黃巾軍劉辟等人背叛曹公響應袁紹。袁紹派遣先主率兵與劉辟等人攻掠許縣。關羽逃歸先主。曹公派曹仁率兵攻擊先主，先主回到袁紹軍中，暗中打算離開袁紹，便勸說袁紹南與荊州劉表聯合。袁紹派先主率本部兵馬又到汝南，與賊人龔都等人合在一起，部眾有數千人。曹公派遣蔡陽攻擊先主，被先主所殺。

7 曹公打敗袁紹後，親自南向攻打先主。先主派遣麋竺、孫乾與劉表聯絡，劉表親自出城迎接，用上賓之禮對待先主，增加他的兵馬，讓他屯駐在新野。歸附先主的荊州豪傑日益增多，劉表懷疑他的用心，暗中防備先主。讓他在博望抵禦夏侯惇、于禁等。過了很長一段時間，先主設下伏兵，突然自行燒掉軍營假裝遁逃，夏侯惇等追擊先主，被伏兵打敗。

1 十二年❶，曹公北征烏丸，先主說表襲許，表不能用。曹公南征表，會表卒，子琮❷代立，遣使請降。先主屯樊❸，不知曹公卒至，至宛❹乃聞之，遂將其眾去。過襄陽❺，諸葛亮❻說先主攻琮，荊州可有。先主曰：「吾不忍也。」乃駐馬呼琮，琮懼不能起。琮左右及荊州人多歸先主。比到當陽❼，眾十餘萬，輜重數千兩，日行十餘里，別遣關羽乘船數百艘，使會江陵❽。或謂先主曰：「宜速行保江陵，今雖擁大眾，被甲者❾少，若曹公兵至，何以拒之？」先主曰：「夫濟大事必以人為本，今人歸吾，吾何忍棄去！」

2 曹公以江陵有軍實❿，恐先主據之，乃釋輜重，輕軍到襄陽。聞先主已過，曹公將精騎五千急追之，一日一夜行三百餘里，及於當陽之長阪⑪。先主棄妻子，與諸葛亮、張飛、趙雲⑫等數十騎走，曹公大獲其人眾輜重。先主斜趨⑬漢津⑭，適與羽船會，得濟沔⑮，遇表長子江夏太守琦⑯眾萬餘人，與俱到夏口⑰。先主遣諸葛亮自結於孫權⑱，權遣周瑜⑲、程普⑳等水軍數萬，與先主并力，與曹公戰於赤壁㉑，大破之，焚其舟船。先主與吳軍水陸並進，追到南郡㉒，時又疾疫，北軍多死，曹公引歸㉓。

【章旨】以上為第三部分，記述了劉備到荊州特別是結識了諸葛亮以後事業上的巨大變化：在荊州立足，團結荊州豪傑，與江夏太守劉琦合勢，與孫吳結成抗曹聯盟，最後在赤壁打敗曹軍。

【注釋】❶十二年　建安十二年（西元二〇七年）。❷琮　即劉琮，山陽高平（今山東微山縣西北）人，劉表之子。受劉表寵愛，劉表死後繼父之位。曹操進攻荊州，投降曹操。被命為青州刺史，封列侯。詳見本書卷六〈劉表傳〉。❸樊　樊城，在今湖北襄樊。❹宛　縣名。治所在今河南南陽。❺襄陽　地名。在今湖北襄樊。❻諸葛亮　字孔明，琅邪陽都（今山東沂南南）人。先隱居荊州隆中，後輔佐劉備，提出並實踐聯合孫吳、跨有荊益、北拒曹操的方針。劉備去世後，受遺詔輔佐劉禪，先後平定南中，六次北伐曹魏。後逝世於北伐前線。詳見本書卷三十五〈諸葛亮傳〉。❼當陽　縣名。治所在今湖北當陽東。❽江陵　縣名。治所在今湖北江陵。❾被甲者　穿鎧甲的人，此指士兵。❿軍實　軍用物資。⓫長阪　地名。在今湖北當陽東北。⓬趙雲　字子龍，常山真定（今河北正定）人。英勇善戰，一身是膽。本屬公孫瓚，後歸劉備。隨劉備戰長坂，取荊州，入四川。劉備死後，又隨諸葛亮北伐。為蜀漢名將。詳見本書卷三十六〈趙雲傳〉。⓭趣　宋本作「趨」，二字通。⓮漢津　漢水渡口，在今湖北荊門東南。⓯沔　漢水。⓰江夏太守琦　江夏，郡名。治所在今湖北漢口。琦，即劉琦，劉表之子，不被劉表寵愛，後至江夏任太守以避迫害。其事散見於本書卷六〈劉表傳〉、卷三十五〈諸葛亮傳〉。⓱夏口　地名。

在今湖北武漢。⑱孫權　字仲謀，吳郡富春（今浙江富陽）人，孫策弟。孫策死後即位，被封討虜將軍，領會稽太守。黃武八年（西元二二九年）即帝位於武昌。死後謚大皇帝，廟號太祖。詳見本書卷四十七〈吳主傳〉。⑲周瑜　字公瑾，廬江舒縣（今安徽廬江縣西南）人，曾為孫策中郎將，幫助孫策在江東創立孫吳政權。孫策卒，與張昭同輔孫權，任前部大都督。東漢建安十三年（西元二〇八年），在赤壁大破曹兵。西元二一〇年病死。詳見本書卷五十四〈周瑜傳〉。⑳程普　字德謀，右北平土垠（今河北豐潤東南）人。初為州郡吏，後從孫堅征戰，孫堅死後隨孫策，孫策死後又從孫權，屢立戰功，身被創傷。為孫吳著名戰將，且年最長，時人稱之為程公。周瑜死後，代領南郡太守。詳見本書卷五十五〈程普傳〉。㉑赤壁　地名。在今湖北蒲圻西北。㉒南郡　郡名。治所在今湖北江陵東北。㉓引歸　退回。

【語譯】 建安十二年，曹公北征烏丸，先主勸說劉表襲取許縣，劉表不加採納。曹公南征劉表，適逢劉表去世，兒子劉琮繼任，派使臣請求投降。先主屯駐在樊城，不知道曹公兵馬突然到來，直到曹兵到達宛縣才聽說此事，於是帶領他的兵眾離去。路過襄陽時，諸葛亮勸說先主攻打劉琮，可以占有荊州。先主說：「我不忍心呀。」便停下馬來招呼劉琮，劉琮害怕得無法起身。劉琮的左右及荊州人士大多歸附先主，等到到了當陽，已有兵眾十多萬，運載軍需物資的車子幾千輛，一天走十多里路。先主另派關羽率水軍乘數百艘船，讓他與自己在江陵會合。有人對先主說：「應當迅速進軍保有江陵，如今雖然人數眾多，但穿戴盔甲的士兵很少，如果曹兵到來，拿什麼抵禦曹兵呢？」先主說：「成大事必須以人為本，現在人們歸附我，我怎麼忍心棄他們而去！」

2 曹公因為江陵有軍用物資，害怕先主據有此地，便扔掉車輛裝備等，輕裝趕至襄陽。聽說先主已經經過，曹公率領精銳騎兵五千人急忙追趕先主，一天一夜行軍三百多里，在當陽的長阪追趕上了先主。先主拋妻棄子，與諸葛亮、張飛、趙雲等數十騎逃走，曹公繳獲了他的大量人馬及車輛裝備。先主一行往南斜行奔赴漢津，正好與關羽的船隊會合，得以渡過沔水，遇到劉表的長子江夏太守劉琦的部眾一萬多人，和他們一起到達夏口。先主派遣諸葛亮主動結好孫權，孫權派周瑜、程普等人率領數萬水軍，與先主合兵，與曹公在赤壁交戰，大敗曹公軍隊，焚毀了他的戰船。先主與吳軍水陸同時進軍，追擊到南郡，當時又疫病流行，曹軍多有死亡，曹公率軍返回。

1 先主表琦為荊州刺史，又南征四郡❶。武陵太守金旋❷、長沙太守韓玄、桂陽太守趙範❸、零陵太守劉度皆降。廬江❹雷緒率部曲數萬口稽顙❺。琦病死，羣下推先主為荊州牧，治公安❻。權稍畏之，進妹❼固好。先主至京❽見權，綢繆恩紀❾。權遣使云欲共取蜀❿，或以為宜報聽許，吳終不能越荊有蜀，蜀地可為己有。荊州主簿殷觀⓫進曰：「若為吳先驅，進未能克蜀，退為吳所乘，即事去矣⓬。今但可然贊⓭其伐蜀，而自說新據諸郡，未可興動⓮，吳必不敢越我而獨取蜀。如此進退之計⓯，可以收吳、蜀之利。」先主從之，權果輟計。遷觀為別駕從事⓰。

2 十六年，益州牧劉璋⓱遙聞曹公將遣鍾繇⓲等向漢中⓳討張魯⓴，內懷恐懼。別駕從事蜀郡張松㉑說璋曰：「曹公兵彊無敵於天下，若因㉒張魯之資以取蜀土，誰能禦之者乎？」璋曰：「吾固㉓憂之而未有計。」松曰：「劉豫州㉔，使君之宗室而曹公之深讎也，善用兵，若使之討魯，魯必破。魯破，則益州彊，曹公雖來，無能為㉕也。」璋然之，遣法正㉖將四千人迎先主，前後賂遺以巨億計㉗。正因陳㉘益州可取之策。先主留諸葛亮、關羽等據荊州，將步卒數萬人入益州。至涪㉙，璋自出迎，相見甚歡。張松令法正白先主，及謀臣龐統㉚進說，便可於會所㉛襲璋。先主曰：「此大事也，不可倉卒。」璋推先主行大司馬㉜，領司隸校尉㉝；先主亦推璋行㉞鎮西大將軍㉟，領益州牧。璋增先主兵，使擊張魯，又令督白水㊱軍。先主并軍三萬餘人，車甲器械資貨甚盛。是歲，璋還成都。先主北到葭萌㊲，未即討魯，厚樹恩德，以收眾心。

3 明年㊳，曹公征孫權，權呼先主自救㊴。先主遣使告璋曰：「曹公征吳，吳憂危急。孫氏與孤本為脣齒，又樂進㊵在青泥㊶與關羽相拒，今不往救羽，進必大克，轉侵州界㊷，其憂有甚於魯。魯自守之賊，不足慮也。」乃從璋求萬兵及資實㊸，欲以東行。璋但㊹許兵四千，其餘皆給半。張松書與先主及法正曰：「今大事垂可立㊺，如何釋此去乎！」松兄廣漢太守肅㊻，懼禍及㊼己，白璋發其謀。於是璋收斬松，嫌隙始構矣。璋敕關戍諸將㊽文書勿復關通㊾先主。先主大怒，召璋白水軍督楊懷，責以無禮，斬之。乃使黃忠㊿、卓膺勒兵向璋。先主徑至關中(51)，質諸將并士卒妻子(52)，引兵與忠、膺等進到涪，據其城。璋遣劉璝、冷苞、張任(53)、鄧賢等拒先主於涪，皆破敗，退保緜竹(54)。璋復遣李嚴(55)督緜竹(56)諸軍，嚴率眾降先主。先主軍益強，分遣諸將平下屬縣，諸葛亮、張飛、趙雲等將兵泝流定白帝、江州、江陽㊼，惟關羽留鎮荊州。先主進軍圍雒㊽；時璋子循守城，被攻且一年。

4 十九年夏，雒城破，進圍成都數十日，璋出降。蜀中殷盛豐樂，先主置酒大饗士卒，取蜀城中金銀分賜將士，還其穀帛。先主復領益州牧，諸葛亮為股肱㊾，法正為謀主，關羽、張飛、馬超㊿為爪牙，許靖(61)、麋竺、簡雍(62)為賓友。及董和(63)、黃權(64)、李嚴等本璋之所授用也，吳壹(65)、費觀(66)等又璋之婚親也，彭羕(67)又璋之所排擯也，劉巴(68)者宿昔之所忌恨也，皆處之顯任，盡其器能。有志之士，無不競勸。

【章旨】以上為第四部分，記述了劉備為實現諸葛亮〈隆中對〉中所提出的「跨有荊益」方針所做的努力，也記述了占據荊州和益州的過程。

【注釋】❶四郡　即武陵、長沙、桂陽、零陵四郡。武陵治所在今湖南常德。長沙治所在今湖南長沙。桂陽治所在今湖南郴州。零陵治所在今湖南零陵。❷金旋　字元機，京兆（今陝西西安東）人，為劉備所攻劫死。事見裴松之注引《三輔決錄注》。❸趙範　東漢末桂陽太守，劉備平南四郡，趙範偽降，欲以寡嫂與趙雲為妻，被趙雲謝絕。趙範後逃走。事見《三國志・趙雲傳》裴松之注引《雲別傳》。❹廬江　郡名。治所在今安徽廬江縣西南。❺稽顙　跪拜磕頭。此指降附。❻公安　縣名。治所在今湖北公安西北。❼妹　孫權的妹妹，劉備為荊州牧時，孫權將妹妹嫁給他，是為孫夫人。後孫權聽說劉備西征益州，派舟船將妹妹迎回，夫人欲帶劉禪還吳，被趙雲等截回。詳見《三國志・先主吳穆皇后傳》裴松之注引《漢晉春秋》、本書卷三十七〈法正傳〉。❽京　即京口，地名。在今江蘇鎮江市。❾綢繆恩紀　加深親戚情誼。❿蜀　地區名。約今四川之地，因其古為蜀國，故名。⓫主簿殷觀　主簿，州郡屬官，主管州郡文書簿籍，經辦事務。殷觀，字孔休，其事見本書卷四十五〈楊戲傳〉載楊戲〈季漢輔臣贊〉。⓬事去矣　事情就全完了。⓭然贊　贊同。⓮興動　興師動眾。⓯進退之計　可進可退的計策。⓰別駕從事　又稱別駕，州刺史的屬官。⓱益州牧劉璋　益州，州名。治所在今四川成都。劉璋，字季玉，江夏竟陵（今湖北潛江市西北）人，劉焉之子。繼劉焉後任益州刺史，懦弱少斷，因懼怕曹操藉征張魯之機進入益州，故請劉備入蜀。劉備占領益州，遷之於南郡公安（今湖北公安西北）。孫吳取荊州，以為益州牧。詳見本書卷三十一〈劉璋傳〉。⓲鍾繇　字元常，潁川長社（今河南長葛）人。東漢末舉孝廉，任尚書郎、陽陵令，助獻帝出長安。曹操執政後，歷任侍中、相國等職。工書法，博採眾長，兼善各體，尤精於隸書和楷書，在中國書法史上與王羲之齊名。詳見本書卷十三〈鍾繇傳〉。⓳漢中　郡名。治所在今陝西漢中東。⓴張魯　字公祺，沛國豐縣（今江蘇豐縣）人，張道陵之孫，五斗米道首領。東漢末率徒眾攻取漢中，統治長達三十餘年。後投降曹操，任鎮南將軍。詳見本書卷八〈張魯傳〉。㉑張松　益州刺史劉璋時任別駕，祕密配合劉備取益州，後被劉璋所殺。事跡散見於本書卷三十一〈劉璋傳〉、卷三十二〈先主傳〉、《華陽國志．公孫述劉二牧志》。㉒因　憑藉。㉓固　本來。㉔劉豫州　指劉備，因其做過豫州牧。㉕無能為　無能為力；沒有辦法。㉖法正　字孝直，扶風郿（今陝西眉縣東北）人。先依劉璋，因不得志，投靠劉備。幫助劉備取益州、奪漢中，為劉備重要的謀士之一。雖心胸狹窄，權重跋扈，仍受重用。詳見本書卷三十七〈法正傳〉。㉗賂遺以巨億計　贈送的東西數以億計。賂遺，贈送。巨億，泛指巨大數目。㉘陳　陳述。㉙涪　縣名。治所在今四川綿陽。㉚龐統　字士元，襄陽（今湖北襄樊）人，號稱「鳳雛」。初為郡功曹，劉備得荊州後任治中從事，又與諸葛亮同任軍師中郎將，與劉備同入蜀，攻打雒城時為流矢所中，卒。詳見本書卷三十七〈龐統傳〉。㉛會所　指劉璋和劉備相會的地方。㉜行大司馬　行，代理。大司馬，最高軍事長官。㉝司隸校尉　官名。掌糾察百官，與御史中丞、尚書臺並稱「三獨坐」，職權顯赫。㉞行　原作「持」，宋本作「行」，據改。㉟鎮西大將軍　軍事統帥，領兵征伐。㊱白水　關隘名。在今四川廣元東北。㊲葭萌　縣名。治所在今四川廣元西南。㊳明年　建安十七年（西元二一二年）。㊴自救　救援自己。㊵樂進　字文謙，陽平衛國（今河南清豐南）人，曹操部將，歷大小百餘戰，每戰克捷。詳見本書卷十七〈樂進傳〉。㊶青泥　地名。在今湖北襄樊西北。㊷轉侵州界　轉過來進犯益州邊界。州界指益州邊界。㊸資實　軍需品。原作「資寶」，《華陽國志》卷五作「資實」，據改。《通鑑》建安十七年作「資糧」。㊹但　只；僅僅。㊺垂可立　將要成功。㊻廣漢太守肅　廣漢，郡名。治所在今四川廣漢北。肅，張松的哥哥張肅，生得有威儀，容貌甚偉，與張松不同。㊼及　宋本作「逮」。㊽關戍諸將　鎮守白水關的將領們。㊾關通　傳達。㊿黃忠　字漢升，南陽（今河南南陽人。初屬劉表，後歸附劉備，隨劉備入蜀，屢立戰功，為蜀漢名將之一。詳見本書卷三十六〈黃忠傳〉。51關中　指白水關內。52質諸將并士卒妻子　以守衛白水關的劉璋將士的妻子為人質。當時這批軍人被劉備接管，並隨劉備南下攻打劉璋，劉備怕他們中途有變，故有此舉。53張任　蜀郡（今四川成都）人。劉璋部將，家世寒門，少有膽勇，有志節。東漢建安十七年（西元二一二年）在涪城抵禦劉備軍，戰敗被擒，拒不投降，被殺。詳見裴松之注引《益部耆舊・雜記》。54緜竹　縣名。治所在今四川綿竹東南。55李嚴　字正方，南陽（今河南南陽）人。劉璋時任成都令，後歸降劉備。後因督運軍糧不繼，又諉過於人，被廢為庶人。詳見本書卷四十〈李嚴傳〉。56緜竹　原誤作「緜州」，今據宋本校正。《通鑑》建安十八年亦作「緜竹」。57白帝江州江陽　白帝，城邑名。東漢初公孫述築城，公孫述號稱白帝，故名。故址在今重慶市奉節東白帝山上。江州，郡名。治所在今重慶市。江陽，郡名。治所在今四川瀘州。58雒　縣名。治所在今四川新都東北。59股肱　大腿和胳膊，比喻君主的輔佐。60馬超　字孟起，扶風茂陵（今陝西興平東北）人，馬騰之子。東漢建安十六年（西元二一一年）與韓遂聯合進攻曹操，失敗後還據涼州。被楊阜等人攻擊，先奔張魯，後投劉備，為蜀漢名將。詳見本書卷三十六〈馬超傳〉。61許靖　字文休，汝南平輿（今河南平輿西北）人。漢靈帝時任尚書郎，典選舉。董卓之亂起，先後出奔豫州、揚州等地，後入蜀，為劉璋巴郡、蜀郡、廣漢等郡太守。劉備入蜀後歸降。詳見本書卷三十八〈許靖傳〉。62簡雍　字憲和，涿郡（今河北涿州）人。本姓耿，幽州人發耿音為簡，故改為簡。少與劉備相識，追隨劉備創業，常為其說客。性滑稽，無拘束，不講威儀。詳見本書卷三十八〈簡雍傳〉。63董和　字幼宰，南郡枝江（今湖北枝江市東北）人，東漢末入蜀，任劉璋江原長、益州太守等職。劉備占領益州後，任掌軍中郎將，參屬丞相府。在任言無不盡，當面指出諸葛亮過失，屢受諸葛亮表彰。詳見本書卷三十九〈董和傳〉。64黃權　字公衡，巴西閬中（今四川閬中）人。任劉璋州主簿，勸劉璋勿迎劉備。劉備占領益州後乃降，建議劉備取漢中。劉備東伐孫吳，黃權勸諫而不被採納，並且被任為鎮北將軍，督江北軍以防魏軍。伐吳之役失敗，由於道路阻絕，不能回歸，投降曹魏。詳見本書卷四十三〈黃權傳〉。65吳壹　字子遠，陳留（今河南開封）人。因其父與劉璋有舊，舉家隨劉璋入蜀，其妹嫁給劉璋子劉瑁。劉備入蜀後降附。詳見本書卷四十五〈楊戲傳〉載〈季漢輔臣贊〉。66費觀　字賓伯，江夏鄳（今河南羅山縣西）人，其族姑為劉璋母，其妻又為劉璋女。劉備入蜀，與李嚴俱降。詳見本書卷四十五〈楊戲傳〉載〈季漢輔臣贊〉。67彭羕　字永年，廣漢（今四川廣漢北）人。因受人誹謗而受劉璋髡鉗之罰，身為徒隸。劉備入蜀，彭羕被龐統舉薦給劉備，任州治中從事。後因為人傲慢，被左遷為江陽太守。彭羕對此不滿，口出怨言，拉攏馬超謀反，被馬超揭發，下獄處死。詳見本書卷四十〈彭羕傳〉。68劉巴　字子初，零陵烝陽（今湖南零陵）人。東漢末避亂荊州，不受劉表徵辟，曹操進占荊州後歸附。赤壁之戰後，曹操退回北方，劉巴北上不得，遠遊交阯，後入蜀。為人不置產業，退無私交，深受諸葛亮敬重。由於當初不歸順劉備而降曹，受劉備記恨，因而恭默守靜，非公不言。詳見本書卷三十九〈劉巴傳〉。

【語　譯】先主上表薦舉劉琦任荊州刺史，又南進征討四郡。武陵太守金旋、長沙太守韓玄、桂陽太守趙範、零陵太守劉度全都投降。廬江人雷緒率領部曲數萬人降附。劉琦病死，部下推舉先主任荊州牧，治所設在公安。孫權漸漸畏懼先主，將妹妹嫁給先主以鞏固友好。先主到達京口會見孫權，加深親戚間的情誼。孫權派遣使臣對先主說要共同攻取蜀地，有人以為應當回答表示同意，因為孫吳終究不能越過荊州占有蜀地，蜀地就可以為我們所獨有。荊州主簿殷觀進言說：「如果我們為孫吳當先鋒，進不能攻克蜀地，退被孫吳乘機襲擊，那大事就完了。如今只可贊同孫吳伐蜀，而說自己剛剛占領幾個郡，不能興師動眾，孫吳必定不敢越過我們而獨自取蜀。這種可進可退的計策，可以得到孫吳、蜀地雙方的好處。」先主聽從了他的計策，孫權果然中止了取蜀計劃。先主升任殷觀為州別駕從事。

2 建安十六年，益州牧劉璋從遠處聽說曹公準備派遣鍾繇等人前往漢中征伐張魯，心生恐懼。別駕從事蜀郡人張松對劉璋說：「曹公兵力強大天下無敵，如果再藉著張魯的物資用來奪取蜀地，誰能抵禦他呢？」劉璋說：「我本來就憂心此事然而沒有對策。」張松說：「劉豫州，是您的宗室族人也是曹公的大仇人，善於用兵，如果讓他討伐張魯，張魯必敗。張魯一敗，那麼益州便會強大，曹公就算來了，也無能為力了。」劉璋認為他說得很對，派法正率領四千人迎接先主，前前後後送去的物資數以億計。法正趁機陳說可以取得益州的計策。先主留下諸葛亮、關羽等據守荊州，自己率步兵數萬人進入益州。到達涪縣時，劉璋親自出城迎接，二人相見十分高興。張松讓法正告訴先主，謀臣龐統也向先主獻計，可以在相會的地方襲擊劉璋。先主說：「這是大事，不能倉促而行。」劉璋推舉先主代理大司馬，兼任司隸校尉；先主也推舉劉璋代理鎮西大將軍，兼任益州牧。劉璋給先主增兵，讓他進擊張魯，又讓他督率白水關的軍隊。先主軍隊合計有三萬多人，車輛、鎧甲、器械、物資、錢財十分充足。這年，劉璋回返成都。先主北進到達葭萌，沒有立即討伐張魯，卻廣施恩德，收攬人心。

3 第二年，曹公征討孫權，孫權呼請先主援救他。先主派使者告訴劉璋說：「曹公征討孫吳，孫吳很憂慮，情況危急。孫氏和我本是脣齒相依，加上樂進在青泥與關羽對峙，現在不前去援救關羽，樂進必定大勝，轉而入侵益州邊界，這個憂患超越張魯。張魯是個自我固守的賊寇，不值得憂慮。」便向劉璋要求一萬兵馬及軍用物資，打算東進。劉璋僅僅同意撥給四千兵眾，其餘物資都只給一半。張松寫信給先主和法正說：「如今大事即將成功，怎麼能夠放棄離去呢！」張松的哥哥廣漢太守張肅，害怕禍事連累自己，向劉璋告發他們的陰謀。於是劉璋逮捕張松將他斬首，二人的嫌隙開始出現了。劉璋下令戍守白水關的將領們，不要再給先主傳達文書。先主大怒，召見劉璋的白水關軍督楊懷，責備他無禮，斬殺楊懷。又讓黃忠、卓膺統兵攻向劉璋。先主直接進到白水關，以劉璋守關將士的妻兒當做人質，領兵與黃忠、卓膺等人進軍至涪城，占領了此城。劉璋派遣劉璝、冷苞、張任、鄧賢等人在涪縣抵擋先主，都被打敗，後撤保衛緜竹。劉璋又派李嚴督率緜竹各軍，李嚴卻率眾降附先主。先主的兵力更加強大，分別派遣各將平定益州下轄各縣，諸葛亮、張飛、趙雲等人率兵沿長江逆流而上，平定了白帝、江州、江陽，只有關羽留守荊州。先主進軍包圍雒城，當時劉璋的兒子劉循守城，被圍攻了將近一年。

4 建安十九年夏，先主攻破雒城，進軍圍攻成都數十天，劉璋出城投降。蜀地人口眾多，物產豐富，生活安樂，先主設酒宴大肆犒賞將士，拿城中的金銀財物分賜給他們，歸還他們穀糧和布帛。先主又兼任益州牧，以諸葛亮為輔臣，法正為主要謀士，關羽、張飛、馬超為戰將，許靖、麋竺、簡雍為賓客和朋友。至於董和、黃權、李嚴等人本是劉璋所任用的人，吳壹、費觀等人又是劉璋的姻親，彭羕又是劉璋所排擠的人，劉巴則是先主素來所忌恨的人，都被安排在顯要職位上，充分發揮他們的才能。有志之士，無不競相努力。

二十年，孫權以先主已得益州，使使報欲得荊州❶。先主言：「須得涼州❷，當以荊州相與。」權忿之，乃遣呂蒙❸襲奪長沙、零陵、桂陽三郡。先主引兵五萬下公安，令關羽入益陽❹。是歲，曹公定漢中，張魯遁走巴西❺。先主聞之，與權連和，分荊州、江夏、長沙、桂陽東屬❻，南郡、零陵、武陵西屬，引軍還江州。遣黃權將兵迎張魯，張魯已降曹公。曹公使夏侯淵❼、張郃❽屯漢中，數數犯暴巴界。先主令張飛進兵宕渠❾，與郃等戰於瓦口❿，破郃等，郃⓫收兵還南鄭⓬。先主亦還成都。

【章旨】以上為第五部分，記述了孫、劉兩家在荊州問題上爭奪和最後一次分割荊州的情況，揭示了荊州對雙方都至關重要，也為後來孫吳偷襲荊州和劉備東征埋下伏筆。

【注釋】❶荊州　此處荊州指荊州治所江陵所在的南郡。赤壁之戰後，劉備為了貫徹跨有荊益的戰略，向孫權提出領有南郡的要求，以取得長江通道，向益州擴展。孫權也想利用劉備的力量在西線牽制曹操，以便集中力量對付曹操在東線淮南方向的進攻，便聽從了魯肅的建議，讓劉備開進了南郡。此處孫權欲得荊州，即要求劉備把南郡歸還。❷涼州　州名。治所在今甘肅武威。❸呂蒙　字子明，汝南富陂（今安徽阜南東南）人。少依姐夫鄧當，鄧當死後代領其軍，後依孫權，屢出奇計，戰功卓著，為孫吳名將之一。詳見本書卷五十四〈呂蒙傳〉。❹益陽　縣名。治所在今湖南益陽。❺巴西　郡名。治所在今四川閬中。❻東屬　指屬於孫吳。這次爭奪的結果，雙方大體以湘水為界，東屬孫吳，西屬劉備。❼夏侯淵　字妙才，沛國譙（今安徽亳州）人，夏侯惇族弟。初隨曹操起兵，征袁紹，戰韓遂，破黃巾，平張魯，屢立戰功。東漢建安二十三年（西元二一八年），與蜀軍戰於陽平關，為蜀將黃忠所殺。詳見本書卷九〈夏侯淵傳〉。❽張郃　字儁乂，河間鄚（今河北任丘北）人，東漢末為韓馥部將，後依袁紹，官渡之戰後歸降曹操。攻鄴城，擊袁譚，討柳城，屢立戰功，為曹魏名將之一。平張魯後，與夏侯淵守漢中，夏侯淵死，被眾人推為軍主，退屯陳倉。魏明帝時，諸葛亮北伐，張郃督諸軍，在街亭打敗諸葛亮將馬謖。魏太和五年（西元二三一年），諸葛亮再次北伐，張郃與蜀軍戰，在木門被飛矢所中，卒。詳見本書卷十七〈張郃傳〉。❾宕渠　縣名。治所在今四川渠縣東北。❿瓦口　地名。在今四川渠縣東。⓫郃　原脫。《三國志集解》云：「『收兵』上當有『郃』字，〈張郃傳〉：『郃進軍宕渠，為備將張飛所拒，引還南鄭。』可證。是時漢中、南鄭為夏侯淵、張郃屯兵之地。《通鑑》亦云『郃走還南鄭』。」今據補「郃」字。⓬南鄭　縣名。治所在今陝西漢中。

【語譯】建安二十年，孫權因為先主已經得到益州，派遣使者告訴先主想要取回荊州。先主說：「等我取得涼州，便把荊州歸還於你。」孫權對此非常憤恨，便派呂蒙襲取長沙、零陵、桂陽三郡。先主率五萬大軍順流而下到達公安，命令關羽進駐益陽。這一年，曹公平定漢中，張魯遁逃到巴西。先主聽說此事，與孫權結盟聯合，分割出荊州的江夏、長沙、桂陽東屬孫吳，南郡、零陵、武陵西屬先主，率軍退回江州。派遣黃權率兵迎接張魯，張魯已經投降了曹公。曹公讓夏侯淵、張郃屯駐漢中，多次侵犯巴郡邊界。先主命令張飛迎進兵宕渠，與張郃等人在瓦口交戰，打敗張郃等人，張郃收兵返回南鄭。先主也回到成都。

1 二十三年，先主率諸將進兵漢中。分遣將軍吳蘭、雷銅❶等入武都❷，皆為曹公軍❸所沒。先主次于陽平關❹，與淵、郃等相拒。

2 二十四年春，自陽平南渡沔水，緣山稍前❺，於定軍山❻勢❼作營。淵將兵來爭其地。先主命黃忠乘高鼓譟攻之，大破淵軍，斬淵❽及曹公所署益州刺史趙顒等。曹公自長安舉眾南征。先主遙策之曰：「曹公雖來，無能為也，我必有漢川❾矣。」及曹公至，先主斂眾拒險，終不交鋒，積月不拔，亡者日多。夏，曹公果引軍還，先主遂有漢中。遣劉封❿、孟達⓫、李平⓬等攻申耽⓭於上庸⓮。

3 秋，羣下上先主為漢中王，表於漢帝[15]曰：「平西將軍[16]都亭侯臣馬超、左將軍長史領鎮軍將軍[17]臣許靖、營司馬臣龐羲[18]、議曹從事中郎軍議中郎將臣射援[19]、軍師將軍[20]臣諸葛亮、盪寇將軍[21]漢壽亭侯臣關羽、征虜將軍[22]新亭侯臣張飛、征西將軍[23]臣黃忠、鎮遠將軍臣賴恭[24]、揚武將軍[25]臣法正、興業將軍[26]臣李嚴等一百二十人上言曰：昔唐堯至聖而四凶在朝[27]，周成仁賢而四國作難[28]，高后稱制而諸呂竊命[29]，孝昭幼沖而上官逆謀[30]，皆馮世寵[31]，藉履[32]國權，窮凶極亂，社稷幾危。非大舜、周公、朱虛[33]、博陸[34]，則不能流放禽討，安危定傾。伏惟陛下誕姿聖德，統理萬邦，而遭厄運不造[35]之艱。董卓[36]首難，蕩覆京畿，曹操階禍[37]，竊執天衡[38]；皇后[39]太子，鴆殺見害，剝亂天下，殘毀民物。久令陛下蒙塵憂厄，幽處虛邑[40]。人神無主，遏絕王命，厭昧皇極[41]，欲盜神器[42]。左將軍領司隸校尉豫、荊、益三州牧宜城亭侯備，受朝爵秩，念在輸力[43]，以殉國難。覩其機兆[44]，赫然憤發，與車騎將軍董承同謀誅操，將安國家，克寧舊都。會承機事不密，令操游魂得遂長惡[45]，殘泯海內。臣等每懼王室大有閻樂之禍[46]，小有定安之變[47]，夙夜惴惴，戰慄累息。昔在虞書[48]，敦序九族[49]，周監二代[50]，封建同姓，詩著其義[51]，歷載長久。漢興之初，割裂[52]疆土，尊王子弟，是以卒折諸呂之難，而成太宗[53]之基。臣等以備肺腑枝葉，宗子藩翰[54]，心存國家，念在弭亂[55]。自操破於漢中，海內英雄望風蟻附[56]，而爵號不顯，九錫[57]未加，非所以鎮衛社稷，光昭萬世也。奉辭[58]在外，禮命斷絕。昔河西太守梁統[59]等值漢中興，限於山河[60]，位同權均，不能相率，咸推竇融[61]以為元帥，卒立效績[62]，摧破隗囂[63]。今社稷之難，急於隴、蜀[64]。操外吞天下，內殘羣寮，朝廷有蕭牆[65]之危，而禦侮[66]未建，可為寒心。臣等輒依舊典[67]，封備漢中王，拜大司馬，董齊六軍[68]，糾合同盟，掃滅凶逆。以漢中、巴、蜀、廣漢、犍為[69]為國，所署置依漢初諸侯王故典。夫權宜之制，苟利社稷，專之可也。然後功成事立，臣等退伏矯罪[70]，雖死無恨。」遂於沔陽[71]設壇場，陳兵列眾，羣臣陪位，讀奏訖，御王冠於先主。

4 先主上言漢帝曰：「臣以具臣之才[72]，荷上將[73]之任，董督三軍[74]，奉辭於外，不能掃除寇難，靖匡[75]王室，久使陛下聖教陵遲，六合[76]之內，否而未泰[77]，惟憂反側，疢如疾首[78]。曩者[79]董卓造為亂階，自是之後，羣兇縱橫，殘剝海內。賴陛下聖德威靈，人神同應，或忠義奮討，或上天降罰，暴逆並殪[80]，以漸冰消。惟獨曹操，久未梟除，侵擅國權，恣心極亂。臣昔與車騎將軍董承圖謀討操，機事不密，承見陷害，臣播越失據[81]，忠義不果。遂得使操窮凶極逆，主后戮殺，皇子鴆害。雖糾合同盟，念在奮力，懦弱不武[82]，歷年未效。常恐殞沒，孤負[83]國恩，寤寐永歎[84]，夕惕若厲[85]。今臣羣寮以為在昔虞書敦敘九族，庶明勵翼[86]，五帝損益[87]，此道不廢[88]。周監二代，並建諸姬，實賴晉、鄭夾輔之福[89]。高祖龍興[90]，尊王子弟，大啟九國[91]，卒斬諸呂，以安大宗[92]。今操惡直醜正[93]，寔繁有徒[94]，包藏禍心，篡盜已顯。既宗室微弱，帝族無位，斟酌古式，依假權宜，上臣大司馬漢中王。臣伏自三省[95]，受國厚恩，荷任一方，陳力未效，所獲已過，不宜復忝高位[96]以重罪謗。羣寮見逼，迫臣以義。臣退惟[97]寇賊不梟，國難未已，宗廟傾危，社稷將墜，成臣憂責碎首之負[98]。若應權通變，以寧靖聖朝，雖赴水火，所不得辭，敢慮常宜[99]，以防後悔。輒順眾議，拜受印璽，以崇國威。仰惟爵號，位高寵厚，俯思報效，憂深責重，驚怖累息[100]，如臨于谷。盡力輸誠[101]，獎厲六師，率齊[102]羣義，應天順時，撲討凶逆，以寧社稷，以報萬分[103]。謹拜章[104]因驛上還所假左將軍、宜城亭侯印綬。」於是還治成都。拔魏延[105]為都督，鎮漢中。時關羽攻曹公將曹仁，禽于禁於樊。俄而孫權襲殺羽，取荊州。

【章　旨】以上為第六部分，記述了劉備跨有荊益後，進一步北上奪取漢中以及稱漢中王的過程。

【注釋】❶雷銅　原作「雷同」，今從宋本。❷武都　郡名。治所在今甘肅西和西南。❸軍　原無此字，今據宋本補。❹陽平關　關隘名。故址在今陝西勉縣西白馬河入漢水處。❺緣山稍前　沿著山邊逐漸向前推進。❻定軍山　在今陝西勉縣南。❼勢　擺開陣勢。有的學者以為此字衍。❽淵　下原有「郃」字，宋本無，據刪。《三國志集解》引何焯說，認為《華陽國志》云「斬夏侯淵、張郃率吏民內徙」，則此「郃及曹公所署益州刺史趙顒等」之下有脫字，「郃」字非衍也。可備一說。❾漢川　漢中平原。❿劉封　劉備養子，本羅侯寇氏之子。與孟達會攻上庸，關羽被困，不赴救援，又與孟達忿爭不和。關羽死後，孟達降魏，劉封退回成都，劉備恨之，賜死。詳見本書卷四十〈劉封傳〉。⓫孟達　字子度，扶風（今陝西興平東南）人。先依劉璋，後投劉備，任宜都太守。荊州丟失後投降曹魏，任西城太守，又因在曹魏與蜀漢之間游移不定而被司馬懿所殺。其事跡散見於本書卷四十〈劉封傳〉、卷四十一〈費詩傳〉、《晉書·宣帝紀》。⓬李平　即李嚴。⓭申耽　字義舉，先為曹魏上庸太守，後舉眾投降劉備。後又降魏，徙居南陽。其事散見於本書卷四十〈劉封傳〉及裴松之注引《魏略》。⓮上庸　縣名。治所在今湖北竹山縣西南。⓯漢帝　即東漢獻帝劉協。⓰平西將軍　武官名。與平北將軍、平東將軍、平南將軍合稱四平將軍，領兵征伐。⓱左將軍長史句　左將軍長史，官名。左將軍屬吏，掌管將軍府內諸曹事務。鎮軍將軍，武官名。次於鎮軍大將軍。原誤作「左將軍領長史鎮軍將軍」。《三國志集解》引梁章鉅云：「靖為左將軍長史在建安十九年，此『領』字疑當在『鎮軍』之上。」又引李慈銘云：「先主為左將軍，辟靖為長史，更領軍號也。」今據梁、李二家之說校改。⓲營司馬臣龐義　營司馬，左將軍大營的司馬。龐義，河南（今河南洛陽）人，先依劉焉、劉璋政權，任議郎、巴西太守等職。女兒為劉璋長子之妻，因此受劉璋信任。劉備占領益州後，任左將軍司馬。其事散見於本書卷三十一〈劉二牧傳〉、卷四十五〈楊戲傳〉載〈季漢輔臣贊〉。⓳議曹從事句　議曹從事中郎，將軍府屬官，掌參謀議。軍議中郎將，官名。蜀漢政權所置，位次於將軍。射援，字文雄，扶風（今陝西興平東南）人。其先本姓謝，始祖謝服為將軍出征，天子以謝服之名不美，改謝為射，子孫遂以射為姓。射援先依劉璋，後依劉備，任軍師祭酒、從事中郎等職。其事見裴松之注引《三輔決錄注》。⓴軍師將軍　蜀漢政權最高軍事統帥。先以軍師中郎將為最高軍事統帥，由諸葛亮、龐統共任，諸葛亮為主。龐統死後，諸葛亮加軍師將軍號，既參謀軍事，又領兵征伐。㉑盪寇將軍　武官名。高級軍事將領，領兵征伐。㉒征虜將軍　武官名。高級軍事將領，領兵征伐。㉓征西將軍　武官名。與征南將軍、征東將軍、征北將軍合稱四征將軍，領兵征伐。㉔鎮遠將軍臣賴恭　鎮遠將軍，武官名。領兵征伐。賴恭，零陵（今湖南零陵）人，先事劉表，任交州刺史，後依劉備。其事散見於本書卷四十五〈楊戲傳〉載〈季漢輔臣贊〉、卷四十九〈士燮傳〉。㉕揚武將軍　武官名。領兵征伐。㉖興業將軍　武官名。領兵征伐。㉗昔唐

堯至聖句　唐堯是遠古時期著名的部落首領，其在位時把天下治理得非常好，即使如此，還是存在著渾沌、窮奇、檮杌、饕餮四個惡人。堯在位時沒能處置他們，直到舜即位後，才把這四個惡人流放。詳見《史記・五帝本紀》。㉘周成仁賢句　周成即周成王，姓姬名誦，周武王之子。其在位時實行分封，制禮作樂，遷殷民，伐東夷，國治民康。成王初繼位時，管叔、蔡叔、霍叔、武庚共同發動武裝叛亂，四國作難即指此。後被周公平定。詳見《史記・周本紀》。㉙高后稱制句　高后即呂后，名雉，字娥姁，漢高祖劉邦的皇后。助劉邦殺韓信、彭越等異姓諸侯王。其子劉盈登帝位後，呂后殺掉劉邦小妾戚夫人及其子趙王如意，掌握朝中大權。劉盈死後，臨朝稱制，分封呂氏家族成員，成為實際上的皇帝。詳見《史記・呂太后本紀》、《漢書・高后紀》。稱制，代行皇帝職權。竊命，竊取王侯爵位。㉚孝昭幼沖句　孝昭即西漢昭帝，名劉弗陵，西漢武帝的小兒子，八歲即皇帝位，大將軍霍光秉政，車騎將軍金日磾、左將軍上官桀為副。上官即上官桀，字少叔，隴西上邽（今甘肅天水市）人，武帝時任太僕，後提升為左將軍，受武帝遺詔輔佐昭帝。後與霍光爭權，以謀反罪被殺。詳見《漢書・昭帝紀》、卷九十七〈外戚孝昭上官皇后傳〉。㉛馮世寵　憑藉世代的恩寵。㉜藉履　踐踏。㉝朱虛　即朱虛侯劉章，西漢齊悼惠王劉肥次子，為人有力，性剛烈，於高后宴飲時藉故誅殺呂氏一人。高后死後，與太尉周勃、丞相陳平一起誅除諸呂。詳見《史記・齊悼惠王世家》。㉞博陸　即博陸侯霍光，字子孟，河東郡平陽（今山西臨汾西南）人。西漢昭帝時執掌朝政。以謀反罪殺上官桀等。昭帝死，迎立昌邑王劉賀，不久又廢劉賀改立宣帝。前後執政二十年。詳見《漢書・霍光傳》。㉟不造　不幸。㊱董卓　字仲穎，隴西臨洮（今甘肅岷縣）人，剛猛有謀，廣交豪帥。東漢昭寧元年（西元一八九年），率兵進入洛陽，廢少帝，立獻帝，專擅朝政，遭到關東諸侯反對。後遷獻帝至長安，不久被呂布所殺。詳見《後漢書・董卓列傳》、本書卷六〈董卓傳〉。㊲階禍　利用禍亂。㊳天衡　王朝大權。㊴皇后　即漢獻帝伏皇后，名壽，東武（今山東諸城）人。其父伏完，曾任輔國將軍，伏氏曾寫密信給其父，請他誅除曹操。伏完畏懼，不敢行動。後事洩，伏氏及所生二子均被殺。詳見《後漢書・獻帝伏皇后傳》。㊵虛邑　虛設的京城，指許縣。㊶厭昧皇極　掩蓋蒙蔽皇家的準則。㊷神器　國家權力，天子權位。㊸輸力　貢獻力量。㊹機兆　徵兆。㊺長惡　滋長罪惡。㊻閻樂之禍　閻樂，秦朝人，趙高的女婿，任咸陽令。秦末天下大亂，受趙高之命，逼秦二世胡亥自殺。閻樂之禍即指此。詳見《史記・秦始皇本紀》。㊼定安之變　西漢末王莽廢劉嬰之事。西漢末年，平帝劉衎死，無子，執政的王莽立劉嬰繼位。劉嬰是平帝的族姪，當時年僅兩歲，皇帝年幼，王莽為攝政王。三年後，王莽稱帝，劉嬰被廢為定安公，定安之變即此。詳見《漢書・王莽傳》。㊽虞書　《尚書》中的篇名，包括〈堯典〉、〈舜典〉、〈大禹謨〉、〈皋陶謨〉、〈益稷〉。㊾敦序九族　語出《尚書・皋陶謨》，意為以寬厚的態度對待同姓宗族。㊿周監二代　周朝向夏、商二代看齊。監，通「鑑」。(51)封建同姓二句　《詩經》說明了分封同姓的含義。《詩經・大雅・板》：「价人維藩，大師維垣。大邦維屏，大宗維翰。懷德維寧，宗子維城。無俾城壞，無獨斯畏。」(52)割裂　劃分。(53)太宗　即漢文帝，太宗是其廟號。(54)胏腑枝葉二句　同姓宗族是王室的屏障。胏腑枝葉，比喻同姓宗族。宗子，皇族子弟。藩翰，屏障。(55)弭亂　消除動亂。(56)蟻附　像螞蟻一樣歸附。形容歸附者多。(57)九錫　天子賞賜給建立大功的諸侯的九種物品：車馬、衣服、樂懸、朱戶、納陛、武賁、鈇鉞、弓矢、秬鬯。(58)奉辭　奉天子之命。(59)河西太守梁統　河西，地區名。指今河西走廊及湟水流域。梁統，字仲寧，安定烏氏人。新莽末年，受更始帝劉玄委派，任酒泉郡太守。赤眉軍攻入長安後，與河西各郡太守起兵保衛轄地，並推舉張掖屬國都尉竇融為河西大將軍，統率各軍。後助東漢光武帝劉秀平定河西。詳見《後漢書・梁統列傳》。(60)限於山河　被山河所阻隔。(61)竇融　字周公，扶風平陵（今陝西咸陽西北）人，世代在河西地區任官。新莽末年，任更始政權鉅鹿太守、張掖屬國都尉等職。更始敗亡後，割據河西五郡。西元三十二年，幫助劉秀消滅隗囂，歸順東漢王朝。詳見《後漢書・竇融列傳》。(62)效績　功績。(63)隗囂　字季孟，天水成紀（今甘肅秦安）人。新莽末年，割據隴右的天水、武都、金城等郡，自稱西州上將軍。一度歸附更始帝劉玄，任御史大夫。後助光武帝征討赤眉軍，旋又叛降割據四川的公孫述，後被東漢軍和竇融軍擊敗，憂病而死。詳見《後漢書・隗囂列傳》。(64)隴蜀　指割據隴西的隗囂和割據益州的公孫述。(65)蕭牆　宮門內的小牆，起屏蔽作用。此處比喻內部。(66)禦侮　抵禦外來欺侮，此指王室宗親的合力抵抗。(67)輒依舊典　擅自根據過去的典章。輒，擅自；自作主張。(68)董齊六軍　董齊，都督整肅。六軍，古代天子設置六軍，此處為抬高劉備，稱其屬下的軍隊為六軍。(69)犍為　郡名。治所在今四川彭山縣。(70)矯罪　假託詔命之罪。(71)沔陽　縣名。治所在今陝西勉縣東。劉備稱漢中王時的壇場遺址猶存。(72)具臣之才　在臣僚之中充數的才能。(73)上將　高級將領，指左將軍的職務。(74)三軍　《周禮・夏官・司馬》說，天子設六軍，諸侯大國設三軍。此處劉備還以諸侯的身分說話，所以說三軍。(75)靖匡　安定扶助。(76)六合　天地四方，指天下。(77)否而未泰　動盪而不安定。泰，安定。否，不安。(78)疢如疾首　像得了頭痛病一樣痛苦。比喻非常痛苦。疢，痛苦。疾首，頭痛病。語出《詩經・小雅・小弁》：「心之憂矣，疢如疾首。」(79)曩者　當初。(80)殪　死，此指被消滅。(81)播越失據　流亡失去立腳的地方。播越，流亡。(82)不武　沒有武略，此指缺乏以武力平定禍亂的能力。(83)孤負　同「辜負」。(84)寤寐永歎　日夜感嘆。寤寐，醒著和睡著，指日夜。(85)夕惕若厲　到了晚上還在警告自己好像仍然面臨著危險。語出《周易・乾卦》：「君子終日乾乾，夕惕若厲，无咎。」(86)庶明勵翼　希望同宗的人都賢明並當好輔佐。(87)五帝損益　五個皇帝在政治制度方面的變化。五帝，指夏啟、商湯、周武王、西漢漢高祖、東漢光武帝五個開朝皇帝。損益，增減，此指政治制度方面的變化。88此道不廢　重視同宗族藩衛作用的做法沒有改變。89晉鄭夾輔之福　晉文侯、鄭武公合力輔佐的好處。西周末年，犬戎攻入鎬京殺死周幽王。晉文侯、鄭武公立周幽王的太子宜臼為平王，並遷都雒邑，使周室復興。90高祖龍興　指劉邦開朝當皇帝。91九國　指西漢初漢高祖劉邦分封劉姓兄弟子姪而形成的九個諸侯國：楚、代、齊、荊、淮南、趙、梁、淮陰、燕。另外還有一個吳國，因始封時間最晚，始封國王劉濞又是代國始封國王劉喜的兒子，所以附在代國之下。詳見《漢書・諸侯王表》。92大宗　嫡系的長房。93惡直醜正　厭惡和殘害正直的人。94寔繁有徒　確實擁有很多的同黨。語出《左傳》昭公二十八年：「叔游曰：鄭書有之，惡直醜正，實蕃有徒。」95伏自三省　跪在那裏多次反省自己。伏，跪著。三省，多次反省。三為泛指。96忝高位　愧居高位。忝，愧，自謙的說法。97惟　思考。98憂責碎首之負　憂思自己的責任即使粉碎頭顱也要承擔起來。99敢慮常宜　豈敢用常規來考慮。100驚怖累息　因驚恐而連連喘息。101盡力輸誠　竭盡全力貢獻忠誠。102率齊　率領會同。103以報萬分　用來報答恩情的萬分之一。104拜章　跪拜呈上表章。105魏延　字文長，義陽（今河南桐柏）人。蜀漢著名將領，隨諸葛亮北伐曹魏，多立戰功。因與諸葛亮戰略主張不同，在諸葛亮逝世後拒不執行退兵命令，被楊儀所殺。詳見本書卷四十〈魏延傳〉。

【語　譯】建安二十三年，先主率領眾將進兵漢中。分別派遣將軍吳蘭、雷銅等進入武都，二人都被曹軍消滅。先主駐紮在陽平關，與夏侯淵、張郃等人對峙。

2 建安二十四年春，先主從陽平關往南渡過漢水，沿著山麓逐漸前進，在定軍山擺開陣勢，紮下營寨。夏侯淵率兵前來爭地，先主命黃忠居高臨下擂鼓吶喊進攻夏侯淵，大破夏侯淵軍，斬殺夏侯淵以及曹公所任命的益州刺史趙顒等人。曹公從長安率眾南征。先主預先推斷說：「即使曹公前來，也無能為力，我必定據有漢川了。」等到曹公到達，先主收聚兵眾扼守險要，始終不肯交戰，曹公好幾個月無法攻克，士兵傷亡日益增多。夏天，曹公果然率軍撤回，先主於是據有了漢中。派遣劉封、孟達、李平等在上庸進攻申耽。

3 秋天，羣臣們尊奉先主為漢中王，上表漢獻帝說：「平西將軍都亭侯臣馬超、左將軍長史領鎮軍將軍臣許靖、營司馬臣龐羲、議曹從事中郎軍議中郎將臣射援、軍師將軍臣諸葛亮、盪寇將軍漢壽亭侯臣關羽、征虜將軍新亭侯臣張飛、征西將軍臣黃忠、鎮遠將軍臣賴恭、揚武將軍臣法正、興業將軍臣李嚴等一百二十人上表進言說：過去唐堯極端聖明而依然有四凶在朝，周成王仁愛賢明而四國起兵作亂，呂后代行皇帝職權而呂氏家族竊取權位，孝昭皇帝年幼而上官桀叛逆謀反，他們都憑藉世代的榮寵，踐踏國家的權柄，窮凶極惡，國家瀕於危亡。沒有大舜、周公、朱虛侯、博陸侯這些人，就不能將他們流放、生擒、討伐，使國家轉危為安恢復安定。陛下具有天生的聖德，治理天下，卻遭受厄運和不幸的艱難。董卓首先作亂，使京城動盪傾覆，而曹操利用禍亂，竊取了國家權柄；皇后和太子，被鴆酒毒殺遇害，禍亂天下，殘害民眾，毀壞財物。讓您長期流亡在外飽受憂患困厄，把您幽閉在虛設的京都許縣。人神無主，王命阻斷，掩蓋皇家的準則，圖謀竊取天子之位。左將軍領司隸校尉豫、荊、益三州牧宜城亭侯劉備，身受朝廷的爵位、俸祿，念念不忘貢獻力量，殉身國難。看到曹操叛亂的徵兆，勃然憤怒，與車騎將軍董承共謀誅滅曹操，以安定國家，恢復舊都。碰上董承行事不夠機密，讓曹操苟活得以繼續滋長罪惡，殘害天下。臣等人常常憂懼朝廷大則有閻樂之禍，小則有王莽廢棄劉嬰那樣的變故，日夜惴惴不安，戰戰兢兢，連連嘆息。過去在〈虞書〉中，記載著以寬厚的態度對待同姓宗族，周朝以夏商二代為鑒，分封同姓宗族，《詩經》闡明了其中的含義，在於它使周王朝歷時長久。漢朝建立初期，分疆裂土，尊封劉姓子弟為諸侯王，所以最終能夠挫敗呂氏之亂，奠定了文帝王位的基礎。臣等認為劉備是皇室宗親，藩衛朝廷的屏障，心繫家國，志在平亂。自從曹操在漢中被他打敗，天下英雄紛紛望風依附，然而他沒有顯赫的爵位名號，也沒有被加以九錫，這不是用來保衛國家，光照萬世的做法。他受命在外，不能得到朝廷的以禮任命。過去河西酒泉太守梁統等人碰上漢室中興，河西被山河所阻隔，梁統與其他人地位相同，權力均等，無法統率他人，便共同推舉竇融為元帥，最終建立了功績，打垮了隗囂。如今國家的危難，比當初的隴、蜀更為急迫嚴重。曹操對外併吞天下，對內殘害百官，朝廷有內亂的危機，而抵禦外侮的力量尚未建立，使人為之心寒。臣等人擅自依據過去的典制，封劉備為漢中王，拜大司馬，督統大軍，聯合志同道合者，掃除翦滅頑兇叛逆。漢中王以漢中、巴、蜀、廣漢、犍為等地作為封國，設置的官員根據漢初諸侯王國的舊制。權宜的辦法，如果利於國家社稷，獨斷專行也是可以的。以後功成業就，臣等人再退下來承擔假託詔命的罪責，雖死無憾。」於是在沔陽設立壇場，陳列兵仗，排列士卒，羣臣站在各自的位置，宣讀奏章完畢，獻王冠給先主。

4 先主上奏漢獻帝說：「臣以備位充數之才，承擔了左將軍的職務責任，督統三軍，受命在外，不能夠掃平賊寇禍亂，安定輔佐王室，使陛下的神聖教化長久衰落，天下四方動盪不安，我深感憂慮，輾轉反側，痛心疾首。過去董卓製造了禍端，從此以後，羣兇橫行天下，殘害海內。仰賴陛下的聖德和威靈，人神共同響應，有的是忠義之士奮起討伐，有的是上天降下懲罰，暴逆之人全被消滅，就像寒冰漸漸消融。唯獨曹操，久久沒有消滅，侵害國家，專擅權柄，恣意妄為禍亂天下。臣過去與車騎將軍董承圖謀討伐曹操，機密要事沒有保密，董承被殺害，臣也流亡失去立足之處，忠義之舉沒有成功。於是使得曹操窮凶極惡，皇后被殺戮，皇子被鴆酒毒殺。我雖匯聚同盟，想為國家奮力而為，但由於懦弱缺乏武略，歷經多年都沒有成效。經常害怕就此死去，辜負了國家的恩惠，日夜感嘆，朝夕戒懼如臨險境。如今我和羣僚都認為，在過去〈虞書〉有使宗族親睦和諧的記載，希望宗族之人都賢明並當好輔佐。夏啟等五個皇帝在政治上都有所改革，但對同宗族藩衛作用的重視沒有改變。周朝以夏商二代為鑒，同時分封姬姓諸王，確實依靠了晉、鄭兩國合力輔佐的好處。漢高祖建國稱帝，封宗室子弟為諸侯王，分封了九個同姓諸侯國，終於斬滅了呂氏諸王，使嫡系大宗獲得安穩。如今曹操厭惡、殘害正直的人，的確擁有許多黨徒，包藏禍心，篡位竊權的圖謀已經顯現。既然宗族勢力微弱，皇族成員沒有權位，斟酌參考古代典章，依照權宜之法，推舉臣為大司馬漢中王。臣俯首深自多次反省，深受國家厚恩，受任治理一方，獻出的力量還沒有成效，所得到的已經過多，不應當再忝居高位加重自己的罪過。但是我被下屬逼迫，他們用大義來逼迫我。我退一步想到寇賊尚未梟首，國難不止，宗廟傾覆危急，國家將亡，使我憂思自己的責任，即使粉碎頭顱也要承擔起來。如果順應權宜變通，用來安定我大漢王朝，即使赴湯蹈火，也在所不辭，哪裏敢從常規來考慮，免得將來悔恨不已。於是便順從眾人所議，跪拜接受漢中王印璽，以提高國家的權威。抬頭想到所得爵位王號，感到位高榮寵深厚，低頭沉思報效朝廷，更覺得憂慮很深責任很重，驚慌恐懼，一再嘆息，如臨深淵。我將盡力貢獻忠誠，勉勵全軍將士，率領眾多義士，順天應時，撲討兇惡的叛逆，用來安寧國家，以報答陛下恩澤的萬分之一，謹跪拜呈上表章並通過驛站歸還朝廷以前所給的左將軍、宜城亭侯印綬。」於是先主回成都設立治所。提拔魏延為都督，鎮守漢中。當時關羽正進攻曹公大將曹仁，在樊城活捉了于禁。不久孫權襲殺關羽，取得了荊州。

1 二十五年，魏文帝❶稱尊號，改年曰黃初。或傳聞漢帝見害，先主乃發喪制服❷，追謚曰孝愍皇帝。是後在所並言眾瑞❸，日月相屬❹，故議郎❺陽泉侯劉豹、青衣侯向舉、偏將軍張裔❻、黃權、大司馬屬❼殷純、益州別駕從事❽趙莋、治中從事楊洪❾、從事祭酒❿何宗、議曹從事杜瓊⓫、勸學從事⓬張爽、尹默⓭、譙周⓮等上言：「臣聞河圖、洛書⓯，五經讖、緯⓰，孔子所甄⓱，驗應⓲自遠。謹案洛書甄曜度曰：『赤三日德昌⓳，九世會備⓴，合為帝際。』洛書寶號命曰：『天度帝道備稱皇，以統握契㉑，百成不敗。』洛書錄運期曰：『九侯七傑爭命民炊骸㉒，道路籍籍履人頭㉓，誰使主者玄且來。』孝經鉤命決錄曰：『帝三建九會備。』臣父羣㉔未亡時，言西南數有黃氣，直立數丈，見來積年㉕，時時有景雲㉖祥風，從璿璣㉗下來應之，此為異瑞。又二十二年㉘中，數有氣如旗，從西竟東，中天而行，圖、書㉙曰：『必有天子出其方。』加是年太白、熒惑、填星㉚，常從歲星㉛相追。近漢初興，五星從歲星謀㉜；歲星主義㉝，漢位在西，義之上方㉞，故漢法常以歲星候[35]人主。當有聖主起於此州，以致中興。時許帝[36]尚存，故羣下不敢漏言[37]。頃者[38]熒惑復追歲星，見在胃昴畢[39]；昴畢為天綱[40]，經曰：『帝星處之，眾邪消亡。』聖諱[41]豫覩，推揆期驗[42]，符合數至，若此非一。臣聞聖王先天而天不違，後天而奉天時[43]，故應際而生，與神合契。願大王應天順民，速即洪業[44]，以寧海內。」

2 太傅[45]許靖、安漢將軍[46]麋竺、軍師將軍諸葛亮、太常[47]賴恭、光祿勳[48]黃柱[49]、少府[50]王謀等上言：「曹丕篡弒，湮滅漢室，竊據神器，劫迫忠良，酷烈無道。人鬼忿毒[51]，咸思劉氏。今上無天子，海內惶惶，靡所式仰[52]。羣下前後上書者八百餘人，咸稱述符瑞，圖、讖明徵。閒[53]黃龍見武陽赤水[54]，九日乃去。孝經援神契曰：『德至淵泉則黃龍見。』龍者，君之象也。易乾九五『飛龍在天』[55]，大王當龍升，登帝位也。又前關羽圍樊、襄陽，襄陽男子張嘉、王休獻玉璽，璽潛漢水，伏於淵泉，暉景燭燿[56]，靈光徹天。夫漢者，高祖本所起定天下之國號也，大王襲先帝軌跡，亦興於漢中也。今天子玉璽神光先見，璽出襄陽，漢水之末[57]，明大王承其下流，授與大王以天子之位，瑞命符應，非人力所致。昔周有烏魚之瑞[58]，咸曰休哉。二祖[59]受命，圖、書先著[60]，以為徵驗。今上天告祥[61]，羣儒英俊，並進河、洛，孔子讖、記，咸悉具至。伏惟[62]大王出自孝景皇帝中山靖王之冑，本支百世[63]，乾祇降祚[64]，聖姿碩茂[65]，神武在躬，仁覆積德，愛人好士，是以四方歸心焉。考省靈圖，啟發[66]讖、緯，神明之表，名諱昭著。宜即帝位，以纂二祖，紹嗣昭穆[67]，天下幸甚。臣等謹與博士許慈[68]、議郎孟光[69]，建立禮儀，擇令辰，上尊號。」即皇帝位於成都武擔[70]之南。為文曰：「惟建安二十六年四月丙午[71]，皇帝備敢用玄牡[72]，昭告皇天上帝后土神祇：漢有天下，歷數無疆。曩者王莽[73]篡盜，光武皇帝[74]震怒致誅，社稷復存。今曹操阻兵安忍[75]，戮殺主后，滔天泯夏[76]，罔顧天顯[77]。操子丕，載[78]其凶逆，竊居神器。羣臣將士以為社稷墮[79]廢，備宜修之，嗣武二祖[80]，龔行天罰。備惟否德[81]，懼忝[82]帝位。詢于庶民，外及蠻夷君長，僉曰『天命不可以不答，祖業不可以久替，四海不可以無主』。率土式望[83]，在備一人。備畏天明命，又懼漢阼[84]將湮[85]于地，謹擇元日[86]，與百寮登壇，受皇帝璽綬。修燔瘞[87]，告類[88]于天神，惟神饗祚[89]于漢家，永綏[90]四海！」

【章　旨】以上為第七部分，記述了劉備建立蜀漢王朝，登上帝位的過程。

【注釋】❶魏文帝　名曹丕，字子桓，沛國譙（今安徽亳州）人，曹操次子。先任五官中郎將、副丞相，後被立為魏太子。西元二二〇年代漢稱帝。愛好文學，與當時著名文人往來甚密，在中國文學史上也有重要地位。詳見本書卷二〈文帝紀〉。❷發喪制服　發布訃告，製作喪服。❸並言眾瑞　都來報告眾多的祥瑞。❹日月相屬　每天每月連續不斷。❺議郎　官名。郎中令的屬官，掌顧問應對。❻偏將軍張裔　偏將軍，武官名。屬低級將軍，領兵征伐。張裔，字君嗣，蜀郡成都（今四川成都）人，劉璋時任魚復縣長、帳下司馬。劉備占領益州後歸降，劉備死後，任諸葛亮丞相府參軍等職。詳見本書卷四十一〈張裔傳〉。❼大司馬屬　官名。劉備大司馬府分支機構的主辦官員。劉備稱漢中王後，屬下官員分三個系統，一是漢中王府的官署，其格局基本上是獨立的朝廷。二是東漢大司馬府，此為有名無實。三是益州州牧府，大體為原班人馬。稱帝後漢中王府升為朝廷，大司馬府取消，益州牧改司隸校尉，由張飛兼任。❽別駕從事　州刺史屬官，又稱別駕。❾治中從事楊洪　治中從事，官名。又稱治中從事史，州刺史的助理，主州府文書卷案。居中治事，故稱。楊洪，字季休，犍為武陽（今四川彭山縣東）人。劉璋時歷任諸郡吏。劉備占領益州後，任功曹。因助劉備取漢中有功，升為蜀郡太守。詳見本書卷四十一〈楊洪傳〉。❿從事祭酒　官名。州刺史的屬官，從事之長，成為祭酒。⓫議曹從事杜瓊　議曹從事，官名。州刺史屬官，從事史之榮譽散職，無具體執掌。杜瓊，字伯瑜，蜀郡成都（今四川成都）人。少受學於學者任安，劉璋時任從事，劉備占領益州後，歸順蜀漢。詳見本書卷四十二〈杜瓊傳〉。⓬勸學從事　官名。州刺史屬官，負責教育。⓭尹默　字思潛，梓潼涪（今四川綿縣）人。從荊州司馬徽、宋忠受古文經學，尤精《左氏春秋》。詳見本書卷四十二〈尹默傳〉。⓮譙周　字允南，巴西西充國（今四川閬中西南）人。早孤，家貧，不置產業。誦讀經典，廢寢忘食。通經學，善書札，曉天文。魏軍攻打到成都後，力勸後主投降。著有《法訓》、《五經論》、《古史考》等書。詳見本書卷四十二〈譙周傳〉。⓯河圖洛書　傳說中上古出現的神祕圖形和書籍。傳說在伏羲時，有神馬從黃河中躍出，背上有圖形，伏羲按圖畫出，成為八卦。又傳夏禹治水時，有神龜從洛水中爬出，背上有文字，夏禹按文寫出，成為〈洪範〉。見《周易・繫辭上》、《漢書・五行志上》。⓰五經讖緯　《五經》即儒家《詩經》、《尚書》、《禮》、《周易》、《春秋》五部經典。西漢末年，社會上大量出現附會儒家《五經》的預言吉凶的書籍。暗示吉凶的預言為讖，對經書附會性的解釋曰緯。《五經》讖緯書籍至東漢時盛行。《五經》讖緯書目詳見《後漢書・樊英列傳》李賢注、《隋書・經籍志一》。⓱孔子所甄　孔子所彰明。把《五經》讖緯書籍說成是孔子所作是一種假託，意在抬高讖緯書籍的地位。⓲驗應　效驗。⓳赤三日德昌　漢家的第三個太陽德行該昌盛了。按五行說法，漢朝為火德，火為赤色，所以劉邦自稱是南方天神赤帝之子，此處赤暗指漢。三日，三個太陽，此指漢高祖劉邦、東漢光武帝劉秀、先主劉備。⓴九世會備　此處指東漢的九個皇帝，即光武帝劉秀、明帝劉莊、章帝劉炟、和帝劉肇、安帝劉祜、順帝劉保、桓帝劉志、靈帝劉宏、獻帝劉協。東漢共有十三個皇帝，另外四個在位後不久即死亡，故不計在內。㉑握契　取得帝位。㉒九侯七傑句　羣雄割據混戰百姓以人骨為柴做飯。九侯七傑，指東漢末割據的羣雄。炊骸，用人骨當燃料做飯。㉓道路籍籍句　道路上人頭很多路人只能踩著人頭走路。籍籍，眾多。㉔羣　即周羣，字仲直，巴西閬中（今四川閬中西）人。自幼從其父周舒學，善觀天象，預言災異。任蜀漢政權儒林校尉。詳見本書卷四十二〈周羣傳〉。㉕見來積年　出現以來已有多年。見，同「現」。㉖景雲　祥瑞的雲氣。㉗璿璣　星名，北斗七星中位於斗形底部的兩顆星。靠斗柄的一顆叫天璣，另一顆叫天璿。㉘二十二年　建安二十二年（西元二一七年）。㉙圖書　即「河圖」、「洛書」。㉚太白熒惑填星　太白，星名，即金星。熒惑，星名，即火星。填星，星名，即土星。㉛歲星　即木星。㉜近漢初興二句　西漢高祖元年（西元前二〇六年）十月，火、土、金、水四星向木星靠近，最後匯聚在東井。東井是二十八宿中南方朱雀七宿的井宿，有星八顆。五星匯聚東井，被認為是劉邦當皇帝的徵兆。㉝歲星主義　歲星體現道義。古人認為，歲星體現道義，所以「義失者，罰出歲星」。詳見《史記·天官書》。也有一種說法認為，歲星主仁，熒惑主禮，太白主義，辰星主智，填星主信。詳見《漢書·天文志》。㉞義之上方　指西方。古人以仁、義、禮、智、信與東、西、南、北、中相配，義配西方。㉟候　預測。㊱許帝　即東漢獻帝劉協。㊲漏言　公開說破。㊳頃者　最近。㊴胃昴畢　皆星宿名。胃宿有星三顆，昴宿有星七顆，畢宿有星八顆。三個星宿均屬西方白虎七宿。㊵天綱　上天的總綱。㊶聖諱　指劉備的名和字。㊷推揆期驗　推求預期的效驗。㊸臣聞二句　聖王行事先天而不違天道，後天也奉行天道。㊹洪業　大業，指皇位。㊺太傅　官名。古三公之一。三國時魏蜀吳均曾設置，但存在時間及執掌各異。㊻安漢將軍　官名。蜀漢政權所置，位高但不統兵，為榮譽性官職。㊼太常　官名。九卿之一，掌皇家祭祀禮儀。㊽光祿勳　官名。九卿之一，秦曰郎中令，漢曰光祿勳，總管皇家事務。三國魏蜀吳均置。㊾黃柱　原作「黃權」，據《三國志集解》引潘眉說校改。本書〈楊戲傳〉所錄〈季漢輔臣贊〉有「南陽黃柱為光祿勳」之語，蕭常《續後漢》卷一下亦作「黃柱」。㊿少府　官名。九卿之一，掌管皇室財政收支、天子供養及宮廷雜務。三國魏蜀吳均置。(51)忿毒　憤恨。(52)靡所式仰　無所敬仰。(53)間　近來。(54)武陽赤水　武陽，縣名。治所在今四川彭山縣東。赤水，河流名。今名黃龍溪，又名鹿溪河。發源於今四川成都東南長松鎮，西南流至今四川雙流南入府河。(55)飛龍在天　《周易·乾卦》第五爻的爻辭。(56)暉景燭燿　光輝照耀。(57)漢水之末　漢水下游。(58)周有烏魚之瑞　周武王伐紂前舉行軍事演習，渡黃河時有白魚躍進船艙，渡河後有火從空中降下，變成烏鴉。人們認為這是周朝將取代殷商的徵兆。詳見《史記·周本紀》。(59)二祖　指西漢高祖劉邦，東漢光武帝劉秀。(60)先著　先已記載。偽造的

「河圖」有「帝劉季，口角戴勝」，「周亡，赤氣起，大耀興，玄丘制命，帝卯金」之類含有劉邦姓和字的話。偽造的圖讖又有「劉秀發兵捕不道，卯金修德為天子」，「劉氏復起，李氏為輔」之類含有劉秀姓名的話。這些都被認為是預示劉邦、劉秀要當皇帝的證據。詳見《史記・高祖本紀》張守節《正義》、《後漢書・光武帝紀》、《宋書・符瑞志上》。(61)告祥　顯示徵兆。(62)惟　原誤作「為」。宋本作「惟」，據改。(63)本支百世　嫡系和旁支傳承不絕。(64)乾祇降祚　天地降福。乾祇，天地。祚，福。(65)聖姿碩茂　外表高大英偉。聖姿，指劉備的外表。(66)啟發　領悟。(67)昭穆　此指漢代皇室宗廟。古代天子宗廟制度，始祖神位居中，以下第一代居左為昭，第二代居右為穆，第三代又居左為昭，第四代又居右為穆，以此類推。(68)博士許慈　博士，官名。教授經學，議定禮儀。許慈，字仁篤，南陽（今河南南陽）人。師事劉熙，善鄭氏學，治《易》、《尚書》、《三禮》、《毛詩》、《論語》。建安中入蜀，劉備占領益州後任學士、博士，後主時遷至大長秋。詳見本書卷四十二〈許慈傳〉。(69)孟光　字孝裕，河南洛陽（今河南洛陽）人。博物識古，無書不覽，好《公羊春秋》。東漢末入蜀，歷任蜀漢議郎等職，後坐事被免官。詳見本書卷四十二〈孟光傳〉。(70)武擔　小山名。在今四川成都市區城北。有遺址留存。(71)建安二十六年句　建安年號只到二十五年，劉備不承認曹魏年號，所以繼續用建安年號。丙午，陰曆初六日。(72)玄牡　黑色的公牛。(73)王莽　字巨君，西漢元城（今河北大名東）人。漢元皇后的姪子，新朝的建立者。早年以外戚參政，漢成帝時任大司馬，平帝時開始執掌朝政。西元五年，毒死平帝，自稱假皇帝，三年後正式稱帝，改國號為新。在位期間實行一系列政治經濟變革，但成功者少，致使社會矛盾日益激烈。西元十七年，全國民眾到處起事，五年後新朝滅亡，王莽也被綠林軍殺死。詳見《漢書・王莽傳》。(74)光武皇帝　即劉秀，字文叔，南陽蔡陽（今湖北棗陽西南）人。劉邦九世孫，新莽末起兵，加入綠林軍。大破王莽軍於昆陽。西元二十五年稱帝，定都洛陽，年號建武。後討伐赤眉軍，削平各地割據勢力，統一全國。在位期間多次發布釋放奴婢和禁止殘害奴婢的命令，興修水利，整頓吏治。死後諡號為光武。詳見《後漢書・光武帝紀》。(75)阻兵安忍　依仗武力，做殘忍的事情卻心安理得。(76)滔天泯夏　罪大惡極毀滅華夏。(77)罔顧天顯　不顧上天顯示的道理。(78)載　繼承。(79)隳　宋本作「墮」。二字義同。(80)嗣武二祖　繼承高祖劉邦、世祖劉秀的事業。嗣武，繼承。(81)備惟否德　劉備自思無德。惟，原作「雖」，今從宋本。《宋書・禮志》作「惟」。否德，無德。《尚書・堯典》：「否德忝帝位。」傳：「否，不。」(82)懼忝　懼怕有辱於。(83)率土式望　普天下寄予希望。(84)阼　原作「邦」，今據殿本《考證》改。《三國志集解》引周壽昌說，認為當作「室」。(85)湮　埋沒。(86)元日　吉日；好日子。(87)燔瘞　祭告天地的儀式。燔即燔柴，把玉器、絹帛、犧牲等物品放在柴堆上焚燒，使煙氣升到天上。瘞即瘞埋，把祭品埋入地下。燔瘞之禮為新王朝開朝皇帝登基所行，以表示受命於天地。(88)告類　祭告天神。(89)饗

祚　享受並賜福。⑩綏　安定。

【語　譯】建安二十五年，魏文帝稱帝，改年號為黃初。有傳言說漢獻帝被害，先主於是發布訃告製作喪服，追加諡號為孝愍皇帝。此後在先主所管轄的區域都來報告眾多的祥瑞，每天每月接連不斷，所以議郎陽泉侯劉豹、青衣侯向舉、偏將軍張裔、黃權、大司馬屬殷純、益州別駕從事趙莋、治中從事楊洪、從事祭酒何宗、議曹從事杜瓊、勸學從事張爽、尹默、譙周等向先主上書說：「臣等人聽說河圖、洛書，以及五經讖緯，是經孔子彰明的，自古以來都有應驗。謹查考《洛書甄曜度》說：『赤三日恩德昌隆，九世遇上「備」，當是稱帝的時候。』《洛書寶號命》說：『上天料定帝王的運行規則該是「備」稱帝，握有符契，百倍成功，不會失敗。』《洛書錄運期》說：『九侯七傑爭奪天命，百姓燒骨而炊，道路上有很多人頭，眾人踐踏，使誰成為主宰者，有「玄」即將到來。』《孝經鉤命決錄》說：『三個帝王建立九世遇到「備」。』臣父羣在世的時候，說西南屢次出現黃氣，直直的立起幾丈高，自從它出現以後有許多年，時時有瑞雲祥風，從天上的北斗星下來與之相接，這是一種不尋常的瑞兆。另外在建安二十二年的時候，多次有雲氣像旗幟一樣，從西到東，在天空當中飄行，河圖、洛書說：『必有天子出在這個地方。』加上那一年金星、火星、土星，經常跟隨著木星運行。當初漢朝初興之時，五星就聚在木星的軌道上運行；歲星體現著道義，漢朝的方位在西，是與道義相配的方位，所以漢代常用歲星來預測君主。應當有聖主興起於益州，實現漢室中興。當時許昌獻帝尚在，所以羣臣不敢把這件事說破。最近火星又開始追隨歲星，出現在胃昴畢三宿所在的星區。昴宿畢宿是天上的總綱，《星經》上說：『帝星處在昴畢二宿時，各種邪惡都會消亡。』您神聖的的名字已經預先在讖緯書籍中出現，推算時間和效驗，多次相符，這樣的情況不止一例。臣等人聽說聖王行事以天意為先而天不違，在天意之後便奉行天時，所以才應運而生，與神靈意旨相符合。希望大王順應天意民心，盡速登上帝位，以安定天下。」

2 太傅許靖、安漢將軍糜竺、軍師將軍諸葛亮、太常賴恭、光祿勳黃柱、少府王謀等上書說：「曹丕篡位弒君，滅亡漢室，竊據帝位，脅迫忠良，殘暴無道。人神共憤，全都思念劉氏。如今上無天子，天下人心惶惶，無所敬仰。羣臣前後有八百多人上書，都述說符瑞以及圖讖所顯示的徵兆。近來黃龍出現在武陽赤水，九天之後才消失。〈孝經援神契〉說：『美德到達深淵時黃龍就會出現。』龍是君主的象徵。《周易．乾卦》第五爻的爻辭說『龍飛上雲天。』說明大王當如龍飛升，登上帝位。另外前些日子關羽圍困樊城、襄陽時，襄陽男子張嘉、王休獻上玉璽，玉璽原來沉於漢水，潛藏在深淵，光芒閃耀，靈光滿天。漢是高祖從漢中興起平定天下的國號，大王承襲先帝的軌跡，也興於漢中。如今天子玉璽神光預先出現，玉璽出在襄陽，位於漢水的下游，彰明大王繼承漢朝的流脈，上天授予大王天子之位，這些祥瑞、符命和感應，都不是人力所能及。過去周朝曾出現過烏鴉和白魚的祥瑞，人們齊聲讚美。高祖、光武接受天命，河圖、洛書先已記載，作為徵驗。如今上天示知祥瑞，眾多儒士英才，一起進呈河圖、洛書和孔子的讖緯典籍，這些都很詳備周全了。大王是孝景皇帝兒子中山靖王的後代，宗族的嫡系和旁支百代傳承，天地賜福，大王儀表高大英偉，又具有神武才能，仁德覆蓋蒼生，愛惜天下人才，所以天下人心都歸附於您。考察〈靈圖〉，領悟讖緯，神靈的意旨，您的名字都很清楚。應該即刻登上帝位，以繼承高祖、世祖的事業，接續皇室宗廟的祭祀，這是天下人的幸運。臣等人謹與博士許慈、議郎孟光一起，制定登基禮儀，選擇良辰吉日，奉上尊號。」於是先主在成都武擔山南即皇帝位。給上天的表文說：「建安二十六年四月丙午，皇帝臣劉備斗膽使用黑色公牛為祭品，昭告皇天上帝和土地之神：漢朝擁有天下，世代傳承永無窮盡。過去王莽篡位，光武皇帝震怒誅伐，使社稷再生。如今曹操依仗武力安於殘忍之事，殺害皇后，罪惡滔天，滅亡華夏，不顧上天的明示。曹操的兒子曹丕，繼續他父親的兇逆行為，竊居帝位。羣臣將士認為社稷國家崩潰，劉備應當修復它，繼承高祖、世祖的事業，恭敬的執行上天的懲罰。劉備自思沒有美德，懼怕辱沒帝位。就此事問過庶民百姓，也徵詢邊遠少數民族首領的意見，他們都說『天命不能不順從，祖業不能長久衰微，天下不能沒有君主』。普天下百姓的希望，全在劉備一人身上。劉備我敬畏上天明示的命令，又懼怕漢朝福祇被埋沒在地下，謹選擇良辰吉日，與羣臣登上祭壇，接受皇帝的玉璽、綬帶。特行此燔瘞之禮，向上天神祇報告，希望天帝前來享受祭品並賜福於漢朝，四海永遠安定。」

1 章武元年❶夏四月，大赦，改年。以諸葛亮為丞相，許靖為司徒❷。置百官，立宗廟，祫祭❸高皇帝以下。五月，立皇后吳氏❹，子禪❺為皇太子。六月，以子永❻為魯王，理❼為梁王。車騎將軍張飛為其左右所害。初，先主忿孫權之襲關羽，將東征，秋七月，遂帥諸軍伐吳。孫權遣書請和，先主盛怒不許，吳將陸議❽、李異、劉阿等屯巫❾、秭歸❿；將軍吳班⓫、馮習⓬自巫攻破異等，軍次秭歸，武陵五谿⓭蠻夷遣使請兵。

2 二年春正月，先主軍還秭歸，將軍吳班、陳式⓮水軍屯夷陵，夾江東西岸⓯。二月，先主自秭歸率諸將進軍，緣山截嶺，於夷道猇亭⓰駐營，自佷山⓱通武陵，遣侍中馬良⓲安慰五谿蠻夷，咸相率響應。鎮北將軍黃權督江北諸軍，與吳軍相拒於夷陵道。夏六月，黃氣見自秭歸十餘里中，廣數十丈。後十餘日，陸議大破先主軍於猇亭，將軍馮習、張南⓳等皆沒。先主自猇亭還秭歸，收合離散兵，遂棄船舫，由步道還魚復⓴，改魚復縣曰永安。吳遣將軍李異、劉阿等踵躡㉑先主軍，屯駐南山㉒。秋八月，收兵還巫。司徒許靖卒。冬十月，詔丞相亮營南北郊㉓

於成都。孫權聞先主住白帝，甚懼，遣使請和。先主許之，遣太中大夫㉔宗瑋報命。冬十二月，漢嘉㉕太守黃元聞先主疾不豫㉖，舉兵拒守。

【章旨】以上為第八部分，記述了劉備率兵東征孫吳，最後在猇亭遭到慘敗的過程。

【注釋】❶章武元年　西元二二一年。章武，蜀漢昭烈帝劉備年號，西元二二一—二二三年。❷司徒　官名。西漢三公之一。主教化。❸祫祭　祭祀禮儀，在宗廟中合祭祖先。❹吳氏　劉備皇后，本姓吳，陳留（今河南開封東南）人，吳壹之妹。先嫁劉焉子劉瑁為妻，劉瑁死後寡居。劉備占領益州後納為夫人。劉備稱漢中王，立為王后，稱帝後立為皇后。劉禪即位後尊為皇太后，稱長樂宮。詳見本書卷三十四〈先主穆皇后傳〉。❺禪　即劉禪，字公嗣，乳名阿斗，涿郡（今河北涿州）人。劉備稱漢中王後被立為王太子，稱帝後被立為皇太子，劉備死後繼位，由諸葛亮輔政。諸葛亮去世後，劉禪寵信宦官黃皓，朝政日益腐敗。西元二六三年曹魏伐蜀，率眾臣投降，後被遷到洛陽，封安樂公。詳見本書卷三十三〈後主傳〉。❻永　劉備次子，字公壽，劉備稱帝後立為魯王，劉禪繼位後改封甘陵王。蜀亡後，被遷至洛陽，拜奉車都尉。詳見本書卷三十四〈劉永傳〉。❼理　劉備少子，字奉孝。劉備稱帝後立為梁王，劉禪繼位後改封安平王。延熙七年（西元二四四年）卒，諡悼王。詳見本書卷三十四〈劉理傳〉。❽陸議　即陸遜，字伯言，吳郡吳（今江蘇蘇州）人，本名陸議，後改陸遜。世為江東大族，後經呂蒙推薦，拜右都督。謀取荊州有功。吳黃龍元年（西元二二二年），大敗劉備軍。後與曹魏軍戰有功，拜上大將軍，官至丞相。詳見本書卷五十八〈陸遜傳〉。❾巫　縣名。治所在今重慶市巫山縣北。❿秭歸　縣名。治所在今湖北秭歸。⓫吳班　字元雄，陳留（今河南開封）人。蜀漢將領，隨劉備征戰，任領軍。建興九年（西元二三一年）隨諸葛亮北伐，與魏延大破曹魏將張郃，官至驃騎將軍。詳見本書卷四十五〈楊戲傳〉載〈季漢輔臣贊〉。⓬馮習　字休元，南郡（今湖北江陵）人。隨劉備入蜀。西元二二二年，隨劉備東征孫吳，戰死。詳見本書卷四十五〈楊戲傳〉載〈季漢輔臣贊〉。⓭五谿　沅水的五條支流，即雄溪、樠溪、辰溪、西溪、無溪，在今湘西地區。當時是武陵蠻族聚居地，武陵蠻是盤弧蠻的一支，是今湘西苗、瑤等少數民族先民的一部分。⓮陳式　蜀漢將領，隨劉備征伐，曾於陽平與曹將徐晃戰，敗績。後主時隨諸葛亮北伐，攻克曹魏武都、陰平二郡。其事散見於本書卷十七〈徐晃傳〉、卷三十五〈諸葛亮傳〉。⓯夾江東西岸　長江過夷陵（今湖北宜昌後呈南北走向，故言東西岸。⑯夷道猇亭　夷道，縣名。治所在今湖北宜都西北。猇亭，地名。在今湖北枝江市西北猇亭鎮。⑰佷山　縣名。治所在今湖北長陽西南。⑱馬良　字季常，襄陽宜城（今湖北宜城南）人，劉備任荊州牧時辟為從事。劉備入蜀，馬良留守荊州。曾奉諸葛亮之命出使孫吳，受到孫權敬重。劉備稱帝後任侍中，後死於東征孫吳之役中。詳見本書卷三十九〈馬良傳〉。⑲張南　字文進，蜀漢將領，隨劉備自荊州入蜀，死於東征孫吳之役。⑳魚復　縣名。治所在今重慶市奉節東白帝山東南。㉑踵躡　追蹤。㉒南山　山名。在今重慶市奉節東白帝山東南。㉓南北郊　祭祀天地的場所。南郊建在京城南，祭天；北郊建在京城北，祭地。㉔太中大夫　官名。天子的高級參謀，掌顧問應對。㉕漢嘉　郡名。治所在今四川雅安名山區北。㉖不豫　指病重。

【語譯】蜀漢章武元年夏四月，大赦天下，改變年號。任諸葛亮為丞相，許靖為司徒。設置百官，建立宗廟，合祭自漢高祖以下的歷代祖先。五月，立吳夫人為皇后，兒子劉禪為皇太子。六月，立兒子劉永為魯王，劉理為梁王。車騎將軍張飛被身邊的手下殺害。當初，先主憤恨孫權偷襲關羽，準備東征，秋天七月，便統率各路軍隊伐吳。孫權派人送信請和，先主在盛怒之下沒有答應，孫吳大將陸議、李異、劉阿等屯駐在巫縣、秭歸；蜀漢將軍吳班、馮習等從巫縣攻破李異等人，大軍駐紮在秭歸，武陵五谿地區的蠻族派遣使者請求出兵。

2　章武二年春正月，先主率軍返回秭歸，將軍吳班、陳式率水軍屯駐夷陵，部署在長江東西兩岸。二月，先主從秭歸率領眾將進軍，沿著山路越過山嶺，在夷道猇亭屯駐紮營，打通從佷山到武陵的道路，派侍中馬良安撫慰問五谿蠻夷，他們都相繼響應先主。鎮北將軍黃權督率江北各軍，與孫吳軍隊在夷陵道對峙。夏六月，黃氣在秭歸十多里的範圍內出現，寬幾十丈。十多天後，吳將陸議在猇亭大敗先主軍，蜀漢將軍馮習、張南等全都陣亡。先主從猇亭退回秭歸，收聚離散的兵眾，便丟棄船艦，從陸路回到魚復，改魚復縣為永安縣。孫吳派遣將軍李異、劉阿等跟蹤先主軍隊，駐紮在南山。秋天八月，先主收兵回到巫縣。司徒許靖去世。冬十月，先主下詔命丞相諸葛亮在成都營建南北郊。孫權聽說先主駐紮在白帝城，十分懼怕，派遣使臣請和。先主答應了他，派遣太中大夫宗瑋覆命。冬十二月，漢嘉太守黃元聽說先主病重，起兵自守抗拒朝廷。

1 三年春二月，丞相亮自成都到永安。三月，黃元進兵攻臨邛縣❶。遣將軍陳曶討元，元軍敗，順流下江，為其親兵所縛，生致成都，斬之。先主病篤，託孤於丞相亮，尚書令❷李嚴為副。夏四月癸巳❸，先主殂❹于永安宮❺，時年六十三。

2 亮上言於後主❻曰：「伏惟大行❼皇帝邁仁樹德，覆燾❽無疆，昊天不弔❾，寢疾彌留，今月二十四日奄忽升遐❿，臣妾⓫號咷，若喪考妣⓬。乃顧遺詔，事惟大宗⓭，動容損益⓮；百寮發哀⓯，滿三日除服⓰，到葬期復如禮⓱；其郡國太守、相⓲、都尉⓳、縣令長⓴，三日便除服。臣亮親受敕戒，震畏神靈，不敢有違。臣請宣下㉑奉行。」五月，梓宮㉒自永安還成都，諡曰昭烈㉓皇帝。秋，八月，葬惠陵㉔。

【章旨】以上為第九部分，記述了劉備白帝城託孤、劉備之死以及諸葛亮主持其喪事的規模。

【注釋】❶臨邛縣　縣名。治所在今四川邛崍。❷尚書令　尚書臺長官，東漢以後權力極重，總典朝廷綱紀。魏蜀吳三國皆置。❸夏四月癸巳　據陳垣《二十史朔閏表》，四月己未朔，無癸巳。❹殂　死亡。從禮制規範而言，古代天子死亡稱「崩」，諸侯死亡稱「薨」。陳壽《三國志》以曹魏為正統，劉備死不能書「崩」，而陳壽為蜀人，又曾仕於蜀漢，出於尊蜀之情，又不願稱劉備死為「薨」，降備為侯王，所以選用了「殂」，用意微妙。❺永安宮　劉備的行宮，故址在今重慶市奉節城區師範學校院內。❻後主　即劉禪。❼大行　一去不復返。諱稱皇帝去世。❽覆燾　覆蓋。❾昊天不弔　上天不好。昊天，上天。不弔，不好。❿奄忽升遐　忽然升天。⓫臣妾　臣僚。⓬若喪考妣　好像死去父母。⓭事惟大宗　喪事按照太宗皇帝的樣子辦理。大宗即太宗，西漢文帝劉恆，廟號太宗。死前遺詔，喪事從簡。詳見《史記·孝文本紀》。⓮動容損益　動容與損益同義。意為作適當變革。此指對為君主服喪三年的制度加以變革。事實上，此時期魏蜀吳三國都沒有實行為君主服喪三年的制度。事見本書卷一〈武帝紀〉、卷四十七〈吳主傳〉。⑮百寮發哀　百官哭祭。⑯滿三日除服　滿三天脫去喪服。⑰葬期復如禮　下葬時再穿一次喪服。⑱相　郡國的行政長官。⑲都尉　官名。此指郡國都尉，掌軍事。⑳縣令長　大縣為令，小縣曰長。㉑宣下　對下宣布。㉒梓宮　天子的靈柩。㉓昭烈　謚法，容儀恭美、昭德有勞、聖聞周達曰昭。有功安民、秉德尊業曰烈。㉔惠陵　在今四川成都西南武侯祠旁側。

【語　譯】章武三年春二月，丞相諸葛亮從成都到永安。三月，黃元進兵攻打臨邛縣。朝廷派將軍陳曶討伐黃元，黃元兵敗，順流而下，被他的親兵捆綁，活捉送到成都，殺死了他。先主病重，把兒子託付給丞相諸葛亮，尚書令李嚴為諸葛亮副手。夏四月癸巳，先主逝於永安宮，時年六十三歲。

2　諸葛亮上書給後主說：「大行皇帝施行仁德，所覆所蓋無邊無際，是上天不好，讓他病重不起，彌留於世，本月二十四日忽然升天，臣僚嬪妃們號啕不已，好像死去了父母。然而考慮到先帝臨終遺詔，喪事按太宗皇帝的先例辦理，因此做了一些變革；百官哭祭，滿三天除去喪服，到下葬的時候再穿一次喪服；至於郡國的太守、國相、都尉、縣令、縣長，滿三天便除去喪服。臣諸葛亮親受先帝的指示訓誡，畏懼神靈，不敢有所違背。臣請求對下宣布，尊奉執行。」五月，先主靈柩從永安運回成都，加謚號昭烈皇帝。秋八月，葬於惠陵。

評曰：先主之弘毅❶寬厚，知人待士，蓋有高祖之風，英雄之器焉。及其舉國託孤於諸葛亮，而心神無貳❷，誠君臣之至公，古今之盛軌❸也。機權幹略，不逮❹魏武，是以基宇❺亦狹。然折而不撓，終不為下者，抑揆❻彼之量必不容己，非唯競利❼，且以避害云爾。

【章　旨】以上是陳壽對劉備的評價。

【注　釋】❶弘毅　寬弘堅毅。❷心神無貳　心中沒有其他念頭。❸盛軌　美好的典範。❹不逮　不及；不如。❺基宇　疆土。❻抑揆　或許揣測。❼競利　爭奪利益。

【語　譯】評論說：先主寬弘剛毅，知人善待人才，實在有高祖的風範，英雄的氣度。至於說到他把整個國家和孩子託付給諸葛亮，而心中沒有其他雜念，的確是君臣間至公無私，古今極好的典範。他的機敏權術才幹謀略，不如魏武帝，所以疆域也小。然而他受到挫折不屈不撓，始終不肯處於曹公之下，或許是揣測到曹公的氣量必定不能容下自己，他這樣做不但是要爭奪利益，而且也是要避免傷害啊。

【研　析】劉備的一生波瀾壯闊，有很多人生片斷值得人們去思考、分析、總結，這裏只就劉備入蜀進行簡要分析。

劉備入蜀是從法正受劉璋之命前來邀請開始的。法正的邀請對於劉備來說，無疑是個飛來喜訊。想當初，在隆中與諸葛亮初次見面，諸葛亮的一番宏論使他興奮不已。占荊州，進益州，然後以鉗形攻勢，合擊中原，奪取天下，一直是劉備事業樂章的主旋律。如今，占領荊州已成為現實，劉備何嘗不想早點據有益州！劉備做夢也沒有想到，他進入益州的方式竟這樣容易，它的主人竟大開州門，誠意邀請。世上的事物就是這樣奇怪，這樣不可思議，有時候，容易得好像探囊取物的事情，卻隱藏著天大的難點。乘邀占據益州這件已經變得很容易的事，對劉備來說又面臨一個天大的難題：他需要戰勝一個強大的對手。這個對手不是劉璋，而是劉備自己。如果讓劉備統帥千軍萬馬，去面對劉璋的高牆壁壘；如果讓劉備身披甲冑，去冒劉璋的刀鋒石矢；如果讓劉備手持兵刃，去與劉璋對陣廝殺；總之，如果讓劉備硬碰硬的進攻益州，劉備也不會感到如此為難。而現在，劉璋的誠意相邀對於劉備的道德觀念來說，卻變成了一條難以逾越的鴻溝，一座難以攻克的堡壘。

劉備講「信義」。最典型的是建安十三年，當他從樊城向江陵撤退時，荊州劉琮左右及荊州人士多隨從之，比到當陽，已有眾十餘萬、輜重數千輛，日行十餘里。當有人勸他拋棄這些人時，劉備說：「夫濟大事必以人為本，今人歸吾，吾何忍棄去！」體現了「雖顛沛險難而信義愈明」的品質。

劉備講「寬仁」。魏國的徵士傅幹評價劉備，說他「寬仁有度，能得人死力」。《三國志》作者陳壽稱讚劉備：「弘毅寬厚，知人待士，蓋有高祖之風，英雄之器焉。」晉人張輔也說劉備「威而有恩，勇而有義，寬弘而有大略」。有人認為，劉備的所謂「信義」「寬仁」是虛偽的。更有甚者，認為傳統的「信」「仁」「義」「寬」等道德觀念都是虛偽的。其實，中國傳統的「信義」「寬仁」等道德觀念，對於個人品德的修養，對於規範人們的社會行為，對於調諧人與人之間的關係，不但在古代具有積極作用，即使在今天其積極意義也不應該完全抹殺。但是社會道德不是萬能的，這裏面有兩層含義：第一，道德不能解決一切社會問題；第二，道德不能適用一切社會問題。嘲笑道德軟弱者，是因為他看到了道德在有些問題上無能為力；痛責道德虛偽者，是因為他看到了在某些問題上並沒有遵循道德原則。其實，他們正是犯了道德萬能的錯誤。

劉備的「信義」「寬仁」虛偽嗎？也不能這麼認為。劉備任平原相時，「郡民劉平素輕先主，恥為之下，使客刺之。客不忍刺，語之而去」。若沒有真誠的寬仁表現，怎會有這樣的結果？劉備退往江陵時，後有曹操數萬追兵，他寧可被曹兵追上，也不拋棄追隨他的州民。這種在生死關頭表現出的信義，能說是虛偽的嗎？

劉備應該在各類問題上都講「信義」「寬仁」嗎？當然不能這樣要求。因為道德不能適用於一切社會問題。例如，軍事鬥爭講「詐」，不能講「信」；政治鬥爭講「權」，不能講「義」。當然，道德不能適用於一切社會問題，在原則上好說，但在具體問題上區分什麼適用什麼不適用就沒那麼簡單了。

在對待益州的問題上，劉備是應該接受法正等人的建議，乘劉璋邀請之機進占益州呢？還是恪守信義，拒絕法正的建議呢？我們認為答案應該是前者。因為從本質上講，進占益州是劉備集團既定方針，劉備遲早要占領益州，至於用政治手段，還是軍事手段，抑或兩種手段並用，只是個方法問題。就益州集團內部講，張松、法正等人與劉璋的矛盾更屬於政治上的明爭暗鬥。劉備既然對張松等人厚以恩意接納，實際上已經參與了其內部的政治鬥爭。既然如此，還有什麼信義可講呢？我們還要問一個問題：劉璋為什麼請劉備入蜀？儘管他態度是誠懇的，言詞是熱情的，但其最終目的是讓劉備為他占領漢中，守住北門，對抗曹操。如果劉備真的恪守信義，傻到如此地步，就休想做益州的主人，頂多是劉璋的炮灰。

劉備雖然不會為劉璋做炮灰，但也沒有把劉璋的邀請作為用政治手段解決益州問題的機會。這是因為他和劉璋的政治關係，在很長的時間內被同宗、盟友等溫情脈脈的面紗所掩蓋，因此，他常用信義的道德標準去衡量是否該趁劉璋邀請的機會去取益州。這就使他在取益州的問題上處理得優柔寡斷。

當法正建議劉備乘劉璋邀請之機奪取益州時，劉備便和手下商量該怎麼辦。龐統對劉備說：「荊州荒殘，人物殫盡，東有孫吳，北有曹氏，鼎足之計，難以得志。今益州國富民強，戶口百萬，四部兵馬，所出必具，寶貨無求于外，今可權借以定大事。」劉備對此議仍顧慮重重，他說：「今指與吾為水火者，曹操也。操以急，吾以寬；操以暴，吾以仁；操以譎，吾以忠；每與操反，事乃可成耳。今以小故而失信義於天下者，吾所不取也。」當然，劉備所言自有其道理。多年來，他的為人處世始終有自己的道德準則，他的信義寬仁確也贏得了不少人心。但這與不成王侯便成賊的政治鬥爭畢竟不同。龐統見劉備想不明白，便進一步說：「權變之時，固非一道所能定也。兼弱攻昧，五伯之事。逆取順守，報之以義，事定之後，封以大國，何負於信？今日不取，終為人利耳。」龐統所說的「兼弱攻昧」，是古代政治鬥爭的一種普遍現象，豈止春秋時的五霸，七國爭雄，秦漢更替亦是如此。弱小就要被強大兼併，昏昧就要受到攻伐，政治鬥爭誰能受信義的約束！至於逆取順守，這在古代政治鬥爭勝利者的例子中就更多。龐統一番話對劉備既有震動，又有啟發。對待益州，若拘泥於信義，則可能耽誤興復漢室大業。對待益州，可以取之非義而守之以德。劉備終於決定了向益州進軍。（梁滿倉注譯）

卷三十三　蜀書三

後主傳第三

【題解】本卷是為蜀漢後主劉禪專設的傳記文字。劉禪是蜀漢政權的第二個君主，也是一個亡國皇帝。作者記述了劉禪從即位到亡國的過程，在這個過程中，有諸葛亮為國家的殫精竭慮，有他的後繼者的不懈努力，有宦官專權的昏庸政治，有取亂侮亡的經驗總結，實際上記述了蜀漢政權中晚期的歷史。

1 後主諱禪❶，字公嗣❷，先主子也。建安二十四年，先主為漢中王，立為王太子。及即尊號❸，冊❹曰：「惟章武元年五月辛巳❺，皇帝若曰❻：太子禪，朕遭漢運艱難，賊臣篡盜，社稷無主，格人羣正❼，以天明命，朕繼大統❽。今以禪為皇太子，以承宗廟，祗肅社稷❾。使使持節丞相亮❿授印綬，敬聽師傅，行一物而三善皆得⓫焉，可不勉與⓬！」三年夏四月，先主殂⓭于永安宮⓮。五月，後主襲位於成都⓯，時年十七。尊皇后⓰曰皇太后。大赦，改元。是歲魏黃初四年也。

2 建興元年[17]夏，牂牁太守朱褒[18]擁郡反。先是，益州郡[19]有大姓雍闓[20]反，流太守張裔[21]於吳，據郡不賓[22]，越嶲[23]夷王高定[24]亦背叛。是歲，立皇后張氏[25]。遣尚書郎鄧芝[26]固好[27]於吳，吳王孫權[28]與蜀和親[29]使聘，是歲通好。

3 二年春[30]，務農殖穀，閉關息民[31]。

4 三年春三月，丞相亮南征四郡[32]，四郡皆平。改益州郡為建寧郡[33]，分建寧、永昌郡[34]為雲南郡[35]，又分建寧、牂牁為興古郡[36]。十二月，亮還成都。

5 四年春，都護李嚴[37]自永安[38]還住江州[39]，築大城。

6 五年春，丞相亮出屯漢中[40]，營沔北陽平石馬[41]。

7 六年春，亮出攻祁山[42]，不克。冬，復出散關[43]，圍陳倉[44]，糧盡退。魏將王雙率軍追亮，亮與戰，破之，斬雙，還漢中。

8 七年春，亮遣陳式[45]攻武都[46]、陰平[47]，遂克定二郡。冬，亮徙府營[48]於南山[49]下原上，築漢、樂二城[50]。是歲，孫權稱帝，與蜀約盟，共交分天下[51]。

9 八年秋，魏使司馬懿[52]由西城[53]，張郃[54]由子午[55]，曹真[56]由斜谷[57]，欲攻漢中。丞相亮待之於城固、赤阪[58]，大雨道絕，真等皆還。是歲，魏延[59]破魏雍州[60]刺史郭淮[61]于陽谿[62]。徙魯王永[63]為甘陵王，梁王理[64]為安平王，皆以魯、梁在吳分界[65]故也。

10 九年春二月，亮復出軍圍祁山，始以木牛[66]運。魏司馬懿、張郃救祁山。夏六月，亮糧盡退軍，郃追至青封[67]，與亮交戰，被箭[68]死。秋八月，都護李平[69]廢徙梓潼郡[70]。

11 十年，亮休士勸農於黃沙[71]，作流馬木牛畢，教兵講武。

12 十一年冬，亮使諸軍運米，集於斜谷口，治斜谷邸閣[72]。是歲，南夷劉胄反，將軍馬忠[73]破平之。

13 十二年春二月，亮由斜谷出，始以流馬運。秋八月，亮卒于渭濱[74]。征西大將軍[75]魏延與丞相長史楊儀[76]爭權不和，舉兵相攻，延敗走；斬延首，儀率諸軍還成都。大赦。以左將軍吳壹[77]為車騎將軍[78]，假節[79]督漢中。以丞相留府長史蔣琬[80]為尚書令[81]，總統國事。

【章旨】以上為第一部分，記述了劉禪繼位後，在諸葛亮的輔佐下，蜀漢政權出現經濟復興、政治清明、軍事積極進取的局面。

【注釋】❶諱禪　劉禪又名斗，故親近的人又稱之為阿斗。見本書卷四十〈劉封傳〉。❷字公嗣　據《三國志・明帝紀》

裴松之注引《魏略》載，劉禪字升之，當是最初名斗，字升之，後改名禪，字公嗣。❸即尊號　指劉備登帝位。❹冊　君主對臣下進行封土、授爵、記功時所頒發的簡冊文書。又作「策」。❺章武元年句　章武元年，西元二二一年。章武，蜀漢昭烈帝劉備年號，西元二二一—二二三年。。辛巳，舊曆十二日。❻若曰　這樣說。❼格人羣正　有遠見卓識的人和眾多負責官員。❽繼大統　登帝位。❾祗肅社稷　恭敬的事奉社稷。❿使持節丞相亮　使持節，官名。都督諸州軍事，領刺史，頒符節以督軍。丞相，中央政權最高行政長官。亮，諸葛亮，字孔明，琅邪陽都（今山東沂南南）人。先隱居荊州隆中，後輔佐劉備，提出並實踐聯合孫吳、跨有荊益、北拒曹操的方針。劉備去世後，受遺詔輔佐劉禪，先後平定南中，六次北伐曹魏。後逝世於北伐前線。詳見本書卷三十五〈諸葛亮傳〉。⓫行一物句　當太子的人在學校裏遵守按長幼排序的規矩，不要特權，第一可以向人們顯示長幼禮節的崇高，第二表示對自己父親的尊重，第三由於自己父親是君王，可以顯示父子之道和君臣之義。這就是行一物而三善皆得的原意。語出《禮記・文王世子》。劉備在這裏提醒劉禪注意自己的特殊身分，培養謙讓的品德。⓬可不勉與　不可不努力呀。與，語氣詞，表示感嘆。⓭殂　死亡。從禮制規範而言，古代天子死亡稱「崩」，諸侯死亡稱「薨」。陳壽《三國志》以曹魏為正統，劉備死不能書「崩」，而陳壽為蜀人，又曾仕於蜀漢，出於尊蜀之情，又不願稱劉備死為「薨」，降備為侯王，所以選用了「殂」，用意微妙。⓮永安宮　劉備的行宮，故址在今重慶市奉節城區師範學校院內。⓯成都　蜀漢國都，今四川成都。⓰皇后　劉備吳皇后，陳留（今河南開封東南）人，吳壹之妹。先嫁劉焉子劉瑁為妻，劉瑁死後寡居。劉備占領益州後納為夫人。劉備稱漢中王，立為王后，稱帝後立為皇后。劉禪即位後尊為皇太后，稱長樂宮。詳見本書卷三十四〈二主妃子傳〉。⓱建興元年　西元二二三年。建興，蜀漢後主劉禪年號，西元二二三—二三七年。⓲牂牁太守朱褒　牂牁，郡名。治所在今貴州福泉。太守，郡中最高行政長官。朱褒，蜀漢官員，心有異志，益州從事常房巡視牂牁，朱褒誣其謀反將其殺害。後舉兵反，被諸葛亮平定。⓳益州郡　郡名。治所在今雲南晉寧東北。⓴雍闓　益州郡（今雲南晉寧東北）人，郡中大姓，劉備死後舉兵造反，諸葛亮南征時，被高定部曲所殺。其事跡散見於本書卷三十一〈劉璋傳〉、卷三十三〈後主傳〉等。㉑張裔　字君嗣，蜀郡成都（今四川成都）人，劉璋時任魚復縣長、帳下司馬。劉備占領益州後歸降，歷任巴郡太守、益州郡太守等職。詳見本書卷四十一〈張裔傳〉。㉒不賓　不服從。㉓越嶲　郡名。治所在今四川西昌東南。㉔高定　南中少數民族酋帥，舉兵叛亂，遣軍圍蜀漢新道縣，被李嚴擊走。諸葛亮討南中，高定兵敗被殺。事跡散見於本書卷三十三〈後主傳〉、卷四十三〈李恢傳〉等。㉕張氏　蜀漢車騎將軍張飛長女。章武元年（西元二二一年），為太子劉禪妃。建興元年（西元二二三年），立為皇后。十五年去世，葬南陵，諡敬哀皇后。詳見本書卷三十四〈二主妃子傳〉。㉖尚書郎鄧芝　尚書郎，官名。尚書令屬官，主起草文書。鄧芝，字伯苗，義陽新野（今河南新野）人，東漢司徒鄧禹後裔。漢末入蜀，得劉備賞識。劉備死後，受諸葛亮之命，多次出使東吳，對吳蜀重歸於好有重要貢獻。詳見本書卷四十五〈鄧芝傳〉。㉗固好　加強友好。㉘孫權　字仲謀，吳郡富春（今浙江富陽）人，孫策弟。孫策死後即位，被封討虜將軍，領會稽太守。黃武八年（西元二二九年）即帝位於武昌。死後諡大皇帝，廟號太祖。詳見本書卷四十七〈吳主傳〉。㉙和親　和好親善。㉚春　原脫，宋本有，據補。㉛息民　讓老百姓休息，指不對外發動戰爭。㉜四郡　即越嶲、建寧、永昌、牂牁四個郡，又稱南中四郡。㉝建寧郡　治所在今雲南曲靖。㉞永昌郡　治所在今雲南保山市東北。㉟雲南郡　治所在今雲南姚安西北。㊱興古郡　治所在今雲南丘北南。㊲都護李嚴　都護，即中都護，劉備病重時所設，統內外諸軍，權力極重。劉禪繼位後，中都護權力減弱，後來全軍的統率權由丞相諸葛亮接管。李嚴，字正方，南陽（今河南南陽）人。劉璋時任成都令，後歸降劉備，任犍為太守，興業將軍。後因督運軍糧不繼，又諉過於人，被廢為庶人。詳見本書卷四十〈李嚴傳〉。㊳永安　縣名。治所在今重慶市奉節。下原有「宮」字，今從宋本。㊴江州　郡名。治所在今重慶市。㊵漢中　郡名。治所在今陝西漢中東。㊶陽平石馬　陽平，關隘名。在今陝西勉縣城西郊。石馬，城名。在今陝西勉縣東。㊷祁山　山名。在今甘肅西和東北。㊸散關　關隘名。在今陝西寶雞西南大散嶺上，宋代以後稱大散關。㊹陳倉　縣名。治所在今陝西寶雞東。㊺陳式　蜀漢將領，曾參加劉備與曹操爭漢中之役，斷絕馬鳴閣道。又參加東征孫吳之役，與吳班率水軍屯駐夷陵。其事散見於本書卷十七〈徐晃傳〉、卷三十二〈先主傳〉等。㊻武都　郡名。治所在今甘肅成縣西北。㊼陰平　郡名。治所在今甘肅文縣西北。㊽府營　丞相府大營。㊾南山　山名。此指當時漢中郡治所南鄭西南五十公里左右的米倉山西脈。出褒斜道南口就是南鄭縣，曹軍如出褒斜道伐蜀，南鄭則首當其衝。諸葛亮用兵謹慎，把指揮大營建在沔水以南的南山高原上，一則離褒斜道南口較遠，二則可以利用沔水作為天然屏障。㊿漢樂二城　漢城在今陝西勉縣東。樂城在今陝西城固東。(51)交分天下　當時雙方約定，滅掉曹魏後，雙方平分曹魏領地，曹魏的豫、青、徐、幽四州屬孫吳，兗、冀、并、涼四州歸蜀。司州則以函谷關為界，關東屬吳，關西屬蜀。詳見本書卷四十七〈吳主傳〉。(52)司馬懿　字仲達，河內溫縣（今河南溫縣西）人。多謀略，善權變。率軍與諸葛亮對峙關中，領兵征討遼東公孫淵，歷任侍中、太傅、都督中外諸軍事等軍政要職。後發動高平陵之變，掌握曹魏大權。詳見《晉書．宣帝紀》。(53)西城　郡名，治所在今陝西安康西北。(54)張郃　字儁乂，河間鄚（今河北任丘北）人，東漢末為韓馥部將，後依袁紹，官渡之戰後歸降曹操。攻鄴城，擊袁譚，討柳城，屢立戰功，為曹魏名將之一。平張魯後，與夏侯淵守漢中，夏侯淵死，被眾人推為軍主，退屯陳倉。魏明帝時，諸葛亮北伐，張郃督諸軍，在街亭打敗諸葛亮將馬謖。太和五年（西元二三一年），諸葛亮再次北伐，張郃與蜀軍戰，在木門被飛矢所中，卒。詳見本書卷十七〈張郃傳〉。(55)子午　山谷名。指今陝西長安以南至四川漢陰以北之間穿過秦嶺的山谷。(56)曹真　字子丹，沛國譙（今安徽亳州）人。本姓秦，曹操收為養子。歷任偏將軍、中堅將軍、中領軍等職。詳見本書卷九〈曹真傳〉。(57)斜谷　山谷名。位於今陝西眉縣西南之終南山。南口名褒，北口叫斜。(58)城固赤阪　城固，縣名。治所在今陝西城固東。赤阪，地名。當時屬城固縣。(59)魏延　字文長，義陽（今河南桐柏東）人。蜀漢著名將領，隨諸葛亮北伐曹魏，多立戰功。因與諸葛亮戰略主張不同，在諸葛亮逝世後拒不執行退兵命令，被楊儀所殺。詳見本書卷四十〈魏延傳〉。(60)雍州　州名。治所在今陝西西安西北。(61)郭淮　字伯濟，太原陽曲（今山西陽曲）人，曹魏名將。曹丕為五官將時，任曹丕門下賊曹，又先後任夏侯淵和張郃司馬。曹丕繼王位，轉為征西長史，行征羌護軍。多次與蜀漢北伐軍戰，功勳卓著。詳見本書卷二十六〈郭淮傳〉。(62)陽谿　地名。在今甘肅武山縣西南。(63)魯王永　字公壽，劉備次子，劉備稱帝後立為魯王，劉禪繼位後改封甘陵王。蜀亡後，被遷至洛陽，拜奉車都尉。詳見本書卷三十四〈劉永傳〉。(64)梁王理　字奉孝，劉備少子。劉備稱帝後立為梁王，劉禪繼位後改封安平王。延熙七年（西元二四四年）卒，謚悼王。詳見本書卷三十四〈劉理傳〉。(65)在吳分界　按照孫劉盟約，豫州屬孫吳，而魯和梁是豫州所轄郡國。(66)木牛　諸葛亮創製的一種山地運輸工具。同時創製的還有另一種運輸工具，名叫流馬。《三國志・諸葛亮傳》裴松之注引《諸葛亮集》詳細記載了木牛流馬的尺寸，後世學者對此多有研究，對其形制和功能有各種說法。(67)青封　地名。在今甘肅天水市西南。(68)被箭　中箭。(69)李平　即李嚴。(70)梓潼郡　治所在今四川梓潼。(71)黃沙　地名。在今陝西勉縣黃沙鎮。(72)邸閣　糧食倉庫。(73)馬忠　字德信，巴西閬中（今四川閬中）人。少養於外家，姓狐，名篤，後復本姓，改名忠。劉備敗於猇亭，馬忠受巴西太守閻芝之命，帶兵五千前往支援，受到劉備稱讚。歷任蜀漢門下督、牂牁太守、鎮南大將軍等。詳見本書卷四十三〈馬忠傳〉。(74)渭濱　渭水之濱。渭，即今渭河。(75)征西大將軍　武官名。位高於征西將軍，以征西將軍中資深者為之。(76)丞相長史楊儀　丞相長史，官名。丞相府總管，輔佐丞相，署理諸曹。楊儀，字威公，襄陽（今湖北襄樊）人。初為荊州刺史傅羣主簿，後投蜀漢襄陽太守關羽，任功曹。受關羽派遣入蜀，受劉備賞識，擢為尚書。因與尚書令劉巴不和，降為弘農太守。歷任丞相府參軍、長史、綏德將軍。諸葛亮去世，與魏延火併。又因不服蔣琬，口出怨言，被流放，後被關進監獄，自殺。詳見本書卷四十〈楊儀傳〉。(77)左將軍吳壹　左將軍，高級軍事將領。吳壹，字子遠，陳留（今河南開封）人。因其父與劉璋有舊，舉家隨劉璋入蜀，其妹妹嫁給劉璋子劉瑁。劉備入蜀後降附，歷任蜀漢討逆將軍、關中都督。詳見本書卷四十五〈楊戲傳〉載〈季漢輔臣贊〉。(78)車騎將軍　高級軍事將領，位次於大將軍。掌護衛京師宮廷。(79)假節　暫授以符節。中央或地方長官，往往授以使持節、持節、假節等名號，假節最低，只有殺犯軍令者之權。⑳丞相留府長史蔣琬　丞相留府長史，丞相府長史中留守丞相府者。在丞相出征期間，統管留守事務。蔣琬，字公琰，零陵湘鄉（今湖南湘鄉）人。初以書佐隨劉備入蜀，後任諸葛亮參軍、長史。諸葛亮逝世後任尚書令、大司馬、大將軍，是蜀漢後期傑出的人才。詳見本書卷四十四〈蔣琬傳〉。(81)尚書令　尚書臺長官，東漢以後權力極重，總典朝廷綱紀。魏蜀吳三國皆置。

【語　譯】後主名禪，字公嗣，先主劉備的兒子。建安二十四年，先主為漢中王，冊立他為王太子。到了先主即帝位，發布冊命說：「章武元年五月辛巳，皇帝這樣說：太子禪，朕遇上漢朝國運艱難，亂賊臣子篡位奪權，國家無主，有遠見卓識的人和眾多負責官員，因為上天有明確的命令，擁護我繼承帝位大統。現在以禪為皇太子，以繼承宗廟祭祀，恭敬的事奉社稷。派使持節丞相諸葛亮授給你印璽和綬帶，你要恭敬的聽從師傅，做一件事而收到多種好處，可以不努力嗎！」章武三年夏四月，先主在永安宮去世。五月，後主在成都繼位，時年十七歲。尊皇后為皇太后。大赦天下，改易年號。這一年是曹魏黃初四年。

2 建興元年夏，牂牁太守朱褒據郡反叛。在此以前，益州郡大姓雍闓反叛，將益州郡太守張裔流放到孫吳，占據郡地，不服從朝廷，越巂夷王高定也背叛。這一年，冊立張氏為皇后。派遣尚書郎鄧芝到孫吳鞏固友好關係，吳王孫權與蜀漢和好親善，派使臣訪問。這一年兩國通好往來。

3 建興二年春，致力於農業生產，種植穀物，關閉關口，讓老百姓休息。

4 建興三年春三月，丞相諸葛亮南進征討南中四郡，四郡全部平定。改益州郡為建寧郡，分劃建寧、永昌二郡的一部分設立雲南郡，又分出建寧、牂牁二郡的一部分設立興古郡。十二月，諸葛亮返回成都。

5 建興四年春，中都護李嚴從永安返回駐紮江州，修築大城。

6 建興五年春，丞相諸葛亮出兵屯駐漢中，在漢水北面的陽平石馬紮營。

7 建興六年春，諸葛亮出兵攻打祁山，未能攻克。冬天，再次從散關出兵，圍困陳倉，糧盡退兵。魏將王雙率領軍隊追擊諸葛亮軍，諸葛亮和他交戰，大敗敵軍，斬殺王雙，退回漢中。

8 建興七年春，諸葛亮派遣陳式攻打武都、陰平，攻克平定了這兩個郡。冬天，諸葛亮把丞相府大營遷移到南山下的平地上，建築漢城、樂城兩座城池。這一年，孫權稱帝，與蜀漢訂立盟約，一起平分天下。

9 建興八年秋，曹魏派司馬懿從西城，張郃從子午，曹真從斜谷，打算進攻漢中。丞相諸葛亮在城固、赤阪等待敵人。大雨阻斷了道路，曹真等全部退軍。這一年，魏延在陽谿打敗曹魏雍州刺史郭淮。改封魯王劉永為甘陵王，梁王劉理為安平王，全是因為魯、梁在吳國疆界裏的緣故。

10 建興九年春二月，諸葛亮再次出兵圍攻祁山，開始用木牛運輸。曹魏司馬懿、張郃救援祁山。夏六月，諸葛亮糧盡退兵，張郃追到青封，與諸葛亮交戰，中箭而死。秋八月，都護李平被罷黜流放到梓潼郡。

11 建興十年，諸葛亮在黃沙休養軍隊鼓勵農耕，完成了流馬木牛的製作，訓練軍隊，講習武藝。

12 建興十一年冬，諸葛亮派各路軍隊運輸米糧，集中在斜谷口，修建斜谷糧倉。這一年，南夷劉冑反叛，將軍馬忠打敗平定了他。

13 建興十二年春二月，諸葛亮從斜谷出兵，開始用流馬運輸。秋八月，諸葛亮在渭水邊去世。征西大將軍魏延與丞相府長史楊儀爭權不和，起兵互相攻伐，魏延兵敗逃走，楊儀將魏延斬首，率領諸軍回到成都。大赦天下。任左將軍吳壹為車騎將軍，假節，督率漢中。任丞相留府長史蔣琬為尚書令，總管國家政事。

1 十三年春正月，中軍師❶楊儀廢徙漢嘉郡❷。夏四月，進蔣琬位為大將軍❸。

2 十四年夏四月，後主至湔❹，登觀阪❺，看汶水❻之流，旬日❼還成都。徙武都氐❽王苻健及氐民四百餘戶於廣都❾。

3 十五年夏六月，皇后張氏薨。

4 延熙元年❿春正月，立皇后張氏⓫。大赦，改元。立子璿⓬為太子，子瑤⓭為安定王。冬十一月，大將軍蔣琬出屯漢中。

5 二年春三月，進蔣琬位為大司馬[14]。

6 三年春，使越巂[15]太守張嶷[16]平定越巂郡。

7 四年冬十月，尚書令費禕[17]至漢中，與蔣琬諮論事計，歲盡[18]還。

8 五年春正月，監軍姜維[19]督偏軍，自漢中還屯涪縣[20]。

9 六年冬十月，大司馬蔣琬自漢中還，住涪。十一月，大赦。以尚書令費禕為大將軍。

10 七年春閏二月[21]，魏大將軍曹爽[22]、夏侯玄[23]等向漢中，鎮北大將軍[24]王平[25]拒興勢圍[26]，大將軍費禕督諸軍往赴救，魏軍退。夏四月，安平王理卒。秋九月，禕還成都。

11 八年秋八月，皇太后薨。十二月，大將軍費禕至漢中，行圍守[27]。

12 九年夏六月，費禕還成都。秋，大赦。冬十一月，大司馬蔣琬卒。

13 十年，涼州[28]胡王白虎文、治無戴等率眾降，衛將軍[29]姜維迎逆[30]安撫，居之于繁縣[31]。是歲，汶山平康[32]夷反，維往討，破平之。

14 十一年夏五月，大將軍費禕出屯漢中。秋，涪陵屬國[33]民夷反，車騎將軍鄧芝往討，皆破平之。

15 十二年春正月，魏誅大將軍曹爽等，右將軍夏侯霸[34]來降。夏四月，大赦。秋，衛將軍姜維出攻雍州，不克而還。將軍句安、李韶[35]降魏。

16 十三年，姜維復出西平[36]，不克而還。

17 十四年夏，大將軍費禕還成都。冬，復北駐漢壽[37]。大赦。

18 十五年，吳王孫權薨。立子琮[38]為西河王。

19 十六年春正月，大將軍費禕為魏降人郭脩[39]所殺于漢壽。夏四月，衛將軍姜維復率眾圍南安[40]，不克而還。

20 十七年春正月，姜維還成都。大赦。夏六月，維復率眾出隴西[41]。冬，拔狄道、河關、臨洮[42]三縣民，居于綿竹[43]、繁縣。

21 十八年春，姜維還成都。夏，復率諸軍出狄道，與魏雍州刺史王經戰于洮西[44]，大破之。經退保狄道城，維卻住鍾題[45]。

22 十九年春，進姜維位為大將軍，督戎馬，與鎮西將軍胡濟[46]期會上邽[47]，濟失誓不至。秋八月，維為魏大將軍鄧艾[48]所破于上邽。維退軍還成都。是歲，立子瓚[49]為新平王。大赦。

23
二十年，聞魏大將軍諸葛誕㊿據壽春51以叛，姜維復率眾出駱谷52，至芒水53。是歲大赦。

【章旨】以上為第二部分，記述了諸葛亮死後，後繼者蔣琬、費禕、姜維等人繼續輔佐劉禪，執行諸葛亮的既定方針，同時也披露了蜀漢連年實行大赦，諸葛亮所行制度開始被破壞的端倪。

【注釋】❶中軍師　蜀漢軍參謀長。❷漢嘉郡　治所在今四川雅安名山區北。❸大將軍　最高軍事統帥，外主征戰，內秉國政。❹湔　山名。即今四川都江堰西郊的玉壘山。❺觀阪　地名。即今四川都江堰城西門雞臺。❻汶水　河流名。即今岷江。❼旬日　十餘日。❽氐　古代少數民族。❾廣都　縣名。治所在今四川雙流東南。❿延熙元年　西元二三八年。延熙，蜀漢後主劉禪年號，西元二三八—二五七年。⓫張氏　後主敬哀皇后的妹妹。先為貴人，後立為皇后。蜀漢滅後，隨後主遷於洛陽。詳見本書卷三十四〈後主張后傳〉。⓬璿　字文衡，劉禪長子。母為王貴人，本敬哀張皇后侍女。蜀漢滅亡後，被鍾會亂兵所殺。詳見本書卷三十四〈後主太子傳〉。⓭瑤　後主太子劉璿的弟弟。蜀漢滅亡後隨後主遷至洛陽。事見《三國志・後主太子傳》裴松之注引孫盛《蜀世譜》。⓮大司馬　最高軍事長官。⓯越巂　郡名。治所在今四川西昌東南。⓰張嶷　字伯岐，巴郡南充國（今四川南充北）人，蜀漢將領。為保諸葛亮北伐，率軍討伐作亂的張幕等人。又跟隨馬忠北討汶山叛羌，南平南中叛亂蠻夷。歷任越巂太守、盪寇將軍等職。後與曹魏將軍徐質戰於隴西狄道，陣亡。詳見本書卷四十三〈張嶷傳〉。⓱費禕　字文偉，江夏鄳縣（今河南信陽東北）人。蜀漢後期傑出的人才，深受諸葛亮重用，任丞相參軍、司馬、尚書令、大將軍等職。詳見本書卷四十四〈費禕傳〉。⓲歲盡　年底。⓳監軍姜維　監軍，官名。監視諸軍出征將帥，職權頗重。姜維，字伯約，天水冀縣（今甘肅甘谷東）人。本仕曹魏，蜀漢建興六年（西元二二八年）諸葛亮首次伐魏時投降蜀漢。歷任征西將軍、大將軍等職，是蜀漢後期傑出的人才。詳見本書卷四十四〈姜維傳〉。⓴涪縣　縣名。治所在今四川綿陽。㉑七年春閏二月　宋本作「七年閏月」，有脫文。㉒曹爽　字昭伯，沛國譙（今安徽亳州）人，曹真之子。明帝時任武衛將軍。明帝病重，拜其為大將軍、假節鉞、都督中外諸軍事，與司馬懿同受遺詔輔少主。齊王曹芳即位後，司馬懿發動政變，曹爽被剝奪兵權，後被殺。詳見本書卷九〈曹爽傳〉。㉓夏侯玄　字太初，沛國譙（今安徽亳州）人，夏侯尚之子。曹爽執政時歷任散騎常侍、征西將軍等軍政要職，曹爽被司馬懿誅殺後，與李豐等謀殺司馬懿代之，事敗後被斬於東市。詳見本書卷九夏侯尚附傳。㉔鎮北大將軍　武官名。由鎮北將軍中資深者擔任。㉕王平　字子均，巴西宕渠（今四川渠縣）人。少時跟隨外祖父，隨其姓何，後復本姓。初為曹操部將，從曹操征漢中，敗降劉備。隨諸葛亮北伐，與馬謖鎮守街亭，提出不同意見，被諸葛亮嘉獎，進位討寇將軍。諸葛亮去世後，討滅魏延，升任後典軍、安漢將軍、領漢中太守。詳見本書卷四十三〈王平傳〉。㉖拒興勢圍　憑藉興勢一帶的工事據守。興勢，山名。在今陝西洋縣西北。㉗行圍守　巡視營壘守備。㉘涼州　州名。治所在今甘肅武威。㉙衛將軍　武官名。位次於大將軍、驃騎將軍、車騎將軍等。㉚迎逆　迎接。㉛繁縣　縣名。治所在今四川新都西北。㉜汶山平康　汶山，郡名。治所在今四川汶川縣西南。平康，縣名。治所在今四川黑水縣境內。㉝涪陵屬國　屬國名。治所在今重慶市彭水縣。㉞右將軍夏侯霸　右將軍，高級軍事將領，掌京師兵及戍守邊隘，討伐四方。夏侯霸，字仲權，沛國譙（今安徽亳州）人，夏侯淵次子。任曹魏右將軍、討蜀護軍右將軍等職，被曹爽所器重。曹爽被殺後，夏侯霸懼受株連逃往蜀漢。㉟句安李韶　蜀漢將領，任牙門將。大將軍姜維攻曹魏雍州，依麴山築城，命句安、李韶二人守之。曹魏將軍郭淮、陳泰打敗姜維，取二城，句安、李韶降。其事散見於本書卷二十二〈陳泰傳〉、卷二十六〈郭淮傳〉等。李韶，又作李歆。㊱西平　郡名。治所在今青海西寧。㊲漢壽　縣名。治所在今四川廣元西南。㊳琮　即劉琮，後主劉禪第三子，蜀漢滅亡後，與後主同遷至洛陽。事見《三國志・二主妃子傳》裴松之注引孫盛《蜀世譜》。㊴郭脩　字孝先，西平（今青海西寧）人。姜維攻打西平時被俘。大將軍費禕出征經漢壽，宴請賓客，郭脩在宴席上刺殺費禕。曹魏追封其為長樂鄉侯，食邑千戶，諡曰威侯。事見本書卷四〈齊王紀〉及裴松之注引《魏氏春秋》。脩，《通鑑》作「循」。本書及裴注或作「脩」，或作「循」。㊵南安　郡名。治所在今隴西渭水東岸。㊶隴西　郡名。治所在今甘肅隴西南。㊷狄道河關臨洮　狄道，縣名。治所在今甘肅臨洮。河關，原誤作「河間」，據殿本《考證》校正，係縣名。治所在今青海同仁西北。臨洮，縣名。治所在今甘肅岷縣。㊸綿竹　縣名。治所在今四川綿竹東南。㊹洮西　地區名。洮水從甘肅岷縣至永靖河段為南北流向，所以洮水以西的地區稱洮西。包括今甘肅西南臨潭、康樂、廣和、東鄉、和政、臨夏等縣地。㊺鍾題　地名。在今甘肅臨洮南。㊻鎮西將軍胡濟　鎮西將軍，武官名。與鎮東將軍、鎮南將軍、鎮北將軍合稱四鎮將軍。鎮，原誤作「征」，宋本不誤，據改。胡濟，字偉度，義陽郡（今湖北棗陽東南）人，任諸葛亮主簿，忠於職守，屢受諸葛亮稱讚。事見《三國志・董和傳》裴松之注。㊼上邽　縣名。治所在今甘肅天水市。㊽鄧艾　字士載，義陽棘陽（今河南南陽）人，曹魏將領，曾在淮河南北屯田，解決軍糧問題。任討寇將軍、汝南太守、兗州刺史等職。景元四年（西元二六三年）率兵攻蜀漢，一直打到成都，迫使劉禪投降。詳見本書卷二十八

〈鄧艾傳〉。㊾瓚　即劉瓚，後主劉禪第四子，蜀漢滅亡後，與後主同遷至洛陽。事見《三國志・二主妃子傳》裴松之注引孫盛《蜀世譜》。㊿諸葛誕　字公休，琅邪陽都（今山東沂南南）人，與諸葛亮同宗。初以尚書郎為滎陽令，後遷至御史中丞尚書。明帝時被免官，齊王曹芳時復職，出為揚州刺史，加昭武將軍。因不滿司馬氏專權，於魏甘露二年（西元二五七年）起兵反，投降孫吳。後兵敗被殺。詳見本書卷二十八〈諸葛誕傳〉。(51)壽春　縣名。治所在今安徽壽縣。(52)駱谷　山谷名。起自今陝西城固西北，終至今陝西眉縣，全長約二一〇公里。(53)芒水　河流名。渭河南岸支流之一。發源於秦嶺北麓，北流至今陝西周至東北入渭河。

【語譯】建興十三年春正月，中軍師楊儀被罷黜流放到漢嘉郡。夏四月，晉升蔣琬職位為大將軍。

2 建興十四年夏四月，後主來到湔山，登上觀阪，觀看汶江流水，十多天後返回成都。把武都氐王苻健及四百多戶氐民遷徙到廣都縣。

3 建興十五年夏六月，皇后張氏去世。

4 延熙元年春正月，冊立張氏為皇后。大赦天下，改易年號。立兒子劉璿為皇太子，兒子劉瑤為安定王。冬十一月，大將軍蔣琬出兵屯駐漢中。

5 延熙二年春三月，晉升蔣琬任大司馬。

6 延熙三年春，派遣越巂太守張嶷平定越巂郡。

7 延熙四年冬十月，尚書令費禕來到漢中，和蔣琬商議國家大計，年底返回成都。

8 延熙五年春正月，監軍姜維督率一支部隊，從漢中回來屯駐涪縣。

9 延熙六年冬十月，大司馬蔣琬從漢中回來，屯駐涪縣。十一月，大赦天下。任尚書令費禕為大將軍。

10 延熙七年春閏二月，曹魏大將軍曹爽、夏侯玄等向漢中進發，鎮北大將軍王平憑藉興勢一帶的營壘進行抵禦，大將軍費禕督率各路軍馬前往救援，曹魏軍撤退。夏四月，安平王劉理去世。秋九月，費禕回到成都。

11 延熙八年秋八月，皇太后去世。十二月，大將軍費禕來到漢中，巡視營壘守備。

12 延熙九年夏六月，費禕回到成都。秋天，大赦天下。冬十一月，大司馬蔣琬去世。

13 延熙十年，涼州胡人首領白虎文、治無戴等人率眾降附，衛將軍姜維迎接安撫他們，讓他們居住在繁縣。這一年，汶山平康的夷人反叛，姜維前往討伐，打敗平定了他們。

14 延熙十一年夏五月，大將軍費禕出兵屯駐漢中。秋天，涪陵屬國的漢、夷百姓反叛，車騎將軍鄧芝前往討伐，全都打敗平定了他們。

15 延熙十二年春正月，曹魏誅殺大將軍曹爽等人，右將軍夏侯霸前來投降。夏四月，大赦天下。秋天，衛將軍姜維出兵攻打雍州，沒有攻克，撤軍反回將軍句安、李韶投降曹魏。

16 延熙十三年，姜維再次出兵西平，沒有攻克，撤軍返回。

17 延熙十四年夏，大將軍費禕回到成都。冬天，又北上駐紮在漢壽。大赦天下。

18 延熙十五年，吳王孫權去世。後主冊立兒子劉琮為西河王。

19 延熙十六年春正月，大將軍費禕在漢壽被曹魏的投降者郭脩殺害。夏四月，衛將軍姜維又率眾圍攻南安，沒有攻克，撤軍返回。

20 延熙十七年春正月，姜維回到成都。大赦天下。夏六月，姜維又率部眾出兵隴西。冬天，攻破了狄道、河關、臨洮三個縣，遷徙這三地的百姓到綿竹、繁縣居住。

21 延熙十八年春，姜維回到成都。夏天，又率領各軍出兵狄道，與曹魏雍州刺史王經戰於洮西，大敗王經。王經後退守衛狄道城，姜維退到鍾題駐紮。

22 延熙十九年春，晉升姜維職位為大將軍，總督兵馬，與鎮西將軍胡濟約定在上邽會師，胡濟失約未到。秋八月，姜維被曹魏大將軍鄧艾在上邽打敗。姜維退軍返回成都。這一年，後主冊立兒子劉瓚為新平王。大赦天下。

23 延熙二十年，聽說曹魏大將軍諸葛誕占據壽春反叛，姜維又率眾由駱谷出兵，到達芒水。這一年大赦天下。

1 景耀元年❶，姜維還成都。史官言景星❷見，於是大赦，改年。宦人黃皓❸始專政。吳大將軍孫綝❹廢其主亮❺，立琅邪王休❻。

2 二年夏六月，立子諶❼為北地王，恂❽為新興王，虔❾為上黨王。

3 三年秋九月，追謚故將軍關羽❿、張飛⓫、馬超⓬、龐統⓭、黃忠⓮。

4 四年春三月，追謚故將軍趙雲⓯。冬十月，大赦。

5 五年春正月，西河王琮卒。是歲，姜維復率眾出侯和⓰，為鄧艾所破，還住沓中⓱。

6 六年夏，魏大興徒眾，命征西將軍鄧艾⓲、鎮西將軍鍾會⓳、雍州刺史諸葛緒⓴數道並攻。於是遣左右車騎將軍張翼㉑、廖化㉒、輔國大將軍董厥㉓等拒之。大赦。改元為炎興。冬，鄧艾破衛將軍諸葛瞻㉔於綿竹。用光祿大夫譙周㉕策，降於艾，奉書曰：「限分江、漢㉖，遇值深遠㉗，階緣蜀土㉘，斗絕㉙一隅，干運㉚犯冒，漸苒歷載㉛，遂與京畿攸隔㉜萬里。每惟㉝黃初中，文皇帝㉞命虎牙將軍鮮于輔㉟，宣溫密之詔㊱，申三好㊲之恩，開示門戶㊳，大義炳然，而否德㊴暗弱，竊貪遺緒㊵，俛仰累紀㊶，未率大教㊷。天威既震㊸，人鬼歸能之數㊹，怖駭王師，神武所次㊺，敢不革面㊻，順以從命！輒敕羣帥投戈釋甲，官府帑藏㊼一無所毀。

百姓布野，餘糧棲畝[48]，以俟后來[49]之惠，全元元[50]之命。伏惟大魏布德施化，宰輔伊、周[51]，含覆藏疾[52]。謹遣私署侍中[53]張紹[54]、光祿大夫譙周、駙馬都尉[55]鄧良奉齎印綬[56]，請命告誠，敬輸忠款[57]，存亡敕賜，惟所裁之[58]。輿櫬[59]在近，不復縷陳[60]。」是日，北地王諶傷國之亡，先殺妻子，次以自殺。紹、良與艾相遇於雒縣。艾得書，大喜，即報書，遣紹、良先還。艾至城北，後主輿櫬自縛，詣軍壘[61]門。艾解縛焚櫬，延請相見。因承制拜後主為驃騎將軍。諸圍守悉被[62]後主敕，然後降下[63]。艾使後主止其故宮，身往造焉。資嚴未發[64]，明年春正月，艾見收[65]。鍾會自涪至成都作亂。會既死，蜀中軍眾鈔略，死喪狼籍，數日乃安集[66]。

7 後主舉家東遷，既至洛陽，策命之曰：「惟景元五年三月丁亥[67]，皇帝臨軒[68]，使太常[69]嘉命劉禪為安樂縣公。於戲[70]，其進聽朕命！蓋統天載物，以咸寧[71]為大，光宅天下，以時雍[72]為盛。故孕育羣生者，君人[73]之道也，乃順承天者，坤元之義也[74]。上下交暢，然後萬物協和，庶類獲乂[75]。乃者漢氏失統[76]，六合[77]震擾。我太祖[78]承運龍興，弘濟八極[79]，是用[80]應天順民，撫有區夏[81]。于時乃考[82]因[83]羣傑虎爭，九服[84]不靜，乘間[85]阻遠，保據庸蜀[86]，遂使西隅殊封[87]，方外[88]壅隔。

自是以[89]來，干戈不戢[90]，元元之民，不得保安其性[91]，幾將五紀[92]。朕永惟祖考遺志[93]，思在綏緝[94]四海，率土同軌，故爰整六師，耀威梁[95]、益。公[96]恢崇德度，深秉大正[97]，不憚屈身委質[98]，以愛民全國[99]為貴，降心回慮[100]，應機豹變[101]，履信思順，以享左右[102]無疆之休[103]，豈不遠歟！朕嘉與君公[104]長饗顯祿，用考咨[105]前訓，開國胙土[106]，率遵舊典，錫茲玄牡[107]，苴以白茅[108]，永為魏藩輔，往欽哉[109]！公其[110]祗服朕命，克廣德心[111]，以終乃顯烈。」食邑萬戶，賜絹萬匹，奴婢百人，他物稱是[112]。子孫為三都尉[113]封侯者五十餘人。尚書令樊建[114]、侍中張紹、光祿大夫譙周、祕書令郤正[115]、殿中督張通[116]並封列侯。公泰始七年[117]薨於洛陽。

【章　旨】以上為第三部分，記述了蜀漢後期國家衰敗，最後被曹魏所滅。也記述了劉禪成了亡國之君，及其最後的結果。

【注　釋】❶景耀元年　西元二五八年。景耀，蜀漢後主劉禪年號，西元二五八—二六三年。❷景星　又稱瑞星或德星。《史記·天官書》記載：「天精而見景星。景星者，德星也。其狀無常，常出於有道之國。」因此景星出現被視為祥瑞之兆。❸黃皓　蜀漢宦官，為人便辟佞慧，深受劉禪喜愛。董允當政時，黃皓畏其威，不敢為非。董允去世後，陳祗任侍中，黃皓與之互為表裏，始干預政事。陳祗去世後，黃皓歷任中常侍、奉車都尉，專擅國政。其事見本書卷三十九董允附傳。❹孫綝　字子通，吳郡富春（今浙江富陽）人，孫吳宗室，與孫峻同祖。孫峻死，以事付孫綝，為侍中武衛將軍、領中外諸軍事，總領朝政。隨著權力加重，愈驕橫無禮。吳帝孫亮企圖誅之，孫綝知道後，立即發動了政變，廢黜孫亮，迎立孫休。孫休懼其權重，與張布、丁奉密謀，共誅之。詳見本書卷六十四〈孫綝傳〉。❺亮　即孫亮，字子明，吳郡富春（今浙江富陽）人，孫權少子。赤烏被立為太子，孫權死後即帝位。後被孫綝廢為會稽王，旋又降為候官侯，在被遣送封國途中自殺。詳見本書卷四十八〈孫亮傳〉。❻休　即孫休，字子烈，吳郡富春（今浙江富陽）人，孫權第六子。被封琅邪王，孫亮被廢後即帝位，以孫綝為丞相，後將其誅殺。在位期間詔令廣開農田，輕收賦稅。好讀書，喜射獵，在孫吳三嗣主中算有政績者。詳見本書卷四十八〈孫休傳〉。❼諶　即劉諶，後主劉禪第五子。❽恂　即劉恂，後主劉禪第五子。蜀漢滅亡後隨劉禪遷至洛陽。事見《三國志·後主太子傳》裴松之注引孫盛《蜀世譜》。❾虔　即劉虔，後主劉禪第六子。蜀漢滅亡後隨劉禪遷至洛陽。《三國志·劉璿傳》裴松之注引孫盛《蜀世譜》中記為劉璩。❿關羽　字雲長，河東解縣（今山西臨猗西南）人。在涿州與張飛一起隨劉備起兵，屢立戰功，任襄陽太守、盪寇將軍。劉備率軍入蜀後留鎮荊州，後被孫吳殺死。詳見本書卷三十六〈關羽傳〉。⓫張飛　字益德，涿郡（今河北涿州）人。與關羽俱事劉備，為三國名將，屢立戰功。從劉備伐吳，臨行，被部下所害。詳見本書卷三十六〈張飛傳〉。⓬馬超　字孟起，扶風茂陵（今陝西興平東北）人，馬騰之子。建安十六年（西元二一一年）與韓遂聯合進攻曹操，失敗後還據涼州。自稱征西將軍，領并州牧，督涼州軍事。被楊阜等人攻擊，先奔張魯，後投劉備，歷任左將軍、驃騎將軍等，為蜀漢名將。詳見本書卷三十六〈馬超傳〉。⓭龐統　字士元，襄陽（今湖北襄樊）人，號稱「鳳雛」。初為郡功曹，劉備得荊州後任治中從事，又與諸葛亮同任軍師中郎將，與劉備同入蜀，攻打雒城時為流矢所中，卒。詳見本書卷三十七〈龐統傳〉。⓮黃忠　字漢升，南陽（今河南南陽）人。初屬劉表，任中郎將，曹操占領荊州後，假行裨將軍，後歸附劉備，隨劉備入蜀，屢立戰功，為蜀漢名將之一。詳見本書卷三十六〈黃忠傳〉。⓯趙雲　字子龍，常山真定（今河北正定）人。英勇善戰，一身是膽。本屬公孫瓚，後歸劉備。隨劉備戰長阪，取荊州，入四川。劉備死後，又隨諸葛亮北伐，為蜀漢名將。詳見本書卷三十六〈趙雲傳〉。⓰侯和　聚落名。在今甘肅卓尼東北。⓱沓中　地名。在今甘肅舟曲西北洛大鎮附近。⓲征西將軍鄧艾　征西將軍，武官名。與征東將軍、征南將軍、征北將軍合稱四征將軍。鄧艾，字士載，義陽棘陽（今河南南陽南）人，曹魏將領，曾在淮河南北屯田，解決軍糧問題。任討寇將軍、汝南太守、兗州刺史等職。魏景元四年（西元二六三年）率兵攻蜀漢，一直打到成都，迫使劉禪投降。詳見本書卷二十八〈鄧艾傳〉。⓳鍾會　字士季，潁川長社（今河南長葛東）人，鍾繇少子。為司馬昭所寵信，任黃門侍郎、司隸校尉。率兵伐蜀，自謂功高蓋世，與蜀漢降將姜維合謀起兵反司馬昭，後被殺。詳見本書卷二十八〈鍾會傳〉。⓴諸葛緒　西晉官吏。其事散見於本書卷二十八〈鄧艾傳〉、《晉書·文明王皇后傳》等。㉑張翼　字伯恭，犍為武陽（今四川彭山縣）人，蜀漢將領。鎮撫南中、隨諸葛亮北伐以及後期與曹魏軍戰皆有功。歷任蜀郡太守、冀州刺史等職。景耀六年（西元二六三年）與姜維降鍾會，次年被亂兵所殺。詳見本書卷四十五〈張翼傳〉。㉒廖化　字元儉，襄陽（今湖北襄樊）人，本名淳，後改化。初為關羽屬吏，荊州失陷於孫吳後，任職於孫吳。後詐死西逃入蜀。歷任丞相參軍、右車騎將軍等職。詳見本書卷四十五宗預附傳。㉓輔國大將軍董厥　輔國大將軍，武官名，領兵征伐。董厥，字龔襲，義陽（今湖北棗陽東南）人，蜀漢將領。受諸葛亮賞識，歷任丞相府令史、主簿。蜀漢滅亡後入魏，任相國參軍。事見本書卷三十五諸葛亮附傳。㉔諸葛瞻　字思遠，琅邪陽都（今山東沂南南）人，諸葛亮之子。景耀六年（西元二六三年），曹魏伐蜀，與魏軍戰於綿竹，陣亡。事見本書卷三十五諸葛亮附傳。㉕光祿大夫譙周　光祿大夫，光祿勳屬官。掌顧問應對。譙周，字允南，巴西西充國（今四川閬中西南）人。早孤，家貧，不置產業。誦讀經典，廢寢忘食。通經學，善書札，曉天文，歷任蜀漢勸學從事、光祿大夫等職。魏軍打到成都後，力勸後主投降。著有《法訓》、《五經論》、《古史考》等書。詳見本書卷四十二〈譙周傳〉。㉖限分江漢　受長江、漢水所阻隔。㉗遇值深遠　我正好處在邊遠地區。㉘階緣蜀土　憑藉蜀國土地。㉙斗絕　像處在米斗一樣四面隔絕。㉚干運　觸犯天運。㉛漸苒歷載　漸漸的過了一年又一年。漸苒，漸漸的。屬同義詞並列。㉜攸隔　遠隔。㉝每惟　經常想到。㉞文皇帝　魏文帝曹丕，字子桓，沛國譙（今安徽亳州）人，曹操次子。先任五官中郎將、副丞相，後被立為魏太子。西元二二〇年代漢稱帝。愛好文學，與當時著名文人往來甚密，在中國文學史上也有重要地位。詳見本書卷二〈文帝紀〉。㉟虎牙將軍鮮于輔　虎牙將軍，雜號將軍之一，領兵征伐。鮮于輔，漁陽（今北京市密雲西南）人，漢末為劉虞從事，劉虞被公孫瓚所殺，推舉閻柔為烏丸司馬，與袁紹將麴義合兵進攻公孫瓚。公孫瓚敗後歸降曹操。其事散見於《後漢書・公孫瓚列傳》、本書卷一〈武帝紀〉、卷八〈公孫瓚傳〉等。㊱溫密之詔　溫和親切的詔旨。㊲三好　指魏蜀吳三國友好。實質上是要蜀漢向曹魏稱臣。魏文帝時孫權曾向曹魏稱臣，魏文帝希望劉禪也如此。㊳開示門戶　明確表示給予出路。㊴否德　沒有美德。此劉禪形容自己。㊵竊貪遺緒　貪戀前人未竟的功業。㊶俛仰累紀　俯仰之間連續多年。紀，十二年為一紀。㊷未率大教　沒有遵從您偉大的教導。㊸天威既震　天威已經震怒。比喻曹魏對蜀漢進行的征伐。㊹人鬼歸能之數　人鬼向善的必然之理。數，必然的道理。㊺神武所次　曹魏軍隊所至。㊻敢不革面　怎敢不改變自己。革面，改變自己，指歸順曹魏。㊼帑藏　國庫資財。㊽餘糧棲畝　成熟的糧食留在田野裏。㊾后來　新來的君主。《尚書・湯誓》：「徯予后，后來其蘇。」意思是，人民盼望商湯，商湯來了人民就有活路了。此處指曹魏君主。㊿元元　百姓。(51)宰輔伊周　輔政大臣就像伊尹、周公。伊尹名阿衡，夏朝時隱士，湯王聞其名，派人迎請之。使者迎至五次，伊尹乃從，成為商湯的輔政大臣，輔佐商湯滅夏。詳見《史記・殷本紀》。周公，姓姬名旦，周文王之子，武王弟。周成王時攝政，平定三國之亂。在任分封諸國，推行井田，制禮作樂，是西周傑出的政治家。詳見《史記・周本紀》。(52)含覆藏疾　比喻君主能夠寬容有罪過的人。《左傳》宣公十五年：「諺曰：高下在心，川澤納汙，山藪藏疾。」含覆藏疾語源於此。53私署侍中　私自委任的侍中。私署，私自委任。侍中，官名。丞相屬官，往來殿中，入侍天子，故名。三國時侍中分兩類，一類為實官，一類為加官。54張紹　范陽涿郡（今河北涿州）人，張飛次子，官至蜀漢侍中、尚書僕射。事見本書卷三十六張飛附傳。55駙馬都尉　官名。漢武帝時置，掌皇帝副車之馬。後多以宗室及外戚等擔任。56奉齎印綬　奉上帶來的皇帝印璽和絲帶。57忠款　忠誠。58裁之　裁決處置。59輿櫬　用車載運棺材。表示自知死罪將自行就死。60不復縷陳　不再一一陳述。61軍壘　軍營。62被　接受。63降下　投降。64資嚴未發　收拾好行裝還未出發。65見收　被逮捕。66安集　平靜。67惟景元五年句　惟，句首發語詞。景元五年，西元二六四年。景元，魏元帝曹奐年號，西元二六〇—二六四年。丁亥，舊曆二十七日。68臨軒　來到大殿前的平臺。69太常　官名。九卿之一，掌宗廟祭祀，兼選試博士。70於戲　感嘆詞。71咸寧　全都安寧。72時雍　和睦太平。73君人　為百姓之君。74乃順承天者二句　順承上天，是大地的義務。75乂　安定。76乃者漢氏失統　以往漢朝失去統治權力。乃者，以往。77六合　天地四方，指天下。78太祖　指武帝曹操。79弘濟八極　拯救天下。弘濟，廣泛的拯救。八極，最邊遠的地方。此指八極之內，即天下。80是用　所以。81撫有區夏　擁有中原。區夏，中原。82乃考　你的父親。指劉備。83因　趁著。84九服　指侯服、甸服、男服、采服、衛服、蠻服、夷服、鎮服、藩服。此九服的順序是京城以外由近而遠的排列。85乘間　趁機。86庸蜀　指益州。益州包括古蜀國的故地，王莽時又曾把益州改為庸部，所以稱庸蜀。87西隅殊封　益州具有特殊的邊界。西隅，指益州。殊封，特殊的邊界，意即獨立王國。88方外　中原以外的地區，也指益州。89以　原作「己」，當是「已」之誤。宋本作「以」，今從宋本。「已」、「以」二字通。90干戈不戢　戰爭不止。91性性命；生命。92五紀　六十年。十二年為一紀。西元二一四年劉備占領益州，到景元五年（西元二六四年），共五十一年。93永惟祖考遺志　永遠牢記祖、父的遺志。94綏緝　安撫穩定。95梁　州名。治所在今陝西漢中。曹魏滅蜀後，分益州置梁州，治所在今陝西勉縣東，後移治漢中。96公　指劉禪。97恢崇德度二句　高尚的品德宏大的氣度，堅定的秉持大義。98委質　歸順。99全國　保全國家。100降心回慮　屈志改變想法。101豹變　像豹子皮上的花紋色彩那樣變化。「君子豹變」為《周易・革卦》爻辭上的話，比喻人的行為發生較大變化。102左右　輔佐幫助。103休　美好。104嘉與君公　樂於與你。105用考咨　因而考察諮詢。用，因而。106胙土　賜給土地。107錫茲玄牡　「牡」字當作「土」，如果作「牡」，連屬下句則與古制不符。意思是說賜給黑色土。108苴以白茅　用白茅草包裹。苴，包裹。109往欽哉　此為《尚書・堯典》中堯、舜任命官員時常用的勉勵語，意為去吧，要恭敬對待你的爵位啊。110其　虛詞，表示希望。111克廣德心　能夠擴大美德心胸。112他物稱是　其他東西與此相當。[113]三都尉　指奉車都尉、駙馬都尉、騎都尉。三者都是皇帝的侍從官員，在皇帝出巡時分別管理車輛、馬匹、儀仗騎兵。[114]樊建　字長元，義陽（今湖北棗陽東南）人，以校尉身分出使孫吳，後為侍中，守尚書令。蜀漢滅亡後入洛陽，任給事中。事見本書卷三十五諸葛亮附傳。[115]祕書令郤正　祕書令，官名。掌校祕書。郤正，字令先，河南偃師（今河南偃師東）人，本名纂，後改正。祖父郤儉東漢靈帝時任益州刺史，因安家於蜀。郤正自幼好學，博覽羣書，任蜀漢祕書令。蜀漢滅亡後隨劉禪入洛陽，西晉時任安陽縣令、巴西太守。詳見本書卷四十二〈郤正傳〉。[116]殿中督張通　殿中督，官名。蜀漢設置，主宿衛兵，督守殿內。張通，汝南（今河南平輿北）人，任殿中督，蜀漢滅亡後隨劉禪入洛陽。其事散見於本書卷四十二〈郤正傳〉。[117]泰始七年　西元二七一年。泰始，晉武帝司馬炎年號，西元二六五—二七四年。

【語譯】景耀元年，姜維回到成都。史官報告說有景星出現，於是大赦天下，更改年號。宦官黃皓開始專權。孫吳大將軍孫綝廢黜他的君主孫亮，冊立琅邪王孫休為帝。

2 景耀二年夏六月，後主立兒子劉諶為北地王，劉恂為新興王，劉虔為上黨王。

3 景耀三年秋九月，追加諡號給已經去世的將軍關羽、張飛、馬超、龐統、黃忠。

4 景耀四年春三月，追加諡號給已經去世的將軍趙雲。冬十月，大赦天下。

5 景耀五年春正月，西河王劉琮去世。這一年，姜維又率眾出兵侯和，被鄧艾打敗，回軍駐紮沓中。

6 景耀六年夏，曹魏大舉興兵，命征西將軍鄧艾、鎮西將軍鍾會、雍州刺史諸葛緒數路同時進攻。於是蜀漢派遣左車騎將軍張翼、右車騎將軍廖化、輔國大將軍董厥等人率兵抵禦魏軍。大赦天下。改年號為炎興。冬天，鄧艾在綿竹打敗衛將軍諸葛瞻。後主採用光祿大夫譙周的計策，向鄧艾投降，獻上降書說：「因為被長江、漢水所阻隔，正好處在邊遠地區，憑藉蜀地，被隔絕在一個角落裏，觸犯天運，多有冒犯，漸漸的年復一年，便與京城洛陽遠隔萬里了。我每每想起黃初年間，文皇帝命虎牙將軍鮮于輔，向我宣示溫和親密的詔命，申明三國友好的恩德，明確的表示給予出路，大義昭昭。而我無德愚弱，貪戀前人未竟的功業，俯仰之間連續多年，不能遵從偉大的教導。天威震怒，人鬼向善是必然之理，懼怕朝廷大軍，神武之師所到之處，誰敢不洗心革面，順從命令！我立即指示眾將領放下武器脫掉盔甲，國庫中的資財完全沒有損壞。老百姓分布在田野，成熟的糧食留在田地裏，再來等待聖明的君主施以恩惠，保全黎民百姓的生命。我伏在地上想著大魏布恩德施教化，執政大臣就像伊尹、周公，能夠寬容有罪的人。謹派遣私自任命的侍中張紹、光祿大夫譙周、駙馬都尉鄧良奉上皇帝印璽和綬帶，請求王命，報告誠意，敬獻忠心，賜給我生死存亡，完全由您裁決。靈車載的棺材就在旁邊，所以不再一一陳述。」這一天，北地王劉諶因為悲傷國家滅亡，先殺掉妻子兒女，然後自殺。張紹、鄧良與鄧艾在雒縣相遇。鄧艾得到降書，大為高興，立即回信，派張紹、鄧良先行返回。鄧艾到達成都北郊，後主用車載著棺材自我捆綁，前往鄧艾軍營的大門外。鄧艾解開繩索，燒掉棺材，邀請後主相見。秉承朝廷旨意拜後主為驃騎將軍。各地營壘都接到後主的命令，然後投降。鄧艾讓後主仍住在他過去的宮殿裏，親自前往拜訪。後主的行裝還未啟運，第二年春正月，鄧艾被收押。鍾會從涪縣來到成都作亂。鍾會死後，蜀中的兵眾大肆搶劫，到處都有死屍，幾天以後才平靜下來。

7 後主全家東遷，到達洛陽之後，魏帝下達授爵的冊命說：「景元五年三月丁亥，皇帝駕臨大殿，讓太常嘉傳達詔命封劉禪為安樂縣公。啊！請劉禪前來聽朕的詔命！大凡統治天下承載萬物，都把天下安寧放在首位，握有天下，以社會和睦太平為最大的事情。所以養育百姓，是君主統治人民的準則，順承上天，是大地的義務。上下交融順暢，然後萬物和諧，各種生命才能獲得安寧。以往漢朝喪失統治權力，天下動盪紛擾。我太祖皇帝承受天命龍騰興起，拯救天下，因此能夠應天順民，擁有中原。那時你的父親趁著羣雄龍爭虎鬥，天下不安，趁機利用遠方險阻，據守益州，因此使西境成為獨立王國，阻隔在中原以外地區。從此以後，爭戰不止，黎民百姓，不能保全生命安全，將近六十年之久。朕永遠想著祖宗父輩的遺志，想著安定四海，統一天下，所以整頓朝廷大軍，在梁、益二州耀武揚威。你氣度宏大品德崇高，堅持大義，不怕屈身歸順，以愛護百姓保全國家為上，改變想法，隨機應變，遵守信用，心思順服，用來讓左右近臣享受無盡的福分，眼光豈不是很遠大嗎！朕嘉獎你長久享受顯赫的爵祿，因此考察諮詢前代的法則，賜給你土地建立封國，完全遵照過去的典章制度，賜給你黑色土，並用白茅草包裹，永遠做大魏王朝的藩國，去吧！可要恭敬的對待你的爵位，希望你恭敬的服從朕的命令，能夠擴大美德和心胸，以完成你顯赫的事業。」賜後主食邑一萬戶，絹一萬匹，奴婢一百人，以及價值相當的其他物品。後主的子孫擔任三都尉被封侯爵的有五十多人。尚書令樊建、侍中張紹、光祿大夫譙周、祕書令郤正、殿中督張通都封為列侯。後主於泰始七年在洛陽去世。

評曰：後主任賢相則為循理之君，惑閹豎則為昏闇之后，傳曰「素絲無常，唯所染之❶」，信矣哉❷！禮，國君繼體❸，踰年改元，而章武之三❹年，則革稱建興，考之古義，體理❺為違。又國不置史❻，注記❼無官，是以行事多遺，災異靡書❽。諸葛亮雖達於為政，凡此之類，猶有未周焉。然經載十二而年名不易❾，軍旅屢興而赦不妄下，不亦卓乎！自亮沒後，茲制漸虧❿，優劣著矣。

【章旨】以上為陳壽對劉禪的評價，也對蜀漢政治的優劣進行總結。

【注釋】❶素絲無常二句 《墨子·所染》：子墨子言，見染絲者而歎曰：「染於蒼則蒼，染於黃則黃，所入者變，其色亦變，五入而已為五色矣。故染不可不慎也。」《後漢書·楊終列傳》記載，楊終給馬廖的信中說，《詩》曰：皎皎練絲，在所染之。❷信矣哉 的確如此。❸繼體 繼位。❹三 原誤作「二」，今據宋本校正。❺體理 制度和道理。❻史 史官，用以記錄本國的歷史。❼注記 指本國完整的歷史紀錄。❽靡書 沒有記錄。❾經載十二句 經歷十二年而不改變年號。經載，經歷。年名，年號。從後主建年號建興，至建興十二年諸葛亮去世，年號始終沒改變。❿茲制漸虧 這種制度逐漸被破壞了。茲制，這種制度。指不輕易改變年號、不輕易實行大赦的制度。諸葛亮去世後，後主相繼改了延熙、景耀、炎興三次年號。諸葛亮輔政時，只實行過一次大赦，而諸葛亮去世後，後主先後宣布過十二次大赦。陳壽認為，頻繁的改變年號和宣布大赦都不是為政的正道。

【語譯】評論說：後主任用賢明的丞相就成為遵循道理的君主，被宦官迷惑就變成昏庸無知的君主。書傳上說「白絲沒有固定的顏色，在於用什麼色去染它」，確實如此啊！依禮，國君繼位，第二年才改變年號，而章武三年，當年就改變年號稱建興，考察古代的原則，這種做法既違背了典制又違背了情理。另外蜀國不設置史官，沒有官員對本國歷史作記錄，所以做過的事情很多被遺忘，災異也沒有記載。諸葛亮雖然擅長治理國政，但像此類的事情，還有不周全的地方。然而經歷十二年而不改變年號，軍隊多次出動卻不隨便發布大赦令，不也是很卓越嗎！自從諸葛亮去世後，這種制度就漸漸被破壞了，政治上的優劣是很明顯的。

【研　析】劉禪是蜀漢的亡國皇帝。在一般人看來，亡國皇帝都昏庸，亡國便是其昏庸的證據。而劉禪卻應該算個例外，因為蜀漢政治上最輝煌的時期也出現在劉禪即位以後。這就是諸葛亮及其後繼者蔣琬、董允、費禕輔政時期。

劉備去世後，諸葛亮輔佐劉禪，對外放棄了與孫吳爭奪荊州的方針，恢復並加強了與孫吳的同盟關係，從而形成了孫劉聯合共同對付曹魏的局面。對內閉關息農，發展經濟；嚴格執法，整頓吏治；納言任才，勵精圖治，從而使蜀漢出現了國富民安、政通人和的局面。諸葛亮用其多年的執政實踐，以身作則，言傳身教，從而在廣開言路、恪盡職守、嚴明法紀、忠順勤勞，尤其是廉潔奉公等高貴政治品質方面，給予他的第二代繼承人蔣琬、董允，第三代繼承人費禕、姜維等人影響頗深。在中國古代傑出政治家中，就選拔培養德才兼備的繼承人來說，諸葛亮所收到的實效，可能是獨一無二的。《三國志・蜀書》卷五〈諸葛亮傳〉裴注引《襄陽記》記載，諸葛亮去世後，「百姓巷祭，戎夷野祀」。甚至在五百餘年以後的唐代，「梁、漢之民，歌道遺烈，廟而祭者如在」。諸葛亮受到蜀漢人民如此追思、懷念，正是蜀漢官吏廉潔、政治清明的顯證。當代的史學家范文瀾說過，諸葛亮對蜀漢的治理，是三國中最有條理的，這是符合歷史事實的。比較三國時期魏、吳、蜀的社會政治概況，蜀漢的治理比起魏、吳要有條理得多。從整體上說，蜀漢政權比較廉潔，官吏貪汙腐化現象要少一些，因而蜀漢政治要清明一些。但我們不是說，蜀漢是百姓的天堂。蜀漢在三國中地域最小，人口也最少，因而人力物力受到限制，經過連年的戰爭，儘管諸葛亮等人注意節約民力，但戰爭所帶來的兵役、運役、賦稅負擔，仍然是很沉重的。但蜀漢的百姓卻表現出了驚人的承受力和忍耐力。劉備於建安十九年（西元二一四年）進占益州，從建安二十年（西元二一五年）到蜀漢亡共四十九年，此間魏國爆發了十二次農民起事，吳國二十三次，而蜀漢僅發生了二次。各國在同時期內農民起事的多少，直接反映了該國內部鬥爭的激烈或緩和，而這種鬥爭的形勢，又取決於該國政治的清明或腐敗，以及農民受壓迫剝削的程度，這是歷代封建統治的無數事例所反覆證明了的真理。孔子有句名言：「有國有家者，不患寡而患不均，不患貧而患不安。」說蜀國百姓生活得比魏、吳要好很多，顯然是不合實際的。說蜀國百姓忍耐力和承受力優於魏、吳，恐怕也是不科學的。唯一可以說服人的解釋是，蜀國的政治清明，諸葛亮及其後繼者以身作則，官吏們（當然不是全部）廉潔自好，對減輕農民的壓迫剝削有利，從而使國內矛盾得到緩和。政通才能人和。人和有利於社會秩序的穩定，人和有利於社會經濟的發展，因而也有利於人民生活的安定。諸葛亮及其後繼者們治蜀的實踐就是最好的說明。

問題是，蜀漢政治清明是諸葛亮及其後繼者努力的結果，與劉禪有什麼關係？當然有。陳壽用「素絲無常，唯所染之」來比喻劉禪，是非常恰當的。如果說劉禪後期寵信宦官黃皓是其昏庸，那麼他前期對諸葛亮及其後繼者們毫無干擾的任用，應當說是他的明智。事實上用昏庸和明智來給劉禪下結論都是不恰當的，他是一個與蜀漢興盛和亡國都有關係的皇帝，或者說對蜀漢興盛和亡國都不該負責任的皇帝。因此既不能說他昏庸，也不能說他明智，他就是一團「唯所染之」的素絲。（梁滿倉注譯）

卷三十四　蜀書四

二主妃子傳第四

【題解】本卷雖題名為「二主妃子傳」，實際上是蜀漢兩代皇后、宗室及後主太子的合傳，共涉及傳主七人，各自構成相對獨立的單元，內容主要是對傳主生平作了簡明扼要的介紹。

1 先主❶甘皇后，沛❷人也。先主臨豫州❸，住小沛❹，納以為妾。先主數喪嫡室❺，常攝內事。隨先主於荊州❻，產後主❼。值曹公軍至，追及先主於當陽❽長阪❾，于時困偪，棄后及後主，賴趙雲❿保護，得免於難。后卒，葬于南郡⓫。章武⓬二年，追諡⓭皇思夫人，遷葬於蜀，未至而先主殂⓮隕。丞相亮⓯上言：「皇思夫人履行修仁，淑慎其身。大行皇帝⓰昔在上將，嬪妃作合，載育聖躬⓱，大命不融。大行皇帝存時，篤義垂恩，念皇思夫人神柩在遠飄颻，特遣使者奉迎。會大行皇帝崩，今皇思夫人神柩以到，又梓宮⓲在道，園陵將成，安厝⓳有期。

臣輒與太常⑳臣賴恭等議：禮記曰：『立愛自親始，教民孝也；立敬自長始，教民順也。』不忘其親，所由生也。春秋之義，母以子貴。昔高皇帝㉑追尊太上昭靈夫人為昭靈皇后，孝和皇帝㉒改葬其母梁貴人，尊號曰恭懷皇后，孝愍皇帝㉓亦改葬其母王夫人，尊號曰靈懷皇后。今皇思夫人宜有尊號，以慰寒泉之思㉔，輒與恭等案諡法，宜曰昭烈皇后。詩曰：『穀則異室，死則同穴㉕。』故昭烈皇后宜與大行皇帝合葬，臣請太尉告宗廟，布露天下，具禮儀別奏。」制曰可。

2 先主穆皇后，陳留㉖人也。兄吳壹㉗，少孤，壹父素與劉焉㉘有舊，是以舉家隨焉入蜀。焉有異志，而聞善相者相后當大貴。焉時將子瑁自隨，遂為瑁納后。瑁死，后寡居。先主既定益州㉙，而孫夫人㉚還吳，羣下勸先主聘后。先主疑與瑁同族，法正㉛進曰：「論其親疏，何與晉文之於子圉㉜乎？」於是納后為夫人。建安二十四年，立為漢中王后。章武元年夏五月，策曰：「朕承天命，奉至尊，臨萬國。今以后為皇后，遣使持節丞相亮授璽綬㉝，承宗廟，母天下，皇后其敬之哉！」建興㉞元年五月，後主即位，尊后為皇太后，稱長樂宮。壹官至車騎將軍，封縣侯。延熙㉟八年，后薨，合葬惠陵㊱。

【章　旨】以上為第一部分，簡述先主甘皇后、穆皇后生平。

【注　釋】❶先主　即劉備。❷沛　即沛國。治所在今安徽濉溪縣西北。❸豫州　州名。治所在今安徽亳州。據本書卷八〈陶謙傳〉及卷三十二〈先主傳〉中的記載，作為支援陶謙抗曹的回報，劉備得到了豫州刺史的頭銜。❹小沛　沛縣的別稱。❺嫡室　正妻。❻荊州　州名。劉表任荊州刺史時，州治在襄陽。後被曹操據有。劉備占據荊州時，治所在公安，即今湖北公安。❼後主　即劉禪。❽當陽　縣名。治所在今湖北當陽東。❾長阪　在今當陽東北。❿趙雲　字子龍，常山真定（今河北正定）人。英勇善戰，一身是膽。本屬公孫瓚，後歸劉備。隨劉備戰長坂，取荊州，入四川。劉備死後，又隨諸葛亮北伐。為蜀漢名將。詳見本書卷三十六〈趙雲傳〉。⓫南郡　郡名。治所在今湖北江陵。⓬章武　蜀漢昭烈帝劉備年號，西元二二一—二二三年。⓭追謚　死後追加謚號。⓮殂　死亡。從禮制規範而言，古代天子死亡稱「崩」，諸侯死亡稱「薨」。陳壽《三國志》以曹魏為正統，劉備死不能書「崩」，而陳壽為蜀人，又曾仕於蜀漢，出於尊蜀之情，又不願稱劉備死為「薨」，降備為侯王，所以選用了「殂」，用意微妙。⓯丞相亮　即諸葛亮。⓰大行皇帝　死後未加謚號的皇帝。⓱聖躬　指劉禪。⓲梓宮　皇帝的棺材。⓳安厝　安葬。⓴太常　官名。九卿之一。㉑高皇帝　指漢高祖劉邦。㉒孝和皇帝　指東漢和帝劉肇。㉓孝愍皇帝　指東漢獻帝劉協。㉔寒泉之思　《詩經·邶風·凱風》：「爰有寒泉，在浚之下。有子七人，母氏勞苦。」後以「寒泉之思」指子女對母親的孝思或子女思念母親的心情。㉕穀則異室二句　語出《詩經·王風·大車》。穀，活著。㉖陳留　郡名。治所在今河南開封東南。㉗吳壹　字子遠，陳留（今河南開封）人。因其父與劉璋有舊，舉家隨劉璋入蜀，其妹嫁給劉璋子劉瑁。劉備入蜀後降附。詳見本書卷四十五〈楊戲傳〉載〈季漢輔臣贊〉。㉘劉焉　字君郎，江夏竟陵（今湖北潛江市西北）人，東漢末任宗正、太常等職。後奏請以重臣任州牧，並領益州州牧。詳見本書卷三十一〈劉焉傳〉。㉙益州　州名。治所在今四川成都。漢末益州一度為劉焉父子控制，後被劉備攻占。㉚孫夫人　孫權之妹。㉛法正　字孝直，扶風郿（今陝西眉縣東北）人。先依附劉璋，不得志，後投靠劉備，被劉備重用，成為蜀漢政權中的重要謀士，歷任揚武將軍、護軍將軍、尚書令等職。詳見本書卷三十七〈法正傳〉。㉜晉文之於子圉　見《左傳》僖公十七年和二十二年事。晉文，即晉文公重耳。子圉，晉文公姪，先於晉文公到秦做人質，秦穆公將女懷嬴嫁給子圉，後來子圉逃歸，晉文公入秦為人質，懷嬴又被嫁給重耳。㉝璽綬　印璽。㉞建興　蜀漢後主劉禪年號，西元二二三—二三七年。㉟延熙　蜀漢後主劉禪年號，西元二三八—二五七年。㊱惠陵　劉備的陵墓。

【語譯】先主甘皇后，是沛國人。先主在得到豫州刺史的頭銜後，屯駐小沛，就納她為妾。先主多次喪妻，甘皇后經常操持家裏的大小事情。追隨先主來到荊州，生下了後主劉禪。適逢曹軍到來，在當陽長阪追上先主，當時的形勢危急緊迫，先主拋下甘皇后和劉禪，依賴趙雲的保護，二人才幸免於難。甘皇后死後，安葬在南郡。章武二年，追加諡號為皇思夫人，遷葬到蜀地，尚未抵達蜀地先主就去世了。丞相諸葛亮進言道：「皇思夫人的操行道德仁愛，為人賢淑謹慎。大行皇帝從前任左將軍時，皇思夫人以嬪妃身分與他結合，生育陛下您，可惜未享天年。大行皇帝在世時，重情重義掛念她的靈柩在遠方異鄉漂泊，特別派遣使者前往迎請。適逢大行皇帝駕崩，現在夫人的靈柩已經運到，大行皇帝的靈柩也在途中，陵墓即將完成，安葬的日期也已經確定了。臣與太常賴恭等大臣商議：《禮記》說：『要培養真摯的感情，就要從愛自己的父母做起，這樣才能教導人民盡孝；要想有恭敬之心，就應當從尊敬長輩做起，這樣才能教導人民和睦相處。』不忘記父母，是因為自己是父母所生養。《春秋》大義，母以子貴。從前漢高祖皇帝追尊自己的母親昭靈夫人為昭靈皇后，孝和皇帝改葬自己的母親梁貴人，並加尊號稱恭懷皇后，孝愍皇帝也改葬了自己的母親王夫人，加尊號稱靈懷皇后。如今皇思夫人也應該追加尊號，用來告慰陛下對九泉之下的母親的思念。臣就與賴恭等人根據諡法，認為尊號應稱為昭烈皇后。《詩經》中說：『活著的時候不住在一起，死了也要同葬於一處。』所以昭烈皇后應當與大行皇帝合葬，臣請太尉就此事祭告宗廟，昭告天下，具體的禮儀另行奏報。」皇帝批示說同意。

2 先主穆皇后，是陳留郡人。她的兄長吳壹，少年喪父，父親素來與劉焉有交情，所以全家跟隨劉焉進入蜀地。劉焉有圖謀自立的心思，他聽相面的人說穆皇后日後當大貴。那時，劉焉身邊只帶著兒子劉瑁，便為劉瑁娶了穆皇后為妻。劉瑁死後，穆皇后守寡在家。先主得到益州後，孫夫人回到吳地，羣臣都勸先主迎娶穆皇后。先主猶豫於自己與劉瑁同族，法正進言說：「論起親疏關係來，拿晉文公和子圉比，怎麼樣呢？」於是先主娶了穆皇后為夫人。建安二十四年，冊立為漢中王后。章武元年夏五月，先主頒布的策文說：「朕承天命，登上帝位，君臨天下。現在封王后為皇后，派使持節丞相諸葛亮授予皇后印璽，承繼奉祀祖先的宗廟，母儀天下，皇后一定要謹慎啊！」建興元年五月，後主即帝位，尊穆皇后為皇太后，稱長樂宮。吳壹官至車騎將軍，封為縣侯。延熙八年，穆皇后去世，與先主合葬於惠陵。

1 後主敬哀皇后，車騎將軍張飛❶長女也。章武元年，納為太子妃。建興元年，立為皇后。十五年薨，葬南陵。

2 後主張皇后，前后敬哀之妹也。建興十五年，入為貴人。延熙元年春正月，策❷曰：「朕統承大業，君臨天下，奉郊廟社稷。今以貴人為皇后，使行❸丞相事左將軍向朗❹持節❺授璽綬。勉脩中饋❻，恪肅禋祀❼，皇后其敬之哉！」咸熙元年，隨後主遷于洛陽❽。

【章旨】以上為第二部分，簡介後主敬哀皇后、張皇后生平。

【注釋】❶張飛　字益德，涿郡（今河北涿州）人。早年與關羽隨劉備起兵，有「萬人敵」之稱。歷任宜都太守、征虜將軍、車騎將軍等職，後被部將殺死。詳見本書卷三十六〈張飛傳〉。❷策　由皇帝下達的有關任免封賞的文書。❸行　代理。❹向朗　字巨達，襄陽宜城（今湖北宜城南）人。少時師事司馬徽，後歸劉備，歷任巴西、牂牁、房陵太守，劉禪時領丞相長史。詳見本書卷四十一〈向朗傳〉。❺持節　意味著代表皇帝行使權力。節，代表皇帝權力的信物。❻中饋　家中侍奉膳食等事務，引申為婦人之道。❼禋祀　祭祀。❽咸熙元年二句　在咸熙元年的前一年，即西元二六三年，鄧艾入成都，劉禪投降，蜀漢滅亡。咸熙元年，司馬昭為晉王，遷劉禪於洛陽，封為安樂公。

【語譯】後主敬哀皇后，是車騎將軍張飛的長女。章武元年，被迎娶為太子妃。建興元年，被冊立為皇后。

建興十五年去世，安葬於南陵。

2 後主張皇后，是前敬哀皇后的妹妹。建興十五年，入宮做了貴人。延熙元年春正月，後主頒布策文說：「朕繼承皇位，君臨天下，奉祀郊廟社稷。現在封貴人為皇后，派代理丞相事左將軍向朗持節授予皇后印璽。要盡心操持起分內的事務，祭祀要嚴肅恭敬，皇后要恭敬的去做啊！」咸熙元年，張皇后隨著後主遷居洛陽。

1 劉永，字公壽，先主子，後主庶❶弟也。章武元年六月，使司徒靖❷立永為魯王，策曰：「小子永，受茲青土❸。朕承天序❹，繼統大業❺，遵脩稽古，建爾國家，封于東土，奄❻有龜蒙❼，世為藩輔。嗚呼，恭朕之詔！惟彼魯邦，一變適道，風化❽存焉。人之好德，世茲懿美。王其秉心率禮，綏爾士民，是饗是宜❾，其戒之哉！」建興八年，改封為甘陵王。初，永憎宦人黃皓❿，皓既信任用事，譖構⓫永於後主，後主稍疏外⓬永，至不得朝見者十餘年。咸熙元年，永東遷洛陽，拜奉車都尉，封為鄉侯。

2 劉理，字奉孝，亦後主庶弟也，與永異母。章武元年六月，使司徒靖立理為梁王，策曰：「小子理，朕統承漢序，祗順⓭天命，遵脩典秩，建爾于東，為漢藩輔。惟彼梁土，畿甸⓮之邦，民狎⓯教化，易導以禮。往悉乃心，懷保黎庶，以永爾國，王其敬之哉！」建興八年，改封理為安平王。延熙七年卒，諡曰悼王。

子哀王胤嗣，十九年卒。子殤王承嗣，二十年卒。景耀四年詔曰：「安平王，先帝所命。三世早夭，國嗣頹絕，朕用傷悼。其以武邑侯輯襲王位。」輯，理子也，咸熙元年，東遷洛陽，拜奉車都尉，封鄉侯。

【章旨】以上為第三部分，簡介後主劉禪庶弟劉永、劉理及其子嗣事。

【注釋】❶庶　非正妻所生的孩子。❷司徒靖　即許靖。本書卷三十八有傳。❸青土　指東方。與後面的東土、魯邦對應。❹天序　帝王世系。❺大業　帝業。❻奄　包括。❼龜蒙　今山東境內的兩座山。❽風化　泛指社會道德規範。❾是饗是宜　饗、宜，均指祭祀。❿黃皓　後主劉禪寵信的宦官。據本書卷三十三〈後主傳〉記載，在景耀元年（西元二五八年），「宦人黃皓始專政」。⓫譖構　陷害。⓬疎外　疏遠。⓭祗順　敬順。⓮畿甸　京城外圍地區。⓯狎　輕慢。

【語譯】劉永，字公壽，是先主的兒子，後主的異母弟弟。章武元年六月，先主派司徒許靖冊立劉永為魯王，策文說：「兒子劉永，受封東方。朕遵照上天的安排，繼承大統，依循古制，建立了你的國家，將你封於東方的土地上，使你擁有了龜山和蒙山，世世代代當國家的藩國輔臣。嗚呼，恭敬的切記朕的囑託！魯國那地方，一變可以合乎大道，古代的風俗教化還保留著。人民崇尚道德，世俗醇美。魯王你要一心一意遵循禮義啊，治理好你的臣民，祭祀好祖先，要謹慎小心啊！」建興八年，改封劉永為甘陵王。當初，劉永厭惡宦官黃皓，黃皓受到後主的信用當權後，就向後主進讒言誣陷劉永，後主漸漸疏遠劉永，以至於劉永不得入朝覲見長達十多年。咸熙元年，劉永被東遷到洛陽，官拜奉車都尉，封為鄉侯。

2 劉理，字奉孝，也是後主的異母弟弟，與劉永不是同一個母親所生。章武元年六月，先主派司徒許靖冊立劉理為梁王，策文說：「兒子劉理，朕繼承了漢的皇統，順應天命，遵照典儀制度，在東方建立了你的國家，當漢室的藩國輔臣。那梁國的土地，靠近京畿，民眾輕慢禮樂教化，你要用禮開導改變他們。到了封國之後，要盡心盡責，安撫保護百姓，這樣國家才能長治久安，梁王你要謹慎小心啊！」建興八年，劉理被改封為安平王。延熙七年，劉理去世，諡號稱悼王。劉理的兒子哀王劉胤繼承了王位，延熙十九年去世。劉胤的兒子殤王劉承繼位，延熙二十年去世。景耀四年的詔書說：「先帝冊封的安平王，三代都早死，封國繼承人斷絕，朕因此悲傷哀痛。現在讓武邑侯劉輯繼承王位。」劉輯，是劉理的兒子。咸熙元年，劉輯被東遷到洛陽，官拜奉車都尉，封為鄉侯。

後主太子璿，字文衡。母王貴人，本敬哀張皇后侍人❶也。延熙元年正月策曰：「在昔帝王，繼體立嗣，副貳❷國統，古今常道。今以璿為皇太子，昭顯祖宗之威，命使行丞相事左將軍朗持節授印綬。其勉脩茂質❸，祗恪❹道義，諮詢典禮，敬友師傅，斟酌眾善，翼成爾德，可不務脩以自勖哉！」時年十五。景耀六年冬，蜀亡。咸熙元年正月，鍾會❺作亂於成都，璿為亂兵所殺❻。

【章　旨】以上為第四部分，簡介後主太子劉璿。

【注　釋】❶侍人　婢女。❷副貳　輔佐。❸茂質　美好的品質。❹祗恪　恭敬謹慎。❺鍾會　字士季，潁川長社（今河南長葛東）人，鍾繇少子。為司馬昭所寵信，任黃門侍郎、司隸校尉。率兵伐蜀，自謂功高蓋世，與蜀漢降將姜維合謀起兵反司馬昭，後被殺。詳見本書卷二十八〈鍾會傳〉。❻殺　宋本作「害」。

【語　譯】後主太子劉璿，字文衡。母親王貴人，原本是敬哀張皇后的隨身侍女。延熙元年正月的策文中說：「從前的帝王，在繼位時就會確定自己的繼承人，輔助處理國事，是古往今來不變的規則。現在讓劉璿做皇太子，彰顯祖宗的聲威，命代理丞相事務左將軍向朗持節授予皇太子印璽。皇太子一定要努力完善自己，嚴格信守道義，遵守典章禮儀，敬重自己的老師，博採眾人的長處，成就自己的品德，能不致力修養自身自我勉勵嗎！」當時劉璿十五歲。景耀六年冬天，蜀國滅亡。咸熙元年正月，鍾會在成都發動叛亂，劉璿被亂兵所殺害。

評曰：易稱有夫婦然後有父子❶，夫人倫❷之始，恩紀❸之隆，莫尚於此矣。是故紀錄，以究❹一國之體焉。

【章　旨】以上是陳壽針對本卷內容，給予的總結性文字。

【注　釋】❶有夫婦然後有父子　見《易・序卦》。❷人倫　禮教所規定的人與人之間的關係，尤指長幼尊卑有序。❸恩紀　恩情。❹究　研究；探求。

【語　譯】評論說：《易經》稱先有夫婦，然後才會有父子，大抵人間的尊卑長幼，最大的恩情也不過如此了。因此，把這些事情記錄下來，用來作為研究一個國家的材料。

【研　析】本卷有以下三個問題值得研究：

一、傳中所記甘皇后、穆皇后、後主敬哀皇后和張皇后，文字寥寥無幾，幾乎沒有什麼行跡。甘、穆二后傳，如果去掉其中的奏疏和策文，也就不能成篇了。之所以出現這種情況，主要原因有兩個。一個是蜀漢沒有專門的史官負責記錄君臣妃嬪的言行和國家政務。古人是很重視災異的，遇到重大災異，史官都要記錄。〈吳主傳〉記載孫權晚期災異屢現，〈三嗣主傳〉涉及災異的文字就更多了，對災異發生的地點、時間、災異表象，都有具體的敘述。我們一看便可斷定，孫吳有專職史官。而〈先主傳〉和〈後主傳〉基本不述災異，由此可以知道蜀漢沒有專職史官。這就直接導致不僅妃嬪原始資料闕如，整個蜀漢君臣也無原始記錄可查。再者，曹魏和孫吳兩國都曾命史官撰寫當代史，而蜀漢卻沒有這麼做，使得陳壽修蜀漢史無所依傍。既然如此，〈二主妃子傳〉過於疏略，〈蜀書〉稍嫌簡闊，也就在所難免。多虧陳壽是蜀地人，又做過蜀漢官吏，有了解蜀漢歷史的便利條件，加之編輯整理過《諸葛亮集》，還能把蜀漢史編勒成書。〈甘皇后傳〉中的一大段諸葛亮奏疏，可能即取自他編的《諸葛亮集》。造成〈二主妃子傳〉簡略的第二個原因便是諸妃自身缺乏可書史冊的事跡。劉備起於貧賤，后妃都不是世家豪族之女，甘皇后是劉備在小沛（今江蘇沛縣）時納的妾，穆皇后是吳壹的妹妹，吳壹少年失怙，兄妹流寓蜀地。後主敬哀皇后是張飛長女，章武元年（西元二二一年）為太子妃，建興元年（西元二二三年）立為皇后，十五年（西元二三七年）卒，算是早死。後主張皇后是敬哀皇后的妹妹，延熙元年（西元二三八年）立為皇后，在曹奐咸熙元年（西元二六四年）與後主一起被俘虜送至洛陽。這四位后妃，都沒有干預軍政大事。基於以上情況，〈二主妃子傳〉自然無事可述。

二、後主迎娶的第一任皇后是張飛之女，這與當時的蜀漢形勢大有關係。建安二十四年（西元二一九年）七月，劉備自立為漢中王，任關羽為前將軍，張飛為右將軍，馬超為左將軍，黃忠為後將軍，與曹魏、孫吳的軍事戰爭，主要依靠這四位大將，特別是關、張二人，陳壽稱之為天下「虎臣」，與劉備有生死之交，是劉備最得力的戰將。十二月，關羽兵敗被殺，失掉荊州，張飛在蜀漢軍事方面的地位更加突出。劉備、張飛受到曹魏、孫吳的壓力，彼此希望更加緊密團結，雙方結為姻親，正適應了這種需要。魏文帝黃初二年（西元二二一年）四月，劉備即皇帝位，改元章武，立夫人吳氏為皇后，子禪為皇太子，娶張飛長女為皇太子妃，這是劉備的一次重要布局。接著，劉備不顧眾人反對，決意親率大軍伐吳，為羽報仇，奪回荊州。正在兵馬調動集結的過程中，張飛被他的帳下將領殺害。這對剛與張飛結為兒女姻親的劉備來說，是一沉重打擊。但劉、張聯姻並沒有受到影響，張飛長女的皇后地位始終未變。她死後，其妹入宮，由貴人為皇后。劉、張在政治上的終生結合與兩家姻親的穩固是如此的相一致。

三、劉禪生母甘皇后死後埋葬在南郡（治所在今湖北江陵），劉備臨終前，念及她「神柩在遠飄颻」，特派使者遷葬於蜀。靈柩尚未至蜀，劉備便去世了。後主與諸葛亮依據禮儀，上諡號為「昭烈皇后」，與劉備「合葬」。穆皇后在劉備死後二十三年才去世，去世後也與劉備「合葬」。合葬處在惠陵，後人亦稱東陵，在益州成都縣境內。帝、后合葬，〈魏書・后妃傳〉和〈吳書・妃嬪傳〉也有記載，情況與蜀相同，可見合葬在三國時期的殯葬制度中已經成為定制。對合葬，修史者都作為重大事件加以記述。這種制度是從漢代承襲下來，漢代開國君主劉邦死後葬長陵（在今陝西咸陽東），其妻呂后死後也葬長陵，與之合葬，此後帝、后合葬之制承襲不改。所謂「合葬」，是說葬在同一塋域，各自築陵，與一般人說的「死則同穴」的含義不同。在殯葬的其他方面，三國也多是沿襲兩漢舊制。譬如帝、后陵園置人守護，不能隨意闖入破壞；塋域設神道，神道或立表，或立碑。至於一般人的壙內則埋入小碑小銘，已見墓誌雛形。社會上下流行志墓、護墓、祭掃的風氣，殯葬的理念和物化的形式與前代基本一致。（于濤注譯）

卷三十五　蜀書五

諸葛亮傳第五

【題解】本卷是蜀漢丞相諸葛亮的個人傳記。它是《三國志・蜀書》中記載臣僚事跡唯一的獨傳。史書的作者陳壽之所以這樣處理，大概有兩個原因：一個是諸葛亮的地位十分特殊。諸葛亮雖不是君主，但在劉備去世以後，他輔佐劉禪，國中無論大事小事全都操勞過問，是蜀漢政權的核心人物。另一個是諸葛亮在陳壽心中具有崇高的地位。蜀中百姓對諸葛亮的懷念追思在本傳中有記載，陳壽是蜀漢人，當然會有同樣的感情。

諸葛亮，字孔明，琅邪陽都❶人也。漢司隸校尉諸葛豐❷後也。父珪，字君貢，漢末為太山郡丞❸。亮早孤，從父玄❹為袁術❺所署豫章太守❻，玄將亮及亮弟均之官。會漢朝更選朱皓❼代玄。玄素與荊州牧劉表❽有舊，往依之。玄卒，亮躬畊隴畝，好為梁父吟❾。身長八尺❿，每自比於管仲、樂毅⓫，時人莫之許⓬也。惟博陵崔州平⓭、潁川徐庶元直⓮與亮友善，謂為信然⓯。

【章　旨】以上為第一部分，記述了諸葛亮的家世，也記述了他從琅邪到荊州的過程及其在隆中的隱居生活。

【注　釋】❶琅邪陽都　琅邪，郡國名。治所在今山東臨沂北。陽都，縣名。治所在今山東沂南南。❷司隸校尉諸葛豐　司隸校尉，官名。掌糾察百官，與御史中丞、尚書令並稱「三獨坐」，職權顯赫。諸葛豐，字少季，琅邪（今山東臨沂）人，西漢大臣。以明經為郡文學，舉侍御史。元帝時任司隸校尉，剛直不阿，得罪當權者，也觸怒皇帝，被免為庶人。詳見《漢書・諸葛豐傳》。❸太山郡丞　太山，亦作「泰山」，郡名。治所在今山東泰安東南。郡丞，郡守屬官，輔助郡守或代行郡守事。❹從父玄　從父，叔父。玄，即諸葛玄，東漢末任豫章太守，後被朱皓所攻，退屯西城，建安二年（西元一九七年）被反民所殺。事見《三國志・諸葛亮傳》裴松之注引《獻帝春秋》。❺袁術　字公路，汝南汝陽（今河南商水縣西南）人，袁紹從弟。少以俠氣聞名。董卓之亂起，出奔南陽，後割據揚州。東漢建安二年（西元一九七年）稱帝，後因眾人反對，糧盡眾散，欲往青州依袁譚，於途中病死。詳見《後漢書・袁術列傳》、本書卷六〈袁術傳〉。❻署豫章太守　署，暫代。豫章，郡名。治所在今江西南昌。太守，郡中最高行政長官。❼朱皓　字文明，會稽上虞（今浙江上虞）人，東漢太尉朱儁之子，有才行，官至豫章太守。後被下邳相笮融所殺。事見《資治通鑑・漢紀》獻帝興平二年。❽荊州牧劉表　荊州，州名。劉表所任州牧的治所在襄陽。劉表，字景升，山陽高平（今山東微山縣西北）人。東漢遠支皇族。曾任荊州刺史，據有今湖南、湖北地方。後為荊州牧。他在羣雄混戰中，採取觀望態度，轄區破壞較小，中原人來避難者甚眾。後病死，其子劉琮降於曹操。詳見本書卷六〈劉表傳〉。❾梁父吟　漢代樂府歌曲名，屬於〈楚調曲〉。《樂府詩集》卷四十一載有題名為諸葛亮所作的〈梁父吟〉歌詞一首：「步出齊東門，遙望蕩陰里。里中有三墓，累累正相似。問是誰家冢，田疆古冶子。力能排南山，文能絕地紀。一朝被讒言，二桃殺三士。誰能為此謀，相國齊晏子。」❿八尺　約合今一公尺九十。⓫管仲樂毅　管仲，字仲，名夷吾，潁上（今安徽潁上）人，春秋時政治家。助齊公子糾與公子小白爭位，失敗後被公子小白任用。執政期間在齊國進行一系列改革，使齊國強大，成為當時的霸主。詳見《史記・管晏列傳》。樂毅，中山國靈壽（今河北靈壽西北）人，名將樂羊的後代，戰國時著名的軍事家。自魏出使燕國，被燕昭王任為亞卿，後拜上將軍。率趙、楚、韓、魏、燕五國伐齊，攻下齊七十餘城。後燕惠王繼位，中反間計，猜忌樂毅，樂毅被迫出奔趙國。詳見《史記・樂毅列傳》。⓬時人莫之許　當時人不認同。⓭博陵崔州平　博陵，郡國名。治所在今河北蠡縣南。崔州平，涿郡安平（今河北安平）人，諸葛亮好友。事見《三國志・諸葛亮傳》裴松之注引《崔氏譜》。⑭潁川徐庶元直　潁川，郡名。治所在今河南禹州。徐庶元直，即徐庶，字元直，初名福，後改。諸葛亮好友，在荊州歸附劉備，並向其薦舉諸葛亮。曹操取荊州，隨劉備南下，因其母被曹操所得，被迫歸曹，官至右中郎將、御史中丞。事見《三國志・諸葛亮傳》裴松之注引《魏略》。⑮謂為信然　認為確實如此。

【語　譯】諸葛亮，字孔明，琅邪郡陽都縣人，西漢司隸校尉諸葛豐的後裔。父親諸葛珪，字君貢，漢朝末年任太山郡丞。諸葛亮早年喪父，叔父諸葛玄被袁術任命暫代豫章太守，帶著諸葛亮和諸葛亮的弟弟諸葛均前往赴任。適逢朝廷另選派朱皓取代諸葛玄。諸葛玄素來與荊州牧劉表有舊交情，便前往依附劉表。諸葛玄去世，諸葛亮親自耕種，喜歡唱〈梁父吟〉。他身高八尺，常常以管仲、樂毅自比，當時沒有人認同他。只有博陵郡人崔州平、潁川郡人徐庶與諸葛亮友善，認為確實如此。

時先主①屯新野②。徐庶見先主，先主器之③，謂先主曰：「諸葛孔明者，臥龍也，將軍豈願見之乎④？」先主曰：「君與俱來。」庶曰：「此人可就見⑤，不可屈致⑥也。將軍宜枉駕顧之⑦。」由是先主遂詣亮，凡三往，乃見。因屏人曰：「漢室傾頹，姦臣竊命⑧，主上蒙塵⑨。孤不度德量力⑩，欲信大義⑪於天下，而智術淺短，遂用猖蹶⑫，至于今日。然志猶未已，君謂計將安出？」亮答曰：「自董卓⑬已來，豪傑並起，跨州連郡者不可勝數。曹操⑭比於袁紹⑮，則名微而眾寡，然操遂能克紹，以弱為強⑯者，非惟天時，抑亦人謀也。今操已擁百萬之眾，挾⑰天子以⑱令諸侯，此誠不可與爭鋒⑲。孫權⑳據有江東，已歷三世㉑，國險而民附，賢能為之用，此可以為援而不可圖也。荊州北據漢沔㉒，利盡南海㉓，東連吳、會㉔，西通巴、蜀㉕，此用武之國，而其主不能守，此殆㉖天所以資將軍，將軍豈有意乎？益州險塞㉗，沃野千里，天府㉘之土，高祖㉙因之以成帝業。劉璋闇弱㉚，張魯㉛在北，民殷國富而不知存恤㉜，智能之士思得明君。將軍既帝室之胄㉝，信義著於四海，總攬英雄，思賢如渴，若跨有荊、益，保其巖阻㉞，西和諸戎㉟，南撫夷越㊱，外結好孫權，內修政理㊲；天下有變，則命一上將將荊州之軍以向宛、洛㊳，將軍身率益州之眾出於㊴秦川㊵，百姓孰敢不簞食壺漿㊶以迎將軍者乎？誠如是㊷，則霸業㊸可成，漢室可興矣。」先主曰：「善！」於是與亮情好日密。關羽㊹、張飛㊺等不悅，先主解之曰：「孤之有孔明，猶魚之有水也。願諸君勿復言。」羽、飛乃止。

【章旨】以上為第二部分，記述了諸葛亮與劉備的相識及其著名的對策文章「隆中對」。

【注釋】❶先主　即劉備，字玄德，涿郡涿縣（今河北涿州）人，東漢末起兵征討黃巾，歷任縣令、州牧等職。在荊州結識諸葛亮，聯合孫吳在赤壁大敗曹操。後又西進益州，北取漢中，實現了跨有荊益的戰略目標。西元二二一年稱帝，同年伐吳，兵敗撤回。西元二二三年病逝，諡號昭烈皇帝。詳見本書卷三十二〈先主傳〉。❷新野　縣名。治所在今河南新野。❸器之　器重他。❹豈願見之乎　是不是願意見他呢。豈，是不是。❺就見　到他那裏去見。❻不可屈致　不能讓他屈意前來。❼枉駕顧之　委屈大駕前去見他。❽姦臣竊命　奸臣竊奪皇權。姦臣指曹操。❾主上蒙塵　皇帝在外流亡。主上指漢獻帝。

當時漢獻帝不在洛陽，而是被曹操接到許縣。蒙塵，流亡。❿度德量力　估量自己的德行和能力。度和量都為衡量、估量之意。⓫信大義　伸張大義。信，伸。⓬遂用猖蹶　便因此而受挫。蹶，原作「獗」，今據《通鑑》卷六十五校改。⓭董卓　字仲穎，隴西臨洮（今甘肅岷縣）人，剛猛有謀，廣交豪帥。東漢桓帝末從中郎將張奐為軍司馬，以後歷任并州刺史、河東太守、并州牧。昭寧元年（西元一八九年），率兵進入洛陽，廢少帝，立獻帝，專擅朝政，遭到關東諸侯反對。後遷獻帝至長安，不久被呂布所殺。詳見《後漢書・董卓列傳》、本書卷六〈董卓傳〉。⓮曹操　字孟德，小名阿瞞，沛國譙（今安徽亳州）人。東漢末起兵討黃巾，後參加袁紹討董聯盟。占據兗州後，收編黃巾軍三十餘萬，組成青州軍，先後擊敗袁術、陶謙、呂布、袁紹，統一了北方。任丞相，相繼封為魏公、魏王。曹丕建魏後，追封為魏武帝。詳見本書卷一〈武帝紀〉。⓯袁紹　字本初，汝南汝陽（今河南商水縣西南）人，祖上四世三公。有清名，好交結，與曹操友善。東漢末與何進謀誅宦官，董卓之亂起，在冀州起兵討董卓，為關東聯軍盟主。後占據冀、青、幽、并四州，成為北方最強大的割據勢力。在官渡之戰中被曹操打敗，後病死。詳見《後漢書・袁紹列傳》、本書卷六〈袁紹傳〉。⓰以弱為強　變弱為強。⓱挾　挾制。⓲以　宋本作「而」。⓳爭鋒　正面較量。⓴孫權　字仲謀，吳郡富春（今浙江富陽）人，孫策弟。孫策死後即位，被封討虜將軍，領會稽太守。黃武八年（西元二二九年）即帝位於武昌。死後謚大皇帝，廟號太祖。詳見本書卷四十七〈吳主傳〉。㉑三世　三位主人。指孫堅、孫堅的兒子孫策、孫權。三世並非指三代人。㉒漢沔　河流名。即漢水，又稱沔水。㉓利盡南海　獲利的範圍南可至南海。㉔吳會　吳，吳郡。治所在今江蘇蘇州。會，會稽郡。治所在今浙江紹興。此泛指江浙地區。㉕巴蜀　巴，地區名。古代巴國所在地。蜀，地區名。古代蜀國所在地。此處巴蜀泛指四川地區。㉖殆　也許；大概。㉗險塞　四周有高山阻塞。㉘天府　天上的府庫。比喻物產非常富饒。㉙高祖　即漢高祖，字季，名邦，沛（今江蘇沛縣）人。初為泗水亭長，秦末響應陳勝吳廣起兵，率先入關，攻入秦都咸陽。後被項羽封為漢王，擁有巴、蜀、漢中。又經四年與項羽的楚漢相爭戰勝項羽，建立漢朝。在位消滅異姓王，分封同姓王，實行重農抑商、輕傜薄賦等政策。死後廟號高祖。詳見《史記・高祖本紀》、《漢書・高帝紀》。㉚劉璋闇弱　劉璋，字季玉，江夏竟陵（今湖北潛江市西北）人，劉焉之子。繼劉焉後任益州刺史，懦弱少斷，因懼怕曹操藉征張魯之機進入益州，故請劉備入蜀。劉備占領益州，遷之於南郡公安（今湖北公安東北）。孫吳取荊州，以為益州牧。詳見本書卷三十一〈劉璋傳〉。闇弱，昏庸軟弱。㉛張魯　字公祺，沛國豐縣（今江蘇豐縣）人，張道陵之孫，五斗米道首領。東漢末率徒眾攻取漢中，統治長達三十餘年。後投降曹操，任鎮南將軍。詳見本書卷八〈張魯傳〉。㉜存恤　關懷愛護。㉝胄　後代。㉞巖阻　高山屏障。㉟戎　泛指西方的少數民族。㊱夷越　泛指南方少數民族。㊲政理　政治。㊳宛洛宛，縣名。治所在今河南南陽。洛，指東漢京城洛陽。㊴出於　原作「以出」，今從宋本。㊵秦川　地區名。此指陝西甘肅秦嶺以北的平原地帶。㊶簞食壺漿　用竹籃盛著食物，用壺裝著飲料。簞，有蓋的竹編的圓形器皿。㊷誠如是　確實像這樣。㊸霸業　霸主的事業。霸主指諸侯中帶頭擁護天子安定社會的領袖。㊹關羽　字雲長，河東解縣（今山西臨猗西南）人。在涿郡與張飛一起隨劉備起兵，屢立戰功，任襄陽太守、盪寇將軍。劉備率軍入蜀後留鎮荊州，後被孫吳殺死。詳見本書卷三十六〈關羽傳〉。㊺張飛　字益德，涿郡（今河北涿州）人。與關羽俱事劉備，為三國名將，屢立戰功。歷任宜都太守、領司隸校尉。從劉備伐吳，臨行，被部下所害。詳見本書卷三十六〈張飛傳〉。

【語　譯】當時先主屯駐新野。徐庶前往拜見先主，先主器重他。徐庶對先主說：「諸葛孔明是條臥龍，將軍是不是願意見他呢？」先主說：「你帶他一起來吧。」徐庶說：「此人只可以前往拜見，不能讓他屈意前來。將軍應當委屈大駕前去拜見他。」因此先主便前去造訪諸葛亮，一共去了三次，這才見到他。於是先主屏退左右，說：「漢朝衰敗，奸臣竊奪皇權，主上流亡。我沒有估量自己的德行和能力，想為天下人伸張大義，然而我智謀短淺，因而屢遭挫敗，至今仍是如此。但是我的壯志還是沒有消失，您認為應該用什麼計策呢？」諸葛亮回答說：「自從董卓作亂以來，羣雄並起，據有州、郡的人多不勝數。曹操與袁紹相比，名氣小而兵眾少，然而曹操最終能攻克袁紹，轉弱為強，不僅是天時，也有人謀啊。如今曹操已經擁兵百萬，挾持天子以號令諸侯，這的確不能與他正面爭鋒。孫權據守江東，已經歷了三代，國家地形險阻而百姓歸附，賢能之人為他效力，這可以把他作為外援而不能圖謀他。荊州北有漢水可以依傍，南可獲得南海之利，東面與吳郡、會稽相連，西面與巴、蜀相通，這是一個兵家用武的地方，然而它的主人卻沒有能力守住它，這大概是上天用來資助將軍的，將軍是不是對它有所意圖呢？益州四面有高山阻塞，沃土千里，為天府之地，當年高祖憑藉它成就帝業。劉璋昏庸軟弱，張魯又在北面威脅，人口眾多地方富饒，劉璋卻不知道關心愛護，智慧才能之士都想得到明主。將軍既是漢朝皇室的後代，信義名揚四海，廣招天下英雄，求賢若渴，如果跨占荊、益二州，憑藉高山險阻保衛領土，西面與戎族和睦相處，南面安撫那裏的越人，對外與孫權結盟交好，對內修明政治；一旦天下形勢變化，就命令一員大將率領荊州的軍隊向宛縣、洛陽進發，將軍親自率領益州的兵眾出兵秦川，老百姓誰敢不用竹籃盛著食物、壺裝著飲料來迎接將軍呢？果真這樣的話，那麼霸業可以完成，漢朝皇室也可以復興了。」先主說：「好！」於是與諸葛亮的情誼日益密切。關羽、張飛等不太高興，先主對他們解釋說：「我有了孔明，就像魚有了水。希望你們不要再說了。」關羽、張飛這才不再有異議。

1 劉表長子琦❶，亦深器亮。表受後妻之言，愛少子琮❷，不悅於琦。琦每欲與亮謀自安之術，亮輒拒塞❸，未與處畫❹。琦乃將❺亮游觀後園，共上高樓，飲宴之間，令人去梯，因謂亮曰：「今日上不至天，下不至地，言出子口，入於吾耳，可以言未？」亮答曰：「君不見申生在內而危，重耳在外而安乎❻？」琦意感悟，陰規出計❼。會黃祖❽死，得出，遂為江夏❾太守。俄而表卒，琮聞曹公來征，遣使請降。先主在樊聞之，率其眾南行，亮與徐庶並從，為曹公所追破，獲庶母。庶辭先主而指其心曰：「本欲與將軍共圖王霸之業者，以❿此方寸之地⓫也。今已失老母，方寸亂矣，無益於事，請從此別。」遂詣曹公。

2 先主至於夏口⓬，亮曰：「事急矣，請奉命求救於孫將軍⓭。」時權擁軍⓮在柴桑⓯，觀望成敗。亮說權曰：「海內大亂，將軍起兵據有江東，劉豫州⓰亦收眾漢南⓱，與曹操並爭天下。今操芟夷大難⓲，略已平矣，遂破荊州，威震四海。英雄無所用武⓳，故豫州遁逃至此。將軍量力而處之：若能以吳、越⓴之眾與中國[21]抗衡，不如早與之絕；若不能當，何不案兵束甲[22]，北面[23]而事之！今將軍外託服從之名，而內懷猶豫之計，事急而不斷，禍至無日[24]矣！」權曰：「苟如君言[25]，劉豫州何不遂事之乎？」亮曰：「田橫[26]，齊之壯士耳，猶守義不辱，況劉豫州王室之胄，英才蓋世，眾士慕仰，若水之歸海；若事之不濟，此乃天也，安能復為之下乎！」權勃然曰：「吾不能舉全吳之地，十萬之眾，受制於人。吾計決矣！非劉豫州莫可以當曹操者，然豫州新敗之後，安能抗此難乎？」亮曰：「豫州軍雖敗於長阪[27]，今戰士還者及關羽水軍精甲萬人，劉琦合江夏戰士亦不下萬人。曹操之眾，遠來疲弊，聞追豫州，輕騎一日一夜行三百餘里，此所謂『彊弩之末，勢不能穿魯縞』[28]者也。故兵法忌之，曰『必蹶上將軍』[29]。且北方之人，不習水戰；又荊州之民附操者，偪兵勢耳，非心服也。今將軍誠[30]能命猛將統兵數萬，與豫州協規同力，破操軍必矣。操軍破，必北還，如此則荊、吳[31]之勢彊，鼎足之形成矣。成敗之機[32]，在於今日。」權大悅，即遣周瑜、程普、魯肅[33]等水軍三萬，隨亮詣先主，并力拒曹公。曹公敗於赤壁[34]，引軍歸鄴[35]。先主遂收江南[36]，以亮為軍師中郎將[37]，使督零陵、桂陽、長沙[38]三郡，調其賦稅，以充軍實。

3 建安十六年(39)，益州牧劉璋遣法正(40)迎先主，使擊張魯。亮與關羽鎮荊州。先主自葭萌(41)還攻璋，亮與張飛、趙雲(42)等率眾泝江(43)，分定郡縣，與先主共圍成都。成都平，以亮為軍師將軍(44)，署左將軍府事(45)。先主外出，亮常鎮守成都，足食足兵。二十六年，羣下勸先主稱尊號，先主未許，亮說曰：「昔吳漢、耿弇(46)等初勸世祖(47)即帝位，世祖辭讓，前後數四，耿純(48)進言曰：『天下英雄喁喁(49)，冀有所望(50)。如不從議者，士大夫各歸求主(51)，無為從公(52)也。』世祖感純言深至(53)，遂然諾之(54)。今曹氏篡漢，天下無主，大王劉氏苗族(55)，紹世而起(56)，今即帝位，乃其宜也。士大夫隨大王久勤苦者，亦欲望尺寸之功如純言(57)耳。」先主於是即帝位，策亮為丞相曰：「朕遭家不造(58)，奉承大統，兢兢業業，不敢康寧(59)，思靖百姓(60)，懼未能綏(61)。於戲！丞相亮其(62)悉朕意，無怠輔朕之闕(63)，助宣重光，以照明天下，君其勖哉(64)！」亮以丞相錄尚書事(65)，假節(66)。張飛卒後，領司隸校尉。

4 章武三年(67)春，先主於永安(68)病篤，召亮於成都，屬以後事，謂亮曰：「君才十倍曹丕(69)，必能安國，終定大事。若嗣子可輔，輔之；如其不才，君可自取。」亮涕泣曰：「臣敢竭股肱(70)之力，效忠貞之節，繼之以死！」先主又為詔敕後主曰：「汝與丞相從事[71]，事之如父。」建興元年[72]，封亮武鄉侯，開府[73]治事。頃之，又領益州牧[74]。政事無巨細，咸決於亮。南中[75]諸郡，並皆叛亂，亮以新遭大喪[76]，故未便加兵，且遣使聘吳，因結和親[77]，遂為與國[78]。

【章旨】以上為第三部分，記述了諸葛亮幫助劉備開基創業、占據荊州、奪取益州的事跡。

【注釋】❶琦　即劉琦，山陽高平（今山東微山縣西北）人，劉表之子，不被劉表寵愛，後至江夏任太守以避迫害。赤壁之戰後，被劉備舉為荊州刺史。其事散見於本書卷六〈劉表傳〉及本卷。❷琮　即劉琮，山陽高平（今山東微山縣西北）人，劉表之子。受劉表寵愛，劉表死後繼父之位。曹操進攻荊州，投降曹操。被命為青州刺史，封列侯。詳見本書卷六〈劉表傳〉。❸輒拒塞　總是拒絕搪塞。❹處畫　出謀劃策。❺將　帶領。❻君不見申生二句　春秋時，晉獻公寵愛驪姬，驪姬為了使自己的親生兒子為太子，設計陷害太子申生，申生自殺。後驪姬又陷害申生的弟弟公子重耳，重耳逃到國外，在各國流亡。二十年以後，重耳在秦國的幫助下回國，奪得國君之位，是為晉文公。詳見《史記・晉世家》。❼陰規出計　暗地裏謀劃外出的辦法。❽黃祖　東漢末為江夏太守，依附劉表。孫堅伐荊州，黃祖受劉表之命拒之，並於襄陽峴山射殺孫堅。孫堅統事後，多次征伐黃祖，於建安十三年（西元二〇八年）將其生擒。其事散見於本書卷四十六〈孫堅傳〉、卷五十四〈呂蒙傳〉。❾江夏　郡名。治所在今湖北漢口。❿以　依靠；憑著。⓫方寸之地　指心。古人認為心是思考問題的器官。⓬夏口　地名。在今湖北武漢。⓭孫將軍　即孫權。當時孫權被任為討虜將軍，故名。⓮擁軍　聚集軍隊。⓯柴桑　縣名。治所在今江西九江市西南。⓰劉豫州　即劉備，因其任過豫州牧，故名。⓱漢南　漢水南岸。⓲芟夷大難　消除大難。指消滅北方袁紹、呂布、袁術等割據勢力。⓳英雄無所用武　英雄無用武之地。指無法與曹操抗衡。⓴吳越　吳，春秋時吳國，中心在今江蘇蘇州。越，春秋時越國，中心在今浙江紹興。孫吳所在的江東，即當年吳越故地。㉑中國　中原。㉒案兵束甲　放下武器，捆起盔甲。㉓北面　稱臣。古代君主的位置坐北朝南，臣下朝見君主時面朝北。㉔禍至無日　大禍的到來沒有幾天了。㉕苟如君言　如果像你說的。㉖田橫　秦末狄縣（今山東高青）人，戰國齊國貴族，秦末從兄田儋起兵反秦，自立為齊王。田儋被章邯所殺，田橫又立田廣為王。田廣死，田橫自立為王。西漢建立後，與部眾五百人逃入海島。劉邦命其入朝，田橫不願臣服，在途中自殺。詳見《史記・田儋列傳》。㉗長阪　地名。在今湖北當陽東北。㉘彊弩之末二句　強弩箭頭到最後，連細絹都不能穿透。魯縞，魯國產的細絹。這兩句話見於《漢書・韓安國傳》。㉙必蹶上將軍　《孫子・軍爭》說：「五十里而爭利，則蹶上將軍，其法半至。」意思是長途跋涉五十里去爭利，如果出現意外，將領就會受挫，隊伍只有半數能趕到目的地。所以實施長途奔襲，有可能遇到危險。㉚誠　假如。㉛荊吳　指在荊州的劉備勢力和在江東的孫權勢力。㉜成敗之機　成敗的關鍵。機，關鍵。㉝周瑜程普魯肅　周瑜，字公瑾，廬江舒縣（今安徽廬江縣西南）人，曾為孫策中郎將，幫助孫策在江東創立孫吳政權。孫策卒，與張昭同輔孫權，任前部大都督。東漢建安十三年（西元二〇八年），在赤壁大破曹兵。西元二一〇年病死。詳見本書卷五十四〈周瑜傳〉。程普，字德謀，右北平土垠（今河北豐潤東南）人。初為州郡吏，後從孫堅征戰，孫堅死後隨孫策，孫策死後又從孫權，屢立戰功，身被創傷。歷任盪寇中郎將、裨將軍、江夏太守等職。為孫吳著名戰將，且年最長，時人稱之為程公。周瑜死後，代領南郡太守。詳見本書卷五十五〈程普傳〉。魯肅，字子敬，臨淮東城（今安徽定遠東南）人，孫權重臣。周瑜死後，任奮武校尉，代領其軍。詳見本書卷五十四〈魯肅傳〉。㉞赤壁　地名。在今湖北蒲圻西北。㉟鄴　地名。在今河北臨漳西南。㊱江南　此指荊州長江以南的部分。㊲軍師中郎將　官名。劉備政權中最高的軍事統帥。㊳零陵桂陽長沙　均為郡名。零陵治所在今湖南零陵。桂陽治所在今湖南郴州。長沙治所在今湖南長沙。㊴建安十六年　西元二一一年。建安，東漢獻帝劉協年號，西元一九六—二二〇年。㊵法正　字孝直，扶風郿（今陝西眉縣東北）人。先依劉璋，因不得志，投靠劉備。幫助劉備取益州、奪漢中，為劉備重要的謀士之一。雖心胸狹窄，權重跋扈，仍受重用。官至尚書令、護軍將軍。詳見本書卷三十七〈法正傳〉。㊶葭萌　縣名。治所在今四川廣元西南。㊷趙雲　字子龍，常山真定（今河北正定）人。英勇善戰，一身是膽。本屬公孫瓚，後歸劉備。隨劉備戰長阪，取荊州，入四川。劉備死後，又隨諸葛亮北伐。歷任牙門將軍、中護軍、征南將軍等職，為蜀漢名將。詳見本書卷三十六〈趙雲傳〉。㊸泝江　逆長江而上。㊹軍師將軍　蜀漢最高軍事統帥。㊺署左將軍府事　代理左將軍府中事務。署，代理。左將軍，高級軍事將領。㊻吳漢耿弇　吳漢，字子顏，南陽宛（今河南南陽）人，新莽末年，以賓客犯法，亡命漁陽，以販馬為業。在燕冀一帶廣交豪傑。任更始政權樂安縣令，後歸附劉秀，幫助劉秀滅王郎，平銅馬，戰功卓著。劉秀稱帝後，率軍入蜀，消滅割據益州的公孫述。官至大司馬。詳見《後漢書・吳漢列傳》。耿弇，字伯昭，扶風茂陵（今陝西興平東北）人。好將帥之事，新莽末率上谷郡兵歸劉秀，以功加大將軍，進而滅王郎，平銅馬，劉秀繼位後任建威大將軍。率軍擊富平、獲索軍，平定張步，攻占城陽等十二郡，又進攻隴西隗囂。攻無不克，拔城三百，未嘗受挫，為東漢名將之一。詳見《後漢書・耿弇列傳》。㊼世祖　即光武帝劉秀，字文叔，南陽蔡陽

（今湖北棗陽西南）人。劉邦九世孫，新莽末起兵，加入綠林軍。大破王莽軍於昆陽。西元二五年稱帝，定都洛陽，年號建武。後討赤眉軍，削平各地割據勢力，統一全國。在位期間多次發布釋放和禁止殘害奴婢的命令，興修水利，整頓吏治。死後廟號世祖，諡號為光武。詳見《後漢書・光武帝紀》。(48)耿純　字博山，鉅鹿宋子（今河北趙縣東北）人，新莽末，為更始政權騎都尉，後率宗族賓客二千餘人歸劉秀。平邯鄲、破銅馬，因功為前將軍。劉秀稱帝後，攻克定陶，設計斬劉揚，官至東郡太守。詳見《後漢書・耿純列傳》。(49)喁喁　眾人仰慕企盼的樣子。(50)冀有所望　希望新皇帝即位後帶來新希望。(51)各歸求主　各自求去另尋新的主人。(52)無為從公　沒有必要跟從您。(53)深至　非常深刻。(54)然諾之　應允。(55)劉氏苗族　劉氏皇族後裔。(56)紹世而起　接續漢朝而興起。(57)欲望尺寸之功句　就像耿純所說的希望自己微薄的功勞得到獎賞。(58)遭家不造　碰上家族的不幸。《詩經・周頌・閔予小子》說：「閔予小子，遭家不造。嬛嬛在疚，於乎皇考，永世克孝。」(59)康寧　安樂。(60)思靖百姓　想著使百姓安定。(61)懼未能綏　害怕不能做到。(62)其　原作「是」，今從宋本。(63)無怠輔朕之闕　不要懈怠幫助我彌補不足。(64)勖哉　勉力吧。(65)丞相錄尚書事　以丞相之職加錄尚書事，其職權極高，無所不統。錄尚書事，又稱平尚書事、領尚書事、分平尚書事、省尚書事等。(66)假節　暫授以符節。中央或地方長官，往往授以使持節、持節、假節等名號，假節最低，只有殺犯軍令者之權。(67)章武三年　西元二二三年。章武，劉備年號，西元二二一—二二三年。(68)永安　縣名。治所在今重慶市奉節東白帝山東南。(69)曹丕　字子桓，沛國譙（今安徽亳州）人，曹操次子。先任五官中郎將、副丞相，後被立為魏太子。西元二二〇年代漢稱帝。愛好文學，與當時著名文人往來甚密，在中國文學史上也有重要地位。詳見本書卷二〈文帝紀〉。(70)股肱　大腿和手臂。比喻朝廷輔臣。(71)從事　共事。(72)建興元年　西元二二三年。建興，蜀漢後主劉禪年號，西元二二三—二三七年。(73)開府　設立丞相府署。(74)領益州牧　兼任益州刺史。(75)南中　地區名。相當今四川大渡河以南和雲南、貴州等地。(76)大喪　國喪。指劉備去世。(77)和親　和睦親善。(78)與國　互相友好相處的國家。

【語譯】劉表的長子劉琦，也十分器重諸葛亮。劉表聽信後妻的讒言，寵愛小兒子劉琮，不喜歡劉琦。劉琦每每想向諸葛亮謀求自保之道，諸葛亮總是婉拒搪塞，未曾給他出謀劃策。劉琦於是帶領諸葛亮遊賞觀覽後花園，一起登上高樓，宴飲的時候，劉琦命人撤去梯子，藉機對諸葛亮說：「現在我們上不著天，下不著地，話從您口中出來，進入我的耳中，可以說了嗎？」諸葛亮回答說：「您沒看見申生留在國內危險，重耳流亡國外卻很安全嗎？」劉琦心中有所感悟，暗中謀劃外出的計策。適逢黃祖死亡，得以外出任官，便出任江夏郡太守。不久劉表去世，劉琮聽說曹公前來征伐，派使臣請求歸降。先主在樊城聽說這個消息，率領他的部眾南下，諸葛亮和徐庶同時隨從，先主被曹公追擊打敗，曹公擒獲了徐庶的母親。徐庶指著自己的心辭別先主說：「本來想和將軍共同策劃雄霸天下的帝業，全憑這個方寸之地發揮作用。如今已失去老母親，方寸亂了，對您的大業已無益處，請求就此告別。」於是便前去曹公那裏了。

2 先主抵達夏口，諸葛亮說：「事態緊急了，請讓我奉命向孫將軍求救。」當時孫權聚集軍隊在柴桑，觀望勝敗。諸葛亮勸孫權說：「天下大亂，將軍起兵據有江東，劉豫州也在漢水南岸招兵買馬，與曹操一起爭奪天下。如今曹操已經除去了大患，北方大致上已經平定，於是出兵攻破荊州，威震四海。由於英雄沒有用武之地，所以劉豫州才逃到這裏。將軍估量自己的力量面對這個局勢：如果能夠利用吳、越之眾與中原抗衡，不如早點與曹操絕交；如果不能抵擋，為什麼不放下武器捆起盔甲，北面稱臣事奉曹操呢！如今將軍表面上服從曹操的威名，而心懷猶豫不定的盤算，事態緊急而不能當機立斷，大禍很快就要臨頭了！」孫權說：「如果如你所說，劉豫州為什麼不乾脆事奉曹操呢？」諸葛亮說：「田橫，齊國的壯士罷了，尚且堅守大義不受屈辱，何況劉豫州是漢朝皇室後裔，英才蓋世，眾人仰慕，猶如水歸大海；如果事情不成，這乃是天意，怎麼能再處身曹操之下呢！」孫權勃然大怒，說：「我不能拿著整個吳國之地，十萬兵眾，被別人控制。我的計劃決定了！除了劉豫州沒有人可以抵擋曹操，然而他剛剛打了敗仗，怎麼能擋得住這一個災禍呢？」諸葛亮說：「劉豫州的軍隊雖然在長阪敗戰，現今歸隊的將士和關羽的水軍共有精兵一萬人，劉琦召集的江夏郡的士兵也不少於萬人。曹操的軍隊，遠道而來疲憊不已，聽說追擊劉豫州，輕騎日夜走三百多里，這就是所說的『強弩之末，勢不能穿魯縞』。所以兵法忌諱這種做法，說這樣『必使上將軍受挫』。況且北方的人不習慣水戰；加上荊州的民眾歸附曹操，是迫於武力罷了，並非心悅誠服。如今將軍如果能任命猛將率兵數萬，與劉豫州同心協力，擊敗曹軍是必然的啊。曹軍兵敗，必然退回北方，這樣荊州、江東的勢力就會強盛，三足鼎立之勢就形成了。成敗的關鍵，就在今天。」孫權非常高興，立即調派周瑜、程普、魯肅等率水軍三萬，隨諸葛亮面見先主，合力抗擊曹操。曹操在赤壁戰敗，退兵回到鄴城。先主於是占領荊州在長江以南的地區，任命諸葛亮為軍師中郎將，讓他督統零陵、桂陽、長沙三郡，徵調那裏的賦稅，用來充實軍需。

3 建安十六年，益州牧劉璋派遣法正迎接先主，讓他進擊張魯。諸葛亮與關羽鎮守荊州。先主從葭萌回軍攻打劉璋，諸葛亮與張飛、趙雲等率部眾逆江而上，分兵平定郡縣，與先主會師共同圍攻成都。成都平定後，先主任諸葛亮為軍師將軍，代理左將軍府事務。先主外出時，諸葛亮經常鎮守成都，讓糧食和兵力充足。建安二十六年，羣臣勸先主稱帝，先主沒有答應，諸葛亮勸先主說：「過去吳漢、耿弇等人起初勸世祖即帝位，世祖前後多次推辭謙讓。耿純進言說：『天下英雄仰慕企盼，冀盼新皇帝即位後帶來新的希望。如果您不依從大家的意見，士大夫們就會各自求去另覓新主，沒有必要再跟隨您了。』世祖對耿純的話深有感悟，便應允了。如今曹氏篡奪了漢室，天下無主，大王是劉氏皇族後裔，接續漢朝而興起，如今即帝位，是應該的啊。士大夫們長期勤苦跟隨大王，也是像耿純說的希望自己的尺寸之功得到獎賞罷了。」先主於是登位稱帝，冊命諸葛亮為丞相說：「朕遭遇家族的不幸，繼承帝位大統，兢兢業業，不敢享受安樂，想使百姓安定，擔心不能做到。啊！丞相諸葛亮深知朕的心意，不要懈怠，彌補朕的不足，幫助朕重新發揚漢朝的光輝，以照亮天下。您要努力呀！」諸葛亮以丞相之職錄尚書事，假節。張飛去世以後，兼任司隸校尉。

4 章武三年春，先主在永安病重，把諸葛亮從成都召來，託付後事給他，對諸葛亮說：「您的才能十倍於曹丕，一定能夠安定國家，最終完成大業。如果朕繼位的兒子可以輔佐，就輔佐他；如果他不成才，您可以取而代之。」諸葛亮流著眼淚說：「臣怎敢不竭盡輔佐大臣的力量，我要用忠貞的節操來報效，直至獻出生命！」先主又作詔書訓飭後主說：「你和丞相一起共事，待他要像對待父親一樣。」建興元年，封諸葛亮為武鄉侯，設立丞相府署治理政務。不久，又兼任益州牧。政事不論大小，全由諸葛亮決定。南中各郡同時叛亂，諸葛亮因為先主剛剛去世，因此不便用兵，又派遣使臣出使孫吳，結好和睦親善的關係，兩國成為友好的邦國。

1 三年春，亮率眾南征❶，其秋悉平。軍資❷所出，國以富饒，乃治戎講武，以俟大舉❸。五年，率諸軍北駐漢中❹，臨發，上疏曰：

2 「先帝創業未半而中道崩殂❺，今天下三分，益州疲弊❻，此誠❼危急存亡之秋❽也。然侍衛之臣不懈於內❾，忠志之士忘身於外❿者，蓋追⓫先帝之殊遇⓬，欲報之於陛下也。誠宜開張聖聽⓭，以光先帝遺德，恢弘志士之氣，不宜妄自菲薄⓮，引喻失義⓯，以塞忠諫之路也。宮中府中俱為一體，陟罰臧否⓰，不宜異同⓱。若有作姦犯科⓲及為忠善者，宜付有司⓳論其刑賞，以昭陛下平明之理，不宜偏私，使內外異法也。侍中⓴、侍郎㉑郭攸之㉒、費禕㉓、董允㉔等，此皆良實，志慮忠純㉕，是以先帝簡拔以遺㉖陛下。愚㉗以為宮中之事，事無大小，悉以咨之，然後施行，必能裨補㉘闕漏，有所廣益。將軍向寵㉙，性行淑均㉚，曉暢軍事，試用於昔日，先帝稱之曰能，是以眾議舉寵為督㉛。愚以為營㉜中之事，悉以咨之，必能使行陣㉝和睦，優劣得所。親賢臣，遠小人，此先漢㉞所以興隆也；親小人，遠賢臣，此後漢㉟所以傾頹也。先帝在時，每與臣論此事，未嘗不歎息痛恨㊱於桓、靈㊲也。侍中㊳、尚書㊴、長史㊵、參軍㊶，此悉貞良死節㊷之臣，願陛下親之信之，則漢室之隆，可計日而待㊸也。

3 「臣本布衣[44]，躬耕於南陽[45]，苟全性命[46]於亂世，不求聞達[47]於諸侯。先帝不以臣卑鄙[48]，猥自枉屈[49]，三顧臣於草廬之中，諮臣以當世之事，由是感激[50]，遂許先帝以驅馳[51]。後值傾覆[52]，受任於敗軍之際，奉命於危難之間，爾來[53]二十有一年矣。先帝知臣謹慎，故臨崩寄臣以大事也。受命以來，夙夜憂歎[54]，恐託付不效[55]，以傷先帝之明，故五月渡瀘[56]，深入不毛[57]。今南方已定，兵甲已足，當獎率[58]三軍，北定中原，庶竭駑鈍[59]，攘除姦凶[60]，興復漢室，還于舊都。此臣所以報先帝，而忠陛下之職分也。

4 「至於斟酌損益[61]，進盡忠言，則攸之、禕、允之任也。願陛下託臣以討賊興復之效；不效，則治臣之罪，以告先帝之靈。若無興德之言，則[62]責攸之、禕、允等之慢[63]，以彰其咎[64]。陛下亦宜自謀[65]，以諮諏善道[66]，察納雅言[67]，深追先帝遺詔。臣不勝受恩感激，今當遠離，臨表涕零，不知所言。」

5 遂行，屯于沔陽[68]。

6 六年春，揚聲[69]由斜谷道[70]取郿[71]，使趙雲、鄧芝[72]為疑軍，據箕谷[73]，魏大將軍曹真[74]舉眾拒之。亮身率諸軍攻祁山[75]，戎陣整齊，賞罰肅而號令明，南安[76]、天水[77]、安定[78]三郡叛魏應亮，關中響震。魏明帝[79]西鎮長安[80]，命張郃[81]拒亮，亮使馬謖[82]督諸軍在前，與郃戰于街亭[83]。謖違亮節度[84]，舉動失宜，大為郃所破。亮拔西縣[85]千餘家，還于漢中[86]，戮謖以謝眾[87]。上疏曰：「臣以弱才，叨竊非據[88]，親秉旄鉞[89]以厲三軍，不能訓章明法，臨事而懼[90]，至有街亭違命之闕，箕谷不戒之失[91]，咎皆在臣授任無方。臣明[92]不知人，恤事多闇[93]，春秋責帥[94]，臣職是當[95]。請自貶三等，以督厥咎[96]。」於是以亮為右將軍[97]，行[98]丞相事，所總統如前。

7 冬，亮復出散關[99]，圍陳倉[100]，曹真拒之，亮糧盡而還。魏將王雙率騎追亮，亮與戰，破之，斬雙。七年，亮遣陳式[101]攻武都[102]、陰平[103]。魏雍州刺史郭淮[104]率眾欲擊[105]式，亮自出至建威[106]，淮退還，遂平二郡。詔策亮曰：「街亭之役，咎由馬謖，而君引愆[107]，深自貶抑，重違[108]君意，聽順所守。前年燿師[109]，馘[110]斬王雙；今歲爰[111]征，郭淮遁走；降集氐、羌，興復二郡，威震凶暴，功勳顯然。方今天下騷擾，元惡未梟，君受大任，幹[112]國之重，而久自挹損，非所以光揚洪烈矣。今復君丞相，君其[113]勿辭。」

8 九年，亮復出祁山，以木牛[114]運，糧盡退軍，與魏將張郃交戰，射殺郃。十二年春，亮悉大眾由斜谷出，以流馬[115]運，據武功五丈原[116]，與司馬宣王[117]對於渭南。亮每患糧不繼，使己志不伸，是以分兵屯田，為久駐之基。耕者雜於渭濱居民之間，而百姓安堵[118]，軍無私焉[119]。相持百餘日。其年八月，亮疾病，卒于軍，時年五十四。及軍退，宣王案行[120]其營壘處所，曰：「天下奇才也！」

9 亮遺命葬漢中定軍山[121]，因山為墳[122]，冢足容棺，斂以時服[123]，不須器物[124]。詔策曰：「惟君體資文武[125]，明叡篤誠[126]，受遺託孤，匡輔朕躬，繼絕興微，志存靖亂；爰[127]整六師，無歲不征，神武赫然，威震八荒[128]，將建殊功於季漢[129]，參伊、周[130]之巨勳。如何不弔[131]，事臨垂克[132]，遘[133]疾隕喪！朕用[134]傷悼，肝心若裂。夫崇德序功[135]，紀行命諡[136]，所以[137]光昭將來，刊載不朽。今使使持節左中郎將杜瓊[138]，贈君丞相武鄉侯印綬，諡君為忠武侯。魂而有靈，嘉茲寵榮。嗚呼哀哉！嗚呼哀哉！」

10 初，亮自表後主曰：「成都[139]有桑八百株，薄田十五頃，子弟衣食，自有餘饒。至於臣在外任，無別調度[140]，隨身衣食，悉仰於官，不別治生[141]，以長尺寸[142]。若臣死之日，不使內[143]有餘帛，外[144]有贏財，以負陛下。」及卒，如其所言。

【章旨】以上為第四部分，記述了諸葛亮在劉備死後輔佐劉禪的事跡，記述了他南征北伐的全部過程，也記載了他流傳千古的〈前出師表〉及其充滿魅力的人格精神。

【注　釋】❶南征　指出兵南中地區。❷軍資　當時從南中調運出來的軍用物資有金、銀、丹砂、漆等。見《華陽國志・南中志》。❸以俟大舉　以此準備大規模北伐。大舉，指北伐曹魏。❹漢中　郡名。治所在今陝西漢中東。❺中道崩殂　中途去世。❻疲弊　指民窮財困。❼誠　的確是。❽秋　時期。❾內　皇宮內。下文的宮中與此同。❿外　皇宮外。此指丞相府，當時是蜀漢的中央行政機構。下文的府中與此同。⓫追　懷念。⓬殊遇　特殊禮遇。⓭開張聖聽　廣泛聽取臣下意見。⓮妄自菲薄　隨便自己看不起自己。⓯引喻失義　談話時所用的比喻不合理義。⓰陟罰臧否　賞功罰惡。⓱異同　不同。此為偏重詞組，意思偏重在「異」。⓲作姦犯科　做壞事犯法。作姦，做壞事。犯科，犯法。⓳有司　有關部門。⓴侍中　官名。丞相屬官，往來殿中，入侍天子，故名。三國時侍中分兩類，一類為實官，一類為加官。㉑侍郎　官名。郎中令屬官，宮廷近侍，也可出補地方長吏令長。㉒郭攸之　字演長，南陽（今河南南陽）人，深得諸葛亮信任喜愛。其事散見於《三國志・董允傳》裴松之注引《楚國先賢傳》、卷四十〈廖立傳〉。㉓費禕　字文偉，江夏鄳縣（今河南信陽東北）人。蜀漢後期傑出的人才，深受諸葛亮重用，任丞相參軍、司馬、尚書令、大將軍等職。詳見本書卷四十四〈費禕傳〉。㉔董允　字休昭，南郡枝江（今湖北枝江市東北）人，蜀漢大臣。直諫後主過失，抑制宦官，頗受諸葛亮器重。詳見本書卷三十九〈董允傳〉。㉕志慮忠純　志向思想忠誠純潔。㉖遺　留給。㉗愚　自謙之詞。㉘裨補　彌補。㉙向寵　襄陽宜城（今湖北宜城南）人，蜀漢將領，向朗之姪。歷任牙門將、中部督、中領軍等職。事見本書卷四十一向朗附傳。㉚性行淑均　品性和善行為公正。㉛督　即中部督，掌管朝廷禁衛軍。㉜營　禁衛軍軍營。㉝行陣　指軍隊。㉞先漢　西漢。㉟後漢　東漢。㊱痛恨　痛心遺憾。㊲桓靈　桓，即東漢桓帝，名劉志，章帝曾孫。十五歲即位，在位期間宦官專權，黨人興起。他信任宦官，實行黨錮，政治黑暗腐敗。死後諡曰桓。詳見《後漢書・孝桓帝紀》。靈，即東漢靈帝，名劉宏。桓帝死後無子，被竇太后與文武大臣迎立為帝。在任期間任用宦官，大興黨錮，賣官鬻爵，橫徵暴斂，終於激發黃巾起事。死後諡曰靈。詳見《後漢書・孝靈帝紀》。㊳侍中　指郭攸之、費禕。㊴尚書　指陳震，當時任尚書，後遷尚書令。㊵長史　指張裔，當時任丞相留府長史。㊶參軍　指蔣琬，當時任丞相府參軍。㊷貞良死節　忠貞優良，以死來顯示節操。㊸計日而待　指日可待。㊹布衣　平民。㊺南陽　即南陽郡，治所在今河南南陽。當時人提到自己或別人的籍貫時，除非需要詳細說明，一般只提郡，所以，魏晉南北朝時期士家大族以郡望自詡。諸葛亮當初在隆中躬耕，而隆中為南陽郡鄧縣的屬地。㊻苟全性命　姑且求得保全身體和生命。性指軀體，命指生命。㊼聞達　揚名。㊽卑鄙　卑賤。㊾猥自枉屈　有辱他親自枉駕屈就。㊿感激　感動。(51)遂許先帝以驅馳　便答應為先帝效力。(52)傾覆　指劉備伐吳失敗之事。(53)爾來　從那時以來。(54)夙夜憂歎　日夜憂心。夙，早晨。(55)不效　沒有成效。(56)瀘河流名。即今雅礱江下游以及金沙江匯入雅礱江之後的一段。57不毛　不長草木莊稼的地方。58獎率　勉勵和率領。59駑鈍　劣馬和鈍刀。比喻才能低下。60攘除姦凶　掃除奸凶。姦凶指曹魏君臣。61損益　減少增加。此指對事務的改革。62若無興德之言則　原無此七字。《文選》有，據補。《三國志集解》引梁章鉅云：「《文選》初本亦闕此七字，後李善補足之，注云：『無此七字，於義有闕。』蓋據〈董允傳〉補之也。」63慢　輕忽。64以彰其咎　使他們的過錯公開。65自謀　自己思索。66諮諏善道　徵詢好的建議。67雅言　正直的言論。68沔陽　縣名。治所在今陝西勉縣東。地處沔水北岸。69揚聲　揚言；故意傳出消息。70斜谷道　山谷名。位於今陝西眉縣西南之終南山。南口名褒，北口叫斜。71郿　縣名。治所在今陝西眉縣東北。72鄧芝　字伯苗，義陽新野（今河南新野）人，東漢司徒鄧禹後裔。漢末入蜀，得劉備賞識。劉備死後，受諸葛亮之命，多次出使東吳，對吳蜀重歸於好有重要貢獻。升為中監軍，以後歷任揚武將軍、領兗州刺史、車騎將軍等職。詳見本書卷四十五〈鄧芝傳〉。73箕谷　地名。通常認為在今陝西漢中西北褒城鎮北，即褒斜道的南口附近。此說有誤。據郭榮章〈三國時的褒斜棧道〉一文分析，第一，褒斜道的南口臨近漢中郡治所南鄭，距曹魏的地盤還遠隔一道秦嶺，在這裏屯兵，沒有吸引敵軍主力的作用。第二，據諸葛亮給其兄諸葛瑾的信記載，趙雲從箕谷向南敗退之後，途中曾燒毀赤崖一段棧道，可見箕谷在赤崖之北，而赤崖的位置據今人考察，在今陝西留壩東北柘梨園鎮北七公里。因此，箕谷應當在今陝西太白附近的褒河谷中。74大將軍曹真　大將軍，最高軍事統帥，外主征戰，內秉國政。曹真，字子丹，沛國譙（今安徽亳州）人。本姓秦，曹操收為養子。歷任偏將軍、中堅將軍、中領軍等職。詳見本書卷九〈曹真傳〉。75祁山　山名。在今甘肅西和東北。76南安　郡名。治所在今隴西渭水東岸。77天水　郡名。治所在今甘肅甘谷東南。78安定　郡名。治所在今甘肅鎮原東南。79魏明帝　字元仲，文帝之子。文帝病重時才立其為太子。即位後大興土木，耽意遊玩，也關心文化，鼓勵學術。詳見本書卷三〈明帝紀〉。80長安　城名。在今陝西西安附近。81張郃　字儁乂，河間鄚（今河北任丘北）人，東漢末為韓馥部將，後依袁紹，官渡之戰後歸降曹操。攻鄴城，擊袁譚，討柳城，屢立戰功，為曹魏名將之一。平張魯後，與夏侯淵守漢中，夏侯淵死，被眾人推為軍主，退屯陳倉。魏明帝時，諸葛亮北伐，張郃督諸軍，在街亭打敗諸葛亮將馬謖。魏太和五年（西元二一三年），諸葛亮再次北伐，張郃與蜀軍戰，在木門被飛矢所中，卒。詳見本書卷十七〈張郃傳〉。82馬謖　字幼常，襄陽宜城（今湖北宜城南）人，好論軍事，受諸葛亮器重。隨諸葛亮北伐曹魏，因違反諸葛亮節度，丟失街亭，因罪被下獄而死。詳見本書卷三十九馬良附傳。83街亭　地名。在今甘肅莊浪東。84節度　部署調度。85西縣　縣名。治所在今甘肅禮縣東北。86漢中　郡名。治所在今陝西漢中東。87謝眾　向眾人道歉。88叨竊非據　不安的占據了不該我占有的位置。89旄鉞　即節鉞。古代的節一般用氂牛尾巴作裝飾，由皇帝授給領兵出征的大臣，表示給以誅殺的權威。鉞即用黃金裝飾的大斧。節和鉞都是權力的象徵。(90)懼　畏懼發生意外。指謹慎小心。(91)箕谷不戒之失　趙雲、鄧芝箕谷之敗原因之一就是兵弱敵強，諸葛亮此處批評自己對強敵戒備不足。(92)明　認知人和事的能力。(93)恤事多闇　認識事情不明。(94)春秋責帥　《左傳》宣公十二年記載，春秋時，晉國人荀林父率軍與楚軍作戰，大敗而歸，韓厥質問他說：「子為元帥，師不用命，誰之罪也？」諸葛亮這裏引用的就是這件事。(95)臣職是當　我的職務應當承擔失敗的責任。(96)以督厥咎　用來責備我的過錯。督，責備。(97)右將軍　高級軍事將領，掌京師兵及戍守邊隘，討伐四方。(98)行　代理。(99)散關　關隘名。在今陝西寶雞西南大散嶺上，宋代以後稱大散關。(100)陳倉　縣名。治所在今陝西寶雞東。(101)陳式　蜀漢將領，曾參加劉備與曹操爭漢中之役，斷絕馬鳴閣道。又參加東征孫吳之役，與吳班率水軍屯駐夷陵。其事散見於本書卷十七〈徐晃傳〉、卷三十二〈先主傳〉等。(102)武都　郡名。治所在今甘肅成縣西北。(103)陰平　郡名。治所在今甘肅文縣西北。(104)雍州刺史郭淮　雍州，州名。治所在今陝西西安西北。刺史，官名。州最高行政長官。郭淮，字伯濟，太原陽曲（今山西陽曲）人，曹魏名將。曹丕為五官中郎將時，任曹丕門下賊曹，又先後任夏侯淵和張郃司馬。曹丕繼王位，轉為征西長史，行征羌護軍。多次與蜀漢北伐軍戰，功勳卓著。詳見本書卷二十六〈郭淮傳〉。(105)擊　原作「攻」，今從宋本。(106)建威　地名。在今甘肅西和南。(107)引愆　承擔過錯。(108)重違　難於違背。(109)燿師　出動軍隊顯示軍威。(110)馘　殺死敵人後割下左耳。(111)爰　語助詞。(112)幹　擔任。(113)其　虛詞，無意。表示希望。(114)木牛　諸葛亮創製的一種山地運輸工具。裴松之注引《諸葛亮集》詳細記載了木牛的尺寸，後世學者對此多有研究，對其形制和功能有各種說法。(115)流馬　諸葛亮創製的一種山地運輸工具。裴松之注引《諸葛亮集》詳細記載了流馬的尺寸，後世學者對此多有研究，對其形制和功能有各種說法。(116)武功五丈原　武功，即武功水，為渭河南岸的支流。五丈原，地名。在今陝西岐山南二十公里五丈原鎮，是一個高地，高約一五〇公尺，寬約一公里，長約五公里。北臨渭河，東依武功水和斜谷口，地理位置十分重要。現今有遺跡留存。(117)司馬宣王　即司馬懿，字仲達，河內溫縣（今河南溫縣）人。多謀略，善權變。率軍與諸葛亮對峙關中，領兵征討遼東公孫淵，歷任侍中、太傅、都督中外諸軍事等軍政要職。後發動高平陵之變，掌握曹魏大權。詳見《晉書・宣帝紀》。(118)安堵　安定得像牆壁一樣。(119)軍無私焉　軍隊沒有搶掠百姓謀取私利的行為。(120)案行　巡行視察。(121)定軍山　山名。在今陝西勉縣南。(122)因山為墳　借助山勢建造墳墓。(123)斂以時服　用平常穿的衣服裝殮。時服，與時令相應的平常衣服。(124)器物　殉葬品。(125)體資文武　天生具有文武才能。(126)明叡篤誠　聰明睿智忠厚真誠。(127)爰　於是。(128)八荒　古代認為中國有九州，九州之外為四海，四海之外為八荒。見劉向《說苑・辨物》。此指極遠的地方。(129)季漢　漢代的衰落期。

130伊周　指伊尹、周公。伊尹名阿衡，夏朝時隱士，湯王聞其名，派人迎請之。使者迎至五次，伊尹乃從，成為商湯的輔政大臣，輔佐商湯滅夏。詳見《史記・殷本紀》。周公，姓姬名旦，周文王之子，武王弟。周成王時攝政，平定三國之亂。在任分封諸國，推行井田，制禮作樂，是西周傑出的政治家。詳見《史記・周本紀》。131不弔　不仁慈。132垂克　即將成功。133遘　遭遇。134用　因此。135序功　敘述功績。136紀行命謚　記錄品行確定謚號。137所以　用來。138杜瓊　字伯瑜，蜀郡成都（今四川成都）人。少受學於學者任安，劉璋時任從事，劉備占領益州後，歸順蜀漢。詳見本書卷四十二〈杜瓊傳〉。139成都　指在成都的私產。140調度　財物的徵調收取。141治生　經營產業。142長尺寸　增加財富。143內　指家中。144外　指官任上。

【語　譯】建興三年春，諸葛亮率兵南征，這年秋天完全平定南中。南中提供許多軍用物資，國家因此富足，於是練兵習武，準備大舉北伐。建興五年，諸葛亮率各路軍馬北上駐紮漢中郡，臨出發前，上奏疏說：

2 「先帝創業尚未一半便中途去世，如今三分天下，益州民窮財困，這的確是危急存亡的時刻。然而臣僚在朝廷內侍衛陛下毫不懈怠，忠誠之士在朝外忘我效勞，這是他們追念先帝的特殊禮遇，想報答陛下啊。陛下確實應該廣泛聽取意見，以光大先帝留下的美德，使有志之士的氣概得到激發，不應該隨意看輕自己，與臣下談話引喻不合理義，以致阻塞了忠言進諫的途徑。皇宮相府都是一體，賞善罰惡不應當不同。如果有做壞事犯法或有忠誠善良行為的，應當交給有關部門決定他的刑罰或獎賞，用來顯示陛下公平英明的治理，不應當有所偏私，使得宮內宮外的法度有所不同。侍中、侍郎郭攸之、費禕、董允等人，都是忠良信實、志向忠誠思想純潔的人，所以先帝把他們選拔出來留給陛下。臣認為宮中的事情，不論大小，都應該諮詢他們，然後再推行，這樣一定能夠彌補缺陷疏漏，收益更多。將軍向寵，品性溫和行為公正，通曉軍事，過去有著良好的表現，先帝稱讚他能幹，所以眾人推舉他擔任中部督。臣以為軍務，全都向他諮詢，必定能使將士和睦，人才各得其所。親近賢臣，疏遠小人，這是前漢興隆的原因；親近小人，疏遠賢臣，這是後漢衰敗的原因。先帝在世的時候，每次與臣談論這些事，沒有不對桓帝、靈帝的作為嘆息痛心。侍中郭攸之、費禕、尚書陳震、長史張裔、參軍蔣琬，都是忠貞優良、為節操獻身的臣子，希望陛下親近信任他們，那麼漢朝的興盛，就會指日可待了。

3 「臣本是平民百姓，在南陽耕種為生，只想姑且在亂世中保全性命，不想在諸侯中顯名。先帝不認為臣身分低賤，前後三次屈駕，來到臣的草房，向臣諮詢當時的局勢，臣為此而感動，便答應為先帝效力。後來遭逢伐吳失利，在兵敗之際、危難之中接受詔令任命，從臣答應先帝效力至今，算起來已經二十一年了。先帝知道臣謹慎，所以臨終前將國家大事託付給臣。接受遺詔以來，臣日夜憂心，恐怕無法完成先帝託付的任務，而有損先帝的知人之明，所以在五月渡過瀘水，深入蠻荒之地。如今南方已經平定，軍備已經充足，應當鼓勵和統率三軍，北上平定中原，希望能竭盡臣低下的能力，掃除奸凶，興復漢室，重返故都。這是臣用來報答先帝，忠於陛下的職責本分。

4 「至於對政事斟酌興革，進獻忠言，那是郭攸之、費禕、董允的責任。希望陛下把討伐逆賊興復漢室的責任託付給臣，如果沒有成功，就治臣的罪，以此告慰先帝之靈。如果沒有使道德昌盛的言論，就責問郭攸之、費禕、董允等人的輕忽，公開他們的過錯。陛下也應該自我思索，以便徵詢好的建議，考察採納正直的言論，深切的追念先帝遺詔。臣忍不住深受大恩的激動之情，如今就要遠離陛下，寫此表時不知不覺流淚，自己也不知道說了什麼。」

5 於是率兵出征，駐紮在沔陽。

6 建興六年春，諸葛亮揚言要從斜谷道攻取郿縣，派趙雲、鄧芝故布疑兵，占據箕谷，曹魏大將軍曹真率軍抵禦。諸葛亮親自率領各軍進攻祁山，軍陣整齊，賞罰嚴明而號令分明，南安、天水、安定三郡叛離曹魏響應諸葛亮，關中地區大為震動。魏明帝西至長安坐鎮，命令張郃抵禦諸葛亮，諸葛亮派馬謖督統各軍為前鋒，與張郃在街亭交戰。馬謖違背諸葛亮的部署調度，軍事行動不當，被張郃打得大敗。諸葛亮遷移西縣一千餘戶人家，回到漢中，處決馬謖向眾人謝罪。上書說：「以臣低下的才能，忝居不該占據的職位，手持節鉞，勉勵三軍，我不能向部下訓示規章申明法令，也不能臨事謹慎小心，以致於有街亭違背命令、箕谷缺乏戒備的過失，過錯都在於臣選任人才不當。臣無識人之明，認事不清，《春秋》說戰爭失利要責罰主帥，我的職務應當承擔戰敗的責任。請允許臣自貶三等，以責備臣的過失。」於是朝廷以諸葛亮為右將軍，代理丞相職務，所總理的事務和以前一樣。

7 冬天，諸葛亮又出兵散關，圍攻陳倉，曹真抵禦諸葛亮，諸葛亮糧食耗盡退兵而回。魏將王雙率騎兵追擊諸葛亮，諸葛亮與他交戰，打敗魏軍斬殺王雙。建興七年，諸葛亮派陳式攻打武都、陰平二郡。曹魏雍州刺史郭淮率部眾準備進攻陳式，諸葛亮親自出兵到達建威，郭淮退走，於是平定了二郡。後主向諸葛亮下詔說：「街亭之戰，罪在馬謖，而您卻承擔了罪過，自我深加貶責，朕難於違背您的意願，所以聽從了您所堅持的意見。前年出兵顯示軍威，斬首王雙；今年出征，郭淮逃走；降服了氐羌，收復了武都、陰平二郡，威震兇暴之敵，功勳卓著。當今天下騷動不安，首惡未除，您身受重責大任，擔任國家的要職，而長期自我貶損，不利於光大弘揚偉大事業。現在恢復您丞相的職務，希望您不要推辭。」

8 建興九年，諸葛亮又出兵祁山，用木牛運送軍需，糧食耗盡退兵，與曹魏將領張郃交戰，射殺了張郃。建興十二年春，諸葛亮率全軍由斜谷出兵，用流馬運送軍需，占據了武功水畔的五丈原，與司馬宣王在渭水南岸對峙。諸葛亮每每擔心軍糧接運不上，使自己的心願不能實現，所以分撥兵力屯田墾荒，作為長久駐軍的根基。耕種屯田的兵士與渭水邊的居民混雜在一起，而那裏的百姓卻十分安定，軍隊沒有謀取私利的行為。如此相持了一百多天。這年八月，諸葛亮生病，逝世於軍中，時年五十四歲。等到蜀軍撤退後，司馬宣王巡視蜀軍的營壘，稱讚諸葛亮說：「真是天下奇才呀！」

9 諸葛亮臨終遺命埋葬在漢中的定軍山，順著山勢造墳，墓穴僅能容納棺材，用平常穿的衣服入殮，不用殉葬品。後主頒下詔書說：「您天生具有文武才能，聰明睿智忠厚真誠，受先帝託孤的遺詔，對我匡正輔佐，接續將要斷絕的王朝，振興已經衰落的王室，立志平定禍亂；於是整頓軍隊，連年征伐，赫赫神武之才，威震八方。在漢朝衰落的時候，即將建立像伊尹、周公那樣的偉大功勳。上天竟然如此不仁，在大功即將告成之時，讓您患病去世！朕因此悲傷哀悼，心肝像被撕裂一樣。尊崇美德敘述功勞，記錄品行確定諡號，用來光耀未來，在史冊中永遠不朽。現在派使持節左中郎將杜瓊，追贈給您丞相武鄉侯的印綬，追加諡號為忠武侯。魂魄有靈，會讚美這尊崇的榮譽。唉，哀痛啊！唉，哀痛啊！」

10 當初，諸葛亮自己上表給後主說：「臣在成都私產有桑樹八百棵，薄田十五頃，後代子弟的衣食，已經有富餘。至於臣在外任官，沒有額外財物的徵調收入，隨身的衣服以及食物，全都仰賴朝廷供給，沒有另外經營產業，用來增加財富。如果臣死的那一天，將不讓家中有多餘的布帛，官任上有多餘的財產，而辜負了陛下。」到他去世的時候，正如他當初所說的。

1 亮性長於❶巧思，損益連弩❷，木牛流馬，皆出其意；推演兵法，作八陣圖❸，咸得其要云。亮言教書奏❹多可觀，別為一集。

2 景耀六年❺春，詔為亮立廟於沔陽❻。秋，魏鎮西將軍鍾會❼征蜀，至漢川，祭亮之廟，令軍士不得於亮墓所左右芻牧樵採❽。亮弟均，官至長水校尉。亮子瞻，嗣爵。

3 諸葛氏集❾目錄

4 開府作牧第一　權制第二　南征第三　北出第四　計算第五　訓厲第六
綜覈上第七　綜覈下第八　雜言上第九　雜言下第十　貴和第十一　兵要第十二
二　傳運第十三　與孫權書第十四　與諸葛瑾書第十五　與孟達書第十六　廢李平第十七　法檢上第十八　法檢下第十九　科令上第二十　科令下第二十一
軍令上第二十二　軍令中第二十三　軍令下第二十四

5 右二十四篇，凡⑩十萬四千一百一十二字。

【章旨】以上為第五部分，記述了諸葛亮的發明創造和他的文集的主要內容。

【注釋】❶長於　擅長於。❷損益連弩　改造連弩。損益，改造。連弩，古代兵器，一次連續發射多支箭。一九六四年在四川郫縣曾出土蜀漢景耀四年（西元二六一年）製造的弩機實物。❸八陣圖　古代陣法圖形。八陣之名，由來已久。一九七二年山東臨沂銀雀山出土的《孫臏兵法》竹簡三十簡中有〈八陣〉篇。《三國志・武帝紀》裴松之注引《魏書》記載漢代京城北軍五營每年十月演練時，也演練八陣法。東漢竇憲與匈奴作戰時也曾使用八陣法。北魏孝文帝時，面對北方柔然強大的騎兵進攻，高閭曾向朝廷建議：「采諸葛亮八陣之法，為平敵禦寇之方。」可見八陣是平原步兵抵禦騎兵的有效陣法。三國時曹魏騎兵強大，諸葛亮出秦嶺進入關中平原後，必須面對曹魏強大的騎兵，這也是諸葛亮改造八陣戰法的原因。在今重慶市奉節東、四川成都新都區彌牟鎮、陝西勉縣定軍山麓，都有傳說是諸葛亮八陣圖的遺跡。❹言教書奏　言論教令書信奏章。❺景耀六年　西元二六三年。景耀，蜀漢後主劉禪年號，西元二五八—二六三年。❻沔陽　縣名。治所在今陝西勉縣東。❼鎮西將軍鍾會　鎮西將軍，武官名。與鎮東將軍、鎮南將軍、鎮北將軍合稱四鎮。鍾會，字士季，潁川長社（今河南長葛東）人，鍾繇少子。為司馬昭所寵信，任黃門侍郎、司隸校尉。率兵伐蜀，自謂功高蓋世，與蜀漢降將姜維合謀起兵反司馬昭，後被殺。詳見本書卷二十八〈鍾會傳〉。❽芻牧樵採　放牧砍柴。❾諸葛氏集　即諸葛亮集，至唐、宋時猶存，現已亡佚，今有明楊時偉、清張澍輯本。❿凡　一共。

【語譯】諸葛亮生性擅長於巧妙的構思，改造連弩，木牛流馬，全都出自他的設計。又推衍演繹兵法，作八陣圖，都能深得最精要的地方。諸葛亮的言論教令書信奏章大多值得閱讀，單獨編為一集。

2 景耀六年春，後主下詔在沔陽縣為諸葛亮立廟。秋天，曹魏鎮西將軍鍾會進討蜀漢，來到漢川，祭祀了諸葛亮的祠廟，下令軍士不得在諸葛亮墓地周圍放牧砍柴。諸葛亮的弟弟諸葛均，官做到長水校尉。諸葛亮的兒子諸葛瞻，繼承了爵位。

3 諸葛氏集目錄

4 開府作牧第一　權制第二　南征第三　北出第四　計算第五　訓厲第六　綜覈上第七　綜覈下第八　雜言上第九　雜言下第十　貴和第十一　兵要第十二　傳運第十三　與孫權書第十四　與諸葛瑾書第十五　與孟達書第十六　廢李平第十七　法檢上第十八　法檢下第十九　科令上第二十　科令下第二十一　軍令上第二十二　軍令中第二十三　軍令下第二十四

5 以上二十四篇，共十萬四千一百一十二字。

1 臣壽❶等言：臣前在著作郎❷，侍中領中書監❸濟北侯臣荀勖❹、中書令❺關內侯臣和嶠❻奏，使臣定故蜀丞相諸葛亮故事❼。亮毗佐危國❽，負阻不賓❾，然猶存錄其言，恥善有遺❿，誠是大晉光明至德，澤被無疆，自古以來，未之有倫⓫也。輒刪除複重，隨類相從，凡為二十四篇，篇名如右。

2 亮少有逸羣⓬之才，英霸之器⓭，身長八尺，容貌甚偉，時人異焉。遭漢末擾亂，隨叔父玄避難荊州，躬耕于野，不求聞達。時左將軍劉備以亮有殊量⓮，乃三顧亮於草廬之中；亮深謂備雄姿傑出，遂解帶⓯寫誠，厚相結納。及魏武帝南征荊州，劉琮舉州委質，而備失勢眾寡⓰，無立錐之地。亮時年二十七，乃建奇策，身使⓱孫權，求援吳會。權既宿服⓲仰備，又覩亮奇雅，甚敬重之，即遣兵三萬人以助備。備得用與武帝交戰，大破其軍，乘勝克捷，江南悉平。後備又西取益州。益州既定，以亮為軍師將軍。備稱尊號，拜亮為丞相，錄尚書事。及備殂沒，嗣子幼弱，事無巨細，亮皆專之。於是外連東吳，內平南越⑲，立法施度，整理戎旅，工械技巧，物究其極，科教⑳嚴明，賞罰必信㉑，無惡不懲，無善不顯，至於吏不容奸，人懷自厲，道不拾遺，彊不侵弱，風化肅然也。

3 當此之時，亮之素志㉒，進欲龍驤虎視㉓，苞括四海，退欲跨陵邊疆㉔，震蕩宇內。又自以為無身之日㉕，則未有能蹈涉中原、抗衡上國㉖者，是以用兵不戢㉗，屢耀其武。然亮才，於治戎㉘為長，奇謀為短，理民之幹，優於將略。而所與對敵，或值人傑㉙，加眾寡不侔㉚，攻守異體㉛，故雖連年動眾，未能有克。昔蕭何㉜薦韓信㉝，管仲舉王子城父㉞，皆忖己之長，未能兼有故也。亮之器能政理，抑亦管、蕭之亞匹㉟也，而時之名將無城父、韓信，故使功業陵遲㊱，大義不及邪？蓋天命有歸，不可以智力爭也。

4 青龍二年㊲春，亮帥眾出武功，分兵屯田，為久駐之基。其秋病卒，黎庶㊳追思，以為口實㊴。至今梁、益之民，咨述亮者，言猶在耳，雖甘棠之詠召公㊵，鄭人之歌子產㊶，無以遠譬也㊷。孟軻㊸有云：「以逸道使民，雖勞不怨；以生道殺人，雖死不忿㊹。」信矣！論者或怪亮文彩不豔，而過於丁寧周至㊺。臣愚以為咎繇[46]大賢也，周公聖人也，考之尚書[47]，咎繇之謨略而雅[48]，周公之誥煩而悉[49]。何則？咎繇與舜、禹[50]共談，周公與羣下矢誓故也。亮所與言，盡眾人凡士，故其文指[51]不得及[52]遠也。然其聲教[53]遺言，皆經事綜物[54]，公誠之心，形于文墨，足以知其人之意理，而有補於當世。

伏惟陛下邁蹤[55]古聖，蕩然無忌[56]，故雖敵國誹謗之言，咸肆其辭而無所革諱[57]，所以明大通之道也。謹錄寫上詣著作[58]。臣壽誠惶誠恐，頓首頓首，死罪死罪。泰始十年[59]二月一日癸巳，平陽侯相臣陳壽上。

【章旨】以上為第六部分，為陳壽所上編撰《諸葛亮集》表。

【注釋】❶壽 即陳壽，字承祚，巴西安漢（今四川南充北）人。少從譙周受學，歷任蜀漢衛將軍主簿、東觀祕書郎、散騎黃門侍郎。蜀漢亡後入晉，歷任著作左郎、著作郎、平陽侯相。所著《三國志》，脈絡分明，文筆精鍊，被時人稱為「有良史之才」。詳見《晉書・陳壽傳》。❷著作郎 官名。負責修撰本朝歷史。❸領中書監 領，兼任。中書監，官名。參掌機要，草擬詔旨。❹荀勖 字公曾，潁川潁陰（今河南許昌）人，西晉大臣，深受寵信。與張華整理典籍，著《中經新簿》，開創圖書甲乙丙丁四部分類法。詳見《晉書・荀勖傳》。❺中書令 官名。與中書監共掌樞密，但地位略低。❻和嶠 字長輿，汝南西平（今河南西平西）人，西晉官吏。家產富於王者，以有錢癖著稱。詳見《晉書・和嶠傳》。❼故事 過去的公務文書。當時習稱公務文書為事，參見周一良《魏晉南北朝史劄記》中「事」條。❽毗佐危國 輔佐處境危險的國家。❾負阻不賓 依仗險阻不臣服。❿恥善有遺 以好的言論有遺失為恥。⓫未之有倫 沒有能與之相比的。⓬逸羣 超羣。⓭英霸之器 英雄的氣度。⓮殊量 特殊的氣量。⓯解帶 解開衣帶。比喻敞開胸襟。⓰眾寡 人少。⓱身使 親自出使。⓲宿服 一向佩服。⓳南越 指南中。⓴科教 規章指令。㉑賞罰必信 賞罰一定兌現。㉒素志 一直的志向。素，一向；一直。㉓龍驤虎視像龍一樣飛騰，虎一樣雄視。比喻人欲成就大事的勃勃雄心。㉔跨陵邊疆　跨越邊疆。邊疆指曹魏與蜀漢的邊界。㉕無身之日　死亡以後的日子。㉖上國　指曹魏。㉗不戢　不止。㉘治戎　治軍。㉙人傑　指司馬懿。㉚眾寡不侔　所擁有的民力多少不對等。㉛攻守異體　攻守所處的地位不同。古人認為戰爭中攻方比守方用力要大。㉜蕭何　沛（今江蘇沛縣）人，曾為沛縣吏，秦末隨劉邦起兵。楚漢戰爭中留守關中，輸送糧草軍卒，支援戰爭。西漢建立後任丞相，制定律令制度，實行與民休息政策。又協助劉邦消滅韓信、彭越、英布等異姓諸侯王。詳見《漢書・蕭何傳》。㉝韓信　淮陰（今江蘇淮陰西南）人，秦末先隨項羽，後投劉邦，經蕭何舉薦為大將軍。楚漢戰爭時，獻計東向爭天下，並率軍擒魏豹，定河東，破代地，虜代相，破趙國，下齊地，後與劉邦會合，在垓下決戰，消滅項羽，功勳卓著。西漢建立後，被削奪兵權，徙為楚王，旋又降為淮陰侯。終被呂后所殺。詳見《史記・淮陰侯列傳》、《漢書・韓信傳》。㉞王子城父　春秋時齊國大臣，長於軍事，作戰勇敢，管仲認為他在這方面比自己突出，便向齊桓公推薦他為大司馬。事見《呂氏春秋・勿躬》。㉟亞匹　等同。㊱陵遲　衰敗。㊲青龍二年　西元二三四年。青龍，曹魏明帝曹叡年號，西元二三三—二三七年。㊳黎庶　百姓。㊴口實　談話的題材。㊵甘棠之詠召公　甘棠，《詩經・國風・召南》中的一篇。召公，西周初政治家，姓姬名奭，周文王庶子。輔佐武王滅商，受命營建雒邑，鎮守東都。其長子封於薊丘，為燕國始祖。周成王時，召公治陝西，有一次外出巡視，在一棵甘棠樹下處理公務，人們懷念他，就作了〈甘棠〉之詩讚美他。詳見《史記・燕召公世家》。㊶鄭人之歌子產　子產，春秋時政治家，鄭簡公時執政。在位期間實行改革，整頓貴族田地和農戶編制，創立「丘賦」制度，把法律條文鑄在鼎上公布，為百姓提供發表意見的場所，使國家富強。死後人們懷念他，作歌唱道：「我有子弟，子產誨之；我有田疇，子產殖之；子產而死，誰其嗣之。」詳見《左傳》襄公十三年、《史記・循吏列傳》。㊷無以遠譬也　意謂遠遠趕不上對諸葛亮的讚頌。㊸孟軻　亦稱孟子，字子輿，鄒（今山東鄒縣）人。戰國時思想家、教育家。繼孔子之後的儒家代表人物。周遊齊、宋、滕、魏等國，曾為齊宣王客卿。著有《孟子》一書。詳見《史記・孟子荀卿列傳》。㊹以逸道使民四句　出於《孟子・盡心上》，意為：為使百姓安逸而役使他們，百姓雖然勞苦，也不怨恨；為使百姓生存而殺人，被殺的人雖死也不怨恨。㊺丁寧周至　叮嚀周到。㊻咎繇　即皋陶。傳說中帝舜之臣，曾為獄官之長，制墨、劓、剕、宮、大辟五刑。見《史記・五帝本紀》。㊼尚書　儒家經典之一。舊傳由孔子編定，據研究，其中不少為孔子之後的作品。故今人多認為其不是出自一人之手。《尚書》有今、古文之分，據清人研究，《今文尚書》中的二十五篇及序為偽作，《尚書》原作實存二十八篇。㊽咎繇之謨略而雅　《尚書》中有〈皋陶謨〉，記錄皋陶與舜、禹討論治理國家的謀略。略而雅，簡略而典雅。㊾周公之誥煩而悉　《尚書》中有〈大誥〉，記錄周公平定管叔、蔡叔、武庚三人叛亂時對羣臣的通告。煩而悉，繁瑣而詳盡。(50)舜禹　舜，傳說中的部落酋長，姚姓，一說嬀姓，名重華，史稱虞舜。繼堯之位，剪除四凶，派禹平水土，契管人民，益掌山澤，皋陶作士，天下大治。詳見《史記・五帝本紀》。禹，夏后氏部落酋長。嬀姓。帶領百姓歷十年治水，大得民心。詳見《史記・五帝本紀》。(51)文指　文意。(52)得及　二字原誤倒為「及得」，今據宋本改正。(53)聲教　訓示教誨。(54)經事綜物　總理公事。(55)邁蹤　追循足跡。蹤，原誤作「縱」，今據宋本校正。(56)蕩然無忌　心胸坦蕩無所忌諱。(57)革諱　刪除避諱。(58)著作　即著作局，是西晉專門負責撰述本朝歷史的官署，後改稱著作省。(59)泰始十年　西元二七四年。泰始，西晉武帝司馬炎年號，西元二六五－二七四年。

【語譯】臣陳壽等上言：臣之前任著作郎時，侍中兼中書監濟北侯臣荀勖、中書令關內侯臣和嶠上奏，讓臣編定已故蜀漢丞相諸葛亮留下的公務文書。諸葛亮輔佐危亡中的國家，依仗險阻不稱臣賓服，然而還是保存記錄了他的言論，以好的言論遺失為恥，實在是大晉國的光明大德，恩澤無邊，自古以來，沒有人能與他相比。臣自行決定刪除內容重複的篇目，分類編排，共編為二十四篇，篇名如上。

2　諸葛亮從小就有超羣的才能，英雄的氣概，身高八尺，容貌十分魁偉，當時的人認為他非比尋常。遇到漢末動亂，跟隨叔父諸葛玄避難到荊州，親身在田野中耕作，不求聲名顯揚。當時左將軍劉備認為諸葛亮氣量不凡，於是三次到他所住的草屋中造訪他；諸葛亮也深自認為劉備雄才傑出，便敞開胸襟開誠布公，與劉備結下了深厚的情誼。到了魏武帝南征荊州時，劉琮獻出荊州投降，而劉備失勢部眾很少，沒有立錐之地。諸葛亮當時二十七歲，便提出奇計妙策，親自出使孫權，向孫吳求援。孫權素來佩服仰慕劉備，又目睹諸葛亮的不凡高雅，十分敬重他，立即派兵三萬用來援助劉備。劉備得以因此與武帝交戰，大破曹軍，乘勝攻克告捷，完全平定了荊州長江以南的地區。後來劉備又西進攻取益州。益州平定以後，任諸葛亮為軍師將軍。劉備稱帝，拜諸葛亮為丞相，錄尚書事。到了劉備去世，繼位的兒子劉禪年幼軟弱，無論大小事，都由諸葛亮決斷。於是他外交上聯合孫吳，內政上平定南越，建立法律制度，整備軍隊，巧妙製造軍械，對事物研究透徹，規章號令嚴格明確，賞罰一定兌現，壞人壞事無不懲治，好人好事無不表彰。以至於官員中不存在奸邪，人人心懷自我激勵之心，路不拾遺，強不欺弱，社會風氣清淨良好。

3 在這時，諸葛亮始終不渝的志向是，進要像龍飛虎視，統一天下，退也要跨越邊境，使四海震動。又認為自己一旦去世，那麼蜀國就沒有能進攻中原、與魏國抗衡的人，所以不停用兵，多次炫耀武力。然而諸葛亮的才能，在治軍方面很擅長，在運用奇謀妙計方面則是他的短處，治理民眾的才幹，優於統兵打仗的謀略。而他的對手中，有時也碰上人中英傑，再加上雙方人力的多寡不對等，攻守二方所處的地位不相同，所以雖然連年勞師動眾，卻不能有所成就。從前蕭何之所以舉薦韓信，管仲之所以舉薦王子城父，都是估算自己的長處，覺得自己不能兼有文武之才的緣故。諸葛亮治理國家的才能，或許與管仲、蕭何等同，而當時蜀國卻沒有像王子城父、韓信那樣的名將，所以使他功業衰敗，所追求的大義沒有實現的原因吧？可見天命註定，不是凡人憑智力所能爭取的。

4 青龍二年春天，諸葛亮率部眾出兵武功水，分撥兵力屯田，作為長久駐紮的基礎。那一年秋天病逝，百姓追念他，常把他掛在嘴上作為談話的題材。到現在梁州、益州百姓，讚嘆追述他的話，尚且還能聽得見，即使用〈甘棠〉讚美召公，鄭人歌頌子產來比喻，也遠遠比不上對諸葛亮的讚頌。孟子說：「為使百姓安逸而役使他們，百姓雖然勞苦，也不怨恨；為使百姓生存而殺人，被殺的人雖死也不怨恨。」真的是這樣啊！有些評論的人嗔怪諸葛亮的文章文采不夠華麗，而叮嚀告誡過於周到詳盡。臣愚昧以為皋陶是大賢人，周公是大聖人，考查《尚書》，〈皋陶謨〉簡略而典雅，周公的〈大誥〉卻繁瑣而詳盡。為什麼？這是因為皋陶是與虞舜、夏禹一起談話，而周公是和下屬們起誓立約啊。諸葛亮所談話的對象，都是平凡的將士百姓，所以他的文意不能表現得深遠。然而他所留下的訓示教誨，全都是在綜理公務中說的，他公正忠誠之心，體現在字裏行間，足以使人知道他的心意和道理，對當代也有所補益。

5 陛下追循古代聖人的足跡，胸懷坦蕩無所忌諱，所以即使是敵國誹謗的言論，也都讓它肆意充分表現而不加刪除和避諱，用來表明宏大和通達的道理。謹抄錄謄寫諸葛亮文集上交著作局。臣陳壽誠惶誠恐，再三叩首，死罪死罪。泰始十年二月一日癸巳，平陽侯相臣陳壽上。

1 喬字伯松，亮兄瑾❶之第二子也，本字仲慎。與兄元遜❷俱有名於時，論者以為喬才不及兄，而性業❸過之。初，亮未有子，求喬為嗣，瑾啟孫權遣喬來西，亮以喬為己適子，故易其字焉❹。拜為駙馬都尉❺，隨亮至漢中。年二十五，建興六年❻卒。子攀，官至行護軍翊武將軍❼，亦早卒。諸葛恪見誅❽於吳，子孫皆盡，而亮自有胄裔，故攀還復為瑾後❾。

2 瞻字思遠。建興十二年，亮出武功，與兄瑾書❿曰：「瞻今已八歲，聰慧可愛，嫌其早成⓫，恐不為重器⓬耳。」年十七，尚⓭公主，拜騎都尉。其明年為羽林中郎將⓮，屢遷射聲校尉⓯、侍中、尚書僕射⓰，加軍師將軍。瞻工書畫，彊識念⓱，蜀人追思亮，咸愛其才敏。每朝廷有一善政佳事，雖非瞻所建倡，百姓皆傳相告曰：「葛侯⓲之所為也。」是以美聲溢譽，有過其實。景耀四年，為行都護⓳衛將軍，與輔國大將軍⓴南鄉侯董厥並平尚書事㉑。六年冬，魏征西將軍鄧艾㉒伐蜀，自陰平由景谷道㉓旁入。瞻督諸軍至涪停㉔住，前鋒破，退還，住緜竹㉕。艾遣書誘瞻曰：「若降者必表為琅邪王㉖。」瞻怒，斬艾使。遂戰，大敗，臨陣死，時年三十七。眾皆離散，艾長驅至成都。瞻長子尚，與瞻俱沒。次子京及攀子顯等，咸熙元年㉗內移河東㉘。

【章　旨】以上為第七部分，記述了諸葛亮後代的情況。

【注　釋】❶瑾　即諸葛瑾，字子瑜，琅邪陽都（今山東沂南南）人，諸葛亮之兄。東漢末避亂江東，深受孫權重用。詳見本書卷五十二〈諸葛瑾傳〉。❷元遜　即諸葛恪，字元遜。初任孫吳騎都尉，討伐山越有功。孫亮繼位後拜太傅，總攬朝政。興利除弊，革新內外，一時民心大悅。後因功驕傲，窮兵黷武，遂致上下愁怨，後被孫峻所殺。詳見本書卷六十四〈諸葛恪傳〉。❸性業　品性的修養。❹故易其字焉　古代常用伯、仲、叔、季來給兄弟排行，諸葛喬是諸葛瑾的次子，所以字仲慎，過繼給諸葛亮後為長子，所以改為伯松。❺駙馬都尉　官名。漢武帝時置，掌皇帝副車之馬。後多以宗室及外戚等擔任。❻建興六年　西元二二八年。建興，蜀漢後主劉禪年號，西元二二三—二三七年。六年，原作「元年」，誤，今據《三國志集解》引何焯說校改。❼行護軍翊武將軍　行護軍，代理護軍職務。翊武將軍，雜號將軍，領兵出征。❽見誅　被殺。❾後　後嗣；繼承人。❿書　信。⓫早成　過早的表現出非凡的智力。⓬重器　大器。⓭尚　娶皇族公主為妻。⓮羽林中郎將　官名。掌護衛宮廷。⓯射聲校尉　官名。統率射聲營。掌護衛京城。⓰尚書僕射　官名。尚書省的次長官，若尚書令缺，可代理尚書令的職務。⓱彊識念　記憶力強。⓲葛侯　諸葛瞻繼承諸葛亮武鄉侯的爵位。當時人尊稱被封侯的人為某侯。⓳都護　指中都護。⓴輔國大將軍　武官名。領兵征伐。㉑平尚書事　表示職權的名號。輔政大臣常加錄尚書事的名號，資歷較淺者則加平尚書事。㉒征西將軍鄧艾　征西將軍，武官名。與征東將軍、征南將軍、征北將軍合稱四征將軍。鄧艾，字士載，義陽棘陽（今河南南陽南）人，曹魏將領，曾在淮河南北屯田，解決軍糧問題。歷任討寇將軍、汝南太守、兗州刺史等職。景元四年（西元二六三年）率兵攻蜀漢，一直打到成都，迫使劉禪投降。詳見本書卷二十八〈鄧艾傳〉。㉓景谷道　道路名。即今甘肅文縣南沿白水江入川的道路。㉔停　原作「亭」，宋本、元本、馮夢禎刻本皆作「停」，據改。㉕緜竹　縣名。治所在今四川綿竹東南。㉖琅邪王　諸葛氏是琅邪郡人，所以用琅邪王相引誘。㉗咸熙元年　西元二六四年。咸熙，曹魏元帝曹奐年號，西元二六四—二六五年。㉘河東　郡名。治所在今山西夏縣西。

【語　譯】諸葛喬，字伯松，諸葛亮兄諸葛瑾的第二子，原來字仲慎。與兄諸葛元遜全都聞名於當時，評論的人認為諸葛喬的才幹不如兄長，而品性修養高過他。當初，諸葛亮沒有兒子，要求把諸葛喬作為後嗣，諸葛瑾上奏孫權讓諸葛喬西至蜀漢，諸葛亮把諸葛喬作為自己的嫡子，所以改易了他的字。諸葛喬被任為駙馬都尉，跟隨諸葛亮到達漢中。二十五歲，建興六年去世。兒子諸葛攀，官做到代理護軍翊武將軍，也死得早。

諸葛恪被孫吳誅殺，子孫全都滅絕，而諸葛亮後來有了自己的後代，所以諸葛攀又返回東吳成為諸葛瑾的繼承人。

2 諸葛瞻，字思遠。建興十二年，諸葛亮出兵武功水，給哥哥諸葛瑾寫信說：「瞻今年已經八歲，聰明可愛，我擔心他過早的表現出非凡的智力，恐怕無法成為大器啊。」十七歲，娶公主，官拜騎都尉。第二年任羽林中郎將，此後相繼升遷為射聲校尉、侍中、尚書僕射，加授軍師將軍。諸葛瞻擅長書畫，記憶力很強，蜀人追念諸葛亮，都喜愛諸葛瞻的才能和聰慧。每當朝廷有一個好的措施或做了一件美事，雖然不是諸葛瞻所建議倡導，但百姓們都互相傳告說：「是葛侯做的。」所以美譽盈溢，超過了實際情況。景耀四年，擔任代理中都護、衛將軍，與輔國大將軍南鄉侯董厥共同處理尚書臺的公務。景耀六年冬，曹魏征西將軍鄧艾伐蜀，從陰平經過景谷道旁邊進入蜀漢。諸葛瞻督統諸軍來到涪縣駐紮，前鋒失敗，撤退回來，駐紮在緜竹。鄧艾送信勸誘諸葛瞻說：「如果投降我一定上表朝廷封你為琅邪王。」諸葛瞻大怒，斬了鄧艾的來使。於是雙方大戰，蜀軍大敗，諸葛瞻臨陣戰死，當時三十七歲。部眾全都四處潰散，鄧艾長驅直入到達成都。諸葛瞻的長子諸葛尚，與諸葛瞻同時陣亡。次子諸葛京以及諸葛攀的兒子諸葛顯等人，在咸熙元年內遷到了河東郡。

董厥者，丞相亮時為府令史❶，亮稱之曰：「董令史，良士也。吾每與之言，思慎宜適❷。」徙為主簿❸。亮卒後，稍遷至尚書僕射，代陳祗❹為尚書令，遷大將軍，平臺事❺，而義陽❻樊建代焉。延熙十四年❼，以校尉使吳，值❽孫權病篤，不自見建。權問諸葛恪曰：「樊建何如宗預❾也？」恪對曰：「才識不及預，而雅性過之。」後為侍中，守⑩尚書令。自瞻、厥、建統事，姜維⑪常征伐在外，宦人黃皓⑫竊弄機柄，咸共將護⑬，無能匡矯⑭，然建特⑮不與皓和往來。蜀破之明年春，厥、建俱詣京都，同為相國參軍⑯，其秋並兼散騎常侍⑰，使⑱蜀慰勞。

【章　旨】以上為第八部分，附帶記載了董厥、樊建等人的事跡。

【注　釋】❶府令史　丞相府令史。令史，官名。主辦丞相府中各類公務，地位在掾、屬之下。❷思慎宜適　思慮恰當。❸主簿　州郡屬官，主管州郡文書簿籍，經辦事務。❹陳祗　字奉宗，汝南（今河南平輿北）人，少孤，長於許靖家，初任蜀漢選曹郎，頗受大將軍費禕重用。後與宦官黃皓互為表裏，甚為劉禪所寵愛。事見本書卷三十九董允附傳。❺平臺事　即平尚書事。臺指尚書臺。❻義陽　郡名。治所在今湖北棗陽東南。❼延熙十四年　西元二五一年。延熙，蜀漢後主劉禪年號，西元二三八—二五七年。十四年，原誤作「二十四年」。延熙僅二十年，不當云二十四年。下文孫權病篤召問諸葛恪事，時在延熙十四年。據此校正。❽值　正趕上。❾宗預　字德豔，南陽安眾（今河南鎮平東南）人，隨張飛入蜀，歷任主簿、鎮軍大將軍、領兗州刺史等職。詳見本書卷四十五〈宗預傳〉。❿守　品級較低的官代理較高的職務。⓫姜維　字伯約，天水冀縣（今甘肅甘谷東）人。本仕曹魏，蜀漢建興六年（西元二二八年）諸葛亮首次伐魏時投降蜀漢。歷任征西將軍、大將軍等職，是蜀漢後期傑出的人才。詳見本書卷四十四〈姜維傳〉。⓬黃皓　蜀漢宦官，為人便辟佞慧，深受劉禪喜愛。董允當政時，黃皓畏其威，不敢為非。董允去世後，陳祗任侍中，黃皓與之互為表裏，始干預政事。陳祗去世後，黃皓歷任中常侍、奉車都尉，專擅國政。事見本書卷三十九董允附傳。⓭咸共將護　全都遷就。⓮無能匡矯　沒有人能夠糾正。⓯特　唯獨。⓰相國參軍　官名。司馬昭相國府的下屬，參謀軍事。⓱散騎常侍　官名。三國魏文帝始置，西晉沿置。掌顧問應對，諫正得失，侍從皇帝左右。⓲使　出使。

【語　譯】董厥，諸葛亮任丞相時擔任丞相府令史，諸葛亮稱讚他說：「董令史，是個賢德的人啊。我每次跟他交談，都感到他思慮謹慎恰當。」轉任主簿。諸葛亮去世後，漸漸的升遷到尚書僕射，取代陳祗為尚書令，又升任大將軍，參與處理尚書臺事務，後來義陽人樊建代替了他。延熙十四年，樊建以校尉身分出使孫吳，正值孫權病重，沒有親自接見他。孫權問諸葛恪說：「樊建跟宗預比如何？」諸葛恪回答說：「才幹學識比不上宗預，然而文雅品性則超過他。」後來樊建任侍中，代理尚書令。自從諸葛瞻、董厥、樊建總管政務之後，姜維常年征伐在外，宦官黃皓竊位弄權，眾人都遷就黃皓，沒有人去糾正他，然而唯獨樊建不與黃皓交好往來。蜀國滅亡的第二年春天，董厥、樊建全都前往京都洛陽，一起任相國參軍，這年秋天同時兼任散騎常侍，出使蜀國故地慰勞軍民。

評曰：諸葛亮之為相國也，撫百姓，示儀軌❶，約官職❷，從權制❸，開誠心，布公道；盡忠益時者雖讎必賞，犯法怠慢者雖親必罰，服罪輸情❹者雖重必釋，游辭巧飾❺者雖輕必戮；善無微而不賞，惡無纖而不貶；庶事❻精練，物理其本❼，循名責實，虛偽不齒；終於邦域之內，咸畏而愛之，刑政雖峻而無怨者，以其用心平而勸戒明也。可謂識治之良才，管、蕭之亞匹矣。然連年動眾，未能成功，蓋應變將略，非其所長歟！

【章　旨】以上是陳壽對諸葛亮的評價。

【注　釋】❶示儀軌　確立禮儀法規。❷約官職　精簡官職。❸從權制　根據時宜制定制度。❹服罪輸情　認罪說出實情。❺游辭巧飾　用花言巧語掩飾。❻庶事　各種事。❼物理其本　對百姓從根本上治理。物，指人、百姓。

【語　譯】評論說：諸葛亮擔任相國，安撫百姓，建立禮儀法規，精簡官職，制定符合時宜的制度，顯示誠心，辦事公正；竭盡忠心有益時政的人就算是仇人也必定獎賞，觸犯法律做事懈怠的人即使是親近的人也必定懲罰，認罪悔改交待實情的人即使罪行很重也必定釋放，用花言巧語掩飾罪過的人即使罪過較輕也要處死；對好人好事沒有因為微小而不獎賞，對壞人壞事沒有因為輕微而不貶斥；精通熟悉各種事物，對待事物從根本上加以處理，要求實際與名義相符，不容虛偽；在蜀國的國境之內，人們都敬畏而愛戴他，刑法政令雖然嚴峻而無人怨恨的原因，因為他用心公平而告誡明確。他可以說是懂得治理國家的優秀人才，能和管仲、蕭何相媲美。然而他連年勞師動眾，卻沒有能夠成功，大概是臨機應變制定謀略，並非他所擅長的吧！

【研　析】諸葛亮是中國歷史上傑出的人物，其可圈可點的事跡很多，這裏僅就其流傳千古的「隆中對」作一賞析。

這篇長三百多字的策論文章有以下四個內容：第一，精闢的分析了天下形勢，預見到天下三分的未來。諸葛亮在隆中向劉備講這番話時，三分的局勢並不十分明顯，江東地區有孫權，黃河流域有曹操，關中地區有馬騰、韓遂，漢中地區有張魯，益州有劉璋，荊州有劉表。而劉備呢？當時只是一個只有幾千人馬的荊州客居者而已。諸葛亮提到孫權、曹操，肯定了他們是當時天下的兩極。他也提到了劉璋、劉表，但指出他們少志闇弱，必不能自守其地，荊、益二州必易其主。對於張魯，諸葛亮只是輕描淡寫一提而已，對馬騰、韓遂則未提及，顯然，在諸葛亮眼裏，他們不但夠不上天下的第三極，甚至比起劉璋、劉表來也算等而下之了。諸葛亮眼中的第三極在哪呢？從他對劉備的態度，從他為劉備建立霸業出謀劃策的「隆中對」來看，顯然是認準了劉備是堪與曹操、孫權鼎足而立的第三極。

第二，指出了實現三分的途徑，這途徑用四個字概括就是「避實就虛」。具體的說就是不與曹操爭鋒，不圖謀取孫權。這個策略，是建立在對曹、孫兩家力量正確認識的基礎上的，是把曹、孫兩家作為天下兩極看待而作合乎邏輯的選擇。與誰爭鋒，圖謀誰呢？圖謀荊州劉表並與益州劉璋爭鋒。只要據有荊州，劉備就有了發展政治、軍事、經濟力量的基礎，就有了謀取益州的根據地；只要跨有荊州、益州，天下三分的局面就形成了。避開曹、孫，謀取荊、益，這是適應當時形勢的選擇，是符合客觀規律的選擇，是明智的選擇，是當時唯一有望成功的選擇，也是「隆中對」最核心的要點。

第三，規劃了建立霸業的戰略和政略。諸葛亮在「隆中對」中提出了建立霸業的思想。儒家思想認為，堯、舜、禹三代是以王道治天下，這是儒家政治的最高層次。三代以下，霸道漸興，其特點是注重實力、武力、權力。諸葛亮之所以提出要建立霸業，是因為他十分清楚所處的時代，是一個中央集權瓦解的時代，一個地方實力派爭奪地盤的時代，一個分裂割據的時代，一個只能謀求局部統一，再進一步實現全國統一的時代。在這個時代中，能取得局部統一，在政治上具有權力，軍事上具有武力，經濟上具有實力，就是實現了霸業。曹操起家最早，政治上挾天子以令諸侯，經濟上興屯田以實軍資，軍事上擁有雄兵數十萬，可謂早就成就了霸業。孫權已歷江東三世，政治上已根深蒂固，經濟上「鑄山為銅，煮海為鹽，境內富饒，人不思亂」，軍事上「兵精糧多，將士用命」，「異人輻輳，猛士如林」，也可謂霸業已成。在這種情況下，劉備要成就霸業，必須有一套完整的、具體的政略和策略。「隆中對」對此是這樣規劃的：利用荊州、益州的人力、物力建立雄厚的經濟、軍事基礎。安撫荊州、益州南方的少數民族，穩定南中，開發南方，同時內修政理，建立穩固的統治。對外與孫權結好，建立孫、劉聯盟，共同抗拒曹操。可以說，這是劉備建立霸業的一整套政治、經濟、內政、外交的策略。

第四，提出了「興復漢室」的長遠任務。諸葛亮的「興復漢室」，不是要興復桓、靈之世的漢室，而是光武帝時期那樣強大、統一、安定的興盛之世。興復漢室最實質的內容是恢復統一，所以，興復漢室既是號召天下的口號，也是諸葛亮追求的最終目標。正因為它是個長遠目標，所以諸葛亮在談到這點時並未曾詳細規劃，他只是說待「天下有變」，從荊州、關中兩路出兵夾擊中原，滅掉曹魏。天下有變的具體內容是指什麼？諸葛亮也不可能說得很具體。況且，即使是真的兩路夾擊中原成功，也還有與孫吳的關係問題，再下一步如何謀求全國統一，更是難以具體預見。

中國歷史上曾有過許多英明的君主，這些君主手下有更多的謀臣智士，或君主向臣下問策，或臣下主動獻計，便產生了數不清的策論文章。在這數不清的策論文章中，像「隆中對」這樣的文采飛揚、結構規整、組織嚴密、內容豐富、具有深刻預見性的佳作卻寥若晨星。諸葛亮是中國歷史上絕無僅有的智者。（梁滿倉注譯）

卷三十六　蜀書六

關張馬黃趙傳第六

【題解】本卷為關羽、張飛、馬超、黃忠、趙雲五人的合傳，是《三國志・蜀書》記載蜀國臣僚中的第二篇列傳，緊隨〈諸葛亮傳〉之後。五位傳主中，雖然只有關羽、張飛被陳壽評為「虎將」，但馬超、黃忠、趙雲與關羽、張飛同列一傳，本身就說明他們是同一流的人物，這也是人們把他們並稱為「五虎將」的原因。他們不僅是蜀漢名將，也是三國名將；不僅是歷史上的名人，也在民間百姓中有很高的知名度。

1 關羽，字雲長，本字長生，河東解❶人也。亡命奔涿郡❷。先主❸於鄉里合徒眾，而羽與張飛為之禦侮❹。先主為平原相❺，以羽、飛為別部司馬❻，分統部曲❼。先主與二人寢則同牀，恩若兄弟。而稠人廣坐，侍立終日，隨先主周旋，不避艱險。先主之襲殺徐州刺史❽車胄，使羽守下邳❾城，行太守事❿，而身還小沛⓫。

2 建安五年⓬，曹公⓭東征，先主奔袁紹⓮。曹公禽羽以歸，拜為偏將軍⓯，禮之甚厚。紹遣大將[16]顏良攻東郡[17]太守劉延於白馬[18]，曹公使張遼[19]及羽為先鋒擊之。羽望見良麾蓋[20]，策馬刺良於萬眾之中，斬其首還，紹諸將莫能當者，遂解白馬圍。曹公即表封羽為漢壽亭侯。初，曹公壯羽為人[21]，而察其心神無久留之意，謂張遼曰：「卿試以情問之。」既而遼以問羽，羽歎曰：「吾極知曹公待我厚，然吾受劉將軍[22]厚恩，誓以共死，不可背之。吾終不留，吾要當立效[23]以報曹公乃去。」遼以羽言報曹公，曹公義之[24]。及羽殺顏良，曹公知其必去，重加賞賜。羽盡封[25]其所賜，拜書告辭，而奔先主於袁軍[26]。左右欲追之，曹公曰：「彼各為其主，勿追也。」

3 從先主就劉表[27]。表卒，曹公定荊州[28]，先主自樊[29]將南渡江，別遣羽乘船數百艘會江陵[30]。曹公追至當陽長阪[31]，先主斜趣漢津[32]，適與羽船相值[33]，共至夏口[34]。孫權[35]遣兵佐先主拒曹公，曹公引軍退歸。先主收江南諸郡，乃封拜元勳，以羽為襄陽[36]太守、盪寇將軍[37]，駐江北。先主西定益州[38]，拜羽董督[39]荊州事。羽聞馬超[40]來降，舊非故人，羽書與諸葛亮[41]，問超人才可誰比類。亮知羽護前[42]，乃答之曰：「孟起兼資文武，雄烈過人，一世之傑，黥、彭[43]之徒，當與益德[44]並驅爭先，猶未及髯之絕倫逸羣[45]也。」羽美鬚髯，故亮謂之髯。羽省[46]書大悅，以示賓客。

4 羽嘗為流矢所中，貫[47]其左臂，後創雖愈，每至陰雨，骨常疼痛，醫曰：「矢鏃有毒，毒入于骨，當破臂作創[48]，刮骨去毒，然後此患乃除耳。」羽便伸臂令醫劈之。時羽適請諸將飲食相對，臂血流離，盈於盤器，而羽割炙引酒，言笑自若。

5 二十四年[49]，先主為漢中王，拜羽為前將軍[50]，假節鉞[51]。是歲，羽率眾攻曹仁[52]於樊。曹公遣于禁[53]助仁。秋，大霖雨，漢水汎溢，禁所督七軍皆沒。禁降羽，羽又斬將軍龐悳[54]。梁、郟、陸渾[55]羣盜或遙受羽印號[56]，為之支黨，羽威震華夏[57]。曹公議徙許都[58]以避其銳，司馬宣王[59]、蔣濟[60]以為關羽得志，孫權必不願也。可遣人勸權躡其後，許割江南以封權，則樊圍自解。曹公從之。先是，權遣使為子索[61]羽女，羽罵辱其使，不許婚，權大怒。又南郡太守麋芳[62]在江陵，將軍士仁[63]屯公安[64]，素皆嫌[65]羽[66]輕己。羽之出軍，芳、仁供給軍資，不悉相救[67]。羽言「還當治之」，芳、仁咸懷懼不安。於是權陰誘芳、仁，芳、仁使人迎權。而曹公遣徐晃[68]救曹仁，羽不能克，引軍退還。權已據江陵，盡虜羽士眾妻子，羽軍遂散。權遣將逆擊羽，斬羽及子平于臨沮[69]。

6 追諡羽曰壯繆侯。子興嗣。興字安國，少有令問(70)，丞相諸葛亮深器異之。弱冠(71)為侍中、中監軍(72)，數歲卒。子統嗣，尚公主，官至虎賁中郎將(73)。卒，無子，以興庶子彝續封。

【章旨】以上為〈關羽傳〉，記述了關羽的生平和戰功，忠於蜀漢政權、恪守當初誓言的品格，也記述了他高傲的個性。

【注釋】❶河東解　河東，郡名。治所在今山西夏縣西北。解，縣名。治所在今山西臨猗東南。❷涿郡　郡名。治所在今河北涿州。❸先主　即劉備，字玄德，涿郡涿縣（今河北涿州）人，自稱中山靖王之後。東漢末年起兵，參加征伐黃巾，先後投靠公孫瓚、陶謙、曹操、袁紹、劉表。後得諸葛亮輔助，占領荊州、益州，建立蜀漢。詳見本書卷三十二〈先主傳〉。❹禦侮　抵禦外來的欺侮。《詩經・棠棣》有「兄弟鬩於牆，外禦其侮」之語，此暗指三人像兄弟一樣團結對外。❺平原相　平原，縣名。治所在今山東平原南。相，諸侯國中最高的行政長官。❻別部司馬　官名。大將軍屬官有軍司馬，其中別領營屬者稱別部司馬。❼部曲　部和曲都是軍隊的組織單位，此指軍隊。❽徐州刺史　徐州，州名。治所在今山東郯城，後移治江蘇徐州。刺史，州中最高行政長官。❾下邳　郡國名。治所在今江蘇睢寧西北。❿行太守事　代理太守職務。太守，郡中最高行政長官。此指下邳郡。⓫小沛　縣名。一名沛縣，治所在今江蘇沛縣，兩漢時為沛郡的屬縣，沛郡治相縣，因稱沛縣為小沛。⓬建安五年　西元二〇〇年。建安，東漢獻帝劉協年號，西元一九六—二二〇年。⓭曹公　即曹操，字孟德，小名阿瞞，沛國譙（今安徽亳州）人。東漢末起兵討黃巾，後參加袁紹討董聯盟。占據兗州後，收編黃巾軍三十餘萬，組成青州軍，先後擊敗袁術、陶謙、呂布、袁紹，統一了北方。任丞相，相繼封為魏公、魏王。曹丕建魏後，追封為魏武帝。詳見本書卷一〈武帝紀〉。⓮袁紹　字本初，汝南汝陽（今河南商水縣西南）人，祖上四世三公。有清名，好交結，與曹操友善。東漢末與何進謀誅宦官，董卓之亂起，在冀州起兵討董卓，為關東聯軍盟主。後占據冀、青、幽、并四州，成為北方最強大的割據勢力。在官渡之戰中被曹操打敗，後病死。詳見《後漢書・袁紹列傳》、本書卷六〈袁紹傳〉。⓯偏將軍　武官名。將軍中地位較低者。⓰大將　下原有「軍」字，殿本《考證》認為是衍文，據刪。⓱東郡　郡名。治所在今河南濮陽西南。⓲白馬　城邑名。

故址在今河南滑縣東。⑲張遼 字文遠，雁門馬邑（今山西朔縣）人，原為并州刺史丁原部下，後投呂布，又依附曹操。在曹操部下屢立戰功，歷任軍中重職，為曹魏重要軍事將領。詳見本書卷十七〈張遼傳〉。⑳麾蓋 旗幟和傘蓋。㉑壯羽為人 認為關羽氣概雄壯。㉒劉將軍 即劉備。㉓要當立效 一定要立功。㉔義之 認為他很有義氣。㉕封 封存。㉖袁軍 袁紹軍隊。㉗劉表 字景升，山陽高平（今山東微山縣西北）人。東漢遠支皇族。曾任荊州刺史，據有今湖南、湖北地方。後為荊州牧。他在羣雄混戰中，採取觀望態度，轄區破壞較小，中原人來避難者甚眾。後病死，其子劉琮降於曹操。詳見本書卷六〈劉表傳〉。㉘荊州 州名。治所在今湖北襄樊。㉙樊 即樊城，在今湖北襄樊。㉚江陵 縣名。治所在今湖北江陵。㉛當陽長阪 當陽，縣名。治所在今湖北當陽東。長阪，地名。在今湖北當陽東北。㉜斜趨漢津 斜行奔往漢津。漢津，漢水渡口。在今湖北荊門東南。趨，宋本作「趣」，二字通。㉝適與羽船相值 正好與關羽的船隊碰上。適，正好。相值，碰上。㉞夏口 地名。在今湖北武漢。㉟孫權 字仲謀，吳郡富春（今浙江富陽）人，孫策弟。孫策死後即位，被封討虜將軍，領會稽太守。黃武八年（西元二二九年）即帝位於武昌。死後諡大皇帝，廟號太祖。詳見本書卷四十七〈吳主傳〉。㊱襄陽 地名。在今湖北襄樊。㊲盪寇將軍 武官名。高級軍事將領，領兵征伐。㊳益州 州名。治所在今四川成都。㊴董督 劉備臨時設立的官名。管理督察劉備所占領荊州地域的事務。㊵馬超 字孟起，扶風茂陵（今陝西興平東北）人，馬騰之子。東漢建安十六年（西元二一一年）與韓遂聯合進攻曹操，失敗後還據涼州。自稱征西將軍，領并州牧，督涼州軍事。被楊阜等人攻擊，先奔張魯，後投劉備，歷任左將軍、驃騎將軍等，為蜀漢名將。詳見本卷〈馬超傳〉。㊶諸葛亮 字孔明，琅邪陽都（今山東沂南南）人。先隱居荊州隆中，後輔佐劉備，提出並實踐聯合孫吳、跨有荊益、北拒曹操的方針。劉備去世後，受遺詔輔佐劉禪，先後平定南中，六次北伐曹魏。後逝世於北伐前線。詳見本書卷三十五〈諸葛亮傳〉。㊷護前 不喜歡別人比自己強。㊸黥彭 黥即黥布，本名英布，六縣（今安徽六安北）人，曾坐法被黥面，故稱黥布。秦末率刑徒起事，屬項羽，後被項羽封為九江王。楚漢戰爭中離開項羽歸順劉邦，從劉邦打敗項羽。西漢建立後被殺。詳見《史記・黥布列傳》、《漢書・英布傳》。彭即彭越，字仲，昌邑（今山東金鄉西北）人，楚漢戰爭中歸順劉邦，會合劉邦在垓下打敗項羽，西漢建立後被封梁王。後被呂后所殺。詳見《史記・魏豹彭越列傳》、《漢書・彭越傳》。㊹益德 張飛的字。㊺絕倫逸羣 同類中沒有、超羣的。㊻省看。㊼貫 穿透。㊽作創 開口。㊾二十四年 建安二十四年（西元二一九年）。㊿前將軍 高級軍事將領，領兵征伐。(51)假節鉞 授予符節和斧鉞，以示其有極大的權力。(52)曹仁 字子孝，沛國譙（今安徽亳州）人，曹操從弟，少好弓馬遊獵。從曹操起兵，征袁術、陶謙、呂布、張繡等，平黃巾，戰官渡，討馬超，鎮荊州，屢立戰功，官至大司馬。詳見本書卷九〈曹仁傳〉。[53]于禁　字文則，泰山鉅平（今山東泰安）人。初隨濟北相鮑信，後歸曹操。歷任軍司馬、陷陣都尉、虎威將軍等職，為曹操手下名將。東漢建安二十四年（西元二一九年），與關羽戰於樊城，兵敗被俘。孫權取荊州後，于禁被送還魏，慚恨而死。詳見本書卷十七〈于禁傳〉。[54]龐悳　字令明，南安豲道（今甘肅隴西東南）人，少為郡吏，初隨馬騰，後屬馬超，又投張魯。曹操破張魯後，龐悳降曹，拜立義將軍。從曹仁平定侯音、衛開之亂，又進屯樊城討關羽。因常乘白馬，被關羽軍稱為白馬將軍。後被關羽擒殺。詳見本書卷十八〈龐悳傳〉。悳，同「德」。[55]梁郟陸渾　梁，縣名。治所在今河南汝州西。郟，縣名。治所在今河南郟縣。陸渾，縣名。治所在今河南嵩縣東北。以上三縣，東面靠近許縣，北面靠近洛陽，位於曹操控制區的中心地帶。[56]印號　官印和官號。[57]華夏　中原。[58]許都　即許縣。因曹操迎獻帝都此，故稱。[59]司馬宣王　即司馬懿，字仲達，河內溫縣（今河南溫縣西）人。多謀略，善權變。率軍與諸葛亮對峙關中，領兵征討遼東公孫淵，歷任侍中、太傅、都督中外諸軍事等軍政要職。後發動高平陵之變，掌握曹魏大權。詳見《晉書・宣帝紀》。[60]蔣濟　字子通，楚國平阿（今安徽懷遠西南）人，曹操的心腹謀士。歷任曹魏丹陽太守、太尉等職。在位時多次上書或著文，評議軍政，指陳得失。詳見本書卷十四〈蔣濟傳〉。[61]索　求。[62]麋芳　字子方，東海朐（今江蘇海州）人，麋竺的弟弟。初為彭城相，後隨劉備，任南郡太守，與關羽共事。因與關羽不和，叛迎孫權，致使荊州丟失，關羽被殺。事見本書卷三十八〈麋竺傳〉。[63]士仁　字君義，廣陽（今北京市房山區）人，蜀漢將領，屯駐公安，後叛迎孫權。事見本書卷四十五楊戲撰〈季漢輔臣贊〉。「士仁」二字上原有「傅」字，據本書〈孫權傳〉、〈呂蒙傳〉、楊戲〈季漢輔臣贊〉刪。[64]公安　縣名。治所在今湖北公安西北。[65]嫌　不滿。[66]羽　下原有「自」字。《通鑑》建安二十四年載：「麋芳、士仁素皆嫌羽輕己，羽之出軍，芳、仁供給軍資不悉相及。」據此刪「自」字。[67]不悉相救　不能完全做到及時供給。[68]徐晃　字公明，河東楊（今山西洪洞東南）人，曹操手下著名軍事將領。從征呂布、劉備、袁紹、張魯等，屢立戰功。善於治軍，被曹操稱為有周亞夫之風。歷任平寇將軍、右將軍等職。詳見本書卷十七〈徐晃傳〉。[69]臨沮　縣名，治所在今湖北遠安西北。[70]令問　好名聲。[71]弱冠　指男子二十歲時。《禮記・曲禮上》：「二十曰弱，冠。」年少為弱，待至二十，即為成年，舉行冠禮。[72]中監軍　官名，掌監督京城禁衛軍。[73]虎賁中郎將　官名，統領虎賁郎的長官，掌皇帝出入儀衛。

【語　譯】關羽，字雲長，原來字長生，河東郡解縣人。他因事流亡到涿郡。先主劉備在鄉里聚集徒眾，關羽和張飛一起為他應付外人的欺侮。先主出任平原國相，任命關羽、張飛為別部司馬，分別統率手下將士。先主與關羽、張飛二人同床共寢，恩義像親兄弟一般。然而在大庭廣眾之下，他們二人整天站在先主身邊侍候保護，追隨先主輾轉各地，不避艱難險阻。先主在襲殺徐州刺史車冑後，命令關羽鎮守下邳城，代理下邳太守職務，而自己返回小沛。

2 建安五年，曹公東征，先主投奔袁紹。曹公生擒關羽而回，任命關羽為偏將軍，非常優禮他。袁紹派遣大將顏良進軍白馬，攻打東郡太守劉延，曹公命張遼和關羽為先鋒，進攻顏良。關羽從遠處望見顏良的旗幟傘蓋，便驅馬衝入萬軍之中，刺殺顏良，斬下他的首級返回，袁紹手下眾將沒人能抵擋他，於是解除了白馬之圍。曹公立刻上表，請朝廷封關羽為漢壽亭侯。當初，曹公看重關羽的勇武雄壯，但觀察他的心思，感覺他沒有長久留下來的意思，於是對張遼說：「您試著通過私情問問他的真實想法。」隨後張遼就這件事去問關羽，關羽感嘆說：「我深知曹公對我很優厚，然而我已身受劉將軍的厚恩，立誓同生共死，不能違背他。我最終是不會留在這裏的，然而我必定要立功報效曹公後，才會離開。」張遼將關羽所言稟告曹公，曹公認為關羽很有義氣。等到關羽殺死顏良，曹公知道關羽一定要離去，重加賞賜。關羽將賞賜的東西全部封存留下，寫信拜辭，然後前往袁紹軍中投奔先主。曹公手下將士想追趕關羽，曹公說：「他這樣做是各為其主，不要追了。」

3 關羽跟隨先主依附劉表。劉表去世，曹公平定荊州，先主自樊城撤退，準備南渡長江，又命關羽率戰艦數百艘從水路進發，到江陵會合。曹公追趕先主至當陽長阪，先主向東南斜行，直奔漢津，恰好與關羽的船艦相逢，於是一同抵達夏口。孫權調遣軍隊幫助先主，抵禦曹公，曹公撤軍返回。先主收復江南各郡，於是封賞立大功者，任命關羽為襄陽太守、盪寇將軍，屯駐江北。先主西進平定益州，命令關羽總理荊州軍政事務。關羽聽說馬超來降，因為和他不是故交，於是寫信給諸葛亮，詢問馬超的才幹可以和誰相比。諸葛亮知道關羽不願意別人超過自己，便回答他說：「馬孟起才兼文武，勇烈過人，乃一代豪傑，是黥布、彭越一類的人物，應當能和張益德並駕爭先，但還趕不上您美髯公那樣的超羣絕倫啊。」關羽的鬚髯很漂亮，所以諸葛亮稱他為美髯公。關羽見到信後大為高興，把信函出示給賓客觀看。

4 關羽曾經被流箭射中，貫穿他的左臂，後來傷口雖然痊癒，然而每至陰雨天，骨頭常常疼痛。醫生說：「這是因為箭頭有毒，毒已經滲入骨頭，現在如要治療，需在臂上劃開一道口，刮去骨頭上的毒，然後疼痛才能去除。」關羽便伸出左臂讓醫生開刀治療。當時關羽正好在請眾將領共坐宴飲，他臂上鮮血淋漓，裝滿了接血的盤子，而關羽仍舊刀割烤肉，斟酒勸飲，談笑自如。

5 建安二十四年，先主稱漢中王，任命關羽為前將軍，授予他假節鉞的權位。這年，關羽統率部眾至樊城進攻曹仁。曹公派遣于禁援助曹仁。秋天，大雨連綿不止，漢水氾濫，于禁所統率的七軍全部被淹沒。于禁投降關羽，關羽又斬殺曹軍大將龐悳。梁、郟、陸渾三縣的寇盜不少人於遠方接受了關羽授予的官印官號，成為他的同黨，關羽聲威震動中原地區。曹公與手下商議，準備將都城從許縣遷走，以躲避關羽的兵鋒，司馬懿、蔣濟二人認為孫權一定不願意看到關羽得志。可以派人勸說孫權偷襲關羽的後方，答應割讓江南地區封與孫權，那麼樊城之圍自然會解除。曹公採納了這個計謀。在此之前，孫權曾經派遣使者替兒子請求與關羽的女兒成親，關羽辱罵孫權的使者，不允許婚事，孫權大為憤怒。此外關羽的南郡太守麋芳統軍駐守江陵，將軍士仁統軍駐守公安，素來都不滿關羽輕視他們。關羽統軍出征，麋芳、士仁供應軍用物資，不能完全及時供給。關羽說「我回去當懲治你們」，麋芳、士仁都心懷恐懼不安。於是孫權暗中誘降麋芳、士仁，麋芳、士仁使人接應孫權。而曹公這時派遣徐晃率軍援救曹仁，關羽無法攻下樊城，撤軍返回。這時孫權已經占領江陵，關羽手下將士的妻子兒女全都被孫權俘虜，關羽的軍隊於是潰散。孫權派遣將領迎擊關羽，在臨沮將關羽和他的兒子關平斬殺。

6 蜀漢朝廷追謚關羽為壯繆侯。兒子關興繼承關羽的爵位。關興字安國，從小有很好的名聲，丞相諸葛亮驚異於他的才能，極為器重他。關興二十歲時任侍中、中監軍，幾年後去世。關興的兒子關統繼承了爵位，娶公主為妻，官至虎賁中郎將。關統去世，沒有子嗣，朝廷讓關興的庶子關彝接續封爵。

1 張飛，字益德，涿郡人也，少與關羽俱事先主。羽年長數歲，飛兄事之。先主從曹公破呂布❶，隨還許，曹公拜飛為中郎將❷。先主背曹公依袁紹、劉表。表卒，曹公入荊州，先主奔江南。曹公追之，一日一夜，及於當陽之長阪。先主聞曹公卒至，棄妻子走，使飛將二十騎拒後。飛據水斷橋，瞋目❸橫矛曰：「身是張益德也，可來共決死！」敵皆無敢近者，故遂得免。先主既定江南，以飛為宜都❹太守、征虜將軍❺，封新亭侯，後轉在南郡。先主入益州，還攻劉璋❻，飛與諸葛亮等泝流而上，分定郡縣。至江州❼，破璋將巴郡❽太守嚴顏，生獲顏。飛呵顏曰：「大軍至，何以不降而敢拒戰？」顏答曰：「卿等無狀❾，侵奪我州，我州但有斷頭將軍，無有降將軍也。」飛怒，令左右牽去斫頭❿，顏色不變，曰：「斫頭便斫頭，何為怒邪！」飛壯而釋之，引為賓客。飛所過戰克，與先主會於成都。益州既平，賜諸葛亮、法正⓫、飛及關羽金各五百斤，銀千斤，錢五千萬，錦千匹，其餘頒賜各有差⓬，以飛領巴西⓭太守。

2 曹公破張魯⓮，留夏侯淵⓯、張郃⓰守漢川⓱。郃別督諸軍下巴西，欲徙其民於漢中⓲，進軍宕渠、蒙頭、盪石⓳，與飛相拒五十餘日。飛率精卒萬餘人，從他道邀郃軍交戰，山道迮狹⓴，前後不得相救，飛遂破郃。郃棄馬緣山，獨與麾下十餘人從間道㉑退，引軍還南鄭㉒，巴土獲安。先主為漢中王，拜飛為右將軍㉓、假節㉔。章武元年㉕，遷車騎將軍㉖，領司隸校尉㉗，進封西鄉侯，策曰：「朕承天序㉘，嗣奉洪業，除殘靖亂㉙，未燭厥理㉚。今寇虜作害，民被荼毒㉛，思漢之士，延頸鶴望。朕用怛然㉜，坐不安席，食不甘味，整軍誥誓㉝，將行天罰。以君忠毅㉞，侔蹤召虎㉟，名宣遐邇，故特顯命㊱，高墉進爵㊲，兼司于京㊳。其誕將㊴天威，柔服以德，伐叛以刑，稱朕意焉。詩不云乎，『匪疚匪棘，王國來極。肇敏戎功，用錫爾祉㊵』。可不勉歟！」

3 初，飛雄壯威猛，亞於關羽，魏謀臣程昱㊶等咸稱羽、飛萬人之敵㊷也。羽善待卒伍㊸而驕於士大夫，飛愛敬君子而不恤小人㊹。先主常戒之曰：「卿刑殺既過差㊺，又日鞭撾㊻健兒，而令在左右，此取禍之道也。」飛猶不悛㊼。先主伐吳，飛當率兵萬人，自閬中㊽會江州。臨發，其帳下將張達、范彊殺飛，持其首，順流而奔孫權。飛營都督㊾表報先主，先主聞飛都督之有表也，曰：「噫！飛死矣。」追諡飛曰桓侯。長子苞，早夭。次子紹嗣，官至侍中、尚書僕射㊿。苞子遵為尚書[51]，隨諸葛瞻[52]於緜竹[53]，與鄧艾[54]戰，死。

【章　旨】以上為〈張飛傳〉，記述了張飛的生平和戰功，通過義釋嚴顏解釋了張飛的豪爽，通過張飛之死揭示了他性格粗暴的弱點。

【注　釋】❶呂布　字奉先，五原九原（今內蒙古包頭西南）人，善弓馬，武勇過人，先為并州刺史丁原部將，後殺丁原投董卓，任騎都尉、中郎將等職。又與王允合謀誅殺董卓，被董卓餘黨打敗，東依袁術，又割據徐州，終被曹操打敗絞殺。詳見《後漢書・呂布列傳》、本書卷七〈呂布傳〉。❷中郎將　官名。秦代中郎將統領供事禁中的郎中，至東漢時中郎將成為統兵征伐四方的軍事將領。❸瞋目　瞪大眼睛。❹宜都　郡名。治所在今湖北宜都西北。❺征虜將軍　高級軍事將領，領兵征伐。❻劉璋　字季玉，江夏竟陵（今湖北潛江市西北）人，劉焉之子。繼劉焉後任益州刺史，懦弱少斷，因懼怕曹操藉征張魯之機進入益州，故請劉備入蜀。劉備占領益州，遷之於南郡公安（今湖北公安）。孫吳取荊州，以為益州牧。詳見本書卷三十一〈劉璋傳〉。❼江州　城邑名。即今重慶市。❽巴郡　郡名。治所在今重慶市。❾無狀　無禮。❿斫頭　砍頭。⓫法正　字孝直，扶風郿（今陝西眉縣東北）人。先依劉璋，因不得志，投靠劉備。幫助劉備取益州、奪漢中，為劉備重要的謀士之一。雖心胸狹窄，權重跋扈，仍受重用。官至尚書令、護軍將軍。詳見本書卷三十七〈法正傳〉。⓬差　不同的等級。⓭巴西　郡名。治所在今四川閬中。⓮張魯　字公祺，沛國豐縣（今江蘇豐縣）人，張道陵之孫，五斗米道首領。東漢末率徒眾攻取漢中，統治長達三十餘年。後投降曹操，任鎮南將軍。詳見本書卷八〈張魯傳〉。⓯夏侯淵　字妙才，沛國譙（今安徽亳州）人，夏侯惇族弟。初隨曹操起兵，征袁紹，戰韓遂，破黃巾，平張魯，屢立戰功。歷任典軍校尉、征西將軍等職。東漢建安二十三年（西元二一八年），與蜀軍戰於陽平關，為蜀將黃忠所殺。詳見本書卷九〈夏侯淵傳〉。⓰張郃　字儁乂，河間鄚（今河北任丘北）人，東漢末為韓馥部將，後依袁紹，官渡之戰後歸降曹操。攻鄴城，擊袁譚，討柳城，屢立戰功，為曹魏名將之一。平張魯後，與夏侯淵守漢中，夏侯淵死，被眾人推為軍主，退屯陳倉。魏明帝時，諸葛亮北伐，張郃督諸軍，在街亭打敗諸葛亮將馬謖。魏太和五年（西元二一三年），諸葛亮再次北伐，張郃與蜀軍戰，在木門被飛矢所中，卒。詳見本書卷十七〈張郃傳〉。⓱漢川　漢中原。⓲漢中　郡名。治所在今陝西漢中東。⓳宕渠蒙頭盪石　宕渠，縣名。治所在今四川渠縣東北。蒙頭、盪石，均為地名，屬宕渠縣，在今四川渠縣東北郊。⓴迮狹　狹窄。㉑間道　小道。㉒南鄭　縣名。治所在今陝西漢中。㉓右將軍　高級軍事將領，領兵征伐。㉔假節　暫授以符節。中央或地方長官，往往授以使持節、持節、假節等名號，假節最低，只有殺犯軍令者之權。㉕章武元年　西元二二一年。章武，蜀漢昭烈帝劉備年號，西元二二一－二二三年。

㉖車騎將軍　高級軍事將領，位次於大將軍。掌護衛京師宮廷。㉗司隸校尉　官名。掌糾察百官，與御史中丞、尚書令並稱「三獨坐」，職權顯赫。㉘天序　上天安排的次序。即天命。㉙除殘靖亂　鏟除兇賊平定動亂。㉚未燭厥理　沒有明顯得到治理。燭，明白；明顯。㉛民被荼毒　百姓遭受殘害。㉜朕用怛然　我因此感到悲傷。㉝誥誓　訓示部下並與他們盟誓。㉞忠毅　忠誠剛毅。㉟侔蹤召虎　事跡可以和召虎相比。召虎，西周大臣，召公奭的後代。厲王時國人暴動，召虎隱藏太子，以自己的兒子代死。宣王繼位後受到重用。率軍征伐淮夷有功，受冊封表彰。事見《史記・周本紀》。㊱顯命　顯要的任命。㊲高墉進爵　晉升爵位。高墉，高牆。古代禮制，都城城牆的高度因地位不同而不等，天子九仞（八尺為一仞），公侯七仞，伯五仞，子男三仞。張飛原來為新亭侯，現為西鄉侯，由亭侯到鄉侯，爵位晉升一等。㊳兼司于京　兼管京城地區，指兼任司隸校尉。㊴誕將　廣為奉行。㊵匪疚匪棘四句　此為《詩經・大雅・江漢》中的詩句，意為不要傷害百姓，不要操之過急，一切以王國為準，您在軍事方面有特殊才能，因此賜給您福祉。㊶程昱　字仲德，東郡東阿（今山東陽谷東北）人，曹操的屬下。曹操征徐州，留守鄄城，在郡縣響應呂布的情況下堅守鄄城、范、東阿。曹操奉獻帝都許後，任東中郎將，領濟陰太守、衛尉等職。詳見本書卷十四〈程昱傳〉。㊷萬人之敵　一個人抵擋一萬人。㊸卒伍　士兵。㊹小人　地位低下的人。指兵士。㊺過差　過度。㊻鞭撾　鞭打。㊼不悛　不改。㊽閬中　縣名。治所在今四川閬中。㊾營都督　官名。管理軍營事務。㊿尚書僕射　官名。尚書省的次長官，若尚書令缺，可代理尚書令的職務。(51)尚書　官名。尚書諸曹長官，位在尚書令、僕射之下，丞、郎之上。(52)諸葛瞻　字思遠，琅邪陽都（今山東沂南南）人，諸葛亮之子。歷任蜀漢騎都尉、軍師將軍等職。蜀漢景耀六年（西元二六三年），曹魏伐蜀，與魏軍戰於綿竹，陣亡。事見本書卷三十五諸葛亮附傳。(53)緜竹　縣名。治所在今四川綿竹東南。(54)鄧艾　字士載，義陽棘陽（今河南南陽南）人，曹魏將領，曾在淮河南北屯田，解決軍糧問題。任討寇將軍、汝南太守、兗州刺史等職。魏景元四年（西元二六三年）率兵攻蜀漢，一直打到成都，迫使劉禪投降。詳見本書卷二十八〈鄧艾傳〉。

【語　譯】張飛，字益德，涿郡人，年輕時和關羽共同事奉先主。關羽比張飛年長幾歲，張飛便把他當哥哥看待。先主跟從曹公消滅呂布後，隨曹公返回許縣，曹公任命張飛為中郎將。先主後來背棄曹公投奔袁紹、劉表。劉表去世，曹公進軍荊州，先主逃奔江南地區。曹公率軍追趕先主一天一夜，在當陽長阪追上了先主。先主聽說曹公軍隊突然到來，丟妻棄子自己逃走，命令張飛率領二十名騎兵斷後。張飛據水防守拆斷橋梁，怒目圓睜橫持長矛說：「我是張益德，趕緊過來和我決一死戰！」曹軍無人敢近前應戰，所以先主全軍得以脫險。先主平定荊州所屬江南各郡，任命張飛為宜都太守、征虜將軍，封爵新亭侯，後來轉至南郡任太守。先主率軍進入益州後，回軍攻打劉璋，張飛和軍師諸葛亮等人溯江而上，分兵平定沿途各地郡縣。張飛進軍江州，擊敗劉璋的將領巴郡太守嚴顏，生擒嚴顏。張飛呵斥嚴顏說：「我的大軍到來，你為什麼不投降而竟敢抵抗？」嚴顏回答說：「你們無禮，侵奪我益州，我益州只有斷頭將軍，沒有投降將軍。」張飛大怒，命令左右將士將嚴顏拉出去砍頭，嚴顏面不改色，說道：「砍頭就砍頭，發什麼火呢！」張飛讚賞嚴顏的壯勇，將他釋放，並請他做賓客。張飛所過之處都取得了勝利，與先主在成都會師。益州平定以後，先主賞賜諸葛亮、法正、張飛和關羽每人黃金五百斤、白銀一千斤、錢五千萬、錦帛一千匹，其餘的將士賞賜獎勵各有等級，讓張飛兼任巴西郡太守。

2 曹公擊潰張魯，留下夏侯淵、張郃鎮守漢中。張郃另外統率各軍南下巴西郡，準備遷移當地百姓到漢中，張郃進軍到達宕渠縣蒙頭山盪石一帶與張飛相持了五十多天。張飛率領一萬多名精兵，從其他的道路截擊張郃，與他交戰，由於山道狹窄，張郃軍前後不能相救，張飛於是大破張郃。張郃丟棄戰馬攀山而行，僅他自己和麾下十餘人從小路撤退逃走，率軍返回南鄭，巴西地區得以安定。先主稱漢中王，任命張飛為右將軍、假節。章武元年，升任車騎將軍，兼任司隸校尉，進封西鄉侯，先主給他的策文說：「我秉承天命，繼承漢室的大業，鏟除兇賊平定禍亂，但天下還沒有明顯得到治理。當今奸賊作亂，百姓飽受荼毒，懷念大漢的人們，翹首盼望著大漢的復興。我為此而心中難過，坐不安穩，食不知味，整頓軍隊與將士們盟誓，將要進軍執行上天對奸賊的懲罰。因為您的忠誠剛毅，足以和召虎相比，遠近聞名，所以要特別給您顯要的職位，晉升封爵，兼任司隸校尉掌管京師地區。希望您充分發揚我大漢天威，用仁德恩撫那些臣服的人，用刑罰討伐叛亂的人，以符合我的心意。《詩經》不是這樣說嗎，『不要傷害百姓也不要急躁，要以周王國的標準為主，迅速謀劃建立大功，把福澤賜予你』。您能夠不以此勉勵嗎！」

3 當初，張飛的雄壯威猛，僅次於關羽，曹魏謀臣程昱等人都誇讚關羽、張飛一個人能抵擋萬人。關羽善待士兵而對士大夫非常傲慢，張飛愛護敬重君子卻不體恤兵士。先主經常告誡張飛說：「您的刑罰殺戮太過度，又天天鞭打健壯的隨從，還讓他們在你身邊，這是自取災禍的做法啊！」張飛還是不改。先主討伐孫吳，張飛本當率領一萬人馬，從閬中與先主在江州會師。出發前，張飛的帳下將領張達、范彊殺害了張飛，拿著他的首級，順流而下亡奔孫權。張飛的營都督上表報告先主，先主聽說張飛的營都督有表章，說：「唉呀！張飛死了。」追諡張飛為桓侯。張飛的長子張苞，早死。次子張紹繼承爵位，官至侍中、尚書僕射。張苞的兒子張遵任尚書，跟隨諸葛瞻在綿竹，與鄧艾交戰，臨陣戰死。

1 馬超，字孟起，扶風茂陵❶人也。父騰❷，靈帝❸末與邊章❹、韓遂❺等俱起事於西州❻。初平三年❼，遂、騰率眾詣長安❽。漢朝以遂為鎮西將軍❾，遣還金城，騰為征西將軍❿，遣屯郿⓫。後騰襲長安，敗走，退還涼州⓬。司隸校尉鍾繇⓭鎮關中，移書⓮遂、騰，為陳禍福。騰遣超隨繇討郭援⓯、高幹⓰於平陽⓱，超將龐德親斬援首。後騰與韓遂不和，求還京畿。於是徵為衛尉⓲，以超為偏將軍，封都亭侯，領騰部曲。

2 超既統眾，遂與韓遂合從⓳，及楊秋、李堪、成宜等相結，進軍至潼關⓴。曹公與遂、超單馬會語，超負㉑其多力，陰欲突前捉曹公，曹公左右將許褚㉒瞋目盼之㉓，超乃不敢動。曹公用賈詡㉔謀，離間超、遂，更相猜疑，軍以大敗。

超走保諸戎，曹公追至安定[25]，會北方有事，引軍東還。楊阜[26]說曹公曰：「超有信、布[27]之勇，甚得羌、胡心。若大軍還，不嚴為其備，隴上[28]諸郡非國家之有也。」超果率諸戎以擊隴上郡縣，隴上郡縣皆應之，殺涼州刺史韋康，據冀城[29]，有其眾。超自稱征西將軍，領并州[30]牧，督涼州軍事。康故吏民[31]楊阜、姜敘、梁寬、趙衢等，合謀擊超。阜、敘起於鹵城[32]，超出攻之，不能下；寬、衢閉冀城門，超不得入。進退狼狽，乃奔漢中依張魯。魯不足與計事，內懷於邑[33]，聞先主圍劉璋於成都，密書請降。

3 先主遣人迎超，超將兵徑到城下[34]。城中震怖，璋即稽首[35]，以超為平西將軍[36]，督臨沮，因為前[37]都亭侯。先主為漢中王，拜超為左將軍，假節。章武元年，遷驃騎將軍[38]，領涼州牧，進封斄鄉侯，策曰：「朕以不德，獲繼至尊，奉承宗廟。曹操父子，世載其罪[39]，朕用慘怛，疢如疾首[40]。海內怨憤，歸正反本，暨于[41]氐、羌率服，獯鬻[42]慕義。以君信著北土[43]，威武並昭，是以委任授君，抗颺虓虎[44]，兼董萬里[45]，求民之瘼[46]。其明宣朝化[47]，懷保遠邇[48]，肅慎賞罰，以篤漢祜[49]，以對于天下。」二年[50]卒，時年四十七。臨沒上疏曰：「臣門宗[51]二百餘口，為孟德[52]所誅略盡，惟有從弟岱，當為微宗[53]血食之繼，深託陛下，餘無復言。」追謚超曰威侯，子承嗣。岱位至平北將軍[54]，進爵陳倉侯。超女配安平王理[55]。

【章　旨】以上為〈馬超傳〉，記述了馬超的生平和功績，也記述了他在西北少數民族的威信和劉備政權對他的重用。

【注　釋】❶扶風茂陵　扶風，郡名。治所在今陝西興平東南。茂陵，縣名。治所在今陝西興平東北。此四字上原有「右」字，係後人妄增，詳見《三國志集解》引錢大昕、潘眉說。❷騰　字壽成，馬超之父，因馬超反，被滅三族。其事見於裴松之注引《典略》。❸靈帝　東漢皇帝，名劉宏。桓帝死後無子，被竇太后與文武大臣迎立為帝。在任期間重用宦官，大興黨錮，賣官鬻爵，橫徵暴斂，終於激發黃巾兵起。死後謚曰靈。詳見《後漢書・孝靈帝紀》。❹邊章　東漢末官吏，金城（今甘肅永靖）人，一名允。靈帝時參加北宮伯玉、李文侯軍，殺刺史郡守，眾十餘萬。事見《三國志・武帝紀》裴松之注引《典略》。❺韓遂　字文約，金城（今甘肅永靖）人，與同郡人邊章俱著名西州。曾勸何進誅除宦官，後投北宮伯玉、李文侯軍。不久又殺掉二人盡領其眾，擁兵十餘萬，與馬騰一起割據涼州。最後被部將所殺。事見《三國志・武帝紀》裴松之注引《典略》。❻西州　指涼州。❼初平三年　西元一九二年。初平，東漢獻帝劉協年號，西元一九〇－一九三年。❽長安　都邑名。在今陝西西安西北。❾鎮西將軍　武官名。與鎮東將軍、鎮南將軍、鎮北將軍合稱四鎮。❿征西將軍　武官名。與征東將軍、征南將軍、征北將軍合稱四征。⓫郿　縣名。治所在今陝西眉縣東北。⓬涼州　州名。治所在今甘肅武威。⓭鍾繇　字元常，潁川長社（今河南長葛）人。東漢末舉孝廉，任尚書郎、陽陵令。助獻帝出長安，拜御史中丞、尚書僕射。曹操執政後，歷任侍中、相國等職。工書法，博採眾長，兼善各體，尤精於隸書和楷書，在中國書法史上與王羲之齊名。詳見本書卷十三〈鍾繇傳〉。⓮移書　同級官署之間發送公文。⓯郭援　東漢末袁尚所署河東太守。袁尚與曹操對峙黎陽，派郭援與高幹及匈奴單于取平陽，被龐德所殺。其事見於《三國志・鍾繇傳》裴松之注引司馬彪《戰略》。⓰高幹　字元才，陳留圉（今河南杞縣西南）人，袁紹外甥，先為袁紹所署并州牧，後投降曹操，為并州刺史。後又反叛，執上黨太守，扼守壺關。為曹操所破，逃往荊州的路上被殺。其事散見於《後漢書・袁紹列傳》、本書卷一〈武帝紀〉等。⓱平陽　縣名。治所在今山西臨汾西南。⓲衛

尉 官名。九卿之一，掌皇宮門衛等事。⑲合從 聯合。⑳潼關 關隘名。在今陝西潼關東北。㉑負 倚仗。㉒許褚 字仲康，沛國譙（今安徽亳州）人，曹魏名將。東漢末，率宗族自保家鄉，聞名於淮、汝、陳、梁間。後歸曹操，隨曹操南征北戰，戰功卓著。因力大如虎，又癡，號為虎癡，又稱虎侯。詳見本書卷十八〈許褚傳〉。㉓瞋目眄之 瞪著眼睛怒視。眄，怒視。㉔賈詡 字文和，武威姑臧（今甘肅武威）人，善計謀，有張良、陳平之才。董卓時任討虜校尉，董卓死後勸說董卓部下李傕、郭汜攻取長安。後投奔張繡，又勸張繡降曹。多次為曹操獻計獻策。詳見本書卷十〈賈詡傳〉。㉕安定 郡名。治所在今甘肅鎮原東南。㉖楊阜 字義山，天水（今甘肅甘谷東南）人，初為涼州刺史韋康別駕，因破馬超有功，賜爵關內侯。詳見本書卷二十五〈楊阜傳〉。㉗信布 即韓信、英布。㉘隴上 地區名。又稱隴右，指隴山以西地區。㉙冀城 冀縣縣城。冀縣治所在今甘肅甘谷東。㉚并州 州名。治所在今山西太原西南。㉛故吏民 過去的下屬和管轄的百姓。㉜鹵城 地名。在今甘肅天水、伏羌之間。㉝於邑 抑鬱不舒暢。㉞城下 指劉備正在圍攻的成都城下。㉟稽首 跪拜。指投降。㊱平西將軍 武官名。與平東將軍、平南將軍、平北將軍合稱四平。㊲因為前 繼續以前的爵位。㊳驃騎將軍 高級軍事將領，領兵征伐。㊴世載其罪 二代犯下大罪。載，同「再」。㊵疢如疾首 痛苦得就像得了頭痛病。疢，痛苦。㊶暨于 以至於。㊷獯鬻 北方少數民族名。此代指北方少數民族。㊸信著北土 講信義在北方著名。㊹抗颺虓虎 揚虎嘯之雄威。此指擔任驃騎將軍一事。㊺兼董萬里 兼督統涼州。董，督統。萬里，形容一州的轄地，此指涼州。㊻求民之瘼 了解民間的疾苦。求，了解。瘼，疾苦。㊼明宣朝化 公開宣揚朝廷的教化。㊽懷保遠邇 安撫保護遠近的人民。㊾以篤漢祜 加深漢朝的福祉。㊿二年 章武二年（西元二二二年）。(51)門宗 家族。(52)孟德 曹操的字。(53)微宗 衰微的家族。(54)平北將軍 武官名。四平將軍之一。(55)理 即劉理，劉備少子，字奉孝。劉備稱帝後立為梁王，劉禪繼位後改封安平王。延熙七年（西元二四四年）卒，謚悼王。詳見本書卷三十四〈劉理傳〉。

【語譯】馬超，字孟起，扶風郡茂陵縣人。父親馬騰，在漢靈帝末年與邊章、韓遂等人共同在涼州起兵。初平三年，韓遂、馬騰統領部眾到達長安。漢朝廷任命韓遂為鎮西將軍，派他返回金城，任命馬騰為征西將軍，派他屯駐郿縣。後來馬騰襲擊長安，戰敗逃走，退回涼州。司隸校尉鍾繇鎮守關中，發送公文給韓遂、馬騰，為他們講述禍福得失。馬騰派遣兒子馬超跟隨鍾繇到平陽討伐郭援、高幹，馬超手下的將領龐德親手斬殺了郭援。後來馬騰與韓遂失和，請求返回京都地區。於是朝廷徵召馬騰擔任衛尉，同時任命馬超為偏將軍，封爵都亭侯，統領馬騰的部眾。

2 馬超統領兵眾後，便與韓遂聯合起來，並與楊秋、李堪、成宜等人相結交，進軍到潼關。曹公與韓遂、馬超單身匹馬會面交談，馬超倚仗自己勇力過人，暗地想突然衝上去捉住曹公，曹公身邊將領許褚圓睜雙目怒視著他，馬超才不敢行動。曹公採用賈詡的謀略，離間馬超、韓遂，讓他們互相猜疑，馬超、韓遂軍因而大敗。馬超逃奔少數民族，以求自保，曹公追至安定，適逢北方地區有事，曹公率軍東還。楊阜勸曹公說：「馬超有韓信、英布之勇，又很得羌胡的人心。倘若大軍返回，不對他嚴加戒備，隴山以西各郡將不再歸朝廷所有了。」後來馬超果然統率各少數民族進攻隴山以西各郡縣，而這些郡縣全都響應他。馬超殺死涼州刺史韋康，占據冀城，吞併了韋康的兵眾。馬超自稱征西將軍，兼任并州牧，督涼州軍事。韋康原來手下的官吏、百姓楊阜、姜敘、梁寬、趙衢等人，共同謀劃進攻馬超。楊阜、姜敘在鹵城起兵，馬超出城進攻他們，未能取勝；而梁寬、趙衢又關閉冀城城門，馬超無法進城。馬超進退兩難，便逃往漢中依附張魯。馬超覺得張魯不足以共謀大事，心中抑鬱不暢，他聽說先主正在成都圍攻劉璋，便祕密寫信請求投降。

3 先主派人迎接馬超，馬超率軍直接到成都城下。成都城內人人震懼惶恐，劉璋立即俯首投降。先主任命馬超為平西將軍，督率臨沮地區的軍隊，繼續以前所封都亭侯的爵位。先主稱漢中王，任命馬超為左將軍，假節。章武元年，馬超升任驃騎將軍，兼任涼州牧，進封爵位為斄鄉侯，先主給他的策文說：「我一個沒有德行的人，得以承繼帝位，侍奉宗廟祖先。曹操父子，兩代都犯下大罪，我因此而悲哀難過，如同得了頭痛病那樣痛苦。天下人無不怨恨憤怒，都期望歸亂反正，恢復漢室，就連氐、羌等少數民族都來歸服，北方的少數民族也仰慕道義想來效力。因為您的信義稱揚於北土，聲威武勇也都著稱於世，所以委您以重任，使您能發揚虎嘯一樣的神威，並兼督統涼州之地，訪求百姓疾苦。希望您能大肆宣揚朝廷的仁德教化，安撫保護遠近的百姓，公正慎重的施行賞罰，以加深漢室的福祉，以不負天下的期望。」馬超在章武二年去世，時年四十七歲。臨去世時上疏說：「臣家族二百餘口，被曹孟德殺害殆盡，只有從弟馬岱還能夠接續我衰微家族的祭祀，臣鄭重的把他託付給陛下，別的沒有什麼可說的了。」朝廷追諡馬超為威侯，他的兒子馬承繼承爵位。馬岱官至平北將軍，進封爵位為陳倉侯。馬超的女兒嫁與安平王劉理為妻。

黃忠，字漢升，南陽❶人也。荊州牧劉表以為中郎將，與表從子磐共守長沙攸縣❷。及曹公克荊州，假行裨將軍❸，仍就故任❹，統屬長沙太守韓玄。先主南定諸郡，忠遂委質❺，隨從入蜀。自葭萌❻受任，還攻劉璋，忠常先登陷陣，勇毅冠三軍。益州既定，拜為討虜將軍。建安二十四年，於漢中定軍山❼擊夏侯淵。淵眾甚精，忠推鋒必進❽，勸率士卒，金鼓震天，歡聲動谷，一戰斬淵，淵軍大敗。遷征西將軍。是歲，先主為漢中王，欲用忠為後將軍❾，諸葛亮說先主曰：「忠之名望，素非關、馬之倫也，而今便令同列❿。馬、張在近，親見其功，尚可喻指；關遙聞之，恐必不悅，得無⓫不可乎！」先主曰：「吾自當解⓬之。」遂與羽等齊位，賜爵關內侯。明年卒，追謚剛侯。子敘，早沒，無後。

【章旨】以上為〈黃忠傳〉，記述了黃忠的生平和功績，也記述了他在蜀漢政權中的地位。

【注釋】❶南陽　郡名。治所在今河南南陽。❷長沙攸縣　長沙，郡名。治所在今湖南長沙。攸縣，縣名。治所在今湖南攸縣東北。❸假行裨將軍　授代理裨將軍。假，授給。行，代理。裨將軍，低級武官。❹故任　指守衛攸縣。❺委質　獻身；投身。❻葭萌　縣名。治所在今四川廣元西南。❼定軍山　山名。在今陝西勉縣南。❽推鋒必進　兵鋒不可阻擋。推，原作「摧」。宋本、汲古閣本皆作「推」。二字於義均通。❾後將軍　高級軍事將領，領兵征伐。❿同列　時關羽任前將軍，張飛任右將軍，馬超任左將軍，黃忠擔任後將軍與前三人級別相同，所以這樣說。⓫得無　恐怕是。⓬解　勸解。

【語譯】黃忠，字漢升，南陽郡人。荊州牧劉表任命他為中郎將，讓他與劉表的姪子劉磐一起鎮守長沙郡的攸縣。等到曹公攻克荊州，授與黃忠代理裨將軍的職位，仍然讓他回去鎮守攸縣，隸屬於長沙太守韓玄。先主南進平定各郡，黃忠便投身於先主，跟隨先主進入蜀地。在葭萌縣接受先主命令，回軍進攻劉璋，黃忠常常在前衝鋒陷陣，勇冠三軍。益州平定後，他被任命為討虜將軍。建安二十四年，黃忠在漢中定軍山攻打夏侯淵。夏侯淵所統部眾甚為精銳，然而黃忠的兵鋒不可阻擋，他激勵部下，親自率領將士，戰鼓動天，歡呼之聲震動山谷，一戰殺了夏侯淵，夏侯淵軍大敗。黃忠升任征西將軍。這一年，先主稱漢中王，準備任用黃忠為後將軍，諸葛亮勸先主說：「黃忠的名望，素來不能和關羽、馬超相比，現在卻立即讓他們在職位上一樣。馬超、張飛在身邊，親眼見到了黃忠的功勞，還可以理解，關羽在遠處聽說此事，恐怕一定會不高興，這樣做不太好吧！」先主說：「我會親自勸解他。」於是黃忠與關羽等人職位相同，又賜他關內侯爵位。過了一年，黃忠去世，追諡剛侯。黃忠的兒子黃敘早死，沒有後代。

1 趙雲，字子龍，常山真定❶人也。本屬公孫瓚❷，瓚遣先主與❸田楷❹拒袁紹，雲遂隨從，為先主主騎❺。及先主為曹公所追於當陽長阪，棄妻子南走，雲身抱弱子，即後主也，保護甘夫人❻，即後主母也，皆得免難。遷為牙門將軍❼。先主入蜀，雲留荊州。

2 先主自葭萌還攻劉璋，召諸葛亮。亮率雲與張飛等俱泝江西上，平定郡縣。至江州，分遣雲從外水❽上江陽❾，與亮會于成都。成都既定，以雲為翊軍將軍❿。

建興元年⓫，為中護軍⓬、征南將軍，封永昌亭侯，遷鎮東將軍⓭。五年，隨諸葛亮駐漢中。明年，亮出軍，揚聲由斜谷道⓮，曹真⓯遣大眾當之。亮令雲與鄧芝⓰往拒，而身攻祁山⓱。雲、芝兵弱敵彊，失利於箕谷⓲，然斂眾固守，不至大敗。軍退，貶為鎮軍將軍。

3 七年卒，追謚順平侯。

4 初，先主時，惟法正見謚；後主時，諸葛亮功德蓋世，蔣琬⓳、費禕⓴荷國之重，亦見謚；陳祗㉑寵待，特加殊獎，夏侯霸㉒遠來歸國，故復得謚；於是關羽、張飛、馬超、龐統㉓、黃忠及雲乃追謚，時論以為榮。雲子統嗣，官至虎賁中郎督㉔行領軍㉕。次子廣，牙門將，隨姜維沓中㉖，臨陣戰死。

【章旨】以上為〈趙雲傳〉，通過長阪之戰揭示趙雲的英勇善戰，通過箕谷之戰揭示趙雲在不利的情況下及時採取正確策略的應變能力。

【注釋】❶常山真定　常山，郡國名。治所在今河北元氏。真定，縣名。治所在今河北正定。❷公孫瓚　字伯珪，遼西令支（今河北遷安）人，從盧植讀經，歷任遼東屬國長史、涿令、騎都尉等職。董卓之亂後割據幽州，後被袁紹打敗。詳見《後漢書・公孫瓚列傳》、本書卷八〈公孫瓚傳〉等。❸與　宋本等諸家刻本皆作「為」。為，協助。於義亦通。❹田楷　東漢末任青州刺史，後被袁紹軍殺死。其事散見於《後漢書・公孫瓚列傳》、本書卷三十二〈先主傳〉等。❺主騎　主管騎兵。❻甘夫人　先主甘皇后，沛人，劉禪母。詳見本書卷三十四〈先主甘皇后傳〉。❼牙門將軍　武官名。低級軍事將領。❽外水　河道名。當時由江州（今重慶市）有兩條水路西上，經今嘉陵江、涪江至涪縣，稱為內水；經今長江、岷江至成都，稱為外水。❾江陽　郡縣名。治所在今四川瀘州。❿翊軍將軍　武官名。領兵征伐。⓫建興元年　西元二二三年。建興，蜀漢後主劉禪年號，西元二二三—二三七年。⓬中護軍　官名。統領禁衛軍。⓭鎮東將軍　武官名。與鎮南將軍、鎮西將軍、鎮北將軍合稱四鎮。⓮斜谷道　山谷名。位於今陝西眉縣西南之終南山，是連接陝、蜀的險要通道。南口名褒，北口叫斜。⓯曹真　字子丹，沛國譙（今安徽亳州）人。本姓秦，曹操收為養子。歷任偏將軍、中堅將軍、中領軍等職。詳見本書卷九〈曹真傳〉。⓰鄧芝　字伯苗，義陽新野（今河南新野）人，東漢司徒鄧禹後裔。漢末入蜀，得劉備賞識，歷任廣漢太守、尚書。劉備死後，受諸葛亮之命，多次出使東吳，為吳蜀重歸於好做出重要貢獻。詳見本書卷四十五〈鄧芝傳〉。⓱祁山　山名。在今甘肅西和東北。⓲箕谷　地名。通常認為在今陝西漢中西北褒城鎮北，即褒斜道的南口附近。此說有誤。據郭榮章〈三國時的褒斜棧道〉一文分析，第一，褒斜道的南口臨近漢中郡治所南鄭，距曹魏的地盤還遠隔一道秦嶺，在這裏屯兵，沒有吸引敵軍主力的作用。第二，據諸葛亮給其兄諸葛瑾的信記載，趙雲從箕谷向南敗退之後，途中曾燒毀赤崖一段棧道，可見箕谷在赤崖之北，而赤崖的位置據今人考察，在今陝西留壩東北柘梨園鎮北七公里。因此，箕谷應當在今陝西太白附近的褒河谷中。⓳蔣琬　字公琰，零陵湘鄉（今湖南湘鄉）人。初以書佐隨劉備入蜀，後任諸葛亮參軍、長史。諸葛亮逝世後任尚書令、大司馬、大將軍，是蜀漢後期傑出的人才。詳見本書卷四十四〈蔣琬傳〉。⓴費禕　字文偉，江夏鄳縣（今河南信陽東北）人。蜀漢後期傑出的人才，深受諸葛亮重用，任丞相參軍、司馬、尚書令、大將軍等職。詳見本書卷四十四〈費禕傳〉。㉑陳祗　字奉宗，汝南（今河南平輿北）人，少孤，長於許靖家，初任蜀漢選曹郎，頗受大將軍費禕重用，歷任蜀漢內侍中、守尚書令、鎮軍將軍。後與宦官黃皓互為表裏，甚為劉禪所寵愛。事見本書卷三十九董允附傳。㉒夏侯霸　字仲權，沛國譙（今安徽亳州）人，夏侯淵次子。任曹魏右將軍、討蜀護軍右將軍等職，被曹爽所器重。曹爽被殺後，夏侯霸懼受株連逃往蜀漢。㉓龐統　字士元，襄陽（今湖北襄樊）人，號稱「鳳雛」。初為郡功曹，劉備得荊州後任治中從事，又與諸葛亮同任軍師中郎將，與劉備同入蜀，攻打雒城時為流矢所中，卒。詳見本書卷三十七〈龐統傳〉。㉔虎賁中郎督　官名。統領虎賁中郎，侍衛皇帝。㉕行領軍　代理中領軍。㉖沓中　地名。在今甘肅舟曲西北洛大鎮附近。

【語　譯】趙雲，字子龍，常山郡真定縣人。原來是公孫瓚的下屬，公孫瓚派遣先主和田楷抵禦袁紹，趙雲於是隨從前往，替劉備掌管騎兵。到先主被曹公在當陽長阪追上時，先主丟棄妻兒向南逃走，趙雲親手抱著劉備幼小的兒子，也就是後主，同時保護著甘夫人，也就是後主的母親，使他們全都倖免於難。升任牙門將軍。先主進入蜀地，趙雲留守荊州。

2 先主從葭萌回師攻打劉璋，召諸葛亮前來支援。諸葛亮率領趙雲與張飛等人一同溯江西上，平定沿江郡縣。到達江州後，分別派遣趙雲從外水上江陽，與諸葛亮會師於成都。成都平定後，先主任命趙雲為翊軍將軍。建興元年，任命趙雲為中護軍、征南將軍，賜封永昌亭侯，升任鎮東將軍。建興五年，趙雲跟隨諸葛亮屯駐漢中。第二年，諸葛亮出兵北伐，揚言將從斜谷道進軍，曹真派遣大軍迎擊。諸葛亮命趙雲與鄧芝前去抵禦，而親自去攻打祁山。趙雲、鄧芝兵力寡弱而敵軍強大，因此在箕谷戰敗，然而趙雲收聚兵力固守，所以沒有大敗。軍隊撤回後，趙雲被貶為鎮軍將軍。

3 趙雲於建興七年去世，蜀漢朝廷追謚他為順平侯。

4 當初，先主在世時，只有法正被賜予謚號；後主時，諸葛亮功德蓋世，蔣琬、費禕身負國家重任，也被賜予謚號；陳祗受後主寵愛恩待，特別的賜予謚號作為獎勵，夏侯霸從遠方來降，所以身後也得到謚號；這時關羽、張飛、馬超、龐統、黃忠和趙雲都被追加謚號，當時議論的人都認為很榮耀。趙雲的兒子趙統繼承爵位，官至虎賁中郎督，代理領軍一職。次子趙廣，任牙門將，跟隨姜維到達沓中，臨陣戰死。

評曰：關羽、張飛皆稱萬人之敵，為世虎臣。羽報效曹公，飛義釋嚴顏，並有國士之風。然羽剛而自矜，飛暴而無恩，以短取敗，理數之常也。馬超阻戎負勇❶，以覆其族，惜哉！能因窮致泰❷，不猶愈乎❸！黃忠、趙雲強摯壯猛❹，並作爪牙，其灌、滕❺之徒歟？

【章　旨】以上是陳壽對關羽、張飛、馬超、黃忠、趙雲的評價。

【注　釋】❶阻戎負勇　依靠西方少數民族，倚仗自己的勇猛。❷因窮致泰　由困窮到通達。❸不猶愈乎　不是還強一些嗎。❹強摯壯猛　強壯勇猛。❺灌滕　灌，即灌嬰，睢陽（今河南商丘東南）人，秦末隨劉邦起兵，率部下追殺項羽，以功任車騎將軍，封潁陰侯，與周勃、陳平一起消滅諸呂勢力。詳見《史記・樊酈滕灌列傳》、《漢書・灌嬰傳》。滕，即夏侯嬰，沛（今江蘇沛縣）人，曾任滕縣縣令，人稱滕公。秦末隨劉邦起兵，常為劉邦駕車，曾救劉邦的兒子劉盈脫險。詳見《史記・樊酈滕灌列傳》、《漢書・夏侯嬰傳》。黃忠斬夏侯淵，與灌嬰追殺項羽之事相似，趙雲救劉禪，與夏侯嬰救劉盈一樣，所以用灌嬰、滕公二人作比。

【語　譯】評論說：關羽、張飛都可稱是可以力敵萬人，為當時虎將。關羽報效曹公，張飛義釋嚴顏，都具有國士風範。然而關羽天性高傲而剛愎自大，張飛性情暴烈而待下寡恩，因為自身的短處而招致失敗，這也是事理上的常事。馬超仗恃著西部的少數民族和自己的武勇，而使宗族覆滅，可惜呀！然而他能從窮困轉至平安通達，不是比前兩個人要好嗎！黃忠、趙雲強健勇猛，都是能征善戰的武將，大概是灌嬰、夏侯嬰一類的人物吧？

【研　析】本卷一共收入五個著名人物，五個人各有特點，不可能一一進行分析，這裏僅就關羽的幾個問題進行研析。

關羽在劉備集團中具有很高的地位。當曹操進攻荊州，劉備向江陵退卻時，關羽便受命率水軍乘戰船數百艘，擔當起水軍統帥的重任。關羽當時所統率的力量，是劉備集團中最具戰鬥力的一部分，也可以說是劉備在荊州立足開拓的本錢。劉備把它交給關羽，反映了關羽在劉備集團中的重要地位。諸葛亮在他的「隆中對」中，為劉備集團制定了建立霸業、恢復漢室、實現統一、拯救民生的政略和戰略方針。在這個政略和戰略方針中，荊州具有極其重要的位置。因為，要實現這個遠大的政治目標，首先就要實現跨有荊州、益州的戰略計劃，只有實現了這個計劃，才能實行兩路出擊夾攻中原的戰略。而跨有荊、益，首要的前提是據有荊州。只有占領了荊州，才能溯江西上進入益州。所以，赤壁之戰以後，劉備集團在與孫吳聯手打敗曹操的基礎上，實現了對荊州的部分占有。為了確保在荊州地位的鞏固，劉備集團又做了這樣的人事安排：以江陵這個戰略重鎮為荊州的政治中心，劉備作為荊州刺史把州治設立在這裏。關羽為襄陽太守、盪寇將軍，駐紮在江北。張飛為宜都（今湖北枝城）太守、征虜將軍，後又轉在南郡。這樣，劉備在江陵，關羽在江陵北面，張飛在江陵南面，劉關張三人緊緊的聚在了以江陵為中心的荊州地區。東吳的周瑜曾經說過，劉關張三人如果聚在一起，就如同「蛟龍得雲雨」一樣。這種安排，毫無疑問是保證江陵也即保住荊州安全的最佳陣容。關羽在任襄陽太守的時候，襄陽仍在曹操手中。劉備集團讓關羽擔任此職，把他放在長江以北、襄陽以南的地方，有兩個方面的意義。第一，顯示了劉備集團必得襄陽的決心。第二，諸葛亮的「隆中對」曾說，占領荊州和益州以後，一旦天下有變，「則命一上將將荊州之軍以向宛、洛」，劉備則「身率益州之眾出於秦川」。這樣安排，似乎是選定了關羽作為從荊州一路夾攻中原的上將軍。可見關羽在劉備集團中地位的重要。

關羽在執行蜀漢政略中發揮了重要的作用。蜀漢政權的政略概括起來說，就是為了要達到恢復漢室、實現統一的最終目的，必須分兩步走：第一步是奪取荊、益二州為根據地，改革內政，外結孫吳，積蓄經濟和軍事實力；第二步待時機到來，一路從荊州向洛陽，一路從漢中出潼關，以鉗形攻勢爭奪中原。劉備、諸葛亮等人進入益州後，鎮守荊州的任務就落到了關羽的肩上。關羽鎮守荊州期間，在執行和貫徹政略方針中的貢獻是相當突出的。他曾持單刀與魯肅相會，駁斥了「蜀漢向東吳借荊州」的論調。建安二十四年（西元二一九年）七月，關羽受命向襄樊進軍。生擒曹操大將于禁，斬殺龐德。一時名聲「威震華夏」，曹操驚慌失措，甚至打算遷都。

關羽的北征襄樊，歷來被人們看作是一個孤立的軍事行動。甚至有人說，正是關羽的擅自行動，造成了江陵的空虛，使孫吳乘虛而入，奪取了荊州。事實並非如此。關羽攻打襄樊，不是他自己擅自決定的軍事行動，而是蜀漢進一步完善「跨有荊益」，待機夾攻中原戰略行動的一部分。我們這樣評價關羽的進攻襄樊，主要有以下兩點理由：

第一，劉備漢中稱王後，以漢中王的名義，「拜羽為前將軍，假節鉞」。「假節鉞」是當時帝王給臣下的一種權位極重的待遇。假節鉞者擁有代行帝王旨意、掌握生殺的特權。當時關羽正積極準備北上攻打襄陽，此時給他這種待遇，顯然是為了讓他在此戰役中更大限度的發揮指揮和統帥作用。

第二，劉備在奪取漢中以後，接連採取了三個重大的行動：第一個是奪取西城、上庸、房陵東三郡，打通從漢中到襄陽這一段的漢水流域；第二個是在漢中稱王；第三個是關羽北伐襄樊。建安二十四年（西元二一九年）五月，劉備占有漢中，大約六月底打通漢水的戰役勝利結束，七月劉備在漢中稱王，七月初關羽便率荊州軍北伐襄樊。這三個行動如此緊密相連，一環扣一環，顯然絕非偶然的巧合，而是實行完整的跨有荊益的整體戰略的統一安排。這三個行動互相聯繫，所針對的目標都是一個，即曹操。漢中稱王是在對曹鬥爭中的政治攻勢，打通漢水和挺進襄樊是對曹操的軍事攻勢。這三個措施所要達到的直接目的，不是要收復中原，而仍然是「隆中對」提出的階段性的目標，即完整的跨有荊益，以便進一步待機夾攻中原，最後恢復漢室。

漢中稱王使劉備集團在益州的地位堅如磐石。打通漢水使劉備集團在荊州的勢力向北推進到房陵、上庸一線，並給關羽的進攻襄樊造成西部呼應的聲勢。攻打襄樊則是跨有荊益的最後一次戰役行動，並且取得了令人鼓舞的勝利。如果能攻下襄樊，劉備集團在荊州、益州的地位不但會進一步鞏固，而且會真正形成出擊曹操的兩個拳頭，給「隆中對」戰略目標的最終實現創造良好的條件。由此也可以看出關羽在貫徹執行蜀漢政略中所發揮的重要作用。

最後談談關羽與荊州丟失的關係。人們通常把丟失荊州的責任歸到關羽頭上，指責他對孫吳態度蠻橫、粗暴，致使孫劉聯盟破裂。這並不是無端的指責，而是有歷史根據的。比如關羽與魯肅為鄰時，不能與之搞好關係，反而「數生狐疑」，製造摩擦。再如吳主孫權曾派人到關羽處說媒，想讓關羽的女兒為自己的兒媳，不料關羽卻「罵辱其使，不許婚」。又如關羽北征襄樊，俘獲于禁人馬數萬，「託以糧乏」，擅取孫吳湘關之米。毫無疑問，關羽如此處理上述問題顯然是缺乏謀略思想。但是我們認為，這些都不是導致荊州必然丟失的根本原因。我們換一個角度提出問題：如果關羽對孫吳沒有採取粗暴態度，孫吳會不會放棄謀取荊州的打算呢？答案顯然應當是否定的。這裏我們只列舉幾個簡單的事實。東吳大將呂蒙建議襲取荊州，是在關羽擅取湘關米之前；甘寧建議奪取荊州是在建安十三年（西元二〇八年），遠在關羽拒絕孫權求婚之前；魯肅建議孫權奪取荊州的時間更早，那時候根本沒有關羽與之為鄰之事。所以說，東吳謀取荊州與關羽對東吳態度粗暴不講策略之間沒有必然聯繫。荊州的丟失，從根本上說，是劉備集團對孫吳必奪荊州的方針缺乏足夠的認識。我們知道，孫劉兩家在赤壁之戰以後為了解決荊州的歸屬問題，曾進行過三次領地的再分配。特別是最後一次，雙方同意以湘水為界，中分荊州。這次分配，劉備集團對孫吳作了較大的讓步，他們認為荊州問題已經基本解決了。從此以後，劉備集團對孫吳的防範一天比一天鬆懈，而把絕大部分力量用以對付北方的曹操。如果劉備取得漢中以後，重新部署一下防務，讓張飛或趙雲帶一部分兵力回師江陵，充實關羽的力量，再讓法正或黃權這樣的智囊人物為關羽謀主，則荊州或可暫保無虞。然而，劉備不但沒有給關羽增加一兵一卒，反而從荊州調走孟達去北攻房陵、上庸。在沒給關羽增加兵力的情況下，又讓他分兵北上攻打襄樊。這種行為只有兩個理由可以解釋：一個是劉備集團不打算要荊州了，一個是他們認為孫吳對荊州已無任何威脅，輕視荊州對孫吳的防務。第一個理由根本不能成立，因為據有荊州是劉備集團政略中的重要內容。理由只有後一個。事實上，自從孫劉雙方以湘水為界劃分荊州以後，劉備集團的一系列行動部署都是針對北方曹操的：奪取漢中是為了北進關隴，漢中稱王是為了與曹操政治對抗，打通漢水是為了從西側呼應關羽攻打襄樊，北征襄樊是為了進一步完善跨有荊益，以便兩路夾攻中原。對孫吳爭奪荊州的可能性，劉備集團幾乎沒有做任何考慮和應付的準備。在這種情況下，孫吳又採取了極其祕密的偷襲手段。因此，從孫劉雙方當時整體戰略部署看，從關羽、呂蒙兩軍攻守謀略看，蜀國失去荊州就是必然的了。

荊州雖然丟失了，但關羽在失去荊州後所表現出的忠於職守、忠於蜀漢事業的精神是值得肯定的。荊州丟失之後，關羽本來還有其他路可走。如果他在知道公安、江陵失守後，不是向南試圖收復失地，而是沿漢水向西會合劉封、孟達等人退入漢中，起碼還會保存一部分實力和自己的性命。但是，關羽是無論如何也不會走這條路的。作為劉備集團中的重要成員，作為一方軍事統帥，他深知荊州對於蜀漢政權多麼重要，深知諸葛亮在荊州花費了多麼大的心血，深知劉備、諸葛亮對自己寄予了多麼厚重的希望。荊州若在，即使打不下襄陽，但跨有荊益的格局還在，再攻襄陽的陣地還在。荊州若失，就使蜀漢夾擊中原的兩臂斷掉一隻，使蜀漢戰略計畫受到極大的挫折。關羽是絕不肯這樣去見劉備和諸葛亮的。他是個重感情、講義氣的人。他從建安六年（西元二〇一年）隨劉備進入荊州時起，到此時已經有十九年了。為了劉備集團的事業，為了不辜負劉備的信任，十九年來，他在荊州投入了全部精力和心血，他不會看著荊州就這樣丟失了。因此，關羽沒有西入漢中，反而要求劉封、孟達出兵與他一起收復荊州。在遭到劉封、孟達的拒絕以後，關羽便孤軍南下，試圖憑自己的力量把荊州奪回來。

關羽沒有能夠奪回荊州。他把一腔熱血拋灑在了荊州的土地上，同時也把忠於職守、忠於自己事業的精神留給了後人。（梁滿倉注譯）

卷三十七　蜀書七

龐統法正傳第七

【題解】《龐統法正傳》是《三國志・蜀書》記載蜀國臣僚中的第三篇列傳，序列於諸葛亮和關、張、馬、黃、趙「五虎將」之後。龐統和法正有許多共同之處，他們一個早先投身東吳孫權，一個早先投身益州劉璋，都不是從開始就隨劉備起家，卻又都受到劉備的重用和信任。龐統幫助劉備從劉璋手中奪得益州，法正幫助劉備占領號稱益州咽喉的漢中，保障了益州的安全和穩固。他們都為實現〈隆中對〉「跨有荊益」的戰略方針立下了汗馬功勞。陳壽把二人列在一起，客觀上反映了作者對他們在蜀漢政權中地位和作用的評價。

1 龐統，字士元，襄陽❶人也。少時樸鈍，未有識者❷。潁川司馬徽❸清雅❹有知人鑒❺，統弱冠❻往見徽，徽採桑於樹上，坐統在樹下，共語自晝至夜。徽甚異之，稱統當為南州士之冠冕❼，由是漸顯。後郡命為功曹❽。性好人倫，勤於長養❾。每所稱述，多過其才，時人怪而問之，統答曰：「當今天下大亂，雅道陵遲⑩，善人少而惡人多。方欲興風俗，長道業，不美其譚⑪即聲名不足慕企，不足慕企而為善者少矣。今拔十失五⑫，猶得其半，而可以崇邁世教⑬，使有志者自勵，不亦可乎？」吳將周瑜⑭助先主取荊州⑮，因領南郡太守⑯。瑜卒，統送喪至吳，吳人多聞其名。及當西還，並會昌門⑰，陸績、顧劭、全琮⑱皆往。統曰：「陸子可謂駑馬有逸足之力，顧子可謂駑牛能負重致遠也⑲。」謂全琮曰：「卿好施慕名，有似汝南樊子昭⑳。雖智力不多，亦一時之佳也。」績、劭謂統曰：「使天下太平，當與卿共料㉑四海之士。」深與統相結而還。

2 先主領荊州㉒，統以從事守耒陽令㉓，在縣不治，免官。吳將魯肅㉔遺先主書曰：「龐士元非百里才㉕也，使處治中、別駕㉖之任，始當展其驥足㉗耳。」諸葛亮亦言之於先主，先主見與善譚，大器之，以為治中從事。親待亞㉘於諸葛亮，遂與亮並為軍師中郎將㉙。亮留鎮荊州。統隨從入蜀。

3 益州㉚牧劉璋與先主會涪㉛，統進策曰：「今因此會，便可執之，則將軍無用兵之勞而坐定一州也。」先主曰：「初入他國，恩信未著，此不可也。」璋既還成都，先主當為璋北征漢中㉜，統復說曰：「陰選精兵㉝，晝夜兼道，徑襲成都；璋既不武㉞，又素無預備㉟，大軍卒㊱至，一舉便定，此上計也。楊懷、高沛，璋之名將，各仗彊兵，據守關頭㊲，聞數有牋諫璋，使發遣將軍還荊州。將軍未至，遣與相聞㊳，說荊州有急，欲還救之，並使裝束㊴，外作歸形；此二子既服將軍英名，又喜將軍之去，計必乘輕騎來見，將軍因此執之，進取其兵，乃向成都，此中計也。退還白帝㊵，連引㊶荊州，徐還圖之㊷，此下計也。若沉吟㊸不去，將致大困，不可久矣。」先主然其中計，即斬懷、沛，還向成都，所過輒克。於涪大會，置酒作樂，謂統曰：「今日之會，可謂樂矣。」統曰：「伐人之國而以為歡，非仁者之兵也。」先主醉，怒曰：「武王伐紂，前歌後舞，非仁者邪㊹？卿言不當，宜速起出！」於是統逡巡㊺引退。先主尋悔，請還。統復故位，初不顧謝㊻，飲食自若。先主謂曰：「向者之論㊼，阿誰㊽為失？」統對曰：「君臣俱失。」先主大笑，宴樂如初。

4 進圍雒縣㊾，統率眾攻城，為流矢所中，卒，時年三十六。先主痛惜，言則流涕。拜統父議郎㊿，遷諫議大夫(51)，諸葛亮親為之拜。追賜統爵關內侯(52)，謚曰靖侯。統子宏，字巨師，剛簡有臧否(53)，輕傲尚書令(54)陳祗(55)，為祗所抑，卒於涪陵(56)太守。統弟林，以荊州治中從事參(57)鎮北將軍(58)黃權(59)征吳，值(60)軍敗，隨權入魏，魏封列侯，至鉅鹿(61)太守。

【章旨】以上為〈龐統傳〉。傳文分為四個層次：一、記述龐統外表樸純、內心聰慧，以及與東吳政權的關係，為後來投靠劉備不被重用埋下伏筆。二、記述龐統投奔劉備，由不被重用到成為軍政重臣的過程，既揭示了龐統的大才大器，又反映了魯肅、諸葛亮識別人才的能力。三、記述在劉備奪取益州的過程中，龐統正確分析形勢，提出可行的策略，又幫助劉備從政治手段與道德規範的矛盾中解脫。四、記述龐統之死及其身後的家族情況。

【注釋】❶襄陽　郡名。治所在今湖北襄樊。❷少時樸鈍二句　少年時外表質樸遲鈍，沒有人能真正認識他。❸潁川司馬徽　潁川，郡名。治所在今河南禹州。司馬徽，字德操，或云襄陽人，時人視為奇士，曾居荊州，為曹操所得，正欲重用，便染病去世。其事跡散見本書卷二十一王粲附傳、《世說新語．言語》劉孝標注引《司馬徽別傳》等。❹清雅　清高脫俗。❺知人鑒　識別人才的能力。鑒本意為鏡子，此處意為鑑知、鑑識、洞察。❻弱冠　指男子二十歲時。《禮記．曲禮上》：「二十曰弱，冠。」年少為弱，待至二十，即為成年，舉行冠禮。❼冠冕　帽子，此比喻領袖人物。❽功曹　功曹史的省稱，郡守的屬吏，執掌人事，負責考察和記錄功勞，參與一郡政務。❾性好人倫二句　喜好品評人物，樂於培養人才。❿雅道陵遲　正道衰退。陵遲，漸緩的向下斜坡，此處引申為衰退。⓫譚　同「談」。言論。⓬拔十失五　獎拔的十個人中，有五個不合格。⓭崇邁世教　推進和提高社會教化的地位。⓮周瑜　字公瑾，廬江舒縣（今安徽廬江縣西南）人，曾為孫策中郎將，幫助孫策在江東創立孫吳政權。孫策卒，與張昭同輔孫權，任前部大都督。東漢建安十三年（西元二〇八年），在赤壁大破曹兵。西元二一〇年病死。詳見本書卷五十四〈周瑜傳〉。⓯荊州　州名。劉表任荊州刺史時，治所在今湖北襄樊。後被曹操據有。劉備占據荊州時，治所在今湖北公安。⓰領南郡太守　兼任南郡太守。南郡為荊州下轄郡之一，治所在今湖北江陵。太守，官名。郡的最高行政長官。⓱昌門　又作「閶門」。當時吳縣縣城的西門，取意於類似天門，貫通上天之氣，是有名的城門之一。⓲陸績顧劭全琮　陸績，字公紀，吳郡吳縣（今江蘇吳縣）人，仕吳，曾為鬱林太守，通曉天文曆算。詳見本書卷五十七〈陸績傳〉。顧劭，字孝則，吳郡吳縣人，其父顧雍，其舅陸績，曾官至吳豫章太守。詳見本書卷五十二顧雍附傳。全琮，字子璜，吳郡錢唐（今浙江杭州）人，官至吳右大司馬、左軍師，為王室至親。詳見本書卷六十〈全琮傳〉。⓳陸子可謂二句　誇讚陸績、顧劭二人優良品質之語。龐統的意思是：陸績、顧劭二人表面看起來並無過人之處，但一遇機會便會表現出超羣的品質。子，對男子品德高尚、才能出眾者的讚美之稱。陸子即陸績，顧子即顧劭。駑馬，最下等的馬。《周禮．校人》載：校人掌天子馬政，辨六馬：種馬、戎馬、齊馬、道馬、田馬、駑馬。逸足，足力迅疾。負，背負。致，到達。⑳汝南樊子昭　汝南，郡名。治所在今河南平輿北。樊子昭，人名，東漢末人。裴松之注引蔣濟《萬機論》載，樊子昭為商人，相貌極其醜陋，因此被人輕視。但其有「退能守靜，進能不苟」的品質，被當時的清談領袖許劭所獎拔。㉑共料　共同品評。㉒先主領荊州　《資治通鑑・漢紀》建安十四年記載：「會劉琦卒，權以備領荊州牧，周瑜分南岸地以給備。」這時，劉備擁有荊州八郡中的四郡。次年，劉備又以「周瑜所給地少，不足容眾」為理由，要求都督荊州，想索取江漢間四郡。㉓從事守耒陽令　從事，官名。從事史的省稱，州刺史的屬官。守耒陽令，代理耒陽縣令。耒陽，縣名。治所在今湖南耒陽。㉔魯肅　字子敬，臨淮東城（今安徽定遠東南）人，孫權重臣。周瑜死後，任奮武校尉，代領其軍。詳見本書卷五十四〈魯肅傳〉。㉕百里才　治理一縣的人才。古代一縣轄地大約百里，因此，常以百里作縣的代稱。㉖治中別駕　治中，官名。治中從事史的省稱，州刺史的屬官，官位不高，權力極重，主管財穀帛書。別駕，官名。別駕從事史的省稱，亦為州刺史的屬官，位低權重。《太平御覽》卷二六三引《庾亮集・答郭遜書》說：「別駕，舊與刺史別乘同流宣化於萬里者，其任居刺史之半，安可任非其人！」㉗驥足　謂高才。驥，千里馬。㉘亞　次。㉙軍師中郎將　官名，劉備政權中最高的軍事統帥。㉚益州　州名。治所在今四川成都。㉛涪　縣名。治所在今四川綿陽。㉜漢中　郡名。治所在今陝西漢中東。㉝陰選精兵　暗中選拔精兵。㉞不武　沒有軍事才能。㉟預備　防備。㊱卒　同「猝」。突然。㊲關頭　即白水關，位於今四川青川東北。㊳遣與相聞　派遣使者前去告知。㊴裝束　收拾行裝。㊵白帝　即白帝城，在今重慶市奉節。㊶連引　聯合為一。㊷徐還圖之　再慢慢的圖謀益州。㊸沉吟　猶豫。㊹武王伐紂三句　劉備反駁龐統「非仁者之兵」的說法。清孫之騄輯《尚書大傳・泰誓傳》：「惟丙午，王還師，乃鼓譟，師乃慆，前歌後舞，格於上天下地。」描寫了武王軍隊在討伐商紂的進軍中鬥志昂揚的情緒。㊺逡巡　立即。周一良《魏晉南北朝史劄記・三國志劄記・逡巡》：「〈吳志〉一八〈吳範傳〉，『鈴下曰諾，乃排閤入。言未卒，（孫）權大怒，欲便投以戟。逡巡走出』。此逡巡非作動詞解之徘徊流連，乃立即、須臾、迅速之意。」此處語境同〈吳範傳〉，所以作立即解。㊻初不顧謝　全然沒有對（劉備）道歉之意。㊼向者之論　剛才我們的爭論。向者，剛才。㊽阿誰　當時的口語，意為誰。《晉書・沈充傳》：（王）敦參軍熊甫見敦委任（錢）鳳將有異圖，因酒酣謂敦曰：「開國承家，小人勿用。佞幸在位，鮮不敗業。」敦作色曰：「小人阿誰？」甫無懼容，因此告歸。《晉書・苻堅載記》：（苻）堅之分氐戶於諸鎮也，趙整因侍援琴而歌曰：「阿得脂，阿得脂，博勞舊父是讎綏。尾長翼短不能飛。遠徙種人留鮮卑，一旦緩急語阿誰！」可見阿誰為當時普遍用語。㊾雒縣　縣名。治所在今四川新都東北。㊿議郎　高級郎官，執掌顧問應對，參與議政，指陳朝政得失。(51)諫

議大夫　官名。掌侍從顧問，參謀諷議，對朝中政事提出意見。[52]關內侯　爵位名。戰國時秦置，至三國時僅為爵位的一種品級，多係虛封，無食邑。[53]剛簡有臧否　剛直高傲，善於品評與識別人物。[54]尚書令　秦時置。原為皇帝近臣，秩位較低。東漢時職權較重，為總領朝政之官。三國時沿襲，有時代行宰相之職。[55]陳祗　字奉宗，汝南（今河南平輿北）人。蜀漢後期任尚書令，受劉禪寵信。詳見本書卷三十九董允附傳。[56]涪陵　郡名。治所在今重慶市彭水縣。[57]參　參謀軍事。[58]鎮北將軍　與鎮東、西、南合稱四鎮。多為持節都督，出鎮方面，負責一方軍事。[59]黃權　字公衡，巴西閬中（今四川閬中）人。隨劉備東征孫吳，兵敗失去退路，不得已投降曹操。詳見本書卷四十三〈黃權傳〉。[60]值　趕上；遇到。[61]鉅鹿　又作「巨鹿」。郡名。治所在今河北寧晉西南。

【語　譯】龐統，字士元，襄陽郡襄陽縣人。龐統年少時樸實魯鈍，沒有人能真正認識他的才能。潁川人司馬徽清高脫俗，善於鑒識人才，龐統二十歲時前去拜訪他。司馬徽正在樹上採摘桑葉，他便讓龐統坐在樹下，兩人從白天交談到夜裏。司馬徽對龐統大為驚異，稱他應該是南州士人中的翹楚，從此龐統的名聲漸漸的顯赫起來。後來郡太守任命龐統為功曹。龐統生性喜歡品評人物，樂於培養人才。每當他稱讚一個人時，所下讚語大多超過這個人的實際才能。當時人對此感到奇怪，問他為什麼要這樣做。龐統回答說：「如今天下大亂，正道衰微，善人少而惡人多。現在要振興社會風氣，弘揚儒家道義，讚美他們不稍過一些，他們的名聲就不足以讓人們仰慕，不足以讓人們仰慕，一心向善的人就會越來越少。現在即使讚美的十個人中有五個名不副實，也還能得到其中的一半，而且可以崇尚和促進社會的教化，使有志之士自勵奮發，不也可以嗎？」吳國將領周瑜幫助先主攻取荊州後，便兼任南郡太守。周瑜去世後，龐統護送周瑜的靈柩回到吳縣，吳地人大多知道龐統的大名。到了龐統要西還荊州，吳地的士人全部會聚閶門為他送行，陸績、顧劭、全琮都前往參加。龐統說：「陸先生可以說是劣馬而有奮足疾奔的才力，顧先生可說是弱牛而能承負重物長途跋涉。」他又對全琮說：「你好善樂施，愛慕名聲，就像汝南人樊子昭。雖然智力不很出眾，也是一時的人傑了。」陸績、顧劭對龐統說：「假使天下太平，將與您一起品評天下士人。」他們與龐統深相結交後才回去。

2 先主兼任荊州牧，龐統以從事的身分代理耒陽縣令，在耒陽任上沒什麼政績，被免去官職。吳國將領魯肅給先主寫信說：「龐統不是治理百里之縣的一般人才，讓他擔任州府的治中或別駕的官職，才能充分一展他的才華啊！」諸葛亮也勸先主重用龐統，先主於是會見龐統與他好好交談了一番，極為器重他的才華，任命他為治中從事史。後來先主對龐統的親近和優待稍次於諸葛亮，於是龐統和諸葛亮一同出任軍師中郎將。諸葛亮留下鎮守荊州，龐統隨從先主進入蜀地。

3 益州牧劉璋與先主在涪縣會面，龐統向先主獻策說：「現在乘著這次會面的機會把劉璋抓起來。那麼將軍您沒有興兵征伐的勞苦，就可以輕易的平定整個益州。」先主說：「我們剛剛進入別人的地盤，恩德信義還沒有樹立，這樣不可以。」劉璋返回成都後，先主應當按照約定率軍北進征討漢中張魯。龐統又對先主說：「我們可以暗中挑選精兵，晝夜兼程趕路，直接襲擊成都。劉璋本來就缺乏軍事才能，又素來對我們沒有防備，我軍突然殺到，可以一舉平定益州，這是上策。楊懷、高沛是劉璋手下的名將，各自率領精兵，據守白水關頭，聽說他們多次上書勸諫劉璋，請他發兵遣送將軍您返回荊州。現在將軍在還未抵達時，派遣使者前去通報二人，就說荊州出現緊急情況，您準備回師救援，同時讓軍隊整理行裝，做出要返回荊州的姿態。這兩個人既欽服將軍的英名，又欣喜將軍的離去，我預計他們一定會乘著輕裝的坐騎來見您。將軍您可以乘此機會抓住他們，再進軍輕取他們的人馬，然後回軍攻取成都，這是中策。撤退返回白帝城，與荊州我方軍隊連為一體，再慢慢圖謀益州，這是下策。倘若猶豫不決，沒有行動，就會招致極大的困境，那將難以持久。」先主採納了龐統的中策，不久就依計斬殺楊懷、高沛，回軍殺向成都，所過之處總是順利攻克。先主在涪縣大會眾將，設置酒宴，飲酒作樂，對龐統說：「今天的宴會，可說令人高興啊！」龐統回答說：「討伐別人的領土而引以為樂，不是仁者之兵。」先主已有醉意，生氣的說：「當年周武王討伐商紂，將士們前面歌唱後面跳舞，難道不是仁者之師嗎？你說的話不恰當，應當馬上起身出去！」於是龐統立即起身退席。先主隨後就後悔了，又把龐統請回來。龐統回到原位，全然不向先主招呼致歉，自顧自的飲酒吃飯。先主問他：「剛才我們的爭論，到底是誰的過失？」龐統回答：「我們君臣都有過失。」先主聽了大笑，與龐統飲宴作樂，又像開始一樣。

4 先主進軍圍攻雒縣，龐統率領將士攻城，被流箭射中去世，時年三十六歲。先主為此痛惜不已，一提起龐統就流下眼淚。先主任命龐統的父親為議郎，又升遷他為諫議大夫，諸葛亮見到他時親身跪拜行禮。蜀漢朝廷追賜龐統關內侯的爵位，諡號為靖侯。龐統的兒子龐宏，字巨師，為人剛強正直，善於品評與識別人物。他對尚書令陳祇輕慢無禮，因此受到陳祇的壓制，在涪陵太守任上去世。龐統的弟弟龐林，以荊州治中從事史的身分出任鎮北將軍黃權的參軍，進軍征伐吳國，正好碰上蜀軍戰敗，隨黃權投降曹魏，魏朝廷封他為列侯，官至鉅鹿太守。

1 法正，字孝直，扶風❶郿❷人也。祖父真❸，有清節高名。建安初，天下飢荒，正與同郡孟達❹俱入蜀依劉璋，久之為新都❺令，後召署軍議校尉❻。既不任用❼，又為其州邑俱僑客者所謗無行❽，志意不得。益州別駕張松❾與正相善，忖璋不足與有為❿，常竊歎息。松於荊州見曹公還，勸璋絕曹公而自結先主。璋曰：「誰可使者？」松乃舉正，正辭讓，不得已而往。正既還，為松稱說先主有雄略，密謀協規，願共戴奉⓫，而未有緣。後因璋聞曹公欲遣將征張魯之有懼心也，松遂說璋宜迎先主，使之討魯，復令正銜命⓬。正既宣旨⓭，陰獻策於先主曰：「以明將軍之英才，乘劉牧之懦弱⓮；張松，州之股肱⓯，以響應於內；然後資⓰益州之殷富，馮天府之險阻，以此成業，猶反掌也。」先主然之，泝江而西，與璋會涪。北至葭萌[17]，南還取璋。

2 鄭度[18]說璋曰：「左將軍[19]縣軍[20]襲我，兵不滿萬，士眾未附，野穀是資，軍無輜重。其計莫若盡驅巴西、梓潼民內[21]涪水以西，其倉廩野穀，一[22]皆燒除，高壘深溝，靜以待之。彼至，請戰，勿許，久無所資，不過百日，必將自走。走而擊之，則必禽耳。」先主聞而惡之，以問正。正曰：「終不能用，無可憂也。」璋果如正言，謂其羣下曰：「吾聞拒敵以安民，未聞動民以避敵也。」於是黜度，不用其計。及軍圍雒城，正牋與璋[23]曰：「正受性無術[24]，盟好違損，懼左右不明本末，必並歸咎，蒙耻沒身，辱及執事[25]，是以損[26]身於外，不敢反命。恐聖聽[27]穢惡其聲，故中間不有牋敬[28]，顧念宿遇[29]，瞻望悢悢[30]。然惟前後披露腹心，自從始初以至於終，實不藏情，有所不盡，但愚闇策薄[31]，精誠不感，以致於此耳。今國事已危，禍害在速，雖捐放[32]於外，言足憎尤[33]，猶貪極所懷，以盡餘忠。明將軍[34]本心，正之所知也，實為區區不欲失左將軍之意，而卒至於是者，左右不達英雄從事[35]之道，謂可違信黷誓，而以意氣相致[36]，日月相遷[37]，趨求順耳悅目，隨阿遂指[38]，不圖遠慮為國深計故也。事變既成，又不量彊弱之勢，以為左將軍縣遠之眾，糧穀無儲，欲得以多擊少，曠日相持。而從關[39]至此，所歷輒破，離宮別屯，日自零落。雒下雖有萬兵，皆壞陣[40]之卒，破軍[41]之將，若欲爭一旦之戰，則兵將勢力，實不相當[42]。各欲遠期計糧[43]者，今此[44]營守已固，穀米已積，而明將軍土地日削，百姓日困，敵對遂多，所供遠曠[45]。愚意計之，謂必先竭，將不復以持久也。空爾相守，猶不相堪[46]，今張益德數萬之眾，已定巴東[47]，入犍為[48]界，分平資中[49]、德陽[50]，三道並侵，將何以禦之？本為明將軍計者，必謂此軍縣遠無糧，饋運不及，兵少無繼。今荊州道通，眾數十倍，加孫車騎[51]遣弟及李異、甘寧[52]等為其後繼。若爭客主之勢[53]，以土地相勝者，今此全有巴東，廣漢[54]、犍為，過半已定，巴西一郡，復非明將軍之有也。計益州所仰惟蜀[55]，蜀亦破壞；三分亡二，吏民疲困，思為亂者十戶而八；若敵遠則百姓不能堪役，敵近則一旦易主矣。廣漢諸縣，是明比[56]也。又魚復[57]與關頭實為益州福禍之門[58]，今二門悉開，堅城皆下，諸軍並破，兵將俱盡，而敵家數道並進，已入心腹，坐守都、雒，存亡之勢，昭然可見。斯乃大略[59]，其外較[60]耳，其餘屈曲[61]，難以辭極[62]也。以正下愚，猶知此事不可復成，況明將軍左右明智用謀之士，豈當不見此數[63]哉？旦夕偷幸[64]，求容取媚，不慮遠圖，莫肯盡心獻良計耳。若事窮勢迫[65]，將各索生[66]，求濟門戶[67]，展轉反覆，與今計異[68]，不為明將軍盡死難也。而尊門[69]猶當受其憂。正雖獲不忠之謗，然心自謂不負聖德，顧惟分義[70]，實竊痛心。左將軍從本[71]舉來，舊心依依，實無薄[72]意。愚以為可圖變化[73]，以保尊門。」

3 十九年[74]，進圍成都，璋蜀郡太守許靖[75]將踰城降，事覺，不果。璋以危亡在近，故不誅靖。璋既稽服，先主以此薄[76]靖不用也。正說曰：「天下有獲虛譽而無其實者，許靖是也。然今主公始創大業，天下之人不可戶說[77]，靖之浮稱[78]，播流四海，若其不禮[79]，天下之人以是謂主公為賤賢也。宜加敬重，以眩遠近[80]，追昔燕王之待郭隗[81]。」先主於是乃厚待靖。以正為蜀郡太守、揚武將軍[82]，外統都畿[83]，內為謀主。一飡之德，睚眦之怨[84]，無不報復，擅殺毀傷[85]己者數人。或[86]謂諸葛亮曰：「法正於蜀郡太縱橫[87]，將軍宜啟主公，抑其威福。」亮答曰：「主公之在公安[88]也，北畏曹公之彊，東憚孫權之逼，近則懼孫夫人生變於肘腋之下[89]；當斯之時，進退狼跋[90]，法孝直為之輔翼，令翻然[91]翱翔，不可復制，如何禁止法正使不得行其意邪！」初，孫權以妹妻先主，妹才捷剛猛，有諸兄之風，侍婢百餘人，皆親執刀侍立，先主每入，衷心常凜凜[92]；亮又知先主雅[93]愛信[94]正，故言如此。

4 二十二年[95]，正說先主曰：「曹操一舉而降張魯[96]，定漢中[97]，不因此勢以圖巴、蜀，而留夏侯淵、張郃[98]屯守，身遽[99]北還，此非其智不逮[100]而力不足也，必將內有憂偪故耳。今策淵、郃才略，不勝[101]國之將帥，舉眾往討，則必可克。克之[102]之日，廣農積穀，觀釁伺隙[103]，上可以傾覆寇敵，尊獎王室，中可以蠶食雍、涼[104]，廣拓境土，下可以固守要害，為持久之計。此蓋天以與我，時不可失也。」先主善其策[105]，乃率諸將進兵漢中，正亦從行。二十四年[106]，先主自陽平[107]南渡沔水[108]，緣山稍前[109]，於定軍[110]、興勢[111]作營。淵將兵來爭其地。正曰：「可擊矣。」先主命黃忠[112]乘高鼓譟攻之，大破淵軍，淵等授首[113]。曹公西征，聞正之策，曰：「吾故知玄德不辦[114]有此，必為人所教也。」

5 先主立為漢中王，以正為尚書令、護軍將軍[115]。明年卒，時年四十五。先主為之流涕者累日。諡曰翼侯。賜子邈爵關內侯，官至奉車都尉[116]、漢陽[117]太守。諸葛亮與正，雖好尚不同，以公義相取[118]。亮每奇正智術。先主既稱[119]尊號，將東征孫權以復關羽之恥，羣臣多諫，一不從。章武二年[120]，大軍敗績，還住白帝。亮歎曰：「法孝直若在，則能制主上，令不東行；就復[121]東行，必不傾危矣。」

【章旨】以上為〈法正傳〉。傳文分為五個層次：一、記述法正背叛劉璋投靠劉備的原因和過程。二、描寫法正對劉璋為人的深刻認識，以及配合劉備進攻劉璋，所採取的心理攻勢。三、敘述劉備攻取益州後，法正在政權建設方面的作用；同時也記載了法正心胸狹窄的個性，諸葛亮顧全大局的政治胸襟。四、敘述法正對漢中戰略意義的認識，及其在攻取漢中中所發揮的作用。五、載錄法正死後所受待遇和後嗣情況，也描述了諸葛亮對他的懷念。

【注釋】❶扶風　郡名。治所在今陝西興平東南。此二字上原有「右」字，據《三國志集解》刪。❷郿　縣名。治所在今陝西眉縣。❸祖父真　法正的祖父法真，字高卿，自幼精通儒家經典，兼通讖緯之學。學無常師，博採眾家之長，為東漢著名學者。淡於名利，多次拒絕官府徵召，終身不仕。詳見《後漢書・逸民列傳》，本傳裴松之注引《三輔決錄注》中也記載了法真的一些事跡。❹孟達　字子度，扶風（今陝西興平東南）人。先依劉璋，後投劉備，任宜都太守。荊州丟失後投降曹魏，任西城太守，又因在曹魏與蜀漢之間游移不定而被司馬懿所殺。事跡散見於本書卷四十〈劉封傳〉、卷四十一〈費詩傳〉、《晉書・宣帝紀》等。❺新都　縣名。治所在今四川新都。❻軍議校尉　益州刺史劉璋所設官，掌參議軍事。❼任用　信任重用。❽無行　品行不好。❾張松　益州刺史劉璋時任別駕，祕密配合劉備取益州，後被劉璋所殺。事跡散見於本書卷三十一〈劉璋傳〉、卷三十二〈先主傳〉、《華陽國志・公孫述劉二牧志》等。❿不足與有為　不足以共謀大事。⓫戴奉　擁戴侍奉。⓬銜命　身負使命。⓭宣旨　公開說明（劉璋）的意思。⓮弱　原無此字，宋本有，據補。⓯股肱　大腿和胳膊，比喻重臣。⓰資　以……為資源。⓱葭萌　縣名。治所在今四川廣元西南。⓲鄭度　裴松之注引《華陽國志》載：鄭度為廣漢（今四川新都東北）人，劉璋時任州從事。⓳左將軍　指劉備。此前劉備做過左將軍。本書〈先主傳〉記載：「曹公還許，表先主為左將軍，禮之愈重，出則同輿，坐則同席。」⓴縣軍　深入敵區的孤軍。㉑巴西梓潼民內　巴西，郡名。治所在今四川閬中。梓潼，郡名。治所在今四川梓潼。內，納，此引申為安置。㉒一　一律。㉓牋與璋　給劉璋寫信。㉔受性無術　天生無才。㉕執事　執事本為管事之人，寫信不敢直送對方，只送到他的管事人手裏，以示敬畏。古人寫信常這樣稱呼對方，成為尊稱對方的常用語。㉖損　原作「捐」，今從宋本。㉗聖聽　您的耳朵。㉘牋敬　寫信致敬。㉙宿遇　過去的恩遇禮待。㉚悁悁　眷念。㉛策薄　沒有好的謀略。㉜捐放　被拋棄放逐。此處法正用捐放一詞來掩飾自己背叛劉璋的行為。㉝憎尤　憎恨；歸咎。㉞明將軍　指劉璋。當時劉璋兼任鎮威將軍。㉟從事　做事。㊱以意氣相致　用物質饋贈的手段使對方服從自己。本書卷三十二

〈先主傳〉記載，東漢建安十六年（西元二一一年），曹操征張魯，劉璋對此心懷恐懼，便接受張松的建議，請劉備入川，「遣法正將四千人迎先主，前後賂遺以巨億計」。㊲日月相遷　時間的延伸。㊳隨阿遂指　投其所好，順從旨意。㊴關　指白水關。㊵壞陣　被打亂了的陣容。㊶破軍　潰敗之軍。㊷不相當　不相稱；不匹敵。㊸遠期計糧　根據所儲備的糧食多少計算出守城時間的長短。㊹此　指劉備一方。㊺所供遠曠　後勤供給線拉長，補給困難。㊻空爾相守二句　即使這樣相持著，你們也受不了。㊼巴東　指今四川東部地區，包括當時的巴郡、巴東郡等。㊽犍為　郡名。治所在今四川彭山縣。㊾資中　縣名。治所在今四川資陽。㊿德陽　縣名。治所在今四川遂寧東南。(51)孫車騎　即孫權。他曾被東漢朝廷任命為車騎將軍。(52)李異甘寧　李異，孫吳將軍，其事跡見於本書卷三十二〈先主傳〉、卷五十八〈陸遜傳〉等。甘寧，字興霸，巴郡臨江（今重慶市忠縣）人。孫吳著名將領，英勇善戰，戰功卓著。任西陵太守、折衝將軍。詳見本書卷五十五〈甘寧傳〉。(53)爭客主之勢　判斷誰具有主人的優勢。(54)廣漢　郡名。治所在今四川新都東北。(55)蜀　蜀郡。治所在今四川成都。(56)明比　明顯的例子。指劉璋的部將李嚴、費觀在廣漢郡綿竹縣投降之事。事見本書卷四十〈李嚴傳〉、卷四十五〈楊戲傳〉。(57)魚復　縣名。治所在今重慶市奉節東。(58)福禍之門　關係到福禍安危的大門。(59)斯乃大略　這是大概的情況。(60)外較　從外部事物反映出的情形。(61)屈曲　內部的詳細情況。(62)難以辭極　難以用語言說清楚。(63)數　運數；定數。此指必然結果。(64)偷幸　偷生僥倖。(65)事窮勢迫　事物發展到了盡頭，情勢迫在眉睫。指山窮水盡之時。(66)索生　尋求生路。(67)求濟門戶　尋求保全家族。(68)展轉反覆二句　背叛現在的主人，與現在的打算想法不同。(69)尊門　您的家族。(70)分義　情義。(71)本　根本。指劉備與劉璋同宗。(72)薄　刻薄虧待。(73)變化　改變抵抗的態度，投降劉備。(74)十九年　建安十九年（西元二一四年）。(75)許靖　字文休，汝南平輿（今河南平輿）人。蜀漢時任太傅。詳見本書卷三十八〈許靖傳〉。(76)薄　鄙薄；看不起。(77)戶說　逐門逐戶去說明。(78)浮稱　虛名。(79)若其不禮　如果（許靖）不被禮遇。(80)眩遠近　使遠近的人都看到。(81)追昔燕王句　仿效戰國時燕王對待郭隗的先例。追，追隨，引申為仿效。《史記・燕召公世家》記載：齊國攻破燕國後，燕昭王即位。為雪恥強國，卑身厚幣以招賢者。對謀士郭隗說：「我知道燕國弱小，不能報破國之仇。然而我真想得到賢才幫助我強國。如果你發現這樣的人就告訴我，我會重用他。」郭隗曰：「大王如果真想招納賢才，就先從我郭隗開始吧！」於是燕昭王為郭隗修築宮室而師事之。魏國樂毅、齊國鄒衍、趙國劇辛聽到燕王重用郭隗的事以後，紛紛投奔燕國，出現了「士爭趨燕」的局面。(82)揚武將軍　武官名。東漢光武帝初置。三國時沿置，官位四品。(83)都畿　京畿，京都周圍千里以內的地區。蜀漢以成都為都，因此這裏指成都所在的蜀郡。(84)一飡之德二句　一點小恩也要報答，一點小仇也要報復。睚眦，瞪眼睛，指一點小仇。《史記・范睢蔡澤列傳》記載：戰國時范雎在魏國被迫害幾乎致死，後在王稽、鄭安平的幫助下逃出魏國來到秦國，做了秦國的宰相。他勸說秦王任王稽為河東太守，任鄭安平為將軍，「於是散家財物，盡以報所嘗困戹者。一飯之德必償，睚眦之怨必報」。85毀傷　詆毀中傷。86或　有人。87縱橫　驕縱蠻橫。88公安　地名。原稱油口，即油江進長江的入口處，後劉備改稱公安，位於今湖北沙市南。89肘腋之下　指身邊。90狼跋　比喻進退兩難。《詩經・豳風・狼跋》：「狼跋其胡，載疐其尾。」意為老狼向前走會踩著鬍子，向後退會踩著尾巴，進退兩難。91翻然　猛然；突然。92衷心常凜凜　內心常常感到恐懼。衷心，內心。93雅　向來；一向。94愛信　寵愛信任。95二十二年　建安二十二年（西元二一七年）。96降張魯　使張魯投降。張魯，字公祺，沛國豐縣（今江蘇豐縣）人，張道陵之孫，五斗米道首領。東漢末率徒眾攻取漢中，統治長達三十餘年。後投降曹操，任鎮南將軍。詳見本書卷八〈張魯傳〉。97漢中　郡名。治所在今陝西漢中東。98夏侯淵張郃　夏侯淵，字妙才，沛國譙（今安徽亳州）人。曹操手下著名將領，戰功卓著。曹操打敗張魯後，任他為征西將軍，留守漢中，後被黃忠所殺。詳見本書卷九〈夏侯淵傳〉。張郃，字儁乂，河間鄚縣（今河北任丘北）人。曹魏著名將領，屢立戰功。先後任盪寇將軍、左將軍，明帝太和五年（西元二三一年）被蜀漢軍殺死。詳見本書卷十七〈張郃傳〉。99遽　急忙。100不逮　不及。101不勝　不能勝任。102克之　原二字互倒。據《三國志集解》引何焯云：「『則必可克』為句，下作『克之之日』。」今從何焯說。《通鑑》作「必可克之，克之之日」。103觀釁伺隙　釁和隙都為間隙、破綻之意。即觀察其破綻，等待機會。104雍涼　雍州和涼州。雍州治所在今陝西西安西北。涼州治所在今甘肅武威。105善其策　認為法正的計策好。106二十四年　建安二十四年（西元二一九年）。107陽平　陽平關。位於今陝西勉縣西。108沔水　古代稱漢水為沔水。109稍前　漸漸向前推進。110定軍　定軍山。位於今陝西勉縣南。111興勢　地名。位於今陝西洋縣北。112黃忠　字漢升，南陽（今河南南陽）人。先為劉表中郎將，後歸降劉備，為蜀漢著名將領，官至後將軍。詳見本書卷三十六〈黃忠傳〉。113授首　交出腦袋。指被殺。114不辦　不具備。115護軍將軍　高級武官。以資深者任之。掌武官選舉，出征時督護諸將。116奉車都尉　官名。掌管皇帝車輿。117漢陽　郡名。治所在今甘肅甘谷東南。118以公義相取　從大局出發和諧相處。119稱　宋本、元本作「即」。120章武二年　即西元二二二年。章武，蜀漢昭烈帝劉備年號，西元二二一—二二三年。121就復　即使。

【語　譯】法正，字孝直，扶風郡郿縣人。法正的祖父法真，有氣節清高的大名。漢獻帝建安初年，天下饑荒，法正與同郡人孟達一同進入蜀地依附益州刺史劉璋，很久以後，法正才擔任新都縣令，後又被召回任軍議校尉。法正既不被劉璋所信任重用，又遭同來益州客居的同鄉誹謗，說他品行不好，因此鬱鬱不得志。益州別駕張松與法正相友善，思量劉璋是不足以共謀大事的人，常常私下感慨嘆息。張松到荊州拜見曹公回來後，便勸劉璋與曹公絕交而主動與先主結交。劉璋問張松說：「誰能擔任使者一職？」張松於是舉薦法正。法正推辭不成，只得前往。法正拜見先主回來後，對張松稱讚劉備有雄才大略，兩人祕密商議後取得一致意見，都願意共同擁戴先主為主，卻一直沒有遇到合適的機緣。後來因為曹公準備派遣將士進攻漢中張魯，劉璋心生恐懼。張松於是趁機勸說劉璋應當迎接先主進入益州，讓先主討伐張魯，劉璋又派法正充當使者與先主聯絡。法正見到先主，公開說明了劉璋的想法，私下又向先主獻計說：「以將軍您的英才，對付劉璋這樣的懦弱之輩，又有張松那樣重要的益州官員作為內應，然後憑藉益州的人口和物產，借助益州四周的險要地形，以此來成就大業，猶如易如反掌的事情。」先主認為法正說得很對，於是率軍溯江西上，在涪縣與劉璋相會，先主北上至葭萌，不久即南下攻打劉璋。

2 鄭度對劉璋說：「左將軍劉備孤軍深入襲擊我方，兵力不到一萬，本地的軍民百姓還沒有真心擁護他，所憑藉的只是田裏生長的穀物，軍隊沒有輜重儲備。現在最好的計策是不如把巴西、梓潼二郡的百姓全部遷徙到涪水以西地區，將這兩個郡的糧倉和田野裏的莊稼全部燒掉，高築壁壘深挖溝塹，靜靜的等待敵軍到來。敵軍殺到，向我們挑戰，我們不理睬他。長久拖下去，他們在物資上無所憑藉，不出百日一定會自己撤退。等到他們撤退時出兵追擊，必能生擒劉備。」先主聽到這個消息後很是擔心，就此詢問法正應該怎麼辦。法正說：「劉璋終究不會採用鄭度的計謀，沒有什麼可擔憂的。」後來劉璋果然像法正所預料的那樣，他對手下眾人說：「我只聽說抵禦敵人以使百姓安定，沒聽說過擾動百姓來躲避敵人的。」於是黜退鄭度，不採用他的計策。等到先主大軍圍困雒城，法正寫信給劉璋說：「法正我生來缺乏才幹，使您與劉將軍之間的同盟關係受到損害。又害怕您身邊的人不明就裏，一定會全都歸罪於我，使我終生蒙受恥辱，還會有損您的尊嚴。所以我至今漂流在外，不敢回來復命。恐怕您討厭聽到我的聲音，所以在此期間也沒敢給您寫信致敬。回想您往日的恩待禮遇，禁不住回頭眺望，心中的眷戀之情不能自已。然而思量過去曾經多次向您表露自己內心的想法，從始至終，確實沒有絲毫的隱瞞和保留，只是因為我愚昧而計謀淺薄，精誠之心沒能感動您，所以才到了如此地步。現在國家局勢已很危險，大禍就在眼前，雖然我被拋棄放逐在外，所說的話很容易被人憎恨，但我仍想把話全部說出來，獻出我最後的忠誠。將軍您的本心，是法正我所知道的，您的心確實不願意與劉將軍把關係搞壞，然而最終出現這樣的局面，是由於您身邊的人不通曉與英雄人物相處的道理，他們認為可以背信棄義褻瀆誓言，而用饋贈禮物的辦法來互相拉攏招引。隨著歲月流逝，人們自會趨於順從，便會去附和您的好惡，順從您的心思，而不能為益州的前途深謀遠慮。現在變故已經發生，他們又不能正確估量雙方力量孰強孰弱，認為左將軍孤軍深入，沒有軍糧儲備，想利用益州的優勢兵力以多擊少，與左將軍長期相持。然而左將軍從白水關到這裏，沿途所過城池都被攻破，您在外邊的住所和各地的軍事據點也被攻占日益減少。現在雒城一帶雖尚有部隊萬人，但都是潰散之卒，敗軍之將，倘若用他們來決戰一場以爭高下，那麼這些兵將的實力，實在無法和左將軍的軍隊匹敵。如果要根據雙方糧食儲備的多少來計算守城時間長短的話，現在左將軍這邊的營壘已經堅固，糧穀儲備已經充足，而您這邊擁有的土地一天天減少，百姓日益貧困，面對的敵對勢力增加，軍需物資要困難的從遠方運來。依我愚意盤算，您這邊的軍需物資會先用盡，不能再與對手長期相持了。就是像目前這樣相持，您已經堅持不了了，何況現在張益德所率領的數萬大軍，已經平定巴東地區，進入犍為境內，又分兵進攻資中、德陽兩地，三路大軍來攻，您將用什麼辦法來抵禦呢？當初為您出謀劃策的人，一定說這支從荊州遠來的軍隊孤軍深入糧食缺乏，後方的軍需物資供應不及，兵力不足而沒有後繼援軍。但現在荊州的道路已經暢通，兵力也擴充了幾十倍，加上車騎將軍孫權派自己的弟弟及李異、甘寧等人充當後繼。如果您與對方爭主客之勢，根據地盤的多少來判斷誰具有優勢的話，現在左將軍這邊已經占有全部巴東地區，廣漢、犍為二郡也占領了一大半，而巴西一郡也將不再為您所有了。算來益州所依仗的只有蜀郡，而蜀郡也已遭嚴重破壞，丟掉了三分之二的地盤，當地的官吏百姓疲弊困苦，想起來作亂的，十家中就有八家，如果敵人在遠方，百姓們就不願離家去服兵役，敵人到了近處，他們就會一下子背叛您投降了。廣漢郡各縣出現的事情就是明顯的例子。此外魚復和關頭實際是關係到益州福禍安危的大門，現在這兩道大門已全部洞開，堅固的城池都被攻克，各路軍隊都被打敗，兵將全部用盡，而敵方軍隊數路並進，已經深入到要害之處。坐守成都、雒縣，存亡的形勢已經顯而易見了。這些還只是大體的情況，是從外部推知的概況。至於內中的其他詳情細節，便難以用語言完全說清楚了。以法正我這樣的下愚之人，尚且知道您現在所做的事不能再成功了，何況您左右那些明智的謀略之士，難道會看不到這必然的結局？只不過他們是求苟且偷生於一時，只是不斷獻媚以求得您的歡心，不考慮長遠的打算，不肯為您盡心獻良策而已。如果到了山窮水盡時，他們就會各尋生路，以求保全自己的家族，到時他們就會背叛您，與現在的說法會完全不同，不會為您去盡節赴死，而最終您的家族就將會承受災禍了。法正我雖然受到不忠的誹謗，但自認為沒有辜負您對我的恩德，回想過去的情義，私下裏實在感到痛心。左將軍與您同宗共本，眷戀舊情，實在沒有刻薄虧待您的意思。愚意以為您可以改變敵對的態度，出城投降，以保全您尊貴的家族。」

3 建安十九年，先主進軍圍攻成都。劉璋的蜀郡太守許靖準備翻越城牆出來投降，事情敗露，沒有成功。劉璋因為面臨危亡，所以沒有誅殺許靖。劉璋歸順降服後，先主因為這件事鄙薄許靖，沒有任用他。法正勸先主說：「天下有空獲虛名而無其實的人，許靖就是這樣的一個人。然而現在您剛剛開創大業，又不可能把您不用他的道理向天下人挨家挨戶去說。許靖的虛名，已經傳播四海，假如對他不加禮遇，天下的人會因此說您輕視賢德之士。應該敬重許靖，以讓遠近之人都能看到，像從前燕王對待郭槐那樣。」先主因此才厚待許靖。先主任用法正為蜀郡太守、揚武將軍，對外治理京師地區，在內是先主的主要謀臣。法正利用手中的大權報恩報怨，對過去給過自己一點點好處的人，對過去與自己有一點點小怨的人，沒有不給出相應的報答和報復的。還擅自殺掉幾個詆毀中傷他的人。有人對諸葛亮說：「法正在蜀郡的行為太放縱蠻橫了，將軍您應當稟告主公，抑制他作威作福的行徑。」諸葛亮回答說：「當初主公在公安的時候，北面畏懼曹公勢力的強大，東面擔憂孫權的進逼，近處還害怕孫夫人在身邊突生變故，在那個時候，主公進退兩難，處境狼狽。後來法孝直來輔佐幫助，使主公陡然翻身，展翅騰飛起來，不再被人制約。現在哪裏能禁止法正，不讓他任意而行呢！」當初，孫權把妹妹嫁與先主為妻，孫權的妹妹身手敏捷剛強勇猛，有她幾位兄長的風範，她身邊的一百多個侍婢，都親手持刀侍衛在身邊，先主每次進入內室，心中常常恐懼難安。諸葛亮又知道先主非常寵信法正，所以這樣說。

4 建安二十二年，法正勸先主說：「曹操一舉而迫使張魯投降，平定漢中，然而他沒有乘此機會進取巴、蜀，卻留下夏侯淵、張郃屯駐漢中，自己急急忙忙返回北方，這不是曹操的智謀不夠力量不足，一定是有內部的憂患，形勢逼迫他這樣做罷了。我估量夏侯淵、張郃的才能謀略，無法勝任將帥之職，我們發動大軍討伐他們，那一定可以攻占漢中。攻占漢中後，擴大農業生產，廣蓄糧穀，觀察敵人的破綻，等待時機，最好的結果是消滅曹操，尊崇扶助漢室，中等的結果是可以一步步吞併雍州、涼州二州，廣拓疆土，最下等的結果也能夠固守要害之地，與敵人長久相持。這是上天賜給我們的良機，機不可失啊。」先主很讚賞法正提出的計策，便率領諸將進軍漢中，法正也跟隨先主而行。建安二十四年，先主率軍從陽平關南渡沔水，沿著山勢逐漸向前推進，在定軍山、興勢紮下營盤。夏侯淵領兵前來爭奪地勢，法正說：「可以出擊啦。」先主命令黃忠率軍居高臨下，擂鼓吶喊猛烈進攻，大破夏侯淵，夏侯淵等敵軍將領都被殺。曹操率軍西進趕來援救，聽說是法正的計策，說道：「我就知道劉玄德不會有這樣的謀劃，一定是別人教他這樣做的。」

5 先主立為漢中王，任命法正為尚書令、護軍將軍。第二年法正去世，時年四十五歲。先主為法正的去世哭了好幾天。法正的諡號叫翼侯。朝廷賜予法正的兒子法邈關內侯的爵位，法邈官至奉車都尉、漢陽太守。諸葛亮與法正二人，儘管喜好崇尚各有不同，卻都能從朝廷大局出發友好相處。諸葛亮常常讚賞法正的智謀奇妙。先主即帝位，將要東征孫權為關羽報仇雪恥，羣臣多有勸諫，先主一概不聽。蜀漢章武二年，東征大軍大敗，先主逃回住在白帝城。諸葛亮嘆息說：「法孝直如果還在世，就能制止皇上東征；即使東征，也一定不會如此慘敗。」

評曰：龐統雅好❶人流❷，經學❸思謀，于時荊楚❹謂之高俊。法正著見❺成敗，有奇畫策算，然不以德素❻稱也。儗之魏臣，統其荀彧❼之仲叔❽，正其程、郭❾之儔儷❿邪？

【章　旨】以上是陳壽對龐統和法正的評價。陳壽對荀彧、程昱和郭嘉的評價是很高的，他說荀彧「清秀通雅，有王佐之風」，說程昱、郭嘉是「世之奇士」，把龐統和法正與荀彧、程昱和郭嘉相比，也說明二人在陳壽眼中的地位。

【注　釋】❶雅好　一向喜好。❷人流　即人倫，品評人物。❸經學　治學。❹荊楚　即荊州。荊州為先秦時楚國的故地，楚國又稱荊。❺著見　看得很清楚；洞察。❻德素　品德清白。❼荀彧　字文若，潁川潁陰（今河南許昌）人。曹操手下謀士，任侍中、光祿大夫、參丞相軍事。後因反對曹操進爵國公，憂鬱而死。詳見本書卷十〈荀彧傳〉。❽仲叔　近似；差不多。伯、仲、叔、季本為古代兄弟間的排行，此用仲叔表示相近。❾程郭　程昱和郭嘉。程昱，字仲德，東郡東阿（今山東陽谷東北）人。曹操手下謀士，任東中郎將、奮武將軍、衛尉等職。詳見本書卷十四〈程昱傳〉。郭嘉，字奉孝，潁川陽翟（今河南禹州）人。多謀善斷，深受曹操重用。詳見本書卷十四〈郭嘉傳〉。❿儔儷　同輩；同類人物。

【語　譯】評論說：龐統非常喜歡品評人物，鑽研學問，籌劃謀略，在當時荊州可說是最出色的人才。法正對於事之成敗有非凡的洞察力，善奇謀妙算，但他不以品德清白著稱。拿他們二位與曹魏的臣子相比，龐統大概和荀彧近似，而法正大體是程昱、郭嘉一類的人物吧？

【研　析】兩篇人物傳記，給我們留下兩個發人深省的問題。

第一個問題：《三國志》作者惜墨如金，但為什麼在〈龐統傳〉中用重墨渲染龐統與劉備在涪縣城中酒宴的情形？回答這個問題，首先要從劉備的品格說起。劉備是個講寬仁信義的道德君子，又是政治集團的領袖。道德與政治是矛盾的，在政治鬥爭中，毫無信義可言。劉備在取益州的問題上，一開始就陷入了這種矛盾之中。劉璋想利用劉備做炮灰，讓他為自己守衛益州的北大門，抵禦準備進入四川的曹操大軍。而劉備想用這個機會做益州主人，實現跨有荊益的戰略目標。劉備與劉璋的關係，實質上是一種政治關係，然而這種政治關係在很長的時間內被同宗、盟友等溫情脈脈的面紗所掩蓋。劉備一開始常用信義的道德標準去指導占領益州的政治行為。當益州劉璋內部分裂，龐統勸劉備乘機入川時，劉備表示「以小故而失信於天下者，吾所不取也」。後來劉備雖同意入川，但當龐統勸劉備利用劉璋在涪城與之相會時逮捕他，又被劉備以「初入他國，恩信未著」的理由加以拒絕。後來龐統又給劉備出了取劉璋的上、中、下三策：暗發精兵，偷襲成都，出其不意，攻其不備，以最短的時間、花較小的代價占據益州，這的確為上策。先滅楊懷、高沛，取白水關，然後合勢進軍成都，這就等於公開與劉璋宣戰，完全喪失了偷襲的可能，雖然能取益州，但比起前一種方式，所花時間要長，所付代價也高。然而劉備卻偏偏放棄了上策選擇了中策，公開向劉璋宣戰，使其有所準備。這與劉備不忍心偷襲劉璋，用不道德的方法取勝的想法有關。劉備的這種狀態，使他在處理奪取益州的問題上優柔寡斷，喪失了不少輕易取得益州的好機會。龐統對此是不滿意的，所以在涪城酒會上，藉劉備的話題加以發揮，「指責」劉備「伐人之國而以為歡，非仁者之兵也」。點睛妙筆是龐統對他與劉備爭論「君臣俱失」的評判。「君臣俱失」是說兩個人都有錯誤。龐統的過失是用仁義的標準衡量「伐人之國而以為歡」的行為。其實，話雖是龐統說的，意思卻是劉備的。因為劉備在與劉璋爭奪益州的鬥爭中，常常被仁義恩信所困擾。龐統否定了自己，也就否定了劉備，否定了仁義作為政治鬥爭和軍事鬥爭的標準。劉備的過失是既要襲奪益州的實惠，又要信義寬仁之美名。聽了龐統的話，劉備大笑，「宴樂如初」。劉備的笑，是對龐統苦心的意會，是對龐統批評的接受，是從信義觀念束縛中的解脫。

第二個問題：諸葛亮為什麼在夷陵兵敗之後想到了法正？關羽被殺、荊州丟失後，劉備不顧羣臣的勸阻，發動了討伐東吳的夷陵之戰。這場戰爭不但使蜀漢喪失了大部分軍事主力，也毀掉了孫劉聯盟，是一場戰略性錯誤的戰爭。對發動這場戰爭，諸葛亮究竟是什麼態度？史書上沒有明確記載。《三國演義》說諸葛亮是反對的，只不過阻止不了盛怒中的劉備而已。《三國演義》是為了美化諸葛亮不足為憑，史家的曖昧態度則從另一個角度反映出諸葛亮支持這場戰爭。陳壽對諸葛亮充滿了敬慕之情，試想，如果諸葛亮對這場戰爭稍有異詞，陳壽能不大書特書嗎？面對戰爭的慘敗後果，諸葛亮說：「如果法正活著就好了，他一定能夠阻止皇上攻打孫吳；即使阻止不了，也不會使戰爭敗得那麼慘。」諸葛亮在蜀漢政權中的地位比法正要高，他說話的分量比法正要重，法正如果活著都有可能勸阻這場戰爭，諸葛亮為什麼沒有這個力量？非不能也，是不為也。

（梁滿倉注譯）

卷三十八 蜀書八

許麋孫簡伊秦傳第八

【題解】本列傳一共收入了許靖、麋竺、孫乾、簡雍、伊籍、秦宓六個人物，他們各自所走的道路不同，卻殊途同歸。許靖看好曹操，但歷經輾轉始終未能如願；麋竺、孫乾是在徐州開始隨從劉備的；簡雍則是一開始就隨劉備於涿州起家；伊籍是荊州劉表的舊臣；秦宓則是益州的隱士。這六個人最後都成為劉備蜀漢政權中的成員。他們的經歷恰好劃出了劉備一生的活動軌跡：涿州起家，徐州興盛而後受挫，荊州再起，進入益州建立蜀漢。作者把這六個人列在一起，從一個側面說明無論劉備走到哪裏，都能爭取到一些支持和追隨者，劉備集團的核心是具有政治向心力和凝聚力的。

許靖，字文休，汝南平輿❶人。少與從弟劭❷俱知名，並有人倫臧否❸之稱，而私情不協❹。劭為郡功曹❺，排擯❻靖不得齒敘❼，以馬磨❽自給。潁川劉翊為汝南太守❾，乃舉靖計吏❿，察孝廉，除尚書郎⓫，典選舉⓬。靈帝崩，董卓⓭秉政，以漢陽周毖為吏部尚書⓮，與靖共謀議⓯，進退⓰天下之士，沙汰穢濁，顯拔幽滯⑰。進用潁川荀爽、韓融、陳紀⑱等為公、卿、郡守，拜尚書韓馥⑲為冀州牧⑳，侍中劉岱㉑為兗州㉒刺史，潁川張咨㉓為南陽㉔太守，陳留孔伷㉕為豫州㉖刺史，東郡張邈㉗為陳留太守，而遷靖巴郡㉘太守，不就，補御史中丞㉙。馥等到官，各舉兵還向京都，欲以誅卓。卓怒毖曰：「諸君言當拔用善士㉚，卓從君計，不欲違天下人心。而諸君所用人，至官之日，還來相圖㉛。卓何用相負㉜！」叱毖令出，於外斬之。靖從兄陳㉝相瑒，又與伷合規㉞，靖懼誅，奔伷。伷卒，依揚州㉟刺史陳禕。禕死，吳郡都尉㊱許貢㊲、會稽㊳太守王朗㊴素與靖有舊，故往保焉㊵。靖收恤親里，經紀振贍，出於仁厚。

【章旨】以上為〈許靖傳〉的第一部分，介紹了許靖東漢末期在社會上的影響，以及他在董卓之亂後宦海生涯中的升沉起伏。

【注釋】❶汝南平輿　汝南，郡名。治所在今河南平輿北。平輿，縣名。當時汝南郡治。❷劭　即許劭，東漢名士，以善品評人物著稱，每月都以不同的人物作評論對象，被稱為「汝南月旦評」。當時人多以受其好評為榮。曹操曾求他品評，得「清平之奸賊，亂世之英雄」的評語。詳見《後漢書‧許劭列傳》。❸人倫臧否　對人物的優劣進行品評褒貶。❹私情不協　私人感情不融洽。❺郡功曹　即郡功曹史。掌管一郡人事，參與一郡政務。❻排擯　排斥。❼齒敘　按排列順序的先後受官職。❽馬磨　趕馬推磨，此指做低賤的粗活。❾潁川劉翊　潁川，郡名。治所在今河南禹州。劉翊，字子相，潁川潁陰（今河南許昌）人。東漢末被舉為上計掾，後任陳留太守。詳見《後漢書‧劉翊列傳》。太守，官名。郡的最高行政長官。❿計吏　官名。又稱上計吏。由地方政府派赴中央朝廷，彙報地方政府一年的工作及戶口、墾田、賦稅等具體統計數字。⓫察孝廉二

句　察孝廉，當時用人制度之一。由各郡在所屬吏民中舉薦孝悌清廉者，被察舉為孝廉者往往被任為郎官，所以許靖被任為尚書郎。⑫典選舉　主持選拔任用人才。⑬董卓　字仲穎，隴西臨洮（今甘肅岷縣）人。涼州豪強。東漢末應何進之召進京誅殺宦官，後廢掉少帝另立獻帝，專擅朝政。由於袁紹等人的反對，脅迫獻帝西遷長安。後被呂布所殺。詳見本書卷六〈董卓傳〉。⑭以漢陽周毖句　漢陽，郡名。治所在今甘肅甘谷東南。周毖，字仲遠，武威（今甘肅武威）人，東漢末任尚書，董卓篡權後，暗中進行反對董卓的活動，後被董卓所殺。其事跡散見於本書卷六〈董卓傳〉、裴松之注引《英雄記》等。吏部尚書，尚書省吏部曹長官，主管官吏選拔考課獎懲。⑮謀議　原二字互倒，今從宋本。⑯進退　進用和斥退。⑰沙汰穢濁二句　淘汰與宦官同流合汙的品行低下之人，把長期被宦官排斥禁錮的黨人提拔到顯要位置。幽滯，因禁廢置，此指被禁錮的黨人。⑱荀爽韓融陳紀　荀爽，字慈明，潁川潁陰（今河南許昌）人，東漢名士，出身望族，精通經學，參與黨人反對宦官的鬥爭。董卓當政後，被任為司空。密謀誅殺董卓，尚未施行，身先病死。詳見《後漢書》卷六十二荀淑附傳。韓融，字元長，潁川舞陽（今河南舞陽西北）人。少年時能辯理而不拘泥章句之學。聲名甚盛，漢獻帝初官至太僕。詳見《後漢書・韓韶列傳》。陳紀，字元方，潁川許縣（今河南許昌東）人。其父為東漢大名士陳寔，其子為曹魏名臣陳羣。陳紀東漢末因反對宦官遭黨錮，發憤著書數萬言，號曰《陳子》。董卓入洛陽後被任五官中郎將、侍中等職。詳見《後漢書・陳寔列傳》。⑲韓馥　字文節，潁川（今河南禹州）人。與袁紹不和，依附張邈，因畏懼張邈與袁紹合謀，自殺。其事跡散見於《後漢書・荀彧列傳》、〈董卓傳〉、本書卷六〈袁紹傳〉等。⑳冀州牧　冀州刺史。冀州，州名。治所在今河北冀州。㉑侍中劉岱　侍中，官名。東漢後期與給事黃門侍郎組成侍中寺，管理宮門內外事務，出入宮廷。劉岱，字公山，東萊牟平（今山東龍口東南）人，劉繇兄，任侍中、兗州刺史。其事跡散見於本書卷一〈武帝紀〉、卷四十九〈劉繇傳〉等。㉒兗州　州名。治所在今山東金鄉西北。㉓張咨　東漢末為南陽太守，後被孫堅所殺。詳見本書卷四十六〈孫堅傳〉。㉔南陽　郡名。治所在今河南南陽。㉕陳留孔伷　陳留，郡名。治所在今河南開封東南。孔伷，字公緒。當時人評價他說：「孔公緒能清談高論，噓枯吹生。」其事跡散見於裴松之注引《英雄記》、《漢紀》等。㉖豫州　州名。治所在今安徽亳州。㉗東郡張邈　東郡，郡名。治所在今河南濮陽西南。張邈，字孟卓，東平壽張（今山東東平西南）人。少有俠名，與曹操、袁紹等友善。董卓之亂後，參加袁紹反董聯盟。後為部眾所殺。詳見本書卷七〈張邈傳〉。㉘巴郡　郡名。治所在今重慶市。㉙御史中丞　官名。御史臺長官，專掌監察執法，糾舉懲治官員的違法行為，為京師顯官，職權甚重。㉚善士　賢能之人。㉛圖　謀取。㉜何用相負　什麼地方對不起你們。㉝陳　王國名。治所在今河南淮陽。㉞合規　合謀。㉟揚州　州名。治所在今安徽和縣。㊱吳郡都尉　吳郡，郡名。治所在今江蘇蘇州。都尉，郡中軍事長官，協助太守典掌軍事，維護治安，統率訓練本郡軍隊。㊲許貢　東漢末任吳郡太守，後被孫策所殺。其事跡散見於本書卷四十六〈孫策傳〉、裴松之注引《吳錄》等。㊳會稽　郡名。治所在今浙江紹興。㊴王朗　字景興，東海郯縣（今山東郯城北）人，東漢末任會稽太守，先降孫策，後降曹操，任司空、司徒等職。詳見本書卷十三〈王朗傳〉。㊵往保焉　前去投靠以求保全自己。

【語譯】許靖，字文休，汝南郡平輿縣人。年輕時與從弟許劭都知名於世，同時以擅長品評褒貶人物著稱，但他們二人的私人感情不很融洽。許劭擔任郡功曹，排斥許靖，使許靖不能進入按序授官的行列，只能做些粗活維持生計。潁川郡人劉翊出任汝南太守，才薦舉許靖任上計吏，又舉薦他為孝廉，朝廷任命他為尚書郎，掌管人才的選拔任用。漢靈帝去世，董卓把持朝政，任命漢陽人周毖為吏部尚書，與許靖共同謀劃，評定天下的人才，淘汰品行才能低下的人，顯揚提拔長期被埋沒壓制的賢能人士。進用潁川郡人荀爽、韓融、陳紀等分別出任三公、九卿、郡太守等職，任命尚書韓馥為冀州刺史，侍中劉岱為兗州刺史，潁川郡人張咨為南陽太守，陳留郡人孔伷為豫州刺史，東郡人張邈為陳留太守。又升遷許靖為巴郡太守，他沒有赴任，補任為御史中丞。韓馥等人到任之後，各自起兵，回頭進攻京都洛陽，準備誅除董卓。董卓生氣的對周毖說：「各位說應當提拔任用賢能之士，董卓我聽從了你們的建議，不想違背天下人心。而各位所用的這些人，到任之日，就回頭來圖謀我。董卓我有什麼地方對不住你們！」喝令將周毖拉出去，在外面斬首。許靖的從兄陳國丞相許瑒，又與孔伷合謀，許靖害怕被董卓誅殺，便投奔孔伷。孔伷去世，許靖又前往投靠揚州刺史陳褘。陳褘死後，因為吳郡都尉許貢、會稽太守王朗素來與許靖有舊交，許靖便到他們那裏求得自保。許靖收容撫恤親戚鄉里，幫助他們經營生計，賑濟贍養，都是出自仁義厚道之心。

1 孫策東渡江❶，皆走交州❷以避其難，靖身坐岸邊，先載附從❸，疏親悉發，乃從後去，當時見者莫不歎息。既至交阯❹，太守士燮❺厚加敬待。陳國袁徽以寄寓[6]交州，徽與尚書令荀彧[7]書曰：「許文休英才偉士，智略足以計事。自流宕[8]已來，與羣士相隨，每有患急，常先人後己，與九族中外[9]同其飢寒。其紀綱[10]同類，仁恕惻隱[11]，皆有效事[12]，不能復一二[13]陳之耳。」鉅鹿[14]張翔銜王命使交部[15]，乘勢募[16]靖，欲與誓要[17]，靖拒而不許。靖與曹公書曰：

2 「世路戎夷[18]，禍亂遂合，駑怯[19]偷生，自竄蠻貊[20]，成闊[21]十年，吉凶禮廢。昔在會稽，得所貽書[22]，辭旨款密[23]，久要不忘[24]。迫於袁術[25]方命圮族[26]，扇動羣逆，津塗四塞，雖縣心北風[27]，欲行靡由[28]。正禮[29]師退，術兵前進[30]，會稽傾覆，景興失據[31]，三江五湖[32]，皆為虜庭[33]。臨[34]時困厄，無所控告[35]，便與袁沛、鄧子孝等浮涉滄海，南至交州。經歷東甌[36]、閩、越[37]之國，行經萬里，不見漢地，漂薄風波，絕糧茹[38]草，飢殍薦臻[39]，死者大半。既濟南海[40]，與領守[41]兒孝德相見，知足下[42]忠義奮發，整飭元戎[43]，西迎大駕，巡省中嶽[44]。承此休問[45]，且悲且憙，即與袁沛及徐元賢復共嚴裝[46]，欲北上荊州[47]。會蒼梧[48]諸縣夷、越蠭起[49]，州府[50]傾覆，道路阻絕，元賢被害，老弱並殺。靖尋循渚岸五千餘里，復遇疾癘，伯母隕命，并及羣從，自諸妻子[51]，一時略盡[52]。復相扶侍，前到此郡，計為兵害及病亡者，十遺一二。生民之艱，辛苦之甚，豈可具陳哉！懼卒顛仆[53]，永為亡虜(54)，憂瘁慘慘(55)，忘寢與食。欲附奉朝貢使(56)，自獲濟通，歸死闕庭(57)，而荊州水陸無津(58)，交部驛使(59)斷絕。欲上益州(60)，復有峻防(61)，故官長吏，一不得入。前令交阯太守士威彥(62)，深相分託於益州兄弟(63)，又靖亦自與書(64)，辛苦懇惻，而復寂寞(65)，未有報應(66)。雖仰瞻光靈，延頸企踵(67)，何由假翼自致哉(68)？

3 「知聖主允明(69)，顯授足下專征(70)之任，凡諸逆節(71)，多所誅討，想力競者(72)一心，順從者同規(73)矣。又張子雲(74)昔在京師，志匡王室，今雖臨荒域(75)，不得參與本朝(76)，亦國家之藩鎮，足下之外援也。若荊楚(77)平和，王澤南至，足下忽有聲命於子雲，勤見保屬(78)，今得假途(79)由荊州出，不然，當復相紹介(80)於益州兄弟，使相納受。儻天假其年(81)，人緩其禍，得歸死國家，解逋逃(82)之負，泯軀九泉，將復何恨！若時有險易，事有利鈍，人命無常，隕沒不達者，則永銜罪責(83)，入於裔土(84)矣。

4 「昔營丘翼周，杖鉞專征(85)；博陸佐漢，虎賁警蹕(86)。今日足下扶危持傾，為國柱石，秉師望(87)之任，兼霍光(88)之重，五侯九伯，制御(89)在手，自古及今，人臣之尊未有及足下者也。夫爵高者憂深，祿厚者責重。足下據爵高之任，當責重之地，言出於口，即為賞罰，意之所存，便為禍福。行之得道，即社稷用(90)寧；

行之失道，即四方散亂。國家安危，在於足下；百姓之命，縣於[91]執事。自華及夷，顒顒注望[92]。足下任此，豈可不遠覽載籍[93]廢興之由，榮辱之機，棄忘舊惡，寬和羣司，審量五材[94]，為官擇人？苟得其人，雖讎必舉；苟非其人，雖親不授。以寧社稷，以濟下民，事立功成，則繫音於管絃[95]，勒勳於金石[96]。願君勉之！為國自重[97]，為民自愛[98]。」

翔恨靖之不自納[99]，搜索靖所寄書疏，盡投之于水。

【章旨】以上為〈許靖傳〉的第二部分，介紹了許靖在和董卓政權決裂後艱苦的流亡歷程和痛苦的生活感受，同時描述了許靖對曹操政權所寄予的希望和建言。

【注釋】❶孫策東渡江　孫策向東渡過長江。孫策，字伯符，孫堅長子，吳郡富春（今浙江富陽）人。東漢末先投奔袁術，被袁術表為折衝校尉。後率兵東渡江，在江東建立政權。詳見本書卷四十六〈孫策傳〉。江，指長江。❷交州　州名。治所在今廣東廣州。❸先載附從　先讓船裝載隨從自己的人。附從，隨從自己往交州的人。❹交阯　郡名。治所在今越南河內東北。宋本「交阯」二字重，屬下句讀。❺士燮　字威彥，蒼梧廣信（今廣西梧州）人。東漢末任交阯太守，後歸降孫吳，任左將軍、衛將軍。詳見本書卷四十九〈士燮傳〉。❻寄寓　寄居。❼尚書令荀彧　尚書令，尚書省長官，位高權重。荀彧，字文若，潁川潁陰（今河南許昌）人。曹操手下謀士，任侍中、光祿大夫、參丞相軍事。後因反對曹操進爵國公，憂鬱而死。詳見本書卷十〈荀彧傳〉。❽流宕　流離飄蕩。❾九族中外　九族指上及高祖下至玄孫的直系宗親，中外指中表親戚。此處泛指宗親。❿紀綱　照料。⓫隱　原作「恒」，今從宋本。⓬效事　可以驗證的事實。⓭一二　一一。⓮鉅鹿　又作「巨鹿」。郡名。治所在今河北寧晉西南。⓯使交部　出使交州。交部，即交州。⓰募　招納。⓱欲與誓要　要與（許靖）訂立誓約。⓲世路戎夷　人世間充滿戰爭和誅殺。⓳駑怯　駑鈍膽怯。⓴蠻貊　分指南方少數民族和東北方少數民族，此指少數民族聚居的邊緣地區。㉑成闊　離別。㉒得所貽書　得到您給我的書信。㉓款密　誠懇親切。㉔久要不忘　《論語・憲問》載，子路問孔子什麼是成人，孔子說：「今之成人者何必然？見利思義，見危授命，久要不忘平生之言，亦可以為成人矣。」此處意為經過長期的顛沛流離也沒有忘記。㉕袁術　字公路，汝南汝陽（今河南商水縣西南）人。東漢末任河南尹，後據南陽，又在壽春稱帝。後受曹操攻擊，不能自保，乃歸還帝號，不久病死。詳見本書卷六〈袁術傳〉。㉖方命圮族　《尚書・堯典》記載：天下洪水蕩蕩，堯要求大臣推薦治水者，眾人推薦鯀，堯說：「吁，咈哉，方命圮族。」意思是這樣就會任命一個毀敗族類的人。此處許靖引用此語，意為袁術正在做毀殺同類的壞事。㉗縣心北風　心繫北方。縣，同「懸」。㉘欲行靡由　想走但沒有可走之路。㉙正禮　即劉繇，字正禮，東萊牟平（今山東龍口東南）人，東漢末任揚州刺史，後被孫策打敗，南退豫章，病卒。詳見本書卷四十九〈劉繇傳〉。㉚術兵前進　袁術的軍隊進占。當時孫策是袁術的部下，孫策進占江東，劉繇兵敗退走，所以許靖這樣說。㉛會稽傾覆二句　會稽陷於孫策之手，王朗失去了立足之地。景興為王朗字，時任會稽太守，孫策渡江東進，王朗曾率軍抵抗，兵敗退走。㉜三江五湖　時人用三江總稱長江下游的多條河道，用五湖總稱太湖為主的湖泊羣。這裏泛指長江下游的江南地區。㉝皆為虜庭　全都成為叛亂者的領地。虜，對敵方的蔑稱。㉞臨　面臨。㉟無所控告　沒有上告的管道。㊱東甌　地區名。今天的江浙地區，因古代甌越族聚居在這裏，故名。㊲閩越　地區名。今天的福建福州地區，因古代的閩越族聚居在這裏，故名。㊳茹　吃。㊴飢殍薦臻　餓死的人接連不斷。薦臻，接連的來到。㊵南海　郡名。治所在今廣東廣州。㊶領守　兼任郡太守。㊷足下　對收信人的尊稱。㊸整飭元戎　整頓大軍。飭，原作「勅」，宋本作「飭」，二字通。㊹西迎大駕二句　漢獻帝被董卓劫持到長安後，一直在關中地區飄泊。後來曹操率兵把漢獻帝迎回許昌，挾天子以令諸侯。此二句所說即指此事。㊺承此休問　聽到這個好消息。㊻嚴裝　收拾行裝。㊼荊州　州名。劉表任荊州刺史時，治所在今湖北襄樊。後被曹操據有。劉備占據荊州時，治所在今湖北公安。㊽蒼梧　郡名。治所在今廣西梧州。㊾夷越蠭起　郡內各縣的少數民族羣起造反。㊿州府　州治府所在地。當時交州和蒼梧郡的治所都在一個地方，即今廣西梧州。(51)自諸妻子　以至於妻室兒女。(52)一時略盡　一下子幾乎全都病死。略，幾乎。(53)懼卒顛仆　害怕突然倒下，即害怕死去的意思。卒，通「猝」。突然。(54)亡虜　流亡的罪人。(55)憂瘁慘慘　憂慮傷心的樣子。(56)欲附奉朝貢使　想跟著到京城朝覲進貢的使臣。(57)自獲濟通二句　通過這個方法獲得到達朝廷的通途，回到京城認領死罪。(58)水陸無津　水路、陸路都不通。津，指渡口和關口。(59)驛使　送信的使臣。(60)益州　州名。治所在今四川成都。(61)復有峻防　又有嚴密防守。(62)交阯太守士威彥　即交阯太守士燮，威彥是其字。(63)益州兄弟　指當時的益州牧劉璋和他的哥哥劉瑁。(64)自與書　親自寫信給劉璋。(65)寂寞　沉寂。

(66)報應　回音。(67)仰瞻光靈二句　仰望朝廷神聖光輝，伸著脖子踮起腳跟企盼。(68)何由假翼自致哉　又能到哪裏借一雙翅膀，使我飛到您的身邊呢。(69)聖主允明　聖主，指漢獻帝。允明，公正英明。(70)專征　《竹書紀年》帝辛三十三年載：「王錫命西伯得專征伐。」古代天子授予諸侯的特權，不待天子之命，可以自行率軍征伐。(71)凡諸逆節　凡是那些叛逆不守臣節的。(72)力競者　具有實力，可以與別人爭天下的人。(73)同規　想法一致。規，謀劃，此指思想。(74)張子雲　即張津，字子雲，當時任交州刺史。事跡散見於本書卷四十九〈士燮傳〉。(75)臨荒域　指在交州任刺史。荒域指交州。(76)不得參與本朝　不能夠參與中央朝廷的政務。本朝，指東漢中央朝廷。(77)荊楚　即荊州。荊州為先秦時楚國的故地，楚國又稱荊。(78)勤見保屬　多多受到保護和關照。(79)假途　借道。(80)紹介　介紹。(81)儻天假其年　如果上天讓我多活幾年。(82)逋逃　逃亡。(83)永銜罪責　永遠背著罪名。(84)入於裔土　埋在邊遠地區的地下。(85)營丘翼周二句　齊國藩護周朝，手握自行征伐諸侯的權力。營丘，地名。在今山東淄博東北，為當時齊國的首都。《史記・齊太公世家》記載，周成王少時，命太公曰：「東至海，西至河，南至穆陵，北至無棣，五侯九伯，實得征之。」齊國由此得到杖鉞專征的權力。(86)博陸佐漢二句　霍光輔佐漢朝，具有極高的權力。博陸指西漢霍光。霍光是漢武帝皇后的外甥，被封為博陸侯，漢昭帝時為大司馬大將軍輔政，朝廷政事決於一身。《漢書・霍光傳》記載，「光出都肄郎羽林，道上稱蹕，太官先置」，動用皇帝的侍衛武士警戒清道，虎賁警蹕即指此事。(87)師望　即呂尚。周文王時任太師，武王時號為師尚父，又稱太公望。詳見《史記・齊太公世家》。(88)霍光　字子孟，河東平陽（今山西臨汾西南）人，霍去病異母弟。為漢武帝所信任，受遺詔輔佐昭帝。昭帝死後，先立昌邑王劉賀，後立宣帝，前後秉政二十年。詳見《漢書・霍光傳》。(89)制御　控制駕馭。(90)用　因此。(91)縣於　掛在；決定於。(92)顒顒注望　殷切的關注、仰望。(93)載籍　文獻典籍。(94)五材　人的五種好品質。《六韜・論將》說：「所謂五材者，勇、智、仁、信、忠也。」(95)繫音於管絃　被譜成樂曲進行傳唱。(96)勒勳於金石　把功績刻在石碑和金屬器具上，使之永遠不滅。(97)自重　自我珍重。(98)自愛　自我珍愛。(99)不自納　不接受自己。

【語　譯】孫策東渡長江，當地人都逃往交州避難，許靖坐在岸邊，讓跟隨自己走的人先上船，直到親疏遠近的人都動身了，他才跟在後面離開。當時見到這種情景的人沒有不感慨讚嘆的。到了交阯郡後，交阯郡太守士燮對許靖厚加敬重接待。陳國人袁徽已經寄居在交州，他給尚書令荀彧寫信說：「許文休是才能過人的傑出人物，他的才智謀略足以謀劃大事。從他流浪漂泊以來，與眾多的士人相伴隨，每當有緊急危難的情況，他總是先想到別人後想到自己，與自己本族外族的親戚們一起忍受飢寒。他照料同伴，富有仁慈惻隱之心，這都有可以驗證的事實，不能再一一列舉罷了。」鉅鹿郡人張翔奉朝廷之命出使交州，乘勢招納許靖，想與他盟誓為友，許靖拒絕，沒有允許。許靖寫信給曹操說：

2 「世間充斥著戰爭與屠殺，災禍和動亂交織一處，我駑鈍懦弱，苟且偷生，自己跑到少數民族居住的邊遠地區，一別就是十年，婚喪賀弔的禮儀全都荒廢了。過去我在會稽的時候，曾收到您寫來的信函，信中文辭懇切，經過長時間的顛沛流離仍令人難忘。迫於袁術當時正在毀滅殺害同類，煽動叛徒造反，所有渡口道路都被阻斷，雖然我一心牽掛著北方，想走卻無路可行。劉正禮兵敗退軍，袁術的軍隊隨之進占，會稽郡被他們攻破，郡太守王景與失去依據，江南地區，全都成了虜寇的地盤。面對當時的困境厄運，我上告無門，只好與袁沛、鄧子孝等人遠渡滄海，往南來到交州。一路經過東甌、閩越等地，行經萬里的途中，看不到漢人的居住地，在風浪中漂泊，糧食斷絕，只能以草充飢，餓死的人接連不斷，死掉的人有一大半。到了南海郡後，與兼任南海郡太守的兒孝德相見，才知道您在北方忠義奮發，整頓大軍，西迎天子大駕，到達許縣。聽到這樣的好消息，真令我又悲又喜，當即便與袁沛、徐元賢重新收拾行裝，準備北上荊州。適逢蒼梧郡各縣的少數民族羣起造反，州府治所都被攻陷，道路交通阻斷，徐元賢遇害，許多老弱之人也都被殺。許靖我沿著海岸邊走了五千多里，又遇到瘟疫流行，伯母去世，並連及眾多跟隨我的人，妻子兒女，一下子幾乎全都病死。倖存下來的人靠互相扶持著，才向前走到交阯郡這裏，總計遭戰亂遇害和患病死亡的人，有十分之八九。百姓們求生所遭到的艱辛和痛苦，哪能夠一一說盡呢！我害怕有一天突然死去，永遠流亡他鄉，為此憂慮傷心，忘記了睡覺與吃飯。我本想跟隨到京城進貢的使者，以此獲得通往朝廷的道路，回到朝廷認罪領死，然而荊州水陸兩路交通斷絕，交州也沒有前往朝廷的驛使。想北上益州，不料益州又防守嚴密，舊時的官員及縣令長一律不得進入。先前曾讓交阯郡太守士燮，懇切的拜託益州牧劉璋兄弟，我也曾親自寫信給他們，道盡辛苦述說懇切之情，然而都未見動靜，沒有任何回音。雖然我仰慕您的神聖光輝，伸長脖子踮起腳跟企盼，又能到哪裏借一雙翅膀，能讓我飛到您的身邊呢？

3 「我知道聖上公允英明，公開授與您自行決定軍事征伐的權力，凡是那些不守臣節的叛逆，大多受到了征討誅除。我想那些想靠實力爭奪天下的人都已一心擁戴朝廷，而原本順從朝廷的人就更是同心同德了。此外，交州刺史張子雲從前在京城時，就志在輔助王室，現在雖然在治理荒遠地區，不能參與朝廷政務，但也是朝廷的藩鎮，您的外援。倘若荊楚地區獲得安寧，皇上的恩澤可以照臨南方，您快速的給張子雲下令，讓他對我格外的保護關照，使我能夠從荊州借路北上，不能這樣的話，就請您把我介紹給益州的劉璋兄弟，讓他們接納我。如果上天能給我壽數，能夠躲避人間的災禍，讓我能夠到朝廷接受死罪，解除身上的逃亡罪名，即使命喪九泉之下，又有什麼遺憾的呢！如果因為時勢有危險有平安，事有順利、挫折，生命無常，我突然死亡不能回到北方，那就只有永遠背負著逃亡的罪名，被葬於荒遠地區的地下了。

4 「從前呂望輔佐周朝，手持節鉞專掌征伐諸侯的權力；霍光輔佐漢朝，出行時可以用皇帝的虎賁勇士警戒開道。現在您挽救朝廷的危局，是國家的柱石，執掌著呂望輔佐周朝那樣的大任，身兼霍光那樣的重位，天下的諸侯，全都在您的控制和駕馭之下，自古到今，人臣的尊貴地位沒有人能比得上您了。爵位高的人憂慮深，俸祿多的人責任重。您身處崇高爵位，身在責任重大的地位上，一開口就是獎賞或懲罰，念頭一動，就成為災禍或福祉。如果行使權力符合正道，國家就因此安寧，行使權力失於正道，天下就會分裂動亂。國家的安危，全在您一人的身上；百姓的性命，也繫在您的手上。無論漢人還是少數民族，都在關注仰望著您。您身處在這樣的地位，怎能不飽覽古代文獻典籍記載中國家興廢的根由，個人榮辱變化的機緣，從而拋棄以往的恩怨，寬容協調各個辦事機構，審查考量人的五種品質，為國家選擇合適的人才充任官員呢？如果得到合適的人，即便是仇人也一定要舉薦；如果不是合適的人，即便是親人也不授與他官職。用這樣的做法來使國家安寧，救助百姓，事業建立大功告成後，您的功績就會被譜成樂曲廣為傳唱，就會被銘刻在石碑和金屬器物上。希望您勤勉去做！也希望您為國家自我珍重，為百姓自我愛護。」

5 張翔怨恨許靖不接納自己，便搜查出許靖所寄的書信，把它們全都扔進水中。

1 後劉璋遂使使招靖❶，靖來入蜀。璋以靖為巴郡、廣漢❷太守。南陽宋仲子❸於荊州與蜀郡太守王商❹書曰：「文休倜儻瑰瑋❺，有當世❻之具❼，足下當以為指南❽。」建安十六年，轉❾在蜀郡。十九年，先主克蜀，以靖為左將軍長史❿。先主為漢中王，靖為太傅⓫。及即尊號，策靖曰：「朕獲奉洪業，君臨萬國，夙宵⓬惶惶，懼不能綏⓭。百姓不親，五品不遜⓮，汝作司徒⓯，其敬敷五教⓰，在寬⓱。君其勖⓲哉！秉德無怠，稱朕意焉。」

2 靖雖年逾七十，愛樂人物，誘納⓳後進，清談⓴不倦。丞相諸葛亮㉑皆為之拜。章武二年㉒卒。子欽，先靖夭沒。欽子游，景耀㉓中為尚書。始靖兄事㉔潁川陳紀，與陳郡袁渙㉕、平原華歆㉖、東海㉗王朗等親善，歆、朗及紀㉘子羣，魏初為公輔大臣，咸與靖書，申陳舊好，情義款至㉙，文多故不載。

【章　旨】以上為〈許靖傳〉的第三部分，介紹了許靖從交州到益州，最後成為蜀漢政權中的太傅和司徒。還介紹了許靖在蜀漢政權中所受待遇，以及死後親屬後代的一些情況。

【注　釋】❶後劉璋遂使使招靖　劉璋派遣使臣延請許靖。劉璋，字季玉，江夏竟陵（今湖北潛江市西北）人，劉焉之子。繼劉焉後任益州刺史，懦弱少斷，因懼怕曹操藉征張魯之機進入益州，故請劉備入蜀。劉備占領益州，遷之於南郡公安（今湖北公安）。孫吳取荊州，以為益州牧。詳見本書卷三十一〈劉璋傳〉。❷廣漢　郡名。治所在今四川廣漢。❸宋仲子　名忠，字仲子。當時荊州著名學者，與北方鄭玄齊名。劉表任荊州刺史時，開立學官，博求儒士，使綦毋闓、宋忠等撰五經章句，謂之後定。事跡散見於《三國志・劉表傳》裴松之注引《英雄記》、卷四十二〈尹默傳〉等。❹蜀郡太守王商　蜀郡，郡名。治所在今四川成都。王商，廣漢人，字文表。以有才學著稱，任劉璋的治中從事。荊州劉表及宋忠對其多有稱讚，後被任為蜀郡太守，在任拔舉賢才，修學興農，百姓便之。在郡十年，死於任上，許靖代之。詳見本傳裴松之注引《益州耆舊傳》。❺倜儻瑰瑋　豪爽出眾，奇偉卓越。❻當世　治理社會。❼具　才幹。❽指南　原意為指南針，此處指指引方向的人。❾轉　官員的同級調動。❿左將軍長史　官名。西漢時大將軍、車騎將軍、前後左右將軍皆有長史。東漢、三國沿置。⓫太傅　官名。皇帝的師傅。東漢時居百官之首，在三公之上，位尊而無常職。三國時有所變化，位雖尊貴，但無實權。⓬夙宵　即夙夜。早晚；日夜。⓭綏　安定。⓮五品不遜　人倫關係不順。五品，五種人倫關係：君臣、父子、夫婦、長幼、朋友。不遜，不順。⓯司徒　官名。三公之一。本執掌民政，教育百姓，考核官員，蜀漢時則有所不同，與丞相並置，無實際職權。⓰五教　針對五品教育百姓遵守的五種人倫道德。即父子有親、君臣有義、夫婦有別、長幼有序、朋友有信。⓱在寬　遵循寬厚的原則。⓲勖　勉勵。⓳誘納　誘導接納。⓴清談　魏晉時的社會風氣。漢末三國時期的清談與兩晉以後有所不同，前者偏重於「議」，即品評褒貶人物；後者則偏重於「談」，著重談《老》、《莊》義理。此種區別在唐長孺〈清談與清議〉一文中有充分論述。詳見唐長孺著《魏晉南北朝史論叢》。㉑諸葛亮　字孔明，琅邪陽都（今山東沂南南）人。先隱居荊州隆中，後輔佐劉備，提出並實踐聯合孫吳、跨有荊益、北拒曹操的方針。劉備去世後，受遺詔輔佐劉禪，先後平定南中，六次北伐曹魏。後逝世於北伐前線。詳見本書卷三十五〈諸葛亮傳〉。㉒章武二年　西元二二二年。章武，蜀漢昭烈帝劉備年號，西元二二一—二二三年。㉓景耀　蜀漢後主劉禪年號，西元二五八—二六三年。㉔兄事　當作兄長對待。㉕陳郡袁渙　陳郡，郡名。治所在今河南淮陽。袁渙，字曜卿，陳郡扶樂（今河南太康西北）人，漢司徒袁滂之子。先後在袁術、呂布等手下，後依附曹操。任郎中令，行御史大夫事。詳見本書卷十一〈袁渙傳〉。渙，原誤作「煥」，今據宋本改。㉖平原華歆　平原，郡名。治所在今山東平原南。華歆，字子魚，平原高唐（今山東禹城西南）人。東漢末年任豫章太守，後投降孫策，孫策死後降曹魏。先後任侍中、御史大夫、太尉等職。詳見本書卷十三〈華歆傳〉。㉗東海　郡名。治所在今山東郯城。㉘紀　此字下原有「并」字，今據宋本刪。㉙款至　懇切周到。

【語　譯】 後來劉璋便派使臣去招請許靖，許靖便來到益州。劉璋任命許靖為巴郡太守、廣漢太守。南陽郡人宋忠在荊州給蜀郡太守王商寫信說：「許文休豪爽出眾才華超羣，有治理當今亂世的才能，您應當效法學習他。」建安十六年，許靖轉任蜀郡太守。建安十九年，先主攻占益州，任命許靖為左將軍長史。先主稱漢中王，許靖擔任太傅。等到先主稱帝，任命許靖出任司徒的策文說：「我得以繼承漢室大業，君臨萬國，日夜惶恐不安，擔憂不能使天下獲得安定。百姓間不和睦，父、母、兄、弟、子女之間的五常之教也不講求，所以任命你做司徒，你要虔誠恭敬的傳布這五種人倫道德，而以寬柔為原則。你要努力勤勉呀！秉持仁德不要懈怠，以符合我的心願。」

2 許靖雖然年過七十歲，但仍然愛惜人才，引導接納後生晚輩，鑒識品評人物不知疲倦。丞相諸葛亮見到他都對他下拜。章武二年許靖去世。他的兒子許欽，先於許靖夭亡。許欽的兒子許游，景耀年間擔任尚書。當初許靖把潁川郡人陳紀當兄長對待，與陳郡人袁渙、平原郡人華歆、東海郡人王朗等人親近友善，華歆、王朗及陳紀的兒子陳羣在曹魏初為輔政大臣，都寫信給許靖，述說舊日的友情，懇切周到，情深意長，這些信文字很多，所以不予記載。

1 麋竺，字子仲，東海朐❶人也。祖世貨殖❷，僮客❸萬人，貲產鉅億。後徐州❹牧陶謙❺辟❻為別駕從事❼。謙卒，竺奉謙遺命，迎先主於小沛❽。建安元年，呂布❾乘先主之出拒袁術，襲下邳❿，虜先主妻子。先主轉軍廣陵海西⓫，竺於是進妹於先主為夫人，奴客二千，金銀貨幣以助軍資；于時困匱，賴此復振。後曹公表竺領嬴郡⓬太守，竺弟芳⓭為彭城相⓮，皆去官⓯，隨先主周旋⓰。先主將適⓱荊州，遣竺先與劉表⓲相聞，以竺為左將軍從事中郎⓳。益州既平，拜為安漢將軍⓴，班在軍師將軍之右㉑。竺雍容敦雅，而幹翮㉒非所長。是以待之以上賓之禮，未嘗有所統御。然賞賜優寵，無與為比。

2 芳為南郡㉓太守，與關羽㉔共事，而私好攜貳㉕，叛迎孫權㉖，羽因覆敗。竺面縛請罪，先主慰諭以兄弟罪不相及，崇待如初。竺慚恚發病，歲餘卒。子威，官至虎賁中郎將㉗。威子照，虎騎監㉘。自竺至照，皆便㉙弓馬，善射御云。

【章旨】以上為〈麋竺傳〉，介紹了麋竺棄商從政的經過，對劉備軍事復興的資助，以及對劉備進入荊州的幫助和所受到的禮遇，最後記述了麋竺的死因及子孫後嗣的情況。

【注釋】❶朐　縣名。治所在今江蘇連雲港市西南。❷貨殖　使錢財增值。此指工商業活動。❸僮客　與豪強大族有人身依附關係的人口。東漢末年，土地兼併嚴重，社會動盪不安。大量失去土地的流亡農民，為了躲避戰亂和滿足衣食的需要，投靠在豪強大族門下。他們為主人做家務，充當私人武裝，或從事生產活動。其社會地位極低，幾乎接近於奴隸，所以稱奴客或僮客。❹徐州　州名。治所在今山東郯城。❺陶謙　字恭祖，丹陽（今安徽宣州）人。東漢末任徐州刺史，其手下殺曹操父曹嵩，曹操為報父仇攻破徐州，陶謙敗走，次年病死。詳見《後漢書・陶謙列傳》、本書卷八〈陶謙傳〉。❻辟　推舉；徵召。❼別駕從事　又稱別駕，州刺史的屬官。❽小沛　縣名。治所在今江蘇沛縣。❾呂布　字奉先，五原九原（今內蒙古包頭西）人。先後在丁原、董卓手下任職，又相繼殺死二人，占領徐州，長期與袁術、劉備、曹操爭戰，後被曹操所殺。詳見本書卷七〈呂布傳〉。❿下邳　郡名。治所在今江蘇邳州南。⓫廣陵海西　廣陵，郡名。治所在今江蘇揚州西北。海西，縣名。治所在今江蘇灌南東南。⓬嬴郡　郡名。治所在今山東萊蕪西北，曹操臨時設置，後撤銷。⓭竺弟芳　麋竺弟麋芳，字子方，任蜀漢南郡太守，因與關羽不和，投降孫吳。其事跡散見於本書卷三十六〈關羽傳〉、卷四十五〈楊戲傳〉等。⓮彭城相　彭城，國名。治所在今江蘇徐州。相，王國中最高行政長官，匡輔、監督諸侯王，尊顯權重。⓯去官　辭官離職。⓰周旋　四處輾轉。⓱適　到；往。⓲劉表　字景升，山陽高平（今山東微山縣西北）人。東漢遠支皇族。曾任荊州刺史，據有今湖南、湖北地方。後為荊州牧。他在羣雄混戰中，採取觀望態度，轄區破壞較小，中原人來避難者甚眾。後病死，其子劉琮降於曹操。詳見本書卷六〈劉表傳〉。⑲從事中郎　將軍府屬官。其職依府而異，不定員。地位較高。⑳安漢將軍　蜀漢政權創置的武職，地位較高。㉑班在軍師將軍之右　職級在軍師將軍之上。之右，之上。㉒幹翮　鳥翅膀中其主要作用的大羽毛。此比喻承擔主要政務。㉓南郡　郡名。治所在今湖北江陵。㉔關羽　字雲長，河東解縣（今山西臨猗西南）人。在涿州與張飛一起隨劉備起兵，屢立戰功，任襄陽太守、盪寇將軍。劉備率軍入蜀後留鎮荊州，後被孫吳殺死。詳見本書卷三十六〈關羽傳〉。㉕私好攜貳　私人關係不和，有矛盾。㉖孫權　字仲謀，吳郡富春（今浙江富陽）人，孫策弟。孫策死後即位，被封討虜將軍，領會稽太守。黃武八年（西元二二九年）即帝位於武昌。死後諡大皇帝，廟號太祖。詳見本書卷四十七〈吳主傳〉。㉗虎賁中郎將　官名，主管皇帝宿衛，統帥宿衛兵。㉘虎騎監　蜀漢政權創置的武官，統率精銳的禁衛騎兵。㉙便　嫻熟。

【語譯】麋竺，字子仲，東海郡朐縣人。祖上世代經商，家中有僮客上萬人，資產萬億。後來徐州牧陶謙舉薦麋竺出任徐州別駕從事史。陶謙去世，麋竺遵奉陶謙的遺命，到小沛迎接先主入主徐州。建安元年，呂布趁先主領兵外出抵禦袁術，襲擊下邳，俘獲了先主的妻子兒女。先主率軍轉至廣陵郡海西縣駐紮，麋竺在這時把妹妹送給先主做夫人，又送奴客兩千人和金銀貨物錢幣，用來資助軍費。當時先主極度匱乏，憑藉麋竺這次的幫助得以重新振起。後來曹公上表，請求朝廷讓麋竺兼任嬴郡太守，讓麋竺的弟弟麋芳擔任彭城國相，兄弟二人都辭官離職，跟隨先主四處輾轉。先主準備前往荊州，派遣麋竺先去和荊州牧劉表聯絡，任命麋竺為左將軍從事中郎。先主平定益州後，被任命為安漢將軍，職級在軍師將軍諸葛亮之上。麋竺為人雍容大方敦厚文雅，但他沒有負責主要政務的才幹，所以先主用對待上賓的禮節對待他，不曾讓他統領過軍隊。然而給他的賞賜和優待恩寵，無人能比。

2 麋芳出任南郡太守，與關羽共事，但二人私交不好，互有嫌隙，麋芳反叛迎納孫權，關羽因此兵敗身亡。麋竺把自己綁起來當面向先主請罪，先主撫慰他說弟弟有罪兄長不受牽連的道理，仍然像以前那樣厚待他。麋竺羞憤交加致病，一年多後去世。兒子麋威，官至虎賁中郎將。麋威的兒子麋照，任職虎騎監。從麋竺到麋照，都嫻熟騎馬射箭，擅長在飛馬奔馳中射箭。

孫乾，字公祐，北海❶人也。先主領徐州，辟為從事，後隨從周旋。先主之背曹公，遣乾自結袁紹❷，將適荊州，乾又與麋竺俱使劉表，皆如意指。後表與袁尚書❸，說其兄弟分爭之變，曰：「每與劉左將軍、孫公祐共論此事，未嘗不痛心入骨，相為悲傷也。」其見重如此。先主定益州，乾自從事中郎為秉忠將軍❹，見禮❺次麋竺，與簡雍同等。頃之，卒。

【章　旨】以上為〈孫乾傳〉，介紹了孫乾政治生涯的主要事跡，以及在劉備政權中所受的待遇。

【注　釋】❶北海　王國名。治所在今山東昌樂東南。❷袁紹　字本初，汝南汝陽（今河南商水縣西南）人。出身世家大族，董卓篡政後起兵，為討董聯軍首領。後自稱冀州牧，據有青、冀、幽、并四州。與曹操決戰於官渡，大敗後病死。詳見本書卷六〈袁紹傳〉。❸後表與袁尚書　劉表給袁尚寫信。袁尚，袁紹的兒子。袁紹死後，他的幾個兒子為爭奪權力互相攻伐，所以劉表給袁尚寫信，向他講兄弟間不可互相殘殺的道理。❹秉忠將軍　官名。劉備政權創置，職掌參謀軍事。❺見禮　所受禮遇。

【語　譯】孫乾，字公祐，北海郡人。先主兼任徐州牧，聘任他為州從事史，此後跟隨先主輾轉各地。先主背離曹操，派遣孫乾結好袁紹去聯繫依附投靠之事，將要前往荊州投靠劉表時，孫乾又與麋竺一起出使到劉表那裏，一切都符合先主的心意。後來劉表寫信給袁尚，說到袁尚兄弟之間分裂爭鬥的變故，說：「每次我與劉左將軍、孫公祐一起說到這件事，沒有一次不感到痛心入骨，為之悲傷不已。」孫乾就是這樣被人看重。先主平定益州，孫乾自從事中郎升任秉忠將軍，所受的禮遇僅次於麋竺，和簡雍相同。沒有多久，孫乾去世。

簡雍，字憲和，涿郡❶人也。少與先主有舊，隨從周旋。先主至荊州，雍與麋竺、孫乾同為從事中郎，常為談客，往來使命。先主入益州，劉璋見雍，甚愛之。後先主圍成都❷，遣雍往說璋，璋遂與雍同輿而載，出城歸命❸。先主拜雍為昭德將軍❹。優游風議❺，性簡傲跌宕❻，在先主坐席，猶箕踞❼傾倚，威儀不肅❽，自縱適❾；諸葛亮已下則獨擅一榻❿，項枕臥語，無所為屈。時天旱禁酒，釀者有刑⓫。吏於人家索得釀具，論者欲令與作酒者同罰。雍與先主游觀，見一男女行道⓬，謂先主曰：「彼人欲行淫，何以不縛？」先主曰：「卿何以知之？」雍對曰：「彼有其具⓭，與欲釀者同。」先主大笑，而原欲釀者。雍之滑稽⓮，皆此類也。

【章旨】以上為〈簡雍傳〉，描述了簡雍與劉備政權淵遠的政治關係、他在劉備建立政權過程中所起的作用，又以細膩的筆調刻劃了簡雍的機智和善辯。

【注釋】❶涿郡　郡名。治所在今河北涿州。❷成都　益州州治，治所在今四川成都。❸歸命　歸順，把自己的命交給對方處置。即指投降。❹昭德將軍　官名。劉備政權創置。職掌參謀軍事。❺優游風議　嫻雅從容委婉含蓄的提出勸告和建議。❻簡傲跌宕　清高孤傲，無拘無束。❼箕踞　一種坐姿。臀部著地，雙腿向前岔開，像簸箕形狀，故稱。這在當時被視為不合禮節，對對方不尊重的坐姿。❽威儀不肅　沒有莊重的容止。❾縱適　無拘無束，自我放縱。❿諸葛亮已下句　和諸葛亮以下的官員談話時獨自占據一個坐榻。榻，狹長而低矮的床，坐臥兩用。⓫有刑　受到刑罰。⓬行道　走在路上。⓭具　行淫的器官。指生殖器。⓮滑稽　詼諧幽默，能言善辯。

【語　譯】簡雍，字憲和，涿郡人。從年輕時就與先主有舊交，一直跟隨他輾轉各地。先主到荊州，簡雍與麋竺、孫乾同時出任從事中郎，常常充當說客，承擔往來聯絡的使命。先主進入益州，益州牧劉璋見到簡雍，非常喜歡他。後來先主圍攻成都，派遣簡雍前往勸說劉璋投降，劉璋於是和簡雍同乘一輛車，出城投降。先主任命簡雍為昭德將軍。簡雍為人嫻雅從容，常常委婉含蓄的向先主提出勸告和建議。他生性高傲，不受約束，在與先主坐在一起時，還是箕踞斜倚，沒有莊重的舉止，自我放縱；而在和諸葛亮以下的官員坐在一起時，更是自己獨臥一榻，頭頸靠在枕頭上說話，沒有人能讓他屈己恭敬。當時旱災糧食缺乏，禁止釀酒，釀酒者要受刑罰。官吏在一戶人家中搜查出釀酒工具，議論的人準備讓這家人與釀酒者受相同的處罰。簡雍與先主外出遊覽，見到一對男女在路上行走，便對先主說：「那個人想姦淫婦女，為什麼不把他綁起來？」先主問：「您怎麼知道？」簡雍回答說：「他有姦淫婦女的器官，就像家裏有釀酒器具就與釀酒犯罪一樣。」先主大笑，於是寬恕了家有釀酒器具的人。簡雍的詼諧能辯，都像這類事情一樣。

伊籍，字機伯，山陽❶人。少依邑人❷鎮南將軍❸劉表。先主之在荊州，籍常往來自託❹。表卒，遂隨先主南渡江，從入益州。益州既定，以籍為左將軍從事中郎，見待亞於簡雍、孫乾等。遣東使於吳，孫權聞其才辯，欲逆折以辭❺。籍適入拜❻，權曰：「勞事❼無道之君❽乎？」籍即對曰：「一拜一起，未足為勞。❾」籍之機捷，類皆如此，權甚異之。後遷昭文將軍❿，與諸葛亮、法正⓫、劉巴⓬、李嚴⓭共造蜀科⓮；蜀科之制，由此五人焉。

【章　旨】以上為〈伊籍傳〉，表現了伊籍在外交事務方面的機智聰敏，也記述了他對蜀漢政權在制度建設方面的貢獻。

【注　釋】❶山陽　郡名。治所在今山東金鄉西北。❷邑人　同縣的人。劉表是山陽高平（今山東微山縣西北）人。❸鎮南將軍　官名。與鎮東、鎮西、鎮北將軍合稱「四鎮」，出鎮方面，權勢極重。❹自託　將自身託付給別人。此指主動表示願意投靠劉備。❺逆折以辭　用言詞難倒伊籍。❻拜　行跪拜禮。❼勞事　勞累自己以侍奉。❽無道之君　不行正道的君主。此指劉備。❾一拜一起二句　孫權的意思是伊籍勞累自己侍奉劉備，伊籍的回答是我只是對您一拜一起，算不上勞累，巧妙的把無道之君的帽子還給了孫權。❿昭文將軍　官名。劉備政權創置。職掌參謀軍事。⓫法正　字孝直，扶風郿縣（今陝西眉縣東）人。東漢建安初入蜀，不被劉璋所重，後依附劉備，在幫助劉備入蜀、取漢中等方面貢獻巨大，任尚書令、護軍將軍等職。詳見本書卷三十七〈法正傳〉。⓬劉巴　字子初，零陵烝陽（今湖南邵東）人。不受劉表任用，曹操進攻荊州時降附。曹軍敗退後隻身南下，後輾轉入蜀。劉備占領益州，任尚書令。詳見本書卷三十九〈劉巴傳〉。⓭李嚴　字正方，南陽（今河南南陽）人。劉璋時任成都令，後歸降劉備，任犍為太守、興業將軍。後因督運軍糧不繼，又諉過於人，被廢為庶人。詳見本書卷四十〈李嚴傳〉。⓮蜀科　書名，蜀漢法律規章條文的總集，已亡佚。

【語　譯】伊籍，字機伯，山陽郡人。年少時依附本縣同鄉鎮南將軍劉表。先主在荊州的時候，伊籍常與先主來往，表示自己投靠的意願。劉表去世，伊籍便隨先主南渡長江，跟隨先主進入益州。益州平定後，任命伊籍為左將軍從事中郎，受到的恩待禮遇僅次於簡雍、孫乾等人。先主派遣伊籍東行出使吳國，孫權聽說他很有口才，就想在言語上駁難他。伊籍剛剛進入宮中拜見孫權，孫權就說：「你勞累自己來侍奉無道之君嗎？」伊籍立即回答說：「我對您只是一拜一起，算不上勞累。」伊籍的機智敏捷，大都像這個樣子，孫權非常驚異他的才能。後來伊籍遷任昭文將軍，與諸葛亮、法正、劉巴、李嚴等人一起制定《蜀科》。《蜀科》的制定，是由這五個人完成的。

秦宓，字子勑，廣漢緜竹❶人也。少有才學，州郡辟命，輒稱疾不往。奏記州牧劉焉❷，薦儒士任定祖❸曰：「昔百里、蹇叔以耆艾而定策❹，甘羅、子奇以童冠而立功❺，故書美黃髮❻，而易稱顏淵❼，固知選士用能，不拘長幼，明矣。乃者❽以來，海內察舉❾，率多英雋而遺舊齒❿，眾論不齊，異同相半，此乃承平之翔步⓫，非亂世之急務也。夫欲救危撫亂，修己以安人，則宜卓犖超倫⓬，與時殊趣⓭，震驚鄰國，駭動四方，上當天心，下合人意；天人既和，內省⓮不疚，雖遭凶亂，何憂何懼！昔楚葉公好龍⓯，神龍下之，好偽徹天⓰，何況於真？今處士⓱任安，仁義直道，流名四遠，如令見察⓲，則一州斯服。昔湯舉伊尹，不仁者遠⓳，何武貢二龔⓴，雙名竹帛㉑，故貪尋常之高而忽萬仞之崙㉒，樂面前之飾而忘天下之譽，斯誠往古之所重慎也。甫㉓欲鑿石索玉，剖蚌求珠，今乃隨、和炳然㉔，有如皎日，復何疑哉！誠知晝不操燭㉕，日㉖有餘光，但愚㉗情區區㉘，貪陳所見。」

【章　旨】以上為〈秦宓傳〉第一部分，記述了秦宓雖隱居不仕，卻關心著益州治理的事跡。為了使益州在亂中求安，秦宓積極向益州刺史劉焉舉薦人才。

【注　釋】❶緜竹　縣名。治所在今四川綿竹東南。❷奏記州牧劉焉　給州刺史劉焉上奏記。奏記，古代公文的一種。州郡百姓或下屬官員對長官、普通朝廷官員對三公或執政官陳述意見的書面報告，稱為奏記或記。劉焉，字君郎，江夏竟陵（今湖北潛江市西北）人，東漢末任宗正、太常等職。後奏請以重臣任州牧，並領益州州牧。詳見本書卷三十一〈劉焉傳〉。❸任定祖　東漢末儒者，名任安，字定祖，廣漢綿竹人。少遊太學，通經學，懂圖讖。後回家教學，生徒眾多。朝廷多次徵召他為官，都被拒絕。詳見《後漢書・任安列傳》。❹昔百里蹇叔句　古時候百里奚、蹇叔二人到老年才為朝廷出謀劃策。百里，即百里奚。原為虞國大夫，虞國滅亡後入晉國，後又作為陪嫁之臣到秦國。秦穆公發現他是個人才，給與重用，號「五羖大夫」。當時百里奚已經七十多歲了。蹇叔，百里奚的好友，百里奚受重用以後，極力推薦蹇叔，秦穆公任其為上大夫。詳見《史記・秦本紀》。耆艾，古時六十曰耆，五十曰艾，此處泛指老年。❺甘羅子奇句　甘羅、子奇二人年幼時就為國家立功。甘羅，戰國時楚國下蔡（今安徽鳳台）人，秦相甘茂孫，後為呂不韋的家臣。呂不韋準備出兵攻打趙國以擴大自己的封地，甘羅主動請求出使趙國，說服趙國割地獻城，因功升任上卿，當時年齡只有十二歲。詳見《史記・樗里子甘茂列傳》。子奇，先秦時齊國人，受國君之命治理阿城（今山東陽谷東），在任上銷鎔武器製作農具，開倉賑濟百姓，政績頗豐，阿城大治。當時年齡只有十八歲。詳見《後漢書・孝順帝紀》李賢注引《新序》。童冠，童即幼童，冠指剛剛步入成年。此處泛指年紀輕。❻書美黃髮　《尚書》中有讚美老人的記載。《尚書・秦誓》載，秦穆公不聽蹇叔的勸告，執意伐鄭國，結果在殽山大敗。回來後發表文告自責，文中說：「尚猷詢茲黃髮，則罔所愆。」意思說如果當初聽了老年人的勸告，就不會犯如此錯誤了。黃髮，指老年人。此指蹇叔。❼易稱顏淵　《周易》裏有稱讚顏淵的記載。《周易・繫辭下》記載：子曰：「顏氏之子，其殆庶幾乎！有不善，未嘗不知；知之，未嘗復行也。」孔子的意思說，知微知彰，知柔知剛，自古以來恐怕只有顏淵一人接近這個境界。所有錯誤全能認識到，認識到了就不會再犯。顏淵命短，死的時候很年輕。❽乃者　往日。❾察舉　漢代選官制度之一，即人才的考察和舉薦。❿多英雋而遺舊齒　稱讚出類拔萃的年輕人而遺忘了老年人才。多，誇讚。英雋，出類拔萃的人。此指才幹突出的青年人。舊齒，老年人才。⓫承平之翔步　太平時期的常規做法。承平，太平。翔步，四平八穩的步伐。⓬卓犖超倫　卓越超羣。⓭與時殊趣　與當前一般人志趣不一樣。⓮內省　在內心自我反省。⓯葉公好龍　劉向《新序・雜事》載，楚國的葉公子高喜歡龍，屋內到處都畫滿了龍。真龍聽說，於是來到葉公的屋內。葉公見了嚇得魂飛魄散，落荒而逃。比喻表裏不一，似是而非的假象。⓰好偽徹天　喜歡假的龍都能感動上天。⓱處士　處於朝廷之外的士人，指那些不做官的讀書人。⓲見察　被舉薦做官。⓳湯舉伊尹二句　伊尹名阿衡，夏朝時隱士，湯王聞其名，派人迎請之。使者迎至五次，伊尹乃從。商湯王重用之，委之以國政。《論語・顏淵》載：「湯有天下，選於眾，舉伊尹，不仁者遠矣。」⓴何武貢二龔　何武舉薦龔勝和龔舍。何武，字君公，西漢人。為人仁厚，以愛惜人才、舉薦人才著稱。他任楚國內史時便對龔勝和龔舍禮遇厚重，做大司空時，又將二人舉薦給朝廷。史稱龔勝和龔舍名顯於世，是何武的功勞。詳見《漢書·龔勝傳》、〈龔舍傳〉、〈何武傳〉。㉑雙名竹帛　舉薦人才的何武和被舉薦的二龔，雙雙在史冊中留下美名。竹帛，古代用於書寫文字的材料，此指史冊。㉒貪尋常之高句　貪戀低矮小丘的人看不見高大雄偉的山峰。尋、常、仞，均為古代長度單位，八尺為尋，兩尋為常，仞亦為八尺。嵩，大而高的山。㉓甫　開始。㉔隨和炳然　寶珠美玉光彩奪目。隨、和，指隨珠與和氏璧。《淮南子·覽冥》高誘注記載：隨侯見一條大蛇受傷，便用藥為牠敷治。大蛇傷好以後，於江中銜大珠以報之，因曰隨侯之珠。楚人卞和將於荊山之下發現的美玉璞，獻給厲王，厲王讓玉工鑑別，玉工說是石頭。於是厲王便下令把卞和的左腳砍下。後武王即位，卞和又獻玉，又被認為是石頭而被砍去右腳。卞和抱著玉璞為不為人所識而哭泣。文王即位，卞和又獻。文王讓人把玉璞剖開，果得美玉。號為和氏璧。㉕晝不操燭　光天化日之下不需要火炬照明。此處以白天的陽光比喻劉焉的識人之明，以火炬比喻自己的薦人之舉。㉖日　原作「自」，今從宋本。㉗愚　原作「餘」，今從宋本。㉘區區　懇切誠摯。

【語譯】秦宓，字子勑，廣漢郡綿竹縣人。年少時就有才學，州郡徵召他出來做官，他都託病推辭不去就職。後來他給益州牧劉焉呈上報告，舉薦儒士任定祖。報告說：「從前百里奚、蹇叔在年邁之時為國家出謀劃策，而甘羅、子奇在年幼之時建功立業。所以《尚書》稱許老年人，而《周易》中則讚美年輕的顏淵。由此可知，選拔人才任用賢能，不拘泥於年齡大小，是很明顯的。長久以來，天下考察舉薦人才時，大都是舉拔青年才俊而忽視了上了年紀的人，大家對這種現象評論不一，贊成與反對的各占一半。這是太平時期的常規做法，不是動亂年代的緊急措施。想要拯救危亡平定動亂，修養自己的品德安定百姓，就應當選拔才幹卓越超羣，志趣與一般人不同的人才，這樣才能震驚鄰國，威懾四方，上合天心，下合民意；天人已經和諧，內心自我反省時也沒有什麼可愧疚的，即使遭遇危難動亂，又有什麼憂慮害怕的呢！從前楚國的葉公喜歡龍，神龍為此飛降到他家裏，葉公喜歡假龍尚且能感動上天，何況是真的龍呢？現在隱居未仕的任安，仁義正直，美名遠播四方，如果他被舉薦為官，那全益州的人都會信服。從前商湯拔舉伊尹，不仁義的人便遠離而去，漢代何武舉薦龔勝、龔舍二人，舉薦者和被舉薦者雙雙在史冊中留下美名。所以貪戀尋常小丘的人便會忽視萬仞之山，喜歡眼前修飾自己的人就會忘記天下的稱譽，這確實是古人所極為慎重對待的事情。您開始想要鑿開石頭尋找美玉，剖開蚌殼求取珍珠，隨侯之珠、和氏之璧赫然就在您面前，像燦爛的太陽一樣光彩奪目，還有什麼可遲疑的呢！我當然知道白天不需要火炬照明，因為太陽的光亮都用不盡，然而我抑制不住心中誠摯的感情，所以急切的向您陳述我的愚見。」

1 劉璋時，宓同郡王商為治中從事❶，與宓書曰：「貧賤困苦，亦何時可以終身！卞和❷衒玉以耀世，宜一來，與州尊❸相見。」宓答書曰：「昔堯優許由❹，非不弘❺也，洗其兩耳；楚聘莊周❻，非不廣也，執竿不顧❼。易曰『確乎其不可拔❽』，夫何衒之有？且以國君之賢，子為良輔，不以是時建蕭、張之策❾，未足為智也。僕得曝背乎隴畝之中❿，誦顏氏之簞瓢⓫，詠原憲之蓬戶⓬，時翱翔於林澤⓭，與沮、溺⓮之等儔，聽玄猿之悲吟⓯，察鶴鳴於九皋⓰，安身為樂，無憂為福，處空虛之名，居不靈之龜⓱，知我者希⓲，則我貴矣。斯乃僕得志之秋也，何困苦之戚焉⓳！」後商為嚴君平⓴、李弘㉑立祠，宓與書曰：「疾病伏匿㉒，甫知足下為嚴、李立祠，可謂厚黨勤類㉓者也。觀嚴文章，冠冒天下，由、夷逸操㉔，山嶽不移，使揚子不歎㉕，固自昭明。如李仲元不遭法言㉖，令名必淪㉗，其無虎豹之文㉘故也，可謂攀龍附鳳者矣。如揚子雲潛心著述，有補於世，泥蟠不滓㉙，行參聖師㉚，于今海內，談詠厥辭。邦有斯人，以耀四遠，怪子替茲㉛，不立祠堂。蜀本無學士，文翁遣相如東受七經㉜，還教吏民，於是蜀學比於齊、魯。故地里志㉝曰：『文翁倡其教，相如為之師。』漢家得士，盛於其世；仲舒㉞之徒，不達封禪㉟，相如制其禮。夫能制禮造樂，移風易俗，非禮所秩有益於世者乎㊱！雖有王孫之累㊲，猶孔子大齊桓之霸㊳，公羊賢叔術之讓㊴。僕亦善長卿之化，宜立祠堂，速定其銘。」

2 先是，李權從宓借戰國策㊵，宓曰：「戰國從橫，用之何為？」權曰：「仲尼、嚴平，會聚眾書，以成春秋、指歸㊶之文，故海以合流為大，君子以博識為弘。」宓報曰：「書非史記周圖㊷，仲尼不采；道非虛無自然，嚴平不演㊸。海以受淤，歲一蕩清；君子博識，非禮不視。今戰國反覆儀、秦之術㊹，殺人自生，亡人自存，經之所疾㊺。故孔子發憤作春秋，大乎居正㊻，復制孝經㊼，廣陳德行。杜漸防萌，預有所抑，是以老氏絕禍於未萌㊽，豈不信邪！成湯㊾大聖，覩野魚而有獵逐之失，定公賢者，見女樂而棄朝事㊿，若此輩類，焉可勝陳(51)。道家法曰：『不見所欲，使心不亂(52)。』是故天地貞觀(53)，日月貞明；其直如矢，君子所履(54)。洪範記災(55)，發於言貌(56)，何戰國之譎權(57)乎哉！」

3 或謂宓曰：「足下欲自比於巢、許、四皓58，何故揚文藻見瓌穎59乎？」宓答曰：「僕文不能盡言，言不能盡意，何文藻之有揚乎！昔孔子三見哀公，言成七卷，事蓋有不可嘿嘿60也。接輿行且歌61，論家以光篇62；漁父詠滄浪63，賢者以耀章64。此二人者，非有欲於時者也。夫虎生而文炳65，鳳生而五色，豈以五采自飾畫哉？天性自然也。蓋河、洛66由文興，六經由文起，君子懿文德67，采藻其何傷68！以僕之愚，猶恥革子成之誤69，況賢於己者乎！」

【章　旨】以上為〈秦宓傳〉的第二部分，記載了在劉璋任益州刺史時，秦宓的一些活動：謝絕了同鄉王商的要求，申明自己隱居的志向，要求他為揚雄、文翁建立祠堂，並申述了充分的理由。還向別人表明了對戰國縱橫之術的批評態度，以及對文采與質樸關係的看法。

【注　釋】❶治中從事　官名。州刺史的屬官，官位不高，權力極重，主管財穀帛書。❷卞和　春秋時楚國人，覓得玉璞，先後獻給楚厲王、武王，被認為是欺君而受處罰。後獻給楚文王，文王令人剖璞加工，果得寶玉。詳見《史記・魯仲連鄒陽列傳》裴駰《集解》引應劭曰。❸州尊　指州刺史劉璋。❹堯優許由　唐堯優待許由。據晉皇甫謐《高士傳》記載：許由字武仲，為人據義履方，邪席不坐，邪饍不食，後隱居於沛澤之中。堯要把天下讓給許由，許由不受。堯又欲召許由為九州長，許由聽說後，認為是玷汙了自己的耳朵，趕忙跑到潁水邊上去洗。❺非不弘　氣度不算不寬宏。❻楚聘莊周　楚王欲聘請莊子做官。莊周，即莊子，字子休，戰國宋國蒙（今河南商丘東北）人。中國古代著名的哲學家和思想家，著有《莊子》一書。詳見《史記・老子韓非列傳》。❼執竿不顧　手持魚竿繼續釣魚不予理會。❽確乎其不可拔　《易經・乾卦》上的話，意為牢固而不可動搖。❾蕭張之策　蕭何、張良為劉邦打天下所出的計策。蕭何，泗水沛（今江蘇沛縣）人。秦末隨劉邦起兵，楚漢戰爭時任丞相，留守關中，為前線籌集軍資。西漢建立後封為酇侯，任相國。詳見《史記・蕭相國世家》。張良，字子房，出身韓國貴族，秦建立後曾謀刺秦始皇，不果。秦末響應陳勝起義，後歸附劉邦，為劉邦屢出奇計，因功被封為留侯。詳見《史記・留侯世家》。⑩曝背乎隴畝之中　面朝黃土背朝天在田地裏耕作。曝背，把後背曬在陽光下。⑪誦顏氏之簞瓢　吟誦孔子讚美顏淵的名言。《論語・雍也》記載孔子讚美顏淵的話：子曰：「賢哉回也！一簞食，一瓢飲，在陋巷，人不堪其憂，回也不改其樂。賢哉回也！」⑫詠原憲之蓬戶　詠誦原憲安於貧困的事跡。《史記・仲尼弟子列傳》記載：孔子死後，弟子原憲隱居在鄉間，過著貧困的生活。孔子的另一個弟子子貢在衛國當官，坐著馬車去看原憲。原憲穿著破衣服出來相見。子貢問他：「你不感到羞恥嗎？」原憲說：「我聽說無財叫做貧窮，學過做人的道理而不能履行才叫做恥辱。像我這樣就是貧窮，不是恥辱。」蓬戶，草屋，此指貧窮生活。⑬翱翔於林澤　像鳥一樣在自然中自由飛翔。⑭沮溺　即長沮和桀溺，春秋時的隱士。他們曾一起耕田，孔子使子路向他們詢問渡口。兩人藉機諷刺，認為天下已亂，誰也沒有辦法，並勸子路說：「與其從辟人之士（指孔子）也，豈若從辟世之士（自謂）哉！」事見《論語・微子》。⑮聽玄猿之悲吟　玄猿，黑色猿猴，叫聲淒厲。司馬相如〈長門賦〉：「孔雀集而相存兮，玄猿嘯而長吟。」⑯鶴鳴於九皋　《詩經・小雅・鶴鳴》：「鶴鳴於九皋，聲聞於野。」九皋，深而多的水澤。⑰不靈之龜　沒有神靈的普通烏龜。喻指平凡自由之人。《莊子・秋水》記載：莊子釣於濮水，楚王使大夫二人往先焉，曰：「願以竟內累矣！」莊子持竿不顧，曰：「吾聞楚有神龜，死已三千歲矣。王巾笥而藏之廟堂之上。此龜者，寧其死為留骨而貴乎，寧其生而曳尾於塗中乎？」二大夫曰：「寧生而曳尾塗中。」莊子曰：「往矣，吾將曳尾於塗中。」⑱希　同「稀」。稀少。⑲何困苦之戚焉　有什麼使我悲傷的困苦呢。⑳嚴君平　名遵，字君平，西漢末成都（今四川成都）人。雅性澹泊，學業精妙，精通《周易》、《老》、《莊》，善於卜筮，並利用卜筮教人孝悌忠信，使社會風氣大變。著《老子指歸》，為道書之宗。著名文學家揚雄是他的學生。終生不仕，九十歲而卒。詳見《華陽國志・先賢士女總贊論》。㉑李弘　字仲元，西漢末成都（今四川成都）人。自幼讀五經，身居陋巷，意志彌堅。品行道德在益州有很大影響。先後任蜀郡功曹史、益州從事史，常以公正諫爭為志。詳見《華陽國志・先賢士女總贊論》。㉒疾病伏匿　因有病而居家不出門。㉓厚黨勤類　厚待同鄉，為同類的人盡力。㉔由夷逸操　許由、伯夷高尚的情操。伯夷，商朝末年孤竹國王的長子。孤竹國王死後，伯夷與他的弟弟叔齊互相推讓王位，最後兩個人誰都沒有繼承王位，雙雙逃到了周國。後因反對周武王滅商，又都逃進首陽山，不食周粟，最後餓死。詳見《史記・伯夷列傳》。㉕使揚子不歎　即使揚雄對嚴君平不加以讚嘆。揚子，即揚雄，西漢文學家，成都人。成帝時任給事黃門郎，與劉歆、王莽、董賢同官。後三人皆升至公卿，獨揚雄歷事三帝不易官。年七十一卒。詳見《漢書・揚雄傳》。揚雄《法言・問明》稱讚嚴君平說：「不作苟見，不治苟得，久幽而不改其操，雖隨、和何以加諸。」㉖李仲元不遭法言　李弘若不是因為《法言》。揚雄在《法言·淵騫》中稱讚李弘說：「不屈其意，不累其身。」意思是不為當官而違背自己的意願，不被利祿所累。㉗令名必淪　美名一定被埋沒。㉘虎豹之文　虎豹身上的花紋，此比喻人的文采。㉙泥蟠不滓　蟠龍雖臥在泥中卻不受汙染，此比喻雖在汙濁環境中卻潔身自好的人。㉚行參聖師　行為與聖人孔子等同。參，並列；等同。聖師，指孔子。㉛怪子替茲　很奇怪為什麼把這個人落掉了。替，廢；棄。㉜文翁遺相如句　文翁，廬江舒（今安徽廬江縣西南）人。西漢景帝末為蜀郡太守，在任行仁愛，興教化，辦教育，培養出不少文化名人，使蜀郡的文明程度迅速提高，與文化之邦齊魯齊名。並開創了郡國立學校官的先例。最後死於蜀郡任上。今天四川成都西南石室中學內，有文翁所創立學校的遺址。詳見《漢書·循吏傳》。相如，即司馬相如，字長卿，蜀郡成都（今四川成都）人，西漢著名文學家。擅長辭賦，辭藻華麗，文采飛揚。詳見《史記·司馬相如列傳》、《漢書·司馬相如傳》。七經，指《詩經》、《尚書》、《周易》、《禮》、《春秋》、《論語》、《孝經》。㉝地里志　即《漢書·地理志》。㉞仲舒　即董仲舒，信都國廣川（今河北景縣西南）人，西漢著名的儒者，西漢景帝、武帝時歷任《春秋》博士、江都國相、膠西王相等。後辭職回家，專事教學著述。他的「罷黜百家，獨尊儒術」的建議對西漢學術影響極大，其儒學思想也與以前傳統的儒學不同。詳見《史記·儒林列傳》、《漢書·董仲舒傳》。㉟封禪　國家大禮。帝王親自登上泰山，築壇祭天為封，至泰山東南的梁父山祭地為禪。這種大典一般在改朝換代天下太平之後舉行，意在向天地之神感謝庇佑，向天下顯示成就。㊱非禮所秩句　這難道不是用禮使國家有秩序從而有利於社會嗎。㊲雖有王孫之累　雖然有和卓王孫的女兒私奔這樣的缺點。王孫，即卓王孫，蜀郡臨邛（今四川邛崍）人，西漢時有名的富人。司馬相如曾與他的女兒卓文君戀愛私奔。詳見《史記·司馬相如列傳》。㊳孔子大齊桓之霸　孔子尊崇齊桓公建立的霸業。齊桓公好色，身邊小妾多，品德上有毛病。但孔子看重他多次會合諸侯扶助周天子的霸主功業，多次稱讚他，見《論語·憲問》。㊴公羊賢叔術之讓　春秋魯昭公三十一年，邾婁國君主顏公死。顏公的弟弟叔術繼位，並娶了顏公的妻子。但他對顏公的孩子夏父很好，在夏父剛懂事時，把大部分國土讓給他。所以《春秋公羊傳》稱讚他說：「文何以無邾婁？通濫也。曷為通濫？賢者子孫宜有地也。賢者孰謂？謂叔術也。何賢乎叔術？讓國也。」㊵戰國策　書名。相傳是戰國時期各國史官或策士輯錄的文獻，舊題漢高誘注。主要記載了戰國時縱橫家的遊說之詞，也有當時一些縱橫捭闔的史事。西漢劉向整理為三十三篇。㊶春秋指歸　春秋，為儒家五經之一。編年體史書。相傳是孔子根據魯國史官所編《春秋》加以整理修訂而成。後代儒者解釋《春秋》稱傳。現存有三家：《左氏傳》、《公羊傳》、《穀梁傳》。指歸，即《老子指歸》，嚴君平著，論述《老子》的宗旨。原書為十四卷。今正統《道藏》能字號收錄有第七至第十三卷，題為《道德真經指歸》。㊷史

記周圖　史記，指史官的紀錄。孔子據此寫成《春秋》。周圖，周室圖籍，即指《周易》。孔子晚年喜讀《周易》，韋編三絕，並為之作「十翼」。㊸演　演繹發揮。㊹儀秦之術　張儀、蘇秦的縱橫之術。張儀，戰國時魏國貴族後裔，後出任秦相，被封為武信君，推行連橫之策，到各國遊說讓他們分別與秦國聯盟，離間了齊、楚兩國的關係，奪取了楚國的漢中之地。後死於魏國。詳見《史記》卷七十〈張儀列傳〉。蘇秦，字季子，戰國時洛陽（今河南洛陽）人。主張行合縱之策，身掛五國相印，推動五國聯合與秦國抗衡。後奉燕王之命入齊從事反間活動，陰謀消耗齊國實力，以便燕國乘其弱攻之，後陰謀暴露被殺。詳見《史記・蘇秦列傳》。㊺殺人自生三句　殺死別人使自己活著，讓別人滅亡使自己生存，這種做法是儒家經典所痛恨的。《春秋公羊傳》桓公十一年載：「殺人以自生，亡人以自存，君子不為也。」㊻大乎居正　把遵循正道視為最重要的事情。㊼孝經　儒家經典之一。古文本二十二章，孔安國注，在南朝梁時已散亡，現在傳世的本子為隋代劉炫偽造孔安國注。今文本十八章，鄭玄注，被收入《十三經注疏》。㊽老氏絕禍於未萌　《老子》第六十四章：「其安易持，其未兆易謀。其脆易破，其微易散。為之於未有，治之於未亂。」㊾成湯　商朝第一位王，又稱商湯、武湯、武王、太乙、天乙。名履，主癸之子。打敗夏桀，建立商朝。詳見《史記・殷本紀》。㊿定公賢者二句　魯定公是個賢君，然而見到女樂也沉溺其中荒廢朝政。魯定公在位時，曾重用孔子，任他為中都宰、司空、大司寇，又讓孔子代理國政。齊國擔心孔子執政會使魯國強大，便送給魯國一支八十人的女子歌舞隊，結果定公沉溺於此，三日不理朝政，孔子只好離職去了衛國。詳見《史記・魯周公世家》、〈孔子世家〉等。(51)勝陳　全部敘述出來。勝，盡。(52)不見所欲二句　《老子》第三章說：「不見可欲，使民心不亂。」(53)天地貞觀　天地保持自己的純正。《周易・繫辭下》：「天地之道，貞觀者也；日月之道，貞明者也。」貞觀，純正可用。(54)其直如矢二句　君子所行正道，像箭一樣端直。《詩經・大東》：「周道如砥，其直如矢，君子所履，小人所視。」(55)洪範記災　《尚書》中的〈洪範〉記載了災異的發生。洪範，《尚書》中的一篇。(56)發於言貌　先從人的外部表現開始。〈洪範〉記述了君主治國安民的九種辦法，其中第二種就是要在貌、言、視、聽、思五個方面注意。(57)譎權　詭詐和權變。(58)巢許四皓　巢父、許由、商山四皓。皇甫謐《高士傳》載：巢父是唐堯時的隱士，山居不營世利，年老以樹為巢而寢其上，故時人號曰巢父。他聽說堯要把天下讓給許由，就責備許由為什麼不把自己隱遁起來。許由，參見前注。四皓，漢代的四個隱士，東園公、甪里先生、綺里季、夏黃公。因同隱居於商山，故稱「商山四皓」。劉邦曾想徵他們入朝，被拒絕。詳見《史記・留侯世家》。(59)揚文藻見瓌穎　表現自己的文采，顯露銳利的鋒芒。(60)嘿嘿　沉默。(61)接輿行且歌　《史記・孔子世家》載：楚國狂人接輿從孔子身邊而過，邊走邊唱：「鳳兮鳳兮，何德之衰！往者不可諫兮，來者猶可追也！」孔子下車想和他說話，接輿疾走離開了。62光篇　使文章生輝。63漁父詠滄浪　《楚辭・漁父》載，屈原被流放，在江邊碰見漁父。漁父問他為何遭遇不幸，屈原說明原因和自己的態度。漁父莞爾而笑，鼓枻而去，乃歌曰：「滄浪之水清兮，可以濯吾纓；滄浪之水濁兮，可以濯吾足。」遂去，不復與言。64耀章　使文章生輝。65虎生而文炳　老虎生來就有色彩斑斕的花紋。66河洛　「河圖」、「洛書」。傳說伏羲氏時有龍馬從黃河出現，背負「河圖」；有神龜從洛水出現，背負「洛書」。漢儒孔安國認為，「河圖」就是八卦，「洛書」就是〈洪範〉。67懿文德　認為文德是美好的。68采藻其何傷　有華麗的詞藻和文采又有什麼不好。69革子成之誤　革子成的錯誤。《論語・顏淵》記載，衛國的大夫棘子成說：「君子只要有好的本質就行了，要那些文采有什麼用處！」子貢反駁他說：「你這樣論述君子是錯誤的，本質和文采都是重要的，如果把虎皮和羊皮的毛都去掉，它們之間就沒有區別了。」棘子成即革子成。秦宓所說革子成的錯誤即指此。

【語　譯】劉璋任益州牧時，秦宓的同鄉王商擔任州裏的治中從事史，他寫信給秦宓說：「貧賤困苦的日子，什麼時候能結束啊！古時卞和通過炫耀自己的寶玉而顯名於世，您應該來州府一趟，與州牧大人見面。」秦宓回信答覆他說：「從前唐堯優待許由，氣度不可謂不宏大，而許由卻跑到河邊上清洗自己的耳朵；楚王禮聘莊周，心胸不可謂不廣，而莊周仍拿著魚竿在垂釣不予理會。《易經》說『隱居的志向堅定不可動搖』，有什麼值得拿出來炫耀呢？況且以州牧大人的賢明，您做他的良輔，不趁此機會去策劃像蕭何、張良那樣的謀略，是算不上明智的。我這個人，願意後背曬著太陽在田間勞作，吟誦顏淵「一簞食，一瓢飲」的名句，歌詠原憲安於蓬戶陋室的事跡，時時像鳥一樣飛翔在山林池澤之中，像長沮、桀溺那樣無拘無束，聆聽山中黑猿的悲鳴，在水邊欣賞白鶴的嬉戲長鳴，以身體平安為樂，把沒有憂患當成幸福，把名聲視為烏有，做一個平凡自由的人，知道我的人很少，那我就覺得自己這種生活很寶貴了。這正是我得意之時，有什麼讓我憂愁的困苦呢！」後來王商要為嚴君平、李弘二人修建祠堂，秦宓寫信給王商說：「我因有病棲居在家中，剛剛知道您要為嚴君平、李弘二人修建祠堂的事，這可以說是厚待同鄉，為同類之人盡心的事情。我看嚴君平的文章，為天下之冠，又有許由、伯夷那樣清高的節操，他的志向像山嶽那樣不可動搖，即使後來揚雄不讚嘆他，他自己本身的形象也很光輝突出。至於李弘，如果沒有揚雄在《法言》中稱讚他，美名一定會被埋沒，這是因為他沒有漂亮文采的緣故，他可以說是攀龍附鳳而揚名的人了。再如揚子雲潛心著述，對世道人心有所裨益，身處汙濁的環境中而能潔身自好，他的行為就像聖人孔子一樣，現今海內四處仍在談論吟詠他的文章。我們益州有這樣的人物，光輝照耀四方，我很奇怪您怎麼把他給漏掉了，不為他建立祠堂。蜀郡本來沒有出色的學者，郡太守文翁派遣司馬相如東出蜀地學習儒家的七部經典，回來以後教導官吏百姓，於是蜀郡的文化能和齊、魯之地看齊。所以《漢書・地理志》說：『文翁在蜀郡倡導教育，司馬相如是從事教育的老師。』漢代人才的湧現，也在那個時候最為興盛；即使像董仲舒那樣的人，也不曉得封禪之禮，然而司馬相如卻能制定出封禪大典的禮儀。能夠制禮作樂，移風易俗，難道不是用禮儀使國家有秩序而有益於社會嗎！雖然司馬相如和卓王孫女兒卓文君私奔的事對他有所拖累，但就猶如古時孔子極力稱讚齊桓公開創的霸業，《公羊傳》讚美叔術的謙讓之德一樣。我也非常推崇司馬相如為蜀郡文化教育所做的貢獻，您應當為他建立祠堂，並趕快寫好刻到石碑上的銘文。」

2 在此之前，李權曾經向秦宓借《戰國策》，秦宓說：「講戰國時縱橫之術的書，讀它幹什麼？」李權說：「孔仲尼、嚴君平彙總各種書的材料，寫成《春秋》、《老子指歸》這兩部書，所以海洋匯集了眾多河流才能宏大，君子因為廣學博識才能弘達。」秦宓回答他說：「書籍不是史官記載和周室圖籍，孔仲尼就不採用；書中所講道理不是虛無自然，嚴君平就不會加以推廣演繹。海洋在接納水流時也容受了淤泥，所以每年都要蕩滌清淤一次；君子當然要廣學博識，但也要堅持非禮不視。現在《戰國策》所記載的是張儀、蘇秦之流反覆無常的活動，殺死別人來使自己活命，讓別人滅亡而使自己生存，這是儒家經典所痛恨的。因此孔子在發憤述作《春秋》時，把遵循正道作為第一要務，又寫成《孝經》，廣泛陳述德行的重要。防微杜漸，事先有制止的措施，所以老子認為要把禍患消滅在未萌生之前，這難道不是令人信服的真理嗎！成湯是大聖人，看見野外的魚也會有想去捕捉牠們的錯誤想法，魯定公是賢者，見到女樂也會沉溺而荒廢朝政，像這種人這類的事，怎麼能夠說得完。道家的原則說：『不顯現那些引生欲望的事物，就能使人民心志不惑亂。』所以天地保持自己的純正，日月保持自己的光明，像箭一樣直的正道，是君子所應該遵循的。〈洪範〉記載災異的發生，從君主的言談表情開始，哪像《戰國策》那樣專講詭詐和權變呢！」

3 有人對秦宓說：「您把自己比作古代巢父、許由、商山四皓，為什麼還要顯揚自己的文采而露出過人的鋒芒？」秦宓回答說：「我的文章不能完全表達我所要說的話，所說的話也不能完全表達我的意思，哪裏有什麼文采可以顯揚的呢！從前孔子三次謁見魯哀公，所說的話成文七卷，可見有些發生過的事情大概是不能讓它無聲無息的。當初狂士接輿邊走邊唱，《論語》把這件事記下來使文章增輝；漁父歌詠滄浪，前賢把這件事記下來，使作品生色。接輿和漁父這二個人，當時並沒有什麼欲求。老虎的身上生來就帶有漂亮的花紋，鳳凰的羽毛生來就五彩繽紛，牠們難道是想用這些豔麗的色彩來裝飾美化自己嗎？牠們天生就是這樣的。『河圖』、『洛書』由於文采而生成，《六經》由於文采而興起，君子把文德看作為美好的事物，華麗的文采又有什麼不好呢！像我這麼愚昧的人，尚且以革子成的錯誤為恥辱，更何況比我賢能的人呢！」

1 先主既定益州，廣漢太守夏侯纂請宓為師友祭酒❶，領五官掾❷，稱曰仲父❸。宓稱疾，臥在第舍❹，纂將功曹❺古朴、主簿王普、廚膳，即宓第宴談，宓臥如故。纂問朴曰：「至於貴州養生之具❻，實絕餘州❼矣，不知士人何如餘州也？」朴對曰：「乃自先漢以來，其爵位者或不如餘州耳，至於著作為世師式❽，不負於❾餘州也。嚴君平見黃❿、老作指歸，揚雄見易作太玄，見論語作法言，司馬相如為武帝制封禪之文，于今天下所共聞也。」纂曰：「仲父何如？」宓以簿⓫擊頰，曰：「願明府勿以仲父之言假於小草⓬，民請為明府陳其本紀。蜀有汶阜之山，江出其腹⑬，帝以會昌，神以建福，故能沃野千里。淮、濟四瀆⑭，江為其首，此其一也。禹生石紐⑮，今之汶山郡⑯是也。昔堯遭洪水，鯀⑰所不治，禹疏江決河，東注于海，為民除害，生民已來功莫先者，此其二也。天帝布治房心⑱，決政參伐⑲，參伐則益州分野⑳，三皇㉑乘祗車㉒出谷口㉓，今之斜谷是也。此便鄙州之阡陌㉔，明府以雅意㉕論之，何若於天下乎㉖？」於是纂逡巡㉗無以復答。

2 益州辟宓為從事祭酒㉘。先主既稱尊號，將東征吳，宓陳天時必無其利，坐下獄幽閉，然後貸出㉙。建興二年，丞相亮領益州牧，選宓迎為別駕，尋拜左中郎將㉚、長水校尉㉛。吳遣使張溫㉜來聘，百官皆往餞㉝焉。眾人皆集而宓未往，亮累遣使促之，溫曰：「彼何人也？」亮曰：「益州學士也。」及至，溫問曰：「君學乎？」宓曰：「五尺童子皆學，何必小人！」溫復問曰：「天有頭乎？」宓曰：「有之。」溫曰：「在何方也？」宓曰：「在西方。詩曰：『乃眷西顧㉞。』以此推之，頭在西方。」溫曰：「天有耳乎？」宓曰：「天處高而聽卑，詩云：『鶴鳴㉟九皋，聲聞于天。』若其無耳，何以聽之？」溫曰：「天有足乎？」宓曰：「有。詩云：『天步艱難，之子不猶。㊱』若其無足，何以步之？」溫曰：「天有姓乎？」宓曰：「有。」溫曰：「何姓？」宓曰：「姓劉。」溫曰：「何以知之？」答曰：「天子姓劉，故以此知之。」溫曰：「日生於東乎？」宓曰：「雖生於東而沒於西。」答問如響，應聲而出，於是溫大敬服。宓之文辯，皆此類也。遷大司農㊲，四年㊳卒。初宓見帝系之文，五帝㊴皆同一族，宓辨其不然之本。又論皇帝王霸豢龍㊵之說，甚有通理。譙允南㊶少時數往諮訪，記錄其言於春秋然否論㊷，文多故不載。

【章　旨】以上為〈秦宓傳〉的第三部分，記述了秦宓在劉備占領益州以後的活動。他改變了以前隱居不仕的態度，先做了廣漢太守的師友祭酒，後做了益州的從事祭酒、左中郎將、長水校尉。他與廣漢太守夏侯纂討論益州的歷史，與東吳使者張溫的一系列問答，表現了淵博的知識和雄辯的口才。

【注　釋】❶師友祭酒　郡縣長官的幕僚，擔當老師和顧問，因此多以有德才之人擔任。❷五官掾　官名。郡國屬吏，地位僅次於功曹。❸仲父　對德望高的老臣的尊稱。意以父親之遇待之，春秋齊桓公稱管仲為仲父，戰國時秦王政也這樣稱呼呂不韋。此處夏侯纂也模仿先人。❹第舍　家中。第，原作「茅」，今從宋本。❺功曹　即郡功曹史。掌管一郡人事，參與一郡政務。❻貴州養生之具　益州生活的物質條件。貴州，指益州。❼絕餘州　超過其他的州。❽為世師式　被世人所效法遵奉。❾不負於　不差於；不輸給。❿黃　即華夏祖先黃帝。此指假託黃帝之名的一些著作，如《漢書・藝文志》所載《黃帝四經》、《黃帝銘》、《黃帝君臣》等。這類著作與《老子》合稱「黃老之學」，屬道家學派，在西漢初很盛行。⓫簿　手板。古代官員手中所持小板，用以記事，以免遺忘。⓬明府勿以仲父句　明府，明府君的省稱。當時人稱郡太守為「府君」。假於小草，給與小草的待遇。當時人把一種中藥的根莖稱為遠志，把根莖上邊的苗葉稱作小草，以其根莖為貴重，以其苗葉為輕賤。這裏的意思是希望對方不要輕視自己所說的話。⓭蜀有汶皁之山二句　汶皁，山名。即岷山，位於今四川北部與甘肅交界處。江出其腹，長江從岷山中流出。這是當時人的誤解，錯把從岷山發源的岷江作為長江的正源。⓮四瀆　指四條大河：長江、黃河、淮水、濟水。⑮禹生石紐　《史記・夏本紀》張守節《正義》引揚雄《蜀王本紀》：「禹本汶山郡廣柔縣人也，生於石紐。」石紐，山名。在今四川汶川縣西。⑯汶山郡　郡名。治所在今四川汶川縣。⑰繇　夏禹的父親，曾被堯派去治水，因不成功被殺。⑱天帝布治房心　天帝在房宿、心宿發布政令。房，古代二十八星宿之一，屬東方蒼龍七宿。心，古代二十八星宿之一，亦屬東方蒼龍七宿。⑲決政參伐　在參、伐兩個星宿決定政策。參，古代二十八星宿之一，屬西方白虎七宿。伐，星座名，在參宿正南。⑳分野　古代把天上劃分為二十八個星區，即二十八宿。把地上的州國分別與天上的星宿對應，這種對應的星宿就成為該州國的分野。人們可依照天上星區中的天象來預測地上州國的吉凶禍福。益州的分野是二十八宿中的觜、參二宿。㉑三皇　傳說中遠古的三個君王。指伏羲氏、燧人氏、神農氏。㉒祇車　傳說中遠古君主所乘坐的專車。㉓谷口　斜谷道口。㉔阡陌　原意為田野中的小路，縱向的叫阡，橫向的為陌。此指大概情況。㉕雅意　對對方意見、看法的尊稱。㉖何若於天下乎　與天下其他州比怎麼樣。㉗逡巡　退卻；猶豫不決。㉘從事祭酒　州府屬官，由諸從事史中資歷深、德望高者擔任。㉙貸出　寬恕釋放。㉚左中郎將　官名。隸屬光祿勳，職掌訓練、管理、考核後備官員。㉛長水校尉　官名。北軍五校尉之一，掌宿衛禁兵。㉜張溫　字惠恕，吳郡吳縣（今江蘇蘇州）人。孫吳時任議郎、選曹尚書。曾受命出使蜀漢，蜀漢甚貴其才。後被孫權嫌惡，藉暨豔案斥還本郡。詳見本書卷五十七〈張溫傳〉。㉝餞　設酒宴送行。㉞乃眷西顧　回頭看著西面。《詩經・皇矣》：「上帝耆之，憎其式廓。乃眷西顧，此維與宅。」意思是上天要增大周朝的疆域，回頭望著西方的周朝，把岐山地區給了周王。㉟嗚　此字下宋本有「于」字。㊱天步艱難二句　上天的步伐艱難，那個人又不好。《詩經・白華》：「英英白雲，露彼菅茅，天步艱難，之子不猶。」周幽王娶申女為妻，後又得褒姒而遺棄申女，所以申女作此詩以抒發心中的哀怨。㊲大司農　官名，管理皇室的財政開支。㊳四年　即建興四年（西元二二六年）。㊴五帝　傳說中遠古的五個君主。所指不同，《史記・五帝本紀》認為是黃帝、顓頊、帝嚳、唐堯、虞舜。㊵豢龍　飼養龍。《左傳》昭公二十九年記載，遠古時有個人叫董父，喜歡龍，能知道龍愛吃什麼，用其愛吃的東西餵養牠。所以很多龍都跑到董父那裏。豢，原作「養」，今據《三國志集解》引何焯說改。㊶譙允南　即譙周，字允南，巴西西充（今四川閬中西南）人。蜀漢儒學大師，歷任勸學從事、典學從事、太子家令等職。詳見本書卷四十二〈譙周傳〉。㊷春秋然否論　書名，譙周所著《五經然否論》中的一部。

【語譯】先主平定益州後，廣漢太守夏侯纂聘請秦宓出任師友祭酒，兼五官掾，尊稱他為仲父。秦宓聲稱有病，躺在家中的床上，夏侯纂帶著郡功曹古朴、郡主簿王普，以及廚師膳食，到秦宓家宴飲談話，秦宓依然躺臥在床上。夏侯纂問古朴說：「說起益州生活的物質條件，確實超過了其他的州，不知道這裏的士人比起其他的州來怎麼樣？」古朴回答說：「自從前漢以來，益州有官位封爵的人或許不如其他州，至於著書立說而成為後世效法遵奉的人，則不比其他州差。嚴君平看了黃帝、老子的著述寫成的《老子指歸》，揚雄看了《周易》寫成的《太玄》，看了《論語》寫成的《法言》，還有司馬相如為漢武帝制定封禪禮儀的文章，到今天都是天下人所共知的。」夏侯纂又問秦宓：「仲父您以為如何？」秦宓用手板拍打著面頰說：「請明府您不要輕視我的話，下民我謹向您陳說一下益州的來龍去脈。蜀郡有叫作汶阜的大山，長江從它的腹地流出，天帝在這裏匯集昌盛之氣，神靈在這裏積累福祉，所以蜀郡能夠有千里沃土。在淮、濟等四大河流中，長江居其首，這是其一。古代夏禹出生在石紐，就是今天的汶山郡。從前唐堯遭遇大洪水，鯀不能治理，夏禹疏通長江挖決黃河，使洪水向東流入大海，為百姓除去災害，是自有人類以來無可比擬的功勞，這是其二。天帝在房宿、心宿發布政令，在參、伐兩個星座決定政策，而參、伐兩個星座就是益州的分野，三皇乘坐著專車從谷口出來，就是今天的斜谷口。這便是我們益州的大概情況，依照您高雅的看法說一說，益州與天下其他州相比怎麼樣？」當時夏侯纂遲疑猶豫，無話可答。

2 益州州府聘請秦宓為從事祭酒。先主即帝位後，將要東征吳國，秦宓向先主陳述天象一定不利於蜀，因此獲罪被逮捕入獄，後被寬恕釋放。建興二年，丞相諸葛亮兼任益州牧，選拔秦宓出任益州別駕，不久又任命他為左中郎將、長水校尉。吳國派遣張溫為使臣出訪蜀漢，回國時蜀國的百官全都來為他餞行，大家都已到齊而秦宓尚未前往，諸葛亮幾次派人前去催促。張溫問諸葛亮說：「這個秦宓是什麼人？」諸葛亮回答：「他是益州的一個學者。」等到秦宓到來時，張溫問他說：「您學習嗎？」秦宓回答說：「五尺高的孩子都在學習，何況我呢！」張溫又問道：「上天有頭嗎？」秦宓說：「有的。」張溫問：「在哪個方向呢？」秦宓說：「在西方。《詩經》說：『上天回頭看西面的周朝。』由此推斷，上天的頭在西方。」張溫說：「上天有耳朵嗎？」秦宓說：「天在高處聽著低處的聲音，《詩經》說：『白鶴在水邊鳴叫，聲音上天都聽得到。』

如果上天沒有耳朵，怎麼能夠聽到呢？」張溫說：「天有腳嗎？」秦宓說：「有啊。《詩經》說：『上天的步伐艱難，而那個人又不好。』如果上天沒有腳，怎麼能邁著艱難的步伐呢？」張溫說：「上天有姓嗎？」秦宓答：「有啊。」張溫說：「姓什麼？」秦宓說：「姓劉。」張溫說：「你怎麼知道？」秦宓說：「當今天子姓劉，所以我由此知道。」張溫說：「太陽是從東吳所在的東方升起吧？」秦宓說：「太陽雖然在東方升起，卻落在我們西方。」秦宓的回答就像張溫問話的回音一樣，應聲而出，於是張溫對他大為敬重佩服。秦宓的文才口辯，都像這樣。秦宓升任大司農，建興四年去世。當初，秦宓看到考證帝王世系的文字，說五帝都是同族，便對此加以分辨，說明實際情況不是這樣的。他還論說歷代皇帝王霸飼養龍的問題，非常有道理。譙允南年輕時多次拜訪秦宓向他求教，把他的話記錄在自己著的《春秋然否論》中，由於文字很多，所以這裏就不記載了。

評曰：許靖夙有名譽，既以篤厚❶為稱，又以人物為意，雖行事舉動，未悉允當，蔣濟❷以為「大較廊廟器❸」也。麋竺、孫乾、簡雍、伊籍，皆雍容風議，見禮於世。秦宓始慕肥遯❹之高，而無若愚之實❺。然專對❻有餘，文藻壯美，可謂一時之才士矣。

【章旨】以上為陳壽對許靖、麋竺、孫乾、簡雍、伊籍、秦宓等六個人的評價。

【注釋】❶篤厚　誠實厚道。❷蔣濟　字子通，楚國平阿（今安徽懷遠西南）人。歷任揚州別駕、丞相主簿西曹屬、護軍將軍、太尉等職。參與司馬懿政變，進封都鄉侯。詳見本書卷十四〈蔣濟傳〉。❸大較廊廟器　大抵算得上能在朝廷任高官的人。❹肥遯　隱退。《易經・遯卦》：「肥遯无不利。」意思是隱退是有好處的。❺無若愚之實　沒有真正做到隱居不仕。❻專對獨立的與對方談判應酬。

【語　譯】評論說：許靖早就享有很好的聲譽，既以誠實厚道著稱，又留心於品評人物，雖然他的行為舉止並不完全允當，但蔣濟仍認為他「大體上是可以在朝廷任高官的人才」。麋竺、孫乾、簡雍、伊籍等全都善於從容大方的進諫諷喻，被當時的人所禮遇。秦宓最初仰慕隱居者的清高，卻沒有真正隱居不仕。然而他具有獨立的與對方談判應酬的突出才能，文章詞藻壯美可觀，也可以說是一代才士了。

【研　析】在本傳的題解中我們曾說過，劉備集團的核心是具有政治向心力和凝聚力的。之所以說「劉備集團」，包含了兩層意思：

第一，劉備個人品質的魅力。劉備曾把自己和曹操比較，他說，曹操對人嚴急我則寬緩；曹操暴虐我則仁愛；曹操奸詐我則忠厚。這種比較從一個側面反映了劉備的個人品質。劉備待人寬緩有一件事可以說明：他早期在公孫瓚手下任平原相時，一個名叫劉平的人素來看不起他。後來劉平見劉備地位在自己之上，便收買一個刺客前去刺殺劉備。劉備不知詳情，但他待這個刺客非常好，使刺客很受感動，始終不忍下手。後來他終於向劉備講出實情，告訴劉備要多加小心，便告辭而去。能夠使刺客有這樣的變化，足見劉備待人之寬厚了。劉備的仁愛也有一個典型的例子：建安十三年，當曹操兵鋒直指荊州時，劉備率軍從樊城向江陵方向撤退。荊州劉琮左右及士人多隨從之，當到達當陽的時候，已經有百姓十餘萬人加入，輜重數千輛，一天才走十餘里地。眼看曹操大軍越來越近，有人勸劉備把百姓丟掉，好使行進的速度快點。劉備卻說：「夫濟大事必以人為本，今人歸吾，吾何忍棄去！」體現了「雖顛沛險難而仁義愈明」的品質。也正是這種人格的魅力，再加上其胸懷天下的氣度，使得簡雍從涿州起事時就追隨他，麋竺拋棄了萬貫家財隨之四處周旋，孫乾甘願隨之大起大落，伊籍以自己的命運前程相託。

第二，僅憑劉備個人的魅力還遠遠不夠。劉備有時候憑感情用事，這種做法有時會與有用的人才失之交臂。比如對許靖，劉備一開始就看不起他對劉璋的背叛行為，因此並不打算用他。劉備的感情用事，使他忽視了許靖的社會影響和號召作用。而劉備的謀士法正卻看到了許靖是士人的楷模，抓住了他就會團結一批人。法正從大局出發的戰略眼光，正彌補了劉備的不足。諸葛亮對許靖尊敬有加，行跪拜大禮，也是從戰略全局出發的。法正、諸葛亮是劉備集團的骨幹人物，因此，團結許靖這類人物的，應該是劉備集團，單靠劉備個人是做不到的。秦宓也是如此，能夠使他放棄隱居的做法出來做官，是劉備集團占領益州以後的事，這說明劉備集團對人才的吸引力要遠遠大於劉璋。但秦宓的被重用，他在與東吳使者外交交往中充分發揮個人的才幹，是在劉備死後諸葛亮輔政時期，這從一個側面展示了諸葛亮在團結人才、利用人才的能力。（梁滿倉注譯）

卷三十九　蜀書九

董劉馬陳董呂傳第九

【題解】本卷正傳收入了董和、劉巴、馬良、陳震、董允、呂乂六人，另有馬謖、陳祗、杜祺、劉幹四人的事跡分別附於馬良、董允、呂乂等人的正傳之後。作者之所以把這六個人列為一傳，因為這六個人有兩點是共同的：第一，他們都具有自己優秀的特質，如董和敢於直言，劉巴清廉儉樸，馬良忠貞正直，陳震忠誠如一，董允一身正氣，呂乂謙靖愛民等。第二，他們都是諸葛亮所器重的人。特別是董和，還被諸葛亮長久的追思和懷念。他們也沒有辜負諸葛亮的信任，以自己的才幹和努力為蜀漢政權做出了各自的貢獻。附傳中馬謖的事跡也很重要，他因失街亭使諸葛亮首次北伐出師不利，從而受到歷代小說家和學者的關注。

1 董和，字幼宰，南郡枝江❶人也，其先本巴郡江州❷人。漢末，和率宗族西遷，益州牧劉璋❸以為牛鞞❹、江原❺長、成都❻令。蜀土富實，時俗奢侈，貨殖❼之家，侯服玉食❽，婚姻葬送，傾家竭產。和躬❾率以儉，惡衣蔬食，防遏踰僭❿，為之軌制⓫，所在皆移風變善，畏而不犯。然縣界豪彊憚和嚴法，說璋轉和為巴東屬國都尉⑫。吏民老弱相攜乞留和者數千人，璋聽留二年，還遷益州太守⑬，其清約如前。與蠻夷從事⑭，務推誠心，南土愛而信之。

2 先主⑮定蜀，徵和為掌軍中郎將⑯，與軍師將軍諸葛亮並署左將軍大司馬府事⑰，獻可替否⑱，共為歡交⑲。自和居官食祿，外牧殊域⑳，內幹機衡㉑，二十餘年，死之日家無儋石之財㉒。亮後為丞相，教㉓與羣下曰：「夫參署者㉔，集眾思廣忠益也。若遠小嫌㉕，難相違覆㉖，曠闕損㉗矣。違覆而得中㉘，猶棄弊蹻㉙而獲珠玉。然人心㉚苦不能盡，惟徐元直㉛處茲不惑，又董幼宰參署七年，事有不至㉜，至于十反㉝，來相啟告。苟能慕元直之十一㉞，幼宰之殷勤，有忠於國，則亮可少過㉟矣。」又曰：「昔初交州平㊱，屢聞得失，後交元直，勤見啟誨㊲，前參事於幼宰，每言則盡，後從事於偉度㊳，數有諫止；雖姿性鄙暗㊴，不能悉納，然與此四子終始好合，亦足以明其不疑㊵於直言也。」其追思和如此。

【章旨】以上為〈董和傳〉，記述了董和在劉璋任益州刺史時的政治經歷和政績，及其在蜀漢政權中的重要地位。又描述了他與諸葛亮的關係，通過諸葛亮對董和的追思，表現了董和的優秀傑出。

【注釋】❶南郡枝江　南郡，郡名。治所在今湖北江陵。枝江，縣名。治所在今湖北枝江市東北。❷巴郡江州　巴郡，郡名。治所在今重慶市。江州，地名。在今重慶市。❸益州牧劉璋　益州，州名。治所在今四川成都。益州牧即益州刺史。劉璋，字季玉，江夏竟陵（今湖北潛江市西北）人，劉焉之子。繼劉焉後任益州刺史，懦弱少斷，因懼怕曹操藉征張魯之機進人益州，故請劉備入蜀。劉備占領益州，遷之於南郡公安（今湖北公安西北）。孫吳取荊州，以為益州牧。詳見本書卷三十一〈劉璋傳〉。❹牛鞞　縣名。治所在今四川簡陽。❺江原　縣名。治所在今重慶市東南。❻成都　縣名。治所在今四川成都。❼貨殖　使錢財增值。此指工商業活動。❽侯服玉食　穿著侯爵所穿的衣服，吃著精美的食品。❾躬　親自。❿防遏踰僭　阻止那些在衣食上超越軌度的行為。⓫軌制　制定制度和規定。⓬巴東屬國都尉　巴東，屬國名。治所在今重慶市彭水縣。後改為涪陵郡。都尉，官名。郡國的軍事長官，協助郡守或國王典掌軍事，維護治安，訓練軍隊。⓭益州太守　益州，郡名。治所在今雲南晉寧東北。太守，郡中最高行政長官。⓮與蠻夷從事　和少數民族打交道。⓯先主　即劉備，字玄德，涿郡涿縣（今河北涿州）人，自稱中山靖王之後。東漢末年起兵，參加征伐黃巾，先後投靠公孫瓚、陶謙、曹操、袁紹、劉表。後得諸葛亮輔助，占領荊州、益州，建立蜀漢。詳見本書卷三十二〈先主傳〉。⓰掌軍中郎將　官名。蜀漢政權創置，處理軍機事務。⓱與軍師將軍句　軍師將軍，官名。蜀漢政權最高軍事長官。諸葛亮，字孔明，琅邪陽都（今山東沂南南）人。先隱居荊州隆中，後輔佐劉備，提出並實踐聯合孫吳、跨有荊益、北拒曹操的方針。劉備去世後，受遺詔輔佐劉禪，先後平定南中，六次北伐曹魏。後逝世於北伐前線。詳見本書卷三十五〈諸葛亮傳〉。署，簽署，此指處理、處置。⓲獻可替否　進獻可行的建議，廢止不可行的做法。⓳共為歡交　相處得很愉快，結下深厚的友誼。⓴外牧殊域　在邊遠地區任郡守。指董和任益州郡守之事。㉑內幹機衡　在朝廷內處理機要事務，指與諸葛亮共同處理左將軍大司馬府事務。㉒儋石之財　形容積蓄之少。儋石，古代容積單位，十斗為一石，兩石為一儋。㉓教　長官對下屬下達指示。㉔夫參署者　之所以設置參與處理軍機要務的官員。㉕遠小嫌　不使小的矛盾發生。㉖難相違覆　不願意發表不同意見。㉗曠闕損　大的失誤和損失。㉘得中　得到正確的。㉙棄弊蹻　丟掉破舊的鞋。㉚人心　人內心的想法。㉛徐元直　即徐庶，字元直。荊州名士，先依附劉備，後投降曹操。事跡散見於本書卷三十五〈諸葛亮傳〉及裴松之注。㉜事有不至　事情有處理不周到的地方。㉝十反　反覆商量多達十次。㉞十一　十分之一。㉟少過　少犯錯誤。㊱州平　即崔州平。諸葛亮在荊州隱居時的朋友。事跡散見於本書卷三十五〈諸葛亮傳〉及裴松之注。㊲勤見啟誨　經常受到啟發和指教。㊳偉度　即胡濟，字偉度，任諸葛亮主簿，忠於職守，敢於進言。諸葛亮死後，歷任重職，官至右驃騎將軍。本傳裴松之注有記載。㊴姿性鄙暗　稟性淺陋愚昧。㊵不疑　對自己直言的結果不懷疑。

【語　譯】董和，字幼宰，南郡枝江縣人，他的祖上本來是巴郡江州人。漢朝末年，董和率領宗族族人向西遷徙，益州刺史劉璋先後任命他為牛鞞、江原等縣的縣長、成都縣令等職務。蜀郡土地肥沃物產豐富，當時的社會風氣奢侈，從事工商業富豪之家，穿著侯爵一樣的衣服，吃著精美無比的食物，婚喪喜慶之事極度奢侈甚至傾家蕩產。董和親身踐行以簡樸為表率，身穿粗布衣服，吃飯以蔬菜為主，為了遏止在生活上超越本分的現象發生，他還制定了這方面的制度和規定，他所任職的地方，社會風氣全都變好了，百姓們對他所定的制度和規定都敬畏不敢違犯。然而成都縣中的豪強忌憚董和的嚴厲法規，遊說劉璋改任董和為巴東屬國都尉。縣中吏民幾千人扶老攜幼請求劉璋讓董和留任，劉璋只得讓他繼續留任兩年。任期滿後，又被升遷為益州郡太守，他清廉儉約一如從前。在與少數民族打交道時，特別注重以誠相待，所以南方的少數民族百姓都敬愛信任他。

2　先主平定蜀地後，任命董和為掌軍中郎將，與軍師將軍諸葛亮一起處理左將軍大司馬府的軍政事務，進獻可行的建議，廢止不可行的做法，兩個人相處得非常愉快，結下了深厚的友誼。自從董和當官領取俸祿以來，在邊遠地區擔任郡守，在朝廷內處理機要事務，前後二十多年，到他去世的時候，家裏連些許的積蓄都沒有。諸葛亮後來任蜀漢丞相時，對下屬們下達指示說：「朝廷之所以設置參與處理軍機要務的官員，就是要集合眾人的意見廣收更好的效果。如果為了不與別人發生小矛盾，而不敢提出自己不同的意見，就會對國家造成大的失誤和損失。能提出不同意見又被正確採納，猶如丟掉破舊的鞋子而獲得珍珠美玉一樣。然而人們內心真正的想法很難全部說出來，只有徐元直在這種情況下能毫無疑惑，還有董幼宰在參與政務這七年間，事情如果有我處理不周到的地方，他甚至反覆與我商量多達十次，來申述自己的看法。如果你們能夠仰慕效法徐元直的十分之一，學習董幼宰辦事的殷切勤懇，忠於國家，那麼諸葛亮我就可以少犯錯誤了。」諸葛亮還說：「當初剛與崔州平交往，多次聽到他對我辦事得失的肯定與批評，後來與徐元直交往時，又常受他的啟發指教，先前與董幼宰共事時，他每次提意見時總是毫無保留，後與胡偉度共事時，他也多次對我進行勸諫和阻止；我雖然稟性淺陋愚昧，不能全部採納他們的意見，但與這四人始終友好，這就足以表明他們對直言不諱是沒有什麼猶豫懷疑了。」諸葛亮就是如此懷念董和。

1 劉巴，字子初，零陵烝陽❶人也。少知名，荊州牧劉表❷連辟，及舉茂才❸，皆不就。表卒，曹公❹征荊州。先主奔江南，荊、楚羣士從之如雲，而巴北詣曹公。曹公辟為掾❺，使招納長沙❻、零陵、桂陽❼。會先主略有三郡，巴不得反使❽，遂遠適交阯❾，先主深以為恨。

2 巴復從交阯至蜀。俄而先主定益州，巴辭謝罪負，先主不責。而諸葛孔明數稱薦之，先主辟為左將軍西曹掾❿。建安二十四年，先主為漢中王，巴為尚書⓫，後代法正為尚書令⓬。躬履清儉，不治產業，又自以歸附非素⓭，懼見猜嫌，恭默守靜，退無私交，非公事不言。先主稱尊號，昭告于皇天上帝后土神祇，凡諸文誥策命⓮，皆巴所作也。章武二年卒。卒後，魏尚書僕射陳羣⓯與丞相諸葛亮書，問巴消息，稱曰劉君子初，甚敬重焉。

【章　旨】以上為〈劉巴傳〉，記述劉巴北詣曹操，旋又背離遠去，最後歸附劉備，受到重用。為官期間，清廉節儉，恭默守靜。劉備稱帝，文誥策命，皆巴所作。

【注　釋】❶零陵烝陽　零陵，郡名。治所在今湖南零陵。烝陽，縣名。治所在今湖南邵東東南。❷劉表　字景升，山陽高平（今山東微山縣西北）人。東漢遠支皇族。曾任荊州刺史，據有今湖南、湖北地方。後為荊州牧。他在羣雄混戰中，採取觀望態度，轄區破壞較小，中原人來避難者甚眾。後病死，其子劉琮降於曹操。詳見本書卷六〈劉表傳〉。❸舉茂才　漢朝選舉科目，原稱秀才，東漢為避劉秀之諱稱茂才，被舉為茂才者多任縣令。❹曹公　即曹操，字孟德，小名阿瞞，沛國譙（今安徽亳州）人。東漢末起兵討黃巾，後參加袁紹討董聯盟。占據兗州後，收編黃巾軍三十餘萬，組成青州軍，先後擊敗袁術、陶謙、呂布、袁紹，統一了北方。任丞相，相繼封為魏公、魏王。曹丕建魏後，追封為魏武帝。詳見本書卷一〈武帝紀〉。❺掾　屬官的總稱。此指丞相掾。❻長沙　郡名。治所在今湖南長沙。❼桂陽　郡名。治所在今湖南郴州。❽反使　回覆使命。❾交阯　郡名。治所在今越南河內東北。❿左將軍西曹掾　劉備左將軍府的屬官，主管人事。⓫尚書　官名。尚書諸曹長官，位在尚書令、僕射之下，丞、郎之上。⓬尚書令　尚書省長官，位高權重。⓭歸附非素　不得已而投降，不是很早就追隨的部屬。⓮文誥策命　朝廷向下發的公文、文書、命令。⓯尚書僕射陳羣　尚書僕射，官名。尚書省的次長官，若尚書令缺，可代理尚書令的職務。陳羣，字長文，潁川許昌（今河南許昌）人。初從劉備為別駕，後歸曹操為司空西掾屬。歷任御史中丞、尚書令、中領軍、中護軍、司空等職。詳見本書卷二十二〈陳羣傳〉。

【語　譯】劉巴，字子初，零陵郡烝陽縣人。劉巴年輕時就有名氣，荊州牧劉表接連徵聘他出來任職，並薦舉他為茂才，他都沒有去。劉表去世，曹公南進征伐荊州。先主逃奔江南，荊州士人跟隨先主的不計其數，而劉巴卻向北去投奔曹公。曹公任命他為手下僚屬，讓他去長沙、零陵、桂陽三郡，招納這三郡投降。正好先主攻占了這三郡，劉巴無法北歸覆命，於是向南遠逃至交阯郡，先主深感遺憾。

2　劉巴又從交阯來到益州。不久先主平定了益州，劉巴便向先主認錯謝罪，先主沒有責怪他。而諸葛亮多次稱讚並舉薦劉巴，先主便任命他為左將軍西曹掾。建安二十四年，先主稱漢中王，劉巴任尚書，後來又代法正為尚書令。劉巴自身清廉儉樸，不置辦私人的產業，又自以為是不得已投降而不是很早就追隨先主的部屬，害怕被猜忌懷疑，總是恭敬順從沉靜少言，回到家中不與別人有私人交往，不是公事不發表自己意見。先主稱帝後，舉行即位儀式，儀式所用的向皇天上帝、后土神祇進行禱告的祝文，以及向下發布的文告、文書、命令等，都是劉巴起草的。章武二年去世。劉巴去世後，曹魏尚書僕射陳羣曾寫信給諸葛亮，詢問劉巴的消息，信中稱劉巴為劉君子初，非常敬重他。

1 馬良，字季常，襄陽宜城❶人也。兄弟五人，並有才名，鄉里為之諺曰：「馬氏五常❷，白眉最良。」良眉中有白毛，故以稱之。先主領荊州，辟為從事。及先主入蜀，諸葛亮亦從後往，良留荊州，與亮書曰：「聞雒城❸已拔，此天祚❹也。尊兄應期贊世❺，配業光國❻，魄兆❼見矣。夫變用雅慮❽，審貴垂明❾，於以簡才❿，宜適其時。若乃和光悅遠⓫，邁德天壤⓬，使時閑於聽⓭，世服於道，齊高妙之音，正鄭、衛之聲⓮，並利於事，無相奪倫⓯，此乃管絃之至，牙、曠⓰之調也。雖非鍾期⓱，敢不擊節⓲！」先主辟良為左將軍掾。

2 後遣使吳，良謂亮曰：「今銜國命⓳，協穆二家⓴，幸為良介於孫將軍㉑。」亮曰：「君試自為文。」良即為草曰：「寡君㉒遣掾馬良通聘㉓繼好，以紹昆吾、豕韋之勳㉔。其人吉士㉕，荊楚之令㉖，鮮於造次之華，而有克終之美㉗，願降心存納㉘，以慰將命。」權敬待之。

3 先主稱尊號，以良為侍中㉙。及東征吳，遣良入武陵㉚招納五溪蠻夷㉛，蠻夷渠帥㉜皆受印號，咸如意指。會先主敗績於夷陵㉝，良亦遇害。先主拜良子秉為騎都尉㉞。

【章旨】以上為〈馬良傳〉，記述馬良以才聞名鄉里，致書諸葛亮，表達效力劉備的意願。受到劉備任用後，出使孫吳，招納五溪蠻夷。劉備夷陵之敗，馬良亦遇害。

【注釋】❶襄陽宜城　襄陽，即今湖北襄樊。宜城，縣名。治所在今湖北宜城東南。❷馬氏五常　馬良五個兄弟。五個兄弟的字中都帶「常」字，故稱。❸雒城　雒縣縣城。雒縣治所在今四川新都東北。❹天祚　上天保佑。❺應期贊世　順應天命輔佐當世明主。❻配業光國　參與使國家重振的大業。❼魄兆　徵兆。❽變用雅慮　運用正確的思想謀求變化。❾審貴垂明　審查事務最重要的是有深刻的洞察力。❿簡才　選拔人才。⓫和光悅遠　以溫柔平和的光芒照耀眾人，使遠方的人樂於歸順。此指普遍的施行仁政。⓬邁德天壤　在天地間盡力施與恩德。⓭時閑於聽　使當代人習慣於聽從您的教誨。⓮鄭衛之聲　先秦時鄭國、衛國流行的音樂，其音調輕慢柔靡，後成為指斥淫邪之樂的通稱。此處指社會風氣敗壞。⓯奪倫　打亂次序。⓰牙曠　古代兩個著名的音樂家。牙即伯牙，善古琴，古曲〈高山流水〉相傳即為他所作。詳見《呂氏春秋．本味》。曠即師曠，春秋時晉國人，善鼓琴，懂音樂。當他聽衛國音樂家所奏曲目後，即斷定其為亡國之音。詳見《史記．樂書》。⓱鍾期　即鍾子期，相傳是音樂家伯牙的知音，唯一能聽得懂伯牙彈琴的人。⓲擊節　打節奏。節是一種竹製的樂器，用來打節奏。⓳銜國命　身負國家使命。⓴協穆二家　使孫劉兩家和睦結好。㉑介於孫將軍　介紹給孫權。孫將軍即孫權，字仲謀，吳郡富春（今浙江富陽）人，孫策弟。孫策死後即位，被封討虜將軍，領會稽太守。黃武八年（西元二二九年）即帝位於武昌。死後諡大皇帝，廟號太祖。詳見本書卷四十七〈吳主傳〉。㉒寡君　對自己國君的謙稱。㉓通聘　通使。㉔紹昆吾豕韋之勳　繼承昆吾、豕韋建立的功勳。昆吾，古代部落名，己姓，在今河南許昌東，當時為夏朝的同盟。豕韋，古代部落名。彭姓，在今河南滑縣東南，當時為夏朝的同盟。㉕吉士　才華出眾的人。㉖荊楚之令　荊楚地區的完美之人。荊楚，即荊州，荊州為先秦時楚國的故地，楚國又稱荊。令，美好。㉗鮮於造次之華二句　雖然缺少隨機應變的口辯才華，卻有始終如一的美德。鮮，缺少。造次，匆忙；突然。此指突然事件。克終，《詩經》有「靡不有初，鮮克有終」之句，意為都有一個開始，但很少有完整的結束。克終即由此而來。㉘降心存納　屈尊撫慰接納。㉙侍中　門下侍中省的長官，侍衛皇帝左右，管理門下眾事。㉚武陵　郡名。治所在今湖南常德西。㉛五溪蠻夷　五溪地區的少數民族。《後漢書．馬援列傳》李賢注引《水經注》載，武陵有五溪：雄溪、樠溪、西溪、潕溪、辰溪，悉是蠻夷所居，故謂五溪蠻。㉜渠帥　首領。㉝夷陵　縣名。治今湖北宜昌東南。㉞騎都尉　統領皇帝騎兵侍衛的武官。

【語　譯】馬良，字季常，襄陽郡宜城縣人。馬氏兄弟五個人，同時具有才名，當時鄉里有諺語說他們兄弟：「馬氏五常，白眉最良。」因為馬良的眉中有白毛，所以人們用白眉來稱他。先主兼任荊州刺史的時候，徵召他擔任州從事。到了先主率軍進入蜀地，諸葛亮也隨後前往，馬良留在了荊州。他給諸葛亮寫信說：「聽說雒城已經攻克，這是上天保佑我們。您順應天命輔佐明主，參與使國家重振的大業，復興的徵兆已經出現了。謀求變化要用正確的思想，審查事務最重要的是有深刻的洞察力，至於選拔人才，應當是正逢其時。如果能夠普遍的施行仁政，使遠方的人都心悅誠服，盡力施恩德給天地之間的百姓，使他們習於聽從您的教誨，世人服從正道，建立高尚美好的道德，矯正敗壞的風俗時尚，各項事務都順利實施，不互相打亂次序，這就好比是音樂的最高境界，是伯牙、師曠等音樂大師才能奏出的曲調。我雖然不是精通音樂的鍾子期，敢不擊打節拍參與其中嗎！」先主拔舉馬良為左將軍府的屬官。

2　後來先主派遣馬良出使孫吳，他對諸葛亮說：「現在我身負國家使命，使孫劉兩家和睦結好，希望您替我寫一封信，把我介紹給孫權。」諸葛亮說：「您試著自己寫。」馬良當即寫了一份草稿道：「我們國君派下屬馬良與貴國通使修好，以繼承昆吾、豕韋共佐夏朝那樣的功勳。派出的這個人，才華出眾，是荊楚地區的傑出之士，他雖然缺少處理突然事變的才華，卻有著始終如一的美德。希望您能夠對他屈尊撫慰接納，以慰勉身負使命的人。」馬良到孫吳以後，孫權對他很是尊敬禮待。

3　先主稱帝後，任命馬良為侍中。到了先主領軍東征孫吳的時候，派馬良進入武陵郡內招納那裏的少數民族，少數民族的首領全都接受了先主賜與的官印封號。馬良所做的一切，全都符合先主的意願。適逢先主在夷陵大敗，馬良也在此役中身亡。先主任馬良的兒子馬秉為騎都尉。

1　良弟謖，字幼常，以荊州從事隨先主入蜀，除緜竹成都令、越嶲❶太守。才器過人，好論軍計，丞相諸葛亮深加器異。先主臨薨謂亮曰：「馬謖言過其實，不可大用，君其察之❷！」亮猶謂不然，以謖為參軍❸，每引見談論，自晝達夜。

2 建興六年❹，亮出軍向祁山❺，時有宿將魏延、吳壹❻等，論者皆言以為宜令為先鋒，而亮違眾拔謖，統大眾在前，與魏將張郃❼戰于街亭❽，為郃所破，士卒離散。亮進無所據，退軍還漢中❾。謖下獄物故❿，亮為之流涕。良死時年三十六，謖年三十九。

【章　旨】以上為馬良的弟弟馬謖的附傳，介紹了馬謖的人品和才幹，以及諸葛亮對他的器重，也敘述了馬謖在街亭戰敗的過程。

【注　釋】❶越巂　郡名。治今四川西昌東南。❷君其察之　您要仔細體察。❸參軍　亦作「參軍事」。掌參謀軍事。❹建興六年　西元二二八年。建興，蜀漢後主劉禪年號，西元二二三—二三七年。❺祁山　山名。在甘肅禮縣東。❻宿將魏延吳壹　宿將，資格老的將領。魏延，字文長，義陽（今河南桐柏東）人。蜀漢著名將領，隨諸葛亮北伐曹魏，多立戰功。因與諸葛亮戰略主張不同，在諸葛亮逝世後拒不執行退兵命令，被楊儀所殺。詳見本書卷四十〈魏延傳〉。吳壹，字子遠，陳留郡（今河南開封東南）人。先在劉璋手下任中郎將，後投降劉備。任護軍、討逆將軍、關中都督、左將軍等。詳見本書卷四十五〈楊戲傳〉。❼張郃　字儁乂，河間鄚縣（今河北任丘北）人。曹魏著名將領，屢立戰功。先後任盪寇將軍、左將軍，明帝太和五年（西元二三一年）被蜀漢軍殺死。詳見本書卷十七〈張郃傳〉。❽街亭　地名。位於今甘肅莊浪東南。❾漢中　郡名。治所在今陝西漢中東。❿物故　死亡。

【語　譯】馬良的弟弟馬謖，字幼常，以荊州從事史的身分跟隨先主進入益州，先後被任命為緜竹縣令、成都縣令、越巂太守。馬謖才氣過人，喜歡議論軍事謀略，丞相諸葛亮對他極為器重。先主去世前對諸葛亮說：「馬謖所說的超過了他的實際才幹，不可重用，您要仔細體察。」諸葛亮仍認為馬謖不像先主說的那樣，任命他為丞相府參軍，常常召見他談論軍事，從白日直到夜晚。

2 建興六年，諸葛亮兵出祁山北伐，當時軍中的老將魏延、吳壹等人，議論的人都說應該讓他們做先鋒，但諸葛亮不聽眾人的意見提拔馬謖，讓他統率大批人馬為先鋒。馬謖統軍與魏將張郃在街亭交戰，被張郃打得大敗，士卒潰散。諸葛亮進兵無所依據，只好退軍返回漢中。馬謖被逮捕入獄死於獄中。諸葛亮為此落淚。馬良死時三十六歲，馬謖死時三十九歲。

陳震，字孝起，南陽❶人也。先主領荊州牧，辟為從事，部諸郡❷，隨先主入蜀。蜀既定，為蜀郡北部都尉❸，因易郡名，為汶山❹太守，轉在犍為❺。建興三年，入拜尚書，遷尚書令，奉命使吳。七年❻，孫權稱尊號，以震為衛尉❼，賀權踐阼❽，諸葛亮與兄瑾❾書曰：「孝起忠純之性，老而益篤，及其贊述東西，歡樂和合，有可貴者。」震入吳界，移關候❿曰：「東之與西，驛使往來，冠蓋⓫相望，申盟初好，日新其事。東尊⓬應保聖祚，告燎受符⓭，剖判土宇⓮，天下響應，各有所歸。於此時也，以同心討賊，則何寇不滅哉！西朝⓯君臣，引領⓰欣賴。震以不才，得充下使，奉聘敘好，踐界踊躍⓱，入則如歸。獻子適魯，犯其山諱，春秋譏之⓲。望必啟告，使行人睦焉⓳。即日張旍誥眾⓴，各自約誓。順流漂疾㉑，國典異制㉒，懼或有違，幸必斟誨，示其所宜。」震到武昌㉓，孫權與震升壇歃盟，交分天下：以徐、豫、幽、青㉔屬吳，并、涼、冀、兗㉕屬蜀，其司州㉖之土，以函谷關㉗為界。震還，封城陽亭侯。九年㉘，都護李平㉙坐誣罔廢；諸葛亮與長史蔣琬㉚、侍中董允㉛書曰：「孝起前臨至吳，為吾說正方㉜腹中有鱗甲㉝，鄉黨以為不可近。吾以為鱗甲者但不當犯之耳，不圖復有蘇、張之事㉞出於不意。可使孝起知之。」十三年㉟，震卒。子濟嗣。

【章　旨】以上為〈陳震傳〉，介紹了陳震在蜀漢政權中的政治生涯，用細緻的筆墨描述了他出使孫吳祝賀孫權稱帝的事件。

【注　釋】❶南陽　郡名。治所在今河南南陽。❷部諸郡　督察諸郡。當時州政府設部郡國從事，專門督察郡國的事務。❸北部都尉　較大的郡國常常分為南北兩部，各置都尉，統兵負責地方治安。❹汶山　郡名。治所在今四川汶川縣西南。❺犍為　郡名。治所在今四川彭山縣。❻七年　即蜀漢建興七年（西元二二九年）。❼衛尉　官名。掌管皇帝宮廷保衛。❽踐阼　登上臺階。指登上帝位。❾瑾　即諸葛瑾，字子瑜，琅邪陽都（今山東沂南南）人，諸葛亮之兄。東漢末避亂江東，在孫吳任大將軍、左都護、豫州牧等職。詳見本書卷五十二〈諸葛瑾傳〉。❿移關候　給守衛邊關的官員送公文。移，行與不相統屬的官署之間的文書。關候，守衛邊關的官員。此指孫吳一方的關候。⓫冠蓋　禮帽與車蓋。⓬東尊　指孫權。⓭告燎受符　上告天庭，接受天帝的符命。古代稱帝時築神壇祭告上天，把獻給上天的禮品放在柴堆上燃燒，這種儀式叫告燎。⓮剖判土宇　分割天下的土地。⓯西朝　指蜀漢。⓰引領　形容急切期待的樣子。⓱踐界踊躍　踏上孫吳的國界興奮得跳起來。踊躍，跳躍。⓲獻子適魯三句　《國語・晉語》載：晉國范獻子出使魯國，詢問具山、敖山。魯人告訴他是家鄉的山。范獻子還追問：「那兩座山不叫具山和敖山嗎？」魯人只得回答：「那是我的先人獻公和武公的名諱呀。」范獻子回國以後，逢人就說：「人不可以不學。吾適魯而名其二諱，為笑焉。」⓳望必啟告二句　希望一定告訴我，使我能讓兩國的關係更加和睦。⓴張旍誥眾　揮舞旗幟告誡部下。旍，古代旗幟，用犛牛尾或羽毛裝飾。㉑順流漂疾　順流而下急速前進。㉒國典異制　兩國的典章制度規定不同。㉓武昌　縣名。治所在今湖北鄂州。㉔徐豫幽青　古代四個州。徐州治所在今江蘇徐州，豫州治所在今安徽亳州，幽州治所在今北京市西南，青州治所在今山東臨淄北。㉕并涼冀兗　古代四個州。并州治所在今山西太原，涼州治所在今甘肅武威，冀州治所在今河北冀州，兗州治所在今山東曲阜。㉖司州　州名。治所在今河南洛陽東。㉗函谷關　地名。在今河南靈寶東北。㉘九年　蜀漢建興九年（西元二三一年）。㉙都護李平　都護，官名。蜀國都護分左、右、中，皆掌軍事。李平所任中都護為蜀漢最高軍事將領，統內外諸軍。劉備死後，中都護的軍權減弱。李平，即李嚴，字正方，南陽（今河南南陽）人。劉璋時任成都令，後歸降劉備，任犍為太守、興業將軍。後因督運軍糧不繼，又諉過於人，被廢為庶人。詳見本書卷四十〈李嚴傳〉。㉚長史蔣琬　長史，即丞相府長史，主管丞相府各分支機構的公務。蔣琬，字公琰，零陵湘鄉（今湖南湘鄉）人。初以書佐隨劉備入蜀，後任諸葛亮參軍、長史。諸葛亮逝世後任尚書令、大司馬、大將軍，是蜀漢後期傑出的人才。詳見本書卷四十四〈蔣琬傳〉。㉛侍中董允　侍中，官名。門下之侍中省長官，侍衛皇帝左右，管理門下眾事。㉜正方　李平的字。㉝腹中有鱗甲　比喻性格孤傲，難以接近。㉞蘇張之事　指鼓動脣舌，玩弄陰謀。蘇即蘇秦，字季子，戰國時洛陽人。主張行合縱之策，身掛五國相印，推動五國聯合與秦國抗衡。後奉燕王之命入齊從事反間活動，陰謀消耗齊國實力，以便燕國乘其弱攻之，後陰謀暴露被殺。詳見《史記・蘇秦列傳》。張即張儀，戰國時魏國貴族後裔，後出任秦相，被封為武信君，推行連橫之策，到各國遊說讓他們分別與秦國聯盟，離間了齊、楚兩國的關係，奪取了楚國的漢中之地。後死於魏國。詳見《史記・張儀列傳》。㉟十三年　蜀漢建興十三年（西元二三五年）。

【語　譯】陳震，字孝起，南陽郡人。先主兼任荊州牧，聘任陳震為州從事史，負責督察荊州各郡，隨從先主進入益州。益州平定後，陳震任蜀郡北部都尉，後來因為蜀郡北部改劃為汶山郡，出任汶山郡太守，轉任犍為郡太守。建興三年，入朝官拜尚書，又升任尚書令，奉命出使吳國。建興七年，孫權稱帝，蜀漢朝廷任命陳震為衛尉，出使吳國祝賀孫權登基。諸葛亮給兄長諸葛瑾寫信說：「陳孝起忠誠純潔的品性，越老越突出，他在讚述吳、漢東西兩國，使兩國和睦友好相處方面，有著可貴的貢獻。」陳震進入吳國境內，便遞交給吳國守衛邊界的官員一份公文說：「東西兩國之間，驛使不斷往來，彼此都能在路上互相望見，在申明盟約恢復舊日友好關係方面，每天都有新的進展。貴國君主順應天命保有神聖的福分，祭告上天承受符命稱帝，與我國分割天下的土地，天下人紛紛響應，各有其歸屬。在這個時候，我們雙方同心協力討伐奸賊，那麼什麼樣的敵人不能消滅！我國的君臣，都急切盼望著貴國的好消息，並高興的把貴國作為可資依賴的強援。我陳震一個沒有才能的人，有幸充當下等的使者，奉命出使貴國再敘友好情誼，踏上貴國國界便興奮得跳起來，進入貴國後熱情的接待更使我如同回到了家中。古時范獻子出使魯國，因打聽山名犯了魯國的忌諱，《春秋》為此譏諷他。所以貴國有什麼忌諱希望一定要告訴我，使我這個使者能把兩國的關係聯繫得更加和睦。從今天起我就懸掛旗幟告誡手下眾人，要各自盟誓約束自己。我的船順流而下行進疾速，貴我兩國制度不同，恐怕我會有所違背，希望您一定給與教誨，明示我如何做才恰當。」陳震到了武昌以後，孫權與陳震一起登壇歃血盟誓，約定兩國中分天下：東邊徐、豫、幽、青四州屬於孫吳，西邊的并、涼、冀、兗四個州屬於蜀漢，中間司州的土地，以函谷關為界分為東西兩半，兩家各占一半。陳震返國後，被封為城陽亭侯。建興九年，都護李平因為造謠欺騙朝廷被免官，諸葛亮給長史蔣琬、侍中董允寫信說：「陳孝起先前臨出使孫吳時，曾經跟我說李平如同腹中長了鱗甲那樣性格孤傲，他同鄉人都認為他難以接近。我當時以為有鱗甲的人，只要不去觸犯他就可以了，想不到他還會出人意料的像蘇秦、張儀一樣玩弄陰謀。應該讓陳孝起知道這件事。」建興十三年，陳震去世。他的兒子陳濟繼承了他的爵位。

1 董允，字休昭，掌軍中郎將和之子也。先主立太子，允以選為舍人❶，徙洗馬❷。後主❸襲位，遷黃門侍郎❹。丞相亮將北征，住漢中，慮後主富於春秋❺，朱紫難別❻，以允秉心公亮❼，欲任以宮省之事❽。上疏曰：「侍中郭攸之❾、費禕❿、侍郎董允等，先帝簡拔以遺陛下，至於斟酌規益，進盡忠言，則其任也。愚以為宮中之事，事無大小，悉以咨之，必能裨補闕漏⓫，有所廣益。若無興德之言，則戮允等以彰其慢。」亮尋請禕為參軍，允遷為侍中，領虎賁中郎將⑫，統宿衛親兵。攸之性素和順，備員⑬而已。獻納之任，允皆專之矣。允處事為防制⑭，甚盡匡救之理。後主常欲采擇以充後宮，允以為古者天子后妃之數不過十二，今嬪嬙⑮已具，不宜增益，終執不聽。後主益嚴憚之。尚書令蔣琬領益州刺史，上疏⑯以讓費禕及允，又表「允內侍歷年，翼贊王室，宜賜爵土以褒勳勞」，允固辭不受。後主漸長大，愛宦人黃皓。皓便辟佞慧⑰，欲自容入⑱。允常上則正色匡主，下則數責於皓。皓畏允，不敢為非。終允之世，皓位不過黃門丞⑲。

2 允嘗與尚書令費禕、中典軍⑳胡濟等共期游宴㉑，嚴駕已辦㉒，而郎中㉓襄陽董恢㉔詣允脩敬㉕。恢年少官微，見允停出㉖，逡巡㉗求去，允不許，曰：「本所以出者，欲與同好游談也，今君已自屈㉘，方展闊積㉙，舍此之談，就彼之宴，非所謂㉚也。」乃命解驂㉛，禕等罷駕不行。其守正下士，凡此類也。延熙六年，加輔國將軍㉜。七年㉝，以侍中守㉞尚書令，為大將軍㉟費禕副貳。九年㊱，卒。

3 陳祗代允為侍中，與黃皓互相表裏㊲，皓始預政事。祗死後，皓從黃門令為中常侍㊳、奉車都尉㊴，操弄威柄，終至覆國。蜀人無不追思允。及鄧艾㊵至蜀，聞皓姦險，收閉㊶，將殺之，而皓厚賂艾左右，得免。

【章旨】以上為〈董允傳〉，介紹了董允在蜀漢政權中的作用，及其對後主劉禪過失的匡正，並用細膩的筆法勾劃了董允的守正下士。同時介紹了董允死後蜀漢朝政開始混亂腐敗的情況。

【注釋】❶舍人　即太子舍人，負責太子宮中的警衛工作。❷洗馬　即太子洗馬。負責太子接待賓客禮儀，接收和發送公文，為太子出行充當先導。❸後主　即劉禪，字公嗣，小字阿斗，十七歲即蜀漢帝位，由諸葛亮輔佐。諸葛亮逝世後，朝政漸壞。蜀漢被曹魏所滅後，被遷入洛陽，封為安樂公。詳見本書卷三十三〈後主傳〉。❹黃門侍郎　給事黃門侍郎的省稱。負責宮門內的事務，侍從皇帝，顧問應對，皇帝出行則陪乘。❺富於春秋　指年紀輕。❻朱紫難別　好壞不分是非不辨。古代以朱為正色，紫為雜色。❼秉心公亮　具有公正之心。❽宮省之事　宮中的事務。❾郭攸之　裴松之注引《楚國先賢傳》說：「攸之，南陽人，以器業知名於時。」❿費褘　字文偉，江夏鄳縣（今河南信陽東北）人。蜀漢後期傑出的人才，深受諸葛亮重用，任丞相參軍、司馬、尚書令、大將軍等職。詳見本書卷四十四〈費褘傳〉。⓫裨補闕漏　彌補缺陷遺漏。⓬虎賁中郎將　皇帝禁衛軍的首領，負責宮中宿衛。⓭備員　充數。⓮處事為防制　處理政事注重預防和制止奸邪的事。⓯嬪嬙　泛指皇帝妃妾。⓰疏　原作「書」，今從宋本。⓱便辟佞慧　逢迎諂媚，奸佞狡猾。⓲自容入　取悅於人，使之能接納看重自己。⓳黃門丞　官名。黃門令的副官，輔佐黃門令管理宮中宦官。⓴中典軍　武官，主管營兵，位在護軍之下。㉑共期游宴　約定一起出遊吃飯。期，約定。㉒嚴駕已辦　車輛物品已經準備好。㉓郎中　官名。協助上屬處理政務，職位較輕。㉔董恢　字休緒，襄陽（今湖北襄樊）人。有外交才幹，曾出使孫吳有功，被升為丞相府屬、巴郡太守。詳見裴松之注引《襄陽記》。㉕脩敬　表示敬意，即拜訪。㉖停出　正要出門。㉗逡巡　退縮；猶豫。㉘自屈　委屈自己。㉙方展闊積　正要抒發由於長期不見而積聚起來的思念之情。㉚非所謂　不是人們所讚賞的待友之道。㉛解驂　解下駕車的馬。㉜輔國將軍　將軍名號，高級軍事將領。㉝七年　蜀漢延熙七年（西元二四四年）。㉞守　暫時擔任。官位較低而暫時擔任較高的職務。㉟大將軍　蜀漢的最高軍事長官。㊱九年　蜀漢延熙九年（西元二四六年）。㊲互相表裏　內外勾結。㊳中常侍　皇帝的隨身侍從宦官，負責傳達詔命，處理公文，實權很大。㊴奉車都尉　官名。掌管皇帝車馬，入侍皇帝左右。本為外朝官，宦官不能擔任。但劉禪寵愛黃皓，開了宦官擔任的先例。㊵鄧艾　字士載，義陽棘陽（今河南南陽南）人，曹魏將領，曾在淮河南北屯田，解決軍糧問題。任討寇將軍、汝南太守、兗州刺史等職。景元四年（西元二六三年）率兵攻蜀漢，一直打到成都，迫使劉禪投降。詳見本書卷二十八〈鄧艾傳〉。㊶收閉　逮捕關押。

【語 譯】董允，字休昭，掌軍中郎將董和的兒子。先主立劉禪為太子，董允被選為太子舍人，後轉任太子洗馬。後主劉禪繼位，升遷為黃門侍郎。丞相諸葛亮準備北伐曹魏，駐紮在漢中，他擔心後主年紀輕，難以分辨好壞是非，因為董允秉心公正，想任用他管理宮廷的事務。便上疏給後主說：「侍中郭攸之、費禕、侍郎董允等人，是先帝挑選提拔起來留給陛下的人，至於斟酌朝政的得失利害，進獻有利於朝政的建議，就是他們的責任。愚意以為宮中的事務，無論大小，都應該諮詢他們，這樣就一定能夠收到彌補缺陷遺漏的效果，吸取更多有益的意見。倘若沒有聽見增長德行的言論，就應追究董允等人的責任，以公開他們的失職懈怠。」不久，諸葛亮又聘請費禕為丞相府參軍，提拔董允為侍中，兼任虎賁中郎將，統領侍衛皇帝的禁衛軍。郭攸之性格向來溫和柔順，他出任侍中不過充數而已。進獻忠言使後主採納正確意見的責任，全都由董允一個人來承擔。董允處理事情，注重預防和制止奸邪的措施，很能盡到匡正和補救的責任。後主曾經打算選取美女擴充後宮，董允認為古代天子后妃的數量不超過十二個，如今嬪妃的數量已經夠了，不應該再增加，始終堅持不同意。後主對董允更加敬畏。尚書令蔣琬兼任益州刺史時，上疏請求把職務讓給費禕和董允，又上表說「董允宮內侍奉多年，輔佐王室，應該賜給他封爵、土地以褒獎他的功勞」，但董允堅決推辭不接受。後主劉禪漸漸長大，寵愛宦官黃皓，黃皓又善於逢迎諂媚，奸佞狡猾，也想取悅於後主讓他接納重用自己。董允經常對上嚴正的匡正後主，對下多次指責黃皓的不正當行為。黃皓因此非常畏懼董允，不敢為非作歹。直到董允去世時，黃皓的最高官職沒有超過黃門丞。

2 董允曾與尚書令費禕、中典軍胡濟等人約定一起出遊吃飯，車馬和物品都已備齊，而在這時郎中襄陽人董恢前來拜見。董恢年紀輕官位低，他見董允正要出門，便猶豫著想要告辭，董允不讓他走，說：「我之所以要外出的本意，是想和志趣相同的好友遊玩交談，現在您屈駕前來，正是我們抒發久別思念之情的時候，我捨去這個交談，而赴那個宴會，這不是人們所讚賞的待友之道。」於是命人解下駕車的馬匹，費禕等人也都停車不去了。董允堅守正道尊重比他地位低的人，就像這件事情一樣。延熙六年，董允加輔國將軍之號，延熙七年，以侍中的身分署理尚書令職務，擔任大將軍費禕的助手。延熙九年去世。

3 陳祗接替董允出任侍中，與宦官黃皓內外勾結，黃皓開始干預朝政。陳祗死後，黃皓從黃門令升任中常侍、奉車都尉，操縱朝政大權，終於導致國家滅亡。當時蜀漢人沒有不追念董允的。等到鄧艾攻滅蜀漢，聽說黃皓奸詐陰險，便將他逮捕入獄，準備殺掉他。而黃皓以重禮賄賂鄧艾身邊的人，得以免死。

祗字奉宗，汝南❶人，許靖❷兄之外孫也。少孤，長於靖家。弱冠❸知名，稍遷至選曹郎❹，矜厲有威容❺。多技藝，挾數術❻，費禕甚異之，故超繼允內侍。呂乂卒，祗又以侍中守尚書令，加鎮軍將軍❼，大將軍姜維❽雖班在祗上，常率眾在外，希親朝政。祗上承主指，下接閹豎，深見信愛，權重於維。景耀元年卒，後主痛惜，發言流涕，乃下詔曰：「祗統職一紀❾，柔嘉惟則❿，幹肅有章⓫，和義利物，庶績⓬允明。命不融遠⓭，朕用⓮悼焉。夫存有令問⓯，則亡加美謚，謚曰忠侯。」賜子粲爵關內侯，拔次子裕為黃門侍郎⓰。自祗之有寵，後主追怨允日深，謂為自輕⓱，由祗媚茲一人，皓搆閒浸潤⓲故耳。允孫宏，晉巴西太守。

【章　旨】以上為陳祗的附傳，介紹了陳祗與宦官黃皓內外勾結敗壞朝政的情況。

【注　釋】❶汝南　郡名。治所在今河南平輿北。❷許靖　字文休，汝南平輿（今河南平輿北）人。許劭從兄，好品評人物。東漢末避亂於江東，孫策定江東，又避亂於交阯，後輾轉入蜀。劉備占領益州後，任之為左將軍長史、司徒等。詳見本書卷三十八〈許靖傳〉。❸弱冠　指男子二十歲。《禮記・曲禮上》：「二十曰弱，冠。」年少為弱，待至二十，即為成年，舉行冠禮。❹選曹郎　即選曹尚書郎。選曹尚書的助手，協助尚書選拔任命官員。❺矜厲有威容　矜持嚴厲有威嚴的外表。❻數

術　心計和手段。❼鎮軍將軍　武官名。劉備蜀漢政權創置。❽大將軍姜維　大將軍，蜀漢最高軍事統帥。姜維，字伯約，天水冀縣（今甘肅甘谷東）人。本仕曹魏，蜀漢建興六年（西元二二八年）諸葛亮首次伐魏時投降蜀漢。歷任征西將軍、涼州刺史、衛將軍、大將軍等職，是蜀漢後期傑出的人才。詳見本書卷四十四〈姜維傳〉。❾一紀　十二年。❿柔嘉惟則　柔順和善，遵守規矩。⓫幹肅有章　辦事幹練嚴肅有章法。⓬庶績　各項政績。⓭命不融遠　壽命不長久。⓮用　因此。⓯令問　好名聲。⓰黃門侍郎　中朝官。侍從皇帝，顧問應對，皇帝出則陪乘，與皇帝關係密切。⓱自輕　輕視自己。⓲搆閒浸潤　長時間的詆毀挑撥而漸漸起了作用。

【語譯】陳祗，字奉宗，汝南郡人，是許靖哥哥的外孫。陳祗很小就成了孤兒，在許靖家長大。他二十歲時就已經出名，逐漸升遷至選曹郎。陳祗矜持嚴厲容貌威嚴，多才多藝，工於心計手段多端，費禕極為看重他，因此破格提拔他繼董允後擔任侍中。呂乂死後，陳祗又以侍中的身分代理尚書令，並加鎮軍將軍的名號。大將軍姜維雖然官位在陳祗之上，但由於經常統軍在外，鮮少親自過問朝政。陳祗對上奉承後主的旨意，對下交結宦官，深受後主信任寵愛，權勢反而比姜維還大。陳祗景耀元年去世，後主深為痛惜，一說起就落淚，於是下詔說：「陳祗任重職達十二年之久，柔順和善遵守規矩，幹練嚴正辦事符合章法，和藹忠義利國利民，各項政績清清楚楚。然而他的壽數不長久，我為此深感痛惜。大凡人在世時有美名，去世後就應該加以美好的諡號，給陳祗加諡號叫忠侯。」後主又賜予陳祗的兒子陳粲關內侯的爵位，提拔他的次子陳裕為黃門侍郎。自從陳祗被寵信後，後主對已故去的董允的怨恨日益加深，認為董允在世時輕視自己。這是因為陳祗諂媚後主，黃皓又不斷挑撥詆毀慢慢起了作用的緣故。董允的孫子董宏，在晉朝時任巴西郡太守。

1 呂乂，字季陽，南陽人也。父常，送故將❶劉焉❷入蜀，值王路隔塞，遂不得還。乂少孤，好讀書鼓琴。初，先主定益州，置鹽府校尉❸，較鹽鐵之利❹，後校尉王連❺請乂及南陽杜祺、南鄉❻劉幹等並為典曹都尉❼。乂遷新都❽、緜竹令，乃心隱卹，百姓稱之，為一州諸城之首。遷巴西太守。丞相諸葛亮連年出軍，調發諸郡，多不相救，乂募取兵五千人詣亮，慰喻檢制❾，無逃竄者。徙為漢中太守，兼領督農❿，供繼軍糧。亮卒，累遷廣漢⓫、蜀郡⓬太守。蜀郡一都之會，戶口眾多，又亮卒之後，士伍亡命⓭，更相重冒⓮，姦巧非一。乂到官，為之防禁，開喻勸導，數年之中，漏脫自出者萬餘口。後入為尚書，代董允為尚書令，眾事無留，門無停賓。乂歷職內外⓯，治身儉約，謙靖⓰少言，為政簡而不煩，號為清能；然持法刻深⓱，好用文俗吏⓲，故居大官，名聲損於郡縣。延熙十四年卒。子辰，景耀中為成都令。辰弟雅，謁者⓳。雅清厲有文才，著格論⓴十五篇。

2 杜祺歷郡守監軍㉑大將軍司馬㉒，劉幹官至巴西太守，皆與乂親善，亦有當時之稱㉓，而儉素守法，不及於乂。

【章　旨】以上為〈呂乂傳〉，敘述了呂乂定居蜀地的經過，及其在蜀漢政權中的政治生涯，在經濟、軍事、政治等方面的貢獻。

【注　釋】❶故將　以前的郡守。當時人習慣稱太守為郡將，以前的郡守就成為故將。劉焉曾任過南陽郡太守，對呂常而言就是故將。下原有「軍」字，係衍文，今刪去。❷劉焉　字君郎，江夏竟陵（今湖北潛江市西北）人，東漢末任宗正、太常等職。後奏請以重臣任州牧，並領益州州牧。詳見本書卷三十一〈劉焉傳〉。❸鹽府校尉　鹽府為蜀漢政權管理鹽鐵業的機構，鹽府校尉又稱司鹽校尉，是掌管鹽府的長官。❹較鹽鐵之利　壟斷鹽鐵的生產和經營。較，壟斷。❺王連　字文儀，南陽（今河南南陽）人。劉璋時任梓潼令，劉備入蜀後投降，歷任司鹽校尉、屯騎校尉，領丞相長史。詳見本書卷四十一〈王連傳〉。❻南鄉　郡名。治所在今河南淅川縣南。❼典曹都尉　鹽府的官員，輔助鹽鐵校尉管理鹽鐵之政。❽新都　縣名。治所在今四川新都。❾慰喻檢制　撫慰曉諭管制約束。❿督農　官名，蜀漢政權創置，負責督察軍糧的生產供應。⓫廣漢　郡名。治所在今四川新都。⓬蜀郡　治所在今四川成都。⓭士伍亡命　士兵逃亡。⓮更相重冒　互相冒名頂替。⓯內外　朝廷內外。呂乂曾在地方和朝廷做官，故稱。⓰謙靖　謙虛恭謹。⓱持法刻深　執法嚴厲苛刻。⓲好用文俗吏　喜歡任用熟悉法令規章但文化素養不高的吏員。⓳謁者　官名。謁者臺屬官，掌賓禮司儀，宣傳詔命，奉命出使等。⓴格論　已佚。格，原誤作「恪」，今據宋本改。㉑監軍　官名，掌管監督出征將帥，位在軍師下，護軍上。㉒大將軍司馬　大將軍府的高級幕僚，掌參贊軍務，管理將軍府內武職。㉓當時之稱　與時代需要相稱。指具有才幹。

【語　譯】呂乂，字季陽，南陽郡人。他的父親呂常，護送前南陽太守劉焉進入益州，適值天下大亂，道路阻隔不通，終究不能夠回來。呂乂從小即為孤兒，喜好讀書彈琴。當初先主平定益州，設置鹽府校尉的官職，壟斷鹽鐵的生產和經營，後來鹽府校尉王連請呂乂和南陽人杜祺、南鄉人劉幹等人一起任典曹都尉。呂乂後來改任新都、綿竹等縣的縣令，一心懷念百姓的疾苦加以撫恤，百姓交相稱讚他，政績是一州各縣之首。後升任巴西郡太守。丞相諸葛亮連年出兵作戰，向各郡徵調兵丁，各郡大都不能及時的發兵，而呂乂在本郡招募了五千名新兵到諸葛亮處，他對他們撫慰曉諭約束管制，沒有逃跑的人。後轉任漢中太守，兼任督農，負責供應軍糧。諸葛亮去世後，先後任廣漢、蜀郡太守。蜀郡是益州一州的中心，戶口眾多，又加上諸葛亮去世之後，士兵逃亡，互相冒名頂替，在戶口上弄虛作假非只一端。呂乂到任後，對此採取了預防和禁止的措施，並加以開導曉諭，幾年之內，就有一萬多與戶口脫離的黑戶主動出來登記。呂乂後來入朝擔任尚書，代替董允出任尚書令，諸多公務沒有一項滯留不辦和耽擱誤事的，門外也沒有等待公務處理的人。呂乂歷任朝廷內外的官職，修養自身儉樸簡約，謙虛恭謹不多說話，處理政務簡要而不繁瑣，被稱為清廉能幹。但他執法嚴厲苛刻，喜好任用熟悉法令規章但文化素養不高的吏員，所以身居朝中高位，名聲卻不如在地方上任職時。延熙十四年呂乂逝世。他的兒子呂辰，後主景耀年間擔任成都縣令。呂辰的弟弟呂雅，擔任謁者。呂雅清廉嚴格，有文才，著《格論》十五篇。

2 杜祺歷任郡太守、監軍、大將軍司馬等職，劉幹官至巴西郡太守。他們都與呂乂關係友好親密，也都受到當時人的稱讚，然而他們在儉樸守法上，比不上呂乂。

評曰：董和蹈羔羊之素❶，劉巴履清尚之節，馬良貞實，稱為令士❷，陳震忠恪，老而益篤，董允匡主，義形於色，皆蜀臣之良矣。呂乂臨郡則垂稱❸，處朝則被損，亦黃、薛之流亞❹矣。

【章　旨】以上為陳壽對董和、劉巴、馬良、陳震、董允、呂乂六個人功過是非的評論。

【注　釋】❶羔羊之素　《詩經・羔羊》：「羔羊之皮，素絲五紽。退食自公，委蛇委蛇。」朱熹說：「南國化文王之政，在位皆節儉正直。故詩人美其衣服有常，而從容自得如此也」。意思是在周文王的影響下，召南國的官員都節儉正直，從容自得。❷令士　有好名聲的人。指優秀人物。❸垂稱　留下好名聲。❹黃薛之流亞　黃霸、薛宣一類的人物。黃霸，字次公，西漢宣帝時先後任地方和朝廷官員。他在任揚州刺史、潁川郡太守時，政績非常突出，號為天下第一，但調入朝廷任御史大夫、丞相以後，政績卻平平。詳見《漢書・黃霸傳》。薛宣，字贛君，西漢成帝時先後在地方和朝中任職。他在臨淮太守、陳留太守、左馮翊等地方官任上，政績過人，但後來調入朝中任御史大夫、丞相，卻因政績不佳被免職。詳見《漢書・薛宣傳》。

【語　譯】評論說：董和清廉儉樸，像羔羊一樣的潔白無瑕，劉巴具有清雅高尚的節操，馬良忠誠正直，被稱為傑出人士，陳震忠誠恭敬，越老越突出，董允匡正君主的過失，凜然正氣形之於色，他們都是蜀漢的良臣啊。呂乂出任地方官則有很好的名聲，入朝任職則名聲受損，也是漢代黃霸、薛宣一流的人物了。

【研　析】在題解中我們曾說，董和、劉巴、馬良、陳震、董允、呂乂都是有才幹且受諸葛亮器重的人才。其中董和、董允、馬良、陳震、呂乂等人的才幹傳中寫得比較充分，劉巴的卻比較單薄。這裏我們再做些補充。

赤壁之戰劉備占領荊州後，劉巴並不想與劉備合作，他見回不了北方，便欲南下。諸葛亮曾加以挽留，但劉巴說：「我受曹公之命來到荊州，本當回去覆命，如今回不去了，就應該遠走。您不要勸我了。」於是不顧諸葛亮的挽留，毅然南下。後來，劉巴又從交州北上到了劉璋統治下的益州，被劉璋重用。當他聽說劉璋準備迎接劉備進入益州時，便勸劉璋說：「劉備是個有野心的人，進入益州必對您形成危害，不要接納他。」當他聽說劉備已經和法正帶領軍隊進入益州後，又對劉璋說：「讓劉備進入益州，給他物資去打張魯，是放虎歸山啊！」這說明了劉巴是個有見識的人。劉備占領益州後，劉巴歸順了劉備，當時由於剛剛占領成都，很多地方需要錢，而政府財政非常困難，劉備為此非常著急。劉巴便為他獻計，鑄造一抵一百的大錢，平抑物價，開設官市，幾個月過後便解決了政府的財政困難。這說明劉巴是個很有才幹的人。

諸葛亮對劉巴是相當器重的。儘管他曾遭到劉巴的拒絕，但他還是多次勸說劉備重用劉巴。在諸葛亮的稱舉下，劉備在攻成都時下令不許傷害劉巴，「其有害巴者，誅及三族。」劉備占領成都後，任劉巴為左將軍西曹掾。但劉巴為人清高孤傲，張飛曾到劉巴那裏，劉巴卻連話都懶得跟他說，惹得張飛心中憤恨不已。諸葛亮聽說後，便找到劉巴，對他說：「張飛雖實武人，敬慕足下。主公今方收合文武，以定大事；足下雖天素高亮，宜少降意也。」不料劉巴卻說：「大丈夫處世，當交四海英雄，如何與兵子共語乎？」仍我行我素。劉巴對張飛的態度使劉備非常生氣，說：「孤欲定天下，而子初（劉巴字）專亂之。其欲北還，假道於此，豈欲成孤事邪？」諸葛亮便對劉備說：「運籌策於帷幄之中，吾不如子初遠矣！若提枹鼓，會軍門，使百姓喜勇，當與人議之耳。」運籌帷幄，諸葛亮絕不會不如劉巴，諸葛亮這樣說，意在讓劉備注重劉巴的長處，不要計較劉巴的傲慢。

上述事實表明，劉巴有才幹，有個性，為蜀漢政權也做了一些事情，為此，諸葛亮對他也很器重。他與董和、馬良、陳震、董允、呂乂共列一傳是很合適的。（梁滿倉注譯）

卷四十 蜀書十

劉彭廖李劉魏楊傳第十

【題解】 本列傳一共收入了劉封、彭羕、廖立、李嚴、劉琰、魏延、楊儀等七個人物。作者之所以把他們放到一起，是因為他們有一個共同的特點：都是蜀漢政權的罪臣。劉封被賜死，彭羕被處以極刑，廖立、李嚴被流放，最後死於流放之地，劉琰被斬首示眾，魏延因破壞諸葛亮的退軍部署而被殺，楊儀是畏罪自殺。他們的死是否罪有應得，是否和別人有關係，對此後人曾有各種評論和猜測。陳壽似乎預見到了這一點，所以他在卷末對此下了個結論，說他們的最終結果完全是自己造成的。

1 劉封者，本羅侯寇氏❶之子，長沙❷劉氏之甥也。先主❸至荊州❹，以未有繼嗣，養封為子。及先主入蜀，自葭萌❺還攻劉璋❻，時封年二十餘，有武藝，氣力過人，將兵俱與諸葛亮❼、張飛❽等泝流西上，所在戰克。益州既定，以封為副軍中郎將❾。

2 初，劉璋遣扶風⑩孟達⑪副法正⑫，各將兵二千人，使迎先主，先主因令達并領其⑬眾，留屯江陵⑭。蜀平後，以達為宜都太守⑮。建安二十四年，命達從秭歸⑯北攻房陵⑰，房陵太守蒯祺⑱為達兵所害。達將進攻上庸⑲，先主陰恐達難獨任，乃遣封自漢中⑳乘沔水㉑下統達軍，與達會上庸。上庸太守申耽舉眾降，遣妻子及宗族詣成都。先主加耽征北將軍㉒，領上庸太守員鄉侯如故，以耽弟儀為建信將軍㉓、西城㉔太守，遷封為副軍將軍㉕。自關羽㉖圍樊城、襄陽㉗，連呼封、達，令發兵自助。封、達辭以山郡初附，未可動搖，不承羽命。會羽覆敗，先主恨之。又封與達忿爭不和，封尋奪達鼓吹㉘。達既懼罪，又忿恚封，遂㉙表辭先主，率所領降魏。魏文帝㉚善達之姿才容觀㉛，以為散騎常侍㉜、建武將軍㉝，封平陽亭侯。合房陵㉞、上庸、西城三郡為新城郡，以㉟達領新城太守。遣征南將軍夏侯尚㊱、右將軍徐晃㊲與達共襲封。達與封書曰：

3 「古人有言：『疏不閒親，新不加舊㊳。』此謂上明下直，讒慝㊴不行也。若乃權君譎主㊵，賢父慈親㊶，猶有忠臣蹈功以罹禍，孝子抱仁以陷難，種、商、白起、孝己、伯奇㊷，皆其類也。其所以然，非骨肉好離，親親樂患㊸也。或有恩移愛易，亦有讒閒其閒㊹，雖忠臣不能移之於君，孝子不能變之於父者也。勢利所加，改親為讎，況非親親乎！故申生、衛伋、禦寇、楚建[45]稟受形之氣[46]，當嗣立之正，而猶如此。今足下與漢中王，道路之人[47]耳，親非骨血而據勢權，義非君臣而處上位，征則有偏任之威[48]，居則有副軍之號，遠近所聞也。自立阿斗[49]為太子已來，有識之人相為寒心。如使申生從子輿之言，必為太伯；衛伋聽其弟之謀，無彰父之譏也。且小白出奔，入而為霸[50]；重耳踰垣，卒以克復[51]。自古有之，非獨今也。

4 「夫智貴免禍，明尚夙達[52]，僕揆[53]漢中王慮定於內[54]，疑生於外矣；慮定則心固，疑生則心懼，亂禍之興作，未曾不由廢立之間也。私怨人情，不能不見，恐左右必有以間[55]於漢中王矣。然則疑成怨聞，其發若踐機耳[56]。今足下在遠，尚可假息一時[57]；若大軍遂進[58]，足下失據而還，竊相為危之。昔微子去殷[59]，智果別族[60]，違難背禍，猶皆如斯。今足下棄父母而為人後[61]，非禮也；知禍將至而留之，非智也；見正不從而疑之，非義也。自號為丈夫，為此三者，何所貴乎？以足下之才，棄身來東[62]，繼嗣羅侯，不為背親也；北面事君，以正綱紀，不為棄舊也；怒不致亂[63]，以免危亡，不為徒行[64]也。加陛下[65]新受禪命，虛心側席[66]，以德懷遠，若足下翻然內向，非但與僕為倫[67]，受三百戶封[68]，繼統羅國而已，當更剖符大邦[69]，為始封之君。陛下大軍，金鼓以震，當轉都宛、鄧[70]；若二敵[71]不平，軍無還期。足下宜因此時早定良計。易有『利見大人[72]』，詩有『自求多福[73]』，行矣[74]。今足下勉之，無使狐突閉門不出[75]。」

5 封不從達言。

6 申儀[76]叛封，封破走還[77]成都。申耽[78]降魏，魏假[79]耽懷集將軍[80]，徙居南陽[81]，儀魏興[82]太守，封員鄉侯[83]，屯洵口[84]。封既至，先主責封之侵陵達，又不救羽。諸葛亮慮封剛猛，易世[85]之後終難制御，勸先主因此除之。於是賜封死，使自裁。封歎曰：「恨不用孟子度[86]之言！」先主為之流涕。達本字子敬，避先主叔父敬，改之。

【章　旨】以上為〈劉封傳〉，依次記述了劉封的家世、與劉備的關係、拒絕出兵援救關羽，以及不聽孟達讓他投降曹魏的勸告，最終被劉備賜死。

【注　釋】❶羅侯寇氏　姓寇的羅侯。羅侯，侯爵名。因封地在羅縣，故名。❷長沙　郡名。治所在今湖南長沙。❸先主　即劉備，字玄德，涿郡涿縣（今河北涿州）人，自稱中山靖王之後。東漢末年起兵，參加征伐黃巾，先後投靠公孫瓚、陶謙、曹操、袁紹、劉表。後得諸葛亮輔助，占領荊州、益州，建立蜀漢。詳見本書卷三十二〈先主傳〉。❹荊州　州名。劉表任荊州刺史時，州治在襄陽。後被曹操據有。劉備占據荊州時，治所在公安，即今湖北公安。❺葭萌　縣名。治所在今四川廣元西南。❻劉璋　字季玉，江夏竟陵（今湖北潛江市西北）人，劉焉之子。繼劉焉後任益州刺史，懦弱少斷，因懼怕曹操藉征張魯之機進入益州，故請劉備入蜀。劉備占領益州，遷之於南郡公安（今湖北公安西北）。孫吳取荊州，以為益州牧。詳見本書卷三十一〈劉璋傳〉。❼諸葛亮　字孔明，琅邪陽都（今山東沂南南）人。先隱居荊州隆中，後輔佐劉備，提出並實踐聯合孫吳、跨有荊益、北拒曹操的方針。劉備去世後，受遺詔輔佐劉禪，先後平定南中，六次北伐曹魏。後逝世於北伐前線。詳見本書卷三十五〈諸葛亮傳〉。❽張飛　字益德，涿郡（今河北涿州）人。早年與關羽隨劉備起兵，有「萬人敵」之稱。歷任宜都太守、征虜將軍、車騎將軍等職，後被部將殺死。詳見本書卷三十六〈張飛傳〉。❾副軍中郎將　武官名。蜀漢政權創置，劉備的副手。❿扶風　郡名。治所在今陝西興平東南。⓫孟達　字子度，扶風（今陝西興平東南）人。先依劉璋，後投劉備，任宜都太守。荊州丟失後投降曹魏，任西城太守，又因在曹魏與蜀漢之間游移不定而被司馬懿所殺。其事跡散見於本書卷四十〈劉封傳〉、卷四十一〈費詩傳〉、《晉書・宣帝紀》等。⓬法正　字孝直，扶風郿縣（今陝西眉縣東）人。建安初入蜀，與張松友善。助劉備占領益州，任蜀郡太守、揚武將軍，外統都畿，內為謀主。詳見本書卷三十七〈法正傳〉。⓭其　原作「兵」，今從宋本。⓮江陵　郡名。治所在今湖北江陵。⓯宜都太守　宜都，郡名。治所在今湖北宜都西北。太守，郡中最高行政長官。⓰秭歸　縣名。治所在今湖北秭歸。⓱房陵　郡名。治所在今湖北房縣。⓲蒯祺　襄陽郡（今湖北襄樊）人，諸葛亮的姐夫，劉表時任房陵（今湖北房縣）太守。詳見《資治通鑑・漢紀》建安二十四年胡注引張勃《吳錄》。⓳上庸　郡名。治所在今湖北竹山縣西南。⓴漢中　郡名。治所在今陝西漢中東。㉑沔水　即今漢水。㉒征北將軍　武官名。四征將軍之一，出鎮方面。㉓建信將軍　武官名。劉備蜀漢政權創置。㉔西城　郡名。治所在今陝西安康西北。㉕副軍將軍　武官名。職責與副軍中郎將相同，但品級要高一等。㉖關羽　字雲長，本字長生，河東解縣（今山西臨猗西南）人。在涿州與張飛一起隨劉備起兵，屢立戰功，任襄陽太守、盪寇將軍。劉備率軍入蜀後留鎮荊州，後被孫吳殺死。詳見本書卷三十六〈關羽傳〉。㉗樊城襄陽　今湖北襄樊。㉘鼓吹　軍事將領的儀仗隊，由管樂和打擊樂組成，以示聲威。㉙遂　此字下原有「發」字，宋本無。今從宋本。㉚魏文帝　即曹丕，字子桓，沛國譙（今安徽亳州）人，曹操次子，魏國創建者，又是詩人、文學評論家。詳見本書卷二〈文帝紀〉。㉛姿才容觀　外表及其表現出來的才能。㉜散騎常侍　官名。曹魏文帝黃初初年置散騎，合於中常侍，謂散騎常侍。㉝建武將軍　武官名。曹魏政權創置，統兵打仗。㉞房陵　縣名。治所在今湖北房縣。㉟為新城郡以　原脫此五字。《通鑑》卷六十九魏文帝黃初元年載：「以達為散騎常侍、建武將軍，封平陽亭侯。合房陵、上庸、西城三郡為新城，以達領新城太守。」據此補入所脫五字。㊱征南將軍夏侯尚　征南將軍，武官名。四征將軍之一，出鎮方面。夏侯尚，字伯仁，沛國譙（今安徽亳州）人，夏侯淵從子。歷任黃門侍郎、散騎常侍、中領軍、征南將軍等職。詳見本書卷九〈夏侯尚傳〉。

㊲右將軍徐晃　右將軍，漢代的重號將軍之一，與後、左、前將軍並位上卿，統兵打仗。徐晃，字公明，河東楊縣（今山西洪洞東南）人，東漢末從車騎將軍楊奉，後投降曹操，歷任偏將軍、平寇將軍、右將軍。詳見本書卷十七〈徐晃傳〉。㊳疏不間親二句　關係疏遠的人不能把關係親近的人隔開，新來的人不能凌駕於早就來的人之上。《韓詩外傳》載：魏文侯欲置相，召李克問曰：「寡人欲置相，非翟黃則魏成子，願卜之於先生。」李克避席而辭曰：「臣聞之，卑不謀尊，疏不問親。臣外居者也，不敢當命」。㊴讒慝　讒言和邪惡。㊵權君譎主　善於玩弄權術生性詭詐的君主。㊶賢父慈親　指父母。㊷種商白起句　種即文種，字少禽，春秋末年楚國人。在越國任越王句踐的大臣。越國被吳國滅亡以後，文種幫助句踐臥薪嚐膽奮發圖強，最後滅吳復仇。後來句踐聽信讒言，命文種自殺。詳見《史記・越王句踐世家》。商即商鞅，戰國時衛國人，後到秦國任職，在秦國實行變法，使秦國變強。後被秦惠王車裂而死。詳見《史記・商君列傳》。白起，秦國大將，屢立戰功，長平之戰，坑殺趙國降卒四十萬。後被秦王賜死於杜郵。詳見《史記・白起王翦列傳》。孝己，殷高宗武丁的兒子。鮑彪注《戰國策》引《世紀》及《尸子》說，殷高宗有賢子孝己，對雙親極孝，一夜起來五次，察看母親衣服厚薄和枕頭高低。後其母死，高宗受後妻蠱惑，將孝己流放，後死。伯奇，周宣王大臣尹吉甫的兒子。《水經注》引揚雄《琴清英》說，尹吉甫的兒子伯奇，性至孝。因後母譖之，自投江中而死。詳見《孔子家語》卷九。㊸非骨肉好離二句　並不是骨肉喜歡分離，親人樂於承受憂患。㊹間其間　在中間進行離間活動。㊺申生衛伋句　申生，春秋時晉國的太子。申生的母親齊姜死後，其父晉獻公又娶驪姬。謀臣子輿勸申生逃離晉國以躲避災禍，申生不聽。果然，驪姬為了讓自己的親兒子即位，便設陰謀陷害申生。晉獻公下令逮捕申生，逼其自殺。詳見《史記・晉世家》。衛伋，衛宣公的太子，名伋。宣公愛夫人夷姜，夷姜生子伋，以為太子。後夷姜死，衛伋的後母與人共同陷害衛伋，衛宣公乃派衛伋出使齊國，派人於半路將其殺害。伋的異母弟名壽，知道這個陰謀，便勸伋不要到齊國。太子伋不聽，壽便先太子伋往齊國，半路被殺。太子伋趕到，說被殺的應當是我，也死於刀下。詳見《史記・衛康叔世家》。禦寇，春秋時陳宣公的太子，宣公後娶愛妾，生子款。宣公欲立款為太子，便將禦寇殺害。詳見《史記・陳杞世家》。楚建，春秋時楚平王的太子。楚平王聽信寵臣費無忌的讒言，欲殺楚建，楚建乃逃往宋國。詳見《史記・楚世家》。㊻稟受形之氣　古人認為氣是萬物之本源，人的生命形體也是元氣所化。此指親生骨肉。㊼道路之人　不相干的陌生人。㊽征則有偏任之威　出征則有獨自領兵征伐一方的權威。㊾阿斗　即劉禪，字公嗣，小字阿斗，十七歲即蜀漢帝位，由諸葛亮輔佐。諸葛亮逝世後，朝政漸壞。蜀漢被曹魏所滅後，被遷入洛陽，封為安樂公。詳見本書卷三十三〈後主傳〉。㊿小白出奔二句　齊襄公時，國內政局混亂，齊襄公是個無道昏君，他為了與魯桓公的夫人通姦，將魯桓公殺死。不但如此，他還多次誅

殺無辜，欺辱大臣，長期沉湎於女色。一些有識之士看出齊國的政治早晚要出亂子，鮑叔牙就說：「君使民慢，亂將作矣。」為了避亂，鮑叔牙便奉齊國公子小白出奔莒國。小白後來又回到齊國，取得王位，建立霸業，即後來的齊桓公。詳見《史記・齊太公世家》。(51)重耳踰垣二句　晉獻公受驪姬的挑撥，不但逼死太子申生，還逼公子重耳自殺。重耳翻牆逃跑，在外流浪十多年，後來回國取得王位，即晉文公。詳見《史記・晉世家》。(52)智貴免禍二句　智慧貴在能免除禍患，明察重在盡早看清一切。(53)揆　思量；揣測。(54)慮定於內　心裏已經打定了主意。(55)左右必有以閒　左右的人一定說什麼壞話挑撥離間了。(56)疑成怨聞二句　懷疑已經形成而又聽到一些怨恨之言，災禍就會像強弩的機柄那樣一觸即發。(57)假息一時　藉此有暫時的喘息機會。(58)大軍遂進　指曹魏大軍向前推進。(59)微子去殷　微子，商朝人，名啟，商紂王的庶兄。商紂王淫亂暴虐，微子多次勸諫，紂王不聽。微子便離開了商朝。詳見《史記・宋微子世家》。(60)智果別族　晉國的智宣子想以兒子智瑤為繼承人，智果認為如果立智瑤，智氏宗族必遭滅門之禍。他勸智宣子不如立另一個兒子智霄。智宣子不聽，智果為避宗族之禍，便要求脫離智氏宗族改姓輔氏。後智氏宗族果然滅亡，只有智果一支延續下來。詳見《國語・晉語》。(61)今足下棄父母句　指劉封給劉備當養子一事。(62)棄身來東　離開劉備投向曹操。當時魏軍在劉封所在新城郡的東面，故言。(63)怒不致亂　不因憤怒而招致禍亂。(64)徒行　空走一趟。(65)陛下　指魏文帝曹丕。(66)虛心側席　虛心請教而不坐在正位。指君主期待賢人的到來。(67)與僕為倫　和我是同一等人。(68)受三百戶封　孟達被曹魏封為平陽侯，當時曹魏的亭侯一般受封三百戶，所以孟達這樣說。(69)更剖符大邦　接受更大的封地。接受封地和爵位要有符命的一半作為憑信，所以以剖符代稱受封。(70)宛鄧　地名。宛，宛縣，治所在今河南南陽。鄧，鄧縣，治所在今湖北襄樊北。(71)二敵　指蜀漢、孫吳。(72)利見大人　《周易・乾卦》爻辭有「見龍在田，利見大人」之說。此處孟達以「龍」和「大人」比喻曹丕，要劉封趕快歸降。(73)自求多福　《詩經・文王》說：「無念爾祖，聿修厥德。永言配命，自求多福。」意思是盛大之福是自己爭取來的，不靠外界之力。(74)行矣　當時書信中結尾的常用語。(75)狐突閉門不出　晉獻公不喜歡太子申生，因此派他去攻打東山夷族。當時晉國大夫狐突隨太子征伐，他勸太子不要冒險出戰，太子不聽。後申生雖打敗夷族，卻在國內受到更多的讒毀，狐突只得閉門不出以避禍。詳見《國語・晉語》。(76)申儀　蜀漢西城太守，投降曹魏任魏興太守。與孟達不和，向司馬懿報告孟達與蜀漢祕密勾結之事。其事跡散見於《三國志・明帝紀》裴松之注引《三輔決錄》、《三國志》卷四十裴松之注引《魏略》等。(77)走還　逃回。(78)申耽　字義舉，申儀兄，任曹魏上庸都尉，後投降蜀漢。詳見裴松之注引《魏略》。(79)假　代理；非正式命名。(80)懷集將軍　雜號將軍，屬於閒職。(81)南陽　郡名。治所在今河南南陽。(82)魏興　郡名。治所在今陝西安康西北。(83)員鄉侯　原誤作「真鄉侯」。本卷上文有「員鄉侯」，尚不誤，今據改。㉔洵口　地名。在今陝西旬陽東，即洵水進入漢水的入口處。㉕易世　皇帝的更替。此指劉備死劉禪即位。㉖孟子度　即孟達，子度是其字。

【語　譯】劉封，本來是羅侯寇氏的兒子，長沙郡劉氏的外甥。先主到荊州後，因為沒有子嗣，便收養劉封為子。到了先主進入蜀地後，從葭萌回軍進攻劉璋，當時劉封二十多歲，武藝高強，氣力過人，率兵與諸葛亮、張飛等人逆流西上，所到之處都順利攻占。益州平定以後，先主任命劉封為副軍中郎將。

2　當初，劉璋派遣扶風人孟達當法正的副手，各率二千人馬，到荊州迎接先主，先主便命令孟達一併統領法正的人馬，留下屯守江陵。益州平定後，先主任命孟達為宜都郡太守。建安二十四年，先主命孟達從秭歸北上進攻曹魏的房陵郡，房陵太守蒯祺被孟達的軍隊殺害。孟達準備接著進攻曹魏的上庸郡，先主暗中擔心他一個人難以當此大任，於是派遣劉封從漢中順沔水而下統領孟達的軍隊，與孟達在上庸會師。上庸太守申耽率眾投降，派送妻子兒女和本族的人到成都當人質。先主加授申耽征北將軍，照舊讓他兼任上庸郡太守，員鄉侯的爵位依舊。又任命申耽的弟弟申儀為建信將軍、西城郡太守，升任劉封為副軍將軍。自關羽圍困樊城、襄陽以來，接連召喚劉封、孟達，命令他們發兵幫助自己。劉封、孟達以山地的轄郡人民剛剛降附，不能輕易出兵而造成動盪為由，不肯接受關羽的命令。適逢關羽全軍覆沒，先主由此痛恨他們二人。加上劉封與孟達二人又忿爭不和，不久劉封奪取了孟達的軍樂儀仗。孟達既害怕獲罪，又惱恨劉封，於是上表向先主請辭，率領手下將士投降曹魏。魏文帝曹丕喜歡孟達的外貌風度和才能，任命他為散騎常侍、建武將軍，封為平陽亭侯。又合房陵、上庸、西城三郡為新城郡，讓孟達兼任新城郡太守。派遣征南將軍夏侯尚、右將軍徐晃與孟達一同進軍襲擊劉封。孟達給劉封寫信說：

3　「古人有這樣的話說：『關係疏遠的人不能隔開關係親近的人，新來的人不能凌駕於舊有的人之上。』這說的是如果上司英明下屬正直，讒言和邪惡就行不通。至於在喜好弄權心思狡詐的君主手下，在賢明慈愛的父母親前，仍然會有忠臣立有功勞卻遭禍患，孝子心懷仁愛卻身陷危難的事情，像文種、商鞅、白起、孝己、伯奇的遭遇，都屬於這類情況。之所以如此，不是因為骨肉喜歡分離，親人樂於承受憂患。這其中或許是因為恩情轉移慈愛變化，但也有的是因為有人進讒言在其中挑撥離間，這樣即使是忠臣也無法使國君改變態度，孝子也不能使父親回心轉意了。權勢利益加諸其上，親人都會變為仇人，何況不是親近的親人呢！所以申生、衛伋、禦寇、楚建等人，雖然他們都是父母的親生骨肉，又身為繼承人，卻仍然遭受這種迫害。現在您和漢中王，實際上不過是路人而已，論親情並不是親骨肉卻身居權勢之位，論名義並不是君臣卻處在很高的職位，領兵出征則有獨當一方的權力，身居朝廷則有副軍將軍的官號，這都是遠近所共知的事實。自立阿斗為太子以來，有識之士都為此感到寒心。如果當初申生聽從子輿的勸告，必定會像太伯一樣成就一番事業；如果衛伋能夠聽從他弟弟的勸告，就不會讓他父親的罪過暴露而被天下人譏諷。況且齊國小白逃出國外避難，後來回國得到王位成就霸業；晉國的重耳翻牆逃走出國流亡，最終回國繼承了王位。這樣的事情自古以來就有，不單單是今天才有的。

4 「人的智慧最重要的是能夠免除禍患，明察重在盡早看清楚一切。我猜測漢中王的心裏已經打定了主意，對您的懷疑也已經表現在外了；主意已定那麼決心就無法改變，懷疑已經產生那麼就會心生畏懼，動亂災禍的產生，沒有不發生在繼承人廢立之間的。您與漢中王的私人恩怨，不可能沒有表現，恐怕漢中王身邊的人一定會有在中間挑撥離間的。那麼懷疑已經形成而又聽到您的怨言，那災禍就會像強弩的機柄那樣一觸即發。現在您身處遠地，還可以有暫時喘息的機會，如果我方大軍向前推進，您失去立身之地回到成都，我私下真為您感到危險萬分。從前微子離開殷商，智果與他的宗族決裂，為了遠離危難避開禍患，還是都這樣做了。現在您背離生身父母去做別人的後嗣，不合於禮；明知大禍臨頭卻還留下來，算是不明智；見到正道不依從卻疑慮重重，不符合義。自稱是大丈夫，卻有違背禮、智、義的三種行為，還有什麼可貴之處呢？以您的才華，拋棄蜀漢東去投奔我朝，重新做羅侯的繼承人，就不算背叛父母；面向北方侍奉大魏君主，以正朝廷君臣綱紀，就不算背棄舊主；不因憤怒而招致禍亂，因此而免去危亡的處境，就不算空走一遭。加上大魏天子剛剛接受漢帝的禪讓，虛心側席招納賢才，廣施恩德使遠方的人歸附，倘若您能夠幡然醒悟投奔過來，不只會和我一樣被封侯授位，享有三百戶的封邑，接續您的先人羅侯的爵位而已，還會得到更多的封地，成為新封國的第一代主人。現在大魏天子的大軍戰鼓已經擂響，將把宛縣、鄧縣當成臨時都城，如果不平定蜀、吳兩個敵人，絕不收兵。您應該在這個時候早早定下良策。《周易》有『此時見大人有利』的話，《詩經》有『要努力謀求更多的福慶』的話，這樣做吧！現在您要努力不要讓我像狐突一樣，因沒能使您作出正確的抉擇而羞愧得不敢出門。」

5 劉封沒有聽從孟達的勸告。

6 申儀背叛劉封，劉封兵敗逃回成都。申耽投降了曹魏，曹魏讓申耽暫時代理集懷將軍，徙居南陽。曹魏任命申儀任魏興郡太守，封員鄉侯，屯駐洵口。劉封抵達成都後，先主責備他欺凌孟達，又不肯救援關羽。諸葛亮憂慮劉封性情剛猛，一旦先主去世以後很難控制駕馭，便勸先主藉此機會除掉劉封。於是先主賜死劉封，讓他自殺。劉封感嘆說：「我真後悔沒有聽從孟子度的話！」先主為劉封之死流下眼淚。孟達本來字子敬，因避先主叔父劉敬的名諱，改字子度。

1 彭羕，字永年，廣漢❶人。身長八尺，容貌甚偉。姿性驕傲，多所輕忽❷，惟敬同郡秦子勑❸，薦之於太守許靖❹曰：「昔高宗夢傅說❺，周文求呂尚❻，爰及漢祖❼，納食其❽於布衣，此乃帝王之所以倡業垂統，緝熙厥功❾也。今明府❿稽古皇極⓫，允執神靈⓬，體公劉之德⓭，行勿翦之惠⓮，清廟⓯之作於是乎始，褒貶之義於是乎興，然而六翮⓰未之備也。伏見處士緜竹秦宓，膺山甫之德⓱，履雋生⓲之直，枕石漱流⓳，吟詠縕袍⓴，偃息於仁義之途，恬惔於浩然之域，高概節行，守真不虧，雖古人潛遁，蔑以加旃㉑。若明府能招致此人，必有忠讜落落㉒之譽，豐功厚利，建跡立勳，然後紀功於王府，飛聲於來世，不亦美哉！」

2　羕仕州，不過書佐㉓，後又為眾人所謗毀於州牧劉璋，璋髡鉗㉔羕為徒隸。會先主入蜀，泝流北行。羕欲納說㉕先主，乃往見龐統。統與羕非故人，又適有賓客，羕徑上統牀臥，謂統曰：「須客罷當與卿善談。」統客既罷，往就羕坐，羕又先責統食㉖，然後共語，因留信宿㉗，至于經日。統大善之，而法正宿自知羕㉘，遂並致之先主。先主亦以為奇，數令羕宣傳軍事㉙，指授諸將，奉使稱意，識遇日加。成都既定，先主領益州牧，拔羕為治中從事㉚。羕起徒步㉛，一朝處州人之上，形色囂然㉜，自矜得遇滋甚。諸葛亮雖外接待羕，而內不能善。屢密言先主，羕心大志廣，難可保安。先主既敬信亮，加察羕行事，意以稍疏㉝，左遷㉞羕為江陽㉟太守。

3　羕聞當遠出，私情不悅，往詣馬超㊱。超問羕曰：「卿才具秀拔，主公相待至重，謂卿當與孔明、孝直諸人齊足並驅，寧當外授小郡㊲，失人本望乎？」羕曰：「老革荒悖㊳，可復道邪！」又謂超曰：「卿為其外，我為其內，天下不足定也。」超羈旅歸國㊴，常懷危懼，聞羕言大驚，默然不答。羕退，具表羕辭，於是收羕付有司[40]。

4 羕於獄中與諸葛亮書曰：「僕昔有事於諸侯[41]，以為曹操[42]暴虐，孫權[43]無道，振威[44]闇弱，其惟主公有霸王之器，可與興業致治，故乃翻然有輕舉之志。會公來西，僕因法孝直自衒鬻[45]，龐統斟酌其間，遂得詣公於葭萌，指掌而譚，論治世之務，講霸王之義，建取益州之策，公亦宿慮明定[46]，即相然贊，遂舉事焉。僕於故州[47]不免凡庸，憂於罪罔，得遭風雲激矢之中，求君得君，志行名顯，從布衣之中擢為國士，盜竊[48]茂才。分子之厚[49]，誰復過此？羕一朝狂悖，自求葅醢[50]，為不忠不義之鬼乎！先民有言，左手據天下之圖，右手刎咽喉，愚夫不為也[51]。況僕頗別菽麥者哉[52]！所以有怨望意者，不自度量，苟以為首興事業，而有投江陽[53]之論，不解主公之意，意卒感激[54]，頗以被酒[55]，侻[56]失『老』語。此僕之下愚薄慮所致，主公實未老也。且夫立業，豈在老少，西伯九十[57]，寧有衰志，負我慈父[58]，罪有百死。至於內外之言，欲使孟起立功北州[59]，戮力主公[60]，共討曹操耳，寧敢有他志邪？孟起說之是也，但不分別其間，痛人心耳。昔每與龐統共相誓約，庶託足下末蹤，盡心於主公之業，追名古人，載勳竹帛[61]。統不幸而死，僕敗以取禍。自我墮之，將復誰怨！足下，當世伊、呂[62]也，宜善與主公計事，濟其大猷㊳。天明地察，神祇有靈，復何言哉！貴使足下明僕本心耳。行矣努力，自愛，自愛！」羕竟誅死，時年三十七。

【章　旨】以上為〈彭羕傳〉，依次記述了彭羕的為人、與秦宓的關係、被劉備重用後輕狂自傲、遭貶謫圖謀叛亂、獄中致書諸葛亮自我陳情，最終被誅死。

【注　釋】❶廣漢　郡名。治所在今四川新都東北。❷輕忽　輕視。❸秦子勑　即秦宓，字子勑，廣漢綿竹（今四川綿竹東南）人，少有才學而不應州郡辟命。劉備時任從事祭酒、別駕、左中郎將等職。詳見本書卷三十八〈秦宓傳〉。❹太守許靖　太守，郡中最高行政長官。許靖，字文休，汝南平輿（今河南平輿北）人。許劭從兄，好品評人物。東漢末避亂於江東，孫策定江東，又避亂於交阯，後輾轉入蜀。劉備占領益州後，任之為左將軍長史、司徒等。詳見本書卷三十八〈許靖傳〉。❺高宗夢傳說　商王武丁不拘一格選用人才的事。高宗即商王武丁，據說有一次他夢見一個特別有才華的人，醒來之後便根據在夢中見到的形像派人四處尋找，終於在一羣正在勞作的奴隸中發現了他，便提拔他為大臣。詳見《史記・殷本紀》。❻周文求呂尚　周文王任賢選能的事。據說呂尚未遇到周文王以前，非常貧窮，年紀又老，常在渭水邊釣魚。有一次周文王打獵，在渭水邊遇到他，發現他是個難得的人才，能幫助自己成就大業，便請他同車而歸，立他為師。詳見《史記・齊太公世家》。❼漢祖　即漢高祖劉邦，字季，泗水沛縣（今江蘇沛縣）人。曾任亭長，秦末起兵響應陳勝，稱沛公。率先入關，攻占咸陽，接受秦王子嬰投降，實行約法三章。後經過四年楚漢戰爭打敗項羽，建立漢朝。詳見《史記・高祖本紀》、《漢書・高祖本紀》。❽食其　即酈食其。陳留高陽（今河南杞縣西南）人。好讀書，家貧落魄，無衣食業。秦末劉邦起兵，酈食其前去投靠。獻計攻破陳留，被封為廣野君。又憑其口才之辯，說服齊王田廣以七十餘城降。後被田廣烹殺。詳見《史記・酈生陸賈列傳》、《漢書・酈食其傳》。❾倡業垂統二句　創下大業並遺留給子孫，使功業發揚光大。❿明府　明府君的省稱。當時人稱郡太守為「府君」。⓫稽古皇極　以古代賢君明主所定準則為依據。⓬允執神靈　忠實掌握神靈賦予的權力。⓭體公劉之德　體現公劉那樣的品德。公劉，古代周族的領袖。《史記・周本紀》記載：公劉為后稷的曾孫，即位後復修后稷之業，務耕種，行地宜，又率族人渡過渭水，遷到豳地，為周朝的興起奠定了基礎。⓮勿翦之惠　公劉的德政。《詩經・生民》說：「敦彼行葦，牛羊勿踐履，方苞方體，維葉泥泥。」意思是公劉厚德，不讓牛羊踐踏草木。⑮清廟　讚頌周王及其羣臣的詩篇。見《詩經·清廟》。⑯六翮　鳥翅的大羽毛。⑰膺山甫之德　心懷仲山甫那樣的美德。山甫，即仲山甫，周宣王時的大臣。《詩經·烝民》專門讚頌他的美德。⑱雋生　即雋不疑，字曼倩，勃海郡（今河北黃驊西南）人。為地方賢者，被直指使者暴勝之推薦，拜為青州刺史。後任京兆尹，政績突出，深受漢昭帝和霍光的器重。詳見《漢書·雋不疑傳》。⑲枕石漱流　臥枕山石，口飲清泉。形容安貧樂道。⑳吟詠縕袍　《論語·子罕》說：子曰：「衣敝縕袍與衣狐貉者立，而不恥者，其由也與！」意思是，穿著破舊絲棉袍子與穿著狐貉大衣的人在一起，而不覺得慚愧的，恐怕只有子路吧！孔子在這裏稱讚子路的安貧樂道精神。㉑旃　代詞，指代秦宓。㉒忠讜落落　忠誠正直氣度寬大。㉓書佐　官名。主辦文書的佐吏。州郡縣皆有。此指州書佐。㉔髡鉗　古代刑罰。髡即剃光頭。鉗即在脖子上套上鐵圈。㉕納說　通過遊說使人接納自己。㉖責統食　要求龐統招待自己吃飯。㉗信宿　兩個晚上。㉘宿自知羕　以前就了解彭羕。㉙宣傳軍事　宣布軍事決定。㉚治中從事　州府佐吏，主管文書案卷。㉛徒步　平民。㉜形色囂然　表現出輕狂的樣子。㉝稍踈　漸漸疏遠。㉞左遷　降職。㉟江陽　郡名。治所在今四川瀘州。㊱馬超　字孟起，扶風茂陵（今陝西興平東北）人，馬騰長子。其父入朝後統領父兵，後舉兵反曹，失敗後退還隴上。東漢建安十八年（西元二一三年）南投張魯，次年歸附劉備，任平西將軍、領涼州牧。詳見本書卷三十六〈馬超傳〉。㊲外授小郡　指到江陽郡任太守。㊳老革荒悖　老兵荒唐。老革，老兵，有輕蔑之意。㊴羈旅歸國　在外漂泊無奈而歸蜀漢。㊵有司　官吏和官署的泛稱，古代設官分職，各有專司，故稱。㊶有事於諸侯　指其想在割據的羣雄手下當官做事。㊷曹操　字孟德，小名阿瞞，沛國譙（今安徽亳州）人。東漢末起兵討黃巾，後參加袁紹討董聯盟。占據兗州後，收編黃巾軍三十餘萬，組成青州軍，先後擊敗袁術、陶謙、呂布、袁紹，統一了北方。任丞相，相繼封為魏公、魏王。曹丕建魏後，追封為魏武帝。詳見本書卷一〈武帝紀〉。㊸孫權　字仲謀，吳郡富春（今浙江富陽）人，孫策弟。孫策死後即位，被封討虜將軍，領會稽太守。黃武八年（西元二二九年）即帝位於武昌。死後諡大皇帝，廟號太祖。詳見本書卷四十七〈吳主傳〉。㊹振威　指劉璋，因其任振威將軍，故言。㊺因法孝直自衒鬻　通過法正顯示自己的才華以自我推薦。㊻宿慮明定　一直對此有明確堅定的考慮。㊼故州　指劉璋，因其為以前的益州刺史，故言。㊽盜竊　取得。這是彭羕表示謙虛的說法。㊾分子之厚　把自己當作本家晚輩一樣厚愛。分子，本家族旁支的子孫。㊿葅醢　古代酷刑。把人剁成肉醬。(51)左手據天下之圖三句　《淮南子·精神》說：「尊勢厚利，人之所貪也。使之左據天下圖，而右手刎其喉，愚夫不為。由此觀之，生尊於天下也。」意思是，人都有貪圖勢力的本性，即使這樣，如果讓他做國王而去死，愚蠢的人也不幹。圖，國冊圖籍，指坐天下。(52)況僕頗別菽麥者哉何況我還有些分辨能力呢。菽，豆。麥，麥子。53投江陽　指貶任江陽太守。54感激　情緒衝動。55被酒　醉酒。56倪　輕率。57西伯九十　據說周文王活了九十七歲。西伯，周文王。58慈父　指劉備。59北州　指蜀漢北面的雍州。60戮力主公　共同為主公盡力。61載勳竹帛　將功勳記載在史冊中。62伊呂　伊尹、呂尚。伊尹，名摯，又稱阿衡。夏朝時隱士，湯王聞其名，派人迎請之。使者迎至五次，伊尹乃從。商湯王重用之，委之以國政。詳見《史記・殷本紀》。呂尚，字子牙，又稱太公望、呂望。輔佐周文王，任太師。武王時號為師尚父，又稱太公望。詳見《史記・齊太公世家》。63濟其大猷　完成他的大業。

【語　譯】彭羕，字永年，廣漢郡人。身高八尺，容貌非常魁偉。彭羕生性傲慢，很多人都不放在眼裏，惟獨敬重同郡秦子勑，向郡太守許靖推薦彭羕說：「從前殷高宗夢見傅說，周文王訪求呂尚，到了漢高祖劉邦時，又任用平民酈食其，這是古代帝王之所以能夠開創大業並傳之後代，使大業發揚光大的原因。如今您以古代賢君明主制定的準則為依據，忠實掌握神靈賦予的權力，體現出公劉那樣的品德，實行公劉的德政，〈清廟〉這樣的詩作開始出現，褒貶的輿論開始興起，但是羽翼尚未豐滿。我見到在家隱居的處士綿竹人秦宓，他胸懷仲山甫那樣的美德，堅守著雋不疑那樣正直的品格，居處簡陋，安貧樂道，棲息在仁義的路途上，在浩然正氣中恬淡生活，節操高尚，保持天生的本質使之不受虧損，即使是古代的隱士，也沒有能超過他的地方。如果您能夠把這個人招聘到身邊，一定能獲得忠誠正直氣度寬大的美譽。當您建立豐功偉績之後，就會被朝廷的史冊記載下來，名聲也會流傳到後世，不也是一件美事嗎！」

2　彭羕在州府任職，最高的職務是書佐，後又被眾人向益州牧劉璋誹謗誣衊，劉璋剃光彭羕的頭髮戴上刑具罰他服勞役。適逢先主統軍進入蜀地，逆水北上。彭羕準備遊說先主，便前去拜見龐統。龐統與彭羕並非舊識，又正好有客人在場。彭羕卻逕自走到龐統的床上躺下，對龐統說：「等你接待完客人我要和你好好談談。」龐統會客完畢，走到彭羕旁邊坐下，彭羕又要求龐統先招待他吃飯，然後一同談話，龐統留彭羕住了兩晚，兩人整整談了一天。龐統大為讚賞他，而法正又素來了解彭羕，於是兩人一同向先主推薦彭羕。先主也很驚異彭羕的才華，多次讓他代自己宣布軍事決定，向眾將交代指令，奉命出使很符合先主的心意，先主對他的賞識和恩遇日益增加。先主平定成都後，兼任益州牧，提拔彭羕為治中從事史。彭羕從一介平民起家，一下子居於全益州人士之上，舉止輕狂囂張，自高自大的行為仗著受寵遇日甚一日。諸葛亮雖然表面像往常一樣對待彭羕，但心裏對他很不滿意，多次祕密的向先主進言，認為彭羕心高氣傲，很難讓他保持安分。先主本來就敬重信任諸葛亮，加上又觀察到彭羕的所作所為，對他漸漸疏遠，把他貶為江陽郡太守。

3 彭羕聽說自己將到遠處任職，心中很不高興，便去拜訪馬超。馬超問彭羕說：「您才華出眾，主公對您非常看重，認為您應當與諸葛孔明、法孝直等人並駕齊驅，怎麼會派你到遠處的小郡去任職，使人大失所望呢？」彭羕說：「這個老兵做事荒唐無理，還能再說什麼呢！」又對馬超說：「您在外為外援，我居內為內應，天下就不難平定。」馬超因為自己長期在外漂泊無奈而歸順蜀漢，常懷危懼之心，聽到彭羕的話大吃一驚，默然不敢作答。彭羕告辭後，馬超立即寫表章將彭羕所說的話全部上報，於是先主逮捕彭羕交付有關部門法辦。

4 彭羕在獄中給諸葛亮寫信說：「我當初準備投靠羣雄做番事業的時候，認為曹操暴虐，孫權無道，振威將軍劉璋昏庸懦弱，只有主公有霸王的才具，可以和他一起開創大業使天下太平，所以我才毅然決然的轉投主公麾下。適逢主公西來益州，我便通過法正炫耀才華以自我推薦。加上龐統在其間說項幫忙，於是得以到葭萌拜見主公，與主公用指頭在手掌比劃著開懷暢談，論說治理國家的要務，講述建立霸王之業所應具備的道義，商定襲取益州的策略。主公對這些問題也一直有明確而堅定的考慮，立即就同意並讚賞我的謀劃，於是起兵進攻益州。我在原來的州刺史劉璋手下待遇平庸，還因被誣加罪名而憂慮重重。在戰火之中我得到了機遇，想求明主就遇到了明主，志向得以實現，名聲因而顯揚，從一介平民被提升為能夠治理國家的人才，取得了茂才的名位。主公把我當做本族的晚輩一樣厚愛，有誰能夠超過我呢？彭羕一時的狂亂悖亂，自尋該被剁成肉醬的死罪，要做那不忠不義的鬼了！古人有這樣的話，左手拿著天下的圖冊文簿做君主，右手卻舉刀來割斷自己的喉嚨，就是愚蠢的人也不幹。何況我還是能分清五穀有些辨別能力的人！我之所以說了一些對主公怨懟的話，是因為不能正確的估量自己，隨意的認為自己最早向主公獻策開創了大業，卻出現將被遠放到江陽郡任職的議論，不明白主公的意圖，心緒一時衝動，又加上喝多了酒，輕率失言說出『老』字，這是我極度愚昧和考慮不周所導致的，主公實際上並不老啊。況且建功立業，哪裏在於年齡的大小，西伯周文王九十歲時，難道有衰老的跡象，我這樣說是辜負了像慈父一樣的主公，死一百次也無法抵罪。至於我說的『內外』的話，是想讓馬孟起在北面的雍州建立戰功，我和他一起為主公效力，一起討伐曹操罷了，哪裏敢有其他的意思呢？馬孟起把我的話上報是對的，但沒有把其間的真正意思表達出來，令人痛心啊。從前我每每與龐統共同盟誓，希望隨從在您的身後，為主公的大業盡心盡力，能夠與古人並列，在史冊上留下自己的功績。現在龐統不幸死去，而我自己又招禍敗身。自己毀了自己，我又能怨誰呢！您是當代的伊尹、呂尚，應當好好的為主公出謀劃策，幫助他的大業完成。天地能夠明察我的心，神祇是有靈的，我又何必再說什麼呢！貴在讓您明白我的本心罷了。好了，望您努力，好自珍重，好自珍重！」彭羕最終被處死，時年三十七歲。

1 廖立，字公淵，武陵臨沅❶人。先主領荊州牧，辟為從事，年未三十，擢為長沙太守。先主入蜀，諸葛亮鎮荊土，孫權遣使通好於亮，因問士人皆誰相經緯❷者，亮答曰：「龐統、廖立，楚之良才，當贊興世業❸者也。」建安二十年，權遣呂蒙❹奄襲南三郡❺，立脫身走，自歸先主。先主素識待之，不深責也，以為巴郡❻太守。二十四年❼，先主為漢中王，徵立為侍中❽。後主襲位，徙長水校尉❾。

2 立本意，自謂才名宜為諸葛亮之貳❿，而更游散⓫在李嚴⓬等下，常懷怏怏。後丞相掾李郃⓭、蔣琬⓮至，立計曰：「軍當遠出，卿諸人好諦其事⓯。昔先帝⓰

不取漢中，走與吳人爭南三郡，卒以三郡與吳人，徒勞役吏士，無益而還。既亡漢中，使夏侯淵⑰、張郃⑱深入于巴，幾喪一州。後至漢中，使關侯身死無孑遺⑲，上庸覆敗，徒失一方。是羽怙恃勇名，作軍無法⑳，直以意突耳，故前後數喪師眾也。如向朗㉑、文恭，凡俗之人耳。恭作治中無綱紀；朗昔奉馬良㉒兄弟，謂為聖人，今作長史，素能合道㉓。中郎郭演長，從人者耳，不足與經大事，而作侍中。今弱世㉔也，欲任此三人，為不然也。王連流俗㉕，苟作掊克㉖，使百姓疲弊，以致今日。」郃㉗、琬具白其言於諸葛亮。亮表立曰：「長水校尉廖立，坐自貴大，臧否羣士，公言國家不任賢達而任俗吏，又言萬人率者皆小子㉘也；誹謗先帝，疵毀眾臣。人有言國家兵眾簡練，部伍分明㉙者，立舉頭視屋，憤咤作色曰：『何足言！』凡如是者不可勝數。羊之亂羣，猶能為害，況立託在大位，中人㉚以下識真偽邪？」於是廢立為民，徙汶山郡㉛。立躬率妻子耕殖自守，聞諸葛亮卒，垂泣歎曰：「吾終為左袵㉜矣！」後監軍㉝姜維㉞率偏軍㉟經汶山，往㊱詣立，稱立意氣不衰，言論自若。立遂終于㊲徙所。妻子還蜀。

【章　旨】以上為〈廖立傳〉，記述了劉備、諸葛亮對廖立的器重，而廖立狂妄自大，終致政治上失意，廢為庶民，流徙汶山郡，終於徙所。

【注釋】❶武陵臨沅　武陵，郡名。治所在今湖南常德西。臨沅，縣名。治所在今湖南常德。❷經緯　謀劃。❸贊興世業　輔佐振興當今的大業。❹呂蒙　字子明，汝南富陂（今安徽阜南東南）人。孫吳著名將領，在攻打黃祖、赤壁之戰、襲奪荊州等戰役中均立戰功，歷任軍政要職。詳見本書卷五十四〈呂蒙傳〉。❺南三郡　長沙、零陵、桂陽三郡。因其在當時荊州的南部，故稱。❻巴郡　郡名。治所在今重慶市。❼二十四年　建安二十四年（西元二一九年）。❽侍中　門下之侍中省長官，侍衛皇帝左右，管理門下眾事。❾長水校尉　官名。隸屬中領軍，官顯職閒。❿貳　匹敵。⓫游散　沒有固定地位的散職。⓬李嚴　字正方，南陽（今河南南陽）人。劉璋時任成都令，後歸降劉備，任犍為太守、興業將軍。後因督運軍糧不繼，又諉過於人，被廢為庶人。詳見本書卷四十〈李嚴傳〉。⓭李邵　字永南。詳見本書卷四十五〈楊戲傳〉。邵，原誤作「部」。⓮蔣琬　字公琰，零陵湘鄉（今湖南湘鄉）人。初以書佐隨劉備入蜀，後任諸葛亮參軍、長史。諸葛亮逝世後任尚書令、大司馬、大將軍，是蜀漢後期傑出的人才。詳見本書卷四十四〈蔣琬傳〉。⓯好諦其事　把當前的事仔細想好了。⓰先帝　原作「先主」。廖立追述劉備事，當稱「先帝」，不得稱「先主」。⓱夏侯淵　字妙才，沛國譙（今安徽亳州）人，夏侯惇族弟。初隨曹操起兵，征袁紹，戰韓遂，破黃巾，平張魯，屢立戰功。建安二十三年（西元二一八年），與蜀軍戰於陽平關，為蜀將黃忠所殺。詳見本書卷九〈夏侯淵傳〉。⓲張郃　字儁乂，河間鄚縣（今河北任丘北）人。曹魏著名將領，屢立戰功。先後任盪寇將軍、左將軍，魏明帝太和五年（西元二三一年）被蜀漢軍殺死。詳見本書卷十七〈張郃傳〉。⓳關侯身死無孑遺　關羽在荊州戰敗身死，全軍覆沒，沒剩下什麼人。⓴作軍無法　治軍無法。㉑向朗　字巨達，襄陽宜城（今湖北宜城南）人。少時師事司馬徽，後歸劉備，歷任巴西、牂牁、房陵太守，劉禪時領丞相長史。詳見本書卷四十一〈向朗傳〉。㉒馬良　字季常，襄陽宜城（今湖北宜城南）人。劉備領荊州時任從事，後為左將軍掾，劉備稱帝後任侍中。詳見本書卷三十九〈馬良傳〉。㉓素能合道　平素也就是合乎原則。㉔弱世　衰落的時代。㉕王連流俗　王連是隨波逐流的俗人。王連，字文儀，南陽（今河南南陽）人。劉璋時任梓潼令，劉備入蜀後投降，歷任司鹽校尉、屯騎校尉，領丞相長史。詳見本書卷四十一〈王連傳〉。流俗，隨波逐流。㉖苟作掊克　隨意制定辦法搜刮百姓。㉗邵　原誤作「部」。㉘小子　對人表示輕蔑的稱呼。㉙部伍分明　部署分明，指揮得當。㉚中人　中等水準的人。㉛汶山郡　治所在今四川汶川縣。㉜左衽　衣襟向左扣。古代漢族人的習慣是衣襟向右扣，向左扣是少數民族的習慣。《論語．憲問》：「微管仲，吾其被髮左衽矣！」㉝監軍　官名。監視諸軍出征將帥，職權頗重。㉞姜維　字伯約，天水冀縣（今甘肅甘谷東）人。本仕曹魏，蜀漢建興六年（西元二二八年）諸葛亮首次伐魏時投降蜀漢。歷任征西將軍、涼州刺史、衛將軍、大將軍等職，是蜀漢後期傑出的人才。詳見本書卷四十四〈姜維傳〉。㉟偏軍　非主力部隊。㊱往 宋本無此字。㊲于 宋本無此字。

【語譯】廖立，字公淵，武陵郡臨沅縣人。先主兼任荊州牧，聘請廖立任從事史，在他還不到三十歲時，提升為長沙太守。先主進入四川後，諸葛亮留鎮荊州，孫權派遣使臣到荊州來表示友好，使臣便問諸葛亮都是哪些人在為先主謀劃大略，諸葛亮回答說：「龐統、廖立，都是荊州的優秀人才，應當是輔佐我家主公振興大業的人。」建安二十年，孫權派遣呂蒙突襲荊州南部的長沙、零陵、桂陽三郡，廖立脫身逃走，自己回到先主那裏。先主素來賞識恩待他，對他沒有深加責怪，任命他為巴郡太守。建安二十四年，先主稱漢中王，任命廖立為侍中。後主繼承帝位後，改任廖立為長水校尉。

2 廖立的本意，自認憑才華名氣應該做諸葛亮的副手，然而卻任散職官位在李嚴等人之下，心裏常鬱悶不樂。後來丞相掾李邵、蔣琬到他那裏，廖立便替他們計議說：「大軍即將遠征，你們各位要把當前的事仔細想好了。當初先帝不先奪取漢中，卻跑到荊州去與孫吳爭奪南面三個郡，最終還是把這三郡讓給了吳人，白白勞累將士，無功而返。不但丟了漢中，還讓夏侯淵、張郃深入到巴西郡，險些丟掉整個益州。後來到達漢中，又使關羽身死全軍覆沒，上庸潰敗，白白失去一方土地。這是因為關羽依仗著自己的勇猛威名，治軍無方，只是意氣用事一意孤行而已。所以前後多次損兵折將。像向朗、文恭，不過平庸之輩罷了。文恭任職治中從事史時毫無章法綱紀，向朗過去奉承馬良兄弟，說他們是聖人，現在他出任長史，平時也就是合乎原則。中郎郭演長，是個只知跟在別人後邊的人，不能夠成就大事，反而做了侍中。現在是個衰落的時代，想要任用這三個人，我認為是不成的。王連也是個隨波逐流的人，隨意制定辦法搜刮百姓，使百姓困乏，所以才有今天這個局面。」李邵、蔣琬把廖立的話全部稟告了諸葛亮。於是諸葛亮上表彈劾廖立說：「長水校尉廖立，坐井觀天自高自大，隨意褒貶朝廷官員，公然說國家不任用賢能通達的人才而用庸俗無能的官吏，又說統領萬人的將帥都是小子，誹謗先帝，詆毀羣臣。有人稱讚國家軍隊精練，訓練有素，指揮部署得當，廖立聽後抬頭看著屋頂，憤然變色大聲說道：『這有什麼值得說的！』諸如此類的劣跡多得說不完。一頭羊攪亂羊羣，尚且要造成很大危害，何況廖立身居高位，中等才能以下的人能夠識別出他的真偽嗎？」於是廢黜廖立為普通老百姓，將他流放到汶山郡。廖立親自帶著妻子兒女耕田養殖維持生計，聽說諸葛亮去世，他流著眼淚嘆息說：「我恐怕要變成夷人永遠待在這裏了！」後來監軍姜維率領非主力部隊經過汶山，曾前往看望廖立，說廖立意氣不衰，談論自如。廖立最終死於流徙之地，他的妻子兒女回到蜀郡。

1 李嚴，字正方，南陽人也。少為郡職吏，以才幹稱。荊州牧劉表使歷諸郡縣。曹公入荊州時，嚴宰秭歸❶，遂西詣蜀，劉璋以為成都令，復有能名。建安十八年，署嚴為護軍❷，拒先主於緜竹❸。嚴率眾降先主，先主拜嚴裨將軍❹。成都既定，為犍為❺太守、興業將軍❻。二十三年❼，盜賊馬秦、高勝等起事於郪，合聚部伍❽數萬人，到資中縣❾。時先主在漢中，嚴不更發兵，但率將郡士五千人討之，斬秦、勝等首。枝黨星散，悉復民籍。又越嶲❿夷率高定⓫遣軍圍新道縣⓬，嚴馳往赴救，賊皆破走。加輔漢將軍⓭，領郡如故。章武二年，先主徵嚴詣永安宮，拜尚書令⓮。三年，先主疾病，嚴與諸葛亮並受遺詔輔少主；以嚴為中都護⓯，統內外軍事，留鎮永安⓰。建興元年，封都鄉侯，假節⓱，加光祿勳⓲。四年⓳，轉為前將軍⓴。以諸葛亮欲出軍漢中，嚴當知後事㉑，移屯江州㉒，留護軍陳到駐永安，皆統屬嚴。嚴與孟達書曰：「吾與孔明俱受寄託，憂深責重，思得良伴。」

亮亦與達書曰：「部分如流㉓，趣捨罔滯㉔，正方性也。」其見㉕貴重如此。八年㉖，遷驃騎將軍㉗。以曹真㉘欲三道向漢川，亮命嚴將二萬人赴漢中。亮表嚴子豐為江州都督㉙督軍，典嚴後事㉚。亮以明年當出軍，命嚴以中都護署府事㉛。嚴改名為平。

2 九年㉜春，亮軍祁山㉝，平催督運事。秋夏之際，值天霖雨㉞，運糧不繼，平遣參軍狐忠、督軍成藩喻指㉟，呼亮來還；亮承以退軍。平聞軍退，乃更陽驚㊱，說「軍糧饒足，何以便歸」！欲以解己不辦之責，顯亮不進之愆㊲也。又表後主，說「軍偽退，欲以誘賊與戰」。亮具出其前後手筆書疏本末，平違錯章灼㊳。平辭窮情竭，首謝罪負㊴。於是亮表平曰：「自先帝崩後，平所在治家㊵，尚為小惠，安身求名，無憂國之事。臣當北出，欲得平兵以鎮漢中，平窮難縱橫㊶，無有來意，而求以五郡為巴州刺史。去年臣欲西征，欲令平主督漢中，平說司馬懿㊷等開府辟召㊸。臣知平鄙情，欲因行之際偪臣取利也，是以表平子豐督主江州，隆崇其遇，以取一時之務。平至之日，都委諸事，羣臣上下皆怪臣待平之厚也。正以大事未定，漢室傾危，伐平之短㊹，莫若褒之。然謂平情在於榮利而已，不意㊺平心顛倒乃爾。若事稽留，將致禍敗，是臣不敏，言多增咎。」乃廢平為民，徙梓潼郡㊻。十二年㊼，平聞亮卒，發病死。平常冀亮當自補復㊽，策後人不能，故以激憤也。豐官至朱提㊾太守。

【章旨】以上為〈李嚴傳〉，記述李嚴離開劉璋歸附劉備，受到劉備的信任，委以要職；劉備死後，與諸葛亮全力輔佐後主，受到諸葛亮的讚揚；諸葛亮屯軍祁山，李嚴運糧不繼，又諉過諸葛亮，諸葛亮予以揭露，廢為平民，徙梓潼郡，後發病死。

【注釋】❶秭歸　縣名。治所在今湖北秭歸。❷護軍　軍中監督官。❸緜竹　縣名。治所在今四川綿竹東南。❹裨將軍　武官名。軍中低級將領，領兵征伐。❺犍為　郡名。治所在今四川彭山縣。❻興業將軍　蜀漢創置武官，領兵征伐。❼二十三年　建安二十三年（西元二一八年）。❽部伍　軍隊。❾資中縣　治所在今四川資陽。❿越巂　郡名。治所在今四川西昌東南。⓫高定　南中少數民族酋帥，舉兵叛亂，諸葛亮討南中，兵敗被殺。事跡散見於本書卷十三〈李恢傳〉、卷三十三〈後主傳〉等。⓬新道縣　治所在今四川屏山縣西。⓭輔漢將軍　武官名。王莽時所置，蜀漢復置。權力很重。⓮尚書令　尚書省長官，位高權重。⓯中都護　官名。蜀漢創置，權力極重。⓰永安　縣名。治所在今重慶市奉節。⓱假節　假以節杖，象徵著權力和地位。⓲光祿勳　官名。掌宮廷宿衛。⓳四年　建興四年（西元二二六年）。⓴前將軍　漢朝重號將軍之一。蜀漢沿置。㉑知後事　負責處理後方事務。㉒江州　郡名。治所在今重慶市。㉓部分如流　處理公務就像流水那樣順暢。㉔趣捨罔滯　果斷的決定取捨，沒有滯留。㉕見　被。㉖八年　建興八年（西元二三〇年）。㉗驃騎將軍　西漢武帝時置為重號將軍，蜀漢時沿置，加給大臣或重要州郡長官。㉘曹真　字子丹，沛國譙（今安徽亳州）人。本姓秦，曹操收為養子。歷任偏將軍、中堅將軍、中領軍等職。詳見本書卷九〈曹真傳〉。㉙江州都督　江州地區的軍事指揮官。㉚典嚴後事　主持處理李嚴走後留下的公事。㉛署府事　處理丞相府的事務。㉜九年　建興九年（西元二三一年）。㉝祁山　山名。在甘肅禮縣東。㉞霖雨　久下不停的雨。㉟喻指　說明意思。㊱陽驚　假裝吃驚。陽，同「佯」。㊲愆　過錯；罪過。㊳違錯章灼　錯誤顯著。㊴首謝罪負　低頭認錯，擔當罪責。㊵所在治家　在任所治理自己的家產。㊶窮難縱橫　用盡各種手段刁難。㊷司馬懿　字仲達，河內溫縣（今河南溫縣西）人。多謀略，善權變。率軍與諸葛亮對峙關中，領兵征討遼東公孫淵，歷任侍中、太傅、都督中外諸軍事等軍政要職。後發動高平陵之變，掌握曹魏大權。詳見《晉書・宣帝紀》。㊸開府辟召　設立獨立的辦公府署，自行任命下屬官員。這通常是地位很高的輔政大臣所具有的權力。當時蜀漢只有諸葛亮一個人有這樣的權力，李嚴自認為也是接受託孤的輔政大臣，應該和諸葛亮一樣，所以藉司馬懿在曹魏享有開府權力的事，向諸葛亮討價還價。㊹伐平之短　糾正李平的短處。㊺不意　想不到。㊻梓潼郡　郡名。治所在今四川梓潼。㊼十二年　建興十二年（西元二三四年）。㊽補復　恢復官職以補官位之缺。㊾朱提　郡名。治所在今雲南昭通。

【語　譯】 李嚴，字正方，南陽郡人。年少時任郡吏，以才幹著稱。荊州牧劉表讓他到荊州各郡縣去歷練。曹公攻入荊州時，李嚴任秭歸縣的縣令，於是西去到達蜀地，劉璋任命他為成都縣令，也以能幹而出名。建安十八年，劉璋讓李嚴代理護軍的職務，在綿竹抵禦先主。李嚴帶領部眾投降了先主，先主任命李嚴為裨將軍。成都平定後，任命李嚴為犍為太守、興業將軍。建安二十三年，盜賊馬秦、高勝等人於郪縣起兵造反，糾集了部眾數萬人，進入資中縣。當時先主正在漢中，李嚴沒有請求朝廷增加兵力，只率領本郡中士兵五千人前去討伐，斬殺了馬秦、高勝等人，剩下的盜賊黨羽四處逃散，全都恢復了民籍。又有越巂郡少數民族首領高定派遣軍隊圍攻新道縣，李嚴迅速前往救援，敵人全被擊潰逃走。朝廷給李嚴加輔漢將軍的官號，仍兼任犍為郡太守。章武二年，先主徵召李嚴到永安宮，任命他為尚書令。章武三年，先主病重，李嚴與諸葛亮一同受遺詔輔佐少主劉禪；任命李嚴為中都護，統領朝廷內外的軍事，留在永安鎮守。建興元年，李嚴被封為都鄉侯，假節，加官光祿勳。建興四年，李嚴轉任前將軍。因為諸葛亮準備出兵進駐漢中，李嚴應當處理後方事務，於是移屯江州，留下護軍陳到駐紮永安，全都受李嚴的管轄。李嚴給孟達寫信說：「我與諸葛孔明一起受先帝的託付，憂慮深而責任重，很想得到好的同伴。」諸葛亮也給孟達寫信說：「處理公務就像流水那樣順暢，斟酌取捨果決明斷，沒有滯留，這是李正方天生的優點。」他就是這樣被人看重。建興八年，升任驃騎將軍。因為曹魏大將曹真準備兵分三路攻打漢川，諸葛亮命令李嚴率領二萬人趕赴漢中。諸葛亮又上表朝廷，請求任命李嚴的兒子李豐為江州都督統領軍隊，掌管李嚴走後留下的公事。諸葛亮因為第二年就要出兵，命令李嚴以中都護的身分處理丞相府的事務。李嚴改名為李平。

2 建興九年春，諸葛亮駐軍祁山，李平負責催促督運軍糧。夏末秋初的時候，適逢大雨連綿不斷，軍糧運輸接繼不上，李平派遣參軍狐忠、督軍成藩去向諸葛亮說明這個情況，請諸葛亮撤軍回來。諸葛亮答應撤軍返回。李平聽聞軍隊撤回，又裝出吃驚的樣子，說「軍糧充足，為什麼這麼快就撤回來了」！想用這種辦法為自己的辦事不力開脫罪責，並顯示退軍是諸葛亮不肯前進的過錯。他又向後主上表，說「我軍是假裝撤退，想以此引誘賊寇出來再和他交戰」。諸葛亮將他前後寫的信函奏疏全部拿出來，李平錯誤明顯，理屈詞窮，只好低頭認罪。於是諸葛亮上表彈劾李平說：「自從先帝逝世以後，李平就在任所經營自己的私人家產，喜歡使用小恩小惠，只求保全自身，沽名釣譽，心思和精力沒有放在憂國憂民的事情上。我要出兵北伐，想得到李平的兵力來鎮守漢中，李平卻使用各種手段橫加刁難，沒有派兵前來的意思，反而要求劃出五個郡讓他去做巴州刺史。去年我準備西征，想命令李平主持掌管漢中軍務，李平卻對我說曹魏已給予司馬懿等輔政大臣開府置吏並自行任命下屬官員的權力。我知道李平的卑鄙想法想乘我出兵時逼迫我，為自己謀取利益，所以我上表請求讓李平的兒子李豐主持掌管江州軍務，加深朝廷對李平的恩遇，以保證當時的軍務能夠順利進行。李平到達漢中後，我把丞相府中的事務全都委託給他處理，羣臣上下都奇怪我對李平為什麼這麼厚待。正是因為當前大業還沒有完成，漢室的處境岌岌可危，與其張揚揭露他的短處，不如用褒獎的辦法鼓勵他。但是我以為李平只鍾情於榮譽和利益罷了，想不到他的心術不正已經到了這種地步。如果對這件事拖延不處理，將會導致禍亂失敗。這都是我不明智造成的，我說得越多會越增加我的過錯。」於是把李平廢黜為平民，流放到梓潼郡。建興十二年，李平聽到諸葛亮去世的消息，發病死去。李平常常希望諸葛亮會重新起用自己，估計後人不會任用他，所以激憤發病。李豐官做到朱提太守。

1 **劉琰，字威碩，魯國❶人也。先主在豫州❷，辟為從事，以其宗姓，有風流❸，善談論，厚親待之，遂隨從周旋，常為賓客。先主定益州，以琰為固陵❹太守。**

後主立，封都鄉侯，班位每亞李嚴，為衛尉中軍師後將軍❺，遷車騎將軍❻。然不豫國政，但領兵千餘，隨丞相亮諷議❼而已。車服飲食，號為侈靡，侍婢數十，皆能為聲樂，又悉教誦讀魯靈光殿賦❽。建興十年，與前軍師❾魏延❿不和，言語虛誕⓫，亮責讓⓬之。琰與亮牋謝曰：「琰稟性空虛，本薄操行，加有酒荒⓭之病，自先帝以來，紛紜之論，殆將傾覆⓮。頗蒙明公本其一心在國，原其身中穢垢⓯，扶持全濟，致其祿位，以至今日。間者⓰迷醉，言有違錯，慈恩含忍，不致之于理⓱，使得全完，保育性命。雖必克己責躬，改過投死⓲，以誓神靈；無所用命，則靡寄顏⓳。」於是亮遣琰還成都，官位如故。

2 琰失志慌惚。十二年⓴正月，琰妻胡氏入賀太后，太后令特留胡氏，經月乃出。胡氏有美色，琰疑其與後主有私，呼五百㉑撾胡，至於以履搏面㉒，而後棄遣㉓。胡具以告言㉔琰，琰坐下獄。有司議曰：「卒非撾妻之人，面非受履之地。」琰竟棄市㉕。自是大臣妻母朝慶遂絕。

【章旨】以上為〈劉琰傳〉，介紹了劉琰的出身、與劉備的關係，及其自身的毛病和最後的下場。

【注釋】❶魯國　國名。治所在今山東曲阜。❷豫州　州名。治所在今安徽亳州。❸有風流　有風度。❹固陵　郡名。治所在今重慶市奉節東，後改成巴東郡。❺衛尉中軍師　衛尉，官名。掌管宮門警衛。中軍師，官名。參謀軍事。後將軍，官名。漢朝重號將軍之一。❻車騎將軍　高級武官。❼諷議　勸諫、議論。❽魯靈光殿賦　東漢王延壽所作賦名。西漢時魯王劉餘下令在魯縣修建靈光殿，西漢末年戰亂，京城內許多建築都遭戰火破壞，而建在地方的靈光殿卻保存完好。劉琰教婢女誦這篇文賦，一是因為他本是魯國人，靈光殿即在他的家鄉，二是顯示他的文采風流。❾前軍師　官名。參謀軍事。❿魏延　字文長，義陽（今河南桐柏東）人。蜀漢著名將領，隨諸葛亮北伐曹魏，多立戰功。因與諸葛亮戰略主張不同，在諸葛亮逝世後拒不執行退兵命令，被楊儀所殺。詳見本書卷四十〈魏延傳〉。⓫言語虛誕　說了些不實和荒誕的話。⓬責讓　責備批評。⓭酒荒　酒後有荒唐的言行。⓮紛紜之論二句　許多批評我的話，使我差一點摔倒爬不起來。傾覆，栽跟頭。⓯身中穢垢　身上的毛病。⓰間者　最近。⓱致之于理　送我到監獄。理即大理寺。⓲改過投死　改正錯誤以死報效。⓳無所用命二句　如果我不能繼續當官做事，那麼臉面就沒有地方放了。用命，效力。此指當官。⓴十二年　建興十二年。㉑五百　或作「伍伯」。官府中供使喚差遣的勤務兵。官員出行，或為輿衛前導。此二字上原有「卒」字，據《三國志集解》引潘眉說刪。㉒以履搏面　用鞋抽打臉頰。㉓棄遣　拋棄送走。即休掉胡氏。㉔告言　控告。㉕棄市　殺死後把屍體放到市場上示眾。

【語　譯】劉琰，字威碩，魯國人。先主主政豫州時，任命他為州從事史。先主因為劉琰與自己同姓同宗，有風度，善談論，對他很是親近厚待。劉琰也就隨從先主四處周旋，常常充當先主的賓客。先主平定益州後，任命劉琰為固陵太守。後主即帝位，封劉琰為都鄉侯，官階地位常常僅次於李嚴。先後任衛尉、中軍師、後將軍，後升任車騎將軍。但劉琰不參與國政，只領兵一千餘人，跟隨丞相諸葛亮身邊做些勸諫議論的事情而已。他用的車輛服飾及飲食方面，都以奢侈靡費著稱，有侍從女奴數十個，都能奏樂唱歌，劉琰又教她們誦讀〈魯靈光殿賦〉。建興十年，劉琰因與前軍師魏延不合，說了些虛妄荒唐的話，受到諸葛亮的批評責備。劉琰寫信向諸葛亮謝罪說：「我秉性浮薄，缺乏品行節操，加上又有酒後言行荒誕的毛病，所以自先帝以來，人們就對我非議不斷，差一點讓我跌倒爬不起來。特別承蒙您了解我一心為國的本意，原諒了我身上的毛病，扶持救助，保全我的俸祿官位，直至今日。最近我又醉酒發昏，說了錯話，您慈愛施恩包容忍讓，沒有把我送進監獄，使得我得以保全，留下了性命。雖然我以後一定要努力克制嚴格要求自己，改正錯誤，以死來報效國家，並向神靈發誓；但如果我不能繼續當官做事，那臉面就沒有地方放了。」於是諸葛亮把劉琰送回成都，官位爵祿依舊保留。

2 劉琰因為失意而神智恍惚。建興十二年正月，劉琰的妻子胡氏入宮向太后賀歲，太后下令特別留下胡氏，一個月後才讓她出宮。胡氏容貌美麗，劉琰懷疑她與後主有私情，便讓手下士卒毆打胡氏，甚至用鞋子抽打胡氏的臉，隨後將她休掉送走。胡氏把這些情況都報告給有關部門並控告劉琰，劉琰因此獲罪入獄。有關部門議定劉琰的罪過說：「士卒不是該毆打妻子的人，面頰也不是該用鞋子抽打的地方。」劉琰最終被棄市。從那以後大臣的妻子母親入朝慶賀的事也被禁止了。

1 魏延，字文長，義陽❶人也。以部曲❷隨先主入蜀，數有戰功，遷牙門將軍❸。先主為漢中王，遷❹治成都，當得重將以鎮漢川，眾論以為必在張飛，飛亦以心自許❺。先主乃拔延為督漢中鎮遠將軍❻，領漢中太守，一軍盡驚。先主大會羣臣，問延曰：「今委卿以重任，卿居之欲云何？」延對曰：「若曹操舉天下而來，請為大王拒之；偏將十萬之眾至，請為大王吞之。」先主稱善，眾咸壯其言。先主踐尊號，進拜鎮北將軍❼。建興元年，封都亭侯。五年❽，諸葛亮駐漢中，更以延為督前部❾，領丞相司馬❿、涼州⓫刺史，八年⓬，使延西入羌中，魏後將軍⓭費瑤、雍州⓮刺史郭淮⓯與延戰于陽谿⓰，延大破淮等，遷為前軍師⓱征西大將軍⓲，假節，進封南鄭侯。

2 延每隨亮出，輒欲請兵萬人，與亮異道會于潼關⑲，如韓信故事⑳，亮制而不許。延常謂亮為怯，歎恨己才用之不盡。延既善養士卒，勇猛過人，又性矜高，當時皆避下之。唯楊儀不假借㉑延，延以為至忿，有如水火。十二年㉒，亮出北谷口㉓，延為前鋒。出亮營十里，延夢頭上生角，以問占夢趙直㉔，直詐延曰：「夫麒麟有角而不用，此不戰而賊欲自破之象也。」退而告人曰：「角之為字，刀下用也；頭上用刀，其凶甚矣。」

3 秋，亮病困㉕，密與長史㉖楊儀、司馬費禕㉗、護軍㉘姜維等作身歿之後退軍節度㉙，令延斷後，姜維次之；若延或不從命，軍便自發。亮適卒㉚，祕不發喪，儀令禕往揣延意指㉛。延曰：「丞相雖亡，吾自見在。府親官屬便可將喪還葬，吾自當率諸軍擊賊，云何以一人死廢天下之事邪？且魏延何人，當為楊儀所部勒㉜，作斷後將乎！」因與禕共作行留部分㉝，令禕手書與己連名，告下諸將。禕紿㉞延曰：「當為君還解楊長史，長史文吏，稀更軍事㉟，必不違命也。」禕出門馳馬而去，延尋悔，追之已不及矣。延遣人覘㊱儀等，遂使欲案亮成規，諸營相次引軍還。延大怒，攙㊲儀未發，率所領徑先南歸，所過燒絕閣道㊳。延、儀各相表叛逆，一日之中，羽檄交至㊴。後主以問侍中董允㊵、留府長史蔣琬，琬、允咸保儀疑延。儀等槎41山通道，晝夜兼行，亦繼延後。延先至，據南谷口42，遣兵逆擊儀等，儀等令何平43在前禦延。平叱延先登曰：「公亡，身尚未寒，汝輩何敢乃爾！」延士眾知曲44在延，莫為用命，軍皆散。延獨與其子數人逃亡，奔漢中。儀遣馬岱追斬之，致首於儀，儀起自踏之，曰：「庸奴45！復能作惡不？」遂夷延三族46。初，蔣琬率宿衛諸營赴難北行，行數十里，延死問47至，乃旋。原48延意不北降魏而南還者，但欲除殺儀等。平日諸將素不同，冀49時論必當以代亮。本指50如此，不便背叛51。

【章旨】以上為〈魏延傳〉，記述魏延因有戰功和豪言，受到劉備的重用；諸葛亮出兵伐魏，魏延總是與諸葛亮意見相左，又與楊儀不和；諸葛亮去世，魏延與楊儀矛盾爆發，最終被楊儀派軍追殺。

【注釋】❶義陽　郡名。治所在今湖北棗陽東南。❷部曲　部下。❸牙門將軍　武官名。蜀漢政權創置。❹遷　原作「還」，今從宋本。❺自許　自己認為是這樣。❻督漢中鎮遠將軍　督漢中，鎮守漢中的指揮官。鎮遠將軍，東漢末因事而設的武官。蜀漢政權的鎮遠將軍則權力很重。❼鎮北將軍　四鎮將軍之一，出鎮方面，有實權。❽五年　建興五年（西元二二七年）。❾督前部　諸葛亮北伐大軍的前鋒指揮官。❿丞相司馬　諸葛亮丞相府的主要下屬，負責軍務。⓫涼州　州名。治所在今甘肅武威。⓬八年　建興八年（西元二三〇年）。⓭後將軍　漢朝重號將軍之一，曹魏時權位漸低，略高於一般雜號將軍。⓮雍州　州名。治所在今陝西西安西北。⓯郭淮　字伯濟，太原陽曲（今山西陽曲西南）人。曹魏著名將領，歷任鎮西長史、雍州刺史、征西將軍、都督雍涼諸軍事等。詳見本書卷二十六〈郭淮傳〉。⓰陽谿　地名。在今甘肅武山縣西南。⓱前軍師　官名。丞相府主要僚屬。⓲征西大將軍　負責一方的最高軍事統帥。⓳與亮異道會于潼關　從不同的道路與諸葛亮在潼關會師。異道，不同的道路。潼關，地名。在陝西潼關北。⓴如韓信故事　就像過去的韓信那樣。秦末楚漢相爭，韓信向劉邦獻計，請求率三萬大軍先把北、東、南三面的敵對勢力消滅，然後與劉邦主力會合，在滎陽與項羽決戰。此計被劉邦採納。㉑假借　容讓。㉒十二年　建興十二年（西元二三四年）。㉓北谷口　褒斜谷道的北口，在今陝西眉縣西南。㉔趙直　蜀漢時人，善占夢。其事跡散見於本書卷四十四〈蔣琬傳〉等。㉕病困　病危。㉖長史　即丞相府長史，為府中幕僚之長。㉗費禕　字文偉，江夏鄳縣（今河南信陽東北）人。蜀漢後期傑出的人才，深受諸葛亮重用，任丞相參軍、司馬、尚書令、大將軍等職。詳見本書卷四十四〈費禕傳〉。㉘護軍　軍中的監督官。㉙節度　安排部署。㉚適卒　剛剛去世。㉛揣延意指　探測魏延的意圖。㉜部勒　指揮。㉝部分　部署。㉞紿　欺騙。㉟稀更軍事　很少參加軍事行動。㊱覘　偵察。㊲攙　搶先。原誤作「纔」，《通鑑》卷七十二作「攙」，據改。㊳燒絕閣道　燒斷棧道。㊴羽檄交至　緊急文件交相送到。羽檄，古代送達的文書附有羽毛表示緊急。㊵董允　字休昭，南郡枝江（今湖北枝江市東北）人。蜀漢後期傑出人才，秉心公亮，常對後主過失進行勸諍，與諸葛亮、蔣琬、費禕為時人稱為「四相」。詳見本書卷三十九〈董允傳〉。㊶槎　砍伐。㊷南谷口　褒斜谷道的南口，在今陝西漢中的西北。㊸何平　即王平。他原先在外公家長大，外公家姓何，因此王平一度姓何。詳見本書卷四十三〈王平傳〉。㊹曲　沒有道理；理虧。㊺庸奴　罵人的話。㊻夷延三族　誅殺魏延三族。三族有各種說法。漢魏的三族一般指父母、妻子兒女、同胞兄弟姐妹。㊼問　消息。㊽原　推究。㊾冀　希望。㊿本指　本心。51不便背叛　沒有立即背叛。

【語　譯】魏延，字文長，義陽郡人。魏延作為先主的部下隨軍入蜀，多次立有戰功，升任牙門將軍。先主稱漢中王，將治所遷回成都，應當選派一個重要的將領鎮守漢中。大家議論認為一定是張飛，張飛心裏也認為會是自己。但先主卻提拔魏延為督漢中軍事、鎮遠將軍，兼任漢中郡太守，全軍都為之驚異。先主大會羣臣，問魏延說：「現在委與您重任，您在這個位置上準備怎麼做？」魏延回答說：「假如曹操統率全天下的軍隊來攻，我將為大王擋住他；假如他派偏將率十萬大軍前來，請讓我吞滅他。」先主連連稱好，大家都敬佩他的對答。先主稱帝，晉升魏延為鎮北將軍。建興元年，魏延封都亭侯。建興五年，諸葛亮率軍進駐漢中，改任魏延為都前部，兼任丞相司馬、涼州刺史。建興八年，諸葛亮派遣魏延率軍西征進入羌人的聚居地。曹魏後將軍費瑤、雍州刺史郭淮與魏延在陽谿交戰，魏延大破郭淮等軍，升任前軍師、征西大將軍，假節，進封南鄭侯。

2 魏延每次跟隨諸葛亮出征，總是請求率兵一萬人，與諸葛亮從不同的道路會師潼關，就像過去韓信那樣。但諸葛亮制止他，不允許他這樣做。魏延常認為諸葛亮怯懦膽小，感嘆怨恨自己的才能不能全部發揮。魏延既善於養護將士，勇猛過人，又性情高傲，當時的人全都躲避他，甘居下風。惟獨楊儀對魏延不肯容讓。魏延對此至為氣憤，與楊儀勢同水火。建興十二年，諸葛亮出兵北谷口，魏延充任前鋒。離開諸葛亮大營十里後，魏延夢見頭上生出犄角，便以此問善於占夢的趙直。趙直哄騙魏延說：「麒麟有角而不用，這是不用交戰賊寇就會自己潰敗的兆象。」他退出來告訴別人說：「角字的結構，是刀下有用字；頭上用刀，這是極為凶險的徵兆。」

3 這年秋天，諸葛亮病危，祕密與長史楊儀、司馬費禕、護軍姜維等人安排自己身亡之後退兵的部署，命令魏延斷後，姜維緊挨著他。倘若魏延不服從命令，大軍便自行出發。諸葛亮剛剛去世，保守祕密不對外發喪，楊儀命令費禕去探問魏延的意圖。魏延說：「丞相即使去世，我還在嘛。丞相府中的親信掾屬便可以護送丞相靈柩回去安葬，我自己應當統率各軍討伐賊寇，怎麼能因為一個人去世而使國家大事半途而廢呢？再說我魏延是什麼人，該被楊儀所指揮，做他的斷後將軍嗎！」於是與費禕共同作出各軍去留的部署，並讓費禕親筆寫下來與自己共同簽名，頒布給下面的將士。費禕欺騙魏延說：「我應當回去為您勸解楊長史，楊長史是個文官，很少參加軍事行動，一定不會違背您的命令。」費禕出了營門飛馬而去，魏延馬上後悔放走了費禕，派人去追也已趕不及了。魏延於是派人去窺探楊儀等人的動靜，發現楊儀等人就要按照諸葛亮生前的部署，各營按照順序引兵撤退。魏延大怒，搶在楊儀還沒有動身前，率所領部眾徑直先行南歸，所經之處，將棧道全部燒毀，使道路斷絕。魏延、楊儀各自上表朝廷指責對方背叛造反，一天之內，緊急文書交相送到朝廷。後主就這種情況詢問侍中董允、留府長史蔣琬，蔣琬、董允都擔保楊儀沒錯而懷疑魏延。楊儀等人砍伐山上的樹木開通道路，晝夜趕路，跟在魏延身後前進。魏延先到，據守南谷口，派遣軍隊迎擊楊儀等。楊儀等人令何平在前面抵禦魏延。何平斥責魏延搶先撤退的行為說：「諸葛公剛剛去世，屍骨未寒，你們這幫人怎麼敢這樣！」魏延的兵士們知道魏延理虧，沒有人願意為他賣命，全軍都四散而去。魏延獨自與他的兒子幾個人逃亡，跑往漢中。楊儀派遣馬岱追上魏延將他斬殺，把首級送到楊儀那裏，楊儀起身用腳踩著首級說：「庸奴！還能做惡嗎？」於是誅殺魏延三族。當初，蔣琬為解救危局，率宿衛軍各營北上，剛走了幾十里，就得到了魏延被誅殺的消息，便撤軍返回成都。推究魏延的本意，他不北去投降曹魏而回師向南的初衷，只是想殺掉楊儀等人。儘管將領們平時一直不認可他，但他仍希望當時的輿論會推舉他代替諸葛亮。他的本意是這樣，所以沒有馬上背叛。

1 楊儀，字威公，襄陽人也。建安中，為荊州刺史傅羣主簿❶，背羣而詣襄陽太守關羽。羽命為功曹❷，遣奉使西詣先主。先主與語論軍國計策，政治得失，大悅之，因辟為左將軍兵曹掾❸。及先主為漢中王，拔儀為尚書。先主稱尊號，東征吳，儀與尚書令劉巴❹不睦，左遷遙署弘農❺太守。建興三年，丞相亮以為參軍，署府事，將南行❻。五年❼，隨亮漢中。八年❽，遷長史，加綏軍將軍❾。亮數出軍，儀常規畫分部❿，籌度糧穀，不稽思慮⓫，斯須便了⓬。軍戎節度，取辦於儀。亮深惜儀之才幹，憑魏延之驍勇，常恨⓭二人之不平⓮，不忍有所偏廢也。十二年⓯，隨亮出屯谷口。亮卒于敵場。儀既領軍還，又誅討延，自以為功勳至大，宜當代亮秉政，呼都尉趙正以周易筮之，卦得家人⓰，默然不悅。而亮平生密指⓱，以儀性狷狹⓲，意在蔣琬，琬遂為尚書令、益州刺史。儀至，拜為中軍師，無所統領，從容⑲而已。

2 初，儀為先主尚書，琬為尚書郎，後雖俱為丞相參軍長史，儀每從行，當其勞劇，自惟年宦先琬，才能踰之，於是怨憤形于聲色，歎咤之音發於五內⑳。時人畏其言語不節㉑，莫敢從也，惟後軍師㉒費禕往慰省之。儀對禕恨望㉓，前後云云，又語禕曰：「往者丞相亡沒之際，吾若舉軍以就魏氏，處世寧當落度㉔如此邪！令人追悔不可復及。」禕密表其言。十三年㉕，廢儀為民，徙漢嘉郡㉖。儀至徙所，復上書誹謗，辭指激切，遂下郡收儀。儀自殺，其妻子還蜀。

【章　旨】以上為〈楊儀傳〉，介紹了楊儀的才幹，及其在蜀漢政權中的地位和待遇，也指出了楊儀的缺點和毛病，及其最後的下場。

【注　釋】❶主簿　州郡屬官，主管州郡文書簿籍，經辦事務。楊儀所任為州主簿。❷功曹　即功曹史，郡縣屬官，執掌人事，參與一郡政務。❸左將軍兵曹掾　劉備左將軍府屬官。❹劉巴　字子初，零陵烝陽（今湖南邵東東南）人。不受劉表任用，曹操進攻荊州時降附。曹軍敗退後隻身南下，後輾轉入蜀。劉備占領益州，任尚書令。詳見本書卷三十九〈劉巴傳〉。❺遙署弘農　弘農，郡名。治所在今河南靈寶北，當時屬曹魏管轄，楊儀實際上不可能去任職，故稱遙署。❻將南行　帶領他南征南中。❼五年　建興五年（西元二二七年）。❽八年　建興八年（西元二三〇年）。❾加綏軍將軍　加綏軍將軍名號，只協助諸葛亮處理軍務，並不實際統率軍隊。❿規畫分部　計劃人馬的部署。⓫不稽思慮　不需要費時間考慮。⓬斯須便了　一會兒就辦好了。⓭恨　遺憾。⓮不平　不和。⓯十二年　建興十二年（西元二三四年）。⓰家人　《周易》第三十七卦的卦名。該卦的卦辭是「利女貞」，即對女性的占卜有利，對男性則不利，所以楊儀不高興。⓱密指　內心隱蔽的想法。⓲狷狹　急躁狹隘。⓳從容　閒置。⓴五內　五臟。㉑言語不節　說話沒有節制。㉒後軍師　官名。參謀軍事。㉓儀對禕恨望　楊儀對費禕表現出對朝廷的怨恨不滿。㉔落度　寂寞失意。㉕十三年　建興十三年（西元二三五年）。㉖漢嘉郡　郡名。治所在今四川雅安名山區北。

【語譯】楊儀，字威公，襄陽郡人。建安年間，擔任荊州刺史傅羣的主簿，背叛傅羣投奔襄陽郡太守關羽。關羽任命他為郡功曹，派遣他為使者往西到益州拜見先主。先主與楊儀談論軍國大計，政治得失，對他大為欣賞，便任命他為左將軍兵曹掾。等到先主稱漢中王，提拔楊儀為尚書。先主稱帝後，東征孫吳，楊儀與尚書令劉巴不和，被貶為虛設的弘農太守。建興三年，丞相諸葛亮任命楊儀為丞相府參軍，署理丞相府事務，帶著他南征。建興五年，楊儀跟隨諸葛亮到漢中。建興八年，他升任丞相府長史，加授綏軍將軍的官號。諸葛亮多次出兵，楊儀常常為他規劃各部人馬的調動部署，籌措計算軍糧，他不需要多費時間去考慮，沒多久就辦好了。軍中的調度安排，全都由楊儀辦理。諸葛亮極為愛惜楊儀的才幹，又依靠魏延的驍勇，常常憾恨他們二人的不和，不忍心偏廢其中的任何一個。建興十二年，楊儀跟隨諸葛亮進兵屯駐谷口。諸葛亮病逝在戰場上。楊儀既統領軍隊安全撤回，又誅殺了魏延，自以為功勞最大，應當代替諸葛亮執掌朝政，於是叫都尉趙正用《周易》進行占卜，結果得到《家人》之卦，便默然不語，心中不快。而諸葛亮生前內心隱蔽的想法，是認為楊儀性情急躁狹隘，真正看中的是蔣琬，於是蔣琬出任尚書令、益州刺史。楊儀到了成都以後，被任命為中軍師，沒有統率軍隊，只是個閒職而已。

2 當初，楊儀擔任先主的尚書，蔣琬在楊儀之下任尚書郎，後來兩個人雖都擔任丞相府參軍、長史，但楊儀總是隨從諸葛亮出征，承擔辛苦繁重的工作。楊儀自認為任職的資格比蔣琬老，才能超過蔣琬，於是怨恨之情常形於辭色，感嘆不滿的聲音發自內心。當時人怕他說話不加節制，沒人敢和他過往相從，惟獨後軍師費禕去慰問看望他。楊儀對費禕表現出對朝廷的怨恨不滿，前後說了很多，又對費禕說：「當初丞相去世的時候，我如果帶領全軍投降曹魏，還會這樣寂寞失意的生活在世間嗎！真是令人追悔不及。」費禕祕密上表將他的這些話上報。建興十三年，朝廷將楊儀廢黜為平民，流放到漢嘉郡。楊儀到了流放地，又上書誹謗朝廷，言辭激烈尖銳，於是朝廷令漢嘉郡守將楊儀逮捕入獄治罪。楊儀自殺，他的妻子兒女返回蜀郡。

評曰：劉封處嫌疑之地，而思防不足以自衛。彭羕、廖立以才拔進，李嚴以幹局❶達，魏延以勇略任，楊儀以當官顯，劉琰舊仕❷，並咸貴重。覽其舉措，迹其規矩❸，招禍取咎，無不自己❹也。

【章　旨】以上是陳壽對劉封等人的評價。

【注　釋】❶幹局　才幹。❷舊仕　老部下。❸迹其規矩　考察他們為人處事的原則。❹自己　由本身造成的。

【語　譯】評論說：劉封身處易招嫌疑的地位，而他的思考和防備不能夠保護自己。彭羕、廖立因為才華出眾被選拔進用，李嚴因為具有才幹而顯達，魏延因為勇猛有膽略被重用，楊儀因為當官而揚名，劉琰是劉備的老部下，他們都是蜀漢顯貴的重臣。考察他們的舉動，探求他們為人處事的原則，他們招禍取罪，沒有一個不是自己的原因造成的。

【研　析】蜀漢政權的七個罪臣，最後都不得善終。其中劉封、彭羕、廖立、李嚴、魏延、楊儀等人的死，都牽扯到了諸葛亮。尤其是魏延、楊儀二人，他們在撤軍中矛盾的爆發，招致了後人對諸葛亮頗有微詞，說他們在南谷口火併，是諸葛亮用人不明、對他們一味縱容造成的。事實並非如此，在此我們略作辨析。

「南谷口火併」是一個什麼性質的事件？

從表面看，「南谷口火併」的衝突只有兩方，魏延為一方，楊儀、費禕、姜維等為另一方。楊儀等人主張遵照諸葛亮的遺令撤軍，魏延反對撤軍，並預先撤到南谷口阻擊蜀軍，頗有造反嫌疑。士兵們不願隨魏延造反，紛紛離他而去，最後魏延被斬殺，又被楊儀誅夷三族。但是，事情並非如此簡單。魏延在「南谷口火併」

中的表現，是他由與諸葛亮戰略思想的分歧發展到行為上的抗命的結果。魏延「每隨亮出，輒欲請兵萬人，與亮異道會于潼關，如韓信故事」。由此可見，魏延戰略攻擊的重點在關中長安，這和諸葛亮先占隴右，再進關中的戰略是不同的。諸葛亮認為魏延的戰略方針太冒險，沒有同意。魏延雖心裏認為諸葛亮過於膽小謹慎，對自己的戰略方針不被採納耿耿於懷，但在行動上還是按照諸葛亮的戰略方針行事的。蜀漢建興八年（西元二三〇年），魏延奉命西入羌中，於陽谿大破曹魏雍州刺史郭淮、後將軍費瑤，說明他僅對自己的戰略方針作為保留，而在行動上是執行諸葛亮的戰略方針的。至於說因為魏延說過諸葛亮膽怯，諸葛亮就對他懷恨在心，這種判斷是缺乏根據的。諸葛亮並非心胸狹窄之人，他曾下教讓將士勤攻己缺，絕不會因為魏延這句話而懷恨在心，況且魏延這時只是與諸葛亮意見不同，在行動上還是一致的，諸葛亮也不是專橫跋扈，不允許不同意見存在之人。想當初，他和法正在好多方面是那樣的不同，在對荊州問題上與龐統、法正也有分歧，但都能與他們以公義相處得很好，有什麼理由認為諸葛亮會對魏延懷恨在心呢？在諸葛亮攻打隴右時，曹魏統帥司馬懿不敢出戰，手下將領說他「畏蜀如虎」。司馬懿並未對他們懷恨在心，難道司馬懿的胸襟比諸葛亮寬嗎？史書上明確記載司馬懿「內忌而外寬」，這恰好說明在當時部將批評主帥膽小不是什麼令其難堪的事，既然如此，諸葛亮更不會對魏延的批評忌恨在心。

但是，諸葛亮去世後，魏延與諸葛亮北伐戰略的分歧就發展為軍事行動的分歧了，其具體表現就是執行撤軍命令還是反對撤軍。魏延反對撤軍，其心態是很複雜的。這種複雜心態至少有三個內容。第一，魏延想繼續完成北伐大業。「吾自當率諸軍擊賊，云何以一人死廢天下之事邪？」這句話就表現這種心態。第二，想表現自己。諸葛亮生前多次北伐都沒取得預期的效果，在魏延看來，是他的戰略方針不行。諸葛亮的逝世，正是他實施自己的戰略方針、施展自己才華的好機會。史書記載「平日諸將素不同，冀時論必當以代亮」，即是說，許多人平時都不贊同他的戰略主張，但魏延想通過繼續留在前線實施自己的戰略，來證明他比諸葛亮高明，進而使輿論推選他代替諸葛亮。因此，他無論如何也不會同意撤軍。第三，不服楊儀。「且魏延何人，當為楊儀所部勒，作斷後將乎！」這句話正充分反映出魏延的這種心態。魏延的上述三種心態，第一種還可以說有為國的味道，後兩種完全是出於個人目的。不論魏延為公為私，違抗諸葛亮撤軍的命令本身就是一種違法行為，是一種不顧全大局從而損害蜀漢利益的行為，因此，理所當然的引起楊儀、費禕、姜維等人的共同反對。

然而，當我們深入考察反對魏延這一派的力量時，就會發現他們的動機也是複雜的。費禕、姜維是反對魏延抗命不遵的行為的。當費禕被魏延羈留時，費禕採用欺騙手段脫身，不與魏延為伍，反映他反對魏延的堅定態度。費禕、姜維是諸葛亮一手培養的接班人，他們忠於蜀漢事業，執行諸葛亮的戰略方針。他們反對魏延，完全是出以公心，出於維護軍令的尊嚴，出於維護蜀國的根本利益。在南谷口火併中，侍中董允、留府長史蔣琬支持楊儀而不信任魏延，也是由於費禕、姜維的態度的影響。

問題出在楊儀身上。

楊儀原來在曹魏荊州刺史傅羣手下任主簿，後來背叛曹魏投奔關羽。此人有心計，辦事能力很強，又善論軍國計策、政治得失，因此深得劉備賞識。但楊儀有個很嚴重的缺點，就是「性狷狹」，用今天的話說，就是心胸狹窄，性情急躁。早在劉備在世時，他就和尚書令劉巴不和，為此還遭到劉備的貶斥。可見與劉巴的不和，主要責任在楊儀。但劉巴死得很早，楊儀和劉巴的矛盾沒發展到十分激烈的程度便結束了。繼劉巴之後，楊儀又與魏延發生了矛盾。公正的說，楊、魏矛盾，雙方都有責任。魏延高傲自大，看不起別人，很多人都對他避讓三分，但楊儀卻偏偏與他針鋒相對，寸步不讓。魏延是個武人，脾氣暴烈，二人常常衝突、吵架，像水與火一樣不相容。魏、楊二人都長期在一起共事，而且都在諸葛亮身邊擔任要職。時間越長，積怨越深。有時兩人吵起來，魏延拔刀對著楊儀比比劃劃，楊儀又氣又怕又委屈，竟哭得像個淚人一樣。楊儀與魏延宿怨積得這樣深，他在退兵風波中反對魏延的動機與費禕、姜維是不同的。他千方百計把魏延置於死地，目的就是藉公事之名，行洩私憤之實。他在退兵中口口聲聲宣揚魏延欲北降曹魏；在魏延眾散逃往漢中時派馬岱將其追殺；把魏延的人頭踩在腳下惡狠狠的咒罵，並誅夷魏延三族，這一切過分的行為，哪像在維護軍令的尊嚴，分明是在公報私仇。

楊儀說魏延欲北降曹魏，實在是血口噴人。二人比較起來，有投降曹魏動機的倒是楊儀。史載楊儀「既領軍還，又誅討延，自以為功勳至大，宜當代亮秉政。」不料，諸葛亮早就選中了蔣琬。這下可把楊儀氣壞了。想當初，楊儀任尚書時，蔣琬還不過是個小小的尚書郎，無論是資格還是才幹，楊儀都認為自己要比蔣琬強許多，「於是怨憤形於聲色，歎咤之音發於五內。」他甚至對費禕說：「往者丞相亡沒之際，吾若舉軍以就魏氏，處世寧當落度如此邪！令人追悔不可復及。」這番話，使楊儀的叛逆嘴臉暴露無遺。

綜上所述，可以看出「南谷口火併」是一個公事私怨互相混雜糾纏的事件。魏、楊二人的私人恩怨使南谷口事件鬧到了不可收拾的地步。應該說，南谷口火併的發生，主要應由魏延、楊儀二人負責。只要是二人私怨不除，只要是二人在蜀漢軍中擔任重職，南谷口火併是遲早要發生的。（梁滿倉注譯）

卷四十一　蜀書十一

霍王向張楊費傳第十一

【題解】本卷正傳共收入了霍峻、王連、向朗、張裔、楊洪、費詩六個人物，他們都是蜀漢政權的功臣，各有可被稱道的事跡。霍峻守衛葭萌，使劉備在攻打成都時沒有後顧之憂；王連任司鹽校尉，使蜀漢的財政收入有可靠的保障；向朗在守荊州、治益州、支持諸葛亮南征等方面都有功績；張裔留署丞相府事務使諸葛亮安心北伐；楊洪在取漢中、穩定夷陵兵敗後的蜀漢局勢等方面發揮了重要作用；費詩勸說關羽顧全大局，這些都是作者把他們列在一起的原因，反映了作者對他們功績的讚許和肯定。

1 霍峻，字仲邈，南郡枝江❶人也。兄篤，於鄉里合部曲❷數百人。篤卒，荊州牧劉表❸令峻攝❹其眾。表卒，峻率眾歸先主❺，先主以峻為中郎將❻。先主自葭萌❼南還襲劉璋，留峻守葭萌城。張魯❽遣將楊帛誘峻，求共守城，峻曰：「小人頭可得，城不可得。」帛乃退去。後璋將扶禁、向存等帥萬餘人由閬水❾上，攻圍峻，且一年，不能下。峻城中兵纔數百人，伺其怠隙，選精銳出擊，大破之，即斬存首。先主定蜀，嘉峻之功，乃分廣漢⑩為梓潼郡⑪，以峻為梓潼太守、裨將軍⑫。在官三年，年四十卒，還葬成都。先主甚悼惜，乃詔諸葛亮⑬曰：「峻既佳士，加有功於國，欲行酹⑭。」遂親率羣僚臨會弔祭，因留宿墓上，當時榮之。

2 子弋，字紹先，先主末年為太子舍人⑮。後主踐阼⑯，除謁者⑰。丞相諸葛亮北駐漢中⑱，請為記室⑲，使與子喬共周旋游處。亮卒，為黃門侍郎⑳。後主立太子璿㉑，以弋為中庶子㉒。璿好騎射，出入無度，弋援引古義，盡言規諫，甚得切磋之體。後為參軍庲降屯副貳都督㉓，又轉護軍㉔，統事如前。時永昌郡㉕夷獠㉖恃險不賓㉗，數為寇害，乃以弋領永昌太守㉘，率偏軍討之，遂斬其豪帥，破壞邑落，郡界寧靜。遷監軍㉙翊軍將軍㉚，領建寧㉛太守，還統南郡事。景耀六年，進號安南將軍㉜。是歲，蜀并于魏。弋與巴東領軍㉝襄陽羅憲㉞各保全一方，舉以內附，咸因仍前任，寵待有加。

【章旨】以上為〈霍峻傳〉，敘述了霍峻對蜀漢政權的貢獻以及所受的殊榮。與其兒子霍弋對蜀漢政權的貢獻。

【注　釋】❶南郡枝江　南郡，郡名。治所在今湖北江陵。枝江，縣名。治所在今湖北枝江市東北。❷部曲　地方私人武裝。❸荊州牧劉表　荊州為當時的行政區域之一，劉表任荊州刺史時，州治在襄陽。劉表，字景升，山陽高平（今山東微山縣西北）人。東漢遠支皇族。曾任荊州刺史，據有今湖南、湖北地方。後為荊州牧。他在羣雄混戰中，採取觀望態度，轄區破壞較小，中原人來避難者甚眾。後病死，其子劉琮降於曹操。詳見本書卷六〈劉表傳〉。❹攝　統領。❺先主　即劉備，字玄德，涿郡涿縣（今河北涿州）人，自稱中山靖王之後。東漢末年起兵，參加征伐黃巾，先後投靠公孫瓚、陶謙、曹操、袁紹、劉表。後得諸葛亮輔助，占領荊州、益州，建立蜀漢。詳見本書卷三十二〈先主傳〉。❻中郎將　武官名。次於將軍，高於校尉。❼葭萌　縣名。治所在今四川廣元西南。❽張魯　字公祺，沛國豐縣（今江蘇豐縣）人，張道陵之孫，五斗米道首領。東漢末率徒眾攻取漢中，統治長達三十餘年。後投降曹操，任鎮南將軍。詳見本書卷八〈張魯傳〉。❾閬水　水名。即今四川境內的嘉陵江。❿廣漢　郡名。治所在今四川新都東北。⓫梓潼郡　治所在今四川梓潼。⓬裨將軍　副將軍。⓭諸葛亮　字孔明，琅邪陽都（今山東沂南南）人。先隱居荊州隆中，後輔佐劉備，提出並實踐聯合孫吳、跨有荊益、北拒曹操的方針。劉備去世後，受遺詔輔佐劉禪，先後平定南中，六次北伐曹魏。後逝世於北伐前線。詳見本書卷三十五〈諸葛亮傳〉。⓮行酹　以酒澆地進行祭奠。⓯太子舍人　太子屬官，負責太子宮中的警衛工作。⓰後主踐阼　後主，即劉禪，字公嗣，小字阿斗，十七歲即蜀漢帝位，由諸葛亮輔佐。諸葛亮逝世後，朝政漸壞。蜀漢被曹魏所滅後，被遷入洛陽，封為安樂公。詳見本書卷三十三〈後主傳〉。踐阼，登帝位。⓱謁者　官名。掌賓禮司儀，宣傳詔命，奉命出使。⓲漢中　郡名。治所在今陝西漢中東。⓳記室　官名。掌草擬文書。⓴黃門侍郎　給事黃門侍郎的簡稱。負責宮門內的事務，侍從皇帝，職司顧問應對，皇帝出行則陪乘。㉑太子璿　即劉璿，字文衡，劉禪子，延熙元年被立為太子。詳見本書卷三十四〈後主太子傳〉。㉒中庶子　即太子中庶子，太子的侍從長官。㉓為參軍庲降句　任庲降都督的參軍，庲降都督的副手。庲降都督，蜀漢在南中設立的最高軍事行政長官，鎮守南中越巂、建寧、雲南、永昌、興古、牂牁、朱提七郡，治所在今雲南曲靖。㉔護軍　軍中監督官。㉕永昌郡　郡名。治所在今雲南保山市東北。㉖夷獠　對西南夷人的鄙稱。㉗不賓　不服從。㉘領永昌太守　兼任永昌太守。領，兼任。㉙監軍　官名。位在軍事下、護軍上。㉚翊軍將軍　官名。蜀漢政權創置，統兵打仗。㉛建寧　郡名。治所在今雲南曲靖。㉜安南將軍　武官名。鎮守方面的高級軍事將領。㉝巴東領軍　蜀漢巴東地區的軍事指揮官。㉞羅憲　字令則，襄陽（今湖北襄樊）人，侍蜀為太子舍人，蜀亡後降魏。西晉時任冠軍將軍。詳見《晉書・羅憲傳》。

【語　譯】霍峻，字仲邈，南郡枝江縣人。哥哥霍篤，在家鄉聚集了部眾數百人。霍篤去世後，荊州牧劉表命令霍峻統領霍篤的部眾。劉表去世，霍峻率領手下部眾歸附先主，先主任命他為中郎將。先主自葭萌向南回師襲擊劉璋，留下霍峻鎮守葭萌城。張魯派手下將領楊帛勸誘霍峻歸降，請求與他共守葭萌城。霍峻說：「鄙人的頭顱你可以得到，城池你不可能得到。」楊帛於是撤軍而去。後來劉璋的將領扶禁、向存率領部眾一萬餘人從閬水溯流而上，圍攻霍峻，將近一年時間，還無法攻下。霍峻城中的兵士僅僅數百人，他等到城外敵人懈怠時，挑選精銳將士出擊，大敗圍城敵軍，臨陣斬殺了向存。先主平定益州後，為嘉獎霍峻守城的功勞，便從廣漢郡分出部分地區設立梓潼郡，任命霍峻為梓潼郡太守、副將軍。霍峻在任三年，四十歲的時候去世，靈柩運回成都埋葬。先主非常傷心惋惜，便下詔給諸葛亮說：「霍峻是個優秀的人才，又有功於國家，我想灑酒祭奠他。」於是親自率領羣臣參加霍峻的葬禮弔唁祭祀，並在墓地留宿一夜，當時人認為這是霍峻的榮耀。

2　霍峻的兒子霍弋，字紹先，先主末年任職太子舍人。後主即帝位，任命霍弋為謁者。丞相諸葛亮北上駐軍漢中，請求朝廷任命霍弋為記室，讓他與自己的兒子諸葛喬交遊相處。諸葛亮去世，霍弋擔任黃門侍郎。後主策立太子劉璿，任命霍弋為太子中庶子。劉璿喜歡騎馬射箭，進出皇宮毫無節制，霍弋援引古訓，竭盡全力規勸太子，非常到位得體。霍弋後來擔任庲降都督的參軍，充任庲降都督的副手，又轉任護軍，掌管軍務仍像以前那樣盡職盡責。當時永昌郡的少數民族倚仗著地勢險要，不服從朝廷的統治，多次起兵侵擾地方造成危害。於是朝廷任命霍弋兼任永昌郡太守，單獨率一支非主力部隊討伐叛軍。殺死了叛軍首領，摧毀了叛軍的據點和村落，郡內恢復了平靜。霍弋升任監軍、翊軍將軍，兼任建寧郡太守，仍然負責南中各郡事務。景耀六年，晉升為安南將軍。這一年，蜀漢被曹魏吞併。霍弋與巴東領軍襄陽人羅憲各自保全一方，統率手下部眾歸附曹魏，二人都保留了原來的職務，受到充分的恩寵優待。

王連，字文儀，南陽❶人也。劉璋時入蜀，為梓潼令。先主起事葭萌，進軍來南，連閉城不降，先主義之❷，不強偪也。及成都既平，以連為什邡❸令，轉在廣都❹，所居有績。遷司鹽校尉❺，較鹽鐵之利❻，利入甚多，有裨國用❼，於是簡取良才以為官屬，若呂乂❽、杜祺❾、劉幹❿等，終皆至大官，自連所拔也。遷蜀郡⓫太守、興業將軍⓬，領鹽府如故。建興元年，拜屯騎校尉⓭，領丞相長史⓮，封平陽亭侯。時南方諸郡不賓，諸葛亮將自征之，連諫以為「此不毛之地，疫癘之鄉，不宜以一國之望⓯，冒險而行」。亮慮諸將才不及己，意欲必往，而連言輒懇至，故停留者久之。會連卒。子山嗣，官至江陽⓰太守。

【章旨】以上為〈王連傳〉，敘述了王連歸順蜀漢的經過和他在政治、經濟方面的功績，以及善於發現人才、任用人才的事跡。

【注釋】❶南陽　郡名。治所在今河南南陽。❷先主義之　劉備認為王連這樣符合義的要求。❸什邡　縣名。治所在今四川什邡。❹廣都　縣名。治所在今四川成都南。❺司鹽校尉　掌管鹽府的長官。❻較鹽鐵之利　壟斷鹽鐵的生產和經營。較，壟斷。❼有裨國用　有助於國家的財政收入。❽呂乂　字季陽，南陽（今河南南陽）人。任蜀漢漢中太守、蜀郡太守等職，頗有政績。詳見本書卷三十九〈呂乂傳〉。❾杜祺　蜀漢人，歷任郡太守、大將軍司馬等職，以才幹著稱。詳見本書卷三十九呂乂附傳。❿劉幹　蜀漢人，官至巴西郡守，以才幹著稱。詳見本書卷三十九呂乂附傳。⓫蜀郡　治所在今四川成都。⓬興業將軍　蜀漢創置武官，領兵征伐。⓭屯騎校尉　官名。京城五校尉之一，統領屯騎營的騎兵。⓮丞相長史　即丞相府長史，主管丞相府各分支機構的公務。⓯一國之望　全國寄予厚望的人，指諸葛亮。⓰江陽　郡名。治所在今四川瀘州。

【語譯】王連，字文儀，南陽郡人。在劉璋主政益州時來到蜀地，劉璋任命他為梓潼縣令。先主在葭萌起兵，向南進軍，王連緊閉城門不肯投降。先主認為王連合乎義的要求，沒有強行逼迫他。等到成都平定之後，任命王連為什邡縣令，轉任廣都縣令，所到之處都很有政績。升任司鹽校尉，掌管國家壟斷的鹽鐵生產經營，獲取利潤非常多，有助於國家的財政收入。這時他還挑選優秀人才作為自己的屬官，像呂乂、杜祺、劉幹等人，最終個個位居高官，他們都是王連提拔起來的。王連又升任蜀郡太守、興業將軍，仍像以前一樣兼任鹽鐵校尉。建興元年，官拜屯騎校尉，兼任丞相府長史，封為平陽亭侯。當時南中各郡不服從朝廷統治，諸葛亮準備親自統兵討伐，王連勸諫，認為「這個地方是不毛之地，瘟疫流行，像您這樣全國寄予厚望的人，不宜冒險出征」。諸葛亮考慮眾將的才幹都不如自己，決意要去。而王連總是誠懇勸諫，所以這件事拖了很長時間。適逢王連去世。王連的兒子王山繼承爵位，王山官至江陽郡太守。

1 向朗，字巨達，襄陽宜城❶人也。荊州牧劉表以為臨沮❷長。表卒，歸先主。先主定江南，使朗督秭歸❸、夷道❹、巫❺、夷陵❻四縣軍民事。蜀既平，以朗為巴西❼太守，頃之轉任牂牁❽，又徙房陵❾。後主踐阼，為步兵校尉❿，代王連領丞相長史。丞相亮南征，朗留統後事。五年⓫，隨亮漢中。朗素與馬謖⓬善，謖逃亡⓭，朗知情不舉，亮恨之，免官還成都。數年，為光祿勳⓮，亮卒後徙左將軍⓯，追論舊功，封顯明亭侯，位特進⓰。初，朗少時雖涉獵文學，然不治素檢⓱，以吏能見稱。自去長史，優游無事垂三十年，乃更潛心典籍，孜孜不倦。年踰八十，猶手自校書⑱，刊定⑲謬誤，積聚篇卷，於時最多。開門接賓，誘納⑳後進，但講論古義，不干時事，以是見稱。上自執政，下及童冠㉑，皆敬重焉。延熙十年卒。子條嗣，景耀中為御史中丞㉒。

2 朗兄子寵，先主時為牙門將㉓。秭歸之敗㉔，寵營特完㉕。建興元年封都亭侯，後為中部督㉖，典宿衛兵。諸葛亮當北行，表與後主曰：「將軍向寵，性行淑均㉗，曉暢㉘軍事，試用於昔，先帝稱之曰能，是以眾論舉寵為督。愚以為營中之事㉙，悉以咨之，必能使行陣㉚和睦，優劣得所也。」遷中領軍㉛。延熙三年，征漢嘉㉜蠻夷，遇害。寵弟充，歷射聲校尉㉝、尚書㉞。

【章旨】以上為〈向朗傳〉，記載了向朗的功績與錯誤，以及諸葛亮對他的處置。同時記載了向朗的姪子向寵的優秀素質和治軍才能，也記載了諸葛亮對他的信任與評價。

【注釋】❶宜城　縣名。治所在今湖北宜城南。❷臨沮　縣名。治所在今湖北遠安西北。❸秭歸　縣名。治所在今湖北秭歸。❹夷道　縣名。治所在今湖北宜都西北。❺巫　縣名。治所在今重慶市巫山縣北。下原衍「山」字。❻夷陵　縣名。治所在今湖北宜昌東南。❼巴西　郡名。治所在今四川閬中。❽牂牁　郡名。治所在今貴州福泉。❾房陵　郡名。治所在今湖北房縣。❿步兵校尉　官名。西漢武帝時始置，東漢時為北軍五校尉之一。戍衛京師，兼任征伐。⓫五年　建興五年（西元二二七年）。⓬馬謖　字幼常，襄陽宜城（今湖北宜城南）人，好論軍事，受諸葛亮器重。隨諸葛亮北伐曹魏，因違反諸葛亮節度，丟失街亭，因罪下獄而死。詳見本書卷三十九馬良附傳。⓭謖逃亡　指馬謖街亭失敗奔逃一事。⓮光祿勳　官名。漢代九卿之一，掌守衛宮門。⓯左將軍　官名。侍衛皇帝左右，參與朝政。⓰特進　初為優待大臣的名義，後成為官名，用以安置閒退的大臣。⑰不治素檢　不治學問。⑱手自校書　親手校勘書籍。⑲刊定　刪除確定。⑳誘納　指導和接納。㉑童冠　兒童和青年。冠，即冠禮。古代二十歲時即舉行冠禮，表示已成年。㉒御史中丞　官名。執掌監察執法，與司隸校尉、尚書令並稱「三獨坐」。為京師顯官，職權甚重。㉓牙門將　統兵武官，簡稱牙門。位在裨將下，郡守上。㉔秭歸之敗　指夷陵之戰劉備軍大敗之事。㉕寵營特完　唯獨向寵所部保存完好。㉖中部督　官名。掌管宮廷禁衛軍。㉗性行淑均　性情溫和品行公正。㉘曉暢　通曉。㉙營中之事　禁衛軍營中的事務。㉚行陣　軍隊，此指宮廷禁衛軍。㉛中領軍　官名。掌管駐守京城的軍隊。㉜漢嘉　郡名。治所在今四川雅安名山區北。㉝射聲校尉　東漢五校尉之一，隸屬中領軍。㉞尚書　官名。尚書諸曹長官，位在尚書令、僕射之下，丞、郎之上。

【語　譯】向朗，字巨達，襄陽郡宜城縣人。荊州牧劉表任命他為臨沮縣長。劉表去世，向朗歸附先主。先主平定江南，派遣向朗都督秭歸、夷道、巫縣、夷陵四縣的軍事並兼掌民政事務。平定益州後，先主任命向朗為巴西郡太守，隨後轉任牂牁郡太守，又轉任房陵郡太守。後主即帝位，向朗擔任步兵校尉，接替王連兼任丞相府長史。丞相諸葛亮南征南中，向朗留下來掌管丞相府的政務。建興五年，向朗隨諸葛亮進駐漢中。他一向與馬謖關係很好，馬謖敗逃後，向朗知情沒有舉報，諸葛亮由此怨恨向朗，免去向朗的官職，將他送回成都。幾年後，任光祿勳。諸葛亮去世後，他升任左將軍，朝廷追論舊日的功勞，封他為顯明亭侯，位居特進。當初，向朗年輕的時候，雖然對文學有所涉獵，卻不研治學問，而以在官從政的才能著稱。自從被免去丞相府長史的職務後，他閒散無事將近三十年，便轉而潛心鑽研書籍，孜孜不倦。年過八十歲，還親自校勘書籍，刊定謬誤，積累書稿，在當時是最多的。他敞開大門接納賓客，接收、指導後起的青年人，只講論古書的道理，不涉及當時的時事，因此受到人們的讚賞。上起執掌朝政的大臣，下至兒童青年，都敬重他。向朗延熙十年去世。他的兒子向條繼承爵位，向條在景耀年間任御史中丞。

2 向朗哥哥的兒子向寵，先主時任牙門將。先主在秭歸的那次失敗，只有向寵所統率的軍隊保全完好。建興元年，向寵受封為都亭侯，後來擔任中部督，掌管宮廷宿衛軍。諸葛亮北伐將要出兵之前，上表給後主說：「將軍向寵，性情溫和品行公正，通曉軍事，從前試用時，先帝稱讚他有能力。所以大家都推舉他出任中部督，我認為宿衛軍營中的事情，全部都要向他諮詢，那一定能使將士和睦，能力強者弱者都各得其所。」向寵升任中領軍。延熙三年，他在征伐漢嘉郡的少數民族時，遇害身亡。向寵的弟弟向充，歷任射聲校尉、尚書等職。

1 張裔，字君嗣，蜀郡成都人也。治公羊春秋❶，博涉史❷、漢❸。汝南許文休❹入蜀，謂裔幹理敏捷❺，是中夏鍾元常❻之倫也。劉璋時，舉孝廉，為魚復❼長，還州署從事，領帳下司馬❽。張飛❾自荊州由墊江❿入，璋授裔兵，拒張飛於德陽陌下⓫，軍敗，還成都。為璋奉使詣先主，先主許以禮其君而安其人也，裔還，城門乃開。先主以裔為巴郡太守，還為司金中郎將⓬，典作農戰之器。先是，益州郡⓭殺太守正昂，耆率⓮雍闓⓯恩信著於南土⓰，使命周旋，遠通孫權⓱。乃以裔為益州太守，徑往至郡。闓遂趦趄⓲不賓，假鬼教⓳曰：「張府君如瓠壺⓴，外雖澤㉑而內實麤，不足殺，令縛與㉒吳。」於是遂送裔於權。

2 會先主薨，諸葛亮遣鄧芝㉓使吳，亮令芝言次㉔可從權請裔。裔自至吳數年，流徙伏匿，權未之知也，故許芝之遣裔。裔臨發，權乃引見，問裔曰：「蜀卓氏寡女㉕，亡奔㉖司馬相如㉗，貴土風俗何以乃爾乎？」裔對曰：「愚以為卓氏之寡女，猶賢於買臣之妻㉘。」權又謂裔曰：「君還，必用事西朝㉙，終不作田父於閭里㉚

也，將何以報我？」裔對曰：「裔負罪而歸，將委命有司㉛。若蒙徼倖得全首領，五十八已前父母之年㉜也，自此已後大王之賜也。」權言笑歡悅，有器裔之色㉝。裔出閤㉞，深悔不能陽愚㉟，即便就船，倍道兼行㊱。權果追之，裔已入永安㊲界數十里，追者不能及。

3 既至蜀，丞相亮以為參軍㊳，署府事㊴，又領益州治中從事㊵。亮出駐漢中，裔以射聲校尉㊶領留府長史㊷，常稱曰：「公㊸賞不遺遠㊹，罰不阿近㊺，爵不可以無功取，刑不可以貴勢免，此賢愚之所以僉忘其身者也。」其明年，北詣亮諮事㊻，送者數百，車乘盈路，裔還書與所親曰：「近者涉道㊼，晝夜接賓，不得寧息，人自敬丞相長史，男子張君嗣附之，疲倦欲死。」其談啁流速㊽，皆此類也。少與犍為㊾楊恭友善，恭早死，遺孤未數歲，裔迎留，與分屋而居，事恭母如母。恭之子息長大，為之娶婦，買田宅產業，使立門戶。撫恤故舊，振贍衰宗，行義甚至。加輔漢將軍㊿，領長史如故。建興八年卒。子毣嗣，歷三郡守、監軍。毣弟郁，太子中庶子。

【章旨】以上為〈張裔傳〉，記載了張裔從劉璋到劉備，再到孫吳，最後又返回蜀漢的曲折坎坷的政治生涯，以及回歸蜀漢所建樹的功績和他對舊友的深厚情誼。

【注釋】❶公羊春秋　《春秋》有三家傳，《左氏傳》、《穀梁傳》、《公羊傳》。《公羊春秋》即《公羊傳》。❷史　即《史記》。❸漢　即《漢書》。❹許文休　即許靖，字文休，汝南平輿（今河南平輿北）人。許劭從兄，好品評人物。東漢末避亂於江東，孫策定江東，又避亂於交趾，後輾轉入蜀。劉備占領益州後，任之為左將軍長史、司徒等。詳見本書卷三十八〈許靖傳〉。❺幹理敏捷　才幹出眾，做事有條理，機敏迅速。❻鍾元常　即鍾繇，字元常，潁川長社（今河南長葛東）人，建安年間任大理、相國，後受魏諷謀反牽連被免官。曹魏時復為太尉、太傅，主張恢復肉刑。詳見本書卷十三〈鍾繇傳〉。❼魚復　縣名。治所在今重慶市奉節東。❽帳下司馬　官名。東漢末設置，掌州中軍旅事務。❾張飛　字益德，涿郡（今河北涿州）人。早年與關羽隨劉備起兵，有「萬人敵」之稱，後被部將殺死。詳見本書卷三十六〈張飛傳〉。❿墊江　縣名。治所在今四川合川。⓫德陽陌下　德陽，縣名。治所在今四川遂寧東南。陌下，地名。在當時德陽縣治內。⓬司金中郎將　官名。負責開採礦石，製造金屬工具和兵器。⓭益州郡　治所在今雲南晉寧東北。⓮耆率　老首領。⓯雍闓　益州郡人，郡中大姓，劉備死後舉兵造反，諸葛亮南征時，被高定部下所殺。事跡散見於本書卷三十一〈劉璋傳〉、卷三十三〈後主傳〉。⓰南土　南中。⓱孫權　字仲謀，吳郡富春（今浙江富陽）人，孫策弟。孫策死後即位，被封為討虜將軍，領會稽太守。黃武八年（西元二二九年）即帝位於武昌。死後謚大皇帝，廟號太祖。詳見本書卷四十七〈吳主傳〉。⓲趦趄　猶豫；不接近。⓳假鬼教　假託鬼神的指示。⓴瓠壺　葫蘆瓜做的壺。㉑澤　光滑潤澤。㉒與　原作「於」，今從宋本。㉓鄧芝　字伯苗，義陽新野（今河南新野）人。多次出使孫吳，促成兩家重歸於好。隨諸葛亮北伐，善撫士卒，不置私產，死時家無餘財。詳見本書卷四十五〈鄧芝傳〉。㉔言次　談話當中。㉕卓氏寡女　即卓文君，臨邛（今四川邛崍）人，著名冶鐵商人卓王孫之女。守寡在家，後嫁給司馬相如，因其父反對，乃與相如私奔。事見《史記・司馬相如列傳》、《漢書・司馬相如傳》。㉖亡奔　出走私奔。㉗司馬相如　字長卿，蜀郡成都人，西漢著名文學家。擅長辭賦，辭藻華麗，文采飛揚。詳見《史記・司馬相如列傳》、《漢書・司馬相如傳》。㉘買臣之妻　買臣即朱買臣，西漢吳縣（今江蘇蘇州）人。他的妻子因其家境貧寒而離家出走，另嫁他人。吳縣在當時是孫吳的重要城市，孫權曾在這裏居住過，所以張裔用這個故事來反唇相譏。㉙用事西朝　在蜀漢當權。㉚田父於閭里　民間的老農。㉛有司　官吏和官署的泛稱，古代設官分職，各有專司，故稱。㉜五十八已前句　五十八歲以前是父母給予的生命。當時張裔五十八歲。㉝器裔之色　表現出器重張裔的意思。㉞閤　大門。㉟陽愚　裝出愚蠢的樣子。㊱倍道兼行　用比平常快一倍的速度趕路。㊲永安　縣名。治所在今重慶市奉節東。㊳參軍　亦作「參軍事」。掌參謀軍事。㊴署府事　處理丞相府的事務。㊵領益州治中從事　兼任益州治中從事。治中從事　官名。州刺史的屬官，官位不高，權力極重，主管財穀帛書。

㊶射聲校尉　東漢五校尉之一，掌皇帝宿衛，隨皇帝出行。㊷留府長史　官名。三國時諸公、軍府皆置長史，為幕僚之長，府主出征，則權置留府長史。此留府長史掌管丞相留守府事。㊸公　指諸葛亮。㊹遺遠　遺漏忘記關係疏遠的人。㊺阿近　袒護身邊關係親近的人。㊻諮事　請示公事。㊼涉道　上路。㊽談啁流速　談話輕鬆流暢敏捷。㊾犍為　郡名。治所在今四川彭山縣。㊿輔漢將軍　武官名。王莽時所置，蜀漢復置。權力很大。

【語譯】張裔，字君嗣，蜀郡成都縣人。他鑽研《春秋公羊傳》，博覽《史記》、《漢書》。汝南人許文休來到益州，認為張裔才幹出眾，做事有條理，機敏迅速，是中原鍾繇之類的人物。劉璋任益州牧時，舉薦張裔為孝廉，任命他為魚復縣縣長，後返回州府任州從事史，兼任帳下司馬。張飛從荊州進軍經過墊江攻入益州，劉璋授予張裔兵眾，命他在德陽縣的陌下抵禦張飛。張裔軍敗，返回成都。張裔奉劉璋之命作為使者去見先主，先主答應優待劉璋並保護城裏百姓的安全，張裔回去覆命，劉璋才打開城門投降。先主任命張裔為巴郡太守，又返回成都擔任司金中郎將，掌管製造農具和兵器。在這以前，益州郡太守正昂被當地人殺死，當地的老首領雍闓在南中地區很有威信，他派出使者聯絡，遠結了孫權。於是先主任命張裔為益州郡太守，直接到郡上任。雍闓便觀望猶豫，不肯服從，並假稱鬼神的指示說：「張太守就像用葫蘆瓜做的壺，外表光澤內裏粗糙，不值得殺他，命人把他綁起來送予吳國。」於是便把張裔送交孫權。

2 適逢先主去世，諸葛亮派遣鄧芝出使孫吳，諸葛亮命鄧芝在與孫權談話時請求他把張裔放回來。張裔自被送到孫吳已有數年，他流浪遷徙隱藏躲避，孫權還不知道他，所以便答應鄧芝遣送張裔回去。張裔臨行時，孫權才召見他，問張裔說：「蜀郡卓氏寡居的女子卓文君，逃家與司馬相如私奔，貴鄉的風俗人情怎麼這樣差呀？」張裔回答說：「愚意以為卓氏寡居的女子，還要強於朱買臣的妻子！」孫權又對張裔說：「您回去後，一定會在蜀漢朝廷做官，最終不會在民間做個老農，您將如何回報我呢？」張裔回答說：「張裔是帶罪而歸，將把性命交給有關部門處置。假如能僥倖保全性命，我五十八歲以前的生命是父母給的，從此以後就是大王您所賜予的了。」孫權與張裔談話談得喜笑顏開，表現出器重張裔的意思。張裔出了大門後，深悔自己沒有裝愚弄傻，於是立即上船，用比平常快一倍的速度趕路。孫權果然反悔派人追趕，但這時張裔已經進入永安地界幾十里，追趕的人已經趕不上了。

3 張裔到達益州後，丞相諸葛亮任命他為丞相府參軍，讓他處理丞相府中的政務，又兼任益州治中從事。諸葛亮出兵駐紮漢中，張裔以射聲校尉的身分兼任留丞相府長史，他常稱讚諸葛亮說：「您獎賞時不遺漏與您關係疏遠的人，懲罰時不袒護身邊關係親近的人，分封爵位時沒有功勞的人不能獲取，施行刑罰時高貴有權勢的人不能免除，這就是無論賢愚都奮不顧身為國家效力的原因啊！」第二年，張裔北上見諸葛亮請示公事，為他送行的有幾百人，車輛塞滿了道路，張裔回信給親近的人說：「最近上路的時候，晝夜接待賓客，不得安穩休息，人們尊敬的自然是丞相府長史，叫張君嗣的男子依附在這個官位上，疲倦得要死了。」他的談話輕鬆流暢敏捷，都像這個樣子。張裔年輕時與犍為郡的楊恭關係很好，楊恭早死，留下的遺孤沒有幾歲，張裔把他們全家接過來留在家中，和他們分屋居住，侍奉楊恭的母親就像自己的母親一樣。楊恭的兒子長大以後，張裔給他娶妻，購置田宅產業，讓他們自立門戶。張裔撫恤舊友故交，賑濟贍養衰落的本族族人，做事極為仁義。張裔後來加輔漢將軍官號，仍然兼任丞相府長史。建興八年去世。他的兒子張翬繼承了爵位，歷任三郡太守、監軍等職。張翬的弟弟張郁，任職太子中庶子。

1 楊洪，字季休，犍為武陽❶人也。劉璋時歷部諸郡❷。先主定蜀，太守❸李嚴❹命為功曹❺。嚴欲徙郡治舍❻，洪固諫不聽，遂辭功曹，請退。嚴欲薦洪於州，為蜀部從事❼。先主爭漢中，急書發兵，軍師將軍❽諸葛亮以問洪，洪曰：「漢中則益州咽喉，存亡之機會❾，若無漢中則無蜀矣，此家門之禍也。方今之事，男子當戰，女子當運，發兵何疑？」時蜀郡太守法正❿從先主北行，亮於是表洪領蜀郡太守，眾事皆辦，遂使即真⓫。頃之，轉為益州治中從事。

2 先主既稱尊號，征吳不克，還住永安。漢嘉太守黃元素為諸葛亮所不善，聞先主疾病，懼有後患，舉郡反，燒臨邛城。時亮東行省疾，成都單虛，是以元益無所憚。洪即啟太子，遣其親兵，使將軍陳曶、鄭綽討元。眾議以為元若不能圍成都，當由越嶲據南中。洪曰：「元素性凶暴，無他恩信，何能辦此？不過乘水東下⓬，冀主上平安，面縛歸死⓭；如其有異⓮，奔吳求活耳。敕曶、綽但於南安峽口⓯遮即便得矣。」曶、綽承洪言，果生獲元。洪建興元年賜爵關內侯，復為蜀郡太守、忠節將軍⓰，後為越騎校尉⓱，領郡如故。

3 五年⓲，丞相亮北住漢中，欲用張裔為留府長史，問洪何如？洪對曰：「裔天姿明察⓳，長於治劇⓴，才誠堪之，然性不公平，恐不可專任，不如留向朗。朗情偽差少，裔隨從目下㉑，效其器能㉒，於事兩善。」初，裔少與洪親善。裔流放在吳，洪臨裔郡㉓，裔子郁給郡吏㉔，微過受罰，不特原假㉕。裔後還聞之，深以為恨，與洪情好有損。及洪見亮出，至裔許，具說所言。裔答洪曰：「公留我了矣㉖，明府不能止。」時人或疑洪意自欲作長史，或疑洪知裔自嫌㉗，不願裔處要職，典後事也。後裔與司鹽校尉岑述不和，至于忿恨。亮與裔書曰：「君昔在陌下㉘，營壞㉙，吾之用心，食不知味；後流迸㉚南海，相為悲歎，寢不安席；及其來還，委付大任，同獎王室，自以為與君古之石交㉛也。石交之道，舉讎以相益㉜，割骨肉以相明㉝，猶不相謝也㉞，況吾但委意㉟於元儉㊱，而君不能忍邪？」論者由是明洪無私。

4 洪少不好學問，而忠清款亮㊲，憂公如家，事繼母至孝。六年㊳卒官。始洪為李嚴功曹，嚴未去㊴犍為而洪已為蜀郡。洪迎門下書佐㊵何祗㊶，有才策功幹㊷，舉郡吏，數年為廣漢太守，時洪亦尚在蜀郡。是以西土㊸咸服諸葛亮能盡時人之器用也。

【章　旨】以上為〈楊洪傳〉，依次記載了楊洪在劉備爭奪漢中過程中對漢中形勢的正確分析；蜀漢夷陵兵敗後，楊洪在平定漢嘉太守黃元叛亂的重要作用；以反對張裔為留丞相府長史為例，表明楊洪公而無私。最後讚揚諸葛亮用人能人盡其才。

【注　釋】❶武陽　縣名。治所在今四川彭山縣。❷歷部諸郡　督察過各個郡。部即部郡從事，州刺史的屬官，每郡一人，掌督促文書、查處非法。❸太守　即犍為郡太守。❹李嚴　字正方，南陽（今河南南陽）人。劉璋時任成都令，後歸降劉備，任犍為太守、興業將軍。後因督運軍糧不繼，又諉過於人，被廢為庶人。詳見本書卷四十〈李嚴傳〉。❺功曹　官名。郡功曹史的省稱，掌管一郡人事，參與一郡政務。❻郡治舍　郡政府的府衙。❼蜀部從事　蜀郡的部郡從事，負責督察蜀郡。❽軍師將軍　官名。蜀漢政權最高軍事長官。❾機會　機要匯集之處，即關鍵所在。❿法正　字孝直，扶風郿縣（今陝西眉縣東）人。東漢建安初入蜀，不被劉璋所重，後依附劉備，在幫助劉備入蜀、取漢中等方面貢獻極大。詳見本書卷三十七〈法正傳〉。

⓫即真　正式擔任。⓬乘水東下　順長江東下。水指長江。⓭面縛歸死　自己綁上自己投降。⓮如其有異　如果發生意外。⓯南安峽口　南安，縣名。治所在今四川樂山市。峽口，在今樂山市東南岷江的河道上。⓰忠節將軍　蜀漢創置武官。⓱越騎校尉　東漢五校尉之一，地位顯要，三國時沿置。⓲五年　建興五年（西元二二七年）。⓳天姿明察　準確觀察判斷事務的天分。天姿，同「天資」。⓴長於治劇　善於處理繁重的政務。㉑朗情偽差少二句　向朗性情上的毛病較少，讓張裔跟在您身邊。差少，較少。目下，即眼下、身邊。㉒效其器能　發揮他的能力。㉓臨裔郡　在張裔的家鄉蜀郡當官。㉔給郡吏　充當郡政府的辦事人員。㉕不特原假　不例外的寬恕。㉖公留我了矣　要留我做丞相府長史的事已經決定了。㉗自嫌　怨恨自己。㉘陌下　地名。在今四川遂寧東南。原誤作「柏下」。㉙營壞　陣營被我軍攻破。㉚流迸　流亡。㉛石交　即金石之交。古人常用此形容交情的牢固。《漢書・韓信傳》載，項羽派武涉勸韓信說：「足下何不反漢與楚，楚王與足下有舊故。且漢王不可必，身居項王掌握中數矣，然得脫背約，復擊項王，其不可親信如此。今足下雖自以為與漢王為金石交，然終為漢王所禽矣！」㉜舉讎以相益　舉用對方的仇人以獲得幫助。㉝割骨肉以相明　不用對方的至親以表明自己的無私。㉞猶不相謝也　也都用不著向對方道歉。指自己的心意能被對方充分理解。㉟意　原誤作「噫」，今據宋本校正。㊱元儉　岑述的字。㊲忠清款亮　忠誠清廉誠實坦蕩。㊳六年　建興六年（西元二二八年）。㊴去　原誤作「至」，《通鑑》卷六十八作「去」，據改。㊵門下書佐　郡太守屬官，負責抄寫文書。㊶何祗　字君肅，少寒貧，為人寬厚通濟。任蜀漢督軍從事、成都令、汶山太守、廣漢太守等職，甚有才幹。詳見裴松之注引《益部耆舊傳・雜記》。㊷功幹　才幹。㊸西土　指蜀漢政權所在的益州。

【語　譯】楊洪，字季休，犍為郡武陽縣人。劉璋主政益州時，楊洪擔任部郡從事督察各郡。先主平定益州，犍為郡太守李嚴任命楊洪為郡功曹。李嚴準備遷徙郡府房舍，楊洪全力勸諫，李嚴不聽，於是辭去功曹職務，請求離開。李嚴又想把楊洪推薦給先主，擔任蜀部從事。先主與曹操爭奪漢中，發來緊急文書要求諸葛亮增援。軍師將軍諸葛亮就此徵求楊洪的意見，楊洪說：「漢中是益州的咽喉，是關係到益州存亡的關鍵所在，如果沒有漢中也就沒有益州了，這是發生在家門口的災禍。當今要做的事，就是男子要打仗，女子要運輸，發兵有什麼可遲疑的？」當時郡太守法正跟隨先主北上漢中，諸葛亮於是上表請求楊洪兼任蜀郡太守，當各種事情都備辦完畢後，便正式任命楊洪為蜀郡太守。不久，轉任益州治中從事。

2　先主稱帝以後，東征孫吳未能取勝，回軍駐紮在永安。諸葛亮素來不親善漢嘉太守黃元，他聽說先主在永安病重，害怕以後遇到麻煩，便在漢嘉郡起兵造反，放火焚燒臨邛城。當時諸葛亮東行到永安探視先主的病情，成都空虛，兵力寡弱，所以黃元更加無所忌憚。楊洪立即稟報太子，請求派遣他的親兵，命將軍陳曶、鄭綽統領討伐黃元。眾人議論，都以為黃元如果不能包圍成都，將會經由越嶲去占據南中。楊洪說：「黃元素來性情兇暴，沒有什麼恩德威信，怎麼能做到這一點？他不過是順江東下，希望陛下平安，然後他綁住自己投降認罪；倘若陛下發生意外，他就投奔孫吳以求活命而已。命令陳曶、鄭綽只要在南安峽口安排將士阻攔，就可以捉住黃元。」陳曶、鄭綽秉承楊洪的指示去做，果然生擒黃元。楊洪建興元年被賜予關內侯的爵位，又任蜀郡太守、忠節將軍，後出任越騎校尉，仍舊兼任蜀郡太守。

3 建興五年，丞相諸葛亮北伐進駐漢中，準備任用張裔為留守丞相府長史，問楊洪意見如何？楊洪回答說：「張裔天生具有準確觀察事物的能力，擅長處理繁重的政務，他的才能確實可以擔當此職，但是生性不公正平和，恐怕不能獨自擔此重任。不如留下向朗。向朗性格上的缺陷較少，讓張裔跟隨在您身邊，發揮他的才幹，這是兩全其美的做法。」當初，張裔年輕時就和楊洪親近友善。張裔被人流放到吳國時，楊洪到張裔的家鄉蜀郡任太守，張裔的兒子張郁在郡府中充當郡吏。因為小過錯受到懲罰，楊洪沒有特別給予寬恕優待。張裔回來後聽說了這件事，對楊洪非常怨恨，二人的友好關係受到損傷。等到楊洪見完諸葛亮出來，便來到張裔的住處，把自己對諸葛亮說的話全都告訴了張裔。張裔聽了回答楊洪說：「丞相留下我這件事已經定了，您無法阻止。」當時有人懷疑楊洪自己要做丞相府長史，有人懷疑楊洪知道張裔怨恨自己，不願意張裔身居要職，掌管後方的政務。後來張裔與司鹽校尉岑述不和，甚至到了互相仇視的地步。諸葛亮寫信給張裔說：「您當初在陌下和我軍交戰時，我聽說您的營壘被攻破，擔心您的安危，吃飯都沒有味道；後來您被流放到南方，我內心悲嘆，連覺都睡不安穩；等到您返回國內，賦予您重任，共同扶助王室，我自認為與您具有像古人那樣的金石之交。金石之交的標準，就是舉用對方的仇人來得到幫助，不用對方的骨肉至親表明自己的無私，而且都用不著向對方道歉解釋，何況現在我只是重視岑元儉，而您就不能忍受嗎？」議論的人由此才知道楊洪對諸葛亮說的話不是出於私心。

4 楊洪年輕時就不喜歡鑽研學問，然而他忠誠清廉誠實坦蕩，擔憂公事就像擔憂自己的家事一樣，侍奉繼母至為孝順。建興六年在任上去世。當初楊洪在李嚴手下任犍為郡功曹，李嚴還沒有離開犍為郡而楊洪已經做到了蜀郡太守。楊洪舉用的門下書佐何祇，有謀略才幹，被舉拔為郡吏，數年間官至廣漢太守，當時楊洪也還在任蜀郡太守。所以蜀漢的人都佩服諸葛亮用人能夠做到人盡其才。

1 費詩，字公舉，犍為南安❶人也。劉璋時為緜竹令，先主攻緜竹時，詩先舉城降。成都既定，先主領益州牧，以詩為督軍從事❷，出為牂牁太守，還為州前部司馬❸。先主為漢中王，遣詩拜關羽❹為前將軍❺，羽聞黃忠❻為後將軍❼，羽怒曰：「大丈夫終不與老兵❽同列！」不肯受拜。詩謂羽曰：「夫立王業者，所用非一。昔蕭、曹❾與高祖❿少小親舊，而陳、韓⓫亡命後至，論其班列，韓最居上，未聞蕭、曹以此為怨。今漢王⓬以一時之功，隆崇於漢升⓭，然意⓮之輕重，寧當與君侯齊乎？且王與君侯，譬猶一體，同休等戚，禍福共之，愚為君侯⓯，不宜計官號之高下，爵祿之多少為意也。僕一介之使，銜命之人，君侯不受拜，如是便還，但相為惜此舉動⓰，恐有後悔耳！」羽大感悟，遽即受拜。

2 後羣臣議欲推漢中王稱尊號，詩上疏曰：「殿下以曹操⓱父子偪主篡位⓲，故乃羈旅萬里⓳，糾合士眾，將以討賊。今大敵未克，而先自立，恐人心疑惑。

昔高祖與楚約，先破秦者王[20]。及居咸陽[21]，獲子嬰[22]，猶懷推讓，況今殿下未出門庭，便欲自立邪！愚臣誠不為殿[23]下取也。」由是忤指[24]，左遷部永昌[25]從事。建興三年，隨諸葛亮南行，歸至漢陽縣[26]，降人李鴻來詣亮，亮見鴻，時蔣琬[27]與詩在坐。鴻曰：「間過孟達許[28]，適見王沖從南來，言往者達之去就[29]，明公切齒，欲誅達妻子，賴先主不聽耳。達曰：『諸葛亮見顧有本末[30]，終不爾[31]也。』盡不信沖言，委仰明公，無復已已。」亮謂琬、詩曰：「還都當有書與子度[32]相聞。」詩進曰：「孟達小子，昔事振威[33]不忠，後又背叛先主，反覆之人，何足與書邪！」亮默然不答。亮欲誘達以為外援，竟與達書曰：「往年南征，歲末乃還[34]，適與李鴻會於漢陽，承知消息，慨然永歎[35]，以存[36]足下平素之志，豈徒[37]空託名榮，貴[38]為乖離乎！嗚呼孟子[39]，斯實劉封[40]侵陵足下，以傷先主待士之義。又鴻道王沖造作虛語，云足下量度吾心，不受沖說。尋[41]表明之言，追平生之好，依依東望，故遣有書。」達得亮書，數相交通[42]，辭欲叛魏。魏遣司馬宣王[43]征之，即斬滅達。亮亦以達無款誠之心，故不救助也。蔣琬秉政，以詩為諫議大夫[44]，卒於家。

3 王沖者，廣漢人也。為牙門將，統屬江州督[45]李嚴。為嚴所疾，懼罪降魏。

魏以沖為樂陵㊻太守。

【章旨】以上為〈費詩傳〉，敘述了費詩勸說關羽顧全大局，不要計較個人榮祿地位。又記述了費詩諫阻劉備稱帝，反對諸葛亮致書孟達，表現了「率意而言」的個性。最後簡述了王沖的事跡。

【注釋】❶南安　縣名。治所在今四川樂山市。❷督軍從事　官名。掌管司法刑獄。❸前部司馬　官名。蜀漢政權創置，協助處理軍務。❹關羽　字雲長，河東解縣（今山西臨猗西南）人。在涿州與張飛一起隨劉備起兵，屢立戰功，任襄陽太守、盪寇將軍。劉備率軍入蜀後留鎮荊州，後被孫吳殺死。詳見本書卷三十六〈關羽傳〉。❺前將軍　漢朝重號將軍之一。蜀漢沿置。❻黃忠　字漢升，南陽（今河南南陽）人。先為劉表中郎將，後歸降劉備，為蜀漢著名將領。詳見本書卷三十六〈黃忠傳〉。❼後將軍　官名。漢朝重號將軍之一，蜀漢沿置。❽老兵　當時對人表示輕蔑的稱呼。❾蕭曹　蕭即蕭何，泗水沛（今江蘇沛縣）人。秦末隨劉邦起兵，楚漢戰爭時任丞相，留守關中，為前線籌集軍資。西漢建立後封為酇侯，任相國。詳見《史記・蕭相國世家》。曹即曹參，泗水沛（今江蘇沛縣）人，秦末隨劉邦起兵。西漢建立後任齊相國，後繼蕭何任丞相。好黃老之術，清淨無為，與民休息。詳見《史記・曹相國世家》。❿高祖　漢高祖劉邦，字季，泗水沛縣（今江蘇沛縣）人。曾任亭長，秦末起兵響應陳勝，稱沛公。率先入關，攻占咸陽，接受秦王子嬰投降，實行約法三章。後經過四年楚漢戰爭打敗項羽，建立漢朝。詳見《史記・高祖本紀》、《漢書・高帝紀》。⓫陳韓　陳即陳平，陽武（今河南原陽東南）人，少時家貧，秦末先從項羽，後投劉邦，為劉邦重要謀士。惠帝、文帝時任丞相。詳見《史記・陳丞相世家》。韓即韓信，劉邦手下著名軍事將領，任大將軍，戰功卓著。在楚漢戰爭中善於以少勝多，指揮垓下之戰，消滅項羽軍。先後被封為齊王、淮陰侯。後被呂后所殺。詳見《史記・淮陰侯列傳》。⓬漢王　當作「漢中王」，《通鑑》卷六十八引費詩語作「漢中王」。⓭漢升　原誤作「漢室」，今據宋本校正。《通鑑》卷六十八作「漢升」。⓮意　內心深處的情意。⓯愚為君侯　我為您打算。⓰為惜此舉動　為您這種行為感到惋惜。⓱曹操　字孟德，小名阿瞞，沛國譙（今安徽亳州）人。東漢末起兵討黃巾，後參加袁紹討董聯盟。占據兗州後，收編黃巾軍三十餘萬，組成青州軍，先後擊敗袁術、陶謙、呂布、袁紹，統一了北方。任丞相，相繼封為魏公、魏王。曹丕建魏後，追封為魏武帝。詳見本書卷一〈武帝紀〉。⓲偪主篡位　指曹操的兒子曹丕逼迫漢獻帝禪讓稱帝。⓳羈旅萬里　漂泊萬里。⓴高祖與楚約二句　秦朝末年，楚王派劉邦、項羽分兩路進攻秦朝，並約定誰先打進秦朝國都咸陽誰就封王。㉑屠

咸陽　屠，破城以後的屠殺。咸陽，秦國都，在今陝西咸陽東北。㉒子嬰　秦二世的姪子，趙高殺死秦二世後所立。㉓殿　原作「陛」，今從宋本。㉔忤指　違逆旨意。㉕永昌　郡名。治所在今雲南保山市東北。㉖漢陽縣　治所在今貴州赫章西南。㉗蔣琬　字公琰，零陵湘鄉（今屬湖南）人。初以書佐隨劉備入蜀，後任諸葛亮參軍、長史。是蜀漢後期傑出的人才。詳見本書卷四十四〈蔣琬傳〉。㉘孟達許　孟達處。孟達，字子度，扶風（今陝西興平東南）人。先依劉璋，後投劉備，任宜都太守。荊州丟失後投降曹魏，任西城太守，又因在曹魏與蜀漢之間游移不定而被司馬懿所殺。事跡散見於本書卷四十〈劉封傳〉、卷四十一〈費詩傳〉、《晉書・宣帝紀》等。㉙去就　指孟達背叛蜀漢投降曹魏。㉚有本末　有始有終。㉛終不爾　說到底他不會這樣做。㉜子度　孟達的字。㉝振威　指劉璋，他曾做過振威將軍。㉞歲末乃還　原誤作「歲未及還」，今據《三國志辨誤》校正。㉟慨然永歎　慨然長歎。㊱存　考察。㊲豈徒　哪裏是；難道只是。㊳貴　想要。㊴孟子　稱呼孟達，表示尊重。㊵劉封　劉備養子，本羅侯寇氏子，長沙劉氏之甥。因不肯支援關羽而受劉備嫉恨，後命其自殺。詳見本書卷四十〈劉封傳〉。㊶尋　探究；思索。㊷交通　交往溝通。㊸司馬宣王　即司馬懿，字仲達，河內溫縣（今河南溫縣西）人。多謀略，善權變。率軍與諸葛亮對峙關中，領兵征討遼東公孫淵，歷任軍政要職。後發動高平陵之變，掌握曹魏大權。詳見《晉書・宣帝紀》。㊹諫議大夫　官名。掌議論、顧問、參謀。㊺江州督　江州督都。江州，郡名。治所在今重慶市。㊻樂陵　郡名。治所在今河北樂陵東南。

【語　譯】費詩，字公舉，犍為郡南安縣人。劉璋主政益州時擔任緜竹縣令，先主進攻緜竹時，費詩率先獻城投降。成都平定後，先主兼任益州牧，任命費詩為督軍從事，出任牂牁郡太守，返回成都任州前部司馬。先主稱漢中王，派遣費詩前去任命關羽為前將軍。關羽聽說黃忠被任命為後將軍，發怒說：「大丈夫終究不能與老兵為伍！」不肯接受任命。費詩告訴關羽說：「建立王霸之業的人，所用的人才非止一種。從前蕭何、曹參與漢高祖是從小就關係親近的故交，而陳平、韓信則是從別處逃亡後來才到高祖身邊的，但論他們的官位高下，韓信卻最高，沒有聽說蕭何、曹參對此有怨言。現在漢中王雖因一時的功勞，給予黃漢升崇高的地位，但就他內心情意的輕重來說，黃漢升難道能與您相提並論嗎？況且漢中王與您的關係，就像一個人的整個身體，休戚與共，禍福同當，依我的愚意為您打算，不應該計較官號的高下，也不當在意爵祿的多少。鄙人只是一個使者受王命而來，您如果不接受任命，鄙人就這樣回去覆命，然而心中為您這樣的舉動感到惋惜，恐怕您會有後悔的時候啊！」關羽恍然大悟，立即接受了任命。

2 後來羣臣商議準備推舉漢中王稱帝，費詩上疏說：「殿下因為曹操父子逼迫漢帝篡奪皇位，所以才漂泊萬里，招聚士眾，準備討伐篡位奸賊。現在大敵尚未消滅，卻先自立為皇帝，恐怕人們會心生疑惑。過去高祖與楚王約定，先攻破秦朝國都的人稱王。等到漢高祖攻破秦都咸陽，俘獲子嬰，還心懷推讓王位之心，何況現在您尚未跨出益州的大門，就想自立為帝嗎！愚臣實在不認為殿下可以採取這樣的做法。」因此違逆了先主的想法，被貶為部永昌從事。建興三年，費詩隨諸葛亮南征，回軍行至漢陽縣，從曹魏投降的李鴻來拜見諸葛亮，諸葛亮接見李鴻時，蔣琬、費詩也在座。李鴻說：「前些時間我路過孟達那裏，正好遇見王沖從南邊來，說過去孟達背叛蜀漢投降曹魏時，您恨得咬牙切齒，要誅殺孟達的妻子兒女，幸賴先主不允許才作罷。孟達聽後說：『諸葛亮對我的照顧是有始有終的，最終他不會這樣做。』對王沖的話完全不相信，仰慕委身於您，不再說什麼了。」諸葛亮對蔣琬、費詩說：「我回到成都後應當寫信給子度讓他知道。」費詩進言說：「孟達這小子，從前事奉振威將軍就不忠誠，後來又背叛先主，是個反覆無常的人，怎麼值得給他寫信呢！」諸葛亮聽後默然不答。諸葛亮想招誘孟達使他成為外援，最後還是給孟達寫信說：「我去年南征，到年底才回來，恰好與李鴻在漢陽縣相遇，得知了您的消息，慨然長嘆。以此考察您平素的志向，哪裏是只為追求空虛的名聲榮華，就想和我們分手呢！孟先生呀，這實在是因為劉封侵擾欺淩您，因此傷害了先帝優待士人的原則造成的。此外李鴻說出了王沖編造謊話的事情，說您能夠體諒我的本心，沒有相信王沖的謊言。我思索您表明心跡的言辭，追憶過去友好的情誼，情思依依向東遙望，所以給您寫了這封信。」孟達得到諸葛亮的書信後，多次派人與諸葛亮來往聯絡，說自己想要叛離曹魏。曹魏派遣司馬宣王統軍征討他，立刻斬殺誅滅了孟達。諸葛亮也因為孟達沒有歸降誠意，所以沒有派出軍隊援助他。蔣琬執掌朝政，任命費詩為諫議大夫，在家中去世。

3 王沖是廣漢郡人，任職牙門將，隸屬於江州督李嚴。王沖被李嚴所痛恨，懼怕獲罪投降了曹魏。曹魏任命王沖為樂陵郡太守。

評曰：霍峻孤城不傾，王連固節不移，向朗好學不倦，張裔膚敏應機❶，楊洪乃心忠公，費詩率意而言❷，皆有可紀焉。以先主之廣濟❸，諸葛之準繩❹，詩吐直言，猶用陵遲❺，況庸后乎哉！

【章　旨】以上是陳壽對各個傳主的評價，並表示了對費詩因直言而遭貶職的同情。

【注　釋】❶膚敏應機　反應敏捷隨機應變。❷率意而言　坦率的發表意見。❸廣濟　氣度宏大。❹準繩　正直有原則。❺陵遲　原意為逐漸低緩。此指費詩被貶職。

【語　譯】評論說：霍峻被困守孤城不敗，王連固守節操矢志不移，向朗好學不知疲倦，張裔反應敏捷隨機應變，楊洪一心忠誠為公，費詩能夠坦率進言，他們都有可以記述的。像先主那樣的氣度宏大，諸葛亮那樣的守正有原則，費詩直言不諱還要被貶職，更何況平庸的君主呢！

【研　析】本傳的六個人，雖然是蜀漢政權的功臣，但他們當中也有的因犯了錯誤而受到諸葛亮的批評、勸誡，甚至處置。對張裔的勸誡，對向朗的處置都好理解，唯獨對費詩的處置似乎過於嚴厲，以至於《三國志》的作者陳壽也對費詩的被貶職表示了同情。諸葛亮該不該這樣處置費詩，這樣處置是否過於嚴厲，我們對這個問題做些辨析。

勸劉備稱帝，是諸葛亮等人的主張，也是當時政治情勢不得不然的舉動。當時曹丕已經代漢稱帝，面對已經變化了的政治形勢，劉備集團應該怎麼辦？對此毫無反應，顯然是不明智的。毫無反應，意味著對曹氏帝位的默認、對曹氏代漢的容忍，也意味著放棄了「興復漢室」的旗幟。然而要做什麼反應，才能表明自己的態度呢？興兵討伐最實際有效，但劉備集團遠不具備推翻曹魏的實力。對曹魏政權檄文聲討，指出他是「僭偽」政權，但漢朝廷已不存在，「正統」政權已蕩然無存，由誰來指出、來證明曹魏政權的「僭偽」呢？最有效的辦法就是與曹氏針鋒相對：你若稱天子，我就當皇帝。

然而費詩不贊成劉備稱帝。他給劉備上疏說：「殿下以曹操父子偪主篡位，故乃羈旅萬里，糾合士眾，將以討賊。今大敵未克，而先自立，恐人心疑惑。昔高祖與楚約，先破秦者王。及屠咸陽，獲子嬰，猶懷推讓，況今殿下未出門庭，便欲自立邪！愚臣誠不為殿下取也。」按照他的邏輯，曹氏逼主篡位，是漢之賊臣。劉備應先討國賊，不應自立為帝，否則，便違背了討賊的初衷。費詩思考問題的方式實在是失之於僵化。漢帝在位時，儘管他已經是徒有虛名，但畢竟形式上還存在。此時稱帝，顯然是政治上的愚蠢之舉。但是，曹丕已經把漢帝「請」下帝位，漢廷名實俱亡，在這種已經變化了的政治形勢下，仍恪守只討賊、不稱帝的原則，把討賊與稱帝對立起來，就不免表現為一種不合時宜的迂腐。晉代史學家習鑿齒早就指出了這點，他說：「夫創本之君，須大定而後正己；纂統之主，俟速建以繫眾心。是故惠公朝虜而子圉夕立，更始尚存而光武舉號，夫豈忘主邀利？社稷之故也。今先主糾合義兵，將以討賊。賊強禍大，主沒國喪，二祖之廟，絕而不祀，苟非親賢，孰能紹此？嗣祖配天，非咸陽之譬，杖正討逆，何推讓之有？於此時也，不知速尊有德以奉大統，使民欣反正，世睹舊物，杖順進齊心，附逆者同懼，可謂暗惑矣。其黜降也宜哉！」南朝劉宋人非常讚賞習鑿齒對費詩的評論，認為在他所有的評論中，「惟此論最善」。

費詩此類言論，對劉備這樣信義觀念根深蒂固的人影響是很大的。劉備就怕別人說他稱帝是不義之舉，所以，當群臣勸他即帝位時，他說什麼也不肯答應。諸葛亮認為，像費詩這種不識時宜的僵化思想，不僅迂腐，而且對局勢發展有害。如果不嚴肅處理，便會使反對曹賊、興復漢室的大業受到損害。所以，諸葛亮堅決的給費詩以降職處分，把他由州前部司馬降為部永昌從事。也許有人會說，何以見得貶費詩之職是出自諸葛亮的決定而不是劉備呢？陳壽在評論這件事時說：「以先主之廣濟，諸葛之準繩，詩吐直言，猶用陵遲，況庸后乎哉！」從這段話中，貶費詩似乎是劉備、諸葛亮兩人的主張，但此時劉備對稱帝的態度是猶豫的、曖昧的，而諸葛亮的態度則是堅定的、明朗的。很明顯，費詩的「忤指」，主要是忤了諸葛亮之旨。由此可見，對費詩的處置，並不是諸葛亮賞罰失當過於嚴厲之舉。

（梁滿倉注譯）

卷四十二 蜀書十二

杜周杜許孟來尹李譙郤傳第十二

【題解】本列傳共收入了杜微、周羣、杜瓊、許慈、孟光、來敏、尹默、李譔、譙周、郤正十個人，是《三國志・蜀書》列傳中傳主較多的一篇。十個人的事跡有多有少，對他們的記載有詳有略。十個人的事跡也不盡相同，有的隱居不仕，有的善於觀天占卜，有的專精儒家一經，有的掌管國家的文化教育。但他們有一個共同點，即都是當世的儒生。可以說這是一部蜀漢政權的儒林傳。按照中國傳統的史書體例，對一個國家政權的記載，大多有儒林傳。這也體現了作者的歷史觀，他實際上是把蜀漢政權作為一個正式的國家政權看待的。

1 杜微，字國輔，梓潼涪❶人也。少受學於廣漢任安❷。劉璋辟為從事❸，以疾去官。及先主❹定蜀，微常稱聾，閉門不出。建興二年，丞相亮❺領益州牧，選迎皆妙簡舊德❻，以秦宓❼為別駕，五梁為功曹❽，微為主簿。微固辭，轝而致之❾。既至❿，亮引見微，微自陳謝⓫。亮以微不聞人語，於坐上與書曰：「服聞德行，飢渴歷時[12]，清濁異流，無緣咨覯[13]。王元泰、李伯仁、王文儀、楊季休、丁君幹、李永南兄弟、文仲寶[14]等，每歎高志，未見如舊[15]。猥以空虛，統領貴州[16]，德薄任重，慘慘[17]憂慮。朝廷今年始十八[18]，天姿仁敏，愛德下士。天下之人思慕漢室，欲與君因天順民，輔此明主，以隆季興[19]之功，著勳於竹帛也。以謂賢愚不相為謀，故自割絕[20]，守勞[21]而已，不自屈[22]也。」微自乞老病求歸，亮又與書答曰：「曹丕[23]篡弒，自立為帝，是猶土龍芻狗[24]之有名也。欲與羣賢因其邪偽，以正道滅之。怪君未有相誨，便欲求還於山野。丕又大興勞役[25]，以向吳、楚[26]。今因丕多務，且以閉境勤農，育養民物，並治甲兵，以待其挫，然後伐之，可使兵不戰民不勞而天下定也。君但[27]當以德輔時耳，不責君軍事，何為汲汲[28]欲求去乎！」其敬微如此。拜為諫議大夫[29]，以從其志。

2 五梁者，字德山，犍為南安[30]人也，以儒學節操稱。從議郎[31]遷諫議大夫、五官中郎將[32]。

【章　旨】以上為〈杜微傳〉，記載了杜微隱居不仕的政治態度以及諸葛亮對他的敬重。杜微經歷了益州的戰亂，對仕途已心灰意冷，而諸葛亮以自己的誠意，重新喚起杜微從政的熱情，從一個側面反映了諸葛亮團結一切力量合力治蜀的政治家風範。傳末簡略附載了五梁的事跡。

【注釋】❶梓潼涪　梓潼，郡名。治所在今四川梓潼。涪，縣名。治所在今四川綿陽。❷任安　東漢廣漢綿竹（今四川德陽北）人，字定祖，益州著名的學者，精通《周易》，兼通數經以及圖讖之術。少遊太學，後回家教學，生徒眾多。朝廷多次徵召他為官，都被拒絕。詳見《後漢書．任安列傳》。❸劉璋辟為從事　劉璋徵為從事。劉璋，字季玉，江夏竟陵（今湖北潛江市西北）人，劉焉之子。繼劉焉後任益州刺史，懦弱少斷，因懼怕曹操藉征張魯之機進入益州，故請劉備入蜀。劉備占領益州，遷之於南郡公安（今湖北公安西北）。孫吳取荊州，以為益州牧。詳見本書卷三十一〈劉璋傳〉。從事，州郡屬官。❹先主　即劉備，字玄德，涿郡涿縣（今河北涿州）人，自稱中山靖王之後。東漢末年起兵，參加征伐黃巾，先後投靠公孫瓚、陶謙、曹操、袁紹、劉表。後得諸葛亮輔助，占領荊州益州，建立蜀漢。詳見本書卷三十二〈先主傳〉。❺丞相亮　即諸葛亮，字孔明，琅邪陽都（今山東沂南南）人。先隱居荊州隆中，後輔佐劉備，提出並實踐聯合孫吳、跨有荊益、北拒曹操的方針。劉備去世後，受遺詔輔佐劉禪，先後平定南中，六次北伐曹魏。後逝世於北伐前線。詳見本書卷三十五〈諸葛亮傳〉。❻妙簡舊德　精挑細選出來的耆舊宿德。❼秦宓　字子勑，廣漢綿竹（今四川綿竹東南）人，少有才學而不應州郡辟命。劉備時任從事祭酒、別駕、左中郎將等職。詳見本書卷三十八〈秦宓傳〉。❽功曹　功曹史的省稱，郡守的屬吏，執掌人事，負責考察和記錄功勞，參與一郡政務。❾轝而致之　用車子把他接過來。❿至　宋本作「致」。⓫陳謝　表達謝罪；請求諒解。⓬飢渴歷時　很長一段時間如飢似渴的想見到您。歷時，經歷了很長一段時間。⓭清濁異流二句　指沒有機會見面請教。清指杜微，濁即諸葛亮謙指自己。⓮王元泰句　王元泰，即王謀，字元泰，漢嘉（今四川雅安名山區北）人，有容止操行，劉璋時為巴郡太守、州治中從事。劉備時以為別駕。詳見本書卷四十五〈楊戲傳〉。王文儀，即王連，字文儀，南陽（今河南南陽）人。劉璋時任梓潼令，劉備入蜀後投降，歷任司鹽校尉、屯騎校尉，領丞相長史。詳見本書卷四十一〈王連傳〉。楊季休，即楊洪，字季休，犍為武陽（今四川彭山縣東）人。任蜀漢犍為郡功曹、蜀郡從事。後受諸葛亮推薦，任領蜀郡太守，後任益州治中從事。詳見本書卷四十一〈楊洪傳〉。李永南兄弟，即哥哥李朝，字偉南，弟弟李邵，字永南。詳見本書卷四十五〈楊戲傳〉。⓯未見如舊　雖然沒有見過面，但卻像老朋友。⓰猥以空虛二句　謙稱自己才德空乏而統領益州。猥以空虛，諸葛亮自謙之詞。⓱慘慘　憂心的樣子。⓲朝廷今年始十八　聖上今年才十八歲。朝廷指後主劉禪。朝廷下原有「主公」二字，今據《三國志集解》引朱邦衡說刪。⓳季興　末代王朝的振興。⓴割絕　斷絕。㉑守勞　獨自勞苦。㉒不圖自屈　沒想到您會自己屈駕前來。㉓曹丕　字子桓，沛國譙（今安徽亳州）人，曹操次子，魏國創建者，也是詩人、文學評論家。詳見本書卷二〈文帝紀〉。㉔土龍芻狗　用泥土做成的龍，用稻草紮成的狗。二者都是古代求雨、祭祀時所用的東西。㉕大興勞役　進攻孫吳的大規模的軍事行動。㉖吳楚　吳指揚州，楚指荊州。當時都是孫吳的領地。㉗但　只要。㉘汲汲　急迫的樣子。㉙諫議大夫　官名。掌議論、顧問、參謀。㉚犍為南安　犍為，郡名。治所在今四川彭山縣。南安，縣名。治所在今四川樂山市。㉛議郎　高級官吏，參與議政。㉜五官中郎將　秦漢時置，曹操曾以曹丕任此職，權位始重，為丞相的副手，位在諸臣之上。蜀漢亦置此官，但權位遠不如曹丕。

【語　譯】杜微，字國輔，梓潼郡涪縣人。年輕時跟隨廣漢郡人任安學習。劉璋徵召他為州從事史，因為有病離職。到了先主平定益州後，杜微常說自己耳聾，閉門不出。建興二年，丞相諸葛亮兼任益州牧，選取和接納的都是精挑細選出來的耆舊宿德，任命秦宓為州別駕，五梁為州功曹，杜微為州主簿。杜微堅決推辭，諸葛亮便派人用車子把他接過來。杜微到了成都以後，諸葛亮接見了他，杜微向諸葛亮表示了謝罪之意。諸葛亮因為杜微聽不清別人講話，在座位上寫字給他看，說：「我早就聽說並很欽佩您的道德品行，長時間如飢似渴的想見到您。但是您清我濁不能同流，所以無緣見到您向您請教。王元泰、李伯仁、王文儀、楊季休、丁君幹、李永南兄弟、文仲寶等人，常常向我感嘆您的高遠志向，我雖然和您沒見面，卻感覺像老朋友一樣。我一個無才無德之人，勉強來統領先生的貴鄉益州，才德淺薄而身負重任，憂心忡忡，惶恐不安。聖上今年剛剛十八歲，天資仁德聰明，禮賢下士。天下的人都心向漢室，我想和您一起應天意順民心，輔佐這位明主，建立起使末代王朝振興的功勳，並使這功勳載於史冊。我以為您是賢者，不想和我這樣的愚笨的人在一起謀劃事情，所以自我隔絕，獨自勞苦而已，不會委屈自己，所以才派人請你到這裏來。」杜微自稱年老有病，請求諸葛亮讓他回去，諸葛亮又寫字回答他說：「曹丕弒君篡位，自立為帝，這種行徑就像土龍芻狗一樣，空有其名。我準備與各位賢明之士針對他的奸邪虛偽，用正道消滅他。很奇怪您還沒有對我有所教誨，便想要返回山鄉野壤。曹丕又在大舉發兵，準備進攻吳國的荊州、揚州，現在我想乘著曹丕國內多事，暫且閉關鎖境，勤力農業，休養百姓，積累財物，製造兵器訓練軍隊，等待曹丕受挫時，然後出兵討伐他，可以使將士不經戰鬥，百姓不負辛勞而平定天下。您只要利用高尚的品德來輔佐時政就行了，並不要求您承擔軍務，為什麼急匆匆的就要走呢！」諸葛亮就是這樣敬重杜微。後任命杜微為諫議大夫，以順從他的志向。

2　五梁，字德山，犍為郡南安縣人。因為精通儒學和節操高尚為人所稱譽。他從議郎升任諫議大夫、五官中郎將。

1　周羣，字仲直，巴西閬中❶人也。父舒，字叔布，少學術於廣漢楊厚❷，名亞董扶❸、任安。數被徵，終不詣。時人有問：「春秋讖曰代漢者當塗高，此何謂也？」舒曰：「當塗高者，魏也❹。」鄉黨❺學者私傳其語。羣少受學於舒，專心候業❻。於庭中作小樓，家富多奴，常令奴更直❼於樓上視天災，纔見一氣，即白羣，羣自上樓觀之，不避晨夜。故凡有氣候❽，無不見之者，是以所言多中。州牧劉璋，辟以為師友從事❾。先主定蜀，署儒林校尉❿。先主欲與曹公⓫爭漢中⓬，問羣，羣對曰：「當得其地，不得其民也。若出偏軍，必不利，當戒慎之！」時州後部司馬⓭蜀郡張裕亦曉占候，而天才過羣，諫先主曰：「不可爭漢中，軍必不利。」先主竟不用裕言，果得地而不得民也。遣將軍吳蘭、雷銅等入武都⓮，皆沒不還，悉如羣言。於是舉羣茂才⓯。

2　裕又私語人曰：「歲在庚子⓰，天下當易代，劉氏祚盡矣⓱。主公得益州，九年之後，寅卯之間當失之⓲。」人密白其言。初，先主與劉璋會涪時，裕為璋從事，侍坐。其人饒鬚⑲，先主嘲之曰：「昔吾居涿縣⑳，特多毛姓，東西南北皆諸毛也，涿令稱曰『諸毛繞涿居㉑乎』！」裕即答曰：「昔有作上黨潞長㉒，遷為涿令㉓者，去官還家，時人與書，欲署潞則失涿，欲署涿則失潞，乃署曰『潞涿君』㉔。」先主無鬚，故裕以此及之。先主常㉕銜其不遜㉖，加忿其漏言㉗，乃顯裕諫爭漢中不驗㉘，下獄，將誅之。諸葛亮表請其罪，先主答曰：「芳蘭生門，不得不鉏㉙。」裕遂棄市。後魏氏之立，先主之薨，皆如裕所刻。又曉相術，每舉鏡視面，自知刑死，未嘗不撲之於地㉚也。

3 羣卒，子巨頗傳其術。

【章旨】以上為〈周羣傳〉，記載周羣幼承父業善於觀察天象，並透過張裕之死反襯出周羣支持劉備占領漢中選擇的正確，也從側面反映了劉備集團對占領漢中態度的堅決。

【注釋】❶巴西閬中　巴西，郡名。治所在今四川閬中。閬中，縣名。治所在今四川閬中。❷楊厚　東漢末廣漢新都（今四川新都）人，字仲桓，家傳圖讖之學，因此被招到京城，三任侍中。多次預言天災人禍，並獻救災之法。因不滿宦官外戚專政，辭職回家，以教授為業，有生徒三千多人。詳見《後漢書・楊厚列傳》。❸董扶　東漢末廣漢綿竹（今四川德陽北）人，字茂安。楊厚的學生。漢靈帝時被招到京城任侍中。靈帝死，天下大亂，乃辭職回家。秦宓稱讚他「褒秋毫之善，貶纖介之惡」。詳見《後漢書・董扶列傳》。❹當塗高者二句　東漢末流行的讖語。魏指皇宮門口兩邊高大的建築物，又稱「象魏」、「魏闕」，正對著大路，所以稱「當塗高」。此處暗指曹魏。❺鄉黨　鄉里。相傳周代以五百家為黨，一萬兩千五百家為鄉。❻候業　觀察雲氣徵候的工作。古代認為天空出現的各種雲氣，都和人間的吉凶禍福有關，通過天上雲氣預見人間禍福，這種方法叫候氣。魏晉南北朝時非常流行。❼更直　輪流值班。❽氣候　雲氣徵候。❾師友從事　即署為從事而待以師友之禮，名為州郡屬官，實為無職散吏，但地位尊榮。❿儒林校尉　儒學顧問。⓫曹公　即曹操，字孟德，小名阿瞞，沛國譙（今安徽亳州）人。東漢末起兵討黃巾，後參加袁紹討董聯盟。占據兗州後，收編黃巾軍三十餘萬，組成青州軍，先後擊敗袁術、陶謙、呂布、袁紹，統一了北方。任丞相，相繼封為魏公、魏王。曹丕建魏後，追封為魏武帝。詳見本書卷一〈武帝紀〉。⓬漢中　郡名。治所在今陝西漢中東。⓭後部司馬　官名。蜀漢政權創置，州府屬官，協助處理軍務。⓮武都　郡名。治所在今甘肅成縣西北。⓯茂才　原稱秀才，東漢為避劉秀之諱稱茂才。⓰歲在庚子　在庚子這一年。即漢獻帝延康元年（西元二二○年）。⓱劉氏祚盡矣　東漢的劉家皇朝帝位傳承就結束了。⓲寅卯之間當失之　壬寅年和癸卯年之間，即西元二二二到二二三年之間。當失之，暗指劉備將死。⓳饒鬚　鬍鬚長得濃密。⓴涿縣　治所在今河北涿州。㉑諸毛繞涿居　嘲笑張裕的話。用「諸」諧「豬」之音，用「涿」諧「啄」之音，意思是張裕嘴邊長滿了豬毛。㉒上黨潞長　上黨郡潞縣長。上黨郡，治所在今山西長子西南。潞縣，治所在今山西潞城東北。㉓涿令　二字原重。據文義，二字不應重出，今刪。㉔潞涿君　張裕反擊劉備的話。用「潞」諧「露」之音，用「涿」諧「啄」之音，嘲笑劉備沒有鬍子。㉕常　原作「嘗」，今從宋本。㉖銜其不遜　對他的不恭敬懷恨在心。㉗漏言　洩露天機的話。指上述「歲在庚子」云云。㉘顯裕諫爭句　公開張裕阻止爭奪漢中的預言不應驗。㉙芳蘭生門二句　蘭草雖芳香，但長得不是地方，因此必須除掉。意為張裕雖有才，但他對上不恭，不服管理，所以要除掉。㉚摔之於地　把鏡子摔到地上。

【語　譯】周羣，字仲直，巴西郡閬中縣人。父親周舒，字叔布，年輕時向廣漢人楊厚學習術數之學，名聲僅次於董扶、任安。多次被劉璋徵召做官，他始終都沒有到任。當時有人問周舒：「《春秋讖》中說代漢者當塗高，這是什麼意思？」周舒回答說：「當塗高，就是魏。」於是他的這番話在鄉里讀書人中私下傳播開來。

周羣從小跟隨父親學習，並專心於觀察雲氣徵候的工作。他在院子中建了一座小樓，家境殷富，有很多奴僕，他經常讓奴客們在樓上輪流值班，觀察天象的災異徵候。只要見到一種異常徵候，立即報告周羣，周羣便親自上樓觀察，不論清晨深夜都是如此。所以凡有雲氣徵候出現，周羣沒有看不見的，因此他根據雲氣徵候所做的預言大多準確。益州牧劉璋聘請周羣任師友從事。先主平定益州，任周羣為儒林校尉。先主準備與曹操爭奪漢中，詢問周羣，周羣回答說：「應當能夠得到漢中的土地，但得不到那裏的百姓。如果出動一部分兵力，一定不利，應當警惕慎重！」當時益州後部司馬蜀郡人張裕也通曉占卜天象，而且天賦超過了周羣，他也勸諫先主說：「不能出兵爭奪漢中，爭奪漢中一定對我軍不利。」先主最終沒聽從張裕的諫言，果然只得到了漢中的土地而沒得到百姓。派遣的將軍吳蘭、雷銅進入武都郡，都全軍覆沒無一生還，和周羣所預料的結果一模一樣。於是薦舉周羣為茂才。

2 張裕又私下對人說：「到庚子年，天下就要改朝換代了，劉氏皇朝帝位的傳承就結束了。主公能得到益州，但九年以後，在壬寅年和癸卯年之間會失去它。」人們把他的話祕密的告訴了先主。當初，先主與劉璋在涪縣會面時，張裕是劉璋的從事，在身邊陪座。張裕的鬍鬚非常濃密，先主嘲笑他說：「過去我住在涿縣，姓毛的人特別多，東西南北全是姓毛的，涿縣縣令稱這是『諸毛圍繞著涿縣居住呀』！」張裕立即回答說：「從前有一個人在上黨郡潞縣做縣長，升任涿縣縣令，後來離任回家，當時人給他寫信，想署名潞縣縣長便丟掉了涿縣縣令的職務，想署名涿縣縣令又漏掉了潞縣縣長的職務，於是便署名『潞涿君』。」先主沒有鬍鬚，所以張裕用這番話來反唇相譏。先主對他的不恭敬常常懷恨在心，又加上憤恨他洩露天機的話，於是宣揚張裕勸阻爭奪漢中的預言沒有應驗，把他逮捕入獄，準備殺掉他。諸葛亮上表請求寬恕張裕的罪過，先主回答說：「芳香的蘭草如果生在門口擋路，也不得不除掉它。」於是殺死了張裕暴屍街市。後來曹魏代漢，先主之死，都如同張裕所預言的那樣。張裕又通曉相術，每每拿起鏡子照自己的面孔時，都自知當受刑而死，沒有一次不把鏡子摔在地上。

3 周羣去世，他的兒子周巨頗能傳承他的觀察雲氣徵候的方法。

杜瓊，字伯瑜，蜀郡成都人也。少受學於任安，精究❶安術。劉璋時辟為從事。先主定益州，領牧，以瓊為議曹從事❷。後主踐阼，拜諫議大夫，遷左中郎將、大鴻臚、太常③。為人靜默少言，闔門自守，不與世事④。蔣琬⑤、費禕⑥等皆器重之。雖學業入深，初不⑦視天文有所論說。後進⑧通儒譙周常問其意，瓊答曰：「欲明此術甚難，須當身視，識其形色，不可信人也。晨夜苦劇⑨，然後知之，復憂漏泄，不如不知，是以不復視也。」周因問曰：「昔周徵君⑩以為當塗高者魏也，其義何也？」瓊答曰：「魏，闕⑪名也，當塗而高，聖人取類而言耳。」又問周曰：「寧復有所怪邪⑫？」周曰：「未達也⑬。」瓊又曰：「古者名官職不言曹⑭；始自漢已來，名官盡言曹，吏言屬曹⑮，卒言侍曹⑯，此殆天意也。」瓊年八十餘，延熙十三年卒。著韓詩⑰章句十餘萬言，不教諸子，內學⑱無傳業者。周緣瓊言，乃觸類而長之⑲曰：「春秋傳著⑳晉穆侯名太子曰仇㉑，弟曰成師。師服㉒曰：『異哉君之名子也！嘉耦曰妃㉓，怨耦曰仇㉔，今君名太子曰仇，弟曰成師，始兆亂矣，兄其替乎㉕？』其後果如服言。及漢靈帝㉖名二子曰史侯、董侯㉗，既立為帝，後皆免為諸侯，與師服言相似也。先主諱備，其訓㉘具也，後主諱禪，其訓授也，如言劉已具矣，當授與人也；意者甚於穆侯、靈帝之名子。」後宦人黃皓㉙弄權於內，景耀五年，宮中大樹無故自折，周深憂之，無所與言㉚，乃書柱曰：「眾而大，期之會，具而授，若何復？」言曹者眾也，魏者大也，眾而大，天下其當會也，具而授，如何復有立者乎？蜀既亡，咸以周言為驗。周曰：「此雖己所推尋㉛，然有所因，由杜君之辭而廣之耳，殊無㉜神思獨至之異也。」

【章　旨】以上為〈杜瓊傳〉，記載了杜瓊對天文、讖緯之術的精通。杜瓊以此術之長，歷仕劉璋、劉備、劉禪三主，並在益州文人儒者中具有廣泛的影響，從一個側面反映了當時益州的社會風氣。

【注　釋】❶精究　精心研究。❷議曹從事　議曹從事史的省稱，職掌參謀議論。❸左中郎將　左中郎將，官名。隸屬光祿勳，掌訓練、考核、管理後備官員。大鴻臚，官名。九卿之一，秦稱典客，西漢武帝時改稱大鴻臚。掌管接待國家客人及吉凶典禮。太常，官名。九卿之一。主管國家祭祀禮儀。❹不與世事　不參與社會上的事情。❺蔣琬　字公琰，零陵湘鄉（今湖南湘鄉）人。初以書佐隨劉備入蜀，後任諸葛亮參軍、長史。諸葛亮逝世後任尚書令、大司馬、大將軍，是蜀漢後期傑出的人才。詳見本書卷四十四〈蔣琬傳〉。❻費禕　字文偉，江夏鄳縣（今河南信陽東北）人。蜀漢後期傑出的人才，深受諸葛亮重用，任丞相參軍、司馬、尚書令、大將軍等職。詳見本書卷四十四〈費禕傳〉。❼初不　完全不。❽後進　年輕人。❾苦劇　辛苦勞累。❿周徵君　指周羣的父親周舒。因其曾被朝廷徵召，故稱徵君。⓫闕　古代宮門前左右相對的高建築物。⓬寧復有所怪邪　還有什麼感到奇怪的嗎。⓭未達也　還是不明白。⓮古者名官職不言曹　古代稱呼官職不說曹。⓯吏言屬曹　官府中具體辦事的叫屬曹。杜瓊此話中又含有天下將屬於曹氏的意思。⓰卒言侍曹　官府中的勤務兵叫做侍曹。杜瓊此話中又有天下人將侍奉曹氏的意思。⓱韓詩　西漢時傳播注釋《詩經》的著作有四家：齊人轅固生作《詩》傳，稱《齊詩》。燕人韓嬰所作《詩》傳，稱《韓詩》。魯人申公所作《詩》傳，稱《魯詩》。毛公所作《詩》傳，稱《毛詩》。⓲內學　即讖緯之學。⓳觸類而長之　以類相推，進行發揮。⓴著　寫明。㉑名太子曰仇　給太子起名叫仇。㉒師服　晉國的大夫。㉓嘉耦曰妃　彼此和睦的一對叫妃。妃，配偶。㉔怨耦曰仇　彼此仇怨的一對叫仇。㉕兄其替乎　哥哥的太子之位恐怕要被廢棄吧。㉖漢靈帝　名劉宏，章帝玄孫，十二歲時登帝位。在位期間宦官專權，政治黑暗，大興黨錮之獄。詳見《後漢書・孝靈帝紀》。㉗史侯董侯　史侯即少帝劉辯，西元一八九年即帝位，當年被董卓廢為弘農王，次年被殺。董侯即獻帝劉協，西元一九〇至二二

○年在位，後被曹丕取代，貶降為山陽公。㉘訓　對詞語的解釋。㉙黃皓　蜀漢宦官，得後主寵愛。董允在位時對其加以抑制，董允逝世後開始專權，加速了蜀漢政治的腐敗。其事散見於本書卷三十三〈後主傳〉、卷三十九〈董允傳〉等。㉚無所與言　沒有可以述說的人。㉛推尋　推理探究。㉜殊無　根本沒有。

【語　譯】杜瓊，字伯瑜，蜀郡成都縣人。年輕時在任安門下學習，精心研究任安的占卜之術。劉璋任益州牧時聘請杜瓊任州從事。先主平定益州，兼任益州牧，任命杜瓊為議曹從事。後主劉禪即帝位，任命杜瓊為諫議大夫，升任左中郎將、大鴻臚、太常。杜瓊為人沉默寡言，閉門自守，不參與社會上的事情。蔣琬、費禕等人全都器重他。杜瓊雖然學業精深，但從不觀察天象進行評論。後輩中通曉儒學的譙周曾經問杜瓊這樣做是為什麼，杜瓊回答說：「想要清楚觀察天象預測吉凶極為困難，必須要親自去觀察，辨識雲氣的形狀和顏色，不能夠相信別人的觀察結果。經過日夜的辛苦勞累，然後才能夠知道天象，而又擔心洩露天機，還不如不知道。所以我就不再觀察天象了。」譙周藉機又問道：「過去周徵君認為當塗高就是魏，這句話是什麼意思呢？」杜瓊回答說：「魏，是闕的名字，因為它正對著大路而且高大，所以聖人是用它作比喻而言。」杜瓊又問譙周說：「難道還有什麼感到奇怪的地方嗎？」譙周說：「還是沒有完全明白。」杜瓊又說：「古時候命名官職不說曹，從漢代開始，凡是說到官職全都說曹，吏員叫屬曹，士卒叫侍曹。這大概就是天意。」杜瓊享年八十多歲，延熙十三年去世。著有《韓詩章句》十餘萬字，他的占卜之術不教給兒子們，所以這門學問沒有傳承的人。譙周依據杜瓊所言，以類相推，進行發揮說：「《春秋傳》上明確的記載晉穆侯給太子起名叫仇，給弟弟起名叫成師。大夫師服說：『我們國君給兒子起名真是怪異啊！彼此和睦的一對叫妃，彼此仇怨的一對叫仇，現在國君給太子起名叫仇，給弟弟起名叫成師，這預兆著禍亂就要發生了，兄長恐怕將要被取代了吧？』後來果然像師服所說的那樣。到漢靈帝給他的兩個兒子起名為史侯、董侯，兄弟二人即帝位後，後來都廢黜為諸侯，與師服的預言相似。現在先主的名諱叫備，備字的意思是具備、備辦好。後主的名諱叫禪，禪字的意思是授予，這兩個名諱的意思好像是說，劉氏已經將東西備辦好了，該授予別人了。這個預兆比晉穆侯、漢靈帝給兒子起名字的事還要明顯。」後來，宦官黃皓在宮內玩弄權術，景耀五年，宮中大樹無緣無故自己折斷，譙周對此深感憂慮，但又沒有可以述說的人，於是在柱子上寫道：「眾而大，期之會，具而授，若何復？」意思是說：曹字有眾多的意思；魏字的意思是眾多而高大，天下大概應會聚在一起，把一切都準備好了然後授予別人，怎麼還能有繼立的君主呢？蜀漢滅亡以後，人們都認為譙周的預言應驗了。譙周說：「這雖然是我自己推演研究出來的，然而也是有所依據，是把杜君的話推而廣之，根本不是因為我有什麼神奇獨到的思想。」

許慈，字仁篤，南陽人也。師事劉熙❶，善鄭氏學❷，治易❸、尚書❹、三禮❺、毛詩❻、論語❼。建安中，與許靖❽等俱自交州❾入蜀。時又有魏郡❿胡潛，字公興，不知其所以在益土。潛雖學不沾洽⓫，然卓犖彊識⓬，祖宗制度之儀，喪紀五服⓭之數，皆指掌畫地，舉手可采⓮。先主定蜀，承喪亂歷紀⓯，學業衰廢，乃鳩合典籍⓰，沙汰⓱眾學，慈、潛並為博士⓲，與孟光、來敏等典掌舊文⓳。值庶事草創，動⓴多疑議，慈、潛更相克伐㉑，謗讟忿爭㉒，形於聲色；書籍有無，不相通借，時尋楚撻㉓，以相震攇㉔。其矜己妒彼，乃至於此。先主愍其若斯㉕，羣僚大會，使倡家㉖假為二子之容，傚其訟鬩之狀㉗，酒酣樂作，以為嬉戲，初以辭義相難，終以刀杖相屈，用感切之㉘。潛先沒，慈後主世稍遷至大長秋㉙，卒。子勛傳其業，復為博士。

【章　旨】以上為〈許慈傳〉，記載了許慈在儒學上的造詣，也披露了他心胸狹隘、爭強好勝的品格。劉備親自出面調停他與胡潛的矛盾，也從一個側面反映了蜀漢政權重視內部團結。

【注　釋】❶劉熙　東漢末北海郡（今山東昌樂西）人，字成國，長期隱居在交州，著有《釋名》一書，是漢語語源學的重要著作，至今尚存。❷鄭氏學　東漢鄭玄所創的古文經學。❸易　即《周易》，又稱《易經》，周代占卜書，後為儒家經典之一。舊有鄭玄注，已佚。現通行本有王弼、韓康伯注、孔穎達正義的《周易注疏》。❹尚書　儒家經典之一。舊傳由孔子編定，據研究，其中不少為孔子之後的作品。故今人多認為其不是出自一人之手。《尚書》有今、古文之分，據清人研究，《今文尚書》中的二十五篇及序為偽作，《尚書》原作實存二十八篇。❺三禮　指《周禮》、《儀禮》、《禮記》。❻毛詩　漢代《詩經》四家之一。由毛亨、毛萇所傳，魏晉以後，《毛詩》獨盛，並流傳至今。❼論語　儒家經典之一。所記為孔子及其弟子的言行，共二十篇。東漢鄭玄所注本流傳至今。三國以後至明清不斷的有儒者對《論語》進行注疏，其中三國魏何晏《論語集解》、清劉寶楠《論語正義》等非常有名。❽許靖　字文休，汝南平輿（今河南平輿）人。蜀漢時任太傅。詳見本書卷三十八〈許靖傳〉。❾交州　州名。治所在今廣東廣州。❿魏郡　治所在今河北臨漳西南鄴鎮。⓫沾洽　淵博。⓬卓犖彊識　人品出眾，記憶力好。⓭五服　古代的喪服制度。按與死者關係的遠近親疏，所穿喪服也不一樣。分為五種：斬衰、齊衰、大功、小功、緦麻，合稱五服。⓮舉手可采　信手拈來。⓯喪亂歷紀　經歷了多年的動亂。紀，十二年。此處為泛指，並非確指經歷了十二年的動亂。⓰鳩合典籍　收集文獻書籍。⓱沙汰　整理。⓲博士　學官名。主要負責教授儒學典籍。此二字宋本、馮夢禎刻本作「學士」。傳末云「子勛傳其業，復為博士」，「博」字是。⓳舊文　過去流傳下來的文獻。⓴動　創建制度的舉動。㉑克伐　爭強好勝，自誇其功。㉒謗讟忿爭　誹謗爭吵。㉓楚撻　用棍子打。㉔以相震攇　以此相震懾。㉕慼其若斯　對他們這樣很憂慮。㉖倡家　表演藝人；演員。㉗傚其訟鬩之狀　仿效他們爭鬥的樣子。㉘用感切之　以此感化責備他們。㉙大長秋　官名。主管後宮事務。

【語　譯】許慈，字仁篤，南陽郡人。師從劉熙，擅長鄭玄學派的經學。鑽研《周易》、《尚書》、《三禮》、《毛詩》、《論語》。建安年間，他和許靖等人一起從交州進入益州。當時還有魏郡人胡潛，字公興，不知道他為什麼身在益州。胡潛雖然學問不很淵博，然而人品出眾，記憶力強，祖先制度的禮儀，辦理喪事五服制度的規定，他都能邊講邊比劃示範，信手拈來。先主平定益州，正值益州經歷十餘年戰亂之時，教育事業衰敗荒廢，於是收集文獻典籍，整理各種學問，許慈、胡潛二人都被任為博士，與孟光、來敏等人掌管舊時典籍，當時眾多事務都處於草創階段，有所舉措大多會遭到人們的疑議。許慈、胡潛二人爭強好勝，誇耀自己，攻擊對方，互相誹謗爭吵，形於辭色；彼此擁有的書籍也不互通有無，有時還會動用棍棒互相毆打，以威嚇對方。他們誇耀自己嫉妒對方，竟然到了這個地步。先主對他們這種的私人關係非常憂慮，在眾臣盛大的聚會上，便讓兩個唱戲的演員打扮成他們二人的模樣，模仿他們吵嘴打架的樣子。在大家酒興正濃，音樂大作時，作為娛樂。兩個演員開始時用言辭互相駁難，最後用刀槍棍棒互相威脅。先主是用這種做法感化責備他們。胡潛先去世，許慈在後主時逐漸升遷為大長秋，後來去世。許慈的兒子許勛傳承了父親的學業，又擔任了博士。

1 孟光，字孝裕，河南洛陽[1]人，漢太尉[2]孟郁[3]之族。靈帝末為講部吏[4]。獻帝[5]遷都長安[6]，遂逃入蜀，劉焉[7]父子待以客禮。博物識古，無書不覽，尤銳意三史[8]，長於漢家舊典。好公羊春秋而譏呵左氏[9]，每與來敏爭此二義，光常譊譊讙咋[10]。先主定益州，拜為議郎[11]，與許慈等並掌制度。後主踐阼，為符節令[12]、屯騎校尉[13]、長樂少府[14]，遷大司農[15]。延熙九年秋，大赦，光於眾中責大將軍[16]費禕曰：「夫赦者，偏枯之物[17]，非明世所宜有也。衰弊窮極，必不得已，然後乃可權而行之耳。今主上仁賢，百僚稱職，有何旦夕之危，倒懸之急，而數施非常[18]之恩，以惠姦宄之惡乎？又鷹隼始擊[19]，而更原宥有罪，上犯天時，下違人理。老夫耄朽[20]，不達治體[21]，竊謂斯法難以經久，豈具瞻[22]之高美，所望於明德[23]哉！」禕但顧謝踧踖[24]而已。光之指摘痛癢，多如是類，故執政重臣，心不能悅，爵位不登[25]，每直言無所回避，為代所嫌。太常廣漢鐔承[26]、光祿勳河東[27]裴儁[28]等，年資皆在光後，而登據上列，處光之右，蓋以此也。

2 後進文士祕書郎[29]郤正數從光諮訪，光問正太子所習讀并其情性好尚，正答曰：「奉親虔恭[30]，夙夜匪懈[31]，有古世子之風[32]；接待羣僚，舉動出於仁恕。」光曰：「如君所道，皆家戶所有耳；吾今所問，欲知其權略智調[33]何如也。」正曰：「世子之道，在於承志竭歡[34]，既不得妄有所施為，且智調藏於胸懷，權略應時而發，此之有無，焉可豫設也？」光解正慎宜[35]，不為放談[36]，乃曰：「吾好直言，無所回避，每彈射利病[37]，為世人所譏嫌[38]；省君意亦不甚好吾言，然語有次[39]。今天下未定，智意為先，智意雖有自然，然亦可力強致[40]也。此儲君[41]讀書，寧當傚吾等竭力博識以待訪問，如博士探策講試[42]以求爵位邪！當務其急者[43]。」正深謂光言為然。後光坐事[44]免官，年九十餘卒。

【章　旨】以上為〈孟光傳〉，介紹了孟光的學問及其敢於直言的素質。他既精通學問又熱衷於參與政治，並透過與郤正的對話，進一步說明為什麼把參與政治看得比做學問還重要。

【注釋】❶洛陽　地名。即今河南洛陽。❷太尉　官名。東漢時為三公之首，與司徒、司空共同行使宰相職能，名位極高。❸孟郁　東漢人，靈帝時任太常、太尉，後因災異被罷官。事見袁宏撰《後漢紀・孝靈帝紀》。❹講部吏　官名。東漢時有專門的官員講授儒經，講部吏是這些教官的助手。❺獻帝　名劉協，靈帝子，東漢中平六年（西元一八九年）九月被董卓立為帝，後被脅迫到長安。建安元年（西元一九六年）被曹操迎至許昌。延康元年（西元二二〇年）「禪讓」帝位給曹丕。詳見《後漢書・孝獻帝紀》。❻長安　古都之一，在今陝西西安西北。❼劉焉　字君郎，江夏竟陵（今湖北潛江市西北）人，東漢末任宗正、太常等職。後奏請以重臣任州牧，並領益州州牧。詳見本書卷三十一〈劉焉傳〉。❽三史　即《史記》、《漢書》、《東觀漢記》三部史書。❾好公羊春秋句　公羊春秋，亦稱《春秋公羊傳》，《春秋》三傳之一，今文經學重要典籍，戰國齊人公羊高撰。左氏，又稱《春秋左氏傳》、《左氏春秋》。春秋末魯太史左丘明所作。❿譊譊讙咋　形容吵吵嚷嚷的狀態。⓫議郎　官名。為高級郎官，隸屬光祿勳。掌顧問應對，參與時政，指陳得失，常由大儒名士擔任。⓬符節令　官名。負責管理各類符節。⓭屯騎校尉　官名。京城五校尉之一，統領屯騎營的騎兵。⓮長樂少府　官名。掌管皇太后宮中事務，位在大長秋之上。⓯大司農　官名。九卿之一，掌管全國的賦稅收入及國家財政開支。⓰大將軍　高級軍事將領。在蜀漢為最高軍事統帥。⓱偏枯之物　一半枯萎之物。⓲非常　不是常規的；例外的。⓳鷹隼始擊　指立秋之日。《漢書・孫寶傳》記載：京兆尹孫寶在立秋日任故吏侯文為東部督郵。對侯文說：「今日鷹隼始擊，當順天氣取奸惡，以成嚴霜之誅，掾部渠有其人乎？」古人認為鷹隼等猛禽具有肅殺之氣，秋天也有肅殺之氣，所以用鷹隼始擊指立秋。⓴耄朽　老朽。《禮記・曲禮》：「八十、九十曰耄。」㉑不達治體　不懂得治國的根本。㉒具瞻　《詩經・節南山》：「赫赫師尹，民所具瞻。」意思是：那個顯耀威嚴的師尹，是萬民所瞻仰的人啊。師尹為周王朝的執政大臣，後人們用具瞻來指執政大臣。此指費禕。㉓明德　有美德的人，此指費禕。㉔顧謝踧踖　局促不安的表示承認錯誤。㉕爵位不登　登不上爵位，沒有爵位。㉖鐔承　字公文，郪縣（今四川中江縣東南）人。歷任蜀漢郡守、少府、太常等職。其事見於《華陽國志》。㉗河東　郡名。治所在今山西夏縣西北。㉘裴儁　字奉先，曹魏尚書令裴潛之弟。送姐夫入蜀，值天下大亂，不得還。其事見裴松之注引傅暢《裴氏家記》。㉙祕書郎　官名。亦稱祕書郎中。掌管整理典籍，考核舊文。㉚奉親虔恭　虔誠恭敬的侍奉父母。㉛夙夜匪懈　早晨夜晚都不懈怠。㉜古世子之風　古代周文王的風範。世子，太子，周文王做過太子，《禮記・文王世子》記載有周文王做世子時孝順父母的美德。㉝權略智調　治國的謀略和智慧。㉞承志竭歡　順承父母的心志，竭力的使他們高興。㉟解正慎宜　知道卻正辦事謹慎。㊱放談　隨便發表意見。㊲彈射利病　評論事物的利弊。㊳譏嫌　此二字下原有「疑」字，今據《三國志集解》引李慈銘說刪。㊴語有次　說的話有它的道理。40亦可力強致　也可以透過努力達到。此五字原作「不可力強致」，上下文義不通。《三國志集解》引李光地云：「『可』下有『不』字。」又引李慈銘云：「『不』疑作『亦』。」今從李說。41儲君　太子。42探策講試　古代選拔人才有對策之舉，即應對者抽取寫有問題的竹簡，上邊寫有什麼問題就回答什麼問題。探，抽取。策，竹簡。43務其急者　致力於急需做的事。44坐事　犯事。

【語譯】孟光，字孝裕，河南郡洛陽縣人，是漢代太尉孟郁的族人。漢靈帝末年任講部吏。漢獻帝遷都長安，孟光便逃入益州，益州牧劉焉父子都用待賓客的禮節對待他。孟光博古通今，知識廣博，沒有不讀的書籍，尤其用心鑽研《史記》、《漢書》、《東觀漢記》，對漢代的典章制度非常熟悉。他喜好《春秋公羊傳》而譏刺《春秋左氏傳》，每每與來敏爭論這兩部書的含義，孟光常吵吵嚷嚷大喊大叫。先主平定益州，任命孟光為議郎，與許慈等人一起掌管典章制度。後主即帝位，孟光出任符節令、屯騎校尉、長樂少府，升任大司農。延熙九年秋，大赦天下，孟光當著眾人指責大將軍費禕說：「大赦的做法，如同半邊枯萎的物品，不是盛明之世所應當有的。在社會衰敗窮困到了極點，萬不得已的時候，才可以權且實行這種政策。現今主上仁德賢明，百官稱職，有什麼危在旦夕，就像人被倒吊著需要解救那樣危急的事發生，而要多次實行例外之恩，惠及那些奸詐的惡人呢？另外現在正當秋天鷹隼開始捕食小鳥之時，而我們卻要寬恕那些罪犯，這是上犯天時，下違人理。我一個老朽之人，不懂得治國的根本道理，但私下認為大赦這種做法難以長久使用，您這樣受到萬眾敬仰的人，難道用這來回報大家的期望嗎！」費禕聽後只能局促不安的向孟光表示歉意而已。孟光對於當政者的批評指責，大多都像這件事情一樣，所以執掌朝政的重臣很不喜歡孟光，孟光也沒有獲得爵位。他常常直言進諫，無所迴避，被當時的當權者所嫌棄。太常廣漢人鐔承、光祿勳河東人裴儁等人，資歷都在孟光之後，卻升至高位，居於孟光之上，大概就是因為這個緣故。

2 晚輩文士祕書郎郤正多次向孟光詢問，孟光便問郤正太子所習讀的書籍和他的性情愛好，郤正回答說：「太子侍奉雙親虔誠恭敬，早晚都不懈怠，有古代周文王世子的風範；接待文武百官，一舉一動都出於仁愛寬恕之心。」孟光說：「像您所稱道的，都是平常人家的兒子就應該具有的品行；而我現在所問的，是想知道他治國謀略和智慧怎麼樣。」郤正說：「做太子的準則，在於承奉雙親的心願盡力讓他們高興，不能任意妄為，況且智慧要深藏於心中，而謀略要適時而發，智慧和謀略的有無，哪裏能預先假設呢？」孟光知道郤正為人謹慎，不隨意發表意見，便說：「我這個人喜好直言，無所迴避，常常評論事物的利弊，被世人所譏諷嫌棄；我看您的意思也不喜歡我說的話，但說的話還有些道理。現在天下尚未安定，智謀是最重要的。智謀雖然有天生的，但也可以通過自己的努力而達到。現在太子讀書，難道應當像我們那樣盡力使自己的知識淵博以待別人諮詢，像博士那樣應試問答來求得爵位嗎！太子應當致力於最急需的事情。」郤正對孟光說的話深以為然。後來孟光因事獲罪被免去官職，九十多歲去世。

來敏，字敬達，義陽❶新野人，來歙❷之後也。父豔❸，為漢司空❹。漢末大亂，敏隨姊❺奔荊州，姊夫黃琬是劉璋祖母之姪，故璋遣迎琬妻，敏遂俱與姊入蜀，常為璋賓客。涉獵書籍，善左氏春秋，尤精於倉、雅訓詁❻，好是正文字❼。先主定益州，署敏典學校尉❽，及立太子，以為家令❾。後主踐阼，為虎賁中郎將❿。丞相亮住漢中，請為軍祭酒⓫、輔軍將軍⓬，坐事去職。亮卒後，還成都為大長秋，又免，後累遷為光祿大夫⓭，復坐過黜⓮。前後數貶削，皆以語言不節，舉動違常也。時孟光亦以樞機不慎⓯，議論干時，然猶愈於敏，俱以其耆宿⓰學士見禮於世。而敏荊楚⓱名族，東宮舊臣，特加優待，是故廢而復起。後以敏為執慎將軍⓲，欲令以官重自警戒也。年九十七，景耀中卒。子忠，亦博覽經學，有敏風，與尚書向充等並能協贊大將軍姜維⑲。維善之，以為參軍。

【章旨】以上為〈來敏傳〉，介紹了來敏家世及學問，也介紹了他敢於直言議論時政以及仕途上的升沉。

【注釋】❶義陽　西晉置封國名。治所在今河南新野。❷來歙　東漢初人，字君叔。光武帝劉秀的親戚。新莽末年隨劉秀起兵，戰功卓著。後在進攻益州公孫述的途中被殺。詳見《後漢書・來歙列傳》。❸豔　來敏父，字季德，東漢末任司空，因山洪暴發被免職，後復為太常、司空。其事見於《後漢書・孝靈帝紀》。❹司空　官名。三公之一，分掌宰相職能。❺姊　下原有「夫」字，係衍文，今據《三國志集解》引李慈銘說刪。❻倉雅訓詁　倉即《倉頡篇》，包括秦李斯所撰《倉頡篇》、趙高所撰《爰歷篇》、胡毋敬所撰《博學篇》，所以又名「三倉」。是教兒童識字的啟蒙課本。《雅》即《爾雅》，古代第一部訓詁書，《十三經》之一。現存有晉郭璞注本。訓詁，解釋古書詞句的意思。❼是正文字　訂正文字。❽典學校尉　官名。負責學校教育和學術研究。❾家令　官名。即太子家令，負責太子宮中的生活用品供應。❿虎賁中郎將　官名。皇帝禁衛軍的統領。⓫軍祭酒　即軍師祭酒。西晉時為避司馬師之名諱，改為軍祭酒。丞相府的屬僚，主管軍律。⓬輔軍將軍　將軍名號。東漢建安元年（西元一九六年）設置。⓭光祿大夫　光祿勳屬官。掌顧問應對。⓮坐過黜　因過失而被罷黜。⓯樞機不慎　身處機要職位而說話不謹慎。⓰耆宿　年紀名望都很高的人。⓱荊楚　即荊州。荊州為先秦時楚國的故地，楚國又稱荊。⓲執慎將軍　官名。蜀漢政權創置，閒散武職，不統率軍隊。⓳姜維　字伯約，天水冀縣（今甘肅甘谷東）人。本仕曹魏，蜀漢建興六年（西元二二八年）諸葛亮首次伐魏時投降蜀漢。歷任征西將軍、涼州刺史、衛將軍、大將軍等職，是蜀漢後期傑出的人才。詳見本書卷四十四〈姜維傳〉。

【語譯】來敏，字敬達，義陽國新野縣人，來歙的後代。父親來豔，擔任過漢朝司空。漢朝末年天下大亂，來敏跟隨姐姐逃奔荊州，來敏的姐夫黃琬是益州牧劉璋祖母的姪子，所以劉璋派人來迎接黃琬的妻子，來敏便又與姐姐一同進入益州，常常做劉璋的賓客。來敏廣泛涉獵書籍，熟悉《左氏春秋》，尤其精通《倉頡篇》、《爾雅》解釋文字字義的學問，喜歡校訂文字。先主平定益州，任命來敏為典學校尉。到了立太子時，任他為太子家令。後主即帝位，任命來敏為虎賁中郎將。丞相諸葛亮北伐駐軍漢中，請求朝廷任命來敏為軍祭酒、輔軍將軍，因事獲罪被免職。諸葛亮去世後，來敏回到成都任大長秋，又被免職，後經多次升遷任職光祿大夫，又因犯有過錯被罷黜。來敏前後多次被貶官免職，都是因為說話沒有節制，舉動不合常情。當時孟光也身處機要言語不慎，發表議論常常干預時政，但他比來敏要好些。他們二人都因為是年高飽學的學者而被世人禮敬。而來敏出身於荊楚名族，又是東宮太子的舊臣，特別受到優待，所以被廢黜又多次被重新起用。後來朝廷任命來敏為執慎將軍，是想用這個官職讓他自己深加警戒。來敏享年九十七歲，景耀年間去世。他的兒子來忠，也是博覽經書，有來敏的風範，與尚書向充等人都能夠協助支持大將軍姜維，姜維很欣賞來忠，任他為參軍。

尹默，字思潛，梓潼涪人也。益部多貴今文而不崇章句❶，默知其不博，乃遠游荊州，從司馬德操、宋仲子❷等受古學。皆通諸經史，又專精於左氏春秋，自劉歆條例❸，鄭眾❹、賈逵父子❺、陳元❻、服虔❼注說，咸略誦述，不復按本。先主定益州，領牧，以為勸學從事❽。及立太子，以默為僕❾，以左氏傳授後主。後主踐阼，拜諫議大夫。丞相亮住漢中，請為軍祭酒❿。亮卒，還成都，拜太中大夫⓫，卒。子宗傳其業，為博士⓬。

【章　旨】以上為〈尹默傳〉，介紹了尹默的儒學造詣及其對蜀漢政權文化建設的作用。

【注　釋】❶貴今文而不崇章句　崇尚今文經學而不崇尚古文章句之學。漢代的經學有今、古文之分。漢初設立《五經》博士，所講經文都是用當時通行的文字隸書來寫。漢景帝時從孔子故宅的牆壁中發現很多儒家經典，都是用漢以前的文字書寫，再加上河間王獻給朝廷的一批文獻也是用古文書寫，所以形成了今、古文經學的區別。二者的區別不僅在經書的字體上，更主要的是在字句篇章的解釋，以及對古代制度的理解，人物的評述等方面。今文經學在兩漢長期流行，東漢後期始，古文經學興起，並逐漸轉盛，影響之大，超過了古文經學。❷司馬德操宋仲子　荊州古文經學派的兩個著名人物。司馬德操即司馬徽，字德操，號水鏡先生。或云襄陽人，時人視為奇士，曾居荊州，為曹操所得，正欲重用，便染病去世。其事跡散見本書卷二十一〈劉廙傳〉、《世說新語・言語》劉孝標注引《司馬徽別傳》等處。宋仲子，名忠，字仲子。當時荊州著名學者，與北方鄭玄齊名。劉表任荊州刺史時，開立學官，博求儒士，使綦毋闓、宋忠等撰《五經章句》，謂之後定。其事跡散見於《三國志・劉表傳》裴松之注引《英雄記》、卷四十二〈尹默傳〉等。❸條例　解釋《左傳》的著作。劉歆曾作過《春秋左氏傳條例》十二卷，《舊唐書・經籍志》有著錄。❹鄭眾　東漢人。字仲師，曾任大司農。出身經學世家，承傳家學，遍讀諸經，尤其精通《左傳》，著有《春秋難記條例》、《春秋刪》等。詳見《後漢書》卷三十六鄭興附傳。❺賈逵父子　指東漢人賈徽和賈逵。賈徽，扶風平陵（今陝西咸陽）人。從劉歆學《左氏春秋》，兼習《國語》、《周官》、《古文尚書》、《毛詩》等。作《左氏條例》二十一篇。賈逵即賈徽的兒子，字景伯，東漢著名經學家。傳父業，弱冠能誦《左氏傳》及《五經》本文，以《大夏侯尚書》教授，雖為古學，兼通五家《穀梁》之說。所著經傳義詁及論難百餘萬言，又作詩、頌、誄、書、連珠、酒令凡九篇，學者宗之，後世稱為通儒。詳見《後漢書・賈逵列傳》。❻陳元　東漢蒼梧廣信（今廣西梧州）人，字長孫。精通《左傳》，上疏請求設立《左傳》博士，並為當時四博士中的第一博士。詳見《後漢書・陳元列傳》。「元」下原衍「方」字。❼服虔　東漢滎陽（今河南滎陽東北）人，字子慎。初名重，又名祇，後改為虔，少以清苦建志，入太學受業。有雅才，善著文論，作《春秋左氏傳解》，影響甚廣。又以《左傳》駁何休之所駁漢事六十條。詳見《後漢書・服虔列傳》。❽勸學從事　州屬官。掌文教。❾僕　即太子僕。太子屬官，掌太子車馬。下原衍「射」字。❿軍祭酒　官名。亦稱「軍謀祭酒」、「軍諮祭酒」、「軍師祭酒」等。丞相府屬僚。⓫太中大夫　官名。侍從皇帝左右，掌顧問應對，參謀議政，奉詔出使等。⓬博士　官名。掌教授經學，議定禮制。太學、中書學均設博士。

【語　譯】尹默，字思潛，梓潼郡涪縣人。益州大多數人重視今文經學，而不崇尚古文經學逐章逐句解釋的學問。尹默知道今文經學的學問不淵博，便遠赴荊州遊學，跟隨司馬德操、宋仲子等人學習古文經學。尹默通曉各種儒家經典和史籍，又專精於《左氏春秋》，從劉歆所著的《春秋左氏傳條例》到鄭眾、賈徽賈逵父子、陳元、服虔等人對《春秋》的注釋，都能閱讀背誦，不用觀看原書。先主平定益州，自己兼任益州牧，任命尹默為勸學從事。及至立太子，又任命尹默為太子僕，讓他為後主講授《左氏春秋傳》。後主即帝位，任命尹默為諫議大夫。丞相諸葛亮北伐進駐漢中，請求朝廷任命尹默為軍祭酒。諸葛亮去世，尹默回到成都，被任命為太中大夫，後去世。尹默的兒子尹宗傳承了他的學問，任博士。

李譔，字欽仲，梓潼涪人也。父仁，字德賢，與同縣尹默俱游荊州，從司馬徽、宋忠等學。譔具傳其業，又從默講論義理，五經、諸子，無不該覽❶，加博好技藝，算術、卜數、醫藥、弓弩、機械之巧，皆致思焉。始為州書佐、尚書令史❷。延熙元年，後主立太子，以譔為庶子❸，遷為僕❹。轉中散大夫❺、右中郎將❻，猶侍太子。太子愛其多知，甚悅之。然體輕脫❼，好戲啁，故世不能重也。著古文易、尚書、毛詩、三禮、左氏傳、太玄指歸，皆依準賈、馬❽，異於鄭玄❾。與王氏❿殊隔，初不見其所述⓫，而意歸⓬多同。景耀中卒。時又有漢中陳術，字申伯，亦博學多聞，著釋問七篇、益部耆舊傳及志，位歷三郡太守。

【章　旨】以上為〈李譔傳〉，介紹了李譔不但儒學造詣很深，而且在其他知識領域中也多才多藝。

【注　釋】❶該覽　遍覽。❷尚書令史　官名，尚書省中低級辦事員吏。❸庶子　即太子中庶子，太子屬官，太子的侍衛官員。❹僕　下原衍「射」字。❺中散大夫　官名，光祿勳屬官，掌顧問應對。❻右中郎將　光祿勳屬官，掌訓練、管理、考核後備官員。❼體輕脫　舉止輕率。❽賈馬　即賈逵、馬融。馬融，東漢扶風茂陵（今陝西興平東北）人，字季長，知識淵博，為世通儒，所教學生，常有千數。著名的學者盧植、鄭玄都是他的學生。曾經從事政治活動，先後受外戚鄧氏、梁氏迫害。後不敢與權勢之家作對，轉而逢迎外戚梁冀，為之作頌，頗為當時正直之人看不起。詳見《後漢書・馬融列傳》。❾鄭玄　字康成，北海高唐（今屬山東）人。東漢著名古文經學家，先從師馬融，後歸鄉里，聚徒眾講學，著述頗豐。詳見《後漢書・鄭玄列傳》。❿王氏　即三國曹魏王肅，字子雍，東海郯（今山東郯城北）人。王朗的兒子，著名經學家，任侍中、太常等。喜好賈逵、馬融之學，不好鄭玄之學，創立王學，與鄭學相對。其所撰著，在曹魏被立為官學。詳見本書卷十三王朗附傳。⓫初不見其所述　完全沒有見過他的著述。⓬意歸　主旨和結論。

【語譯】李譔，字欽仲，梓潼郡涪縣人。父親李仁，字德賢，和同縣人尹默一起遊學荊州，跟隨司馬徽、宋忠等人學習。李譔完全繼承了父親的學問，又師從尹默講論經書義理，《五經》、諸子等書籍，沒有不遍覽的。加上他廣泛的喜歡各種技藝，對算術、卜數、醫藥、弓弩、機械等方面的技術，都用心的加以研究。最初擔任州裏的書佐、尚書令史。延熙元年，後主立太子，任命李譔為太子中庶子，升任太子僕。轉任中散大夫、右中郎將，仍然侍奉太子。太子欣賞李譔的知識淵博，非常喜歡他。然而他舉止輕佻，喜歡戲謔嘲弄，所以當世人並不敬重他。他所撰著的古文《易經》、《尚書》、《毛詩》、《三禮》、《左氏傳》、《太玄指歸》，都以賈逵、馬融的學說為準則，和鄭玄的學說不同。他與王肅相隔很遠，沒有見過他的著述，但他著作主旨及結論大多相同。李譔景耀年間去世。當時又有漢中人陳術，字申伯，也博學多聞，撰著《釋問》七篇、《益部耆舊傳》及《志》，先後擔任三個郡的太守。

1　譙周，字允南，巴西西充國❶人也。父𡸁❷，字榮始，治尚書，兼通諸經及圖、緯❸。州郡辟請，皆不應，州就假❹師友從事。周幼孤，與母兄同居。既長，耽古篤學，家貧未嘗問產業，誦讀典籍，欣然獨笑，以忘寢食。研精六經，尤善書札。頗曉天文，而不以留意；諸子文章非心所存❺，不悉徧視也。身長八尺，體貌素朴，性推誠不飾，無造次❻辯論之才，然潛識內敏❼。

2 建興中，丞相亮領益州牧，命周為勸學從事❽。亮卒於敵庭❾，周在家聞問❿，即便奔赴，尋有詔書禁斷，惟周以速行得達。大將軍蔣琬領刺史，徙為典學從事⓫，總州之學者。

3 後主立太子，以周為僕，轉家令。時後主頗出游觀，增廣聲樂⓬。周上疏諫曰：「昔王莽⓭之敗，豪傑並起，跨州據郡，欲弄神器⓮。於是賢才智士思望所歸，未必以其勢之廣狹，惟其德之薄厚也。是故於時更始⓯、公孫述⓰及諸有大眾者多已廣大，然莫不快情恣欲⓱，怠於為善，游獵飲食，不恤民物⓲。世祖初入河北⓳，馮異⓴等勸之曰：『當行人所不能為。』遂務理冤獄，節儉飲食，動遵法度，故北州歌歎，聲布四遠。於是鄧禹㉑自南陽追之，吳漢㉒、寇恂㉓未識世祖，遙聞德行，遂以權計㉔舉漁陽㉕、上谷㉖突騎㉗迎于廣阿㉘。其餘望風慕德者邳彤㉙、耿純㉚、劉植㉛之徒，至于輿病齎棺，繈負而至㉜者，不可勝數。故能以弱為強，屠王郎㉝，吞銅馬㉞，折赤眉㉟而成帝業也。及在洛陽㊱，嘗欲小出㊲，車駕已御，銚期㊳諫曰：『天下未寧，臣誠不願陛下細行數出㊴。』即時還車。

及征隗囂㊵，潁川㊶盜起，世祖還洛陽，但遣寇恂往，恂曰：『潁川以陛下遠征，故姦猾㊷起叛，未知陛下還，恐不時降㊸；陛下自臨，潁川賊必即降。』遂至潁川，竟如恂言。故非急務，欲小出不敢，至於急務，欲自安不為，故帝者之欲善也如此！故傳曰『百姓不徒附㊹』，誠以德先之也。今漢遭厄運，天下三分，雄哲之士思望之時也。陛下天姿至孝，喪踰三年㊺，言及隕涕，雖曾、閔㊻不過也。敬賢任才，使之盡力，有踰成、康㊼。故國內和一，大小勠力，臣所不能陳。然臣不勝大願，願復廣人所不能者。夫輓大重者㊽，其用力苦不眾；拔大艱者，其善術苦不廣。且承事宗廟者，非徒求福祐，所以率民尊上㊾也。至於四時之祀㊿，或有不臨；池苑之觀，或有仍出(51)。臣之愚滯，私不自安。夫憂責在身者，不暇盡樂，先帝之志，堂構(52)未成，誠非盡樂之時。願省減樂官(53)、後宮所增造，但奉修先帝所施，下為子孫節儉之教。」徙為中散大夫(54)，猶侍太子。

【章　旨】以上為〈譙周傳〉的第一部分，介紹譙周的家世、學問、官職；記載了譙周以歷史為鑑，勸諫後主劉禪不要沉湎於享樂之中。

【注　釋】❶西充國　侯國名。治所在今四川閬中西南。當時制度，凡是縣成為侯爵的封地，則改稱侯國，簡稱國。❷岍　此字字書未見，音不詳。或「岍」（音ㄑㄧㄢ）之訛。❸圖緯　即讖緯。❹就假　到家中授予。❺非心所存　不是內心所推許的。❻造次　臨機應變。❼潛識內敏　胸懷學識，內藏機敏。❽勸學從事　官名。掌文教。❾敵庭　敵方占領的區域。❿聞問　聽到消息。⓫典學從事　州屬官。管理州內諸郡學校、節令祭祀等事。⓬增廣聲樂　擴大宮廷樂隊的規模。⓭王莽　字巨君，魏郡元城（今河北大名東）人，新朝皇帝。漢元帝皇后王政君之姪。哀帝死，王政君以太皇太后身分臨朝，任王莽為大司馬，立平帝。平帝死，王莽攝政，稱「假皇帝」，後自立為帝，國號新。詳見《漢書．王莽傳》。⓮欲弄神器　妄想爭奪皇位。神器，指皇位。⓯更始　即更始帝劉玄。劉玄字聖公，新莽末年，綠林軍起事，綠林軍的一支平林軍推舉劉玄任首領，稱帝，年號更始，先建都洛陽，後遷至長安。後來內部發生變亂，外面又有赤眉軍的進攻，不久被赤眉軍打敗，劉玄被殺。詳見《後漢書．劉玄列傳》。⓰公孫述　字子陽，扶風茂陵（今陝西興平東北）人。新莽末年，綠林赤眉起事，天下大亂，公孫述趁機割據益州，自立為蜀王，定都成都。東漢建立後，建武十二年（西元三六年），光武帝劉秀派大將吳漢征蜀，公孫述兵敗被殺。詳見《後漢書．公孫述列傳》。⓱快情恣欲　憑心情縱欲。⓲民物　民眾。⓳世祖初入河北　劉秀剛進入黃河以北地區。世祖，東漢光武帝劉秀的廟號。更始稱帝後，於西元二三年派劉秀征伐黃河以北地區，劉秀便在那裏發展自己的勢力，以此起家，脫離更始政權自立為帝。⓴馮異　字公孫，東漢潁川父城（今河南寶豐東）人，劉秀手下的著名戰將之一，屢立戰功，被任為征西大將軍，封夏陽侯。詳見《後漢書．馮異列傳》。㉑鄧禹　字仲華，東漢南陽新野（今河南新野）人，與東漢光武帝有舊交。新莽末年更始稱帝後，很多人勸說鄧禹依附更始，鄧禹不從。及後聽說劉秀在河北，即杖策北渡，投奔之。屢立戰功，被拜為右將軍，封高密侯。詳見《後漢書．鄧禹列傳》。㉒吳漢　字子顏，東漢南陽宛縣（今河南南陽）人。光武帝劉秀征伐黃河以北地區，吳漢用計使漁陽太守彭寵歸順劉秀，為劉秀平定河北立下功勞，並多次立有戰功，為劉秀手下著名的戰將之一。詳見《後漢書．吳漢列傳》。㉓寇恂　字子翼，東漢上谷昌平（今北京市昌平）人。劉秀征伐河北，寇恂在廣阿投奔劉秀。東漢建立後，因經明行修，名重朝廷，時人認為他有宰相之器。詳見《後漢書．寇恂列傳》。㉔權計　權謀。㉕漁陽　郡名。治所在今北京市密雲西南。㉖上谷　郡名。治所在今河北懷來東南。㉗突騎　衝擊敵陣的騎兵。㉘廣阿　縣名。治所在今河北隆堯東。㉙邳彤　字偉君，東漢信都（今河北冀州）人。初為王莽和成卒正。劉秀征伐河北，至下曲陽，邳彤舉城降。東漢建立後，歷任太常、少府，常從征伐。詳見《後漢書．邳彤列傳》。彤，原誤作「肜」，據宋本改。下同。㉚耿純　字伯山，東漢鉅鹿宋子（今河北趙縣東北）人。劉秀征伐河北，渡黃河至邯鄲，耿純即謁見，成為劉秀手下著名戰將之一。詳見《後漢書．耿純列傳》。㉛劉植　字伯先，東漢鉅鹿昌城（今河北冀州西北）人。劉秀征伐河北，劉植聽說劉秀從薊縣還軍，乃開門迎之。任驍騎將軍。建武二年，封為昌城侯。在密縣戰歿。詳見《後漢書．劉植列傳》。㉜輿病齎棺二句有病的坐著車，垂死的抬著棺材，有嬰兒的背著嬰兒前來。㉝王郎　西漢末趙國邯鄲（今河北邯鄲）人，又名王昌。善占卜相面，觀天文。新莽末年天下大亂，王郎在邯鄲稱帝，後被劉秀斬殺。其事跡散見於《後漢書・光武帝紀》、〈吳漢列傳〉等。㉞銅馬　新莽末年民眾起事的一支武裝勢力，活動於河北地區。㉟赤眉　新莽末年民眾起事者，因把眉毛染紅，故名。曾攻進長安，殺死更始帝，立劉盆子為帝。後被劉秀消滅。㊱洛陽　東漢首都，即今河南洛陽。㊲小出　短時間外出。㊳銚期　字次況，東漢潁川郟縣（今河南郟縣）人。早年追隨劉秀起兵，屢立戰功，為劉秀手下著名戰將之一，又以直言敢諫著稱。詳見《後漢書・銚期列傳》。㊴細行數出　不以皇帝的身分，不具備皇帝的儀仗，多次外出。㊵隗囂　字季孟，東漢天水成紀（今甘肅天水市）人。東漢初為西州大將軍，得專制涼州、朔方事。後與割據益州的公孫述勾結，被劉秀消滅。詳見《後漢書・隗囂傳》。㊶潁川　郡名。治所在今河南禹州。㊷姦猾　奸惡狡詐之徒。㊸時降　即時投降。㊹百姓不徒附　百姓不會平白無故依附。㊺喪踰三年　居喪超過三年。古代喪禮，為父服喪三年。㊻曾閔　曾即曾參，字子輿，春秋戰國魯國南武城（今山東費縣西南）人。孔子的弟子，以孝順父母著名。閔即閔損，字子騫，春秋末魯國人。孔子的學生，上事父母，下順兄弟，以孝著稱。㊼成康　成即周成王，名姬誦，周武王之子，繼位時年幼，以周公旦輔佐。康即周康王，名姬釗，周成王之子，繼位時由召公、畢公輔政。二王在位期間，天下安寧，史稱「成康盛世」。詳見《史記・周本紀》。㊽輓大重者　牽引巨大重量的人。㊾率民尊上　率領民眾尊崇君上。㊿四時之祀　春夏秋冬四季的祭祀。(51)仍出　頻繁外出。(52)堂構　正房的架構。這裏指劉備的遺願和事業。(53)樂官　此指宮廷樂手。(54)中散大夫　官名。閒職，多以老疾者為之。

【語　譯】譙周，字允南，巴西郡西充國人。父親譙岍，字榮始，研治《尚書》，兼通其他儒家經書和讖緯之學。州郡都曾請譙岍出來做官，譙岍都沒有答應。州府便派人到他家中授予他師友從事的職位。譙周自幼喪父，與母親和哥哥一起生活。長大以後，譙周迷戀古史，一心向學，他家境貧寒，但從不過問產業經營，閱讀典籍，獨自欣然微笑，廢寢忘食。他精心研究儒家《六經》，尤其擅長寫書札信函。他非常了解天文，卻不把精力放在這上面；諸子百家的文章如果不是他內心推許的，不會把它仔細閱讀完。譙周身高八尺，外貌樸實，性格坦誠，不加修飾，沒有臨機辯論的才能，但胸懷學識，內藏機敏。

2　建興年間，丞相諸葛亮兼任益州牧，任命譙周為勸學從事。諸葛亮在魏境去世，譙周在家聽到這個消息，立即奔赴諸葛亮去世的地方，不久朝廷下詔禁止百官奔赴喪地，惟獨譙周行動迅速得以到達。大將軍蔣琬兼任益州刺史，改任譙周為典學從事，總管州內的學者。

3 後主冊立太子，任譙周為太子僕，轉任太子家令。當時後主頻繁的外出遊玩觀覽，擴充宮廷樂隊的規模。譙周上疏勸諫後主說：「從前王莽敗亡時，眾多豪傑同時起兵，割據州郡，都想爭奪皇位。在那時賢才智士們所希望歸附的人，不一定是看他實力的大小，而只看他恩德多少。所以當時的更始、公孫述以及兵多將廣的人大多已占地遼闊而兵力強盛，然而他們沒有一個不是縱情恣欲，不肯行善，只是整日遊玩打獵，大吃大喝，不體恤老百姓。而世祖光武帝剛剛進入河北，馮異等人就勸他說：『應當做那些別人做不到的事。』於是世祖致力於審理冤獄，飲食節儉，一切行為循規蹈矩，所以北方州郡的百姓歌頌讚嘆他的恩德，他的名聲遠播四方。於是鄧禹從南陽郡追隨世祖，吳漢、寇恂等人本不認識世祖，遠聞他的操行品德，便用計謀率領漁陽、上谷的騎兵到廣阿去迎接他。其餘仰慕世祖風範敬慕他的品德的還有邳彤、耿純、劉植等人。至於那些有病的坐車帶著棺材，背負著嬰兒前來投奔世祖的，就多得無法計數了。所以世祖能夠轉弱為強，屠滅王郎，吞併銅馬軍，擊敗赤眉軍而成就帝業。等到在洛陽的時候，世祖曾經想暫時外出，車駕已經準備好了，銚期勸諫說：『現在天下尚未安定，臣實在不願意陛下隨隨便便的多次外出。』世祖當即迴車返回。到了征伐隗囂時，潁川郡盜賊反叛，世祖回到洛陽，只派寇恂前往平亂，寇恂說：『潁川知道陛下遠征，所以那些奸猾的盜賊起兵反叛，不知道陛下已經回到洛陽，恐怕不會立刻投降；如果陛下統兵親征，潁川叛軍一定會馬上投降。』世祖於是率兵親征潁川，結果果然和寇恂所說的一樣。倘若不是為了緊急的事情，想暫時出去一下都不敢，到了緊急的事情發生時，想自己安閒一下都要放棄，所以做帝王的想要把事情做好就得這樣！因此古書上說『百姓不會平白無故的依附你』，確實對百姓要以恩德為先啊。現在漢室遭逢厄運，天下三分，正是英雄明智的人盼望明主的時候。陛下天生孝順之至，為先帝服喪超過了三年，提到先帝就傷心流淚，就是古代的曾參、閔損也比不上。您尊敬賢人任用人才，使他們全力發揮，這一點比周成王、康王做得還好。所以國內和諧一心，上下同心協力，這都是臣說也說不盡的。然而臣還禁不住有個更大的願望，願您再做些別人做不到的事情。凡是牽引巨大重物的人，憂慮的是用力的人不多；解決巨大的困難的人，擔憂的是好方法太少。況且奉侍宗廟的人，不僅僅是謀求福佑，而是以此用來率領民眾尊崇君上。至於一年四季的祭祀，陛下或有不能親自奉祀的時候；遊玩水池花園，您卻有時頻頻前往。即使像臣這樣愚昧不曉事理的人，也私下裏感到不安。憂患和責任在身的人，沒有閒暇盡情享樂，先帝振興漢室的志願，還沒有實現，實在不是盡情享樂的時候。臣希望陛下裁減樂官、減少宮中擴建的工程，只遵行先帝所為，用節儉來教育後代子孫。」後譙周轉任中散大夫，依舊侍奉太子。

於時軍旅數出，百姓彫瘁❶，周與尚書令陳祗論其利害，退而書之，謂之仇國論。其辭曰：「因餘之國❷小，而肇建之國❸大，並爭於世而為仇敵。因餘之國有高賢卿者，問於伏愚子❹曰：『今國事未定，上下勞心，往古之事，能以弱勝強者，其術何如？』伏愚子曰：『吾聞之，處大無患者恆多慢❺，處小有憂者恆思善；多慢則生亂，思善則生治，理之常也。故周文養民❻，以少取多；句踐❼卹眾，以弱斃彊。此其術也。』賢卿曰：『曩者❽項彊漢弱，相與戰爭，無日寧息。然項羽與漢約分鴻溝❾為界，各欲歸息民；張良❿以為民志既定，則難動也，尋帥追羽⓫，終斃項氏，豈必由文王之事乎？肇建之國方有疾疢⓬，我因其隙，陷其邊陲，覬⓭增其疾而斃之也。』伏愚子曰：『當殷、周之際，王侯世尊，君臣久固，民習所事；深根者難拔，據固者難遷。當此之時，雖漢祖安能杖劍鞭馬而取天下乎？當秦罷侯置守⑭之後，天下土崩，或歲改主，或月易公，烏驚獸駭，莫知所從，於是豪彊並爭，虎裂狼分，疾搏者⑮獲多，遲後者見吞。今我與肇建皆傳國易世矣，既非秦末鼎沸之時，實有六國並據之勢，故可為文王，難為漢祖。夫民疲勞則騷擾之兆生，上慢下暴則瓦解之形起。諺曰：「射幸數跌，不如審發⑯。」是故智者不為小利移目，不為意似改步⑰，時可⑱而後動，數合⑲而後舉，故湯、武之師不再戰而克，誠重民勞而度時審也。如遂極武黷征⑳，土崩勢生，不幸遇難，雖有智者將不能謀之矣。若乃奇變縱橫，出入無間㉑，衝波截轍㉒，超谷越山，不由舟楫而濟盟津㉓者，我愚子也，實所不及。」

【章旨】以上為〈譙周傳〉的第二部分，全文載錄了譙周的〈仇國論〉，集中反映了他重視百姓的休養生息，要審時度勢的政治主張。

【注釋】❶彫瘁　貧困勞苦。❷因餘之國　虛擬的國名，這裏影射蜀漢。❸肇建之國　虛擬的國名，這裏影射曹魏。❹有高賢卿者二句　高賢卿、伏愚子，均為虛擬人名。其中伏愚子影射譙周自己。❺恆多慢　常做出許多輕率隨意的舉動。❻周文養民　周文即周文王。據說他在位時，篤仁，敬老，慈少，禮下賢者，所以人們紛紛離開商朝而投奔他，使弱小的周國很快強大起來。詳見《史記·周本紀》。文，原誤作「人」。❼句踐　春秋時越國國王。其國被吳國所滅，他臥薪嚐膽，休養生息，使越國強大起來，最後將吳國滅掉。詳見《史記·越王句踐世家》。❽曩者　過去。❾鴻溝　運河名。約在西元前三六〇年開鑿。漢代以後稱狼湯渠。故道自今河南滎陽北引黃河水，流經東南，連接濟水、濮水、汴水等多條河道，形成黃淮平原上的水道交通網。對促進各地的經濟和文化交流起過重大作用。❿張良　字子房，出身韓國貴族，秦建立後曾謀刺秦始皇，不果。秦末響應陳勝起事，後歸附劉邦，為劉邦屢出奇計，因功被封為留侯。詳見《史記・留侯世家》。⓫尋帥追羽　緊接著率軍追擊項羽。⓬疾疢　疾病。此比喻困難。⓭覬　希望。⓮罷侯置守　廢除封建諸侯制，實行郡縣制。⓯疾搏者　爭奪速度快的人。搏，宋本作「博」，二字通。⓰射幸數跌二句　在射箭時，與其在多次失誤中僥倖射中一次，不如準確的瞄好靶子一箭射中。⓱不為意似改步　不會因為似是而非的原因而改變自己行進的步伐。⓲時可　天時許可。⓳數合　符合天數。⓴極武黷征　崇尚武力，濫用征伐手段。㉑出入無間　在沒有縫隙的地方出入自如。形容神出鬼沒。㉒衝波截轍　衝過河流截斷道路。㉓盟津　黃河渡口名。又稱孟津，在今河南偃師北。

【語譯】 當時屢屢出兵作戰，百姓貧困勞苦，譙周與尚書令陳祇談論時政的利弊得失，回去後寫成一篇文章，叫作〈仇國論〉。文章說：「因餘之國弱小，而肇建之國強大，這兩個國家因在世間相爭而為仇敵。因餘之國有個名叫高賢卿的人，問伏愚子說：『現在國家大事還沒完成，上下的人都勞心費力，古代的事件，有能夠以弱勝強的，他們用了什麼方法呢？』伏愚子說：『我聽說，處於強大一方而沒有憂患的，做事常常輕率隨意，處於弱小一方而有憂患的，始終想著把事情做好；做事常常輕率隨意政局就會出現變亂，始終想著把事情做好政事就會井井有條，這是事理的常規。所以周文王休養百姓，能夠以少勝多；越王句踐撫恤民眾，能夠以弱勝強。這就是他們用的方法啊。』高賢卿說：『從前項羽強大漢王弱小，雙方互相爭戰，沒有一天安寧。然而項羽卻與漢王約定以鴻溝為界，準備各自撤軍使百姓休養生息；張良認為百姓的心一旦安定下來，再動員他們就很難了，緊接著漢王率軍追擊項羽，最終消滅項羽，難道一定要走周文王的道路才能以弱勝強嗎？現在肇建之國正面臨困難，我們趁這個機會，攻取它的邊境，就有希望增大它的困難而消滅它。』伏愚子說：『在商朝、周朝的時候，王侯們世世代代尊貴，君臣關係長久穩固，百姓已經習於在這種狀況下生活。根紮得深的東西難以拔出，基礎牢固的東西就難以遷移。在那個時候，即使是漢高祖又怎能仗劍策馬憑武力而取得天下呢？當秦朝廢諸侯設郡置守以後，百姓疲於應付秦朝的勞役，天下土崩瓦解，有時一年換一個君主，有時一個月換一個王公，百姓像受驚的鳥獸一樣，無所適從，於是豪強紛紛起兵互相爭鬥，就像虎狼撕搶獵物一樣，動作快的人得到的就多，動作慢的人就被吞掉。現在我國與肇建之國都是經過了君主的傳位換代，已經不是秦末那種動盪不安的時代，實在像六國割據之勢，所以可以像周文王那樣取得天下，而難以像漢高祖那樣建立帝業。百姓疲弊那麼社會動亂的徵兆就會出現，君主輕率官吏暴虐土崩瓦解的形勢就會興起。諺語說：「射箭時與其在多次失誤中僥倖射中一次，不如準確瞄準後一箭中的。」所以明智的人不會被小利轉移視線，不會為似是而非的現象改變自己的行進步伐。待天時允許後才行動，與天數相合後才起兵，所以商湯、周武王的軍隊能一戰而勝，實在是因為他們重視百姓的勞苦而能夠審時度勢啊。如果崇尚武力濫用征伐手段，出現土崩瓦解的形勢，不幸遇到災難，即使有智慧的人也謀劃不出良策了。至於指揮軍隊奇變縱橫，神出鬼沒，衝過河流阻斷道路，翻山越谷，不用舟船就可以渡過盟津這樣的事情，我一個愚昧的人，實在沒有什麼好主意。』」

1 後遷光祿大夫，位亞九列❶。周雖不與政事，以儒行見禮，時訪大議，輒據經以對，而後生好事者❷亦咨問所疑焉。

2 景耀六年冬，魏大將軍鄧艾❸克江由❹，長驅而前。而蜀本謂敵不便至❺，不作城守調度，及聞艾已入陰平❻，百姓擾擾，皆迸山野，不可禁制。後主使羣臣會議❼，計無所出。或以為蜀之與吳，本為和國，宜可奔吳；或以為南中七郡，阻險斗絕❽，易以自守，宜可奔南。惟周以為：「自古已來，無寄他國為天子者也，今若入吳，固當臣服。且政理不殊❾，則大能吞小，此數❿之自然也。由此言之，則魏能并吳，吳不能并魏明矣。等為小稱臣，孰與為大⓫？再辱之恥，何與一辱？且若欲奔南，則當早為之計，然後可果；今大敵已近，禍敗將及，羣小之心⑫，無一可保，恐發足之日⑬，其變不測，何至南之有乎！」羣臣或難周曰：「今艾以不遠，恐不受降，如之何？」周曰：「方今東吳未賓，事勢不得不受，受之之後⑭，不得不禮。若陛下降魏，魏不裂土以封陛下者，周請身詣京都，以古義爭之。」眾人無以易周之理。

3 後主猶疑於入南⑮，周上疏曰：「或說陛下以北兵深入，有欲適南之計⑯，臣愚以為不安。何者？南方遠夷之地，平常無所供為⑰，猶數反叛，自丞相亮南征，兵勢偪之，窮乃幸從。是後供出官賦，取以給兵，以為愁怨，此患國之人⑱也。今以窮迫，欲往依恃，恐必復反叛，一也。北兵之來，非但取蜀而已，若奔南方，必因人勢衰，及時赴追，二也。若至南方，外當拒敵，內供服御，費用張廣⑲，他無所取，耗損諸夷必甚，甚必速叛，三也。昔王郎以邯鄲僭號⑳，時世祖在信都㉑，畏偪於郎，欲棄還關中。邳彤諫曰：『明公西還，則邯鄲城民不肯捐父母㉒，背城主，而千里送公，其亡叛可必㉓也。』世祖從之，遂破邯鄲。今北兵至，陛下南行，誠恐邳彤之言復信於今，四也。願陛下早為之圖㉔，可獲爵土；若遂適南，勢窮乃服，其禍必深。易曰：『亢之為言㉕，知得而不知喪，知存而不知亡；知得失存亡而不失其正者，其惟聖人乎！』言聖人知命而不苟必[26]也。故堯、舜[27]以子不善，知天有授[28]，而求授人；子雖不肖，禍尚未萌，而迎授與人[29]，況禍以至乎！故微子以殷王之昆[30]，面縛銜璧[31]而歸武王[32]，豈所樂哉？不得已也。」於是遂從周策。劉氏無虞[33]，一邦蒙賴，周之謀也。

4 時晉文王[34]為魏相國，以周有全國之功[35]，封陽城亭侯。又下書辟周，周發至漢中，困疾不進。咸熙二年[36]夏，巴郡文立[37]從洛陽還蜀，過見周。周語次[38]，因書板示立曰：「典午[39]忽兮，月酉[40]沒兮。」典午者謂司馬也，月酉者謂八月也，至八月而文王果崩。晉室踐阼，累下詔所在發遣周。周遂輿疾詣洛[41]，泰始三年至。以疾不起，就拜騎都尉[42]，周乃自陳無功而封，求還爵土，皆不聽許。

5 五年[43]，予嘗為本郡中正[44]，清定[45]事訖，求休還家，往與周別。周語予曰：「昔孔子七十二、劉向[46]、揚雄[47]七十一而沒，今吾年過七十，庶慕孔子遺風，可與劉、揚同軌，恐不出後歲，必便長逝，不復相見矣。」疑周以術知之，假此而言也。六年[48]秋，為散騎常侍，疾篤[49]不拜，至冬卒。凡所著述，撰定法訓、五經論、古史考[50]之屬百餘篇。周三子，熙、賢、同。少子同頗好周業，亦以忠篤質素為行，舉孝廉[51]，除錫[52]令、東宮洗馬[53]，召不就[54]。

【章　旨】以上為〈譙周傳〉的第三部分，記載了譙周勸劉禪投降曹魏的過程及其主張的理由，以及蜀漢投降曹魏後譙周的經歷、著作及其後代的簡要情況。

【注　釋】❶九列　九卿。中央機構官名的合稱，通常指奉常、郎中令、太常、廷尉、衛尉、典客、宗正、治粟內史、中衛等官。❷後生好事者　晚輩好學的人。❸鄧艾　字士載，義陽棘陽（今河南南陽南）人，曹魏將領，曾在淮河南北屯田，解決軍糧問題。任討寇將軍、汝南太守、兗州刺史等職。曹魏景元四年（西元二六三年）率兵攻蜀漢，一直打到成都，迫使劉禪投降。詳見本書卷二十八〈鄧艾傳〉。❹江由　縣名。治所在今四川平武東南。❺不便至　不會馬上到來。❻陰平　郡名。治所在今甘肅文縣。❼會議　聚會討論。❽斗絕　即陡決，形容地勢或山勢險峭。❾政理不殊　政治上的道理沒有什麼不同。❿數　必然的道理。⓫等為小稱臣二句　同樣是向別國稱臣，向小國稱臣怎比得上向大國稱臣。⓬羣小之心　下邊的士兵和低級官吏的心意。⓭發足之日　動身之日。⓮不得不受受之之後　此八字原作「不得不受之，受之後」，今據《通鑑》卷七十八校改。⓯疑於入南　拿不定主意是否退入南中。⓰適南之計　到南中的計策。⓱無所供為　拿不出什麼東西向政府交納賦稅。⓲患國之人　給國家造成禍患的人。⓳費用張廣　費用增大。⓴王郎以邯鄲僭號　指新莽末年，王郎在邯鄲稱帝一事。㉑信都　郡名。治所在今河北冀州。㉒捐父母　離棄父母。㉓可必　可以肯定。㉔早為之圖　早點拿定主意。㉕亢之為言　用語言來解釋亢的含義。㉖苟必　勉強堅持。㉗堯舜　堯即唐堯，祁姓，名放勳，帝嚳之子。舜即虞舜，姚姓，名重華，年二十以孝聞名。繼堯之後為帝。詳見《史記・五帝本紀》。㉘知天有授　知道天命另有所授。㉙迎授與人　主動的授予別人。㉚昆　哥哥。微子是商紂王的異母兄。㉛面縛銜璧　雙手反綁口銜玉璽。㉜武王　即周武王，姬姓，名發，周文王之子，繼位後用太公、周公、召公、畢公輔政，滅掉殷商，建立周朝。詳見《史記・周本紀》。㉝無虞　沒有憂慮。㉞晉文王　即司馬昭，字子上，河內溫縣（今河南溫縣西）人，司馬懿次子，任曹魏大將軍、侍中、都督中外諸軍事，專朝政。西晉建立後，追尊為文帝。詳見《晉書・文帝紀》。㉟全國之功　保全蜀國之功。㊱咸熙二年　西元二六五年。咸熙，魏元帝曹奐年號，西元二六四—二六五年。㊲文立　字廣休，巴郡臨江（今重慶市）人。師事譙周，任蜀漢大將軍東曹掾、尚書。蜀漢亡後入魏晉，任濟陰太守、太子中庶子等職。詳見《晉書・文立傳》。㊳語次　談話的時候。㊴典午　暗指司馬。典和司都有掌管的意思，午在地支中的排列與十二生肖的馬相應。㊵月酉　即八月。蜀漢使用夏曆，以冬至所在的十一月為子月，十二月為丑月，一月為寅月，依次類推，則酉月為八月。㊶輿疾詣洛　帶病乘車到洛陽。㊷騎都尉　統領皇帝騎兵侍衛的武官。㊸五年　西晉泰始五年（西元二六九年）。㊹本郡中正　家鄉所在郡的中正。中正為官名，負責品評人物。曹魏實行九品中正制，在每州、郡各設中正一人，由本郡人士在中央任官者兼任。品評的標準是家族的貴賤、本人德才的優劣。評定的等級由高到低有九個，即上上、上中、上下、中上、中中、中下、下上、下中、下下。中央的吏部尚書根據中正的評定結果授官，品高者授高官，低者授低官。到後來評定的標準只看家族出身，形成上品無寒門，下品無世族的局面。㊺清定　中正每三年一次的定品工作稱清定。㊻劉向　西漢皇族，字子政，本名更生。漢元帝時曾任宗正，後因受排擠被廢黜。成帝時再度被起用，任光祿大夫。為人廉靖樂道，不交接世俗，專積思於經術，擅長經學，主持較理皇家藏書，所著《別錄》一書，是中國最早的目錄學著作。詳見《漢書・劉向傳》。㊼揚雄　字子雲，成都（今四川成都）人，西漢文學家。成帝時任給事黃門郎，與劉歆、王莽、董賢同官。後三人皆升至公卿，獨揚雄歷事三帝不易官。年七十一卒。詳見《漢書・揚雄傳》。㊽六年　西晉泰始六年（西元二七〇年）。㊾疾篤　病重。㊿古史考　下原衍「書」字。(51)舉孝廉　當時用人制度之一。由各郡在所屬吏民中舉薦孝悌清廉者，被察舉為孝廉者往往被任為郎官。(52)錫　縣名。治所在今陝西白河縣。(53)東宮洗馬　官名。又稱太子洗馬。(54)召不就　下原有「周長子熙，熙子秀，字元彥」諸句，係裴松之注文，今刪去。

【語譯】後來譙周升任光祿大夫，地位僅次於九卿。譙周雖然不參與政事，卻因為儒學與品行被朝廷禮遇，當時朝廷有重大事情諮詢他時，他總是根據儒家經典進行回答。而後生晚輩好學的人，也常就一些疑難問題向他請教。

2 景耀六年冬天，曹魏大將軍鄧艾攻克江由，軍隊長驅前進。而蜀漢原本以為敵人不會馬上打來，沒有進行守城部署。等到聽說鄧艾軍隊已經進入陰平，百姓驚擾，全部四分五散逃入山野，無法禁止控制。後主命羣臣聚會討論，卻想不出什麼好主意。有人認為蜀漢與孫吳本為盟國，可以投奔孫吳；有人認為南中七郡，地勢險要，容易防守，可以奔赴南方。惟獨譙周認為：「自古以來，沒有寄居在別的國家做天子的事情，現在如果去孫吳，勢必要臣服。況且政治上的道理沒有什麼不同，大國能吞併小國，這是自然而然的道理。據此而言，曹魏能夠吞併孫吳，孫吳卻不能吞併曹魏是很明顯的事情。同樣是投降稱臣，向小國稱臣和向大國稱臣相比哪樣做更好？受兩次稱臣屈辱和受一次屈辱相比怎麼樣？況且如果想向南奔往南中，就應該早作打算，然後才可以收到成效；現在大敵就在眼前，敗亡之災就要降臨，下面士眾的心，沒有一個能保證是靠得住的，恐怕動身之日，就會出現難以預測的變故，怎麼還能進入南中呢！」羣臣中有人質疑譙周的意見，說：「現在鄧艾因為魏軍已經離此不遠，恐怕不會接受我們的投降，到時怎麼辦？」譙周說：「當前東吳還沒有臣服曹魏，在這種形勢下他不能不接受我們的投降，接受投降之後，他不能不禮遇我們。假如陛下投降曹魏，曹魏不割地分封陛下，譙周我請求親自到曹魏京城，根據古代的道理去為陛下爭取。」眾人沒有能改變譙周的論點的。

3 後主對於是否奔往南中仍然猶豫不決，譙周上疏說：「有人勸說陛下因為魏軍深入，有準備到南中的打算，臣愚笨的認為不穩妥。為什麼呢？因為南中是邊遠的少數民族聚居之地，平時向朝廷無所獻納，還多次起兵反叛，自從丞相諸葛亮南征，以軍威逼迫他們，他們沒有辦法才歸順。此後他們繳納物品作為官賦，朝廷抽調他們的壯丁充當士兵，他們愁苦怨恨，這是給國家帶來禍患的人。現在我們因為處境窘迫，想去依靠他們，恐怕他們一定會再次反叛，這是第一。魏軍前來，不僅僅是為了取得蜀地而已，如果我們奔往南中，他們一定會乘我們勢衰力竭之時，及時的追趕我們，這是第二。如果我們到了南中，對外要抵禦敵軍，對內要提供皇家使用的物品，費用增多，又沒有別的地方可以索取，對南中少數民族的物資徵用一定非常嚴重，加重就一定會加速他們的反叛，這是第三。從前王郎在邯鄲稱帝，當時世祖在信都，害怕王郎勢力的威逼，想放棄信都回關中。邳彤勸諫說：『明公如果往西回關中，那麼這裏倒向邯鄲王郎的各城百姓一定不肯離棄父母，背叛城主，跋涉千里來跟隨明公。他們必定要逃亡叛變。』世祖採納了他的意見，於是打敗了邯鄲王郎。現在北邊的軍隊到來，陛下向南撤退，恐怕邳彤的話真的會再變為真實，這是第四。臣希望陛下早些拿定主意歸順曹魏，可以獲得爵位封地；假若這時奔往南中，到山窮水盡時才歸順，造成的禍患一定深重。《易經》說：『亢的意思用語言來表示，是知道得到而不知道喪失，知道生存而不知道滅亡；知道得失存亡而不失去正道的，恐怕只有聖人吧！』這是說聖人知道天命而不會勉強堅持。所以唐堯、虞舜因為自己的兒子不好，知道天命另有所授，便尋求把王位授予別人；兒子雖然不賢，但禍患還沒萌發，堯、舜便把王位授給別人，何況現在禍患已經臨頭了呢！所以微子身為殷紂王的哥哥，還雙手反綁口銜玉璽歸順周武王，難道這是他喜歡做的嗎？這是不得已而為之呀！」於是後主便採納了譙周的計策。劉氏家族平安無憂，益州全州的百姓得以保全，都是譙周的謀劃。

4 當時晉文王擔任曹魏的相國，認為譙周有保全蜀國的功勞，封他為陽城亭侯。又下達文書徵召譙周到京城任職。譙周走到漢中，被疾病所困不得前行。曹魏咸熙二年夏天，巴郡人文立從洛陽返回蜀地，拜訪會見譙周。譙周在談話之時，在手版上寫了八個字給文立看，這八個字是：「典午忽兮，月酉沒兮。」典午指的是司馬，月酉說的是八月。到八月時文王果然死去。晉司馬氏登上帝位，屢次下詔要求當地官員把譙周送到京城，譙周便帶病乘車前往洛陽，泰始三年到達。因病不起，朝廷派人到他家任命他為騎都尉，譙周自己陳述無功受封，請求退還爵位和封土，都沒有得到允許。

5 泰始五年，我曾經擔任家鄉所在郡的中正，本郡人物的定品工作完成以後，請假回家，到譙周那裏與他告別。譙周對我說：「當年孔子七十二，劉向、揚雄七十一時去世，今年我已過七十歲，大概也可以活到孔子的歲數，或者活到劉向、揚雄的歲數。恐怕不出後年，就一定會與世長辭，不能再與你相見了。」我懷疑譙周通過術數知道了自己的壽數，藉這個機會說出來。泰始六年秋天，譙周擔任散騎常侍，病重沒有受職。到冬天時便去世了。總計譙周的著作，有《法訓》、《五經論》、《古史考》之類百餘篇。譙周的三個兒子，譙熙、譙賢、譙同。最小的兒子譙同很喜愛譙周的學問，也以忠誠樸素為行為準則，被舉為孝廉，授官錫縣縣令、太子洗馬，譙同都沒有赴任。

郤正，字令先，河南偃師❶人也。祖父儉，靈帝末為益州刺史，為盜賊所殺。會天下大亂，故正父揖因留蜀。揖為將軍❷孟達❸營都督❹，隨達降魏，為中書令史❺。正本名纂。少以父死母嫁，單煢隻立❻，而安貧好學，博覽墳籍。弱冠❼能屬文，入為祕書吏❽，轉為令史❾，遷郎❿，至令⓫。性澹於榮利，而尤耽意⓬文章，自司馬⓭、王⓮、揚⓯、班⓰、傅⓱、張⓲、蔡⓳之儔遺文篇賦，及當世美書善論，益部有者，則鑽鑿推求⓴，略皆寓目㉑。自在內職㉒，與宦人黃皓比屋㉓周旋，經三十年。皓從微至貴，操弄威權，正既不為皓所愛，亦不為皓所憎，是以官不過六百石㉔，而免於憂患。

【章旨】以上為〈郤正傳〉的第一部分，介紹了郤正的家世、學問和他在蜀漢政權中三十年沒有升遷的待遇。

【注釋】❶河南偃師　河南，郡名。治所在今河南洛陽東北。偃師，縣名。治所在今河南偃師東。❷將軍　二字上原有「大」字，係衍文，孟達未為大將軍。❸孟達　字子度，扶風（今陝西興平東南）人。先依劉璋，後投劉備，任宜都太守。荊州丟失後投降曹魏，任西城太守，又因在曹魏與蜀漢之間游移不定而被司馬懿所殺。其事跡散見於本書卷四十〈劉封傳〉、卷四十一〈費詩傳〉等。❹營都督　官名。管理軍營中的事務。❺中書令史　中書令的屬官，掌管文書。❻單煢隻立　孤單的一個人生活。❼弱冠　指男子二十歲時。《禮記·曲禮上》：「二十曰弱，冠。」年少為弱，待至二十，即為成年，舉行冠禮。❽祕書吏　祕書署的低級辦事人員。❾令史　即祕書令史，地位比祕書吏略高。❿郎　即祕書郎，祕書署的主辦官員。⓫令　即祕書令，祕書署的長官。⓬耽意　留意；用心。⓭司馬　即司馬相如，字長卿，蜀郡成都人，西漢著名文學家。擅長辭賦，辭藻華麗，文采飛揚。詳見《史記·司馬相如列傳》、《漢書·司馬相如傳》。⓮王　即王褒，字子淵，西漢蜀郡成都（今四川成都）人。擅長文學，漢宣帝時任諫大夫，後受宣帝命往益州祭祀金馬碧雞，於途中病逝。詳見《漢書·王褒傳》。⓯揚　即揚雄。⓰班　即班固，字孟堅，東漢扶風平陵（今陝西咸陽東北）人。史學家、文學家。曾任大將軍竇憲的中護軍，竇憲專權被殺，班固也受牽連入獄死。他所著《漢書》，是第一部紀傳體的斷代史，所作〈兩都賦〉在文學史上也有重要地位。詳見《後漢書》卷四十班彪附傳。⑰傳　即傳毅，字武仲，東漢扶風茂陵（今陝西興平東北）人，文學家，著詩、賦、誄、頌、祝文、連珠凡二十八篇。詳見《後漢書・傳毅列傳》。⑱張　即張衡，字平子，東漢南陽西鄂（今河南南陽）人，文學家、天文學家。文學作品有〈二京賦〉、〈四愁詩〉。科技發明的成果有渾天儀和地動儀。詳見《後漢書・張衡列傳》。⑲蔡　即蔡邕，字伯喈，東漢陳留圉（今河南杞縣西南）人，精通經學、史學、天文學、音樂和書法，曾任左中郎將。董卓專權，後被殺死，蔡邕表示同情，因此被王允逮捕，死於獄中。詳見《後漢書・蔡邕列傳》。⑳鑽鑿推求　透過各種辦法去尋找。㉑寓目　過目。㉒內職　指他在祕書官署中任職。㉓比屋　房屋挨著房屋。㉔六百石　指祕書令的品級。

【語　譯】郤正，字令先，河南郡偃師縣人。祖父郤儉，漢靈帝末年任益州刺史，被盜賊所殺。適逢天下大亂，所以郤正的父親郤揖便留在了蜀地。郤揖曾任將軍孟達的營都督，跟隨孟達一起投降了曹魏，任中書令史。郤正本名郤纂，年少時因父親去世母親再嫁，自己一個人孤單的生活。然而他安貧好學，博覽羣書，二十歲時便能寫文章，進入宮中任祕書吏，轉任祕書令史，升任祕書郎，直至祕書令。郤正天性淡泊榮名利祿，而特別用心於文章，從司馬相如、王褒、揚雄、班固、傳毅、張衡、蔡邕等人的文章辭賦，到當世人優秀的書信議論，只要益州有的，就想盡各種辦法把它們找來，大部分都讀過。自從在皇宮內任職，與宦官黃皓比鄰相處，長達三十年。黃皓從卑微到顯貴，把持朝政操弄權勢，郤正既不被黃皓所寵愛，也不被黃皓所憎惡，所以他的職位沒有超過六百石，而能免遭禍患。

1 依則先儒❶，假文見意❷，號曰釋譏，其文繼於崔駰❸達旨。其辭曰：

2 「或有譏余者曰：『聞之前記，夫事與時並，名與功偕，然則名之與事，前哲之急務也。是故創制作範，匪時不立❹，流稱垂名，匪功不記。名必須功而乃顯，事亦俟時以行止，身沒名滅，君子所恥。是以達人研道❺，探賾索微❻，觀天運之符表❼，考人事之盛衰；辯者馳說，智者應機，謀夫演略，武士奮威。雲合霧集，風激電飛，量時揆宜❽，用取世資❾。小屈大申，存公忽私，雖尺枉而尋直❿，終揚光以發輝也。今三方鼎跱，九有未乂⓫，悠悠四海，嬰丁⓬禍敗，嗟道義之沉塞⓭，愍生民之顛沛，此誠聖賢拯救之秋，烈士樹功之會也。吾子以高朗之才，珪璋之質⓮，兼覽博闚，留心道術⓯，無遠不致，無幽不悉；挺身取命⓰，幹茲奧祕⓱，躊躇紫闥⓲，喉舌是執⓳，九考不移⓴，有入無出。究古今之真偽，計時務之得失，雖時獻一策，偶進一言，釋彼官責㉑，慰此素飡㉒；固未能輸竭忠款，盡瀝胸肝，排方入直㉓，惠彼黎元，俾吾徒草鄙並有聞焉㉔也。盍亦綏衡緩轡㉕，回軌易塗，輿安駕肆㉖，思馬斯徂㉗；審厲揭以投濟㉘，要夷庚之赫憮㉙；播秋蘭以芳世，副吾徒之披圖㉚，不亦盛與！」

3 「余聞而歎曰：『嗚呼，有若云乎邪㉛！夫人心不同，實若其面㉜。子雖光麗，既美且豔，管闚筐舉㉝，守厥所見，未可以言八紘之形埒㉞，信萬事之精練㉟也。』

4 「或人率爾㊱，仰而揚衡㊲曰：『是何言與！是何言與！』

5 「余應之曰：『虞帝以面從為戒(38)，孔聖以悅己為尤(39)，若子之言，良我所思，將為吾子論而釋之。昔在鴻荒(40)，矇昧肇初(41)，三皇應籙(42)，五帝承符(43)，爰暨(44)夏、商，前典攸書(45)。姬衰(46)道缺，霸者翼扶(47)，嬴氏(48)慘虐，吞嚼八區(49)，於是從橫雲起，狙詐(50)如星，奇邪蠭動(51)，智故萌生。或飾真以讎偽(52)，或挾邪以干榮(53)，或詭道以要上(54)，或鬻技(55)以自矜。背正崇邪，棄直就佞，忠無定分(56)，義無常經(57)。故鞅法窮而慝作(58)，斯義敗而姦成(59)，呂門大而宗滅(60)，韓辯立而身刑(61)。夫何故哉？利回其心(62)，寵耀其目，赫赫龍章(63)，鑠鑠車服(64)，媮幸苟得(65)，如反如仄(66)，淫邪荒迷，恣睢自極(67)，和鸞未調而身在轅側(68)，庭宁未踐而棟折榱覆(69)。天收其精，地縮其澤，人弔其躬(70)，鬼芟其頷(71)。初升高岡，終隕幽壑，朝含榮潤，夕為枯魄。是以賢人君子，深圖遠慮，畏彼咎戾(72)，超然高舉(73)，寧曳尾於塗中(74)，穢濁世之休譽(75)。彼豈輕主慢民，而忽於時務哉？蓋易著行止之戒(76)，詩有靖恭之歎(77)，乃神之聽之而道使之然也。

6 『自我大漢，應天順民，政治之隆，皓(78)若陽春。俯憲坤典(79)，仰式乾文(80)，播皇澤以熙世(81)，揚茂化之醲醇(82)，君臣履度，各守厥真。上垂詢納之弘，下有匡救之責，士無虛華之寵，民有一行之迹(83)，粲乎亹亹(84)，尚此忠益。然而道有隆窳[85]，物有興廢，有聲有寂，有光有翳[86]。朱陽否於素秋[87]，玄陰抑於孟春[88]，羲和逝而望舒係[89]，運氣匿而耀靈陳[90]。沖、質不永[91]，桓、靈墜敗[92]，英雄雲布，豪傑蓋世，家挾殊議，人懷異計。故從橫者歘披其胸[93]，狙詐者暫吐其舌[94]也。

7 『今天綱已綴[95]，德樹西鄰[96]，丕顯祖之宏規[97]，縻好爵於士人[98]，興五教[99]以訓俗，豐九德[100]以濟民，肅明祀以礿祭[101]，幾[102]皇道以輔真。雖跱者[103]未一，偽者未分[104]，聖人垂戒，蓋均無貧。故君臣協美於朝，黎庶欣戴於野，動若重規[105]，靜若疊矩。濟濟偉彥[106]，元凱[107]之倫也，有過必知，顏子[108]之仁也，侃侃庶政[109]，冉、季[110]之治也，鷹揚鷙騰[111]，伊、望[112]之事也。總羣俊之上略，含薛氏之三計[113]，敷張、陳[114]之祕策，故力征以勤世，援華英而不遑[115]，豈暇修枯籜[116]於榛穢哉！

8 『然吾不才，在朝累紀[117]，託身所天，心焉是恃。樂滄海之廣深，歎嵩嶽[118]之高跱，聞仲尼之贊商[119]，感鄉校之益己[120]。彼平仲之和羹[121]，亦進可而替否，故曚冒瞽說[122]，時有攸獻[123]，譬遒人[124]之有采於市閭，游童之吟詠乎疆畔，庶以增廣福祥，輸力規諫。若其合也，則以闇協明，進應靈符；如其違也，自我常分，退守己愚。進退任數[125]，不矯不誣，循性樂天，夫何恨諸[126]？此其所以既入不出，有而若無者也。狹屈氏之常醒，濁漁父之必醉[127]，溷柳季之卑辱[128]，褊夷叔之高懟[129]。合不以得[130]，違不以失，得不克詘[131]，失不慘悸。不樂前以顧軒[132]，不就後以慮輊[133]，不鬻譽以干澤[134]，不辭愆以忌絀[135]。何責之釋？何飧之卹？何方之排？何直之入？九考不移，固其所執也。

9 『方今朝士山積，髦俊成羣，猶鱗介之潛乎巨海，毛羽之集乎鄧林[136]，游禽逝不為之尠[137]，浮魴臻不為之殷[138]。且陽靈幽於唐葉[139]，陰精應[140]於[141]商時，陽盱請而洪災息[142]，桑林禱而甘澤滋[143]。行止有道，啟塞有期。我師遺訓，不怨不尤，委命恭己，我又何辭？辭窮路單，將反初節[144]，綜墳典[145]之流芳，尋孔氏[146]之遺藝，綴微辭以存道[147]，憲先軌而投制[148]。韙叔肸之優游[149]，美疎氏[150]之遐逝，收止足以言歸，汎皓然以容裔[151]。欣環堵以恬娛[152]，免咎悔於斯世，顧茲心之未泰[153]，懼末塗之泥滯，仍求激而增憤，肆中懷[154]以告誓。昔九方[155]考精於至貴，秦牙[156]沉思於殊形；薛燭[157]察寶以飛譽，瓠梁[158]託絃以流聲；齊隸拊髀以濟文[159]，楚客潛寇以保荊[160]；雍門援琴而挾說[161]，韓哀秉轡而馳名[162]；盧敖翱翔乎玄闕[163]，若士[164]竦身於雲清。余實不能齊技[165]於數子，故乃靜然守己而自寧。』」

【章　旨】以上為〈郤正傳〉的第二部分，全文載錄了郤正的長篇論文〈釋譏〉。在這篇文章中，郤正以古說今，回顧了戰國時期，一些人只知道進身，不知道退步，最後遭到身死名滅的下場，藉此說明了自己為什麼要超然物外，為什麼三十年不建立功名，得不到升遷等問題。在文章中，郤正還從兩漢的興衰談到了蜀漢政權的興起，表明了自己樂天安命、不怨天尤人、急流勇退、靜守安寧的政治態度。

【注　釋】❶依則先儒　依照、效法先輩儒者。❷假文見意　借助文章表達自己的思想。❸崔駰　字亭伯，東漢涿郡安平（今河北安平）人，文學家，與班固、傅毅齊名。他所作的〈達旨〉，仿揚雄〈解嘲〉，以回答人們對他愛好學問，不關心仕途的評論。詳見《後漢書・崔駰列傳》。❹匪時不立　不遇到時機則建立不起來。❺達人研道　通達事理的人鑽研萬物發展的規律。❻探賾索微　探求深奧的道理，研究事物微小的變化。❼符表　表現出來的徵兆。❽量時揆宜　根據當時的形勢尋找合適的機會。❾用取世資　用來取得官位。❿尺枉而尋直　小的地方有所周折，但在大的地方得到伸展。古代八尺為一尋。⓫九有未乂　全國還沒有安定。九有，九州，指全國。⓬嬰丁　遭受。⓭沉塞　沉淪阻塞。⓮珪璋之質　珪璋均為玉做的禮器，此形容人才的優秀。⓯道術　實現正道的道理和方法。⓰挺身取命　挺身而出接受任命。⓱幹茲奧祕　參與機密。蜀漢祕書令負責草擬機要文書，故言。幹，參與。奧祕，機密。⓲躊躇紫闥　得志於朝廷。紫闥，皇宮，此指朝廷。⓳喉舌是執　執掌代皇帝起草詔書，發布指令的工作。⓴九考不移　多年沒有變化。考，傳說上古虞舜每三年考核一次下屬官員。不移，沒有變化。㉑釋彼官責　搪塞一下當官的職責。㉒慰此素飧　使自己有光拿俸祿感覺的心靈得到安慰。㉓排方入直　從同僚中脫穎而出，擔任侍中之類侍從皇帝的重要職務。入直，同「入值」。進入皇宮值班。㉔俾吾徒草鄙句　使我們這些渺小低賤的人能夠聽到。俾，使。草鄙，渺小低賤。㉕綏衡緩轡　停下車來，放鬆馬韁繩。㉖輿安駕肆　車輛跑得安穩，馬兒跑得暢快。㉗思馬斯徂　一心想讓馬跑得這樣快。《詩經・駉》：「駉駉牡馬，在坰之野。薄言駉者，有駰有騢，有驔有魚，以車祛祛。思無邪，思馬斯徂。」㉘審厲揭以投濟　弄清楚水的深淺以安全過河。厲指水深，揭指水淺。《詩經・匏有苦葉》：「匏有苦葉，濟有深涉。深則厲，淺則揭。」㉙要夷庚之赫憮　謀求坦途的廣闊。夷庚，平坦的道路。赫憮，廣闊。㉚披圖　展閱河圖、洛書一類的典籍。《漢書・禮樂志》：「披圖案牒。」曹植〈魏德論〉：「名儒按讖，良史披圖。」「披圖」乃是盛世之舉。披，原誤作「彼」，據郝經《續後漢書》校正。㉛有若云乎邪　話可以這樣說嗎。㉜人心不同二句　人們心思的不同，就像人的面貌各不相同。㉝管闚筐舉　比喻見識短淺。㉞八紘之形埒　八方極遠處的情形。㉟精練　此指事物的精髓、本質。㊱或人率爾　有人不加思考。率爾，輕率；不加思考。㊲仰而揚衡　抬頭揚眉。揚衡，揚眉。㊳虞帝以面從為戒　《尚書・皐陶謨》記載：虞舜曾對夏禹說：「汝無面從，退有後言。」意思是告誡夏禹，有話說在當面，不要當面順從，背後又發表不同意見。㊴孔聖以悅己為尤　孔子認為奉承討好自己的人是不好的。《論語・季氏》載孔子說：「友便辟，友善柔，友便佞，損矣。」意思是，同諂媚奉承人的人交朋友，同當面恭維背後毀謗的人交朋友，同誇誇其談的人交朋友，是有害的。尤，過錯；不好。㊵鴻荒　即洪荒。指遠古蒙昧混沌的狀態。㊶肇初　初始。㊷三皇應籙　三皇接受上天的符命。三皇，相傳為上古三個帝王。有多種說法，有的認為是伏羲、神農、黃帝；有的認為是伏羲、神農、女媧；有的認為是伏羲、神農、燧人。㊸五帝承符　五帝受天命。五帝，傳說上古的五個帝王，有多種說法，有的認為是黃帝、顓頊、帝嚳、堯、舜；有的認為是伏羲、神農、黃帝、少昊、顓頊；有的認為是少昊、帝嚳、顓頊、堯、舜。㊹爰暨　等到。㊺前典攸書　以前典籍所記載的。㊻姬衰　周王朝的衰落。周王朝姬姓，故言。㊼翼扶　輔佐；扶助。㊽嬴氏　指秦王朝。秦王嬴姓，故言。㊾吞噬八區　吞併八方。㊿狙詐　狡詐。(51)蠭動　像蜂羣一樣大量湧現。(52)譎偽　賣弄虛偽。(53)干榮　謀求榮華。(54)要上　騙取上面的信任。(55)鬻技　賣弄特長。(56)忠無定分　沒有始終不渝的忠誠的本分。(57)義無常經　沒有一貫堅持的道義準繩。(58)鞅法窮而慝作　商鞅變法失敗後邪惡又興起來。商鞅，戰國衛國人，公孫氏，名鞅，又稱衛鞅、公孫鞅、商君鞅、商君。初為魏相公孫痤家臣，後西入秦，得秦孝公信任，實行變法，使秦國強大。後被惠文王所殺。詳見《史記・商君列傳》。(59)斯義敗而姦成　李斯被殺後奸佞又形成。李斯，戰國末年楚上蔡（今河南上蔡西南）人。曾師從於荀卿，後入秦國，為秦併六國出謀劃策。秦統一後任廷尉、丞相等。後被趙高陷害，被殺。詳見《史記・李斯列傳》。(60)呂門大而宗滅　呂不韋登上高位而滅宗。門大，指登上高位。《史記・呂不韋列傳》載：秦國王子子楚在趙國做人質時，大商人呂不韋乃往見子楚，說曰：「吾能大子之門。」子楚笑曰：「且自大君之門，而乃大吾門！」呂不韋曰：「子不知也，吾門待子門而大。」後來他幫助子楚回國即位，是為秦襄王。秦襄王任呂不韋為相國，封為文信侯。襄王死，秦王政即位，稱呂不韋為「仲父」。有門客三千，家僮萬人。後被秦王政免職，流放蜀郡，終因憂懼交加而自殺。詳見《史記・呂不韋列傳》。(61)韓辯立而身刑　韓非的理論雖然確立而自身卻陷於刑獄之中。韓即韓非，戰國末期法家代表人物。出身韓國貴族，與李斯同受學於荀卿門下。著有〈孤憤〉、〈說難〉、〈五蠹〉等篇，深受秦王嬴政的喜愛，說：「嗟乎，寡人得見此人與之游，死不恨矣！」後來韓非到了秦國，卻被李斯害死。詳見《史記・老子韓非列傳》。(62)利回其心　利欲改變了他們的心。(63)赫赫龍章　顯耀威嚴的龍形的花紋圖案。(64)鑠鑠車服　光亮耀眼的車馬服飾。(65)媮幸苟得　只顧得到眼前的利益。(66)如反如仄　不安分，反覆無常。(67)恣睢自極　放任縱欲，自我毀滅。(68)和鸞未調句　還沒坐上車子人就死在了車下。和鸞，車上的鈴鐺。車子一起動，上邊的鈴鐺就發出聲響，和鸞未調即車鈴還沒響，車子還沒動。(69)棟折榱覆　房屋倒塌。榱，屋頂上的椽子。(70)躬　身體。此指死者的遺體。(71)鬼芟其額　鬼來割掉他們的頭顱。(72)咎戾　罪過。(73)超然高舉　超脫遠離。(74)寧曳尾於塗中　比喻自由自在隱居在民間。《莊子·秋水》載：楚王派人請莊子入朝做官，莊子問他們，是願意做死龜被當作寶貝藏於廟堂之上，還是願意做活龜曳尾於塗中。(75)穢濁世之休譽　把汙濁社會的美名看得骯髒無比。(76)易著行止之戒　《周易·艮卦·彖辭》說：「時止則止，時行則行。」意思是說，該停止時就停止，該行動時就行動。(77)詩有靖恭之歎　《詩經·小明》：「嗟爾君子，無恆安處，靖共爾位，正直是與。」意思是希望那些當官的盡職盡責，正直無邪。(78)皓　明亮。(79)俯憲坤典　低頭遵循大地的法則。憲，效法；遵循。(80)仰式乾文　仰頭遵循天象的運行。(81)熙世　造福人間。(82)揚茂化之醲醇　弘揚教化以教育人民。(83)民有一行之迹　老百姓每人至少有一項值得稱道的品行。(84)亹亹　勤勉不倦。(85)道有隆窳　發展的規律有興隆也有衰敗。(86)有光有翳　有光明也有陰暗。(87)朱陽否於素秋　夏天完了就是秋天。朱陽，指夏天。(88)玄陰抑於孟春　春天來了冬天就會消失。(89)羲和逝而望舒係　太陽落下月亮就會出來。羲和，傳說中給太陽駕車的神。望舒，傳說中給月亮駕車的神。(90)燿靈陳　太陽出現。燿靈，太陽。此指劉備。(91)沖質不永　東漢沖帝和質帝命都不長。沖帝劉炳三歲時死，質帝劉纘九歲時死。(92)桓靈　東漢桓帝劉志和靈帝劉宏。(93)欻披其胸　馬上敞開自己的心胸。欻，迅速；突然。(94)暫吐其舌　突然的說出自己的主張。(95)天綱已綴　皇權的傳承已經連結上。(96)德樹西鄰　恩德已經在西方樹立起來。(97)丕顯祖之宏規　先祖的宏偉規劃已經得到光大。(98)縻好爵於士人　有才德的人士已經得到了官爵。(99)五教　家庭倫理道德的五種規範：父義、母慈、兄友、弟恭、子孝。(100)九德　為官的九種品德。《尚書·皋陶謨》：「寬而栗，柔而立，愿而恭，亂而敬，擾而毅，直而溫，簡而廉，剛而塞，彊而義。」(101)礿祭　古代祭祀名。殷代指春祭，周代指夏祭，此泛指國家祭祀。(102)幾　通「冀」。希望。(103)跱者　割據者。(104)偽者未分　僭偽稱帝的人沒有辨明。(105)重規　用圓規重複畫圓。用同樣的圓心和半徑畫圓時，每畫一個圓，都會和上一個圓的軌跡重合。此比喻絕對的整齊一致。(106)偉彥　傑出的人才。(107)元凱　即「八元」和「八凱」。據《史記·五帝本紀》記載：虞舜手下有十六個得力的大臣，出自高辛氏的八位人才稱為「八元」，出自高陽氏的八位人才稱為「八凱」。他們在虞舜時都有突出的政績。(108)顏子　即顏淵。孔子的弟子之一，孔子對他極為賞識，說他「不遷怒，不貳過」，即不把自己的怒氣發到別人身上，不兩次犯同樣的錯誤。(109)侃侃庶政　從容不迫的從政。侃侃，從容不迫的樣子。(110)冉季　冉即冉求，孔子的學生，字子有，有從政的才能，曾任季氏宰。季即子路，孔子的學生，曾任過季氏宰，又任過蒲大夫。詳見《史記·仲尼弟子列傳》。(111)鷹揚鷙騰　猛禽翻飛。鷙，一種猛禽。(112)伊望　即伊尹和呂望。伊尹，名摯，又稱阿衡。夏朝時隱士，湯王聞其名，派人迎請之。使者迎至五次，伊尹乃從。商湯王重用之，委之以國政。詳見《史記·殷本紀》。呂望，字子牙，又稱太公望、呂尚。輔佐周文王，任太師。

武王時號為師尚父，又稱太公望。詳見《史記・齊太公世家》。113薛氏之三計　薛氏是漢汝陰侯滕公的門客。西漢初年，劉邦手下大將黥布起兵造反，劉邦徵求眾臣的意見，該如何處理。滕公向劉邦推薦了薛氏，薛氏分析了黥布可能採取的上中下三種策略，並斷定他只能採取下策。劉邦根據薛氏的分析，採取了相應的措施，最終消滅了黥布。詳見《史記・黥布列傳》。114張陳　即漢高祖的謀臣張良和陳平。張良，字子房，出身韓國貴族，秦建立後曾謀刺秦始皇，不果。秦末響應陳勝起事，後歸附劉邦，為劉邦屢出奇計，因功被封為留侯。詳見《史記・留侯世家》。陳平，陽武（今河南原陽東南）人，少時家貧，善黃老之術。秦末隨從項羽入關，後歸附劉邦，屢以奇策建功，是劉邦的重要謀士。西漢建立後任丞相，與太尉周勃合謀誅滅諸呂，迎立文帝。詳見《史記・陳丞相世家》。115援華英而不遑　採摘鮮花還來不及。援華英，採摘鮮花。此比喻採用優秀人才。不遑，來不及。116枯蘀　枯草。蘀，一種草名。《山海經・中山經》：「黃華而莢實，名曰蘀。」117累紀　幾十年。紀，十二年。118嵩嶽　即嵩山，在今河南登封北。119仲尼之贊商　孔子稱讚他的學生卜商。卜商，字子夏，比孔子小四十四歲。孔子曾說：「商始可與言《詩》已矣。」120感鄉校之益己　子產不毀鄉校的事。《左傳》襄公三十一年記載：春秋時鄭國的百姓愛在鄉校裏議論執政官，有人勸當時正在執政的子產把鄉校毀掉，以免老百姓議政。子產說：「何為？夫人朝夕退而游焉，以議執政之善否。其所善者吾則行之，其所惡者吾則改之，是吾師也，若之何毀之？」孔子聽說這件事後說：「以是觀之，人謂子產不仁，吾不信也。」121平仲之和羹　晏嬰輔佐君主。晏嬰字平仲。和羹，《尚書・說命下》記載，殷高宗對傳說說：「若作酒醴，爾惟麴蘗；若作和羹，爾惟鹽梅。」麴蘗和鹽梅分別為做酒和做湯的佐料，比喻輔佐君主治理天下。122矇冒瞽說　像瞎子一樣胡編亂說。矇和瞽都是瞎子。123時有攸獻　時常提出建議。124遒人　官名。負責在百姓中徵求意見。125任數　聽任命運的安排。126夫何恨諸　有什麼可遺憾的。127狹屈氏之常醒二句　常保持清醒的屈原未免狹隘，主張與眾人一起昏醉的漁父也不可取。《楚辭》中的〈漁父〉記載：屈原被放逐後，在江邊遇到了一位漁父，漁父問他為什麼被放逐，屈原說：「眾人皆醉我獨醒。」漁父說：「眾人皆醉，何不餔其糟而歠其醨？」128溷柳季之卑辱　柳季的忍受屈辱未免有些苟且。柳季，姓展，名獲，字禽，所以又稱展禽、展季。春秋時魯國的大夫，曾任掌管刑獄的士師。因他的食邑在柳下，謚號為惠，又稱柳下惠。他曾三次受到貶黜，有人勸他離開魯國，他仍不肯。所以孔子說他「降志辱身」。129褊夷叔之高懟　伯夷、叔齊的清高怨恨也是狹隘的。伯夷、叔齊兄弟是孤竹國的王子，他們因爭讓王位繼承權而共同出走。後他們聽說周武王要進攻商紂王，便叩馬以諫。武王滅商後，他們為此感到羞恥，逃入首陽山中，不食周粟而死。詳見《史記・伯夷列傳》。高懟，清高和怨恨。130合不以得　不認為合得來就得到了什麼。131得不克詘　得到好處時不會高興得說不出話來。詘，聲音突然停止。此指說不出話。(132)不樂前以顧軒　我不願意靠前，所以不擔心車子前高後低。軒，前高後低的車。(133)不就後以慮輊　不樂意靠後所以不擔心車子前低後高。輊，前低後高的車。(134)不鬻譽以干澤　不出賣名譽以獲得爵祿。澤，爵祿。(135)不辭愆以忌絀　不為了避免遭到貶黜而推託錯誤。(136)鄧林　《山海經》記載：夸父與日逐，走入日，渴欲得飲。飲於河、渭，河、渭不足。北飲大澤，未至，道渴而死，棄其杖化為鄧林。(137)游禽逝不為之尠　幾隻鳥飛走也顯不出少了些什麼。(138)浮魴臻不為之殷　幾條魚游來也不顯得多些什麼。(139)陽靈幽於唐葉　唐堯時代洪水氾濫。陽靈幽，太陽被幽閉起來。指洪水氾濫。(140)陰精應　霖雨不停。陰精，月亮。(141)於　原誤作「為」，今據宋本改。(142)陽盱請而洪災息　大禹治水而洪災息滅。《淮南子・脩務》記載：「禹之為水，以身解於陽盱之河。」意思是大禹治水的時候以自己身體為人質，在陽盱河祈禱河神，請求其幫助。(143)桑林禱而甘澤滋　《呂氏春秋・順民》載：商湯滅夏後，連續五年大旱不雨。湯王在桑林以自己的身體為犧牲，祈求上天下雨，說：「余一人有罪，無及萬夫，萬夫有罪，在余一人，無以一人之不敏，使上帝鬼神傷民之命。」於是大雨乃下。(144)反初節　回到最初的樣子。指再回去做普通百姓。(145)墳典　古代的文獻典籍。《左傳》昭公十二年載：「是能讀『三墳』、『五典』、『八索』、『九丘』。」(146)孔氏　即孔子。(147)綴微辭以存道　寫一點微不足道的文章來保存正道。(148)制　古代長度單位，一丈八尺為一制。(149)韙叔肸之優游　贊同叔肸的優哉游哉。韙，贊同。叔肸，春秋時晉國的大夫。羊舌氏，名肸，又叫叔向。《左傳》襄公二十一年記載：范宣子殺死叔向的弟弟羊舌虎，並逮捕了叔向。有人對叔向說：「子離於罪，其為不知乎？」叔向說：「與其死亡若何？《詩》曰：『優哉游哉，聊以卒歲』，知也。」(150)疎氏　疎廣和他的姪子疎受。疎廣，字仲翁，西漢東海蘭陵（今山東棗莊東南）人，擅長儒學，研究《春秋》的專家。漢宣帝時任太子太傅，疎受任太子少傅。在職五年後，一同稱病還鄉，不再當官。詳見《漢書・疏廣傳》。(151)收止足以言歸二句　在仕途上停足歸隱，從容不迫自由自在的活到老。(152)欣環堵以恬娛　面對家中的四壁感到很高興。(153)顧玆心之未泰　考慮到我的心還沒有安定。(154)肆中懷　表白內心的情懷。(155)九方　即九方堙，古代善於相馬的人。《淮南子・道應》有載。(156)秦牙　古代善相馬的人。《淮南子・齊俗》有載。(157)薛燭　古代善識別寶劍的人。《越絕書》記載：昔者越王句踐有寶劍五，聞於天下。客有能相劍者，名薛燭。(158)瓠梁　古代一位善於唱歌的人。《藝文類聚》引《淮南子》：「瓠梁之歌可隨也，其所歌者不可為。」(159)齊隸拊髀以濟文　田文的門客學雞叫來救主人。田文即齊國貴族孟嘗君。孟嘗君曾到秦國任國相，有人對秦昭王說：「孟嘗君賢，而又齊族也，今相秦，必先齊而後秦，秦其危矣。」於是秦昭王把孟嘗君關起來，謀欲殺之。孟嘗君的門客幫他逃了出來，在過函谷關的時候，由於天尚黑，關門未開。孟嘗君的一個門客便學雞叫，騙開城門，使孟嘗君過關，安然脫險。拊髀，雙手拍打大腿外側，模仿公雞叫時搧動翅膀的動作，以學雞叫。詳見《史記・孟嘗君列傳》。160楚客潛寇以保荊 《淮南子・道應》載：齊國出兵征伐楚國，楚將子發帶兵抵禦，連連失敗。有個偷東西高手請求為楚國效勞。第一天夜裏他偷了齊國將軍的帳子，第二天偷了他的枕頭，第三天偷了他頭上的簪子。齊國將軍大驚，說：「我們再不撤兵，恐怕我的頭就被他拿走了。」於是便撤軍而去。161雍門援琴而挾說 桓譚《新論》載：雍門周帶著琴去見孟嘗君，孟嘗君問他能不能用琴聲把他感動哭了。雍門周便先給他描述了身死國亡的情形，然後配之以音樂，使孟嘗君涕淚唏噓，感到自己好像是個亡國之人。162韓哀秉轡而馳名 《呂氏春秋・勿躬》記載：寒哀善於駕車，是聖王所以制天下的二十官之一。韓哀即寒哀。163盧敖翱翔乎玄闕 盧敖，燕人。秦始皇召以為博士，使求神仙，亡而不反。《淮南子・道應》載：盧敖遊乎北海，經乎太陰，入乎玄闕。玄闕，傳說中的仙宮。164若士 盧敖在仙宮中所見之人。可以竦身躍入雲中。165齊技 和他們一樣的技術。

【語譯】 郤正效法儒家前輩，借助文章表達自己的思想，名為〈釋譏〉，這篇文章繼承了崔駰的〈達旨〉。文章說：

2 「有譏笑我的人說：『我從前人的記載中知道，事業與時機並存，名聲與功業共處，可見名聲與事業，是前賢明哲的首要追求。所以創建制度樹立典範，沒有適當的時機就無法建立，聲譽傳揚美名垂世，沒有功勞就不可能實現。名聲要建立起功業才能顯揚，事業也要等待時機才能完成，身死名滅，是君子所恥。所以通達事理的人鑽研事情的規律，探求深奧的道理研究細微的變化，觀察上天運行所表現出來的徵兆，考察人事的興衰；善辯的人馳騁其說，聰明的人隨機應變，有謀略的人施展自己的才能，武勇的人奮武揚威。他們像雲一樣合攏像霧一樣聚集，像風一樣激盪像電一樣飛馳，估量當時的形勢尋找合適的機會，憑藉自己的才能來取得官位。他們在小處忍讓向大處伸展，心中想著公事而忘掉自己的私情，雖然在小的地方有所周折，在大的方面卻得到發展，最終散發出光輝。現在三國鼎立，天下沒有安定，悠悠四海，遭受禍難，道義沉淪令人嘆息，百姓顛沛流離令人哀憐，這實在是聖賢之人拯救天下的時刻，志士仁人建功立業的機會。先生您有著高超的才幹，美玉一般的品質，博覽羣書，留心正道，無論多麼深遠您都能夠考慮得到，無論多麼隱微您都能考察明白；挺身接受任命，進入宮廷擔任機要職務，得志於朝廷，替皇帝起草詔書發布指令，多年職位不變，從沒有離開過宮廷。您探究古今事物的真偽，考察當今政治的得失，雖然有時候呈獻一條計策，偶爾進上一句忠言，搪塞一下做官的職責，安慰自己並沒有光拿俸祿不出力；但您確實沒有竭盡您的忠誠，把您擁有的才華全都發揮出來，從同僚中脫穎而出，入值皇宮，惠及百姓，使我們這些卑微的人聽到您的豐功偉績。您為什麼不停下車來放鬆馬韁繩，重新選一條路，然後讓車子跑得更穩，快馬加鞭；渡河要先清楚水的深淺，選擇寬闊平坦的路才能順利向前；播下秋蘭，讓世道芬芳，同時我們又展視先代的圖籍，這不也是很盛美嗎！』

3 「我聽了嘆息道：『唉呀！話可以這樣說嗎！人心的不一樣，就像人各有自己的面孔。您雖然外表光彩華麗，美豔無比，卻見識短淺，像用竹管窺天，用竹筐裝泥，拘守自己的見識，我無法與您議論八方遼遠的情形，讓您相信萬物的真諦！』

4 「有人輕率不加思考，仰首揚眉說：『這是什麼話！這是什麼話！』

5 「我回答說：『虞舜告誡大禹不要當面順從背後又有不同意見，孔子把別人討好自己的行為看作是那個人的缺陷，您所說的話，確實值得我深思，我將為先生您說明解釋我的觀點。以前的洪荒時代，蒙昧混沌狀態的初期，三皇五帝承天命治理天下，直至夏、商兩朝，這在先前的典籍中都有記載。後來姬周衰敗治道殘缺，依靠諸侯霸主扶持幫助，嬴秦暴虐殘酷，吞併八方，這時從事合縱連橫的人如風雲湧起，耍弄狡詐手段的人多如繁星，怪異邪惡像蜂羣湧動，智謀和變故紛紛萌生。有的人把實情遮掩起來兜售虛偽，有的人懷著邪惡去謀取榮華，有的人用詭詐的手段來騙取上面的信任，有的人賣弄自己特有的技藝自誇。他們這些人背離正道崇尚邪惡，拋棄誠直選擇奸佞，沒有始終不渝的忠誠對象，沒有一貫堅持的道義準繩。所以商鞅變法失敗後邪惡興起，李斯被殺後奸佞形成，呂不韋登上高位而滅宗，韓非的理論確立而身陷刑獄。這是什麼原因呢？是因為利欲改變了他們的心，恩寵眩惑了他們的雙目，為了穿上繪著龍形圖案的官服，坐上華麗舒適的車乘，他們只顧及眼前利益反覆無常，荒淫糜爛，放縱情欲自取滅亡，結果還沒坐上華麗的車乘卻先身死車下，還沒進入庭院的大門房屋已經倒塌。上天收取他們的精魂，大地吸吮他們的膏血，世人憑弔他們的屍體，陰鬼砍向他們的頭額。起初他們以為登上高山，最終卻殞命幽谷，早晨還都生氣勃勃，黃昏就成為枯枝敗落。所以賢人君子，深謀遠慮，懼怕遭到這些災禍，超然遠走，寧願自由自在隱居民間，把汙濁社會中所謂美好聲譽視如糞土。他們難道真的是輕視君主怠慢百姓，對時務漠不關心嗎？那是因為《周易》記載了該行則行，該止則止的告誡，《詩經》有恭謹從政的感嘆，這是上天監聽而自然規律促使他們這樣的。

6 「『自從我大漢建立，秉承天意順應百姓，政治的興盛清明，盛明如同三月陽春。俯首遵循大地的法則，仰首遵循天象的運行，播撒皇朝的恩澤以造福百姓，實施興盛的教育來教化百姓，君臣遵守國家的法度，各自保持真誠。君主向下垂詢表現出寬宏氣度，臣僚盡心獻策擔當起匡正的職責，為官者不因表面的虛華受寵，百姓人人都有一種值得稱讚的品行，上下勤勉不倦，一心追求忠義之舉。然而社會發展的規律是有興隆也有衰敗，萬物有產生也有消亡，自然界有聲音也有寂靜，有光明也有陰暗。夏季結束秋季就會到來，春天來到冬季就要退去，太陽落下月亮就會升起，氣運衰微了，就會有光輝出現。沖帝、質帝壽命不長，桓帝、靈帝時政治衰敗天下動盪，英雄密布如雲，豪傑充滿世間，家家有不同的主張，人人有不同的計畫。所以從事合縱連橫的人馬上披露自己的心計，狡詐的人急切的說出自己的主張。

7 「『現在皇權的傳承已經重新連結，恩德已在西方樹立起來，先祖的宏偉規劃已經得到光大，賢德人士得到了很好的官爵，振興五教，移風易俗，光大九德，拯救民眾，各項國家祭祀肅穆恭敬，希望用正道輔佐天子使王朝永生。雖然分裂的局面尚未統一，僭偽稱帝的人沒有辨明，但是聖人早已留下遺訓，要使天下百姓平均貧富。所以我國君臣在朝廷執政和諧，田野間黎民百姓欣然擁護朝廷，行動起來整齊劃一，靜止下來中規中矩。傑出人士濟濟一堂，猶如堯舜時得力的大臣，他們有過必改，具有顏淵那樣的仁德，從容不迫的處理朝政，就像冉有和子路從政，像猛禽一樣上下飛翔，如同伊尹、呂望在行動。集中了眾多傑出人才的高明策略，包括了薛公的三種計策，施展張良、陳平的祕密謀略，所以國家才出動大軍北伐振興漢室，這時起用優秀人才還猶恐不及，哪裏有閒暇整理樹叢中的枯草來建造宮室呢！

8 「『然而我沒有才幹，在朝廷任職多年，一身託付給國家，把國家當做心中的依託。我喜歡滄海的深廣，讚嘆嵩山的高聳，聽說過孔子稱讚卜商，有感於子產不毀鄉校而獲益。當年晏嬰輔佐齊君，也是建議君主實施什麼廢止什麼，所以我才像盲人一樣胡說，時常把自己粗淺的考慮奉上，就像遒人從市井百姓中聽到的反映，又像是山野中牧童的吟歌，希望以此來為國家擴大福祉，盡我竭力規勸的職責。假如我的建議與聖上的想法相符，那是我的愚昧恰巧與聖明吻合，剛好打動了聖上睿智的心絃；假如我的建議不合聖上的心意，那是我平素的真正水準，退下來保持自己的愚笨。進退任由命運安排，不矯情做作不怨天尤人，順應本性樂天安命，我還有什麼遺憾的？這就是我一進宮廷始終未出，有我就像沒我一樣的原因。我覺得時刻保持清醒的屈原有些狹隘，主張與眾人一起昏醉的漁父也不可取，柳季的忍受屈辱未免有些苟且，伯夷、叔齊的清高怨恨也嫌褊狹。我不認為合得來就得到了什麼，因此分開時也不會懊惱。得到時不會高興得說不出話，失去時也不會悲傷難過。我不喜歡拚命往前擠，也不樂意一味向後靠，不會為了獲得利益而出賣名譽，也不會為了免遭貶黜而推託罪責。這樣的話我有什麼責任要去解脫？怕什麼被人說尸位素餐而心神不寧？為什麼要排擠同僚爭取晉升？為什麼要入值宮中攬取權力？多年沒有升官，原因就在我堅持自己做人的原則不變。

9 「『當今朝廷人才聚積如山，出類拔萃的成羣結隊，就像魚類潛集在大海中，就像鳥類聚集在樹林，幾隻鳥飛走不覺得少了些什麼，幾條魚游來也不覺得多了什麼。況且唐堯時有洪水氾濫，殷商時有連綿大雨，大禹在陽盱祭禱河神而洪水消退，商湯在桑林祭禱上天而普降甘霖。事物的發生和停止有一定規律，開啟和閉塞也有一定週期。我的老師留下教導，要我在任何時候都不要後悔埋怨，一切交給命運安排而恭敬接受，對此我又有什麼話可說？如果真到了無路可走的時候，我會回到原來的出發點，居家閱讀各種文獻典籍，深入鑽研孔子的著述。寫一點微不足道的文字來保存正道，以古人為人處事的準則規範自己。我贊同叔向悠哉度日，稱美疎廣叔姪遠逝，在仕途上停足歸隱，在家從容安度晚年。面對家中的四壁心情悠閒快樂，在這個世道上免除禍患，但考慮到我的心情還沒完全安定下來，恐怕在仕途的末期會惹禍招災，仍然一遇刺激就情緒激動，所以才將自己的情懷全部表達出來當做誓言。從前九方堙識別駿馬重在考察馬的精神，秦牙辨識駿馬重在觀察馬的外形；薛燭因善於識別寶劍而聲譽遠揚，瓠梁則依託琴音引吭高歌；孟嘗君的門客學雞叫而使主人免於危難，楚國的小偷潛入敵營偷盜使國家得以保全；雍門周彈琴遊說，韓哀善於駕車而揚名；盧敖遨遊於仙宮，若士縱身於清雲。我實在沒有這些人的絕技，所以只能靜靜的自守而保持安寧。」」

景耀六年，後主從譙周之計，遣使請降於鄧艾，其書❶，正所造也。明年正月，鍾會❷作亂成都，後主東遷洛陽，時擾攘倉卒，蜀之大臣無翼從❸者，惟正及殿中督❹汝南張通，捨妻子單身隨侍。後主賴正相導宜適❺，舉動無闕，乃慨然太❻息，恨知正之晚。時論嘉之。賜爵關內侯。泰始中，除安陽❼令，遷巴西太守。泰始八年詔曰：「正昔在成都，顛沛守義，不違忠節，及見受用，盡心幹事，有治理之績，其以正為巴西太守。」咸寧四年卒。凡所著述詩論賦之屬，垂百篇。

【章　旨】以上為〈郤正傳〉的第三部分，記載了蜀漢滅亡後郤正在魏晉時的經歷。

【注　釋】❶其書　即後主劉禪給曹魏的降書。❷鍾會　字士季，潁川長社（今河南長葛東）人，鍾繇少子。為司馬昭所寵信，任黃門侍郎、司隸校尉。率兵伐蜀，自謂功高蓋世，與蜀漢降將姜維合謀起兵反司馬昭，後被殺。詳見本書卷二十八〈鍾會傳〉。❸翼從　跟從保護。❹殿中督　官名。蜀漢政權創置，皇帝左右親近之官。❺宜適　言語舉止妥當適宜。❻太　宋本作「歎」。❼安陽　縣名。治所在今河南安陽南。

【語　譯】景耀六年，後主聽從了譙周的計策，派遣使臣向鄧艾請求投降，那封降書就是郤正所寫。第二年正月，鍾會在成都叛亂，後主東遷到洛陽。當時由於紛擾倉促，蜀漢大臣沒有在後主身邊隨從護衛的，只有郤正和殿中督汝南人張通兩個人，拋妻棄子隻身隨侍。後主靠著郤正適宜的輔佐，言行舉止沒有失誤，這才感慨嘆息，遺憾了解郤正太晚了。當時的議論都稱讚郤正。曹魏賜予郤正關內侯。泰始年間，郤正被任為安陽縣縣令。後升任巴西郡太守。泰始八年朝廷的詔書說：「郤正當初在成都，在顛沛流離中堅守君臣之義，不背離忠誠的節操，乃至被我朝任用，做事盡心盡力，頗有政績，現在任命郤正為巴西郡太守。」咸寧四年去世。他所撰著的詩、論、賦等，將近一百篇。

評曰：杜微修身隱靜，不役當世❶，庶幾夷、皓❷之概。周羣占天❸有徵，杜瓊沉默慎密，諸生之純也。許、孟、來、李，博涉多聞，尹默精于左氏，雖不以德業為稱，信❹皆一時之學士。譙周詞理淵通，為世碩儒，有董、揚❺之規，郤正文辭燦爛，有張、蔡之風，加其行止，君子有取焉。二子處晉事少，在蜀事多，故著于篇。

【章　旨】以上為陳壽對各位傳主的功過是非的評論。

【注　釋】❶不役當世　不被當世所役使，即不當官。❷夷皓　伯夷、商山四皓。商山四皓，西漢初四個隱士：東園公、綺里季、夏黃公、甪里先生。其事見於《史記・留侯世家》。❸占天　根據天象占卜吉凶。❹信　的確是。❺董揚　即董仲舒和揚雄。董仲舒，信都國廣川（今河北景縣西南）人，西漢著名的儒者，西漢景帝、武帝時歷任《春秋》博士、江都國相、膠西王相等。後辭職回家，專事教學著述。他的「罷黜百家，獨尊儒術」的建議對西漢學術影響極大，其儒學思想也與以前傳統的儒學不同。詳見《史記・儒林列傳》、《漢書・董仲舒傳》。

【語　譯】評論說：杜微修身隱居，不願被當世所役使，大體是伯夷、商山四皓一類人物。周羣觀察雲氣占卜吉凶，常有應驗。杜瓊沉默謹慎嚴守祕密，是個純正的儒生。許慈、孟光、來敏、李譔博覽羣書見聞廣博，尹默專精於《左氏春秋傳》，他們雖然不以品德著稱，但確實都是一代學士。譙周文理淵博通達，是當時的大儒，有董仲舒、揚雄的氣度，郤正文辭燦爛，有張衡、蔡邕的風範，再加上他們的行為忠義兼備，具有君子可取之處。這兩位先生的事跡在晉朝少，在蜀漢事多，所以也記載在這一篇。

【研　析】早在東漢初年，蜀地就流行著一句令人莫名其妙的讖語：「代漢者當塗高。」割據蜀地的公孫述以為自己的名字「述」字有「路途」之意，與讖言中的「塗」字相應，以為天命在己，便建號稱帝，為此，東漢光武帝還特地給公孫述寫了封信，信中說：「圖讖言『公孫』，即宣帝也。代漢者當塗高，君豈高之身邪？乃復以掌文為瑞，王莽何足效乎！君非吾賊臣亂子，倉卒時人皆欲為君事耳，何足數也。君日月已逝，妻子弱小，當早為定計，可以無憂。天下神器，不可力爭，宜留三思。」在信中，劉秀還告訴公孫述，讖語中所說的當塗高，是指一個姓當塗名叫高的人。

公孫述手下有一個叫楊春卿的，是廣漢新都（今四川新都）人，善圖讖學。公孫述被劉秀所滅，楊春卿自殺。臨死前他對兒子楊統說：「在我的書箱中，有先祖傳下來的祕籍，你要好好學。」楊統牢記父言，為父治喪守孝畢，離開家鄉到犍為郡（今四川彭山縣）周循處學習圖讖之法，又向同郡人鄭伯山學《河洛書》及天文推步之術。楊統死後，又將此術傳給兒子楊厚。楊厚少習父業，精通圖讖，多次為朝廷預言災異，獻消災之法。晚年回到家中，「修黃老，教授門生，上名錄者三千餘人。」在楊厚的學生中，周舒、董扶、任安三人最為知名。周舒字叔布，是巴西閬中（今四川閬中）人，善圖讖，朝廷多次徵召他，他都不應。當時有人問他：「《春秋讖》中說，代漢者當塗高，是什麼意思？」周舒說：「你們知道皇宮門口兩邊的平臺吧？它們高大巍峨，又正當大路，它們名叫象魏、魏闕。當塗高者，魏也。」周舒對「當塗高」的解釋，很快便在當地傳開了。楊厚是漢桓帝時人，他生活的時代，遠遠早於曹操的崛起，更早於劉備的入蜀。可見在劉備入蜀以前，魏將取代漢朝的說法就已流傳了很久。

蜀郡成都人杜瓊，是任安的學生，比周舒晚一輩。他在劉璋時任益州從事，劉備據益州後，又任議曹從事，他是與劉備同時代人。他精通觀象讖緯，但從不談天象。他和後輩學生譙周的對話，其中對「當塗高」的解釋，明確的把曹和魏聯繫起來，當是發生在曹操勢力已經崛起，取代漢朝的趨勢已經明顯之時。顯然，這反映了蜀中一些人「天命在魏」的觀念。

儒學作為封建統治的理論核心，發展到兩漢以後其君權神授思想，對各階層人士影響極深。因而當時凡稱王稱帝者，都必須以「受天命」為由，大造輿論，攏絡人心，從而達到順天應人的政治目的。「天意」，這在當時是一個有巨大影響力的字眼，人的意志在它面前是那樣的弱小，那樣的無能為力。

諸葛亮絕不會相信「天命在曹」的觀點，否則，他就不會用自己畢生的精力和智慧去和曹魏抗衡。但諸葛亮卻深知「天意」的影響力與號召力。他知道，如果不打破一些人的「天命在曹」的觀念，如果不讓人相信「天命在漢」，想尊劉備為帝，建立漢朝是困難的。而讓人們轉變觀念，最有效的辦法就是讓周羣、杜瓊這樣一些有影響力的讖緯觀象學者改變觀念，改變理論。為了爭取讖緯觀象學者們的支持，諸葛亮做了大量的工作。對於那些主張天命在魏的人，只要他不把這些理論四處宣揚，諸葛亮都主張任用他們。例如周舒的兒子周羣，被任為儒林校尉，杜瓊被任為議曹校尉。諸葛亮的這番苦心，在對待張裕的問題上更能體現出來。張裕用天象阻撓奪取漢中，又散布劉備要失去益州的言論，罪行是不可饒恕的。但出人意料的是，諸葛亮卻出來為張裕說好話，上表請求劉備寬恕張裕。諸葛亮一向執法嚴明，不是枉法之人，他主張寬恕張裕，並非他罪不該誅，而是出於團結爭取星占讖緯學者。諸葛亮的請求雖未被劉備應允，但此事卻反映出他的良苦用心。

由於諸葛亮做了許多工作，那些主張「天命在魏」的人發生了很大變化。延康元年（西元二二〇年），曹丕代漢稱帝。議郎陽泉亭侯劉豹、青衣侯向舉、偏將軍張裔、黃權、大司馬屬殷純、治中從事楊洪、從事祭酒何宗、議曹從事杜瓊、勸學從事張爽、尹默、譙周等向劉備上疏，勸劉備稱帝。這篇奏文中，大量引用了諸如「河圖」、「洛書」、《洛書甄曜度》、《洛書寶號命》、《洛書錄運期》、《孝經鉤命決錄》等讖緯書籍，通篇都是「天命在劉」的讖語。值得注意的是，在上表的眾人中，杜瓊也在其中。我們知道，杜瓊曾經認為「天命在曹」的，現在居然參加到勸劉備應天受命的行列中，可見他的觀念發生了變化。在上述奏表中，還有一句話也很值得注意，即「臣父羣未亡時，言西南數有黃氣」云云。「臣父羣」，即指劉備的儒林校尉周羣，顯然，周羣的兒子周巨也是這個奏表的簽署人之一。如前所述，周巨的祖父周舒是主張「天命在魏」的，周羣少習其業，以後又在家中設小樓，日夜觀察天象星氣。他所說的「西南有黃氣」，顯然與其父「當塗高者，魏也」不同。而到了他的兒子周巨時，乾脆就用此話作為劉備稱帝的天命根據。可見諸葛亮為建立蜀漢政權做了多麼周密的工作，付出了多麼巨大的努力。（梁滿倉注譯）

卷四十三　蜀書十三

黃李呂馬王張傳第十三

【題解】本卷為黃權、李恢、呂凱、馬忠、王平、張嶷六人的合傳，他們都是蜀漢政權的功臣。黃權於取漢中有功，李恢、呂凱、馬忠、張嶷征伐、治理南中有功，王平在北伐曹魏中表現不凡。攻取漢中、平定南中、北伐曹魏都是關係到蜀漢政權興衰存亡的大事，陳壽把他們列在一起也說明了這一點。

1 黃權，字公衡，巴西閬中❶人也。少為郡吏❷，州牧劉璋❸召為主簿❹。時別駕張松❺建議，宜迎先主❻，使伐張魯❼。權諫曰：「左將軍❽有驍名，今請到，欲以部曲❾遇之，則不滿其心；欲以賓客禮待，則一國不容二君。若客有泰山之安，則主有累卵之危。可但❿閉境，以待河清⓫。」璋不聽，竟遣使迎先主，出權為廣漢⓬長。及先主襲取益州⓭，將帥分下郡縣，郡縣望風景附⓮，權閉城堅守，須劉璋稽服⓯，乃詣降先主。先主假⓰權偏將軍⓱。及曹公破張魯，魯走入巴中，權進曰：「若失漢中⑱，則三巴⑲不振，此為割蜀之股臂也。」於是先主以權為護軍⑳，率諸將迎魯。魯已還南鄭，北降曹公，然卒㉑破杜濩、朴胡㉒，殺夏侯淵㉓，據漢中，皆權本謀也。

2 先主為漢中王，猶領益州牧，以權為治中從事㉔。及稱尊號㉕，將東伐吳，權諫曰：「吳人悍戰，又水軍順流㉖，進易退難，臣請為先驅以嘗寇㉗，陛下宜為後鎮。」先主不從，以權為鎮北將軍㉘，督江北軍以防魏師，先主自在江南。及吳將軍陸議㉙乘流斷圍，南軍㉚敗績，先主引退。而道隔絕，權不得還，故率將所領降于魏。有司執法，白㉛收權妻子。先主曰：「孤負黃權，權不負孤也。」待之如初。

3 魏文帝㉜謂權曰：「君捨逆效順㉝，欲追蹤陳、韓㉞邪？」權對曰：「臣過受㉟劉主殊遇，降吳不可，還蜀無路，是以歸命。且敗軍之將，免死為幸，何古人之可慕也！」文帝善之，拜為鎮南將軍，封育陽侯，加侍中㊱，使之陪乘㊲。蜀降人或云誅權妻子，權知其虛言，未便㊳發喪，後得審問㊴，果如所言。及先主薨問㊵至，魏羣臣咸賀而權獨否。文帝察權有局量㊶，欲試驚之，遣左右詔權，未至之間，累催相屬㊷，馬使奔馳，交錯於道，官屬侍從莫不碎魄㊸，而權舉止顏色㊹自若。後領益州刺史，徙占河南㊺。大將軍司馬宣王㊻深器之，問權曰：「蜀中有卿輩㊼幾人？」權笑而答曰：「不圖㊽明公見顧之重㊾也！」宣王與諸葛亮㊿書曰：「黃公衡，快士(51)也，每坐起(52)歎述足下，不去口實(53)。」景初三年(54)，蜀延熙(55)二年，權遷車騎將軍(56)、儀同三司(57)。明年卒，諡曰景侯。子邕嗣。邕無子，絕。

4 權留蜀子崇，為尚書郎(58)，隨衛將軍諸葛瞻(59)拒鄧艾(60)。到涪縣(61)，瞻盤桓(62)未進，崇屢勸瞻宜速行據險，無令敵得入平地。瞻猶豫(63)未納，崇至于流涕。會艾長驅而前，瞻卻戰至綿竹(64)，崇帥厲軍士，期於必死，臨陣見殺。

【章　旨】以上為〈黃權傳〉，記述了黃權不凡的見識和他為蜀漢政權所立的功勞，以及歸降曹魏以後的經歷，揭示了他對劉備、諸葛亮的念舊之情。篇末敘述了黃權後代居留蜀漢的情況。

【注　釋】❶巴西閬中　巴西，郡名。治所在今四川閬中。閬中，縣名。治所在今四川閬中。❷吏　原誤作「史」，今據宋本改。❸劉璋　字季玉，江夏竟陵（今湖北潛江市）人，劉焉之子。繼劉焉後任益州刺史，懦弱少斷，因懼怕曹操藉征張魯之機進入益州，故請劉備入蜀。劉備占領益州，遷之於南郡公安（今湖北公安東北）。孫吳取荊州，以為益州牧。詳見本書卷三十一〈劉璋傳〉。❹主簿　州郡屬官，主管州郡文書簿籍，經辦事務。❺別駕張松　別駕，又稱別駕從事，州刺史的屬官。張松，益州刺史劉璋時任別駕，祕密配合劉備取益州，後被劉璋所殺。事跡散見於本書卷三十一〈劉璋傳〉、卷三十二〈先主傳〉、《華陽國志・公孫述劉二牧志》。❻先主　即劉備，字玄德，涿郡涿縣（今河北涿州）人，自稱中山靖王之後。東漢末年起兵，參加征伐黃巾，先後投靠公孫瓚、陶謙、曹操、袁紹、劉表。後得諸葛亮輔助，占領荊州、益州，建立蜀漢。詳見本書卷三十二〈先主傳〉。❼張魯　字公祺，沛國豐縣（今江蘇豐縣）人，張道陵之孫，五斗米道首領。東漢末率徒眾攻取漢中，統治長達三十餘年。後投降曹操，任鎮南將軍。詳見本書卷八〈張魯傳〉。❽左將軍　指劉備。此前劉備做過左將軍。本書卷三十二〈先主傳〉：「從曹公還許。表先主為左將軍，禮之愈重，出則同輿，坐則同席。」❾部曲　部下。❿但　姑且。⓫河清　黃河水清，比喻天下太平。⓬廣漢　縣名。治所在今四川射洪南。⓭益州　州名。治所在今四川成都。⓮景附　像影子一樣隨從依附。景，同「影」。⓯稽服　叩頭降服。⓰假　暫時代理。⓱偏將軍　武官名。在將軍中地位較低，多由校尉或裨將升任。⓲漢中　郡名。治所在今陝西漢中東。⓳三巴　地區名。指東漢末益州東北部的巴郡、巴東郡、巴西郡。相當於今四川嘉陵江和綦江流域的東部。⓴護軍　護軍將軍的簡稱。㉑卒　最終；終於。㉒杜濩朴胡　兩個西南少數民族首領。杜濩，東漢末西南賨人首領，稱賨邑侯。後歸降曹操，被封列侯，授巴西太守。朴胡，東漢末巴郡七姓夷王，後降附曹操，被任命為巴東太守。其事見於本書卷一〈武帝紀〉。㉓夏侯淵　字妙才，沛國譙（今安徽亳州）人，夏侯惇族弟。初隨曹操起兵，征袁紹，戰韓遂，破黃巾，平張魯，屢立戰功。東漢建安二十三年（西元二一八年），與蜀軍戰於陽平關，為蜀將黃忠所殺。詳見本書卷九〈夏侯淵傳〉。㉔治中從事　官名。又稱治中從事史，州刺史的助理，主州府文書卷案。居中治事，故稱。㉕稱尊號　稱帝。㉖水軍順流　蜀軍攻打孫吳，是沿長江順流而下，故言。㉗嘗寇　試探敵人。㉘鎮北將軍　武官名。與鎮東將軍、鎮南將軍、鎮西將軍合稱四鎮。㉙陸議　即陸遜，字伯言，吳郡吳（今江蘇蘇州）人，本名陸議，後改陸遜。世為江東大族，後經呂蒙推薦，拜右都督。謀取荊州有功。吳黃武元年（西元二二二年），大敗劉備軍。後與曹魏軍戰有功，拜上大將軍，官至丞相。詳見本書卷五十八〈陸遜傳〉。㉚南軍　指劉備統率的長江南岸的蜀軍。㉛白　報告。㉜魏文帝　名曹丕，字子桓，沛國譙（今安徽亳州）人，曹操次子。先任五官中郎將、副丞相，後被立為魏太子。西元二二〇年代漢稱帝。愛好文學，與當時著名文人往來甚密，在中國文學史上也有重要地位。詳見本書卷二〈文帝紀〉。㉝捨逆效順　捨棄蜀漢為曹魏效力。逆，逆天命，指蜀漢。順，順天命，指曹魏。㉞陳韓　即陳平和韓信。兩個人都是先在項羽手下，後又背離項羽為劉邦效力。此處曹丕用二人之事比黃權。㉟過受　太過受到。㊱侍中　官名。丞相屬官，往來殿中，入侍天子，故名。三國時侍中分兩類，一類為實官，一類為加官。㊲陪乘　陪同乘車。㊳便　立即。㊴審問　確切的消息。㊵薨問　去世的消息。㊶局量　氣量。㊷累催相屬　催促一次接著一次。相屬，相連。㊸碎魄　嚇得魂飛魄散。㊹顏色　面色。㊺徙占河南　在河南尹落戶定居。徙占，戶籍的遷徙和登記，指落戶定居。河南，即河南尹，京城洛陽所在的郡，治所在今河南洛陽東。㊻大將軍司馬宣王　大將軍，最高軍事統帥，外主征戰，內秉國政。司馬宣王，即司馬懿，字仲達，河內溫縣（今河南溫縣西）人。

多謀略，善權變。率軍與諸葛亮對峙關中，領兵征討遼東公孫淵，歷任軍政要職。後發動高平陵之變，掌握曹魏大權。詳見《晉書・宣帝紀》。㊼卿輩　像您這樣的。㊽不圖　想不到。㊾見顧之重　被如此看重。㊿諸葛亮　字孔明，琅邪陽都（今山東沂南南）人。先隱居荊州隆中，後輔佐劉備，提出並實踐聯合孫吳、跨有荊益、北拒曹操的方針。劉備去世後，受遺詔輔佐劉禪，先後平定南中，六次北伐曹魏。後逝世於北伐前線。詳見本書卷三十五〈諸葛亮傳〉。(51)快士　爽快人。(52)坐起指常常。(53)口實　談話的資料。此為當時習慣用語。(54)景初三年　西元二三九年。景初，魏明帝曹叡年號，西元二三七—二三九年。(55)延熙　蜀漢後主劉禪年號，西元二三八—二五七年。(56)車騎將軍　高級軍事將領，次於大將軍和驃騎將軍。(57)儀同三司　儀仗規格與三公相同。這是一種給予級別較三公低一些的官員的特別榮譽。(58)尚書郎　官名。尚書令屬官，主起草文書。(59)衛將軍諸葛瞻　衛將軍，武官名。位次於大將軍、驃騎將軍、車騎將軍等。諸葛瞻，字思遠，琅邪陽都（今山東沂南南）人，諸葛亮之子。蜀漢景耀六年（西元二六三年），曹魏伐蜀，與魏軍戰於綿竹，陣亡。事見本書卷三十五諸葛亮附傳。(60)鄧艾　字士載，義陽棘陽（今河南南陽南）人，曹魏將領，曾在淮河南北屯田，解決軍糧問題。魏景元四年（西元二六三年）率兵攻蜀漢，一直打到成都，迫使劉禪投降。詳見本書卷二十八〈鄧艾傳〉。(61)涪縣　縣名。治所在今四川綿陽。(62)盤桓徘徊停留。(63)猶豫　宋本作「猶與」，與「猶豫」同。(64)綿竹　縣名。治所在今四川綿竹東南。

【語　譯】黃權，字公衡，巴西郡閬中縣人。年少時任郡吏，益州牧劉璋徵召他到州府擔任主簿。當時別駕張松建議，應該迎接先主入蜀，讓他去征伐張魯。黃權勸諫說：「左將軍有驍勇的名聲，現在把他請來，想當作部下對待他，那麼不能滿足他的心願；想當作賓客禮遇他，那麼一國之內不容有兩個君主。如果客人安如泰山，那麼主人就會危如累卵。可以姑且關閉邊境，用來等待天下太平。」劉璋沒有聽從，還是派人迎接先主，派黃權出任廣漢縣長。等到先主進兵奪取益州，派將帥分頭攻取益州郡縣時，各郡縣都望風降附，而黃權卻閉城堅守，一直等到劉璋叩頭降附，他才前往先主那裏投降。先主讓黃權暫時代理偏將軍。等到曹公攻破張魯，張魯逃入巴中，黃權進言說：「如果失掉漢中，那麼三巴地區就不會強大，這如同割掉益州的大腿和手臂。」於是先主任黃權為護軍將軍，率領眾將迎接張魯。張魯已經又回到南鄭，北去投降了曹操，然而先主最終還是打敗了杜濩、朴胡，斬殺了夏侯淵，占據了漢中，這原本都是黃權的計謀。

2 先主為漢中王，仍舊代理益州牧，任命黃權為州治中從事。等到先主稱帝，準備東進討伐孫吳時，黃權勸諫說：「吳人剽悍善戰，加上水軍順流而下，前進容易，後退困難，我請求當先鋒試探敵人，陛下應當在後方坐鎮。」先主沒有聽從，任命黃權為鎮北將軍，督統長江北岸軍隊用來防備曹魏軍隊，先主親自率軍到長江南岸。等到孫吳將軍陸議順流而下突破包圍，南岸的蜀軍大敗，先主率軍撤退。而江北由於道路阻斷，黃權不能退回，所以率領部隊投降了曹魏。官員執行法律，稟告先主，請求收押黃權的妻兒。先主說：「是我有負於黃權，黃權沒有辜負我啊。」對待黃權的家屬和原先一樣。

3 魏文帝對黃權說：「您捨棄蜀漢為我朝效力，想倣效陳平、韓信嗎？」黃權回答說：「為臣太過受到劉主的特殊禮遇，不能投降吳國，返回蜀國又無退路可走，所以歸順陛下。況且敗軍之將，免於一死已是幸運，哪裡還敢追慕什麼古人啊！」魏文帝覺得他說得很好，任命他為鎮南將軍，封育陽侯，加侍中，讓他陪同乘車。蜀漢投降的人有人說先主已經殺掉了黃權的妻兒，黃權知道這是妄傳的假話，沒有立即治喪，後來得到確切的消息，果然像他說的一樣。到了先主去世的消息傳到，曹魏羣臣全都向皇帝表示慶賀，獨獨只有黃權沒有這樣做。魏文帝知道黃權有氣度，想試著嚇嚇他，便派遣左右的人詔令黃權，在他沒有到來之前，催促的人接連不斷，騎馬的使者飛速奔馳，在道路上錯身而過，黃權的部屬侍從沒有不魂飛魄散的，然而黃權舉止神色自如。後來黃權兼任益州刺史，遷居河南尹。大將軍司馬宣王非常器重他，問黃權說：「蜀漢境內像您這樣的人物有多少？」黃權笑著回答說：「想不到明公您如此看重我！」司馬宣王寫信給諸葛亮說：「黃公衡，是個爽快的人，他日常裏常常以讚嘆的口吻講述您，讚不絕口。」景初三年，也就是蜀漢延熙二年，黃權升任車騎將軍、儀同三司。第二年去世，諡號叫景侯。兒子黃邕繼承爵位。黃邕沒有兒子，爵位斷絕。

4 黃權留在蜀漢的兒子黃崇，任尚書郎，跟隨衛將軍諸葛瞻抵禦鄧艾。到達涪縣，諸葛瞻徘徊滯留不再前進，黃崇屢次勸諸葛瞻應當火速行進占據險要，不要讓敵人得以進入平緩地域。諸葛瞻猶豫沒有採納，黃崇苦苦勸諫以至於落淚。適逢鄧艾長驅直入，諸葛瞻退至綿竹與魏軍交戰，黃崇親自率軍並激勵戰士，誓言戰鬥到死的決心，臨陣被殺。

1 李恢，字德昂，建寧俞元❶人也。仕❷郡督郵❸，姑夫爨習為建伶❹令，有違犯之事，恢坐❺習免官。太守董和❻以習方土❼大姓，寢而不許❽。後貢恢於州，涉道❾未至，聞先主自葭萌❿還攻劉璋。恢知璋之必敗，先主必成，乃託名郡使，北詣先主，遇於綿竹。先主嘉之，從至雒城⓫，遣恢至漢中交好馬超⓬，超遂從命。成都既定，先主領益州牧，以恢為功曹書佐主簿。後為亡虜⓭所誣，引⓮恢謀反，有司執送，先主明其不然，更遷恢為別駕從事。章武元年⓯，庲降都督鄧方⓰卒，先主問恢：「誰可代者？」恢對曰：「人之才能，各有長短，故孔子曰『其使人也器之⓱』。且夫明主在上，則臣下盡情，是以先零之役⓲，趙充國⓳曰『莫若老臣』。臣竊不自揆，惟陛下察之。」先主笑曰：「孤之本意，亦已在卿矣。」遂以恢為庲降都督，使持節領交州⓴刺史，住平夷縣㉑。

2 先主薨，高定恣睢於越巂㉒，雍闓㉓跋扈於建寧，朱褒㉔反叛於牂牁㉕。丞相亮南征，先由越巂，而恢案道㉖向建寧。諸縣大相糾合，圍恢軍於昆明㉗。時恢眾少敵倍，又未得亮聲息，紿㉘謂南人曰：「官軍糧盡，欲規㉙退還，吾中間久斥鄉里㉚，乃今得旋㉛，不能復北，欲還與汝等同計謀，故以誠相告。」南人信之，故圍守怠緩。於是恢出擊，大破之，追奔逐北，南至槃江㉜，東接牂牁，與亮聲勢相連。南土平定，恢軍功居多，封漢興亭侯，加安漢將軍㉝。後軍還，南夷復叛，殺害守將。恢身往撲討，鉏盡㉞惡類，徙其豪帥于成都，賦出㉟叟、濮㊱耕牛戰馬金銀犀革，充繼軍資，于時費用不乏。

3 建興七年㊲，以交州屬吳，解恢刺史。更領建寧太守，以還居本郡。徙居漢中，九年卒。子遺嗣。恢弟子球，羽林右部督㊳，隨諸葛瞻拒鄧艾，臨陣授命，死於緜竹。

【章　旨】以上為〈李恢傳〉，記載了李恢在攻取成都和治理南中兩方面的功勞，也記載了他死後後代的情況。

【注　釋】❶建寧俞元　建寧，郡名。治所在今雲南曲靖。俞元，縣名。治所在今雲南澄江縣。❷仕　原作「任」，今從宋本。❸督郵　官名。郡守屬官，掌督察所轄縣長吏政績、社會治安、法紀行政、催租點兵等。❹建伶　縣名。治所在今雲南晉寧。❺坐　連坐。指因別人犯罪而受牽連。❻董和　字幼宰，南郡枝江（今湖北枝江市東北）人，東漢末入蜀，任劉璋江原長、益州太守等職。劉備占領益州後，任掌軍中郎將，參屬丞相府。在任言無不盡，當面指出諸葛亮過失，屢受諸葛亮表彰。詳見本書卷三十九〈董和傳〉。❼方土　地方。❽寢而不許　擱置下來不批准。寢，擱置。❾涉道　上路。❿葭萌　縣名。治所在今四川廣元西南。⓫雒城　雒縣縣城。雒縣治所在今四川新都東北。⓬馬超　字孟起，扶風茂陵（今陝西興平東北）人，馬騰之子。東漢建安十六年（西元二一一年）與韓遂聯合進攻曹操，失敗後還據涼州。被楊阜等人攻擊，先奔張魯，後投劉備，為蜀漢名將。詳見本書卷三十六〈馬超傳〉。⓭亡虜　逃亡的人。⓮引　牽扯。⓯章武元年　西元二二一年。章武，蜀漢昭烈帝劉備年號，西元二二一—二二三年。⓰庲降都督鄧方　庲降都督，蜀漢在南中設立的最高軍事行政長官，鎮守南中越巂、建寧、雲南、永昌、興古、牂牁、朱提七郡，治所在今雲南曲靖。鄧方，字孔山，南郡（今湖北江陵北）人，以荊州從事隨劉備入蜀。事見本書卷四十五〈楊戲傳〉載〈季漢輔臣贊〉。⑰其使人也器之　用人的時候衡量各人的才器去分配任務。此語見於《論語・子路》。⑱先零之役　先零，西漢時西方羌族的一支。活動中心在今青海西寧至青海湖一帶。西漢宣帝時曾出兵進攻先零羌，先零之役即指此。⑲趙充國　字翁孫，隴西上邽（今甘肅天水市）人，西漢大將。精熟騎射，沉勇有謀略，通曉邊情。北擊匈奴，西平氐羌，屢立戰功，威震西北。詳見《漢書・趙充國傳》。⑳使持節領交州　使持節，官名。都督諸州軍事。交州，州名。治所在今越南境內。㉑平夷縣　縣名。治所在今貴州畢節。㉒高定恣睢於越巂　高定在越巂郡放縱不羈。高定，南中少數民族酋帥，舉兵叛亂，遣軍圍蜀漢新道縣，被李嚴擊走。諸葛亮討南中，高定兵敗被殺。事跡散見於本書卷三十三〈後主傳〉及本卷。恣睢，放縱不羈。越巂，郡名。治所在今四川西昌東南。㉓雍闓　益州郡人，郡中大姓，劉備死後舉兵造反，諸葛亮南征時，被高定部下所殺。事跡散見於本書卷三十一〈劉璋傳〉、卷三十三〈後主傳〉。㉔朱褒　蜀漢官吏，任牂牁太守。素有異志，曾攻殺益州從事常房，並誣以謀反罪名。建興三年（西元二二三年）舉兵反叛，後被諸葛亮平定。事跡散見於本書卷三十三〈後主傳〉及本卷。㉕牂牁　郡名。治所在今貴州福泉。㉖案道　按照預定的行軍路線。㉗昆明　地區名。指今雲南昆明湖及周圍地區。李恢被圍之地在滇池縣，在今昆明湖東南岸邊。㉘紿　欺騙。㉙規　打算。㉚吾中間久斥鄉里　我過去的一段時間長久的離開了家鄉。中間，過去的一段時間。斥，離開。㉛旋　回來。㉜槃江　河名。即今雲南、貴州境內的南盤江。㉝安漢將軍　武官名。蜀漢政權所創置。㉞鉏盡　剷除乾淨。㉟賦出　徵調。㊱叟濮　二者均為西南少數民族名。㊲建興七年　西元二二九年。建興，蜀漢後主劉禪年號，西元二二三—二三七年。㊳羽林右部督　統領羽林騎兵右部分隊的武官。

【語　譯】李恢，字德昂，建寧郡俞元縣人。李恢任職郡督郵，他的姑丈爨習任建伶縣令，有違法的情事，李恢因受爨習牽連應當被免除官職。太守董和因為爨習是地方大姓，便擱置下來沒有批准。後來董和把李恢推薦給州里，李恢上路後還未到達，聽說先主從葭萌回軍進攻劉璋。李恢知道劉璋一定會失敗，先主一定會成功，就假稱自己是建寧郡使者，北上拜訪先主，在綿竹與先主相遇。先主嘉許李恢，讓他跟隨自己到達雒城，派遣李恢到漢中與馬超交好聯絡，馬超於是從命歸順先主。成都平定之後，先主兼任益州牧，任命李恢為功曹書佐主簿。後來李恢被逃亡的人所誣陷，牽扯李恢謀反，有關部門把他收押送進監獄，先主明白李恢不會謀反，反而升任李恢為別駕從事。章武元年，庲降都督鄧方去世，先主問李恢：「誰可以代替鄧方？」李恢回答說：「人的才能，各有長短，所以孔子說『用人時要衡量每個人的才器去分配任務』。況且英明的君主在上，那麼臣下就可以充分盡力，所以征伐先零羌之戰，趙充國就說『沒有比老臣更合適的人了』。臣不自量力，希望陛下明察。」先主笑著說：「我的本意，也已經是您了啊。」於是任李恢為庲降都督，使持節兼任交州刺史，駐紮平夷縣。

2 先主去世，高定在越巂恣意妄為，雍闓在建寧專橫跋扈，朱褒在牂牁郡反叛。丞相諸葛亮南征，先經由越巂郡，而李恢按照預定路線進軍建寧郡。建寧郡各縣大肆召集人馬，把李恢軍隊包圍在昆明。當時李恢兵力少了敵人幾倍，又沒有得到諸葛亮的消息，便欺騙南方土人說：「朝廷軍隊的糧食已經耗盡，準備退兵返回，我在過去很長一段時間離開家鄉，現在得以返回，不能再次北去，想回來和你們共商計謀，所以誠心告訴你們。」南方土人相信了他的話，所以包圍守衛鬆懈了下來。於是李恢出擊，大敗他們，追擊敗逃的敵人，往南到了槃江，往東與牂牁郡相連，與諸葛亮的聲勢相互呼應。南中平定，李恢軍功最多，被封為漢興亭侯，加安漢將軍。後來軍隊撤回，南方夷族又叛變，殺害守將。李恢親自率兵前往討伐，把首惡分子悉數剷除，把他們的首領遷徙到成都，從叟、濮等少數民族中徵調出耕牛戰馬金銀犀牛皮，補充軍資，使當時的軍資供應不致匱乏。

3 建興七年，因為交州歸屬孫吳，所以解除了李恢交州刺史的職務，改為兼任建寧郡太守，讓他回家鄉所在的郡任職。後來遷居漢中，建興九年去世。兒子李遺承襲爵位。李恢弟弟的兒子李球，任羽林右部督，跟隨諸葛瞻抵禦鄧艾，臨陣受命，戰死於緜竹。

1 呂凱，字季平，永昌不韋❶人也。仕郡五官掾功曹❷。時雍闓等聞先主薨於永安❸，驕黠滋甚❹。都護李嚴❺與闓書六紙，解喻利害，闓但答一紙曰：「蓋聞天無二日，土無二王，今天下鼎立，正朔❻有三，是以遠人惶惑，不知所歸也。」其桀慢如此。闓又降於吳，吳遙署闓為永昌太守。永昌既在益州郡❼之西，道路壅塞，與蜀隔絕，而郡太守改易，凱與府丞❽蜀郡王伉帥厲吏民，閉境拒闓。闓數移檄永昌，稱說云云❾。凱答檄曰：「天降喪亂❿，奸雄乘釁⓫，天下切齒，萬國悲悼，臣妾大小，莫不思竭筋力，肝腦塗地，以除國難。伏惟將軍世受漢恩，以為當躬聚黨眾，率先啟行，上以報國家，下不負先人，書功竹帛，遺名千載。何期臣僕吳越⓬，背本就末乎？昔舜⓭勤民事，隕于蒼梧⓮，書籍嘉之，流聲⓯無窮。崩于江浦⓰，何足可悲！文、武⓱受命，成王⓲乃平。先帝龍興，海內望風，宰臣聰睿，自天降康。而將軍不覩盛衰之紀⓳，成敗之符⓴，譬如野火在原，蹈履河冰，火滅冰泮㉑，將何所依附？曩者將軍先君雍侯，造怨而封㉒，竇融㉓知興，歸志世祖㉔，皆流名後葉，世歌其美。今諸葛丞相英才挺出，深覩未萌㉕，受遺託孤，翊贊㉖季興，與眾無忌，錄功忘瑕㉗。將軍若能翻然改圖，易跡更步，古人不難追，鄙土㉘何足宰哉！蓋聞楚國不恭，齊桓是責㉙；夫差僭號，晉人不長㉚，況臣於非主，誰肯歸之邪？竊惟古義，臣無越境之交，是以前後有來無往。重承告示㉛，發憤忘食，故略陳所懷，惟將軍察焉。」凱威恩內著，為郡中所信，故能全其節。

2 及丞相亮南征討闓，既發在道，而闓已為高定部曲所殺。亮至南，上表曰：「永昌郡吏呂凱、府丞王伉等，執忠絕域㉜，十有餘年，雍闓、高定偪其東北，而凱等守義不與交通。臣不意㉝永昌風俗敦直乃爾！」以凱為雲南㉞太守，封陽遷亭侯。會為叛夷所害，子祥嗣。而王伉亦封亭侯，為永昌太守。

【章　旨】以上為〈陸凱傳〉，主要記述了呂凱在南中忠於職守和忠於蜀漢政權的表現。

【注　釋】❶永昌不韋　永昌，郡名。治所在今雲南保山市東北。不韋，縣名。治所在今雲南保山市東北。❷五官掾功曹　五官掾，官名。郡太守自署屬吏，掌春秋祭祀。功曹，官名。州郡縣的屬官。呂凱所任為郡功曹。❸永安　縣名。治所在今重慶市奉節東白帝山東南。❹驕黠滋甚　驕橫狡詐越來越厲害。❺都護李嚴　都護，即中都護，劉備病重時所設，統內外諸軍，權力極重。劉禪繼位後，中都護權力減弱，後來全軍的統率權由丞相諸葛亮接管。李嚴，字正方，南陽（今河南南陽）人。劉璋時任成都令，後歸降劉備。因督運軍糧不繼，又諉過於人，被廢為庶人。詳見本書卷四十〈李嚴傳〉。❻正朔　一年的第一天。正，一年之始。朔，一月之始。古代新王朝的建立通常改正朔以表示除舊布新。此代指稱帝。❼益州郡　治所在今雲南晉寧東北。❽府丞　官名。即郡守府丞，又稱郡丞，輔佐郡守或代行郡守事。❾稱說云云　述說各種理由。指勸說呂凱投降。❿天降喪亂　上天降下災禍。這裏指劉備去世。⓫奸雄乘釁　指孫權乘機拉攏雍闓。⓬臣僕吳越　做孫吳的下屬。臣僕，動詞，意為做某某人的臣僕。吳越指孫吳。⓭舜　即虞舜，姚姓，名重華，年二十以孝聞名。繼堯之後為帝。詳見《史記・五帝本紀》。⓮蒼梧　此為地區名，指今廣西梧州以北，桂林以南。⓯流聲　聲譽流傳。⓰崩于江浦　指劉備死於長江邊上的永安宮一事。⓱文武　指周文王和周武王。⓲成王　即周成王，名姬誦，周武王之子，繼位時年幼，以周公旦輔佐，在位期間，天下安寧，史稱盛世。詳見《史記・周本紀》。⓳紀　規律。⓴符　徵兆。㉑泮　消融。㉒曩者將軍二句　西漢功臣雍齒，早年曾多次欺侮劉邦。後隨劉邦起事，戰功卓著。西漢建立後，劉邦仍對雍齒當年之舉耿耿於懷。但為了安定人心，接受了張良的建議，最先封雍齒為什方侯。所謂「造怨而封」即指此事。雍侯即雍齒，雍闓是雍齒的後代，所以呂凱說「先君雍侯」。㉓竇融　字周公，扶風平陵（今陝西咸陽西北）人，世代在河西地區任官。新莽末年，任更始政權鉅鹿太守、張掖屬國都尉等職。更始敗亡後，割據河西五郡。西元三二年，幫助劉秀消滅隗囂，歸順東漢王朝。詳見《後漢書．竇融列傳》。㉔世祖　即東漢光武帝劉秀，字文叔，南陽蔡陽（今湖北棗陽西南）人。劉邦九世孫，新莽末起兵，加入綠林軍。大破王莽軍於昆陽。西元二五年稱帝，定都洛陽，年號建武。後征伐赤眉軍，削平各地割據勢力，統一全國。在位期間多次發布釋放奴婢和禁止殘害奴婢的命令，興修水利，整頓吏治。死後諡號為光武。詳見《後漢書．光武帝紀》。㉕深覩未萌　在事情發生之前就看得非常清楚。㉖翊贊　輔佐。㉗與眾無忌二句　對眾人沒有忌恨之心，注重他們的功勞，不計較他們的缺點。㉘鄙土　指永昌郡。呂凱是永昌郡人，所以這樣說。㉙楚國不恭二句　春秋時，楚國沒有向周王進貢祭祀用的苞茅，是對周天子的不恭敬。所以齊桓公率軍進行討伐。事見《左傳》僖公四年。㉚夫差僭號二句　西元前四八二年，吳國與晉國為誰的地位高而爭執，吳國雖然稱王，但晉國並不認為他的地位能與自己的爵位相比。吳王夫差稱王是一種僭越行為，晉國並不把他視為尊長。事見《左傳》哀公十三年。㉛重承告示　再次承蒙告知表示。重，再次。㉜執忠絕域　在非常遙遠的地方堅持忠誠。㉝不意　沒想到。㉞雲南　郡名。治所在今雲南姚安西北。

【語　譯】呂凱，字季平，永昌郡不韋縣人。任職郡府五官掾、功曹。當時雍闓等人聽說先主在永安去世，更加驕橫狡詐。都護李嚴給雍闓寫了一封六張紙的信，講明利害關係，雍闓只回覆一張紙的信函，說：「我聽說天上沒有兩個太陽，地上沒有兩個君王。現在天下三足鼎立，稱帝的有三家，所以邊遠地區的人心中惶惑，不知道應該歸附誰。」他的桀驁不遜就是這樣。雍闓又投降孫吳，孫吳在遠處任命他為永昌太守。永昌郡在益州郡的西面，道路阻塞，與蜀漢朝廷隔絕，而且郡太守又更換了，呂凱與府丞蜀郡人王伉統率並激勵官吏百姓，關閉邊境抵禦雍闓。雍闓多次發布公文給永昌郡，陳述種種理由。呂凱以公文回答說：「上天降下災禍使先主去世，奸雄乘機挑釁作亂，天下之人咬牙切齒，各地百姓悲痛哀悼，大小臣民，沒有不想盡心竭力，肝腦塗地，以解除國家危難。我思忖將軍世代受漢家恩典，認為您應當親自召集部眾，率先行動，對上用來報效國家，對下不辜負先人，把功績記載在史冊上，留名千年。哪裏會料想到您會臣屬孫吳，捨本逐末啊？

過去虞舜勤於民眾的事務，死於蒼梧，史籍上稱讚他，聲譽世代流傳無窮無盡。如今先帝在長江江畔去世，有什麼可悲的呢！周文王、武王承受天命，周成王時才天下太平。先帝龍騰興起，海內之人望風仰慕，主政大臣聰明睿智，是上天降下的福分。然而將軍不觀察盛衰的規律，成敗的徵兆，就像原野上燃燒著大火，腳踏河面的冰層，到時火滅冰融，將去依附什麼呢？從前將軍您的先祖雍侯，與高祖結怨卻被封侯，竇融知道誰將興起，歸心世祖。他們全都留名後世，世代歌頌他們的美名。如今諸葛丞相英才傑出，洞察尚未發生的事物，接受了先帝託孤的遺詔，輔助太子振興衰敗的漢室，對眾人沒有猜忌，記錄功勞，不計缺點。將軍如果能幡然改變主意，改走新路，追上古代的賢人並不難，鄙人家鄉這個小郡哪裏值得您來主政呢！我聽說楚國不恭敬天子，齊桓公就責備討伐他；吳國夫差稱王，晉國並不以他為尊長，更何況向非法的君主稱臣，誰肯歸順您呢？我私下思考古人的道理，臣子沒有國境以外的交往，所以一直以來您有來信我卻沒有回覆。再次承蒙您的告知和表示，心中憤悶忘了用餐，所以大致陳述心懷，希望將軍明察。」呂凱的威德恩惠郡中知名，被郡中人們所信服，所以能保全他的節操。

2 到了諸葛亮南征討伐雍闓，大軍出發已在路上，而雍闓已經被高定的部下殺死。諸葛亮抵達南中，上表朝廷說：「永昌郡吏呂凱、府丞王伉等人，在非常遙遠的地方秉守忠義，長達十多年，雍闓、高定在東北侵逼，然而呂凱等人恪守大義不和他們往來。臣沒想到永昌郡的民風這樣敦厚正直！」任命呂凱為雲南郡太守，封陽遷亭侯。恰逢呂凱被反叛的夷族殺害，兒子呂祥承襲爵位。而王伉也被封為亭侯，任永昌郡太守。

1 馬忠，字德信，巴西閬中人也。少養外家❶，姓狐，名篤，後乃復姓，改名忠。為郡吏，建安末舉孝廉❷，除漢昌❸長。先主東征，敗績猇亭❹，巴西太守閻芝❺發諸縣兵五千人以補遺闕，遣忠送往。先主已還永安，見忠與語，謂尚書令劉巴❻曰：「雖亡黃權，復得狐篤，此為世不乏賢也。」建興元年，丞相亮開府❼，以忠為門下督❽。三年，亮入南，拜忠牂牁太守。郡丞朱褒反。叛亂之後，忠撫育恤理，甚有威惠。八年，召為丞相參軍❾，副長史蔣琬署留府事❿。又領州治中從事。明年，亮出祁山⓫，忠詣亮所，經營戎事。軍還，督將軍張嶷等討汶山郡⓬叛羌。十一年，南夷豪帥劉冑反，擾亂諸郡。徵庲降都督張翼⓭還，以忠代翼。忠遂斬冑，平南土。加忠監軍奮威將軍⓮，封博陽亭侯。初，建寧郡殺太守正昂，縛太守張裔⓯於吳，故都督常駐平夷縣。至忠，乃移治味縣⓰，處民夷之間。又越巂郡亦久失土地，忠率將太守張嶷開復舊郡，由此就加安南將軍⓱，進封彭鄉亭侯。延熙五年還朝，因至漢中，見大司馬蔣琬，宣傳⓲詔旨，加拜鎮南大將軍⓳。七年春，大將軍費禕⓴北禦魏敵，留忠成都，平尚書事㉑。禕還，忠乃歸南。十二年卒，子修嗣。

2 忠為人寬濟有度量，但詼啁㉒大笑，忿怒不形於色。然處事能斷，威恩並立，是以蠻夷畏而愛之。及卒，莫不自致喪庭㉓，流涕盡哀，為之立廟祀，迄今猶在。

3 張表㉔，時名士，清望踰忠㉕。閻宇㉖，宿有功幹㉗，於事精勤。繼踵在忠後，其威風稱績，皆不及忠。

【章　旨】以上為〈馬忠傳〉，記述了馬忠在鞏固平定南中的成果、治理南中方面的功勞和才幹，並用張表、閻宇等人的才幹為襯托，進一步突出了馬忠。

【注　釋】❶外家　母親的娘家。❷孝廉　漢代察舉官吏的科目，指孝子和廉吏。始於漢武帝時，在東漢尤為求仕進者必由之路。❸漢昌　縣名。治所在今四川巴中。❹猇亭　地名。在今湖北宜都北約十五公里的長江北岸。❺閻芝　蜀漢官吏。事跡散見於本傳及《三國志・諸葛亮傳》裴松之注引《漢晉春秋》。❻尚書令劉巴　尚書令，尚書省長官，位高權重。劉巴，字子初，零陵烝陽（今湖南邵東東南）人。不受劉表任用，曹操進攻荊州時降附。曹軍敗退後隻身南下，後輾轉入蜀。劉備占領益州，任尚書令。詳見本書卷三十九〈劉巴傳〉。❼開府　設立官署，選置僚屬。漢代只有三公、大將軍、將軍可以開府。官銜中開府者一般地位較高。❽門下督　官名。丞相府的衛隊長。❾丞相參軍　丞相府的重要幕僚。❿副長史蔣琬句　幫助長史蔣琬處理丞相留守府的公務。副，幫助。長史，丞相留府長史，在丞相出征期間，統管留守事務。蔣琬，字公琰，零陵湘鄉（今湖南湘鄉）人。初以書佐隨劉備入蜀，後任諸葛亮參軍、長史。諸葛亮逝世後任尚書令、大司馬、大將軍，是蜀漢後期傑出的人才。詳見本書卷四十四〈蔣琬傳〉。署，處理。⓫祁山　山名。在今甘肅西和東北。⓬汶山郡　郡名。治所在今四川汶川縣西南。⓭張翼　字伯恭，犍為武陽（今四川彭山縣）人，蜀漢將領。鎮撫南中、隨諸葛亮北伐以及後期與曹魏軍戰皆有功。景耀六年（西元二六三年）與姜維降鍾會，次年被亂兵所殺。詳見本書卷四十五〈張翼傳〉。⓮監軍奮威將軍　監軍，官名。監視諸軍出征將帥，職權頗重。奮威將軍，高級軍事將領，領兵征伐。⓯張裔　字君嗣，蜀郡成都（今四川成都）人，劉璋時任魚復縣長、帳下司馬。劉備占領益州後歸降。詳見本書卷四十一〈張裔傳〉。⓰味縣　縣名。治所在今雲南曲靖。⓱安南將軍　武官名。鎮守南中地區。⓲宣傳　宣布傳達。⓳鎮南大將軍　武官名。加給鎮南將軍中資深者。⓴費禕　字文偉，江夏鄳縣（今河南信陽東北）人。蜀漢後期傑出的人才，深受諸葛亮重用。詳見本書卷四十四〈費禕傳〉。㉑平尚書事　表示職權的名號。輔政大臣常加錄尚書事的名號，資歷較淺者則加平尚書事。㉒詼啁　調笑、詼諧。啁，通「嘲」。㉓自致喪庭　自己主動來到舉辦喪事的地方。㉔張表　《益部耆舊傳》說是張松的哥哥張肅之子，《華陽國志》說是張松的兒子。㉕清望踰忠　清高的聲望超過馬忠。㉖閻宇　字文平，南郡（今湖北江陵）人，蜀漢官員，歷任都督、右衛大將軍等職。事跡散見於《華陽國志・南中志》、〈劉後主志〉。㉗功幹　辦事的才幹。

【語　譯】馬忠，字德信，巴西郡閬中縣人。從小被寄養在母親的娘家，姓狐，名篤，後來才改回本姓，改名為忠。擔任郡吏，建安末年被舉薦為孝廉，任漢昌縣長。先主東征孫吳，在猇亭吃了敗仗，巴西太守閻芝徵發各縣兵馬五千人用來補充缺員，派馬忠送往前線。先主已經回到永安，見到馬忠與他交談後，對尚書令劉巴說：「我雖然失去黃權，但又得到狐篤，這真是世上不缺賢人呀。」建興元年，丞相諸葛亮開府設置僚屬，任馬忠為門下督。建興三年，諸葛亮進入南中，任命馬忠為牂牁郡太守。郡丞朱褒謀反。亂事平定之後，馬忠撫恤治理百姓，特別有威信和恩惠。建興八年，諸葛亮召馬忠為丞相參軍，幫助留府長史蔣琬處理丞相府事務。又兼任益州治中從事。第二年，諸葛亮出兵祁山，馬忠來到諸葛亮的駐地，管理軍務。大軍返回後，督統將軍張嶷等討伐汶山郡叛亂的羌人。建興十一年，南中夷人首領劉胄反叛，騷擾各郡。朝廷徵召庲降都督張翼回朝，以馬忠代替張翼的職務。馬忠最終斬殺了劉胄，平定了南中。朝廷加授馬忠監軍奮威將軍，封博陽亭侯。當初，建寧郡叛軍殺害太守正昂，捆綁繼任的太守張裔送往孫吳，所以都督時常駐紮在平夷縣。到了馬忠上任，才遷移治所到味縣，處在漢族與夷人之間。另外越巂郡也長期失去土地，馬忠率領越巂郡太守張嶷恢復了本郡舊有土地，因此就加授安南將軍，進封彭鄉亭侯。延熙五年回到朝廷，順道到達漢中，拜見大司馬蔣琬，宣達朝廷詔旨，加授鎮南大將軍。延熙七年春，大將軍費禕北上抵禦曹魏敵軍，留馬忠在成都，總管尚書臺機要事務。費禕返回，馬忠才回到南中。延熙十二年去世，兒子馬脩承襲了爵位。

2 馬忠為人寬厚，樂於助人，有度量，平日只是詼諧調侃或放聲大笑，憤怒之情不形於色。然而處事果斷，威恩並施，所以南中蠻夷民族對他既畏懼又愛戴。到了他去世時，沒有人不是自己主動來到舉行喪禮的地方哀悼，流淚盡哀，為他立廟祭祀，至今廟宇還在。

3 張表，是當時的名士，清高的聲望超越馬忠。閻宇，素來有辦事的才幹，辦事精細勤勉。這二人都繼馬忠之後任職，但威望風評，都不如馬忠。

1 王平，字子均，巴西宕渠❶人也。本養外家何氏，後復姓王。隨杜濩、朴胡詣洛陽❷，假校尉❸，從曹公❹征漢中，因降先主，拜牙門將、裨將軍❺。建興六年，屬參軍馬謖❻先鋒。謖舍水上山，舉措煩擾，平連規諫謖，謖不能用，大敗於街亭。眾盡星散，惟平所領千人，鳴鼓自持，魏將張郃❼疑其伏兵，不往偪也。於是平徐徐收合諸營遺迸❽，率將士而還。丞相亮既誅馬謖及將軍張休、李盛，奪將軍黃襲等兵，平特見崇顯，加拜參軍，統五部兼當營事❾，進位討寇將軍❿，封亭侯。九年，亮圍祁山，平別守南圍。魏大將軍司馬宣王攻亮，張郃攻平，平堅守不動，郃不能克。十二年，亮卒於武功⓫，軍退還，魏延⓬作亂，一戰而敗，平之功也。遷後典軍⓭、安漢將軍，副車騎將軍吳壹⓮住漢中，又領漢中太守。十五年，進封安漢侯，代壹督漢中。延熙元年，大將軍蔣琬住沔陽，平更為前護軍⓯，署琬府事。六年，琬還住涪，拜平前監軍⓰、鎮北大將軍，統漢中。

2 七年春，魏大將軍曹爽⓱率步騎十餘萬向漢川，前鋒已在駱谷⓲。時漢中守兵不滿三萬，諸將大驚。或曰：「今力不足以拒敵，聽當⓳固守漢、樂二城⓴，遇賊令入，比爾間㉑，涪軍㉒足得救關㉓。」平曰：「不然。漢中去涪垂千里，賊若得關，便為禍也。今宜先遣劉護軍、杜參軍據興勢㉔，平為後拒；若賊分向黃金㉕，平率千人下自臨之，比爾間，涪軍行至，此計之上也。」惟護軍劉敏㉖與平意同，即便施行。涪諸軍及大將軍費禕自成都相繼而至，魏軍退還，如平本策。是時，鄧芝㉗在東，馬忠在南，平在北境，咸著名迹。

3 平生長戎旅，手不能書，其所識不過十字，而口授作書，皆有意理。使人讀史、漢諸紀傳㉘，聽之，備知其大義，往往論說不失其指㉙。遵履法度，言不戲謔，從朝至夕，端坐徹日，憺㉚無武將之體，然性狹侵疑㉛，為人自輕㉜，以此為損焉。十一年卒，子訓嗣。

4 初，平同郡漢昌句扶忠勇寬厚，數有戰功，功名爵位亞平，官至左將軍，封宕渠侯。

【章　旨】以上為〈王平傳〉主要記述了王平在北伐曹魏戰爭中的功績，又略敘了他沒有文化，卻具有非凡的理解力。對他狹隘多疑的性格也稍作提及。最後附載句扶事跡。

【注　釋】❶宕渠　縣名。治所在今四川渠縣東北。❷洛陽　都名。在今河南洛陽。❸假校尉　代理校尉職務。假，代理。校尉，武官名。位在將軍之下。❹曹公　即曹操。❺牙門將裨將軍　牙門將，統兵武官，簡稱牙門。位在裨將之下，郡守之上。裨將軍，副將軍。❻馬謖　字幼常，襄陽宜城（今湖北宜城南）人，好論軍事，受諸葛亮器重。隨諸葛亮北伐曹魏，違反諸葛亮節度，丟失街亭，因罪下獄而死。詳見本書卷三十九馬良附傳。❼張郃　字儁乂，河間鄚（今河北任丘北）人，東漢末為韓馥部將，後依袁紹，官渡之戰後歸降曹操。攻鄴城，擊袁譚，討柳城，屢立戰功，為曹魏名將之一。平張魯後，與夏侯淵守漢中，夏侯淵死，被眾人推為軍主，退屯陳倉。魏明帝時，諸葛亮北伐，張郃督諸軍，在街亭打敗諸葛亮將馬謖。太和五年（西元二一三年），諸葛亮再次北伐，張郃與蜀軍戰，在木門被飛矢所中，卒。詳見本書卷十七〈張郃傳〉。❽遺迸逃散的兵將。❾統五部兼當營事　五部，諸葛亮平定南中後，徵調當地青羌一萬多人組成五支分隊，稱為五部。當，負責承擔。營事，諸葛亮大本營的公事。❿討寇將軍　武官名。雜號將軍之一，第五品。⓫武功　即武功水，為渭河南岸的支流。⓬魏延　字文長，義陽（今河南桐柏東）人。蜀漢著名將領，隨諸葛亮北伐曹魏，多立戰功。因與諸葛亮戰略主張不同，在諸葛亮逝世後拒不執行退兵命令，被楊儀所殺。詳見本書卷四十〈魏延傳〉。⓭後典軍　武官名。負責指揮後部各軍。⓮吳壹　字子遠，陳留（今河南開封）人。因其父與劉璋有舊，舉家隨劉璋入蜀，其妹妹嫁給劉璋子劉瑁。劉備入蜀後降附。詳見本書卷四十五〈楊戲傳〉載〈季漢輔臣贊〉。⓯前護軍　武官名。負責協調前部各軍。⓰前監軍　武官名。負責監督前部各軍。⓱曹爽　字昭伯，沛國譙（今安徽亳州）人，曹真之子。明帝時任武衛將軍。明帝病重，與司馬懿同受遺詔輔少主。齊王曹芳即位後，司馬懿發動政變，曹爽被剝奪兵權，後被殺。詳見本書卷九〈曹爽傳〉。⓲駱谷　山谷名。起自今陝西城固西北，終至今陝西眉縣，全長約二一〇公里。⓳聽當　只能夠。⓴漢樂二城　漢城，諸葛亮主持修築，為當時軍事重鎮，在今陝西勉縣東。樂城，諸葛亮主持修築，也是當時軍事重鎮，在今陝西城固東。㉑比爾間　到這時。㉒涪軍　從涪縣來的援軍。㉓關　即陽平關。在今陝西勉縣西。㉔興勢　山名。在今陝西洋縣西北。㉕黃金　山谷名。在今陝西洋縣東。㉖劉敏　泉陵（今湖南零陵北）人，以軍功封雲亭侯。事見本書卷四十四蔣琬附傳。㉗鄧芝　字伯苗，義陽新野（今河南新野）人，東漢司徒鄧禹後裔。漢末入蜀，得劉備賞識。劉備死後，受諸葛亮之命，多次出使東吳，對吳蜀重歸於好有重要貢獻。詳見本書卷四十五〈鄧芝傳〉。㉘史漢諸紀傳　《史記》、《漢書》的本紀和列傳。㉙指　主旨。㉚㦎　背離；相反。㉛侵疑　容易產生疑心。㉜為人自輕　以為別人輕視自己。

【語譯】王平，字子均，巴西郡宕渠縣人。本來寄養在母親何氏家，後來恢復王姓。跟隨杜濩、朴胡前往洛陽，代理校尉，跟隨曹公征討漢中，因此歸降先主，官拜牙門將、裨將軍。建興六年，隸屬參軍馬謖任先鋒。馬謖捨棄水源上山，部署繁瑣紊亂，王平不斷規勸馬謖，馬謖不肯採納，結果街亭大敗。部眾全都離散，只有王平率領的千人部隊，擊鼓獨自堅持，曹魏將領張郃懷疑是伏兵，沒有前去進逼。於是王平慢慢收攏各營四散的部眾，率領將士撤回。丞相諸葛亮誅殺了馬謖和將軍張休、李盛，剝奪了將軍黃襲等的兵權，唯獨王平更加受到推崇顯揚，加授參軍，統領五部兵馬並兼管諸葛亮大本營的公務，又晉升討寇將軍，封亭侯。建興九年，諸葛亮包圍祁山，王平另外把守包圍圈的南面。曹魏大將軍司馬宣王進攻諸葛亮，張郃進攻王平，王平固守不動，張郃無法攻克。建興十二年，諸葛亮在武功水去世，蜀軍撤兵返回，魏延作亂，蜀軍一戰就打敗了魏延，是王平的功勞。升任後典軍、安漢將軍，充任車騎將軍吳壹的副手駐紮在漢中，又兼任漢中太守。建興十五年，進封安漢侯，替代吳壹督統漢中各軍。延熙元年，大將軍蔣琬駐紮沔陽，王平改任前護軍，掌管蔣琬大將軍府的事務。延熙六年，蔣琬返回駐紮在涪縣，任命王平為前監軍、鎮北大將軍，統領漢中各軍。

2 延熙七年春，曹魏大將軍曹爽率領步兵、騎兵十多萬人向漢川進攻，前鋒已抵達駱谷。當時漢中守軍不到三萬，所有將領大為驚慌。有人說：「如今兵力不足以抗拒敵人，只能夠固守漢城、樂城，遇到敵軍就讓他們進來，到這時，從涪縣來的援兵就能趕到陽平關相救了。」王平說：「不是這樣。漢中距離涪縣將近一千里，敵人如果得到陽平關，就成為大禍了。如今應當先派遣劉護軍、杜參軍據守興勢，我充當後衛，如果敵人分兵攻打黃金，我率領一千人馬居高臨下攻擊他，到這時，涪縣的援軍也將到了，這才是上策。」只有護軍劉敏與王平意見相同，立即實行了這個計劃。涪縣援軍和大將軍費禕相繼從成都趕到，曹魏軍撤退而回，如同王平事先預料的一樣。當時，鄧芝在東部，馬忠在南部，王平在北部，都有卓著的名聲和事跡。

3 王平生長在軍旅之中，不會寫字，他所認識的不超過十個字，然而他通過口授寫成的書信，都有文意又具條理。讓人讀《史記》、《漢書》中的各篇本紀和列傳，聽過後，完全知曉其中大意，經常發表議論而不失其主旨。王平遵守法度，說話不開玩笑，從早到晚，終日正襟危坐，與他經歷相反，沒有武將的樣子，然而他心胸狹隘多疑，認為別人輕視自己，因此形象受損。延熙十一年去世，兒子王訓承襲爵位。

4 當初，王平的同郡人漢昌縣的句扶忠勇寬厚，屢立戰功，功名爵位僅次於王平，官至左將軍，封宕渠侯。

1 張嶷，字伯岐，巴郡❶南充國❷人也。弱冠❸為縣功曹❹。先主定蜀之際，山寇攻縣，縣長捐家❺逃亡，嶷冒白刃，攜負夫人❻，夫人得免。由是顯名，州召為從事。時郡內士人龔祿、姚伷位二千石⑦，當世⑧有聲名，皆與嶷友善。建興五年，丞相亮北住漢中，廣漢、緜竹山賊張慕等鈔盜軍資，劫略⑨吏民，嶷以都尉將兵討之。嶷度其鳥散⑩，難以戰禽，乃詐與和親，剋期⑪置酒。酒酣，嶷身率左右，因斬慕等五十餘級，渠帥悉殄⑫。尋其餘類，旬日清泰⑬。後得疾病困篤，家素貧匱，廣漢太守蜀郡何祗⑭，名為通厚⑮，嶷宿與疏闊⑯，乃自轝⑰詣祗，託以治疾。祗傾財醫療，數年除愈。其黨道信義⑱皆此類也。拜為牙門將，屬馬忠，北討汶山叛羌，南平四郡蠻夷，輒有籌畫戰克之功。十四年，武都氐⑲王苻⑳健請降，遣將軍張尉往迎，過期不到，大將軍蔣琬深以為念。嶷平㉑之曰：「苻健求附款至㉒，必無他變，素聞健弟狡黠，又夷狄不能同功㉓，將有乖離，是以稽留耳。」數日，問㉔至，健弟果將四百戶就魏，獨健來從。

2 初，越嶲郡自丞相亮討高定之後，叟夷數反，殺太守龔祿、焦璜，是後太守不敢之郡，只住安上縣㉕，去郡㉖八百餘里，其郡徒有名而已。時論欲復舊郡，除嶷為越嶲太守，嶷將所領往之郡，誘以恩信，蠻夷皆服，頗來降附。北徼㉗捉馬㉘最驍勁，不承節度，嶷乃往討，生縛其帥魏狼，又解縱㉙告喻，使招懷餘類。表拜狼為邑侯，種落三千餘戶皆安土供職。諸種㉚聞之，多漸降服，嶷以功賜爵關內侯。

3 蘇祁邑君[31]冬逢、逢弟隗渠等，已降復反。嶷誅逢。逢妻，旄牛[32]王女，嶷以計原之[33]。而渠逃入西徼。渠剛猛捷悍，為諸種深所畏憚，遣所親二人詐降嶷，實取消息。嶷覺之，許以重賞，使為反間，二人遂合謀殺渠。渠死，諸種皆安。又斯都耆帥[34]李求承，昔手殺龔祿，嶷求募捕得，數其宿惡[35]而誅之。

4 始嶷以郡郛宇[36]頹壞，更築小塢[37]。在官三年，徙還故郡，繕治城郭[38]，夷種男女莫不致力。

5 定莋[39]、臺登[40]、卑水[41]三縣去郡三百餘里，舊出鹽鐵及漆，而夷徼[42]久自固食。嶷率所領奪取，署長吏[43]焉。嶷之到定莋，定莋率豪[44]狼岑，槃木[45]王舅，甚為蠻夷所信任，忿嶷自侵[46]，不自來詣。嶷使壯士數十直往收致，撻而殺之，持尸還種，厚加賞賜，喻以狼岑之惡，且曰：「無得妄動，動即殄矣！」種類咸面縛謝過。嶷殺牛饗宴，重申恩信，遂獲鹽鐵，器用周贍[47]。

6 漢嘉郡[48]界旄牛夷種類四千餘戶，其率狼路，欲為姑婿冬逢報怨[49]，遣叔父離將逢眾相度[50]形勢。嶷逆[51]遣親近齎牛酒勞賜，又令離逆[52]逢妻宣暢[53]意旨。離既受賜，并見其姊，姊弟歡悅，悉率所領將詣嶷，嶷厚加賞賜[54]，遣還。旄牛由是輒不為患。

7 郡有舊道，經旄牛中至成都，既平且近；自旄牛絕道，已百餘年，更由安上，既險且遠。嶷遣左右齎貨幣賜路，重令路姑喻意，路乃率兄弟妻子悉詣嶷，嶷與盟誓，開通舊道，千里肅清，復古亭驛55。奏封路為旄牛㽛毗王，遣使將路朝貢。後主於是加嶷撫戎將軍56，領郡如故。

【章旨】以上為〈張嶷傳〉的第一部分，詳細記述了張嶷治理南中地區的手段及其對少數民族的政策，也記述了他恢復越嶲郡故地、徵調南中物資支援朝廷、開通旄牛道等方面的功勞。

【注釋】❶巴郡 原作「巴西郡」，今從宋本。❷南充國 侯國名。治所在今四川南充。❸弱冠 指男子二十歲時。《禮記·曲禮上》：「二十曰弱，冠。」年少為弱，待至二十，即為成年，舉行冠禮。❹縣功曹 縣長縣令屬吏，負責人事。❺捐家 棄家。❻夫人 指縣長夫人。❼時郡內句 龔祿，字德緒，安漢（今四川南充東北）人，蜀漢越嶲太守，被當地叛亂勢力所殺。其事《華陽國志》有載。姚伷，字子緒，閬中（今四川閬中）人。任諸葛亮丞相府掾，深受諸葛亮賞識。事見本書卷四十五〈楊戲傳〉載〈季漢輔臣贊〉。二千石，官職的品級之一。❽當世 從政。❾略 宋本作「掠」。❿度其鳥散 推測他們會像鳥獸般四散。⓫剋期 約定日期。⓬殄 消滅。⓭清泰 清靜太平。⓮何祗 字君肅，少寒貧，為人寬厚通濟，甚有才幹。詳見裴松之注引《益部耆舊傳·雜記》。⓯通厚 通達厚道。⓰宿與疏闊 素來與何祇關係疏遠。⓱自舉 讓人抬著自己。⓲黨道信義 交結信任有道義的人。黨，交結；親近。⓳武都氐 武都，郡名。治所在今甘肅成縣西北。氐，西部少數民族名。⓴苻 原作「符」，宋本、殿本作「苻」，據改。下同。㉑平 解釋原因使之心緒平靜。㉒款至 誠懇迫切。㉓同功 共同享有功勞。㉔問 消息。㉕安上縣 縣名。治所在今四川屏山縣。原誤作「安定縣」，今據《三國志集解》引錢大昕與潘眉說校正。㉖去郡 距離越嶲郡治所。郡，指越嶲郡治所。㉗北徼 北部邊界。㉘捉馬 少數民族部落名。㉙解縱 釋放。㉚種 部族。㉛蘇祁邑君 蘇祁，縣名。治所在今四川西昌西北。邑君，蜀漢王朝給少數民族首領的封號。㉜旄牛 縣名。

治所在今四川漢源南。這裏指居住在旄牛縣境內的少數民族。㉝以計原之　從策略的角度寬恕了她。㉞耆帥　老年首領。㉟宿惡　舊時的罪惡。㊱郛宇　城牆和房屋。㊲塢　城堡。㊳城郭　郭，外城牆。此指城牆。㊴定莋　縣名。治所在今四川鹽源。㊵臺登　縣名。治所在今四川冕寧南。㊶卑水　縣名。治所在今四川昭覺東北。㊷夷徼　少數民族的防線。㊸長吏　縣長和縣令的別稱。㊹率豪　首領。㊺槃木　少數民族部落名。㊻自侵　侵略自己。㊼周贍　接濟；供應。㊽漢嘉郡　郡名。治所在今四川雅安名山區北。㊾報怨　報仇。㊿相度　觀察估計。(51)逆　預先。(52)逆　迎接。此字上原有「姊」字。《三國志集解》引潘眉云：「『姊』字衍文。逢妻即離姊，不當更有『姊』字在『逆』字上。」，今據刪。(53)宣暢　宣布表達。(54)賜　宋本作「待」。(55)亭驛　道旁供旅客食宿的公房。(56)撫戎將軍　鎮守少數民族地區的武官。

【語　譯】張嶷，字伯岐，巴郡南充國人。二十歲時任縣功曹。先主平定益州時，山賊進攻縣城，縣長棄家逃亡，張嶷冒著刀鋒之險，背負縣長夫人，使她得免於難。張嶷因此名聲顯揚。益州府徵召他任從事。當時巴西郡內士人龔祿、姚伷官至二千石，政績上很有聲名，都與張嶷友好。建興五年，丞相諸葛亮北上駐紮漢中，廣漢、綿竹山賊張慕等人掠奪軍用物資，搶劫官吏百姓，張嶷以都尉的身分領兵討伐他們。張嶷推測山賊會像鳥獸般四散，很難通過征戰擒獲他們，便假裝與他們和睦親善，約定日期置辦酒宴。酒興正濃的時候，張嶷親自率領左右，藉此斬殺張慕等五十多人的首級，賊首們全部被消滅。接著搜剿餘黨，十多天就清靜太平。後來張嶷患病嚴重，他家境一向貧寒，廣漢郡太守蜀郡人何祗，有通達寬厚的名聲，張嶷素來與他關係疏遠，卻讓人抬著自己前往何祗那裏，託他為自己治病。何祗傾盡家財為他治療，經過幾年張嶷的病痊癒。張嶷結識信任有道義的人都像此事一樣。後被任為牙門將，隸屬馬忠，北去討伐汶山郡叛羌，向南平定南中四郡的少數民族，往往立有運籌謀劃戰鬥取勝的功勞。建興十四年，武都氐人首領苻健請求歸降，朝廷派遣將軍張尉前往迎接，過了預定的日期還沒回來，大將軍蔣琬十分掛念。張嶷勸慰他說：「苻健請求降附誠懇迫切，一定沒有其他變故，一向聽說苻健的弟弟狡黠，再加上夷狄不能共同享有功勞，將會產生矛盾，因此就耽擱滯留罷了。」過了幾天，消息傳來，苻健的弟弟果然帶領四百戶人降附曹魏，只有苻健前來降附。

2　當初，越嶲郡自從丞相諸葛亮討伐高定後，叟族人多次反叛，殺害太守龔祿、焦璜，此後的太守不敢到郡中就任，只住在安上縣，距離郡治八百多里，越巂郡徒具虛名而已。當時討論要恢復舊時越巂郡的轄地，任命張嶷為越巂郡太守，張嶷率領部下前往越巂郡，用恩惠和誠信加以誘導，叟族人全都信服，很多人前來歸降。越巂郡北部邊界的捉馬族最為驍勇強悍，不接受管理，張嶷於是前往征討，活捉了他們的首領魏狼，又釋放了他，加以開導曉諭，讓他回去招撫其他的族人。上表朝廷拜魏狼為邑侯，他的部落三千多戶人家都在當地安居承擔對朝廷賦稅的義務。其他的部族聽說此事後，大多漸漸降附，張嶷因功被賜爵關內侯。

3 蘇祁縣的少數民族首領冬逢、冬逢的弟弟隗渠等人，已經歸降了又反叛。張嶷誅殺了冬逢。冬逢的妻子，是旄牛縣少數民族首領的女兒，張嶷從策略的角度出發寬恕了她。然而隗渠逃入了西部邊界。隗渠剛猛驃悍，深為各個部族所懼怕，他派了兩個親近的人到張嶷那裏詐降，實際上是打探消息。張嶷發覺了這件事，答應給二人重賞，讓他們反過來為自己辦事，兩個人便合謀殺死了隗渠。隗渠死後，各個部族都安定下來。另外，斯都的少數民族老年首領李求承，過去親手殺害太守龔祿，張嶷懸賞將他逮捕，數說他舊時的罪惡後把他處死。

4 當初張嶷因為城牆房屋坍塌毀壞，另外修築了一個小城堡。在職三年，把治所遷回原郡，修葺城牆，少數民族的男男女女沒有不盡力的。

5 定莋、臺登、卑水三個縣距離越巂郡治三百多里，過去出產鹽、鐵及漆，而那裏的少數民族長期設防禁運只供自己享用。張嶷率領部下奪回這些地方，設置縣長官吏。張嶷抵達定莋，定莋少數民族的首領狼岑，是槃木部落首領的舅舅，深受各少數民族的信任，他憤恨張嶷侵害自己，便不來拜見張嶷。張嶷派幾十名壯士直接前去把他抓了回來，痛打後殺死了他，把他的屍體送回部族裏，對他們厚加賞賜，說明狼岑的罪惡，並且說：「你們不要輕舉妄動，妄動我就把你們消滅！」部族的人都自我捆綁當面認錯謝罪。張嶷殺牛設宴，重申恩德誠信，於是得到了鹽鐵，器物用品都有了供應。

6 漢嘉郡內的旄牛夷部族有四千多戶人家，他們的首領狼路，想要替姑丈冬逢報仇，派遣叔父離率領冬逢的部眾前來察看形勢。張嶷預先派遣親信帶著牛酒賞賜慰勞離，又讓離迎接冬逢的妻子宣布表達自己的心意。

離已經接受了賞賜，又見到了姐姐，姐弟倆非常愉悅，全都率領部眾來見張嶷，張嶷厚加賞賜，送他們回去。旄牛部族從此不再為害。

7 越嶲郡內有一條舊路，經過旄牛縣通往成都，路既平坦又近；自從旄牛道斷絕以後，已經有一百多年，人們都改由安上縣前往成都，既險峻又遙遠。張嶷派遣身邊親信帶著錢財賞賜狼路，又讓狼路的姑姑說明他的意圖，狼路便率兄弟妻兒全來拜見張嶷，張嶷與他結盟誓約，開通了舊道，千里的道路清平，恢復了古時的郵亭驛站。張嶷上奏朝廷封狼路為旄牛㽛毗王，派遣使者帶著狼路到朝廷朝拜進貢。後主因此加授張嶷為撫戎將軍，仍舊兼任越嶲太守。

1 嶷初見費禕為大將軍，恣性汎愛❶，待信新附❷太過，嶷書戒之曰：「昔岑彭❸率師，來歙杖節❹，咸見害於刺客，今明將軍位尊權重，宜鑒前事，少以為警。」後禕果為魏降人郭脩❺所害。

2 吳太傅諸葛恪❻以初破魏軍，大興兵眾以圖攻取。侍中諸葛瞻，丞相亮之子，恪從弟也，嶷與書曰：「東主❼初崩，帝❽實幼弱，太傅受寄託之重，亦何容易！親以周公❾之才，猶有管、蔡❿流言之變，霍光⓫受任，亦有燕、蓋、上官逆亂之謀⓬，賴成、昭⓭之明，以免斯難耳。昔每聞東主殺生賞罰⓮，不任⓯下人，又今以垂沒之命，卒召太傅，屬⓰以後事，誠實可慮。加吳、楚剽急⓱，乃昔所記，而太傅離少主，履敵庭，恐非良計長算之術也。雖云東家綱紀肅然，上下輯睦⓲，百有一失，非明者之慮邪？取古則今，今則古也⑲，自非郎君⑳進忠言於太傅，誰復有盡言者也！旋軍廣農㉑，務行德惠，數年之中，東西並舉，實為不晚，願深採察。」恪竟以此夷族㉒。嶷識見多如是類。

3 在郡十五年，邦域安穆㉓。屢乞求還，乃徵詣成都。民夷㉔戀慕，扶轂㉕泣涕，過旄牛邑，邑君襁負㉖來迎，及追尋至蜀郡界，其督相率㉗隨嶷朝貢者百餘人。嶷至，拜盪寇將軍，慷慨壯烈，士人咸多貴之；然放蕩少禮，人亦以此譏焉。是歲延熙十七年也。魏狄道㉘長李簡密書請降，衛將軍姜維㉙率嶷等因簡之資以出隴西㉚。既到狄道，簡悉率城中吏民出迎軍。軍前與魏將徐質㉛交鋒，嶷臨陣隕身，然其所殺傷亦過倍。既亡，封長子瑛西鄉侯，次子護雄襲爵。南土越嶲民夷聞嶷死，無不悲泣，為嶷立廟，四時㉜水旱輒祀之。

【章旨】以上為〈張嶷傳〉的第二部分，揭示了張嶷是個在政治方面具有高超見識的人，同時記述了南中越嶲郡人民對張嶷的懷念。

【注釋】❶恣性汎愛　聽任自己的性情廣泛施愛。❷新附　新來歸附的人。❸岑彭　字君然，南陽棘陽（今河南南陽東北）人。新莽末年為本縣長，參加綠林軍，後歸劉秀，受封舞陰侯。後率軍進攻公孫述，在成都附近被公孫述的刺客殺死。詳見《後漢書・岑彭傳》。❹來歙杖節　來歙，字君叔，南陽新野（今河南新野）人，有才力，講信義。王莽末先事更始政權，更始敗後歸劉秀。建武八年（西元三二年）與隗囂軍戰，有戰功。後遇刺身亡。詳見《後漢書・來歙傳》。杖節，持節，表示具有誅殺權威的權力。❺郭脩　字孝先，西平（今青海西寧）人。姜維攻打西平時被俘。大將軍費禕出征經漢壽，宴請賓客，郭脩在宴席上刺殺費禕。曹魏追封其為長樂鄉侯，食邑千戶，謚曰威侯。事見本書卷四〈齊王紀〉及裴松之注引《魏氏春秋》。〈費禕傳〉作「郭循」，《通鑑》卷七十五、七十六作「郭偱」，「循」、「偱」為同一字。「循」、「偱」皆「脩」字之誤。❻太傅諸葛恪　太傅，輔弼皇帝的大臣，西漢初置，東漢時權位極重。諸葛恪，字元遜。初任孫吳騎都尉，討伐山越有功，拜威北將軍。丞相陸遜去世後，駐武昌，代領荊州事。孫亮繼位後拜太傅，總攬朝政。興利除弊，革新內外，一時民心大悅。後因功驕傲，窮兵黷武，遂致上下愁怨，後被孫峻所殺。詳見本書卷六十四〈諸葛恪傳〉。❼東主　指孫吳的君主孫權。❽帝　繼承帝位的孫亮，字子明，孫權少子，赤烏中被立為太子，孫權死後即位。後被孫綝所廢。詳見本書卷四十八〈孫亮傳〉。❾周公　姓姬名旦，周文王之子，武王弟。周成王時攝政，平定三國之亂。在任分封諸國，推行井田，制禮作樂，是西周傑出的政治家。詳見《史記・周本紀》。❿管蔡　管，即管叔，姓姬名鮮，周武王之弟，受封於管地，故稱管叔。成王年幼繼位，周公旦攝政，管叔不滿，發難叛變，後被周公平定。蔡，即蔡叔，周文王第五子，因受封於蔡，號蔡叔。成王年幼繼位，周公旦攝政，蔡叔不滿，與管叔共同叛亂，後被平定。詳見《史記・管蔡世家》。⓫霍光　字子孟，河東郡平陽（今山西臨汾西南）人。西漢昭帝時執掌朝政。以謀反罪殺上官桀等。昭帝死，迎立昌邑王劉賀，不久又廢劉賀改立宣帝。前後執政二十年。詳見《漢書・霍光傳》。⓬燕蓋上官逆亂之謀　劉旦、劉蓋、上官桀叛亂的圖謀。燕，即燕王劉旦，武帝的庶子。武帝死後昭帝即位，霍光輔政。劉旦不滿，與上官桀等人合謀，準備殺死霍光，廢黜昭帝，自己登位。後計劃失敗自殺。詳見《漢書・燕刺王傳》。蓋，即劉蓋，劉旦的大姐，嫁給蓋侯王充，稱蓋長公主。支持劉旦叛亂，劉旦陰謀敗露，劉蓋亦自殺。事見《漢書・霍光傳》。上官，即上官桀，字少叔，隴西上邽（今甘肅天水市）人，武帝時任太僕，後提升為左將軍，受武帝遺詔輔佐昭帝。後與霍光爭權，以謀反罪被殺。詳見《漢書・昭帝紀》、〈孝昭上官皇后傳〉。⓭成昭　即周成王和西漢昭帝。周成王，姓姬名誦，周武王之子。其在位時實行分封，制禮作樂，遷殷民，伐東夷，國治民康。成王初繼位時，管叔、蔡叔、霍叔、武庚共同發動武裝叛亂，後被周公平定。詳見《史記・周本紀》。西漢昭帝，名劉弗陵，西漢武帝的小兒子，八歲即帝位，霍光輔政。在位期間，平定燕王之亂，繼承武帝政策，移民屯田，出兵匈奴，召集賢良文學，主持鹽鐵會議。詳見《漢書・昭帝紀》。⓮殺生賞罰　誅殺、活命、獎賞、懲罰。⓯任　原誤作「牟」，今據宋本改。⓰屬　託付。⓱吳楚剽急　吳楚，指孫吳控制的揚州和荊州。揚州是先秦吳國的故地，荊州是先秦楚國的故地。剽急，強悍急躁。指當地人的性格特徵。張良曾說「楚人剽疾」，周亞夫也說「楚兵剽輕」。事見《史記・留侯世家》、〈絳侯周勃世家〉。⓲輯睦　和睦。⓳取古則今二句　用古代的事衡量今天的事，那麼今天的事和古代是一樣的道理。⑳郎君　當時門生和部屬對老師和長官的兒子的尊稱。㉑旋軍廣農　撤回軍隊擴大農業生產。㉒夷族　誅滅家族。㉓安穆　安定和睦。㉔民夷　原作「夷民」，《通鑑》卷二百四十作「民夷」，今據改。㉕扶轂　扶著張嶷的車子。轂，車輪中心插軸承輻的圓木。此指車。㉖襁負　背著嬰兒。㉗其督相率　原作「其皆督率」，今從宋本。蠻夷君長曰耆率，此四字或應作「其耆率」。相率，相從；相隨。㉘狄道　縣名。治所在今甘肅臨洮。㉙衛將軍姜維　衛將軍，武官名。位次於大將軍、驃騎將軍、車騎將軍等。姜維，字伯約，天水冀縣（今甘肅甘谷東）人。本仕曹魏，蜀漢建興六年（西元二二八年）諸葛亮首次伐魏時投降蜀漢，是蜀漢後期傑出的人才。詳見本書卷四十四〈姜維傳〉。㉚隴西　郡名。治所在今甘肅隴西南。㉛徐質　曹魏將領，曾任討蜀護軍，多次隨雍州刺史陳泰出征，抵禦姜維，後被姜維殺死。事跡散見於本書卷二十二〈陳泰傳〉、卷四十四〈姜維傳〉。㉜四時　四季。

【語　譯】張嶷當初見到費禕身為大將軍，卻率性而為，廣泛施愛，對待新來降附的人太過信任，張嶷寫信告誡他說：「過去岑彭統率軍隊，來歙持節為將，都被刺客殺害，現在將軍您位尊權重，應當以前事為鑑，稍稍有所警惕。」後來費禕果然被曹魏降人郭脩所殺害。

2　孫吳太傅諸葛恪因為剛剛擊敗曹魏軍隊，所以大舉出兵，圖謀攻取曹魏土地。侍中諸葛瞻，是丞相諸葛亮的兒子，諸葛恪的堂弟，張嶷給他寫信說：「東吳的君主剛剛去世，新帝年幼孱弱，太傅身受輔佐重任，何等不容易！用周公那樣有才幹的近親，尚且有管叔、蔡叔散布流言蜚語的變故，霍光接受輔弼重任，也有燕王、劉蓋、上官桀叛亂的陰謀，依賴周成王和昭帝的英明，才避免了這些災難。過去我每每聽說吳國君主對生殺賞罰大權，不交給下面的人，而如今在臨終之前，倉猝召見太傅，將後事託付給他，這實在是值得憂慮。加上揚州、荊州地方的人驃悍急躁，這是過去都有記載的，而太傅離開年少的君主，親自踏入敵境，這恐怕不是良策和長遠打算的方法。雖說吳國法制整肅嚴明，上下和睦，然而百事之中難免一失，難道不是明智的人應該思考的嗎？拿古代的事情衡量今天的事情，那麼今天和古代的道理是一樣的，不是郎君您向太傅進獻忠言，還有誰能向他完全說出心裏話呢！撤回軍隊擴大農業生產，一心推行德政，數年之間，東西共同舉兵，確實也不算晚，希望您深加考慮採納。」諸葛恪最終因此被滅族。張嶷的見識大多像這件事一樣。

3 張嶷任職越巂郡十五年，境內安定和睦。他屢次請求回朝，於是朝廷徵召他前往成都。當地漢族和少數民族依戀仰慕他，扶著他的車子痛哭流涕，經過旄牛縣城時，少數民族首領背著嬰兒前來迎接，又一直追隨送到蜀郡地界，隨從張嶷到成都朝見進貢的首領有一百多人。張嶷到達成都以後，官拜盪寇將軍，意氣風發，雄壯剛烈，士大夫大多尊重他；然而張嶷放蕩不羈，缺少禮節，人們又因此譏諷他。這一年是延熙十七年。曹魏狄道縣長李簡密函請求歸降，衛將軍姜維率領張嶷等人想憑藉李簡儲存的物資出兵隴西。到達狄道後，李簡率領城中的官員百姓出來迎接姜維的部隊。大軍前進與曹魏將領徐質交戰，張嶷臨陣身亡，然而他也殺傷了成倍的敵人。張嶷陣亡後，朝廷封他的長子張瑛為西鄉侯，次子張護雄承襲了爵位。南中越巂郡的漢族和少數民族的民眾聽說張嶷陣亡，沒有不悲傷哭泣的，他們為張嶷建立祠廟，一年四季以及水災旱災時總是祭祀他。

評曰：黃權弘雅思量❶，李恢公亮志業❷，呂凱守節不回❸，馬忠擾而能毅❹，王平忠勇而嚴整，張嶷識斷明果，咸以所長，顯名發迹，遇其時也。

【章　旨】以上是陳壽對黃權、李恢、呂凱、馬忠、王平、張嶷等人的評價。

【注　釋】❶弘雅思量　氣度宏大嫻雅，思慮深遠。❷公亮志業　公正坦蕩立志於事業。❸守節不回　恪守節操不變。❹擾而能毅　溫順中又有剛毅。

【語　譯】評論說：黃權氣度宏大嫻雅，思慮深遠，李恢公正坦蕩，立志事業，呂凱恪守節操，矢志不變，馬忠溫順而又剛毅，王平忠誠勇敢，治軍嚴整，張嶷識見和判別明敏果斷，他們都因自己的長處而名聲顯揚身居高位，是遇到了時機啊。

【研 析】本卷所記載的全是蜀漢政權的功臣，而且以平定南中、治理南中有功者居多。這就透露出一個信息，即征服和治理南中對蜀漢政權來說是一件非常重要的事。在此，我們簡要分析一下其意義。

第一，迅速結束戰爭，不失北伐時機。諸葛亮於建興三年（西元二二五年）春三月開始南征，十二月返回成都，前後只用了約十個月的時間。迅速解決南中問題，有利於抓住北伐曹魏的有利時機。事實上，在諸葛亮南征及南征後的一、二年中，曹魏方面確實出現了於蜀漢出兵有利的情況。例如曹魏和孫吳的關係越來越壞，曹魏國內的矛盾加劇。這些對蜀漢政權來說，正是出兵攻伐的好時機。諸葛亮迅速解決南中問題，因而沒有錯過這個時機。

第二，實現了南中的基本穩定，免除了北伐的後顧之憂。南中之亂，有其內部因素和外部因素。內部因素，一是南中有些大姓藉東漢統一政權分崩離析的機會，企圖使南中脫離蜀漢政權的控制。益州郡大姓雍闓給李嚴的回信很典型的反映了這種傾向。這些企圖分裂的大姓利用自己在南中的勢力和影響力，利用南中少數民族對歷代封建政府壓榨他們造成的反感，企圖實現自己的陰謀。外部因素是當時孫吳政權利用夷陵之戰勝利之機，對南中一些大姓進行拉攏，煽動他們脫離蜀漢政權。諸葛亮解決南中問題，根據這兩方面的因素對症下藥。他用軍事力量鎮壓了一些南中大姓所煽動的叛亂，又對南中大姓、少數民族渠帥進行了心理攻勢，對他們進行心理征服。除此以外，他還在南中對少數民族群眾實行安撫明策，得到了他們的擁護。對待外部因素，諸葛亮積極與孫吳改善關係，恢復聯盟，使其不對南中施加壓力和影響。經過諸葛亮的努力，南中實現了綱紀粗定，夷漢粗定，一些忠於蜀漢政權的南中大姓得到了重用，心懷異志的首領也表示「南人不復反矣」。「定南中然後可以固巴蜀，固巴蜀然後可以圖關中。」清人顧祖禹這句話，可謂一語說中南中的穩定，對蜀漢政權及其北伐的重要意義。

第三，開發南中的兵源財源，支援北伐戰爭。南中古稱「不毛之地」。其實，不毛之地，只是未經開發的原始荒蠻，南中的物產還是很豐富的。據史書記載，牂牁郡平夷縣出產茶、蜜。晉寧郡土地平敞，有原田，產鸚鵡、孔雀，有鹽池田漁之饒、金銀畜產之富。晉寧郡的連然縣「有鹽泉，南中共仰之」。建寧郡牧麻縣，山中所產的升麻，是解毒的好藥材。朱提郡的堂螂縣有堂螂山，山中出銀、鉛、白銅等，還出產一種名為堂螂付子的藥材，有溫腎回陽、行水止痛之良效。滇西的永昌郡，土地沃腴，出產黃金、光珠、琥珀、翡翠、孔雀、犀、象、蠶桑、錦絹、彩帛、文繡等物品。又「宜五穀，出銅錫」。諸葛亮征服南中，對南中豐富的人力、物力資源加以開發利用，使之為北伐服務。

第四，對南中地區的開發產生的深遠影響。南中地區自漢武帝開始立郡，直至東漢明帝時，才在南中地區設置四個郡，蜀漢政權建立後，劉備便在南中建立朱提郡，並設立庲降都督統管南中事務。諸葛亮平定南中後，又從南中五郡中分出兩個郡，使南中一下子變成七個郡。這種政治措施對於加強南中與中央朝廷的聯繫具有深遠意義。在蜀漢於南中設庲降都督前，南中四郡雖歸益州刺史督察，但實際上獨立性很強。我們知道，漢武帝所置十三州刺史不是一級行政機構，它沒有治所，只是巡行諸郡，監察豪右，黜置能否，審理冤獄。而南中三郡地處偏遠，刺史的監察鞭長莫及。東漢前期，刺史在監察區有了固定的辦公地點和屬官，具有行政機構的雛形和初級職能，但它真正成為一級國家行政機構還是在東漢末期。但是不久，東漢王朝便土崩瓦解，各路軍閥互相混戰，益州刺史劉焉父子據州自保，主要精力放在北方、東方，無暇顧及南中。所以，自漢武帝在南中設郡以來，南中雖是中央政權管轄的行政區域，但與中央政權的聯繫不夠密切。蜀漢政權的建立，三國鼎立局面的形成，標誌著東漢末戰亂紛爭的局面結束，局部統一形成。局部統一的實現，使蜀漢政權有條件對南中進行更加切實有效的行政管理。庲降都督就是介於郡與中央朝廷之間的一級行政機構，它雖未稱刺史，但實際上具有對南中地區實行統一管理的刺史職能。諸葛亮平定南中後，將原來的五個郡變成七個郡。郡多了，縣也要跟著增加，隨著大郡變成小郡，大縣也生出了小縣。南中郡級、縣級機構的增多，意味著蜀漢在南中地區官吏數量的增加，意味著南中政權所統轄的區域增大、人口增多，意味著蜀漢政權對南中地區統治的加強，意味著南中與蜀漢政治聯繫的加強。

第五，促進了南中地區的經濟開發。諸葛亮及蜀漢政權把漢族地區先進的農業生產技術推廣到南中地區，至今在雲貴地區還流傳著許多關於諸葛亮推廣農業生產技術的傳說。如雲南德宏地區傣族有諸葛亮給他們帶來耕牛，教他們用牛力代替人耕的傳說。在雲南保山縣城南約十里的地方，有三個「諸葛堰」，至今還發揮著灌溉農田的作用，傳說也是當年諸葛亮修築的。佧佤族人傳說諸葛亮教他們的祖先蓋房子、編竹籬、給他們稻種。傣族說他們佛寺大殿的屋頂就是受諸葛亮帽子式樣的啟發建造的。上世紀四十年代，雲貴地區一些少數民族還稱諸葛亮為「孔明老爹」。雲貴地區有一種植物名叫「諸葛菜」，果實可以生吃，葉子可以煮食，容易存活，棄去亦不可惜，容易摘採，冬季無菜時其根可食。這種「諸葛菜」據說也是諸葛亮南征時從巴蜀地區帶去的。上述傳說，反映了諸葛亮治理蜀漢期間，對南中的經濟開發和文化傳播。傳說不是史實，但傳說卻源於歷史，如果把南中經濟文化開發同諸葛亮南征和蜀漢對南中治理所實行的政策加以聯想，不能不承認傳說之中包含著一定的真實性。

總的看來，蜀漢南征，一舉兩得。穩定了後方，增強了國力，支援了北伐，此為一得。進一步開發了南中，加強了南中與內地政治經濟的聯繫，此為二得。前一得是蜀漢統治者主觀努力所奮力追求的目標，後一得是這種勢力所帶來的客觀後果。然而，前一得的意義只存在了幾十年，後一得的意義卻千年不滅，它為中國西南邊疆的建設和鞏固做出了重要貢獻。（梁滿倉注譯）

卷四十四 蜀書十四

蔣琬費禕姜維傳第十四

【題解】蔣琬、費禕、姜維都是諸葛亮發掘選拔的人才，也是繼諸葛亮以後蜀漢政權傑出的政治家。作者把他們列為一傳，說他們都繼承了諸葛亮的成規，遵循而不加以改變，並肯定和讚揚了他們治理蜀漢所取得的成績。作者在肯定他們功績的同時，也頗有批評之詞，然而這種批評比較籠統，南朝宋人裴松之說陳壽的批評沒有具體說明其事例，使人不知所謂，這是值得細細辨析的問題。

蔣琬，字公琰，零陵湘鄉❶人也。弱冠❷與外弟泉陵❸劉敏俱知名。琬以州書佐❹隨先主❺入蜀，除廣都長❻。先主嘗因游觀奄❼至廣都，見琬眾事不理，時又沉醉，先主大怒，將加罪戮。軍師將軍諸葛亮❽請曰：「蔣琬，社稷之器❾，非百里之才❿也。其為政以安民為本，不以修飾為先，願主公重加察之。」先主雅⓫敬亮，乃不加罪，倉卒但⓬免官而已。琬見推⓭之後，夜夢有一牛頭在門前，流血滂沱⑭，意甚惡之，呼問占夢趙直⑮。直曰：「夫見血者，事分明也。牛角及鼻，『公』字之象，君位必當至公，大吉之徵也。」頃之，為什邡⑯令。先主為漢中王，琬入為尚書郎⑰。建興元年⑱，丞相亮開府⑲，辟琬為東曹掾⑳。舉茂才㉑，琬固讓劉邕、陰化、龐延、廖淳，亮教㉒答曰：「思惟背親捨德㉓，以殄百姓㉔，眾人㉕既不隱於心，實又使遠近不解其義㉖，是以君宜顯其功舉㉗，以明此選之清重㉘也。」遷為參軍㉙。五年，亮住漢中㉚，琬與長史張裔統留府事㉛。八年，代裔為長史，加撫軍將軍㉜。亮數外出，琬常足食足兵以相供給。亮每言：「公琰託志忠雅㉝，當與吾共贊㉞王業者也。」密表後主㉟曰：「臣若不幸，後事宜以付琬。」

【章　旨】以上為〈蔣琬傳〉的第一部分，記述了諸葛亮發掘蔣琬才能的過程和對他的重視。

【注　釋】❶零陵湘鄉　零陵，郡名。治所在今湖南零陵。湘鄉，縣名。治所在今湖南湘鄉。❷弱冠　指男子二十歲時。《禮記・曲禮上》：「二十曰弱，冠。」年少為弱，待至二十，即為成年，舉行冠禮。❸外弟泉陵　外弟，表弟。泉陵，縣名。治所在今湖南零陵。❹書佐　官名。主辦文書的佐吏。因屬州郡長官親近屬吏，又稱門下書佐。❺先主　即劉備，字玄德，涿郡涿縣（今河北涿州）人，東漢末起兵征伐黃巾，歷任縣令、州牧等職。在荊州結識諸葛亮，聯合孫吳在赤壁大敗曹操。後又西進益州，北取漢中，實現了跨有荊益的戰略目標。西元二二一年稱帝，同年伐吳，兵敗撤回。西元二二三年病逝，諡號昭烈皇帝。詳見本書卷三十二〈先主傳〉。❻廣都長　廣都縣長。廣都，縣名。治所在今四川成都南。❼奄　突然。❽軍師將軍諸葛亮　軍師將軍，蜀漢政權最高軍事統帥。先以軍師中郎將為最高軍事統帥，由諸葛亮、龐統共任，諸葛亮為主。

龐統死後，諸葛亮加軍師將軍號，既參謀軍事，又領兵征伐。諸葛亮，字孔明，琅邪陽都（今山東沂南南）人。先隱居荊州隆中，後輔佐劉備，提出並實踐聯合孫吳、跨有荊益、北拒曹操的方針。劉備去世後，受遺詔輔佐劉禪，先後平定南中，六次北伐曹魏。後逝世於北伐前線。詳見本書卷三十五〈諸葛亮傳〉。❾社稷之器　輔佐朝廷的人才。❿百里之才　治理一縣的人才。百里，指一縣的轄境。⓫雅　素來。⓬但　只。⓭見推　受到追究。⓮滂沱　形容血流得很多。⓯占夢趙直　占夢，根據夢中的情景占卜吉凶。此指占夢的人。趙直，蜀漢著名的占夢者，曾替魏延、何祇、蔣琬等人占夢。事跡散見於本書卷四十〈魏延傳〉、《三國志・楊洪傳》裴松之注引《益部耆舊傳・雜記》。⓰什邡　縣名。治所在今四川什邡。⓱尚書郎　尚書屬官，代皇帝草擬詔令。⓲建興元年　西元二二三年。建興，蜀漢後主劉禪年號，西元二二三—二三七年。⓳開府　設立丞相府署。⓴東曹掾　丞相府的屬官。㉑茂才　人才選拔的科目之一。西漢叫秀才，東漢避光武帝劉秀名諱，改稱茂才。㉒教　訓誨。㉓思惟背親捨德　思惟，考慮到。背親捨德，背離親近的人，捨棄有德的人。㉔殄百姓　消除人們的閒話。㉕眾人　指蔣琬推薦的劉邕等人。㉖既不隱於心二句　既使其他被推舉的人不安心，又確實會使遠近的人不明白我的本意。㉗顯其功舉　彰顯因功績而受到推舉。㉘清重　清高而且重要。㉙參軍　即丞相府參軍，參謀軍事。㉚漢中　郡名。治所在今陝西漢中東。㉛琬與長史句　長史，即丞相府長史，亦即丞相留府長史，丞相府長史中留守丞相府者。在丞相出征期間，統管留守事務。張裔，字君嗣，蜀郡成都（今四川成都）人，劉璋時任魚復縣長。劉備占領益州後歸降。劉備死後，任諸葛亮丞相府參軍、輔漢將軍等職。詳見本書卷四十一〈張裔傳〉。㉜撫軍將軍　武官名。與中軍、鎮軍及四鎮將軍地位略同。㉝託志忠雅　志向忠誠高尚。㉞贊　輔助。㉟後主　即劉禪，字公嗣，小字阿斗，十七歲即蜀漢帝位，由諸葛亮輔佐。諸葛亮逝世後，朝政漸壞。蜀漢被曹魏所滅後，被遷入洛陽，封為安樂公。詳見本書卷三十三〈後主傳〉。

【語　譯】蔣琬，字公琰，零陵郡湘鄉縣人。二十歲時與表弟泉陵人劉敏同時知名於世。蔣琬以州書佐的職務跟隨先主進入蜀地，被任命為廣都縣縣長。先主曾經假借遊覽的名義突然來到廣都縣，見到蔣琬各種政事都沒有處理，當時又爛醉，先主大為憤怒，準備將他治罪處死。軍師將軍諸葛亮替他求情說：「蔣琬，是輔佐朝政的棟梁之才，而不是治理一縣的人才啊。他為政以安定百姓為本，不崇尚表面的修飾，希望主公再仔細對他加以考察。」先主向來敬重諸葛亮，於是沒有治蔣琬的罪，只是暫時免去他的官職而已。蔣琬被究責之後，夜裏夢見有一個牛頭在自己的門前，牛頭上滿是鮮血，醒後心中非常厭惡，便將占夢人趙直叫來詢問。

趙直回答說：「見到血，表示您的事情已經清楚了。牛角彎彎下垂靠近鼻子，是『公』字的形狀，您今後官位一定會到達三公的職位，這是大吉大利的徵兆啊。」沒多久，蔣琬被任命為什邡縣縣令。先主任漢中王，蔣琬被徵召入朝，擔任尚書郎。建興元年，丞相諸葛亮開設丞相府署，任命蔣琬為丞相府東曹掾。薦舉他為茂才，他不肯接受，堅決要讓給劉邕、陰化、龐延、廖淳等人，諸葛亮訓誨回答他說：「我本來也想背離與我親近的人，捨棄有道德的人，不薦舉您以消除人們的閒話。但既不能讓其他被推舉者安心，實在又讓遠近的人不了解我的本意，所以您應當顯明因功受到舉薦，用來表明這個舉薦的清高重要。」蔣琬後升任丞相府參軍。建興五年，諸葛亮駐紮在漢中，蔣琬與丞相留府長史張裔掌管丞相留府的各項事務。建興八年，蔣琬又替代張裔出任丞相留府長史，加官撫軍將軍。諸葛亮多次出兵北伐，蔣琬總是供給充足的糧食和兵員。諸葛亮常常說：「公琰志向忠誠高尚，是能夠和我共同輔助漢室王業的人。」諸葛亮又祕密向後主上表說：「臣下我若有不幸，後事應該交付蔣琬。」

1 亮卒，以琬為尚書令❶，俄而加行都護❷，假節❸，領❹益州刺史，遷大將軍❺，錄尚書事❻，封安陽亭侯。時新喪元帥，遠近危悚❼。琬出類拔萃，處羣僚之右❽，既無戚容❾，又無喜色，神守❿舉止，有如平日，由是眾望漸服。延熙元年⓫，詔琬曰：「寇難未弭，曹叡⓬驕凶，遼東三郡⓭苦其暴虐，遂相糾結，與之離隔。叡大興眾役，還相攻伐。曩秦之亡，勝、廣⓮首難，今有此變，斯乃天時。君其治嚴⓯，總帥諸軍屯住漢中，須⓰吳舉動，東西掎角，以乘其釁。」又命琬開府，明年就加為大司馬⓱。

2 東曹掾楊戲素性簡略⑱，琬與言論，時⑲不應答。或欲搆⑳戲於琬曰：「公與戲語而不見應，戲之慢㉑上，不亦甚乎！」琬曰：「人心不同，各如其面；面從後言㉒，古人之所誡也。戲欲贊吾是耶，則非其本心，欲反吾言，則顯吾之非，是以默然，是戲之快㉓也。」又督農㉔楊敏曾毀㉕琬曰：「作事憒憒㉖，誠非及前人㉗。」或以白琬，主者㉘請推治敏，琬曰：「吾實不如前人，無可推也。」主者重據聽不推㉙，則乞問其憒憒之狀。琬曰：「苟其不如，則事不當理，事不當理，則憒憒矣㉚。復何問邪？」後敏坐事繫獄㉛，眾人猶懼其必死，琬心無適莫㉜，得免重罪。其好惡存道㉝，皆此類也。

3 琬以為昔諸葛亮數闚秦川㉞，道險運艱，竟不能克，不若乘水東下。乃多作舟船，欲由漢、沔襲魏興、上庸㉟。會舊疾連動㊱，未時㊲得行。而眾論咸謂如不克捷，還路甚難，非長策㊳也。於是遣尚書令費禕、中監軍姜維等喻指㊴。琬承命上疏曰：「芟穢弭難㊵，臣職是掌㊶。自臣奉辭㊷漢中，已經六年，臣既闇弱，加嬰疾疢，規方㊸無成，夙夜憂慘㊹。今魏跨帶九州㊺，根蒂滋蔓，平除未易。若東西并力，首尾掎角，雖未能速得如志，且當分裂蠶食，先摧其支黨㊻。然吳期二三㊼，連不克果㊽，俯仰惟艱，實忘寢食。輒㊾與費禕等議，以涼州胡塞之要㊿，進退有資(51)，賊之所惜；且羌、胡乃心思漢如渴，又昔偏軍入羌，郭淮(52)破走，算其長短，以為事首(53)，宜以姜維為涼州刺史。若維征行，銜持河右(54)，臣當帥軍為維鎮繼。今涪(55)水陸四通，惟急是應，若東北有虞(56)，赴之不難。」由是琬遂還住涪。疾轉增劇(57)，至九年卒，謚曰恭。

【章　旨】以上為〈蔣琬傳〉的第二部分，記述了諸葛亮去世後，蔣琬繼承諸葛亮的治國政策及其所建立的功業。

【注　釋】❶尚書令　尚書臺長官，東漢以後權力極重，總典朝廷綱紀。魏蜀吳三國皆置。❷行都護　代理中都護職務。行，代理。都護，此指中都護，蜀漢創置，權力極重。❸假節　暫授以符節。中央或地方長官，往往授以使持節、持節、假節等名號，假節最低，只有殺犯軍令者之權。❹領　兼任。❺大將軍　最高軍事統帥，外主征戰，內秉國政。❻錄尚書事　一種表示處理朝廷政事權力的名號，以為總管尚書臺之事。有此名號的官員，職權極大，無所不統，為朝廷最高執政長官。❼危悚　由於危險而產生恐懼。❽之右　之上。❾戚容　擔憂的表情。❿神守　神態。⓫延熙元年　西元二三八年。延熙，蜀漢後主劉禪年號，西元二三八—二五七年。⓬曹叡　即魏明帝，字元仲，文帝之子。文帝病重時才立其為太子。即位後大興土木，耽意遊玩，也關心文化，鼓勵學術。詳見本書卷三〈明帝紀〉。⓭遼東三郡　指遼東、玄菟、樂浪三郡。此三郡當時由公孫淵占據。不過，東漢末公孫氏又分樂浪郡南部立帶方郡，所以公孫淵實際占據四郡。詳見本書卷八〈公孫淵傳〉。⓮勝廣　即陳勝和吳廣。陳勝，字涉，陽城（今河南登封東南）人，少時為人傭耕，有大志。秦二世元年（西元前二〇九年），被徵發戍邊，走到大澤鄉起事，反對秦暴政。建國號張楚，被推為王。後被秦將章邯擊敗，被車夫莊賈所殺。吳廣，字叔，陽夏（今河南太康）人，與陳涉一同起事，後被部將田臧假借陳勝命令殺害。詳見《史記・陳涉世家》。⓯治嚴　收拾行裝。⓰須　等待。⓱大司馬　最高軍事長官。⓲楊戲素性簡略　楊戲生性高傲不拘小節。楊戲，字文然，犍為（今四川彭山縣東）人，蜀漢官吏。因與姜維不和，被免為庶人。著有〈季漢輔臣贊〉。詳見本書卷四十五〈楊戲傳〉。⓳時　經常。⓴搆　挑撥。㉑慢怠慢。㉒面從後言　當面贊同背後又有話講。㉓快　爽快。㉔督農　官名。蜀漢創置，掌供應軍糧等事。㉕毀　詆毀。㉖作事憒憒　做事糊塗。㉗誠非及前人　真是不如諸葛亮。前人，指蔣琬以前的執政官諸葛亮。㉘主者　主辦官員。此指督察百官的主辦官員。㉙主者重據聽不推　主辦官員再一次聽到蔣琬不予追究的意見。㉚苟其不如四句　如果不如前任，那麼處理事務就不恰當，處理事務不恰當，就是糊塗啊。當理，恰當處理。㉛坐事繫獄　因犯罪被送進監獄。㉜心無適莫　心裏沒有偏見。適莫，偏見。㉝好惡存道　喜好和厭惡不偏離正道。㉞闚秦川　進攻秦川。闚，指進攻。秦川，地區名。指今陝西、甘肅秦嶺以北的平原地帶。㉟魏興上庸　魏興，郡名。治所在今陝西安康西。上庸，郡名。治所在今湖北竹山縣西南。㊱舊疾連動　舊病接連發作。㊲未時　不能及時。㊳長策　好計策。㊴喻指　說明意思。㊵芟穢弭難　清除汙穢平定禍難。㊶臣職是掌　這是為臣我的職責。㊷奉辭　奉命。㊸規方　規劃。㊹夙夜憂慘　日夜憂慮。㊺九州　東漢十三州，曹魏據有九個：兗州、豫州、青州、徐州、冀州、幽州、并州、涼州、司隸校尉部。㊻支黨　指曹魏的邊遠地區。㊼吳期二三　與孫吳約定了兩三次。㊽連不克果　一直沒有成果。㊾輒　擅自。㊿胡塞之要　少數民族聚居的邊區要地。(51)資　憑藉。(52)郭淮　字伯濟，太原陽曲（今山西陽曲）人，曹魏名將。多次與蜀漢北伐軍戰，功勳卓著。詳見本書卷二十六〈郭淮傳〉。(53)事首　首要的事情。(54)銜持河右　占據河右地區。銜持，咬住抓住，指占據。河右，地區名。指今河西走廊與湟水流域。(55)涪　縣名。治所在今四川綿陽。(56)虞　憂慮。指外來威脅。(57)疾轉增劇　病情轉重。

【語　譯】諸葛亮去世後，朝廷任命蔣琬為尚書令，不久加官代理都護，假節，兼任益州刺史，升任大將軍，錄尚書事，封安陽亭侯。當時蜀漢剛剛失去軍隊統帥，全國各地的人都感到危險而心懷恐懼。蔣琬出類拔萃，地位處於百官之上，他既沒有憂懼愁苦的神情，也沒有喜悅的樣子，神色舉止，有如平常一樣，由此眾人都漸漸對他信服。延熙元年，後主下詔給蔣琬說：「北方賊寇的災禍尚未消除，曹叡驕橫兇惡，遼東三郡飽受他的暴虐之苦，於是互相聯合，與他隔絕分離。曹叡大舉興兵，往來攻打征伐。從前秦朝的滅亡，是陳勝、吳廣首先發難，現在有這樣的變故，這是上天賜予的機會。您要收拾行裝準備出發，統率各路軍隊駐屯漢中，等候孫吳的軍事行動，與孫吳軍隊東西互為犄角，利用曹魏出現問題的好機會。」又下詔命蔣琬開設大將軍府，第二年，後主又派人到漢中給蔣琬加官大司馬。

2 東曹掾楊戲生性傲慢不拘小節，蔣琬與他談論事情，他常常不作答。有人想要挑撥楊戲和蔣琬的關係，說：「您與楊戲交談卻不見他回應，楊戲對上怠慢，不也太過分了嗎！」蔣琬說：「人的心思各自不同，就如同人的面貌各不相同一樣；當面附和背後又有話說，是古人所警誡的。楊戲想要贊同我說得對呢，那不是他的本心，想要反駁我的話，那又會彰顯了我的不對，所以沉默不語，這是楊戲爽快的地方啊。」另外督農楊敏曾詆毀蔣琬說：「蔣琬做事糊里糊塗，實在是不如他的前輩。」有人把楊敏的話稟告蔣琬，主管官員請求追究懲治楊敏的罪，蔣琬說：「我確實不如前輩，沒有什麼可追究治罪的。」主管官員又一次聽到蔣琬不肯追究的意見，便乞求詢問楊敏說的糊里糊塗是指什麼。蔣琬說：「如果不如前輩，那麼處理事情就不恰當，處理事情不恰當，那就是糊里糊塗啊。這還有什麼可問的呢？」後來楊敏因事犯罪被逮捕入獄，大家害怕他一定會被處死，而蔣琬心無偏見，楊敏得以免於重罪。蔣琬的喜好、厭惡不偏離正道，都像這件事情一樣。

3 蔣琬認為過去諸葛亮屢次進攻秦川，都因為道路險阻運輸艱難，最終不能成功，不如順著漢水東下。於是大量建造舟船，打算從漢水、沔水襲擊魏興郡、上庸郡。適逢蔣琬舊病接連發作，所以沒能及時出發。而眾人都議論說這樣做一旦不能取勝，從原路退回就非常困難，不是好的計策。朝廷於是派遣尚書令費禕、中監軍姜維等人去見蔣琬，說明這個意思。蔣琬接到旨意後上書說：「清除汙穢消弭禍難，是臣的職責。自從臣奉命統軍駐紮漢中，已經六年，臣本來就愚昧無能，再加上疾病纏身，破敵的規劃沒能成功，臣為此日夜憂愁焦慮。現在魏占據九州之地，勢力蔓延發展，掃平清除不是易事。如果我們與吳國從東西合力，首尾夾擊，就算不能立即如願掃平敵寇，但應當能夠分裂蠶食魏國，先摧毀它邊遠地區的勢力。然而我們與吳國已約定了兩三次，卻一直沒有成果，前進後退都很艱難，實在讓人憂心到廢寢忘食。我每每與費禕等人研議，認為涼州是少數民族聚居的邊區要地，進退都可以它作為憑藉，是賊寇所看重的地方；況且涼州的羌、胡等少數民族對漢朝的思念如此迫切。另外當初我們派非主力部隊進入羌人地區，郭淮被我軍擊潰逃跑，估算利弊得失，經營涼州是首要之事，應當任命姜維為涼州刺史。如果姜維率軍出征，占據河右地區，臣當率軍作為姜維的後援。現在涪縣水陸交通四通八達，可以應付緊急情況，如果東北方有威脅，前往救應並不困難。」

於是蔣琬退回涪縣駐紮。蔣琬的病情加劇，在延熙九年去世，加謚號為恭。

1 子斌嗣，為綏武將軍❶、漢城護軍❷。魏大將軍鍾會❸至漢城，與斌書曰：「巴蜀賢智文武之士多矣，至於足下、諸葛思遠❹，譬諸草木，吾氣類❺也。桑梓之敬❻，古今所敦❼。西到，欲奉瞻尊大君❽公侯墓，當洒埽墳塋❾，奉祠致敬。願告其所在！」斌答書曰：「知惟臭味意眷之隆❿，雅託通流⓫，未拒來謂⓬也。亡考昔遭疾疢⓭，亡於涪縣，卜云其吉⓮，遂安厝⓯之。知君西邁，乃欲屈駕脩敬墳墓。視予猶父⓰，顏子之仁也，聞命感愴⓱，以增情思。」會得斌書報，嘉歎意義，及至涪，如其書云。

2 後主既降鄧艾⓲，斌詣會於涪，待以交友之禮。隨會至成都，為亂兵所殺。斌弟顯，為太子僕⓳，會亦愛其才學，與斌同時死。

3 劉敏，左護軍⓴、揚威將軍㉑，與鎮北大將軍王平㉒俱鎮漢中。魏遣大將軍曹爽㉓襲蜀時，議者或謂但可守城，不出拒敵，必自引退。敏以為男女布野，農穀棲畝㉔，若聽敵入，則大事去矣。遂帥所領與平據興勢㉕，多張旗幟，彌亙㉖百餘里。會大將軍費禕從成都至，魏軍即退，敏以功封雲亭侯。

【章　旨】以上為〈蔣琬傳〉的第三部分，記述了蔣琬後代的情況，也附帶記述了蔣琬表弟劉敏的事跡。

【注　釋】❶綏武將軍　武官名。蜀漢創置，領兵征伐。❷漢城護軍　武官名。協調駐守漢城的各軍。漢城，諸葛亮所築城，在今陝西勉縣東。❸大將軍鍾會　大將軍，最高軍事統帥，外主征戰，內秉國政。鍾會，字士季，潁川長社（今河南長葛東）人，鍾繇少子。為司馬昭所寵信，率兵伐蜀，自謂功高蓋世，與蜀漢降將姜維合謀起兵反司馬昭，後被殺。詳見本書卷二十八〈鍾會傳〉。❹諸葛思遠　即諸葛瞻，字思遠，琅邪陽都（今山東沂南南）人，諸葛亮之子。蜀漢景耀六年（西元二六三年），曹魏伐蜀，與魏軍戰於緜竹，陣亡。事見本書卷三十五諸葛亮附傳。❺氣類　同類。❻桑梓之敬　桑和梓是先人栽在住宅旁邊的樹木，後來人們用桑梓指代故鄉或當地。語出《詩經・小弁》：「惟桑與梓，必恭敬止」。此指外來者對當地名流和前輩的敬意。❼古今所敦　古今所重視的事。❽尊大君　對對方父親的尊稱。❾墳塋　原作「塋墳」，今從宋本。❿知惟臭味意眷之隆　知道您想表示同類的人互相愛慕推崇的意思。臭味，氣味。《左傳》襄公八年記載，魯國的季武子曾對晉國的范宣子說：「譬於草木，寡君在君，君之臭味也。」意為兩個同類的人就像發出氣味相同的同類草木一樣。⓫雅託通流　您高雅的託付通達流暢。⓬未拒來謂　不能拒絕您信中所說的。⓭疾疢　疾病。⓮卜云其吉　占卜的人說這個地方吉利。⓯安厝　安葬。⓰視予猶父　《論語・先進》：「子曰：『回也視予猶父也。』」意思是說顏回師事於己，視予猶如其父。蔣斌在答書中引用此典，取義有所改變，意謂把我的父親看成自己父親一樣，稱讚鍾會尊敬前輩。予，原誤作「子」，今據宋本改。⓱聞命感愴　得知您的要求我既感動又傷心。⓲鄧艾　字士載，義陽棘陽（今河南南陽南）人，曹魏將領，曾在淮河南北屯田，解決軍糧問題。魏景元四年（西元二六三年）率兵攻蜀漢，一直打到成都，迫使劉禪投降。詳見本書卷二十八〈鄧艾傳〉。⓳太子僕　官名。太子三卿之一，掌管太子車馬。⓴左護軍　鎮守要地將軍的屬官。㉑揚威將軍　武官名。領兵征伐。㉒鎮北大將軍王平　鎮北大將軍，官名。品級與鎮北將軍同，資深者加大將軍名號。王平，字子均，巴西宕渠（今四川渠縣）人，少隨外家姓何，後恢復王姓。初為曹操部將，後歸降蜀漢。詳見本書卷四十三〈王平傳〉。㉓曹爽　字昭伯，沛國譙（今安徽亳州）人，曹真之子。明帝時任武衛將軍。明帝病重與司馬懿同受遺詔輔少主。齊王曹芳即位後，司馬懿發動政變，曹爽被剝奪兵權，後被殺。詳見本書卷九〈曹爽傳〉。㉔農穀栖畝　糧穀留在田野中。㉕興勢　山名。在今陝西洋縣西北。㉖彌亙　綿延。

【語　譯】蔣琬的兒子蔣斌承襲爵位，任綏武將軍、漢城護軍。魏國大將軍鍾會率軍抵達漢城，寫信給蔣斌說：

「巴蜀地區具有賢能智慧文才武略的人真多，至於您、諸葛思遠，如果拿草木比喻來說，就是我的同類。對當地賢能的尊敬，是古今人們都很重視的事情。我西來到此，想瞻仰您父親的墳墓，應該灑掃墳墓，祭祀致敬。希望您能告訴我墳墓的所在啊！」蔣斌回信說：「知道您所表達的同類互相愛慕推崇的美意，您高雅的囑託通達曉暢，我不能拒絕您來信中所提到的要求。亡父先前罹患疾病，在涪縣去世，占卜的人說那個地方吉利，於是便安葬在那裏。知道您大駕西行，竟準備屈尊前去灑掃致敬。視我的父親為自己的父親一樣，這是顏子般的仁德啊，聞知您的要求我既感動又悲傷，增加了我思念父親的情懷。」鍾會收到蔣斌的回信，非常讚賞蔣斌信中表達的意思，等到了涪縣以後，果然像他信中所說的那樣祭掃了蔣琬墓。

2 後主投降鄧艾以後，蔣斌前往涪縣會見鍾會，鍾會用對待朋友的禮節接待他。蔣斌隨著鍾會到了成都，被亂兵所殺。蔣斌的弟弟蔣顯，任太子僕，鍾會也很喜歡他的才學，與蔣斌同時被殺。

3 劉敏，曾任左護軍、揚威將軍，與鎮北大將軍王平同時鎮守漢中。魏國派遣大將軍曹爽襲取蜀漢時，議論的人有的說只要堅守城池，不要出城與敵軍交戰，敵軍一定會自行退兵返回。劉敏認為百姓男女分散在田野中，糧穀也都留在田裏，倘若聽任敵人進入，那就大勢已去了。於是率領他的軍隊與王平據守興勢山，在四處多樹軍旗，綿延一百多里。適逢大將軍費禕從成都到來，魏軍立即退走，劉敏因為有功被封為雲亭侯。

1 費禕，字文偉，江夏鄳❶人也。少孤，依族父伯仁。伯仁姑，益州牧劉璋❷之母也。璋遣使迎仁，仁將禕游學入蜀。會先主定蜀，禕遂留益土，與汝南許叔龍、南郡董允❸齊名。時許靖❹喪子，允與禕欲共會其葬所。允白父和❺請車，和遣開後鹿車❻給之。允有難載❼之色，禕便從前先上。及至喪所，諸葛亮及諸貴人悉集，車乘甚鮮，允猶神色未泰❽，而禕晏然自若。持車人還，和問之，知其如此，乃謂允曰：「吾常疑汝於文偉優劣未別也，而今而後，吾意了❾矣。」

2 先主立太子，禕與允俱為舍人❿，遷庶子⓫。後主踐位，為黃門侍郎⓬。丞相亮南征還，羣寮於數十里逢迎⓭，年位多在禕右，而亮特命禕同載，由是眾人莫不易觀。亮以初從南歸，以禕為昭信校尉⓮使吳。孫權⓯性既滑稽⓰，嘲啁無方⓱，諸葛恪⓲、羊衜⓳等才博果辯，論難鋒至⓴，禕辭順義篤㉑，據理以答，終不能屈。權甚器之，謂禕曰：「君天下淑德，必當股肱㉒蜀朝，恐不能數㉓來也。」還，遷為侍中㉔。亮北住漢中，請禕為參軍。以奉使稱旨㉕，頻煩至吳。建興八年，轉為中護軍㉖，後又為司馬㉗。值軍師魏延㉘與長史楊儀㉙相憎惡，每至並坐爭論，延或舉刃擬㉚儀，儀泣涕橫集。禕常入其坐間，諫喻分別㉛，終亮之世，各盡延、儀之用㉜者，禕匡救之力也。亮卒，禕為後軍師㉝。頃之，代蔣琬為尚書令。琬自漢中還涪，禕遷大將軍，錄尚書事。

3 延熙七年㉞，魏軍次于興勢，假禕節，率眾往禦之。光祿大夫來敏至禕許別㉟，求共圍棊。于時羽檄交馳，人馬擐甲㊱，嚴駕已訖㊲，禕與敏留意對戲，色無厭倦。敏曰：「向聊觀試君耳㊳！君信可人㊴，必能辦賊㊵者也。」禕至，敵遂退，封成鄉侯。琬固讓州職，禕復領益州刺史。禕當國功名，略與琬比㊶。十一年，出住漢中。自琬及禕，雖自身在外，慶賞刑威，皆遙先諮斷㊷，然後乃行，其推任㊸如此。後十四年夏，還成都，成都望氣者㊹云都邑無宰相位，故冬復北屯漢壽㊺。延熙十五年，命禕開府。十六年歲首大會，魏降人郭循㊻在坐。禕歡飲沉醉，為循手刃所害，謚曰敬侯。子承嗣，為黃門侍郎。承弟恭，尚公主㊼。禕長女配太子璿㊽為妃。

【章　旨】以上為〈費禕傳〉，記述了諸葛亮的繼承人費禕在諸葛亮去世後繼續執行其政策治理蜀國的情況，也記述了費禕的外交才幹及其人事關係的協調能力。

【注　釋】❶江夏鄳　江夏，郡名。治所在今湖北雲夢。鄳，縣名。治所在今河南羅山縣西。❷益州牧劉璋　益州，州名。治所在今四川成都。劉璋，字季玉，江夏竟陵（今湖北潛江市西北）人，劉焉之子。繼劉焉後任益州刺史，懦弱少斷，因懼怕曹操藉征張魯之機進入益州，故請劉備入蜀。劉備占領益州，遷之於南郡公安（今湖北公安西北）。孫吳取荊州，以為益州牧。詳見本書卷三十一〈劉璋傳〉。❸南郡董允　南郡，郡名。治所在今湖北江陵。董允，字休昭，南郡枝江（今湖北枝江市東北）人，蜀漢大臣。直諫後主過失，抑制宦官，頗受諸葛亮器重。詳見本書卷三十九〈董允傳〉。❹許靖　字文休，汝南平輿（今河南平輿西北）人。漢靈帝時任尚書郎，典選舉。董卓之亂起，先後出奔豫州、揚州等地，後入蜀，為劉璋巴郡、蜀郡、廣漢等郡太守。劉備入蜀後歸降。詳見本書卷三十八〈許靖傳〉。❺和　即董和，字幼宰，南郡枝江（今湖北枝江市東北）人，東漢末入蜀，任劉璋江原長、益州太守等職。劉備占領益州後，任掌軍中郎將，參屬丞相府。在任言無不盡，當面指出諸葛亮過失，屢受諸葛亮表彰。詳見本書卷三十九〈董和傳〉。❻開後鹿車　鹿車是一種用人力推拉的獨輪小車，流行於漢代，通常是平民百姓使用。開後鹿車即車身後面敞開的鹿車。❼難載　不願意乘坐。❽神色未泰　神色不安。❾了　清楚。❿舍

人　即太子舍人，太子的屬官，掌宿衛。⑪庶子　太子府屬官。⑫黃門侍郎　官名。掌侍從皇帝左右。⑬逢迎　迎接。⑭昭信校尉　官名。充當外交使者。⑮孫權　字仲謀，吳郡富春（今浙江富陽）人，孫策弟。孫策死後即位，被封討虜將軍，領會稽太守。黃武八年（西元二二九年）即帝位於武昌。死後諡大皇帝，廟號太祖。詳見本書卷四十七〈吳主傳〉。⑯滑稽　能言善辯。⑰嘲啁無方　開起玩笑來變化多端。⑱諸葛恪　字元遜。初任孫吳騎都尉，討伐山越有功，拜威北將軍。丞相陸遜去世後，遷大將軍，駐武昌，代領荊州事。孫亮繼位後拜太傅，總攬朝政。興利除弊，革新內外，一時民心大悅。後因功驕傲，窮兵黷武，遂致上下愁怨，後被孫峻所殺。詳見本書卷六十四〈諸葛恪傳〉。⑲羊衜　孫吳官吏，南陽（今河南南陽）人，才博善辯，初為孫權長子孫登賓客，任中庶子。孫登死後，官至始興太守。事見本書卷五十九〈孫和傳〉。⑳論難鋒至　辯論駁難像刀刃一樣銳利。㉑辭順義篤　言辭和順但含義深刻。㉒股肱　輔佐。㉓數　頻繁。㉔侍中　官名。丞相屬官，往來殿中，入侍天子，故名。三國時侍中分兩類，一類為實官，一類為加官。㉕稱旨　符合旨意。㉖中護軍　官名。掌禁軍，總統諸將，主武官選舉。㉗司馬　官名。掌軍事。㉘軍師魏延　軍師，官名。參謀軍事。魏延，字文長，義陽（今河南桐柏東）人。蜀漢著名將領，隨諸葛亮北伐曹魏，多立戰功。因與諸葛亮戰略主張不同，在諸葛亮逝世後拒不執行退兵命令，被楊儀所殺。詳見本書卷四十〈魏延傳〉。㉙長史楊儀　長史，即丞相長史，官名。丞相府總管，輔佐丞相，署理諸曹。楊儀，字威公，襄陽（今湖北襄樊）人。初為荊州刺史傅羣主簿，後投蜀漢襄陽太守關羽。受關羽派遣入蜀，受劉備賞識，擢為尚書。諸葛亮去世，與魏延火併。又因不服蔣琬，口出怨言，被流放，後被關進監獄，自殺。詳見本書卷四十〈楊儀傳〉。㉚擬　用兵器對著人比劃。㉛諫喻分別　勸解分開。㉜各盡延儀之用　使魏延、楊儀各自發揮才能。㉝後軍師　官名。參謀軍事。㉞延熙七年　西元二四四年。延熙，蜀漢後主劉禪年號，西元二三八—二五七年。㉟光祿大夫句　光祿大夫，官名。無固定職守，相當於顧問，朝中重臣加此官以示優重。來敏，字敬達，義陽新野（今河南新野）人，善《左氏春秋》，精於訓詁。詳見本書卷四十二〈來敏傳〉。禕許，費禕所在的處所。㊱人馬擐甲　人馬都披上盔甲。擐，穿上。㊲嚴駕已訖　車馬已經準備好。㊳向聊觀試君耳　剛才不過是姑且觀察試一試您罷了。向，剛才。聊，姑且。㊴君信可人　您的確是適當的人選。信，確實。可人，適當的人選。㊵辦賊　解決敵人入侵。㊶略與琬比　大體可與蔣琬並列。㊷諮斷　諮詢決定。㊸推任　推崇信任。㊹望氣者　通過觀察天空的雲氣占卜吉凶的人。㊺漢壽　縣名。治所在今四川劍閣東北。㊻郭循　字孝先，西平（今青海西寧）人。姜維攻打西平時被俘。大將軍費禕出征經漢壽，宴請賓客，郭循在宴席上刺殺費禕。曹魏追封其為長樂鄉侯，食邑千戶，諡曰威侯。事見本書卷四〈齊王紀〉及裴松之注引《魏氏春秋》。循，〈齊王紀〉、《魏氏春秋》、〈後主傳〉、〈張嶷傳〉皆作「脩」，

「脩」字是。㊼尚公主　娶公主為妻。㊽璿　即劉璿，字文衡，劉禪長子。母為王貴人，本敬哀張皇后侍女。蜀漢滅亡後，被鍾會亂兵所殺。詳見本書卷三十四〈後主太子傳〉。

【語　譯】費禕，字文偉，江夏郡鄳縣人。幼年喪父，依靠同族伯父伯仁生活。費伯仁的姑姑是益州牧劉璋的母親。劉璋派遣使者迎接伯仁，伯仁帶著費禕進入蜀地遊學。適逢先主平定蜀地，費禕便留在了益州，他和汝南人許叔龍、南郡人董允齊名。當時許靖喪子，董允和費禕準備一起前往參加葬禮。董允稟告父親董和請求派車送他們去，董和派了一輛開後鹿車給他們。董允面露難色，表現出不願意乘坐的神色，費禕便自己從前面先上了車。等到到了墓地，諸葛亮和朝中權貴全部在場，他們的車乘非常華麗，董允仍然為此神色不安，然而費禕卻安然自若。拉車的人返回，董和詢問他，知道了這種狀況，便對董允說：「我常常疑惑你和文偉的優劣高下無法分別，從今以後，我心裏明白了。」

2　先主冊立太子，費禕和董允同時任太子舍人，升任太子庶子。後主即帝位，費禕任黃門侍郎。丞相諸葛亮南征回來，百官出城幾十里去迎接，這些人年齡資歷、身分地位大多在費禕之上，然而諸葛亮特地讓費禕與自己同車，因此文武百官沒有不對費禕另眼相看。諸葛亮因為剛剛從南中歸來，任命費禕為昭信校尉出使吳國。本來孫權生性能言善辯，與人開起玩笑來變化多端，諸葛恪、羊衜等人又才學過人博識強辯，他們辯論駁難時言語像刀刃一樣鋒利，而費禕與他們交談起來，言辭委婉詞義深刻，依據道理應答，孫權等人始終沒有讓他屈服。孫權非常賞識他，對費禕說：「您是天下有美德的人，一定能輔佐蜀漢，恐怕不能經常到我國來呀。」費禕返回蜀國，升任侍中。諸葛亮北進駐紮漢中，請求朝廷任命費禕為參軍。由於奉命使吳符合朝廷旨意，所以費禕頻繁的出使吳國。建興八年，費禕轉任中護軍，後來又任司馬。正值軍師魏延與長史楊儀互相厭惡仇視對方，每次見面共坐一處時雙方都要爭執，魏延有時甚至舉刀對著楊儀比劃，楊儀這時便會淚流滿面。費禕常常坐在二人中間，兩邊勸解，將他們分開，諸葛亮在世期間，能夠使魏延、楊儀完全發揮作用，憑藉的是費禕匡正補救之力。諸葛亮去世，費禕任後軍師。不久，費禕接替蔣琬任尚書令。蔣琬從漢中回到涪縣，費禕升任大將軍，錄尚書事。

3 延熙七年，魏國軍隊駐紮在興勢山，朝廷授予費禕假節的權位，率領軍隊前往抵禦魏軍。光祿大夫來敏到費禕的住所與他辭別，請求和他一起下圍棋。這時緊急的軍事文書接連不斷送來，全軍人馬都已披上盔甲，費禕的車駕也已經準備好了，費禕卻與來敏專心對弈，全無厭倦的神色。來敏說：「適才不過是姑且藉此觀察試探您罷了！您實在是非常合適的人選，一定能解決敵人入侵。」費禕抵達興勢，敵軍便撤退了，費禕被封為成鄉侯。蔣琬堅決辭讓州刺史一職，費禕又兼任益州刺史。費禕執掌朝政的功績名望，大體與蔣琬相當。延熙十一年，費禕出兵進駐漢中。從蔣琬到費禕，儘管他們人在朝外，但朝廷的慶賞刑罰，都要先諮詢並讓他們決定，然後才實行，他們被推崇信任就像這樣。後來在延熙十四年夏，費禕回到成都。因為占望雲氣的人說京城沒有宰相的位置，所以冬天費禕又北進駐紮漢壽縣。延熙十五年，朝廷命令費禕開設將軍府署。延熙十六年年初，朝廷大聚會，來降的魏國人郭循也在座。費禕開懷暢飲酩酊大醉，被郭循手持利刃殺害，謚號敬侯。兒子費承繼承了爵位，任黃門侍郎。費承的弟弟費恭，娶公主為妻。費禕的長女嫁給太子劉璿為妃。

1 姜維，字伯約，天水冀❶人也。少孤，與母居。好鄭氏學❷。仕郡上計掾❸，州辟❹為從事❺。以父冏昔為郡功曹❻，值羌、戎叛亂，身衛郡將❼，沒於戰場，賜維官中郎❽，參本郡軍事。建興六年，丞相諸葛亮軍向祁山，時天水太守適出案行❾，維及功曹梁緒、主簿❿尹賞、主記⓫梁虔等從行。太守聞蜀軍垂至，而諸縣響應，疑維等皆有異心，於是夜亡保上邽⓬。維等覺太守去，追遲，至城門，城門已閉，不納。維等相率還冀，冀亦不入維等⓭。維等乃俱詣諸葛亮。會馬謖⓮

敗於街亭⑮，亮拔將西縣千餘家及維等還，故維遂與母相失⑯。亮辟維為倉曹掾⑰，加奉義將軍，封當陽亭侯，時年二十七。亮與留府長史張裔、參軍蔣琬書曰：「姜伯約忠勤時事，思慮精密，考其所有，永南、季常⑱諸人不如也。其人，涼州上士也。」又曰：「須先教中虎步兵⑲五六千人。姜伯約甚敏於軍事，既有膽義，深解兵意。此人心存漢室，而才兼於人，畢教軍事⑳，當遣詣宮，覲見主上。」後遷中監軍征西將軍㉑。

2 十二年，亮卒，維還成都，為右監軍輔漢將軍㉒，統諸軍，進封平襄侯。延熙元年，隨大將軍蔣琬住漢中。琬既遷大司馬，以維為司馬，數率偏軍西入。六年，遷鎮西大將軍㉓，領涼州刺史。十年，遷衛將軍㉔，與大將軍費禕共錄尚書事。是歲，汶山㉕平康夷反，維率眾討定之。又出隴西、南安、金城㉖界，與魏大將軍郭淮、夏侯霸㉗等戰於洮西㉘。胡王治無戴等舉部落降，維將還安處之。十二年，假維節，復出西平㉙，不克而還。維自以練㉚西方風俗，兼負其才武，欲誘諸羌、胡以為羽翼，謂㉛自隴㉜以西可斷而有也。每欲興軍大舉，費禕常裁制㉝不從，與其兵不過萬人。

3 十六年春，禕卒。夏，維率數萬人出石營㉞，經董亭㉟，圍南安，魏雍州刺史陳泰[36]解圍至洛門[37]，維糧盡退還。明年，加督中外軍事[38]。復出隴西，守狄道長[39]李簡舉城降。進圍襄武[40]，與魏將徐質交鋒，斬首破敵，魏軍敗退。維乘勝多所降下，拔河關[41]、狄道、臨洮[42]三縣民還。後十八年，復與車騎將軍夏侯霸等俱出狄道，大破魏雍州刺史王經[43]於洮西，經眾死者數萬人。經退保狄道城，維圍之。魏征西將軍陳泰進兵解圍，維卻住鍾題[44]。

4 十九年春，就遷維為大將軍。更整勒戎馬，與鎮西大將軍胡濟期會上邽，濟失誓[45]不至，故維為魏大將鄧艾所破於段谷[46]，星散流離，死者甚眾。眾庶由是怨讟[47]，而隴已西亦騷動不寧，維謝過引負[48]，求自貶削。為後將軍，行[49]大將軍事。

5 二十年，魏征東大將軍諸葛誕[50]反於淮南，分關中兵東下。維欲乘虛向秦川，復率數萬人出駱谷[51]，徑至沈嶺[52]。時長城[53]積穀甚多而守兵乃少，聞維方到，眾皆惶懼。魏大將軍司馬望[54]拒之，鄧艾亦自隴右，皆軍於長城。維前住芒水[55]，皆倚山為營。望、艾傍渭堅圍，維數下挑戰，望、艾不應。景耀元年，維聞誕破敗，乃還成都。復拜大將軍。

6 初，先主留魏延鎮漢中，皆實兵諸圍[56]以禦外敵，敵若來攻，使不得入。及與勢之役，王平捍拒曹爽，皆承此制。維建議，以為錯守57諸圍，雖合周易「重門」之義58，然適可59禦敵，不獲大利。不若使聞敵至，諸圍皆斂兵聚穀，退就漢、樂二城，使敵不得入平，且重關鎮守以捍之。有事之日，令游軍60並進以伺其虛。敵攻關不克，野無散穀，千里縣糧61，自然疲乏。引退之日，然後諸城並出，與游軍并力搏之，此殄敵之術也。於是令督漢中62胡濟卻住漢壽，監軍王含守樂城，護軍蔣斌守漢城，又於西安、建威、武衛、石門、武城、建昌、臨遠63皆立圍守。

【章旨】以上為〈姜維傳〉的第一部分，記述了姜維在諸葛亮去世後不斷興兵北伐曹魏，以割斷隴右，伺機進攻中原的意圖。也記述了他為實現這種意圖所進行的種種努力和嘗試。

【注釋】❶天水冀　天水，郡名。治所在今甘肅甘谷東南。冀，縣名。治所在今甘肅甘谷東。❷鄭氏學　鄭玄的學問。鄭氏，即鄭玄，字康成，北海高密（今山東高密）人，東漢大儒。先後從盧植、馬融等學今古文經，遊學十年後回鄉，聚徒講學。因黨錮事被禁，潛心著述，閉門不出。其學以古文經為主，兼採今文說，遍注羣經，為漢代經學之集大成者，世稱「鄭學」。❸上計掾　官名。郡守的屬官，負責向中央政府定期報告人口、墾田等各項統計數字。❹辟　原誤作「郡」，今據宋本改。❺從事　官名。從事史的省稱，州刺史的屬官。❻功曹　州、郡、縣的屬官，在屬官中地位最高，主考察記錄功勞，參與任免等。❼郡將　即郡守。❽中郎　官名。供事禁中，侍從護衛天子。❾案行　巡視。❿主簿　州郡屬官，主管州郡文書簿籍，經辦事務。⓫主記　官名。郡守屬官，主管文書起草。⓬上邽　縣名。治所在今甘肅天水市。⓭等　宋本無此字。⓮馬謖　字幼常，襄陽宜城（今湖北宜城南）人，好論軍事，受諸葛亮器重。隨諸葛亮北伐曹魏，違反諸葛亮節度，丟失街亭，因罪下獄而死。詳見本書卷三十九馬良附傳。⓯街亭　地名。在今甘肅莊浪東。⓰相失　失散。⓱倉曹掾　蜀漢丞相府屬官，主管倉穀之事。⑱永南季常　即李邵和馬良。李邵，字永南，廣漢郪（今四川中江縣東南）人，劉備據蜀後，任州書佐部從事，後任諸葛亮丞相府西曹掾，諸葛亮南征，留守為治中從事。馬良，字季常，襄陽宜城（今湖北宜城）人，劉備領荊州，任其為從事。後任左將軍掾，奉命出使吳國，受孫權敬重。劉備稱帝後任侍中，東征孫吳時陣亡。詳見本書卷三十九〈馬良傳〉。⑲中虎步兵　中軍虎步兵。中，中軍，直屬統帥的精銳部隊。虎步兵，中軍中的精銳步兵。⑳畢教軍事　完成軍事訓練任務。㉑中監軍征西將軍　中監軍，蜀漢創置，監督中部軍。征西將軍，武官名。與征東將軍、征南將軍、征北將軍合稱四征。㉒右監軍輔漢將軍　右監軍，蜀漢創置，監督右部軍。輔漢將軍，武官名。王莽時所置，蜀漢復置，權力很重。㉓鎮西大將軍　武官名。鎮西將軍資深者擔任。㉔衛將軍　武官名。位次於大將軍、驃騎將軍、車騎將軍等。㉕汶山　郡名。治所在今四川汶川縣西南。㉖隴西南安金城　隴西，郡名。治所在今甘肅隴西西南。南安，郡名。治所在今隴西渭水東岸。金城，郡名。治所在今甘肅蘭州。㉗夏侯霸　字仲權，沛國譙（今安徽亳州）人，夏侯淵次子。被曹爽所器重。曹爽被殺後，夏侯霸懼受株連逃往蜀漢。詳見《三國志・夏侯淵傳》裴松之注引《魏略》。㉘洮西　地區名。包括今甘肅西南臨潭、康樂、廣和、東鄉、和政、臨夏等地。㉙西平　郡名。治所在今青海西寧。㉚練　熟悉。㉛謂　認為。㉜隴　隴山。㉝裁制　限制。㉞石營　聚落名。故址在今甘肅武山縣南。㉟董亭　地名。在今甘肅武山縣南。㊱陳泰　字玄伯，潁川許昌（今河南許昌東）人，曹魏將領。抵禦蜀將姜維，進擊吳將孫峻皆有功。詳見本書卷二十二〈陳泰傳〉。㊲洛門　聚落名。故址在今甘肅甘谷西三十公里的渭河南岸。㊳督中外軍事　表示軍事指揮權的名號。加此名號者，有權指揮京城和外地的一切軍隊，是全國軍隊的總指揮官。㊴守狄道長　署理狄道縣長。守，署理，官階低而任較高的職務。狄道，縣名。治所在今甘肅臨洮。「狄道」二字原重，今據宋本校改。㊵襄武　縣名。治所在今甘肅隴西東南。㊶河關　縣名。治所在今青海同仁西北。關，原誤作「閒」，今據《三國志集解》校正。㊷臨洮　縣名。治所在今甘肅岷縣。㊸王經　曹魏雍州刺史，向陳泰報告說蜀軍分三路前來進攻。陳泰要求他把消息落實，堅守狄道，等待自己到來共同作戰。王經擅自渡過洮水與姜維戰，結果大敗。事見本書卷二十二〈陳泰傳〉。㊹鍾題　城名。故址在今甘肅成縣西北。㊺失誓　失約。㊻段谷　山谷名。故地在今甘肅天水市西南。㊼怨讟　怨恨。㊽引負　承擔責任。㊾行　代理。㊿征東大將軍諸葛誕　征東大將軍，武官名。由資深的征東將軍擔任。諸葛誕，字公休，琅邪陽都（今山東沂南南）人，與諸葛亮同宗。因不滿司馬氏專權，於甘露二年（西元二五七年）起兵反，投降孫吳。後兵敗被殺。詳見本書卷二十八〈諸葛誕傳〉。(51)駱谷　山谷名。起自今陝西城固西北，終至今陝西眉縣，全長約二一〇公里。(52)沈嶺　地名。在今陝西周至西南。(53)長城　地名。在今陝西周至西南，沈嶺以北。(54)司馬望　字子初，司馬懿的姪子。曹魏時歷任要職，官至司徒。西晉建立後封義陽王，任大司馬。詳見《晉書・司馬望傳》。55芒水　河流名。又叫黑水，在今陝西周至東南，源出秦嶺之北，北入渭水。芒，原誤作「亡」，今據宋本改。56實兵諸圍　派兵充實邊境各處營壘。圍，指野外築有堅固防禦屏障的營壘。57錯守　交錯防守。58周易重門之義　《周易・繫辭下》說：「重門擊柝，以待暴客。」以為重複設置大門，敲響巡夜梆子，以防強盜。59適可　只能。60游軍　在外面游動作戰的軍隊。61縣糧　運糧。62督漢中　官名。負責指揮漢中各軍。63西安建威句　皆為地名。西安、石門、建昌、臨遠均在今甘肅隴南地區和甘南藏族自治州境內。建威，在今甘肅西和南。武衛，在今甘肅成縣境內。武城，在今甘肅武山縣西南。

【語譯】姜維，字伯約，天水郡冀縣人。年幼喪父，和母親一起生活。他喜好鄭玄的學問。任郡上計掾一職，州府徵召他任從事史。因為姜維的父親姜冏以前曾擔任郡功曹，適逢羌人、戎人叛亂，姜冏親身護衛郡太守，戰死沙場，朝廷因此賜姜維中郎的官職，參謀本郡軍事。建興六年，丞相諸葛亮統軍進攻祁山，這時天水郡的太守正好外出巡視，姜維和功曹梁緒、主簿尹賞、主記梁虔等人隨行。太守聽說蜀漢軍隊馬上就要到了，而轄下各縣都起來響應蜀兵，懷疑姜維等人都有異心，於是便連夜逃走據守上邽。姜維等人發現太守離去時，前去追趕已經太遲了，等到達上邽城門時，城門已閉，不肯接納他們進城。姜維等人相繼返回冀縣，冀縣也不讓姜維等人入城。姜維等人便一起去拜見諸葛亮。碰巧馬謖在街亭戰敗，諸葛亮攻克西縣帶著一千多戶人家以及姜維等人返回，所以姜維便與母親失散了。諸葛亮徵召姜維任倉曹掾，加官奉義將軍，封他為當陽亭侯，當時姜維二十七歲。諸葛亮寫信給丞相留府長史張裔、參軍蔣琬說：「姜伯約辦事忠誠勤勉，思慮精密，考察他所具有的才能，李永南、馬季常等人都比不上他。這個人，是涼州的上等人才啊。」又說：「應該先訓練中軍虎步兵五六千人。姜伯約對軍事非常擅長，既有膽識忠義，又深通用兵之道。這個人心中思念漢室，而他的才能倍於常人，等到軍事訓練完成後，應派他入宮，覲見主上。」姜維後來升任中監軍征西將軍。

2　建興十二年，諸葛亮去世，姜維返回成都，任右監軍、輔漢將軍，統領各軍，進封平襄侯。延熙元年，姜維跟隨大將軍蔣琬屯駐漢中。蔣琬升任大司馬後，任姜維為司馬，他多次統率一部分軍隊西入敵境。延熙六年，姜維升任鎮西大將軍，兼任涼州刺史。延熙十年，姜維升任衛將軍，與大將軍費禕共同出任錄尚書事。

這一年，汶山郡平康縣的夷人反叛，姜維率軍討伐平定了他們。又出兵隴西郡、南安郡、金城郡地區，與魏大將軍郭淮、夏侯霸等人在洮西地區交戰。胡人首領治無戴等人帶領全部落前來歸降，姜維帶他們回去進行安置。延熙十二年，朝廷給予姜維假節的權位，再次出兵西平郡，未能取勝返回。姜維認為自己熟悉涼州的風土民俗，加上對自己的文才武略非常自負，想要引誘那裏的羌人胡人作為自己的羽翼，認為隴山以西的土地可以完全被蜀漢所占有。常常想大舉出兵，但費禕常常加以限制不予聽從，給他的兵馬不超過一萬人。

3 延熙十六年春天，費禕去世。夏天，姜維率領數萬人馬出石營，經過董亭，圍攻南安郡，魏國的雍州刺史陳泰前來解圍到達洛門，姜維因為軍糧耗盡退兵。次年，姜維加官都督中外軍事，他再次出兵隴西，魏國署理狄道縣長李簡帶領全城軍民投降。姜維進圍襄武縣，與魏國將領徐質交戰，斬了徐質擊敗敵軍，魏軍敗戰撤退。姜維乘勝攻占許多地方，解救了河關、狄道、臨洮三縣百姓返回蜀漢。後來在延熙十八年，姜維又與車騎將軍夏侯霸等人一起向狄道縣進軍，在洮水以西地區大敗魏國雍州刺史王經，王經的部眾死了數萬人。王經撤軍保衛狄道城，姜維包圍他。魏國征西將軍陳泰進兵解圍，姜維後退駐紮鍾題。

4 延熙十九年春，朝廷派遣使臣到姜維駐地升任他為大將軍。姜維重新整頓部署兵馬，與鎮西大將軍胡濟約定在上邽會師，胡濟失約沒有到來，所以姜維在段谷被魏國大將鄧艾擊敗，將士四散流離，死的人很多。部下因此心生怨恨，而隴山以西也騷動不安，姜維向朝廷謝罪承擔戰敗的責任，請求自己貶官降職。於是他降職為後將軍，代理大將軍職務。

5 延熙二十年，魏國征東大將軍諸葛誕在淮南反叛，魏朝廷抽調關中地區的軍隊東下平亂。姜維計劃乘虛進軍秦川，又率領數萬兵馬出兵駱谷，直接抵達沈嶺。當時魏國長城的存糧甚多而守軍卻不多，聽說姜維軍隊即將到達，部眾都非常惶恐畏懼。魏國大將軍司馬望統軍前來抵禦，鄧艾也從隴右趕來，全都駐紮在長城。姜維前往芒水，全軍依山紮營。司馬望、鄧艾依傍渭水築起營寨堅守，姜維幾次下挑戰書，司馬望、鄧艾都不回應。景耀元年，姜維聽說諸葛誕戰敗，便撤軍返回成都。朝廷又任命他為大將軍。

6 當初，先主留魏延鎮守漢中，都採用充實邊境各營壘兵力抵禦敵寇的做法，敵人如果來攻，便使他們無法進入。到了興勢之戰，王平抵禦曹爽時，都沿用這種做法。姜維建議，他認為，交錯守衛營壘，雖然合於《周易》所講的「重門」之義，但只能抵禦敵人，無法獲得重大的勝利。不如讓這些守軍在聽說敵軍到來時，各營壘全都集結兵力積聚糧穀，退至漢城和樂城，使敵軍無法進入平原，並且在重要關口防衛以抵抗敵軍。在有敵軍進犯的時候，令各地游動作戰的軍隊一同進擊，以發現它虛弱之處。敵軍攻關不能取勝，田野中又沒有留下的糧穀，他們的軍糧又千里懸遠，自然會疲乏困頓。等到敵軍引軍撤退時，然後各城一同出兵，與游動的軍隊合力攻擊他們，這才是殲滅敵軍的方法。於是命令督漢中胡濟退回漢壽縣駐紮，監軍王含鎮守樂城，護軍蔣斌鎮守漢城，又在西安、建威、武衛、石門、武城、建昌、臨遠等地同時建立營壘防守。

1 五年，維率眾出漢、侯和❶，為鄧艾所破，還住沓中❷。維本羈旅託國，累年攻戰，功績不立，而宦臣❸黃皓❹等弄權於內，右大將軍閻宇與皓協比❺，而皓陰欲廢維樹宇。維亦疑之，故自危懼，不復還成都。六年，維表後主：「聞鍾會治兵關中，欲規進取，宜並遣張翼❻、廖化❼督諸軍分護陽安關口❽、陰平橋頭❾以防未然。」皓徵信❿鬼巫，謂敵終不自致，啟後主寢其事⓫，而羣臣不知。及鍾會將向駱谷，鄧艾將入沓中，然後乃遣右車騎⓬廖化詣沓中為維援，左車騎⓭張翼、輔國大將軍董厥⓮等詣陽安關口以為諸圍外助。比至陰平，聞魏將諸葛緒⓯向建威，故住待之。月餘，維為鄧艾所摧，還住陰平。鍾會攻圍漢、樂二城，遣別將進攻關口，蔣舒開城出降，傅僉格鬬而死。會攻樂城，不能克，聞關口已下⓰，長驅而前。翼、厥甫至⑰，維、化亦舍陰平而退，適與翼、厥合，皆還⑱保劍閣⑲以拒會。會與維書曰：「公侯以文武之德，懷邁世之略⑳，功濟巴、漢，聲暢華夏㉑，遠近莫不歸名。每惟疇昔㉒，嘗同大化㉓，吳札㉔、鄭僑㉕，能喻斯好㉖。」維不答書，列營守險。會不能克，糧運縣遠，將議還歸。

2 而鄧艾自陰平由景谷道㉗傍入，遂破諸葛瞻於緜竹㉘。後主請降於艾，艾前據成都。維等初聞瞻破，或聞後主欲固守成都，或聞欲東入吳，或聞欲南入建寧㉙，於是引軍由廣漢㉚、郪道㉛以審虛實。尋被後主敕令，乃投戈放甲，詣會於涪軍前，將士咸怒，拔刀斫㉜石。

3 會厚待維等，皆權㉝還其印號節蓋。會與維出則同轝，坐則同席，謂長史杜預㉞曰：「以伯約比中土名士，公休、太初㉟不能勝也。」會既構鄧艾㊱，艾檻車徵㊲，因將維等詣成都，自稱益州牧以叛。欲授維兵五萬人，使為前驅。魏將士憤怒㊳，殺會及維，維妻子皆伏誅。

4 郤正㊴著論論維曰：「姜伯約據上將之重，處羣臣之右，宅舍弊薄㊵，資財無餘，側室無妾媵㊶之褻，後庭無聲樂之娛，衣服取供㊷，輿馬取備㊸，飲食節制，不奢不約㊹，官給費用，隨手消盡；察其所以然者，非以激貪厲濁㊺，抑情自割㊻

也，直謂[47]如是為足，不在多求。凡人之談，常譽成毀敗[48]，扶高抑下，咸以姜維投厝無所[49]，身死宗滅，以是貶削[50]，不復料擿[51]，異乎春秋褒貶之義矣。如姜維之樂學不倦，清素節約，自一時之儀表也。」

維昔所俱至蜀，梁緒官至大鴻臚[52]，尹賞執金吾[53]，梁虔大長秋[54]，皆先蜀亡沒。

【章旨】以上為〈姜維傳〉的第二部分，記述了姜維在蜀漢滅亡前後的最後努力，也通過郤正的評論揭示了姜維個人優秀品質。

【注釋】❶漢侯和　漢，侯和附近沒有「漢」和與「漢」有關的地名和聚落名，且本書卷三十三〈後主傳〉記此事時只有侯和沒有「漢」，疑是衍文。侯和，聚落名。故地在今甘肅卓泥東北。❷沓中　地名。在今甘肅舟曲西北洛大鎮附近。❸臣　宋本作「官」。❹黃皓　蜀漢宦官，為人便辟佞慧，深受劉禪喜愛。董允當政時，黃皓畏其威，不敢為非。董允去世後，陳祗任侍中，黃皓與之互為表裏，始干預政事。陳祗去世後，黃皓歷任中常侍、奉車都尉，專擅國政。其事見本書卷三十九董允附傳。❺右大將軍句　右大將軍閻宇與黃皓聯合。右大將軍，武官名。蜀漢後期專為閻宇設置，黃皓企圖以此牽制大將軍姜維，進而以閻宇取代之。閻宇，字文平，南郡（今湖北江陵）人，蜀漢官員，歷任都督、右衛大將軍等職。其事散見於《華陽國志・南中志》、〈劉後主志〉。協比，聯合。❻張翼　字伯恭，犍為武陽（今四川彭山縣）人，蜀漢將領。鎮撫南中、隨諸葛亮北伐以及後期與曹魏軍戰皆有功。景耀六年（西元二六三年）與姜維降鍾會，次年被亂兵所殺。詳見本書卷四十五〈張翼傳〉。❼廖化　字元儉，襄陽（今湖北襄樊）人，本名淳，後改化。初為關羽屬吏，荊州失陷於孫吳後，任職於孫吳。後詐死西逃入蜀。詳見本書卷四十五宗預附傳。❽陽安關口　即陽平關，在今陝西勉縣西。❾陰平橋頭　地名。在今甘肅文縣西北。❿徵信　採信。⓫寢其事　把公文壓下來不處理。事，當時習稱公文為事。⓬右車騎　即右車騎將軍。領兵征伐。⓭左車騎　即左車騎將軍。領兵征伐。⓮輔國大將軍董厥　輔國大將軍，武官名。領兵征伐。董厥，字龔襲，義陽（今湖北棗陽東南）人，蜀漢將領。受諸葛亮賞識，諸葛亮去世後，任尚書僕射、大將軍。蜀漢滅亡後入魏。事見本書卷三十五諸葛亮附傳。⑮諸葛緒　西晉官吏，仕魏歷太山太守、雍州刺史。入晉為太常、衛尉等官。其事散見於本書卷二十八〈鄧艾傳〉、《晉書・景帝紀》。⑯已下　已經被攻克。⑰甫至　才到。⑱還　宋本作「退」。⑲劍閣　地名。在今四川劍閣東北劍門西北。⑳邁世之略　超世的謀略。㉑聲暢華夏　聲名流傳中原地區。㉒每惟疇昔　每每想起過去。㉓嘗同大化　曾經共同感受魏朝盛大的教化。㉔吳札　即季札，春秋時吳國公子，吳王壽夢子，諸樊弟。曾北遊列國，觀樂於魯。事見《史記・吳太伯世家》。㉕鄭僑　即子產，又名公孫僑，春秋時政治家，鄭簡公時執政。在位期間實行改革，整頓貴族田地和農戶編制，創立「丘賦」制度，把法律條文鑄在鼎上公布，為百姓提供發表意見的場所，使國家富強。詳見《史記・循吏列傳》、《左傳》襄公十三年。西元前五四四年，季札以吳國使者的身分到鄭國，與子產一見如故，兩人互贈禮物，結為好友。事見《左傳》襄公二十九年。僑，宋本作「喬」，馮夢禎刻本作「有」，皆誤。㉖能喻斯好　能比喻這種友好關係。㉗景谷道　即今甘肅文縣南沿白水江入川的道路。㉘緜竹　縣名。治所在今四川綿竹東南。㉙建寧　郡名。治所在今雲南曲靖。㉚廣漢　郡名。治所在今四川廣漢北。㉛郪道　郪縣的道路。㉜斫　宋本作「砍」。㉝權　暫且。㉞杜預　字元凱，京兆尹杜陵（今陝西西安東南）人，初仕曹魏，多謀善斷。太康初年，參與滅吳之役，因功封當陽縣侯。博學多通，長於經學，著有《春秋左氏經傳集解》。詳見《晉書・杜預傳》。㉟公休太初　即諸葛誕和夏侯玄。諸葛誕，字公休，琅邪陽都（今山東沂南南）人，與諸葛亮同宗。因不滿司馬氏專權，於甘露二年（西元二五七年）起兵反，投降孫吳。後兵敗被殺。詳見本書卷二十八〈諸葛誕傳〉。夏侯玄，字太初，沛國譙（今安徽亳州）人，夏侯尚之子。曹爽被司馬懿誅殺後，與李豐等謀殺司馬懿代之，事敗後被斬於東市。詳見本書卷九夏侯尚附傳。㊱構鄧艾　陷害鄧艾。鍾會陷害鄧艾之事詳見本書卷二十八〈鍾會傳〉。㊲檻車徵　用囚車（把鄧艾）召回朝廷。㊳怒　原作「發」，今從宋本。㊴郤正　字令先，河南偃師（今河南偃師東）人，本名纂，後改正。祖父郤儉東漢靈帝時任益州刺史，因安家於蜀。郤正自幼好學，博覽綦書，任蜀漢祕書令。蜀漢滅亡後隨劉禪入洛陽。詳見本書卷四十二〈郤正傳〉。㊵弊薄　破舊簡陋。㊶妾媵　小老婆。㊷取供　僅求夠用。㊸取備　只求齊全。㊹約　過於簡樸。㊺激貪厲濁　激勵感發貪婪汙濁的人（使他們變好）。㊻抑情自割　壓抑性情限制自己。㊼直謂　只不過認為。㊽譽成毀敗　讚美成功的詆毀失敗的。㊾投厝無所　投身錯了地方。㊿貶削　貶低。(51)料擿　衡量分辨。(52)大鴻臚　官名。掌賓禮接待。(53)執金吾　官名。秦稱中尉，漢武帝改稱執金吾，掌京師警衛，皇帝出行時任儀仗護衛。(54)大長秋　皇后的宮官，掌傳達皇后命令，隨從皇后出行。

【語 譯】景耀五年，姜維統率軍隊進兵侯和，被鄧艾擊敗，返回沓中駐紮。姜維本來是棲身蜀漢的外鄉人，多年與魏國攻戰，沒有建立功績，而宦官黃皓等人在朝廷專擅朝政，右大將軍閻宇與黃皓狼狽為奸，黃皓暗中打算廢黜姜維栽培閻宇，姜維心中對黃皓有所懷疑，因而自己也感到危險而恐懼，不敢再回成都。景耀六年，姜維上表後主說：「聽說鍾會在關中訓練軍隊，準備進攻我國，現在應該同時派遣張翼、廖化督率各路軍隊分頭護守陽安關口、陰平橋頭，以防患未然。」黃皓採信巫師說的，認為敵軍終究不會到來，稟告後主把姜維的表章扣下來不予回覆，而羣臣對此毫不知情。到了鍾會將要進軍駱谷，鄧艾將要攻入沓中，朝廷這才派遣右車騎將軍廖化前往沓中增援姜維，派左車騎將軍張翼、輔國大將軍董厥等人前往陽安關口援助那裏的各營壘。等到廖化抵達陰平，聽說魏國將領諸葛緒兵向建威，所以停下來等待迎敵。一個多月後，姜維被鄧艾擊潰，退回陰平駐紮。鍾會圍攻漢、樂二城，另派將領進攻陽安關口，蔣舒開城出降，傅僉格鬥戰死。鍾會進攻樂城，沒有攻克，聽說陽安關口已經攻下，便率軍長驅直入。張翼、董厥才到漢壽縣，姜維、廖化也已棄守陰平退軍，恰巧與張翼、董厥會合，都一起回師劍閣以抵禦鍾會。鍾會給姜維寫信說：「公侯您才兼文武，胸懷蓋世謀略，建立拯救巴、漢的功勞，聲名遠播華夏，遠近沒有人不傾慕您的大名。我每每想到從前，與您一起感受朝廷偉大的德化，只有過去吳札、鄭僑那樣的關係，才能比喻我們之間的那種友好。」姜維沒有回信，布列營壘扼守險要。鍾會不能取勝，運糧的路途又遙遠，準備商議退兵。

2 而鄧艾從陰平經景谷道旁邊的一條小路進來，就在緜竹縣打敗了諸葛瞻。後主劉禪向鄧艾請降，鄧艾繼續前進占領了成都。姜維等人起初聽說諸葛瞻被打敗，後來聽說後主準備固守成都，或聽說後主要向東投奔東吳，又聽說後主要向南進入建寧，於是姜維便領兵經由廣漢、郪縣的道路前進以弄清虛實。不久接獲了後主的命令，便放下武器卸下盔甲，前往鍾會在涪縣的軍營前投降，蜀軍將士都很憤怒，拔刀砍石頭洩憤。

3 鍾會厚待姜維等人，暫且都歸還他們的官印節杖和傘蓋。鍾會與姜維出行則同乘一車，坐下則同坐一席，他對長史杜預說：「拿伯約和中原的名士相比，諸葛公休、夏侯太初都不能超越他。」鍾會陷害鄧艾後，鄧艾被朝廷用囚車召回，鍾會便帶姜維等人到成都，自稱益州牧反叛魏國。他打算給姜維五萬兵馬，讓他作為先鋒。魏軍將士都很憤怒，殺了鍾會和姜維，姜維的妻兒全都被殺。

4 郤正撰寫評論，評論姜維說：「姜伯約身負高級將領的重任，處於群臣之上，而他居住的宅舍簡陋，家裏沒有多餘的資財，旁邊的臥室沒有侍妾供他親狎享樂，後面的院子沒有音樂的娛樂，衣服僅僅要求夠用，車馬僅僅要求齊整，平日的飲食有所節制，不事奢侈，也不過分簡樸，官家供應的費用物品，隨手用盡；考察他所以這樣做的原因，並非用來激勵感化貪婪汙濁的人，壓抑性情限制自己，只不過是認為這樣做就足夠了，不在於多多追求。凡人在議論時，常常是讚美成功的人，詆毀失敗的人，褒揚地位高的人，貶低地位低的人，他們都認為姜維投錯了地方，導致自身被殺宗族滅亡，因此就貶低他，不再去仔細的衡量辨別，這不合於《春秋》褒貶的大義。像姜維這樣的好學不倦，清廉節儉，自然是一代的楷模啊。」

5 過去與姜維一起歸附蜀漢的人，梁緒官至大鴻臚，尹賞任執金吾，梁虔任大長秋，他們都在蜀漢滅亡前去世。

評曰：蔣琬方整有威重❶，費禕寬濟❷而博愛，咸承諸葛之成規，因循而不革，是以邊境無虞，邦家和一，然猶未盡治小之宜❸，居靜之理也。姜維粗有文武，志立功名，而翫眾黷旅❹，明斷不周❺，終致隕斃。老子有云：「治大國者猶烹小鮮❻。」況於區區蕞爾❼，而可屢擾乎哉？

【章旨】以上是陳壽對蔣琬、費禕、姜維的評價。

【注釋】❶方整有威重　品性方正而有威信。❷寬濟　寬厚通達。❸未盡治小之宜　未能完全懂得治理小國的辦法。❹翫眾黷旅　輕率的出動軍隊濫用武力。❺明斷不周　不能完全準確的判斷。❻治大國者猶烹小鮮　此話出自《老子》第六十章。

意思是烹煮小魚時不能頻繁攪動，否則其形狀就會被攪爛。治理大國不能頻繁擾民，其道理和烹小鮮一樣。❼區區蕞爾　形容小的樣子。

【語　譯】評論說：蔣琬方正嚴肅，具有威信，費禕寬厚通達，廣施仁愛，他們都繼承了諸葛亮制定的治國方略，沿襲沒有改變，所以蜀漢邊境無事，國家和諧如一。然而他們都還不能徹底了解治理小國的辦法，應該追求清靜無為的道理。姜維粗具文才武略，立志建立功名，然而他輕率出動軍隊濫用武力，不能準確的判斷形勢，最終導致身亡。《老子》中有句話說：「治大國者猶烹小鮮。」更何況蕞爾小國，難道可以屢屢用兵騷擾百姓嗎？

【研　析】在題解中我們曾說，陳壽在評論中對本傳傳主的批評之語比較籠統，需要細細辨析，在此我們就這個問題作兩點辨析。

第一點需要辨析的是，陳壽所說蔣琬、費禕、姜維不完全懂得治理小國應採取清靜無為的辦法，主要是指他們接連不斷的發動北伐曹魏的戰爭。可以這樣說，蔣琬、費禕、姜維對曹魏的北伐戰爭是遵循諸葛亮在世時的政策。這就牽涉到一個問題，即如何評價諸葛亮的北伐？

按照諸葛亮「隆中對」的最初設計，蜀漢征伐曹魏是一路由漢中奪關中後出潼關，一路由荊襄北上，兩路夾擊以平定中原，實現統一。為了實現兩路夾擊曹魏的格局，蜀漢集團一直苦心經營於鉗形雙臂的建立。由於力量有限，鉗形雙臂只能一個一個的經營，而蜀漢政權是從荊州起家的，所以經營的重點一開始自然放在荊州。實際上，這種鉗形是不可能由蜀漢一家建立的。占據荊州是一廂情願的幻想，因為荊州對孫吳來說也是一個關係到其政權生死存亡的戰略要地。劉備占領益州後，把大部分時間和兵力放在與孫吳爭奪荊州上，以致錯過了爭奪關隴的有利時機。荊州不可得而全力去爭；關隴可能得而又錯過了時機，這就必然使諸葛亮的鉗形計劃最後破滅。荊州丟失，特別是夷陵戰敗以後，鉗形攻勢計劃徹底失敗，諸葛亮經過深刻的戰略反思，對「隆中對」戰略規劃進行了修正調整，確定了放棄荊州，進軍關隴的方針。這個方針，包含著對以前戰略失誤的彌補，決定了蜀漢政權今後的生存與發展。諸葛亮的歷次北伐，都是在這個方針指導下進行的，都是為實現這個戰略方針所進行的重要實踐，所以諸葛亮的北伐對蜀漢具有重大的戰略意義。

北伐的戰略意義有三條。第一條，諸葛亮的北伐成功與否，關係到蜀漢的國力能否進一步壯大。蜀漢和曹魏比較，前者弱小，後者強大，諸葛亮對這種形勢是十分清楚的，正因為如此，他想盡一切辦法使蜀漢自強，以縮小這種強弱對比的懸殊。尋求自強之路除挖掘自身潛力外，還要開疆擴土，向外發展。整頓吏治，發掘人才，發展經濟，穩定南中，提高軍隊素質，這些是諸葛亮挖掘自身潛力的努力；進占關隴，則是諸葛亮對外開拓以求自強的努力。諸葛亮從蜀漢建興六年（西元二二八年）到建興十二年（西元二三四年），七年之間，五次進攻曹魏，一次防禦性作戰。除第二次戰場在陳倉，第六次戰場在渭水之濱五丈原外，其餘都是在隴右地區。即使是第二次和第六次，其直接進攻的目標也不是長安，而是為了切斷關中與隴右的聯繫，並尋求魏軍主力決戰，或予以殲滅，或使其受挫，以便孤立隴右，待機奪取之。因此，諸葛亮進軍關隴的計劃中，首先進攻的目標就是隴右。占領隴右對於蜀國增強國力確實有十分重要的意義。因為隴右自古以來就是個出勇將強兵的地方，還是戰馬的產地，也是一個大產糧區。強兵悍將，戰馬利兵，糧食充盈，這些無疑都是國家實力的標誌。因此，占有隴右，將使蜀國在上述三方面的實力大增，而且又具有東進的地理優勢，將會建立起對曹魏產生極大威懾力的攻擊態勢。第二條，諸葛亮的北伐成功與否，關係到能不能實現北進中原，興復漢室的目標。諸葛亮北伐的直接目標，首先不是要北進中原，興復漢室。雖然他說要北定中原，攘除姦凶，興復漢室，還於舊都，但我們知道，這不過是藉以號召天下的口號和旗幟。諸葛亮北伐的直接戰略意圖，是占據隴右，再圖關中，為將來北定中原打好基礎。而且曹魏從長安、隴右兩個軍事據點對付漢中北上歷進的蜀漢軍，只有先奪取隴右，切斷魏軍右臂，鞏固漢中至隴右一線，再東進向長安推進，方無後顧之憂。占領關中是奪取天下的第一步。第三條，諸葛亮北伐的成功與否，關係到能否與孫吳一起建立起新的鉗形攻擊曹魏的態勢。在諸葛亮北伐曹魏的時候，東吳也對曹魏發動了多次進攻。雖然由於東、西兩條戰線沒有統一的指揮，從而影響了配合的效果，但孫吳配合諸葛亮北進的意圖是明顯的。與此同時，諸葛亮也經常把北伐的情況向東吳通報。這表明了諸葛亮對盟友的信任，對聯盟的真誠。也說明了諸葛亮的北伐是在東方盟友的配合下進行的。諸葛亮的出兵不止，顯示了北伐曹魏的力度；然而，他還必須占據隴右和關中，因為只有這樣，才能使蜀漢的國力大大增強，才能實現與東吳合擊中原的鉗形態勢。

綜上所述，諸葛亮北伐曹魏具有重要的戰略意義，不能輕易否定，因此，對他的後繼者們堅持不懈的努力，也不應該給予過多的批評。

第二點需要辨析的是，對蔣琬、費禕、姜維等人所發動的北伐曹魏的戰爭，既不能一概否定，也不能一概肯定。大體上說，蔣琬、費禕所進行的北伐曹魏戰爭有其繼承諸葛亮成規的合理性，但到了姜維的時候，情況發生了變化，盟友孫吳的君主孫權已經去世，他的後繼者們昏弱無能，國內各種矛盾加劇，孫吳已經喪失了與蜀漢配合的積極性和能力，早在蔣琬去世的前夕，就說過與孫吳約定共同向曹魏發動進攻已有兩三次，但沒有實現預期的計劃，就說明了這點。至姜維主事的時候，這種情況並沒有改變，反而更加嚴重。在國內，宦官黃皓開始與外官勾結，專擅朝政，人心軍心的凝聚力大不如以前。姜維段谷失利，眾庶對他產生怨恨便是典型的表現。在這種情況下，姜維理應像諸葛亮當年一樣根據已經變化了的形勢調整策略，但姜維仍墨守成規，出兵不已，致使國民疲弊，所以陳壽的批評對姜維來說是中肯的。(梁滿倉注譯)

卷四十五　蜀書十五

鄧張宗楊傳第十五

【題解】本卷正傳一共收入鄧芝、張翼、宗預、楊戲四個人物。他們四人有一個共同的特點，即都不畏強者之威。鄧芝、宗預作為蜀漢的使節，面對孫權的威嚴從容不迫，張翼、楊戲作為蜀漢的官員，面對姜維的權威敢於堅持自己不同意見，正如作者所說，他們都有值得稱道的事跡。

1 鄧芝，字伯苗，義陽新野❶人，漢司徒禹❷之後也。漢末入蜀，未見知待❸。時益州從事張裕❹善相，芝往從之，裕謂芝曰：「君年過七十，位至大將軍❺，封侯。」芝聞巴西太守龐羲❻好士，往依焉。先主定益州，芝為郫❼邸閣督❽。先主出至郫，與語，大奇之，擢為郫令，遷廣漢❾太守。所在清嚴有治績，入為尚書❿。

2 先主薨於永安⓫。先是，吳王孫權⓬請和，先主累遣宋瑋、費禕⓭等與相報答。

丞相諸葛亮⑭深慮權聞先主殂隕，恐有異計⑮，未知所如⑯。芝見亮曰：「今主上幼弱，初在位，宜遣大使重申吳好。」亮答之曰：「吾思之久矣，未得其人耳，今日始得之。」芝問其人為誰？亮曰：「即使君也。」乃遣芝修好於權。權果狐疑，不時見芝⑰，芝乃自表請見權曰：「臣今來亦欲為吳，非但為蜀也。」權乃見之，語芝曰：「孤誠願與蜀和親，然恐蜀主幼弱，國小勢偪⑱，為魏所乘，不自保全，以此猶豫耳。」芝對曰：「吳、蜀二國四州⑲之地，大王命世之英，諸葛亮亦一時之傑也。蜀有重險之固，吳有三江之阻，合此二長，共為脣齒⑳，進可兼并天下，退可鼎足而立，此理之自然也。大王今若委質㉑於魏，魏必上望大王之入朝，下求太子之內侍㉒，若不從命，則奉辭伐叛，蜀必順流見可而進，如此，江南之地非復大王之有也。」權默然良久曰：「君言是也。」遂自絕魏，與蜀連和，遣張溫㉓報聘㉔於蜀。蜀復令芝重往，權謂芝曰：「若天下太平，二主分治，不亦樂乎！」芝對曰：「夫天無二日，土無二王，如并魏之後，大王未深識天命㉕者也，君各茂其德㉖，臣各盡其忠，將提枹鼓㉗，則戰爭方始耳。」權大笑曰：「君之誠款㉘，乃當爾邪！」權與亮書曰：「丁厷掞張㉙，陰化不盡㉚；和合二國，唯有鄧芝。」及亮北住漢中㉛，以芝為中監軍㉜、揚武將軍㉝。亮卒，遷前軍師㉞、前將軍㉟，領兗州刺史㊱，封陽武亭侯，頃之為督江州㊲。權數與芝相聞㊳，饋遺優渥㊴。延熙六年，就遷為車騎將軍㊵，後㊶假節㊷。十一年㊸，涪陵國㊹人殺都尉㊺反叛，芝率軍征討，即梟其渠帥，百姓安堵㊻。十四年㊼卒。

3 芝為將軍㊽二十餘年，賞罰明斷，善卹卒伍㊾。身之衣食資仰於官，不苟素儉㊿，然終不治私產，妻子不免飢寒，死之日家無餘財。性剛簡(51)，不飾意氣(52)，不得士類(53)之和。於時人少所敬貴，唯器異(54)姜維(55)云。子良，襲爵，景耀中為尚書左選郎(56)，晉朝廣漢太守。

【章　旨】以上為〈鄧芝傳〉，記述了鄧芝臨危受命，受諸葛亮的委託前往東吳重修舊好的事跡。在這個過程中，鄧芝不負重託，表現了傑出的外交才幹，對吳蜀重新聯合作出重要的貢獻。同時記載了鄧芝為將賞罰分明、愛護士兵；為人生活簡樸、不隨波逐流等優秀品格。

【注　釋】❶義陽新野　義陽，郡名。治所在今湖北棗陽南。新野，縣名。治所在今河南新野。❷禹　即鄧禹，字仲華。新莽末隨劉秀起兵，是劉秀手下著名的戰將之一，對東漢王朝建立立有大功。官任大司徒，封爵高密侯。詳見《後漢書・鄧禹列傳》。❸知待　賞識和厚待。❹益州從事張裕　益州，州名。治所在今四川成都。從事，官名。從事史的省稱，州刺史的屬官。張裕，蜀漢蜀郡（今四川成都）人，善占卜，反對劉備出兵漢中，後被劉備所殺。其事見於本書卷四十二〈周羣傳〉。❺大將軍　高級軍事將領。❻巴西太守龐羲　巴西，郡名。治所在今四川閬中。太守，官名。郡中最高行政長官。龐羲，東漢末任議郎，隨劉焉入蜀，任巴西太守。❼郫　縣名。治所在今四川郫縣。❽邸閣督　官名。負責看守管理糧食物資倉庫，當時稱糧食物資倉庫為邸閣。❾廣漢　郡名。治所在今四川新都東北。❿尚書　官名。尚書諸曹長官，位在尚書令、僕射之下，丞、郎之上。⑪永安　縣名。治所在今重慶市奉節。⑫孫權　字仲謀，吳郡富春（今浙江富陽）人，孫策弟。孫策死後即位，被封討虜將軍，領會稽太守。黃武八年（西元二二九年）即帝位於武昌。死後諡大皇帝，廟號太祖。詳見本書卷四十七〈吳主傳〉。⑬費禕　字文偉，江夏鄳縣（今河南信陽東北）人。蜀漢後期傑出的人才，深受諸葛亮重用，任丞相參軍、司馬、尚書令、大將軍等職。詳見本書卷四十四〈費禕傳〉。⑭諸葛亮　字孔明，琅邪陽都（今山東沂南南）人。先隱居荊州隆中，後輔佐劉備，提出並實踐聯合孫吳、跨有荊益、北拒曹操的方針。劉備去世後，受遺詔輔佐劉禪，先後平定南中，六次北伐曹魏。後逝世於北伐前線。詳見本書卷三十五〈諸葛亮傳〉。⑮異計　改變主意另作打算。⑯未知所如　不知道該怎麼辦。⑰不時見芝　沒有馬上接見鄧芝。時，馬上。⑱勢偪　勢力發展受到限制。偪，同「逼」。逼迫，此指受限制。⑲四州　指孫吳占領的揚州、荊州、交州，蜀漢占領的益州。⑳脣齒　形容互相依靠共存共亡的關係。㉑委質　臣下向君主獻禮，表示獻身盡忠。㉒求太子之內侍　讓太子進入曹魏國內侍奉皇帝，意思是把孫吳的太子作為人質。㉓張溫　字惠恕，吳郡吳縣（今江蘇蘇州）人。孫吳時任議郎、選曹尚書。曾受命出使蜀漢，蜀漢甚貴其才。後被孫權嫌惡，藉暨豔案斥還本郡。詳見本書卷五十七〈張溫傳〉。㉔報聘　回訪。㉕未深識天命　此指不歸順蜀漢。㉖各茂其德　各自樹立自己豐厚的恩德。㉗提枹鼓　拿起鼓錘擂響戰鼓。㉘誠款　誠實坦率。㉙丁厷掞張　丁厷言語浮華誇張。丁厷，蜀漢官員，曾出使孫吳。㉚陰化不盡　陰化說話不能充分表達意思。陰化，蜀漢官員，曾出使孫吳。㉛漢中　郡名。治所在今陝西漢中東。㉜中監軍　官名。蜀漢政權創置，統兵，位在前、後、左、右護軍之上。㉝揚武將軍　官名。統兵出征。㉞前軍師　丞相府主要僚屬，參議軍國大事。㉟前將軍　漢代的重號將軍之一，與後、左、右將軍並位上卿，統兵打仗。㊱領兗州刺史　官名。虛職。當時兗州在曹魏境內，領即遙領，有名無實。㊲督江州　江州地區的軍事指揮官。㊳相聞　相互通消息。㊴饋遺優渥　禮品贈送豐厚。㊵車騎將軍　武官名。統兵打仗。㊶後　以後。㊷假節　假以節杖，象徵著權力和地位。㊸十一年　延熙十一年（西元二四八年）。㊹涪陵國　指涪陵屬國，治今重慶市彭水縣。㊺都尉　郡國都尉，統領地方軍隊。㊻安堵　安定。㊼十四年　延熙十四年（西元二五一年）。㊽將軍　此二字上原有「大」字。鄧芝先後為揚武將軍、前將軍、車騎將軍，凡為將軍二十五年，未嘗為大將軍。「大」字係衍文，今刪。㊾卒伍　士兵。㊿不苟素儉　不勉強自己做到樸素節儉。(51)性剛簡　性格剛毅簡潔率直。(52)不飾意氣　不掩飾自己的志趣。(53)士類　士人。(54)器異　器重。(55)姜維　字伯約，天水冀縣（今甘肅甘谷東）人。本仕曹魏，蜀漢建興六年（西元二二八年）諸葛亮首次伐魏時投降蜀漢。歷任征西將軍、涼州刺史、衛將軍、大將軍等職，是蜀漢後期傑出的人才。詳見本書卷四十四〈姜維傳〉。(56)尚書左選郎　選曹尚書的屬官。蜀漢尚書臺的選部曹，設有左、右選部曹，協助本曹尚書，處理選拔任用官員的公務。

【語　譯】鄧芝，字伯苗，義陽郡新野縣人，東漢司徒鄧禹的後裔。東漢末來到蜀地，沒有受到賞識厚待。當時益州從事史張裕擅長相術，鄧芝前往追隨張裕。張裕對鄧芝說：「您年過七十歲，將官至大將軍，封侯爵。」鄧芝聽說巴西郡太守龐羲喜愛人才，便去投靠他。劉備平定益州，鄧芝任郫縣邸閣督。劉備出行來到郫縣，與鄧芝談話，對他大為驚奇，擢升他為郫縣令，又升遷他為廣漢郡太守。他所任職之處都清廉嚴明有政績，入朝擔任尚書。

2　先主病逝於永安。在此之前，吳王孫權曾派人請和，先主多次派遣宋瑋、費禕等人回訪答覆。丞相諸葛亮非常擔心孫權聽說先主病逝以後，恐怕會改變主意另作打算，一時不知道該怎麼辦。鄧芝拜見諸葛亮說：「如今主上年幼孱弱，剛剛即位，應該派遣大使與孫吳重申舊好。」諸葛亮回答說：「這件事我考慮很久了，只是找不到合適的人罷了，今天才找到這個人選。」鄧芝問這個人是誰，諸葛亮說：「就是您呀。」於是派鄧芝前往孫吳結好。孫權果然猶豫，沒有立即接見鄧芝。鄧芝便親自上表請求晉見孫權，說：「我今天前來也是為孫吳著想，不僅僅是為了蜀漢。」孫權這才召見鄧芝，告訴他說：「我實在願意與蜀漢和好親善，但是擔心蜀主年幼孱弱，國土狹小，勢力有限，被魏乘機而入，就不能自保，因此猶豫罷了。」鄧芝回答說：「吳、蜀兩國據有四州之地，大王是當世英傑，諸葛亮也是當今的傑出人物。蜀國有重重險阻的險固，吳國則有三江的天然險阻，結合這兩個長處，彼此唇齒相依，進可吞併天下，退則鼎足三分，這是自然的道理。大王現在如果委身臣服於魏，魏必然希望大王入朝侍奉，最少也會要求太子到京城當人質。如果您不從命，那麼他們就會藉口討伐叛逆，蜀也必然會趁機順江而下，這樣，江南之地就不再是大王所有了。」孫權沉默了好久，說：「您說得對。」便主動與魏絕交，與蜀聯合，派張溫回訪蜀國。蜀國又派鄧芝再次前往孫吳，孫權對鄧芝說：「如果天下太平，吳、蜀分治東、西，不也令人高興嗎！」鄧芝回答說：「天上沒有兩個太陽，地上沒有兩位君主，如果吞併魏國之後，大王若不順從天命歸順蜀漢，那麼雙方君主就會各自樹恩立德，兩國臣子也將各盡忠節，雙方的軍隊就會擂響戰鼓，那麼戰爭就將開始了。」孫權大笑說：「您說的坦誠實在，的確會是這樣！」孫權給諸葛亮寫信說：「丁厷言談浮誇，陰化說話不能盡意；能夠完成結好兩國的，只有鄧芝。」到了諸葛亮北伐駐紮漢中，任鄧芝為中監軍、揚武將軍。諸葛亮去世，鄧芝升任前軍師、前將軍，兼任兗州刺史，封爵陽武亭侯，不久又負責督率江州。孫權多次與鄧芝互通消息，贈送豐厚的禮物。延熙六年，升任為車騎將軍，後來假節。延熙十一年，涪陵國人殺害都尉反叛，鄧芝率領軍隊征討，立即殺死叛軍的首腦，百姓安定無事。延熙十四年，鄧芝去世。

3 鄧芝任將軍二十多年，賞罰分明，善於撫恤士兵。自身的衣食所需，全靠朝廷供給。他不勉強自己做到樸素節儉，然而始終不經營私產，妻子兒女不免於飢寒，逝世的時候家無餘產。鄧芝性格剛毅簡潔率直，不掩飾自己的志趣，因此得不到士人們的應和。對於當時人很少有敬重的，唯獨器重姜維。兒子鄧良，承襲爵位，景耀年間任尚書左選郎，西晉時任廣漢郡太守。

1 張翼，字伯恭，犍為武陽❶人也。高祖父司空浩❷，曾祖父廣陵太守綱❸，皆有名迹。先主定益州，領牧，翼為書佐。建安末，舉孝廉❹，為江陽❺長，徙涪陵令，遷梓潼❻太守，累遷至廣漢、蜀郡太守。建興九年，為庲降都督❼、綏南中郎將❽。翼性持法嚴，不得殊俗❾之歡心。耆率劉冑背叛作亂，翼舉兵討冑。冑未破，會被徵當還，羣下咸以為宜便馳騎即罪❿，翼曰：「不然。吾以蠻夷蠢動⓫，不稱職故還耳，然代人⓬未至，吾方臨戰場，當運糧積穀，為滅賊之資，豈可以黜退之故而廢公家之務乎？」於是統攝不懈，代到乃發。馬忠因其成基⓭

以破殄胄，丞相亮聞而善之。亮出武功⑭，以翼為前軍都督⑮，領扶風太守⑯。亮卒，拜前領軍⑰，追論討劉胄功，賜爵關內侯。延熙元年，入為尚書，稍遷督建威⑱，假節，進封都亭侯，征西大將軍⑲。

2 十八年⑳，與衛將軍㉑姜維俱還成都。維議復出軍，唯翼廷爭㉒，以為國小民勞，不宜黷武㉓。維不聽，將翼等行，進翼位鎮南大將軍㉔。維至狄道㉕，大破魏雍州刺史王經㉖，經眾死於洮水者以萬計。翼曰：「可止矣，不宜復進，進或㉗毀此大功。」維大怒，曰：「為蛇畫足。」維竟圍經於狄道，城不能克。自翼建異論㉘，維心與翼不善，然常牽率同行㉙，翼亦不得已而往。景耀二年，遷左車騎將軍㉚，領冀州刺史㉛。六年㉜，與維咸在劍閣㉝，共詣降鍾會㉞于涪。明年正月，隨會至成都，為亂兵所殺。

【章　旨】以上為〈張翼傳〉，記述了張翼為蜀漢政權所立功績及優秀品格。他在庲降都督任上忠於職守，善始善終。在諸葛亮逝世後，又顧全大局，保留自己不同意見，與姜維通力合作。

【注　釋】❶武陽　縣名。治所在今四川彭山縣。❷浩　即張浩，《後漢書》作張晧，字叔明，犍為武陽（今四川彭山縣）人。東漢安帝永寧元年（西元一二〇年），徵拜廷尉。晧雖非法家，而留心刑斷，數與尚書辯正疑獄，多以詳當見從。順帝即位，拜晧司空，在事多所薦達，天下稱其推士。詳見《後漢書・張晧列傳》。❸綱　即張綱，字文紀。張浩之子，東漢順帝時，以敢於直言彈劾外戚梁冀聞名。後任廣陵郡太守，政績卓著。詳見《後漢書》卷五十六張晧附傳。❹舉孝廉　當時用人制度之一。由各郡在所屬吏民中舉薦孝悌清廉者，被察舉為孝廉者往往被任為郎官。❺江陽　縣名。治所在今四川瀘州。❻梓潼　郡名。治所在今四川梓潼。❼庲降都督　蜀漢在南中設立的最高軍事行政長官，鎮守南中越巂、建寧、雲南、永昌、興古、牂牁、朱提七郡，治所在今雲南曲靖。❽綏南中郎將　官名。負責鎮守南中。❾殊俗　與漢族習俗不同的少數民族。❿宜便馳騎即罪　應該立即快馬回朝廷接受處罰。⓫蠢動　像昆蟲一樣亂動。此指少數民族的暴動。⓬代人　代替張翼任庲降都督的人。⓭因其成基　依靠他打下的基礎。⓮武功　縣名。治所在今陝西武功西。⓯前軍都督　官名。蜀漢根據實際需要臨時設置，不為常制。統領前部軍士。⓰領扶風太守　官名。虛職。當時扶風郡在曹魏占領下，此為有名無實的遙領。⓱前領軍　官名。蜀漢政權創置，統領指揮前部各軍。⓲督建威　官名。建威地區的軍事指揮官。⓳征西大將軍　高級軍事將領，率軍征討一方，隨軍事行動規模而設，不常置。⓴十八年　延熙十八年（西元二五五年）。㉑衛將軍　高級軍事將領，地位次於大將軍、驃騎將軍與車騎將軍，可以開府置官署。㉒廷爭　在朝廷公開諫諍。㉓黷武　濫用武力。㉔鎮南大將軍　官名。蜀漢政權創置，職掌與鎮南將軍同，唯以資歷深者任之。㉕狄道　縣名。治所在今甘肅臨洮。㉖王經　字彥緯，清河（今山東臨清）人，任曹魏郡守、刺史、司隸校尉等職，坐高貴鄉公事誅。其事跡散見於《三國志・夏侯尚傳》裴松之注引《世語》、卷二十二陳羣附傳。㉗或　可能。㉘建異論　提出不同意見。㉙牽率同行　拉著他一起出征。㉚左車騎將軍　領兵武官。東漢末及蜀漢後主時均分車騎將軍為左、右。㉛領冀州刺史　官名。虛職。當時冀州是曹魏的領土，此為有名無實的遙領。㉜六年　即景耀六年（西元二六三年）。㉝劍閣　關隘名，又稱劍門關，在今四川劍閣內。㉞鍾會　字士季，潁川長社（今河南長葛東）人，鍾繇少子。為司馬昭所寵信，任黃門侍郎、司隸校尉。率兵伐蜀，自謂功高蓋世，與蜀漢降將姜維合謀起兵反司馬昭，後被殺。詳見本書卷二十八〈鍾會傳〉。

【語　譯】張翼，字伯恭，犍為郡武陽縣人。高祖父是東漢的司空張浩，曾祖父是東漢廣陵太守張綱，都有名聲和政績。先主平定益州，兼任益州刺史，張翼任書佐。建安末年，張翼被薦舉為孝廉，任江陽縣長，轉任涪陵縣令，升任梓潼郡太守，多次升遷官至廣漢郡太守、蜀郡太守。建興九年，任庲降都督、綏南中郎將。張翼秉性執法嚴厲，不受當地少數民族的歡迎。強橫的首領劉冑起兵作亂，張翼起兵討伐劉冑。尚未打敗劉冑，不巧被朝廷徵召回朝。部屬都認為張翼應該立即快馬回朝接受處分，張翼說：「不該如此。我是因為這裏的少數民族作亂，朝廷認為我不稱職所以召我回朝罷了。然而接替我的人尚未到，我又正在戰場上，應當運糧積穀，做為消滅敵人的憑藉，怎麼可以因為被罷官免職而廢弛國家事務呢？」於是繼續統攝軍隊毫不懈怠，接替他的人到了他才出發回朝。繼任的馬忠憑藉張翼打下的基礎打敗了劉胄，丞相諸葛亮聽說後，對張翼大加稱讚。諸葛亮出兵武功水，任張翼為前軍都督，兼任扶風太守。諸葛亮去世，張翼任前領軍。朝廷追記張翼討伐劉胄的功勞，賜給他關內侯的爵位。延熙元年，入朝任尚書，漸漸的升遷為建威督，假節，進封都亭侯，任征西大將軍。

2 延熙十八年，張翼與衛將軍姜維同時回到成都。姜維倡議再次出兵，只有張翼在朝廷諫諍，認為現在國家弱小百姓疲憊，不應濫用武力。姜維不聽從，率領張翼等人出兵，擢升張翼為鎮南大將軍。姜維到達狄道，大破魏雍州刺史王經，王經的士兵死在洮水的數以萬計。張翼說：「可以停止了，不應該再進軍，再進軍可能會前功盡棄。」姜維大為憤怒，說：「我偏要畫蛇添足。」姜維最後在狄道圍困王經，無法攻克狄道城。自從張翼提出不同意見以後，姜維心裏就不喜歡他，然而卻常常拉著他同行出征，張翼也迫不得已前往。景耀二年，張翼升任左車騎將軍，遙領冀州刺史。景耀六年，與姜維都在劍閣，共同前往涪縣投降鍾會。第二年正月，隨鍾會到成都，被亂兵所殺。

1 宗預，字德豔，南陽安眾❶人也。建安中，隨張飛❷入蜀。建興初，丞相亮以為主簿❸，遷參軍❹右中郎將❺。及亮卒，吳慮魏或承衰取蜀，增巴丘❻守兵萬人，一欲以為救援，二欲以事分割❼也。蜀聞之，亦益永安之守，以防非常。預將命使吳，孫權問預曰：「東之與西❽，譬猶一家，而聞西更增白帝❾之守，何也？」預對曰：「臣以為東益巴丘之戍，西增白帝之守，皆事勢宜然❿，俱不足以相問也。」權大笑，嘉其抗直[11]，甚愛待之，見敬亞於鄧芝、費禕。遷為侍中[12]，徙尚書。延熙十年，為屯騎校尉[13]。時車騎將軍鄧芝自江州還，來朝，謂預曰：「禮，六十不服戎[14]，而卿甫[15]受兵，何也？」預答曰：「卿七十不還兵，我六十何為不受邪？」芝性驕傲，自大將軍費禕等皆避下之，而預獨不為屈[16]。預復東聘吳，孫權捉預手[17]，涕泣而別曰：「君每銜命結二國之好，今君年長，孤亦衰老，恐不復相見！」遺預大珠一斛，乃還。遷後將軍[18]，督永安，就拜征西大將軍，賜爵關內侯。景耀元年，以疾徵還成都。後為鎮軍大將軍[19]，領兗州刺史。時都護[20]諸葛瞻初統朝事，廖化過[21]預，欲與預共詣瞻許。預曰：「吾等年踰七十，所竊[22]已過，但少一死耳，何求於年少輩而屑屑[23]造門邪？」遂不往。

2 廖化字元儉，本名淳，襄陽[24]人也。為前將軍關羽[25]主簿，羽敗，屬吳[26]。思歸先主，乃詐死，時人謂為信然[27]，因攜持老母晝夜西行。會先主東征，遇於秭歸[28]。先主大悅，以化為宜都[29]太守。先主薨，為丞相參軍，後為督廣武[30]，稍遷至右車騎將軍，假節，領并州刺史[31]，封中鄉侯，以果烈稱[32]。官位與張翼齊，而在宗預之右。

3 咸熙元年春，化、預俱內徙洛陽，道病卒。

【章 旨】以上為〈宗預傳〉，記載了宗預傑出的外交才能和他對結好孫、劉所作的貢獻，也記載了他剛直不阿的品格。此外還附載了廖化的事跡。

【注 釋】❶安眾 縣名。治所在今河南鄧州東北。❷張飛 字益德，涿郡（今河北涿州）人。早年與關羽隨劉備起兵，有「萬人敵」之稱。歷任宜都太守、征虜將軍、車騎將軍等職，後被部將殺死。詳見本書卷三十六〈張飛傳〉。❸主簿 蜀漢丞相府亦置主簿。❹參軍 亦作「參軍事」。掌參謀軍事。❺右中郎將 光祿勳屬官，職掌訓練、考核、管理後備官員。❻巴丘 地名。在今湖南岳陽。❼以事分割 藉機瓜分蜀國土地。❽東之與西 孫吳與蜀漢。❾白帝 即白帝城，在今重慶市奉節東，當時為永安縣治所。❿事勢宜然 根據客觀形勢的需要。⓫抗直 剛直。⓬侍中 門下之侍中省長官，侍衛皇帝左右，管理門下眾事。⓭屯騎校尉 官名。西漢北軍八校尉之一，東漢初改名驍騎校尉，以後又恢復原稱。⓮服戎 參軍當兵。⓯甫 剛剛。⓰不為屈 不向他屈服。⓱捉預手 握著宗預的手。⓲後將軍 官名。漢朝重號將軍之一，蜀漢沿置。⓳鎮軍大將軍 高級軍事將領，職權很大。⓴都護 武官名。掌軍事。㉑過 拜訪。㉒竊 指占有的名位。㉓屑屑 特意；刻意。㉔襄陽 郡名。治所在今湖北襄樊。㉕關羽 字雲長，本字長生，河東解縣（今山西臨猗西南）人。在涿郡與張飛一起隨劉備起兵，屢立戰功，任襄陽太守、盪寇將軍。劉備率軍入蜀後留鎮荊州，後被孫吳殺死。詳見本書卷三十六〈關羽傳〉。㉖屬吳 歸附吳國。㉗信然 確實如此。㉘秭歸 縣名。治所在今湖北秭歸。㉙宜都 郡名。治所在今湖北宜都西北。㉚督廣武 廣武地區的軍事指揮官。廣武，縣名。治所在今四川平武東北。㉛領并州刺史 官名。虛職。并州為曹魏領土，此為有名無實的遙領。㉜以果烈稱 以果敢剛烈著稱。

【語 譯】宗預，字德豔，南陽郡安眾縣人。建安年間隨張飛進入蜀地。建興初年，丞相諸葛亮任命他為主簿，升任參軍、右中郎將。等到諸葛亮去世，孫吳憂慮魏國可能乘蜀國衰微攻取蜀國，便增加巴丘守軍一萬人，一來以此聲援蜀國，二來想藉機瓜分蜀國土地。蜀國聽說孫吳增兵巴丘，也增加了永安縣的守軍，以防意外。宗預奉命出使孫吳，孫權問宗預說：「東邊吳國和西邊蜀國，猶如一家，然而聽說你們增加了白帝城的守軍，這是什麼原因？」宗預回答說：「我認為吳國增加巴丘的守軍，蜀國增加白帝城的守軍，都是客觀形勢的需要，都不值得用來互相質問啊。」孫權大笑，嘉許他剛強正直，十分喜愛厚待他，宗預受到的敬重僅次於鄧芝、費禕。後來宗預升任侍中，轉任尚書。延熙十年，任屯騎校尉。當時車騎將軍鄧芝從江州回國入朝，對宗預說：「禮制規定，六十歲便不須參軍服役，而您剛剛受任領兵，為什麼呢？」宗預回答說：「您七十歲了還不交出兵權，我六十歲為什麼不能受任領兵呢？」鄧芝生性驕傲，自大將軍費禕以下的人都避讓他，而獨有宗預不向他屈服。宗預再次東行出使吳國，回國時，孫權握著他的手，流著眼淚和他告別說：「您常常奉命結好兩國的友好關係，如今您年事已高，我也衰老了，恐怕不能再相見了！」送給宗預一斛大珍珠，宗預便回到了蜀國。宗預升任後將軍，督統永安地區。又被任為征西大將軍，賜爵關內侯。景耀元年，因為疾病被召回成都。後來任鎮軍大將軍，遙領兗州刺史。當時中都護諸葛瞻剛剛執掌朝政，廖化拜訪宗預，想約他一起到諸葛瞻那裏拜謁。宗預說：「我們都已年過七十，所具的名位已經太多，只差一死罷了，為什麼還要求小輩關照而刻意的登門造訪呢？」於是就沒有前往。

2 廖化，字元儉，本名淳，襄陽郡人。任前將軍關羽的主簿，關羽兵敗後，廖化便歸附了吳國。他心想回歸先主，便詐死，當時人們信以為真，廖化便帶著老母親晝夜趕路往西行進。適逢先主東征孫吳，在秭歸與廖化相遇。先主大為高興，任廖化為宜都太守。先主去世，廖化任丞相府參軍，後來督統廣武地區，逐漸升至右車騎將軍，假節，遙領并州刺史，封爵中鄉侯，以果敢剛烈著名。官位與張翼相同，而在宗預之上。

3 咸熙元年春，廖化、宗預同時被內遷到洛陽，在途中病死。

1 楊戲字文然，犍為武陽人也。少與巴西程祁公弘、巴郡楊汰季儒、蜀郡張表伯達並知名❶。戲每推祁以為冠首❷，丞相亮深識之。戲年二十餘，從州書佐為督軍從事，職典刑獄，論法決疑，號為平當❸，府辟為屬主簿❹。亮卒，為尚書右選部郎❺，刺史蔣琬❻請為治中從事史❼。琬以大將軍開府❽，又辟為東曹掾❾，遷南中郎參軍⑩，副貳庲降都督，領建寧⑪太守。以疾徵還成都，拜護軍⑫監軍⑬，出領梓潼太守，入為射聲校尉⑭，所在清約不煩。延熙二十年，隨大將軍姜維出軍至芒水⑮。戲素心不服維，酒後言笑，每有傲弄之辭。維外寬內忌，意不能堪⑯，軍還，有司承旨⑰奏戲，免為庶人⑱。後景耀四年卒。

2 戲性雖簡惰省略⑲，未嘗以甘言⑳加人，過情接物㉑。書符指事㉒，希有盈紙㉓。然篤於舊故，居誠存厚㉔。與巴西韓儼、黎韜童幼相親厚，後儼痼疾廢頓㉕，韜無行見捐㉖，戲經紀振卹㉗，恩好如初。又時人謂譙周㉘無當世才㉙，少歸敬者，唯戲重之，嘗稱曰：「吾等後世，終自不如此長兒㉚也。」有識以此貴戲。

3 張表有威儀風觀㉛，始名位與戲齊，後至尚書，督庲降後將軍，先戲沒。祁、汝各早死。

4 戲以延熙四年著季漢輔臣贊㉜，其所頌述，今多載于蜀書，是以記之於左。自此之後卒者，則不追諡㉝，故或有應見稱紀㉞而不在乎篇者也。其戲之所贊而今不作傳者㉟，余皆注疏本末於其辭下，可以粗㊱知其髣髴云爾。

【章旨】以上為〈楊戲傳〉的正文，介紹了楊戲的生平、人品、見識，附帶記載了張表。文末說明楊戲所著〈季漢輔臣贊〉與《三國志・蜀書》的關係，以及把這篇文章附錄於〈楊戲傳〉後的原因。

【注釋】❶巴西程祁公弘句　程祁，字公弘，巴西閬中（今四川閬中）人，程畿之子，與楊戲等並知名。楊汰，字季儒，巴郡（今重慶市）人，蜀中名士。張表，字伯達，蜀郡（今四川成都）人，蜀中名士。事見《華陽國志》。❷冠首　第一。❸平當　平允恰當。❹府辟為屬主簿　丞相府任楊戲為屬、主簿。府，即丞相府。屬，丞相府分支機構主管的副手。❺尚書右選部郎　選曹尚書的屬官。蜀漢尚書臺的選部曹，設有左、右選部曹，協助本曹尚書，處理選拔任用官員的公務。❻蔣琬　字公琰，零陵湘鄉（今湖南湘鄉）人。初以書佐隨劉備入蜀，後任諸葛亮參軍、長史。諸葛亮逝世後任尚書令、大司馬、大將軍，是蜀漢後期傑出的人才。詳見本書卷四十四〈蔣琬傳〉。❼治中從事史　官名。州刺史的屬官，官位不高，權力極重，主管財穀帛書。❽開府　設立獨立的辦公府署，可自行任命下屬官員。❾東曹掾　三公府屬吏，主管東曹，掌管二千石屬吏選擇升遷。❿南中郎參軍　南中郎將的參軍，參與軍事。⓫建寧　郡名。治所在今雲南曲靖。⓬護軍　軍中監督官。⓭監軍　官名。監視出征將帥。⓮射聲校尉　東漢五校尉之一，掌皇帝宿衛，隨皇帝出行。⓯芒水　流入渭河的支流，在今陝西境內。芒，原誤作「亡」，今據宋本改。⓰意不能堪　內心不能忍受。意，原作「竟」，今從宋本。⓱承旨　此指秉承姜維的意思。⓲庶人　普通百姓。⓳簡惰省略　傲慢懶散，做事隨便。⓴甘言　好聽的話。㉑過情接物　對別人表達特別的熱情。㉒書符指事　寫信和公文告訴對方事情或指令。㉓希有盈紙　很少有寫滿一張紙的時候。㉔篤於舊故二句　忠於過去的友情，感情誠懇深厚。㉕痼疾廢頓　因久不治癒的疾病而癱瘓。㉖無行見捐　因品行不好而被摒棄。㉗經紀振卹　照顧接濟。㉘譙周　字允南，巴西西充國（今四川閬中）人。通經學，善書札，曉天文，任蜀漢勸學從事、典學從事、光祿大夫等職。在曹魏軍兵臨城下之際，力主投降。詳見本書卷四十二〈譙周傳〉。㉙無當世才　沒有當官的才能。㉚長兒　高個子。譙周身高八尺，約合今天一百九十公分左右，故言。㉛威儀風觀　威嚴的外表和風度。㉜季漢輔臣贊　季漢指蜀漢。季，末尾。因蜀漢在西漢、東漢之後，故言。㉝追諡　在〈季漢輔臣贊〉中追述讚頌。㉞應見稱紀　應該被稱讚記述。㉟今不作傳者　在《三國志》中沒有傳的。㊱粗　宋本作「犅」，二字同。

【語　譯】楊戲，字文然，犍為郡武陽縣人。年輕時與巴西郡人程祁字公弘、巴郡人楊汰字季儒、蜀郡人張表字伯達同時著名於世。楊戲每每推舉程祁為他們四人之首，丞相諸葛亮非常賞識他。楊戲二十多歲時，從州書佐升任督軍從事，職掌刑獄，根據法律決斷疑難案件，被人認為公允恰當。諸葛亮又讓他擔任丞相府屬、主簿。諸葛亮去世後，楊戲任尚書右選部郎，益州刺史蔣琬請他擔任州治中從事史。蔣琬以大將軍開設府署，又徵召他任東曹掾，升任南中郎參軍，擔任庲降都督的副手，兼任建寧郡太守。因病被召回成都，擔任護軍、監軍，又外放兼任梓潼郡太守，入朝任射聲校尉。所在任職的地方，施政清平簡約沒有繁瑣。延熙二十年，隨大將軍姜維出兵到達芒水。楊戲素來心裏對姜維不服，酒後談天說笑，常常對姜維有傲慢嘲弄的言語。姜維外表寬厚內心忌恨，心裏不能忍受，軍隊回國後，有關部門順從姜維意思彈劾楊戲，楊戲被削職為民。後來在景耀四年去世。

2 楊戲生性怠惰，做事隨便，不曾對別人說好聽的話，也不對別人表現過度的熱情。書寫信件和公文傳達指令，很少能寫滿一張紙。但他卻忠於舊情，存心仁厚感情誠懇深厚。他與巴西郡人韓儼、黎韜從小親愛感情深厚，後來韓儼因久病癱瘓，黎韜因品行不良被摒棄不用，而楊戲照顧接濟他們，友愛如初。此外當時的人都認為譙周沒有當官的才能，很少有人敬服他，只有楊戲看重他，曾經稱讚他說：「我們這些後輩，終究比不上這個大個兒啊。」有見識的人因此敬重楊戲。

3 張表儀表威嚴風度閒雅，最初聲名、地位與楊戲一樣，後來官至尚書、庲降都督、後將軍，比楊戲早死。程祁、楊汰也都早死。

4 楊戲在延熙四年撰寫了〈季漢輔臣贊〉，他所讚頌稱述的，如今大多記載在〈蜀書〉裏，所以把它記載在下邊。從延熙四年之後去世的人，就不再追敘稱頌，所以有人應該被記述讚頌的卻沒有載錄在這篇贊文。那些楊戲所讚頌的卻在〈蜀書〉中沒有傳記的，我都把他的生平注記在他的頌詞下面，以粗略了解他們的概況。

1 昔文王歌德❶，武王歌興❷，夫命世之主，樹身行道，非唯一時，亦由開基植緒❸，光于來世者也。自我中漢❹之末，王綱棄柄❺，雄豪並起，役殷難結❻，生人❼塗地。於是世主❽感而慮之，初自燕、代❾則仁聲洽著，行自齊、魯❿則英風播流，寄業荊、郢⑪則臣主歸心，顧援吳、越則賢愚賴風，奮威巴、蜀則萬里肅震⑫，厲師庸漢則元寇⑬斂迹，故能承高祖之始兆⑭，復皇漢之宗祀也。然而姦凶懟險⑮，天征⑯未加，猶孟津之翔師⑰，復須戰於鳴條⑱也。天祿有終⑲，奄忽不豫⑳。雖攝歸一統，萬國合從者，當時儁乂㉑扶攜翼戴，明德之所懷致也。蓋濟濟㉒有可觀焉。遂乃並述休風㉓，動于後聽㉔。其辭曰：

2 皇帝遺植㉕，爰滋八方㉖。別自中山㉗，靈精是鍾。順期挺生㉘，傑起龍驤㉙。始于燕、代，伯豫君荊㉚。吳、越憑賴，望風請盟。挾巴跨蜀，庸漢以并。乾坤復秩，宗祀惟寧。躡基履迹㉛，播德芳聲㉜。華夏思美，西伯其音㉝。開慶來世，歷載攸興。——贊昭烈皇帝

3 忠武㉞英高，獻策江濱。攀吳連蜀㉟，權我世真㊱。受遺阿衡㊲，整武齊文。敷陳德教，理物移風㊳。賢愚競心，僉忘其身。誕靜邦內㊴，四裔以綏㊵。屢臨敵庭，實耀其威。研精大國㊶，恨於未夷。——贊諸葛丞相

4 司徒㊷清風，是咨是臧㊸。識愛人倫，孔音㊹鏘鏘。——贊許司徒

5 關、張赳赳，出身匡世㊺。扶翼攜上，雄壯虎烈。藩屏左右，翻飛電發。濟于艱難，贊主洪業。侔迹韓、耿㊻，齊聲雙德㊼。交待無禮㊽，並致姦慝。悼惟輕

慮[49]，隕身匡國。——贊關雲長、張益德

6 驃騎[50]奮起，連橫合從。首事三秦[51]，保據河、潼[52]。宗計於朝[53]，或異或同。敵以乘釁，家破軍亡。乖道反德[54]，託鳳攀龍。——贊馬孟起

7 翼侯[55]良謀，料世興衰[56]。委質于主，是訓是諮。暫思經算[57]，覩事知機[58]。

——贊法孝直

8 軍師[59]美至，雅氣曄曄[60]。致命明主，忠情發臆[61]。惟此義宗[62]，亡身報德。

——贊龐士元

9 將軍敦壯[63]，摧鋒登難[64]。立功立事，于時之幹。——贊黃漢升

10 掌軍[65]清節，亢然恆常[66]。讜言惟司[67]，民思其綱。——贊董幼宰

11 安遠[68]彊志，允休允烈[69]。輕財果壯，當難不惑。以少禦多，殊方[70]保業。——

贊鄧孔山

孔山，名方，南郡人也。以荊州從事隨先主入蜀。蜀既定，為犍為屬國都尉，因易郡名，為朱提[71]太守，選為安遠將軍[72]、庲降都督，住南昌縣[73]。章武二年卒。失其行事，故不為傳。

12 揚威[74]才幹，欷歔[75]文武。當官理任，衎衎[76]辯舉。圖殖財施[77]，有義有敘。

——贊費賓伯

賓伯，名觀，江夏鄳[78]人也。劉璋母，觀之族姑，璋又以女妻觀。觀建安十八年參李嚴軍[79]，拒先主於緜竹，與嚴俱降。先主既定益州，拜為裨將軍[80]，後為巴郡太守、江州都督，建興元年封都亭侯，加振威將軍。觀為人善於交接。都護李嚴性自矜高，護軍輔匡等年位與嚴相次[81]，而嚴不與親褻[82]；觀年少嚴二十餘歲，而與嚴通狎如時輩[83]云。年三十七卒。失其行事，故不為傳。

13 屯騎主舊[84]，固節不移。既就初命，盡心世規[85]。軍資所恃，是辨是裨[86]。——贊王文儀

14 尚書[87]清尚，敕行整身[88]。抗志存義[89]，味覽典文。倚其高風，好侔古人[90]。——贊劉子初

15 安漢雍容[91]，或婚或賓[92]。見禮當時，是謂循臣[93]。——贊麋子仲

16 少府[94]修慎，鴻臚[95]明真。諫議[96]隱行，儒林[97]天文。宣班大化，或首或林[98]。——贊王元泰、何彥英、杜輔國[99]、周仲直[100]

王元泰，名謀，漢嘉[101]人也。有容止操行[102]。劉璋時，為巴郡太守，還為州治中從事。先主定益州，領牧，以為別駕。先主為漢中王，用荊楚宿士[103]零陵賴恭為太常，南陽黃柱[104]為光祿勳，謀為少府[105]；建興初，賜爵關內侯，後代賴恭為太常。恭、柱、謀皆失其行事，故不

為傳。恭子厷，為丞相西曹令史[106]，隨諸葛亮於漢中，早夭，亮甚惜之，與留府長史參軍張裔、蔣琬書曰：「令史失賴厷，掾屬喪楊顒，為朝中損益[107]多矣。」顒亦荊州人也。後大將軍蔣琬問張休曰：「漢嘉前輩有王元泰，今誰繼者？」休對曰：「至於元泰，州里[108]無繼，況鄙郡乎！」其見重如此。

何彥英，名宗，蜀郡郫人也。事廣漢[109]任安學，精究安術，與杜瓊同師而名問[110]過之。劉璋時，為犍為太守。先主定益州，領牧，辟為從事祭酒。後援引圖、讖，勸先主即尊號。踐阼之後，遷為大鴻臚。建興中卒。失其行事，故不為傳。子雙，字漢偶。滑稽談笑，有淳于髡[111]、東方朔[112]之風。為雙柏[113]長。早卒。

車騎高勁，惟其泛愛。以弱制彊，不陷危墜。——贊吳子遠

子遠，名壹，陳留[114]人也。隨劉焉入蜀。劉璋時，為中郎將[115]，將兵拒先主於涪，詣降。先主定益州，以壹為護軍討逆將軍[116]，納壹妹為夫人。章武元年，為關中都督[117]。建興八年，與魏延入南安[118]界，破魏將費瑤，徙亭侯，進封高陽鄉侯，遷左將軍[119]。十二年[120]，丞相亮卒，以壹督漢中，車騎將軍，假節[121]，領雍州刺史，進封濟陽侯。十五年[122]卒。失其行事，故不為傳。壹族弟班，字元雄，大將軍何進官屬吳匡[123]之子也。以豪俠稱，官位常與壹相亞。先主時，為領軍[124]。後主世，稍遷至驃騎將軍，假節，封緜竹侯。

18 安漢[125]宰南，奮擊舊鄉[126]。翦除蕪穢，惟刑以張。廣遷蠻、濮[127]，國用用強[128]。——贊李德昂

19 輔漢[129]惟聰，既機且惠。因言遠思[130]，切問近對。贊時休美，和我業世。——贊張君嗣

20 鎮北[131]敏思，籌畫有方。導師禳穢[132]，遂事成章。偏任東隅，末命不祥。哀悲本志，放流殊疆[133]。——贊黃公衡

21 越騎[134]惟忠，厲志自祗[135]。職于內外，念公忘私。——贊楊季休

22 征南[136]厚重，征西忠克。統時選士，猛將之烈。——贊趙子龍、陳叔至

叔至，名到，汝南人也。自豫州隨先主，名位常亞趙雲，俱以忠勇稱。建興初，官至永安都督[137]、征西將軍，封亭侯。

23 鎮南[138]粗強[139]，監軍尚篤。並豫戎任，任自封裔[140]。——贊輔元弼、劉南和

輔元弼，名匡，襄陽人也。隨先主入蜀。益州既定，為巴郡太守。建興中，徙鎮南，為右將軍[141]，封中鄉侯。

劉南和，名邕，義陽人也。隨先主入蜀。益州既定，為江陽[142]太守。建興中，稍遷至監軍[143]後將軍[144]，賜爵關內侯，卒。子式嗣。少子武，有文，與樊建齊名，官亦至尚書。

24 司農[145]性才，敷述允章[146]。藻麗辭理，斐斐[147]有光。——贊秦子勑

25 正方[148]受遺，豫聞後綱[149]。不陳不僉[150]，造此異端。斥逐當時，任業以喪[151]。——贊李正方

26 文長[152]剛粗，臨難受命。折衝外禦[153]，鎮保國境。不協不和，忘節言亂。疾終惜始，實惟厥性。——贊魏文長

27 威公[154]狷狹，取異眾人。閑則及理，逼則傷侵。舍順入凶，大易之云[155]。——贊楊威公

28 季常[156]良實，文經勤類[157]。士元言規[158]，處仁聞計[159]。孔休、文祥，或才或臧[160]。播播述志[161]，楚之蘭芳[162]。——贊馬季常、衛文經、韓士元、張處仁、殷孔休、習文祥

文經、士元，皆失其名實、行事、郡縣。處仁本名存，南陽人也。以荊州從事隨先主入蜀，南次[163]至雒，以為廣漢太守。存素不服龐統，統中矢卒，先主發言嘉歎，存曰：「統雖盡忠可惜，然違大雅之義。」先主怒曰：「統殺身成仁，更為非也？」免存官。頃之，病卒。失其行事，故不為傳。

孔休，名觀，為荊州主簿別駕從事，見先主傳。失其郡縣。文祥，名禎，襄陽人也。隨先主

入蜀，歷雒、郫令，廣漢[164]太守。失其行事。子忠，官至尚書郎。

國山休風[165]，永南耽思[166]。盛衡、承伯，言藏言時[167]。孫德果銳，偉南篤常[168]。

29 德緒、義彊，志壯氣剛。濟濟修志，蜀之芬香。——贊王國山、李永南、馬盛衡、馬承伯、李孫德、李偉南、龔德緒、王義彊

國山，名甫，廣漢郪人也。好人流言議[169]。劉璋時，為州書佐。先主定蜀後，為緜竹令，還[170]為荊州議曹從事[171]。隨先主征吳，軍敗於秭歸，遇害。子祐，有父風，官至尚書右選郎[172]。

永南名邵，廣漢郪人也。先主定蜀後，為州書佐、部從事。建興元年，丞相亮辟為西曹掾。亮南征，留邵為治中從事[173]，是歲卒。

盛衡，名勳，承伯，名齊，皆巴西閬中[174]人也。勳，劉璋時為州書佐，先主定蜀，辟為左將軍屬，後轉州別駕從事，卒。齊為太守[175]張飛功曹。飛貢之先主，為尚書郎。建興中，從事丞相掾，遷廣漢太守，復為參軍[176]。亮卒，為尚書。勳、齊皆以才幹自顯見，歸信於州黨[177]，不如姚伷。伷字子緒，亦閬中人。先主定益州後，為功曹書佐。建興元年，為廣漢太守。丞相亮北駐漢中，辟為掾。並進文武之士，亮稱曰：「忠益者莫大於進人，進人者各務其所尚；今姚掾並存剛柔[178]，以廣文武之用，可謂博雅矣，願諸掾各希[179]此事，以屬其望。」遷為參軍。亮卒，稍遷為尚書僕射。時人服其真誠篤粹。延熙五年卒，在作贊之後。

孫德，名福，梓潼涪人也。先主定益州後，為書佐、西充國長、成都令。建興元年，徙巴西太守，為江州督、揚威將軍，入為尚書僕射，封平陽亭侯。延熙初，大將軍蔣琬出征漢中，福以前監軍領司馬，卒。

偉南，名朝，永南兄。郡功曹，舉孝廉，臨邛[180]令，入為別駕從事。隨先主東征吳，章武二年卒於永安。

德緒，名祿，巴西安漢[181]人也。先主定益州，為郡從事牙門將。建興三年，為越嶲太守，隨丞相亮南征，為蠻夷所害，時年三十一。弟衡，景耀中為領軍。

義彊，名士，廣漢郪人，國山從兄也。從先主入蜀後，舉孝廉，為符節[182]長，遷牙門將，出為宕渠[183]太守，徙在犍為[184]。會丞相亮南征，轉為益州太守，將南行，為蠻夷所害。

休元輕寇，損時致害。文進奮身，同此顛沛[185]。患生一人，至於弘大。——

30

贊馮休元、張文進

休元，名習，南郡人。隨先主入蜀。先主東征吳，習為領軍，統諸軍，大敗於猇亭。

文進，名南，亦自荊州隨先主入蜀，領兵從先主征吳，與習俱死。時又有義陽[186]傅彤[187]，先主退軍，斷後拒戰，兵人死盡，吳將語彤令降，彤罵曰：「吳狗！何有漢將軍降者！」遂戰死。拜子僉為左中郎[188]，後為關中都督，景耀六年，又臨危授命。論者嘉其父子奕世[189]忠義。

31 江陽剛烈，立節明君。兵合遇寇，不屈其身。單夫隻役[190]，隕命於軍。——贊程季然

季然，名畿，巴西閬中人也。劉璋時為漢昌[191]長。縣有賨[192]人，種類剛猛，昔高祖以定關中[193]。巴西太守龐羲以天下擾亂，郡宜有武衛，頗招合部曲。有讒於璋，說羲欲叛者，璋陰疑之。羲聞，甚懼，將謀自守[194]，遣畿子郁宣旨[195]，索兵自助。畿報曰：「郡合部曲，本不為叛，雖有交搆[196]，要[197]在盡誠；若必以懼，遂懷異志，非畿之所聞。」并敕郁曰：「我受州恩，當為州牧盡節。汝為郡吏，當為太守效力，不得以吾故有異志也。」羲使人告畿曰：「爾子在郡，不從太守，家將及禍！」畿曰：「昔樂羊[198]為將，飲子之羹，非父子無恩，大義然也。今雖復羹子[199]，吾必飲之。」羲知畿必不為己，厚陳謝於璋以致無咎[200]。璋聞之，遷畿江陽太守。先主領益州牧，辟為從事祭酒。後隨先主征吳，遇大軍敗績，泝江而還，或告之曰：「後追已至，解船輕去，乃可以免。」畿曰：「吾在軍，未曾為敵走[201]，況從天子而見危哉！」追人遂[202]及畿船，畿身執戟戰，敵船有覆者。眾大至，共擊之，乃死。

32 公弘後生，卓爾奇精[203]。夭命二十，悼恨未呈。——贊程公弘

公弘，名祁，季然之子也。

33 古之奔臣[204]，禮有來偪[205]。怨興司官[206]，不顧大德。靡有匡救，倍成奔北[207]。

自絕于人，作笑二國208。——贊糜芳、士仁、郝普、潘濬

糜芳，字子方，東海人也，為南郡太守。士仁，字君義，廣陽人也，為將軍，住公安，統屬關羽；與羽有隙209，叛迎孫權。郝普，字子太，義陽人。先主自荊州入蜀，以普為零陵太守。為吳將呂蒙所譎210，開城詣蒙。潘濬，字承明，武陵人也。先主入蜀，以為荊州治中，典留州事，亦與關羽不穆211。孫權襲羽，遂入吳。普至廷尉，濬至太常，封侯212。

【章旨】以上是楊戲〈季漢輔臣贊〉的全文。文章讚頌、評述了從劉備到潘濬等五十三人的事跡或功德，並對〈蜀書〉中沒有傳記的人的事跡給予補充。

【注釋】❶文王歌德　周文王因其有美好的品德而被歌頌。❷武王歌興　周武王因其興立周王朝而被歌頌。❸開基植緒　開創基業延續後世發展。❹中漢　即東漢。❺王綱棄柄　指王朝失去了實際統治的權力。❻役殷難結　戰爭繁多災難相繼。❼生人　生靈。❽世主　命世之主。指劉備。❾初自燕代　燕代，先秦國名。劉備的家鄉涿州即在燕、代故地。❿齊魯　先秦國名。此指東漢的青州和豫州。齊國的故地在青州，魯國的故地在豫州。⓫荊郢　荊，先秦國名。即楚國，郢即楚國國都。此指東漢的荊州。⓬肅震　被威嚴所震動。⓭元寇　指曹操。⓮始兆　開創的事業。⓯姦凶懟險　奸賊狠毒兇險。⓰天征　秉承天命所進行的征伐。⓱孟津之翔師　周武王第一次進攻商紂王，在孟津渡過黃河後，認為時機還沒有完全成熟，便撤軍回國。⓲鳴條　地名。在今山西運城東北。商湯王與夏桀在此大戰，並將其消滅。⓳天祿有終　上天賜給的福祿也有完結。⓴奄忽不豫　忽然就一病不起。不豫，指帝王得病。㉑儁乂　優秀人物。㉒濟濟　眾多而美好。㉓並述休風　把美好的風範一併記敘。㉔動于後聽　使後來的人聽了受到感動。㉕皇帝遺植　西漢景帝劉啟留下的後代。皇帝，指西漢景帝劉啟。遺植，留下的後代。㉖爰滋八方　繁衍在四面八方。滋，繁衍。㉗中山　指西漢中山靖王劉勝。劉勝是漢景帝的兒子，劉備據說是劉勝的後裔。㉘順期挺生　順應上天所安排的日期誕生。挺生，誕生。㉙傑起龍驤　猛然崛起像龍一樣飛騰。㉚伯豫君荊　做過豫州和荊州的刺史。伯豫，做豫州刺史。傳說上古全國分為九州，各州的行政長官稱伯，相當後來的州刺史。君荊，做

荊州刺史。漢代稱刺史為使君。㉛躡基履迹　繼承前人的基業，遵循他們的足跡。調登上帝位。㉜播德芳聲　廣施德澤美名遠揚。㉝西伯其音　周文王那樣美好的聲譽。西伯，周文王。㉞忠武　即諸葛亮。諸葛亮死後被謚為忠武侯。㉟攀吳連蜀　使孫吳和蜀漢聯盟。攀吳，拉住孫吳。㊱權我世真　以權謀扶助當代的真命天子。㊲受遺阿衡　像阿衡一樣接受遺命。阿衡即殷商的輔政大臣伊尹，名摯，又稱阿衡。夏朝時隱士，湯王聞其名，派人迎請之。使者迎至五次，伊尹乃從。商湯王重用之，委之以國政。詳見《史記‧殷本紀》。商湯王死，伊尹接受遺命輔政。㊳理物移風　治理萬物，訓化風俗。㊴誕靜邦內　使國內和平安定。誕，發語詞，無意義。㊵四裔以綏　四方邊遠地區安寧。㊶研精大國　精心考慮使國家領土擴大。大國，使國家領土擴大。㊷司徒　即許靖，因他當過司徒，故言。㊸是咨是臧　接受諮詢，品評人物。㊹孔音　宏亮的聲音。㊺出身匡世　挺身而出匡救亂世。㊻侔迹韓耿　有可以和韓信、耿弇媲美的事跡。韓信，劉邦手下著名軍事將領，任大將軍，戰功卓著。在楚漢戰爭中善於以少勝多，指揮垓下之戰，消滅項羽軍。先後被封為齊王、淮陰侯。後被呂后所殺。詳見《史記‧淮陰侯列傳》。耿弇，字伯昭，扶風茂陵（今陝西興平東北）人。新莽末隨劉秀起兵，戰功卓著，任大將軍。詳見《後漢書‧耿弇列傳》。㊼齊聲雙德　兩人都以忠誠的品德聞名。㊽交待無禮　對待部下與他們交往時無禮。㊾悼惟輕慮　想起他們做事欠缺考慮而感到悲傷。㊿驃騎　即馬超，因其做過驃騎將軍，故言。(51)首事三秦　首先在關中地區起事。三秦，地區名，即指關中。秦亡後，項羽把關中分封給秦朝的三個降將章邯、司馬欣、董翳，所以關中又稱三秦。(52)河潼　指黃河、潼關。(53)宗計於朝　聚集在一起商議。指馬超和韓遂短暫合作的事。(54)乖道反德　脫離原來所走的道路，返回到有德的君主手下。(55)翼侯　指法正，法正謚號為翼侯。(56)料世興衰　能預料社會發展的興盛和衰敗。(57)暫思經算　應急考慮和長遠打算。(58)覩事知機　看到一件事物就知道解決它的關鍵所在。(59)軍師　指龐統，龐統任過軍師中郎將。(60)曄曄　茂盛的樣子。(61)忠情發臆　忠義之情發自內心。(62)惟此義宗　認為要以道義為做人的根本。(63)將軍敦壯　黃忠為人敦厚豪氣雄壯。將軍指黃忠，因其做過後將軍。(64)摧鋒登難　摧毀敵人的兵鋒，制服難以對付的敵人。(65)掌軍　指董和，因其任過掌軍中郎將。(66)亢然恆常　剛強正直始終不變。(67)讜言惟司　說的都是正直的言論。(68)安遠　即鄧方，因其做過安遠將軍。(69)允休允烈　確實美好的確剛烈。(70)殊方　邊遠地區。(71)朱提　郡名。治所在今雲南昭通。(72)安遠將軍　將軍名號，多以封邊遠地區的地方長官。(73)南昌縣　治所在今雲南鎮雄。(74)揚威　即費觀，因其做過揚威將軍。(75)欷歔　感嘆的樣子。(76)衎衎　和藹快樂的樣子。(77)圖殖財施　籌劃財富，施捨家產。(78)郿　縣名。治所在今河南羅山縣西南。(79)參李嚴軍　任李嚴的參軍。(80)裨將軍　低級將軍的名號。(81)相次　差不多。(82)親褻　親近。(83)狎如時輩　親近友好像同輩人。(84)屯騎主舊　王連忠於舊主。屯騎指王連，因其做過屯騎校尉。85盡心世規　盡心盡力，遵守臣道。86是辨是裨　全力辦理，有所補益。87尚書　即劉巴，因其做過尚書令。88敕行整身　認真陶冶品行，嚴格要求自己。89抗志存義　深明大義，不改變自己志向。90好侔古人　美好的品質能和古人媲美。91安漢雍容　麋竺儀態大方氣度閒雅。安漢指麋竺，因其做過安漢將軍。92或婚或賓　既是姻親又是嘉賓。93循臣　遵守禮法的好臣子。94少府　即王謀，因其做過少府。95鴻臚　即何宗，因其做過大鴻臚。96諫議　即杜微，因其做過諫議大夫。97儒林　即周羣，因其做過儒林校尉。98或首或林　或者出來當官，或者隱居山林。首，上路，指外出做官。99杜輔國　即杜微。杜微字國輔，此處誤作「輔國」。100直　原誤作「宣」，今據宋本改。101漢嘉　郡名。治所在今四川雅安名山區北。102容止操行　容貌舉止節操品行。103宿士　很早就一直有名的人。104黃柱　原誤作「王柱」。105少府　官名。九卿之一，掌皇室財政和宮廷製造。106丞相西曹令史　官名。丞相府西曹的助理官員。107損益　損失。108州里　一州的範圍。109廣漢　郡名。治所在今四川新都東北。110名問　名聲。111淳于髡　戰國時齊國人。善於詞令，語言幽默，他對齊威王的勸諫尤其體現了這個特點。詳見《史記・淳于髡列傳》。112東方朔　字曼倩，西漢平原厭次（今山東惠民東）人，漢武帝時任太中大夫。能言善辯，詼諧幽默，多次對漢武帝進行勸諫。還善於辭賦。詳見《史記・東方朔列傳》、《漢書・東方朔傳》。113雙柏　縣名。治所在今雲南雙柏東南。114陳留　郡名。治所在今河南開封東南。115中郎將　郎中令屬官，執掌宮禁宿衛，隨從護駕，協助郎中令考核選拔郎官。116討逆將軍　官名。領兵征伐。117關中都督　陽平關戰區的軍事指揮官，負責守衛陽平關口。吳壹之後傳僉又任此職，戰死於陽平關。此處的關中，即陽平關中，非三秦地區的關中。118南安　郡名。治所在今甘肅隴西東南。119左將軍　漢朝重號將軍之一，與前、後、右並位上卿，有戰事則領兵征伐。120十二年　建興十二年（西元二三四年）。121假節　假以節杖。無論在外領兵或在內執政，都可假節，為一種象徵地位的政治待遇。122十五年　建興十五年（西元二三七年）。123吳匡　東漢人，何進的部曲將，東漢末參與董卓、袁紹誅殺宦官的行動。其事跡散見於《後漢書・孝靈帝紀》、《續漢書・天文志下》。124領軍　官名。統領禁衛軍。125安漢　即李恢，因其做過安漢將軍。126舊鄉　故鄉。127蠻濮　南方少數民族的名稱。128國用用強　國家的財政費用因此而充足。用，因此。129輔漢　即張裔，因其做過輔漢將軍。130因言遠思　因自己說出的話而考慮到其將要產生的後果。指張裔回答孫權的嘲笑後，怕孫權留住自己而及時返回蜀漢的事。詳見本書卷四十一〈張裔傳〉。131鎮北　即黃權，因其做過鎮北將軍。132導師禳穢　做軍隊的先驅，消除災患。此指劉備發兵討伐孫吳時，黃權向劉備建議，請求為先鋒試探敵人虛實，以防止軍事行動失敗一事。詳見本書卷四十三〈黃權傳〉。133放流殊疆　身陷異國他鄉。134越騎　即楊洪，因其做過越騎校尉。135厲志自祗　磨練意志，恭敬奉職。136征南　即趙雲，因其做過征南將軍。137永安都

督 官名。永安地區的軍事指揮官。[138]鎮南 即輔匡，因其做過鎮南將軍。[139]粗強 粗暴剛強。[140]封裔 邊界地區。[141]右將軍 漢代的重號將軍之一，與後、左、前將軍並位上卿，統兵打仗。[142]江陽 郡名。治所在今四川瀘州。[143]監軍 官名。監督出征將帥。[144]後將軍 漢代的重號將軍之一，與右、左、前將軍並位上卿，統兵打仗。[145]司農 即秦宓，因其做過大司農。[146]敷述允章 闡述問題有條理有章法。[147]斐斐 形容有文采。[148]正方 即李嚴，字正方。[149]豫聞後綱 參與劉備以後的朝政。[150]不陳不僉 不陳述真實情況，就不能得到公正。[151]任業以喪 職務和事業因此遭到喪敗。[152]文長 即魏延，字文長。[153]折衝外禦 使敵人的戰車後撤，抵禦外敵。衝，戰車。[154]威公 即楊儀，字威公。[155]大易之云 正像《周易》所說的那樣。大易，《周易》。[156]季常 即馬良，字季常。[157]文經勤類 衛文經幫助朋友做事。[158]士元言規 韓士元言談善於規諫。[159]處仁聞計 張存以善謀劃計策聞名。[160]或才或臧 有的有才能，有的品行好。[161]播播述志 彰顯弘揚志向。[162]楚之蘭芳 荊州的蘭花芳草。[163]次 原作「攻」，今從宋本。[164]廣漢 此二字上原有「南」字。先主劉備時無南廣漢郡，今刪「南」字。[165]國山休風 王甫有俊美的風範。[166]永南耽思 李邵善於思考。[167]言藏言時 或隱居不仕，或出來效力當時。[168]偉南篤常 李常堅持正道不變。[169]好人流言議 喜好品評議論人物。人流，即人倫，對人物品評分等。[170]還 原作「遷」，今從宋本。[171]議曹從事 即議曹從事史，參議州政。[172]尚書右選郎 尚書省屬官。[173]治中從事 即治中從事史，州刺史佐吏。[174]閬中 縣名。治所在今四川閬中。[175]太守 指馬齊家鄉巴西郡的太守。[176]參軍 此二字上原衍「飛」字。《三國志集解》引沈家本云：「建興中飛早卒，此云『復為飛參軍』，『飛』字必誤。或是『亮』字。」[177]歸信於州黨 在本州同鄉中取得信任。[178]並存剛柔 同時舉薦有武勇和有文才的人。並存，同時舉薦。並，原誤作「各」，今據宋本改。[179]希 仰慕。[180]臨邛 縣名。治所在今四川邛崍。[181]安漢 縣名。治所在今四川南充東北。[182]符節 縣名。治所在今四川合江縣。[183]宕渠 郡名。治所在今四川渠縣東北。[184]徙在犍為 轉任犍為郡太守。[185]顛沛 倒下，指死亡。[186]義陽 郡名。治所在今湖北棗陽東南。[187]彤 原誤作「彤」，今據宋本改。下同。[188]左中郎 官名。左中郎將手下的郎官。[189]奕世 累世。[190]單夫隻役 形容兵力寡弱。單、隻均為少的意思，夫、役指程畿手下的兵力。[191]漢昌 縣名。治所在今四川巴中。[192]賨 西南少數民族名。[193]昔高祖以定關中 《華陽國志·巴志》載：「漢高帝滅秦，為漢王，王巴蜀。閬中人范目有恩信方略，知帝必定天下，說帝為募發賨民，要與共定秦。」[194]將謀自守 準備策劃割據自立。[195]宣旨 傳達旨意。[196]雖有交搆 雖然有人設計陷害。[197]要 關鍵。[198]樂羊 戰國時人，魏國將軍。《戰國策·中山策》記載，樂羊曾率軍進攻中山國，中山國王為了瓦解樂羊的鬥志，便把在中山國的樂羊的兒子殺掉，煮成肉湯送給樂羊。樂羊喝下肉湯，依舊進攻，最後把中山國滅掉。[199]羹子 把我兒子做成肉湯。[200]無咎 無罪。此指沒有犯下叛逆大罪。(201)未曾為敵走　沒有因為害怕敵人而逃跑。(202)遂　原作「逐」，今從宋本。(203)卓爾奇精　突出的才幹少見的精明。(204)奔臣　逃亡到別國的臣子。(205)禮有來偪　在有外來危險逼迫時進行逃亡不違背禮的規範。(206)怨興司官　對上司的個人恩怨。(207)倍成奔北　違背了殺身成仁的古訓，因失敗而逃走。(208)作笑二國　受到兩國的恥笑。(209)有隙　有隔閡；有矛盾。(210)為吳將呂蒙所譎　呂蒙欺騙郝普使其投降之事見本書卷五十四〈呂蒙傳〉。譎，欺騙。(211)不穆　即不睦、不和。(212)封侯　下原有「益部耆舊雜記」云云一段文字，錄王嗣、常播、衛繼三人事跡，皆係裴松之注文。

【語譯】從前人們頌揚周文王的美德，歌頌周武王興立周朝的功勞，大凡受天命治國的君主，不僅當時樹立威德推行道義，而且還能夠開創基業延續後世發展，光耀後代。自從我東漢末年以來，王朝失去了綱紀權柄，英雄豪傑並起，戰爭繁多，災難頻仍，生靈塗炭。先主對這種情況感嘆憂慮，自家鄉起兵之初就以仁愛聞名，在青、豫二州時則以英雄武勇大肆流傳，寄居荊州時則上下歸心，與孫吳聯合則無論賢愚都服膺他的風範，進軍益州則使全境敬畏震動，征討漢中則使曹操聞風而逃，所以他能承繼高祖開創的大業，恢復漢室的宗廟祭祀。然而奸賊狠毒兇險，我尚未施加秉承天命的征伐，就像周武王首次進攻商朝就在孟津撤軍一樣，最終需和曹氏進行鳴條一樣的決戰。天賜的福祿有終結之時，先主忽然病重不治。儘管一統了全境，使萬邦服從，是因為當時有優秀人才扶助擁戴，主上的明德所招致的。這些人為數眾多，有可觀的事跡值得記述。所以我才將他們的美好風範一起記述下來，以感動後人。文辭如下：

2　孝景皇帝的後裔，繁衍於四面八方。支系來自中山靖王，天地靈氣聚在一身。順天應時誕生在人間，像巨龍騰飛九天。在幽州開創事業，相繼擔任豫州、荊州的長官。孫吳憑藉依靠，望見威風請求聯盟。挾有巴蜀，兼併漢中。天地恢復了秩序，宗廟的祭祀安寧。您繼承前人的基業登上帝位，廣施恩德，美名遠揚。中原百姓思念美德，您的名聲就像周文王一樣。您為後世奏響了福音，從此走向復興。——贊昭烈皇帝

3　武侯英明形象高大，在長江之濱向先主獻計。攀結東吳與蜀國聯合，用權謀幫助天子與魏爭霸。接受遺命輔佐後主，整飭武備，約束文臣。普施德政教化，治理萬物，移風易俗。賢愚爭相盡心竭力，都忘卻自我。全國平靜，四方安寧。多次親臨敵境，顯耀軍威。殫精竭慮擴大國土，遺憾未能消滅漢賊。——贊諸葛丞相

4 司徒具有清廉高尚的風範，接受諮詢，評判人物。識別人才，愛惜人才，洪亮的話音至今鏘鏘有聲。——贊許司徒

5 關羽、張飛雄赳赳，挺身而出拯救世界。輔助先帝如同兩翼，氣勢雄壯似虎一樣猛烈。保護先主不離左右，行動就像鷹飛雷閃。克服了種種艱難，幫助先主開創大業。事跡可以和韓信、耿弇媲美，名聲相同，品德成雙。可惜對待部下無禮，身遭奸邪暗算。我悲傷你們欠缺思考，為匡扶國家失去了生命。——贊關雲長、張益德

6 驃騎將軍奮勇興起，串連各地英雄豪傑。在三秦首先舉兵起事，據守黃河、潼關。與同盟者共議大事，意見不一。敵人利用了這個機會，家破軍亡。違背正道，返回德義，攀龍附鳳，依托先主。——贊馬孟起

7 翼侯胸懷奇計良謀，能預知社會的興衰。委身於先主，接受諮詢提供意見。無論是眼前的考慮還是久遠謀劃，您都能把握事理及其關鍵。——贊法孝直

8 軍師至美至善，風度閒雅不凡。效命英明的君主，忠實的情感發自內心。以道義為本，身軀隕落，回報主上的恩德。——贊龐士元

9 將軍敦厚雄壯，摧毀敵人鋒芒，制服頑敵。建立功業，是時代的棟梁。——贊黃漢升

10 掌軍中郎將的品德清高，為人始終剛正不變。您說的都是正直之言，百姓懷念您的德政。——贊董幼宰

11 安遠將軍意志堅強，品德美好，為人剛烈。不重財物，果敢雄壯，面對危難，不生疑惑。用少數兵力抵禦多數的敵人，在邊境地區，保衛國家的基業。——贊鄧孔山

鄧孔山，名方，南郡人。以荊州從事史之職隨先主入蜀。先主平定蜀地後，鄧方任犍為屬國都尉，由於犍為屬國改名朱提郡，鄧方任朱提郡太守。選任安遠將軍、庲降都督，駐紮在南昌縣。章武二年去世。事跡的資料遺失，所以在〈蜀書〉中沒有為他立傳。

12 揚威將軍具有才幹，能文能武，可嘆早逝。在官任上辦事井井有條，和藹快樂，能言善辯。籌劃資財，散盡家產，講究德義，上下有序。——贊費賓伯

費賓伯，名觀，江夏郡鄳縣人。劉璋的母親是他的同族姑姑，劉璋又把女兒嫁給他。建安十八年，費觀任李嚴的軍事參謀，在綿竹抵禦先主的軍隊，與李嚴一起投降了先主。先主平定益州後，任費觀為裨將軍，後來又任他為巴郡太守、江州都督。建興元年封他為都亭侯，加振威將軍。費觀善於與人交際，都護李嚴性情高傲，護軍輔匡等人與李嚴在資歷官位上相當，而李嚴卻不與他們親近。費觀比李嚴小二十多歲，他卻與李嚴十分親近，好像同輩一樣。費觀三十七歲去世。他的生平事跡失載，所以〈蜀書〉中沒有為他立傳。

13 屯騎將軍忠於舊主，固守臣節，不加改變。已經接受了先主的最初委任，盡心竭力，遵守臣道。軍中依賴的物資，全力辦理，不斷補充。——贊王文儀

14 尚書令的品德，高尚純潔，約束品行，陶冶身心。志向高遠，心存大義，閱讀典籍，品味文章。依憑高雅的風範，喜歡與古人媲美。——贊劉子初

15 安漢將軍儀態雍容閒雅，既是先主的姻親，又是先主的嘉賓。當時很受禮遇，這就是所說的遵守禮儀法度的大臣。——贊糜子仲

16 少府為人謹慎，大鴻臚明智真誠。諫議大夫藏而不露，儒林校尉瞭解天象。這四位都能傳播弘揚教化，他們有的在朝為官，有的隱居山林。——贊王元泰、何彥英、杜輔國、周仲直

王元泰，名謀，漢嘉郡人。容貌舉止出眾，品行高尚。劉璋時，任巴郡太守，後來回到朝中任益州治中從事。先主平定益州後，兼任益州刺史，任命王謀為別駕。先主為漢中王時，任用荊州舊時有名的士人，零陵郡人賴恭任太常，南陽郡人黃柱任光祿勳，王謀則任少府。建興初年，王謀被封為關內侯，後來取代賴恭為太常。賴恭、黃柱、王謀三個人生平事跡的文獻資料都已散失，所以〈蜀書〉中沒有為他們立傳。賴恭的兒子賴厷，任丞相府西曹令史，隨諸葛亮北伐駐紮漢中，早死，諸葛亮十分痛惜他，給留守成都的丞相府長史張裔、參軍蔣琬寫信說：「令史中死了賴厷，掾屬中死了楊顒，這都對朝廷損失很大啊。」楊顒也是荊州人，後來蔣琬在擔任大將軍時問張休說：「漢嘉郡的前輩中有王元泰，如今誰能繼承他？」張休回答說：「提起王元泰，整個益州中都找不到能繼承他的人，更何況漢嘉郡呢！」王謀受到人們的敬重到了這種程度。

何彥英，名宗，蜀郡郫縣人。師從廣漢郡任安，深通任安所擅長的讖緯之術。他與杜瓊是同學而名聲超過杜瓊。劉璋任益州刺史時，何宗任犍為太守。先主平定益州後，兼任益州刺史，任何宗為從事祭酒。後來何宗曾引用圖讖，勸先主稱帝。先主稱帝後，升任何宗為大鴻臚。建興年間何宗去世。因為記載他事跡的資料已經散失，所以〈蜀書〉中沒有為他立傳。他的兒子何雙，字漢偶。談吐幽默詼諧，有淳于髡、東方朔的風範。任雙柏縣長，早死。

17 車騎將軍品格高尚作風強勁，具有廣泛的愛心。能夠以弱勝強，不會陷入危亡的境地。——贊吳子遠

吳子遠，名壹，陳留郡人。跟隨劉焉入蜀。劉璋時，吳壹任中郎將，率軍在涪縣抵禦先主，前往投降先主。先主平定益州後，任吳壹為護軍討逆將軍，娶吳壹的妹妹為夫人。章武元年，任吳壹為關中都督。建興八年，吳壹與魏延一起進入曹魏領地南安郡內，打敗魏國將領費瑤，封為亭侯，進而又封為高陽鄉侯，升任左將軍。建興十二年，丞相諸葛亮去世，以吳壹督統漢中，為車騎將軍，假節，遙領雍州刺史，進封濟陽侯。建興十五年，吳壹去世。因為記載他事跡的文獻散失，所以〈蜀書〉中沒有為他立傳。吳壹的族弟吳班，字元雄，大將軍何進下屬官吳匡的兒子，以豪爽俠義著稱，官位通常僅次於吳壹。先主時，吳班任領軍。後主時，漸漸升遷到驃騎將軍，假節，封為綿竹侯。

18 安漢將軍為官南中，在故鄉統兵奮戰。翦除醜類，張大刑網。大舉遷徙蠻濮，國家財用得到增強。——贊李德昂

19 輔漢將軍聰明異常，既機敏又聰慧。說話深思致遠，在君主身邊問答應對。輔助當朝美好的事業，使我朝大業和諧。——贊張君嗣

20 鎮北將軍才思敏捷，善於籌劃處事有方。為軍隊先導，消除災患，合乎規律，順理成章。率領偏師，出征東隅，後來的命運很不吉祥。悲嘆自己的志向，竟然流徙異域。——贊黃公衡

21 越騎將軍忠心耿耿，磨練意志恭敬奉職。兼職內外，公而忘私。——贊楊季休

22 征南將軍厚道穩重，征西將軍忠於朝廷。蜀漢皇統時代的優秀之士，建立了猛將的功業。——贊趙子龍、

陳叔至

陳叔至，名到，汝南郡人。先主任豫州刺史時陳到就隨從他，名位常僅次於趙雲。他和趙雲都以忠誠勇猛著名。建興初年，官至永安都督、征西將軍，封為亭侯。

23 鎮南將軍粗獷強悍，監軍崇尚忠厚。他們都在軍中任職，曾做過邊地武將。——贊輔元弼、劉南和

輔元弼，名匡，襄陽郡人。隨先主進入蜀地。益州平定後，任巴郡太守。建興年間，轉任鎮南將軍，又任右將軍，封為中鄉侯。

劉南和，名邕，義陽郡人。追隨先主入蜀。益州平定後，任江陽太守。建興年間，逐漸升遷到監軍、後將軍，封關內侯，去世。他的兒子劉式繼承了爵位。小兒子劉武，有文才，與樊建齊名，官位也升到尚書。

24 大司農天生才高，闡述事理有條理有章法。辭藻華麗，言辭入理，作品光芒閃耀。——贊秦子勑

25 正方接受先帝遺命，參與後主時的國家朝政。不陳述實情，就不能公正，產生錯誤。當時被斥逐，職務和事業都喪失了。——贊李正方

26 文長剛強粗獷，國家危難之際接受任命。摧毀入侵的敵人抵禦外患，保衛國家，鎮守邊境。與別人不能和睦相處，忘記了節操言語錯亂。痛恨他的結局，嘆惜他的開始，實在都出於自己的天性。——贊魏文長

27 威公心胸狹隘性情急躁，處事與別人不同。安閒時還能講道理，被逼迫時就侵害別人。離開順境，步入凶途，正如《周易》所說的一樣。——贊楊威公

28 季常善良誠實，文經熱心幫助朋友。士元言談善於規諫，處仁以計謀聞名。孔休、文祥，一個才高，一個品優。都能顯揚志向，是荊州的蘭花芳草。——贊馬季常、衛文經、韓士元、張處仁、殷孔休、習文祥

衛文經、韓士元二人，他們的本名、事跡、籍貫都佚失了。張處仁本名存，南陽郡人。以荊州從事的身分隨先主進入蜀地，先主向南進軍，駐在雒城時，任命張存為廣漢郡太守。張存一向不服龐統，龐統中箭去世後，先主言詞間感嘆不止，張存卻說：「龐統為國家盡忠雖然可惜，然而他卻違背了正道。」先主聽了勃然大怒，說：「龐統殺身成仁，你反而說他的不是嗎？」罷去張存的官職。不久張存病逝。事跡佚失，所以〈蜀書〉中沒有

為他立傳。

殷孔休，名觀，任荊州主簿、別駕從事，〈先主傳〉中有他的記載。他的郡縣籍貫佚失。習文祥，名禎，襄陽郡人。隨先主進入蜀地，歷任雒縣郫縣縣令、廣漢太守。佚失了他的生平事跡。他的兒子習忠，官至尚書郎。

29 國山風度俊美，永南善於思考。盛衡、承伯，或隱居，或出仕。孫德果斷敏銳，偉南堅守正道。德緒、義彊，意志雄壯，氣度剛健。濟濟人才，修煉心志，是蜀漢的芳香。——贊王國山、李永南、馬盛衡、馬承伯、李孫德、李偉南、龔德緒、王義彊

王國山，名甫，廣漢郡郪縣人。喜歡品評人物，劉璋任益州刺史時，任州書佐。先主平定蜀地後，任綿竹縣令。後回任荊州議曹從事。隨先主討伐孫吳，在秭歸兵敗，他被敵軍所殺。兒子王祐，有父親的風範，官至尚書右選郎。

李永南，名邵，廣漢郡郪縣人。先主平定蜀地後，李邵任州書佐、部郡國從事。建興元年，丞相諸葛亮任他為相府西曹掾。諸葛亮南征南中，留下李邵為州治中從事，這一年李邵逝世。

馬盛衡，名勳，馬承伯，名齊，二人都是巴西郡閬中縣人。馬勳在劉璋時任州書佐，先主平定蜀地後，聘他為左將軍府的下屬，後轉任為州別駕從事，逝世。馬齊任巴西郡太守張飛的功曹，張飛把他推薦給先主，任他為尚書郎。建興年間，任從事、丞相府掾，升任廣漢郡太守，又任丞相府參軍。諸葛亮逝世後，任尚書。馬勳、馬齊都因為才幹出眾而顯名於世，不過在受本州同鄉人信任上，比不上姚伷。姚伷字子緒，也是巴西郡閬中縣人。先主平定益州後，姚伷任功曹書佐。建興元年，任廣漢郡太守。諸葛亮北伐屯駐在漢中，任他為丞相府掾。同時向諸葛亮推薦文武人才，諸葛亮稱讚他說：「在為國家盡忠使國家受益方面，沒有比舉薦人才更重要的事了。而舉薦人才的人一般都各有偏愛；如今姚伷卻能夠同時舉薦文武兩類人才，以滿足國家的需要，可稱得上是一位博雅的君子了。希望其他各府掾都能夠仿效他，以不辜負我的期望。」後來姚伷升任丞相府參軍。諸葛亮去世後，姚伷漸漸升遷到尚書僕射。當時人佩服他真誠、實在、純厚。延熙五年姚伷去世，這是在作〈季漢輔臣贊〉之後的事。

李孫德，名福，梓潼郡涪縣人。先主平定益州後，任他為州府書佐、西充國長、成都縣令。建興元年，改任巴西郡太守，又任江州地區的軍事指揮官、揚威將軍，後入朝任尚書僕射，封平陽亭侯。延熙初年，大將軍蔣琬出征漢中，李福以前監軍的身分兼任司馬，不久去世。

李偉南，名朝，是李邵之兄。任郡功曹，被舉為孝廉，任臨邛縣令，入朝任州別駕從事。追隨先主東征孫吳，章武二年在永安去世。

龔德緒，名祿，巴西郡安漢縣人。先主平定益州後，龔祿任郡從事牙門將。建興三年，任越巂郡太守，跟隨諸葛亮南征，被蠻夷殺害，時年三十一歲。他的弟弟龔衡，景耀年間任領軍。

王義彊，名士，廣漢郡郪縣人，王甫的堂兄。隨從先主進入蜀地後，被舉薦為孝廉，出任符節縣長，升任牙門將，出任宕渠郡太守，轉任犍為郡太守。適逢丞相諸葛亮南征，王士轉任益州郡太守，準備南行的時候，被蠻夷殺害。

30 休元輕敵，違背當時形勢，導致遇害。文進奮不顧身，同樣獻身倒下。禍患因一人而起，影響十分巨大。

——贊馮休元、張文進

馮休元，名習，南郡人。隨先主進入蜀地。先主東征孫吳，馮習任領軍，統率各軍，在猇亭大敗。

張文進，名南，也從荊州隨從先主進入蜀地，領兵跟隨先主征討孫吳，與馮習同時陣亡。當時還有義陽人傅彤，先主大軍敗退，傅彤斷後與敵兵交戰，兵眾全都死光了，孫吳將領勸傅彤投降，傅彤大罵說：「吳狗！哪裏會有投降孫吳的漢朝將軍！」於是戰死。他的兒子傅僉被拜為左中郎，後出任關中都督，景耀六年，又在蜀漢危亡時獻出生命。評論的人都稱讚傅彤父子世代忠義。

31 江陽太守剛強壯烈，在明主之世樹立忠節。兩軍交鋒遭遇寇賊追殺，不屈不撓。殺得只剩下單槍匹馬，隕身在戰場上。——贊程季然

程季然，名畿，巴西郡閬中縣人。劉璋時任漢昌縣長。漢昌縣中有賨人，這個種族剛強勇猛，過去漢高祖曾利用他們平定關中。巴西郡太守龐羲認為天下動亂，郡裏應當建立武裝防衛，便招募了許多軍隊。有人便對劉璋

講龐羲的壞話，說他想要反叛。劉璋暗中對他產生懷疑。龐羲聽到這個消息後，非常害怕，想謀劃割據自守，便派程畿的兒子程郁到程畿那裏說明自己的意圖，要求他派兵幫助自己。程畿回覆龐羲說：「在郡中招募軍隊，本來不是為了反叛，雖然有人誣陷，關鍵還是您要竭盡忠誠；如果因為害怕受到迫害而圖謀反叛，這不是我想要聽到的。」並訓誡兒子程郁說：「我受州府恩惠，應當為州府盡忠，你身為郡守的屬官，應當為太守效力，不能夠因為我的緣故而對太守懷有二心。」龐羲派人告訴程畿說：「你兒子就在我的郡中，如果你不服從我的命令，家屬就會遭殃。」程畿說：「過去樂羊當魏國將軍時，曾親口喝下用兒子的肉煮成的湯，不是父子沒有恩義，而是為了國家大義必須這樣做。如今您即使也把我兒子煮成肉湯，我一定也會把它喝下去。」龐羲知道程畿絕不會支持自己，便向劉璋深深謝罪，以致免罪。後來劉璋知道了此事後，升任程畿為江陽郡太守。先主兼任益州刺史時，任程畿為州從事祭酒。後來程畿隨先主征討孫吳，遇上大軍失敗，溯長江而上向益州退卻，有人對程畿說：「後面敵人的追兵已經到來，只有丟下船隻輕裝上岸，才可能免除災禍。」程畿說：「我在軍中，從來沒有因為害怕敵人而逃跑，更何況我現在是跟隨天子而遭到危險呢！」追擊的敵人追上了程畿的船隻，程畿親自持戟與敵人鏖戰，敵船有傾覆的。大批敵人湧來，一起向程畿進攻，程畿當場戰死。

32 公弘是年輕的後生，卓絕少有的精英。二十歲時夭折，令人感傷遺憾，他的志願沒有實現。——贊程公弘

程公弘，名祁，是程畿的兒子。

33 自古以來臣子逃亡出國，按照禮制只有在危險逼近時才這樣做。而你們僅僅因為與上司積怨不和，竟然不顧臣子應遵循的道德。沒有匡救之功，背叛逃跑。自絕於人，為蜀、吳兩國人所恥笑。——贊糜芳、士仁、郝普、潘濬

糜芳，字子方，東海郡人，任南郡太守。士仁，字君義，廣陽郡人，任將軍，屯駐公安，歸關羽統轄；他們與關羽有嫌隙，叛降孫吳。郝普，字子太，義陽郡人。先主從荊州進入蜀地，任郝普為零陵郡太守。後被孫吳將軍呂蒙用計欺騙，開城投降。潘濬，字承明，武陵郡人。先主進入蜀地，任潘濬為荊州治中從事，負責處理荊

州留守府的事務，他也與關羽不和。在孫權偷襲關羽時，便投降了孫吳。郝普在孫吳官做到了廷尉，潘濬官做到了太常，並被封侯爵。

評曰：鄧芝堅貞簡亮❶，臨官忘家，張翼抗❷姜維之銳，宗預禦孫權之嚴，咸有可稱。楊戲商略❸，意在不羣❹，然智度❺有短，殆罹世難❻云。

【章旨】以上是陳壽對鄧芝、張翼、宗預、楊戲等人功過是非的評論。

【注釋】❶堅貞簡亮　堅定忠貞清高坦誠。❷抗　抵制。宋本作「亢」，二字通。❸商略　估量。此指楊戲〈季漢輔臣贊〉中對蜀漢人物做的評價。❹不羣　超然卓羣。❺智度　智謀。❻殆罹世難　幾乎遭到大難。指楊戲被免為庶人之事。

【語譯】評論說：鄧芝堅定忠貞清高坦誠，公而忘私，張翼敢於抵制姜維的鋒芒，宗預不畏懼孫權的嚴威，都有值得稱道的。楊戲評價人物，用意超然卓羣，然而他在謀略上有所缺陷，結果幾乎遭到大難。

【研析】在題解中我們曾說鄧芝、張翼、宗預、楊戲都有值得稱道的事跡，在這四個人中，鄧芝的外交才能最值得注意。鄧芝出使孫吳，是在一個十分特殊的政治背景下進行的。孫吳、蜀漢兩家為爭奪荊州，徹底斷絕了同盟關係，夷陵之戰，蜀漢大敗，劉備為此病死在白帝城。受劉備重託的諸葛亮為了扭轉被動局面，對蜀漢的戰略和政略進行了調整，決定放棄對荊州的爭奪，承認孫吳對荊州的占有，以此恢復兩家的聯盟。鄧芝此行，就肩負這樣的使命。當時孫權並不了解鄧芝此次使吳的深遠意義，在他看來，這不過是和以往一樣的外交往來，仍按以往的辦法，讓有關部門接待一下，並未打算親見鄧芝。在他看來，與蜀國的關係規格不宜過高，以免讓曹魏知道了，又懷疑自己另有所圖。

其實，在對待與曹魏關係這件事上，孫權心裏未必不是另有主意。因為孫吳與曹魏相處，處處要受它的欺凌，關係並不平等。吳國派往曹魏的使節馮熙，曹丕說扣留就扣留。為了讓馮熙投降，曹丕讓馮熙的老鄉陳羣進行勸說，並以重利相誘。當這一切被馮熙拒絕後，曹丕便把他送到邊遠地方折磨他，逼他投降。後來又將他召回，馮熙害怕自己屢不屈服，必危身辱命，於是拔刀自殺，雖然暫時被救活，最後還是死在曹魏。同是一個馮熙，出使蜀國，能安然而返；出使魏國，卻死於非命。這使孫權感到與曹魏的關係，難以長期維持下去。然而，孫權完全清楚，在違反盟約，奪取荊州，擊敗劉備的戰爭中，吳國給蜀漢造成多麼大的災難，蜀漢不會善罷甘休，因而他對吳國與蜀漢和好實在沒有信心。因為當時，蜀漢第二號軍政長官、中都護李嚴，還統兵留在永安，大有一旦元氣恢復，便再來爭奪荊州之勢。讓孫權放棄荊州來取得與蜀漢的結盟，他死也不會做。而蜀漢到底有多大誠意與自己和好，孫權心裏實在沒有把握。在這種情況下，還不能得罪曹魏。

然而鄧芝的一番話，使孫權很快就打消了顧慮。他說：「吳、蜀二國四州之地，大王命世之英，諸葛亮亦一時之傑也。蜀有重險之固，吳有三江之阻，合此二長，共為脣齒，進可兼并天下，退可鼎足而立，此理之自然也。大王今若委質於魏，魏必上望大王之入朝，下求太子之內侍，若不從命，則奉辭伐叛，蜀必順流見可而進，如此，江南之地非復大王之有也。」鄧芝這番話，向孫權表達了三個意思：第一，向孫權傳達了蜀國戰略方針的重大轉變，即蜀國放棄對荊州的爭奪，承認吳、蜀兩國對土地占有的現狀。「吳、蜀二國四州之地」，即指吳國占有的荊州、揚州、交州，蜀國占有的益州。為什麼這樣說呢？因為鄧芝在分析兩國地理上的優勢時，只提了蜀有重險之固。這「重險之固」可以作兩層理解，一層是蜀國是個四塞險固之國，一層是「重險」指外有斜谷、駱谷、子午谷之險，內有劍閣之險。無論哪種理解，都是指益州，顯然，蜀國承認了只占有益州的事實。第二，分析了兩國聯合的必要性。兩國各有長處，只有將兩國的長處合在一起，才能發揮更大的作用。鼎足而立，是指兩國的生存；兼併天下是指兩國的發展。不論是生存和發展，兩國都需要聯合。第三，指出了吳魏兩國不可能長久聯合。因為吳王是「委質」於曹魏。所謂委質，即臣下向君主獻禮，是臣下對君王的效忠獻身。這種不平等的聯合，必然會使曹魏不斷向孫吳提出其難以接受的要求，總有一天，吳國會因無法忍受而拒絕曹魏的要求，從而導致曹魏的討伐。到那個時候，吳國將會陷入以一敵二的困境。

鄧芝這番話，要言不煩，句句實在，沒有浮辭虛語，但把蜀國的誠意和主張表達得十分清楚，既反映了他對時局的正確認識和分析，也反映了他對孫權心理活動的準確揣摩，充分表現了他傑出的外交才能。（梁滿倉注譯）

◎新譯燕丹子

曹海東／注譯　李振興／校閱

《燕丹子》是我國現存較早的一部古代文言歷史小說，記述戰國時期，燕太子丹派遣荊軻行刺秦王的故事。在敘事記言、狀物寫景、議論抒情以至塑造人物形象、表現人物性格等方面，顯示了高超的技巧，在我國小說發展史上占有相當重要的地位。本書以白話注釋、翻譯，讓讀者越過文字障礙，領略這段可歌可泣的歷史故事。

◎新譯商君書

貝遠辰／注譯　陳滿銘／校閱

《商君書》是先秦法家學派的代表作之一。書中含有商鞅個人及商鞅一派法家其他成員的思想觀點，主要記載了商鞅輔佐秦孝公進行革新變法、重農重戰、重刑厚賞、反斥儒家言論等具體措施與主張。秦國最後能併吞六國、一統天下，從書中即可一窺其歷史緣由與根據。本書借鑒明清兩代有關《商君書》的研究成果，並採納近人的校勘意見，詳為導讀和注譯。

◎新譯鹽鐵論

盧烈紅／注譯　黃志民／校閱

《鹽鐵論》是西漢學者桓寬根據漢昭帝時召開的鹽鐵會議之記錄，整理加工而成。鹽與鐵是關係國計民生的兩大商品，也是漢武帝實行一系列官營政策後國家的重要財源。會議中官方與民間代表兩派人馬針對官營或私營、征伐或安撫、法治或禮治、適度消費或盡量儉樸等等議題展開激烈的論戰，從中我們不僅能了解當時大環境的樣貌，更可一窺漢武帝獨尊儒術後的學術風氣。

◎新譯孫子讀本

吳仁傑／注譯

《孫子》又名《孫子兵法》，為春秋末期大軍事學家孫武所著，是中外現存最早的軍事理論著作。全書體大思精，內涵豐富，既有輝煌的軍事學術價值，也具有哲學、文學、管理學等多方面的豐富內涵，不僅在中國思想文化史上占有重要而特殊的地位，它也跨越時空和國度，成為全世界所共同擁有的文化財富。本書依據多種善本詳為校勘、注譯，並附有相關插圖和最新出土的漢簡本《孫子兵法》，允稱最適合今人閱讀之《孫子》讀本。

◎新譯司馬法

王雲路／注譯

司馬穰苴是春秋晚期的齊國名將，以治軍嚴明、精通兵法著稱，成書於戰國中期的《司馬法》所傳即其兵法。因其內容廣博、思想深邃，從問世以來，即受到歷代統治者及兵家、學者所重視，被列為「武經七書」之一，影響極為深遠。從漢唐以至於宋代，此書的重要程度絲毫不因時間而改變，甚至還流傳到海外如日、法等國，可見其價值與地位。本書根據善本重為校勘、標點、注譯，為現代人提供一詳實、易讀之文本。

◎新譯吳子讀本

王雲路／注譯

《吳子》又名《吳子兵法》，是戰國初期著名的法家與軍事家吳起傳世的兵法著作，早在戰國時期就和《孫子兵法》齊名，在先秦諸兵書特別是《孫子兵法》的基礎上有不少新的發展，其中提出的戰略、戰術、治軍思想，對後世影響很大，宋朝時更為武舉試者必讀之書。本書原文依據《百子全書》本，詳為校勘注譯，各篇均重新標點分段，有助讀者閱讀理解。書後並蒐集有與吳起及《吳子》相關的資料輯要，讀者可以藉此對今本《吳子》的思想與作者問題有進一步的認識。

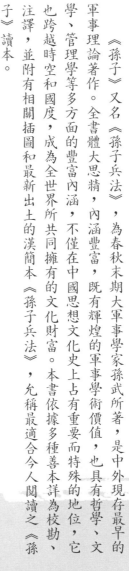

◎新譯說苑讀本

羅少卿／注譯
周鳳五／校閱

《說苑》是一部富有文學意味的歷史著作，乃西漢經學家劉向分類編撰先秦至西漢的一些歷史故事和傳說，並雜以自己的議論，藉以發揮儒家的政治思想和道德觀念。書中取材廣泛，保存大量的歷史資料，闡述治國修身之道，富含哲理深刻的格言警句。全書以人物對話為主體，敘事生動，文字雋永，可謂介於歷史與小說之間，讀來輕鬆而不枯燥，讓您跨越時空藩籬，優游自得於古人的智慧之中。

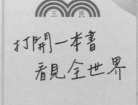